玉峰 白光勳 詩 譯解

宋奮鎬 編著

三唐詩人 번역총서 3

玉峰 白光勳 詩 譯解

宋寯鎬 編著

학자원

머리글

詩는 東西古今 어느 나라 것이든 言語로 이루어지는 예술이다. 그런데 言語는 音聲의 單位로 構成되고 다시 文字로 定着하여 時空의 限界를 극복하면서 그 機能과 效用을 수행한다. 그러나 詩의 表現 機能을 담당하는 言語는 그것을 日用하는 主體와 國家에 따라 서로 다르다. 즉 言語로서 基本的 構造는 같지만 一致 關係로서의 數나 性別 그리고 人稱이나 時制가 다르고, 支配 關係로서의 語順도 다를 뿐만 아니라 修飾語群의 感覺과 心象의 質量感도 다르며 특히 語尾와 助詞의 多樣性과 感覺度가 다르다.

오늘의 우리와 달리 우리의 先人들은 훨씬 더 많은 漢字語로 된 體言이나 用言들을 自己化하여 母國語처럼 使用했을 것이 분명하다. 그러나 이 體言이나 用言들이 실제 日常 文章에서 사용되는 경우 그 文脈的 構造나 語感의 다양한 變調가 한글의 틀로 文章化되어 活用되었다. 우리 말과 글의 언어적 특질이 中國의 언어에 비해 매우 섬세하고 다양하게 발달하였다는 점에서 볼 때, 우리 先人들은 自身들의 詩想을 漢詩로 詩化하기에 앞서, 우리 固有의 古典 詩歌가 지닌 三四 혹은 四四調나 三五調의 音數律에, 다양한 屈折의 語尾와 助詞를 사용하여 纖細한 感覺과 情感의 變調를 演出하는 한글 文章으로 意味網을 構想하여 豫備하였을 것이다. 이 한글 文章이 言語的 構造가 다른 漢詩의 文脈 속에 暗默的 有機 構造로 內藏된 채 詩化되어 있었을 것이므로, 漢詩의 文脈에서 文外의 推理와 聯想을 통해 애초 한글 文章의 意味網으로 漢詩를 復元하는 것이 바로 우리 漢詩의 理解이며 國譯의 出發이 되는 것이다.

여기에서는 그들의 漢詩 作品에서 確認되는 바와 같이, 人間의 情意는 물론 事物의 實相까지 우리 말과 글의 修飾語群들이 지닌 다양한 뉘앙스 그리고 어미와 조사들의 다양한 기능으로 연출되는 어감의 묘미들을 한글 文章의 意味網으로 內藏하여 漢詩化한 세 詩人으로 李達과 崔慶昌·白光勳을 選定하였다. 選定의 理由를 굳이 밝힌다면 이들이 우리 선인들의 몸과 마음의 삶을 우리말에 가장 온전하게 담아 漢詩로 남긴 이들이기 때문이다. 그래서 우선 이들의 몇몇 작품들을 標本으로 삼아 검토 확인해 보기로 하는 것이다.

먼저 李達의 五言絶句 작품인 〈次尹恕中韻〉을 검토해 보면, 原文인 "京洛旅遊客 雲山何處家 疎煙生竹逕 細雨落桐花"를 어느 大學의 作故한 教授님은 "京洛의 나그네 놀이하는 손, 구름 낀 산 어느 곳 집인고? 성글은 연기는 대나무 길에서 나고, 가랑비는 오동꽃에 내리고 있네!"라고 번역을 했는데, 李達은 이 작품을 이렇게 漢詩로 짓기에 앞서 틀림없이 우리 古典 詩歌의 音調와 律格에 맞는 우리 말과 글로 內的 意味網을 豫備 設定하고, 그것을 이 作品으로 漢詩化 했을 것이 분명하다. 그런데 이 教授님의 번역은 散文的·平面的 文脈으로는 비교적 잘 번역하고 풀이한 것은 맞으나, 이 번역은 우리말 音調의 音數律로 된 한글 文章이 아닐 뿐만 아니라, 승구에서 "어느 곳 집인고?"라고 하여 모르는 것으로 풀어 놓고, 전·결구에서 "~길에서 나고", "~내리고 있네!"라고 하여 알고 있는 것으로 마무리를 하여, 구체적으로 작자가 무엇을 말하려고 하는 것인지를 명쾌하게 파악하지 못하고 있는 번역이 되었다.

작자인 李達이 嫡庶의 區分이 엄격했던 當時에 庶孼 出身으로서 詩에서 自身을 스스로 "京洛旅遊客(서울에서 나그네로 살고 있는 客)"이라고 한 것을 보면, 이 詩는 작자인 李達 자신이 바로 자신의 신분과 현재의 삶을 처절하게 절감하면서 목이 메는 눈물을 삼키고는 홀로 애써 자신을 自哀・自憐하며 獨白體의 詩로 읊고 있는 것이다. 그래서 自身 한 몸을 自問自答하는 두 사람으로 相對化하여 設定하고 話者인 내가 聽者인 또 하나의 나에게 "京洛旅遊客 雲山何處家(서울 와서 나그네로 떠도는 손아, 구름 낀 산 어느 곳이 자네 집인가?)"라며 묻고는, 聽者인 또 하나의 내가 물어본 話者인 나에게 "踈煙生竹逕 細雨落藤花(성긴 연기 대숲 길에 피어오르고, 가랑비에 등꽃들이 지는 곳일세!)"라며 청승맞은 목청으로 대답을 하고 있는 것으로 構想하여 豫備한, 한글로의 文章(각각 괄호 안의 글들)을 漢詩化한 것이라 할 수 있다.

이 작품은 작자 李達의 奇拔한 着想, 能熟한 構文 솜씨와 心境을 유감없이 보여주는 實例로, 이 작품을 읽는 우리들로 하여금 무한한 동정의 목이 메는 눈물을 삼키게 하는 시이면서 말 없는 호소의 애련한 가락을 소리 없이 들려주고 있을 뿐만 아니라 能熟한 構想과 修辭의 놀라운 솜씨를 유감없이 보여 주고 있는 것이다. 그래서 우리는 승구에서 "자네"라는 말을 文外로 찾아 읽을 수 있어야 하고, 결구에서도 역시 文外로 "곳일세!"라는 말을 살려 읽을 수 있어야 하는 것이다. 이 시는 작자 李達이 우선 豫備하는 意味網으로서 우리말 文章을 능숙하게 構想하고 修辭하는 詩人임을 誇示하듯 보여 주고 있는 것이다. 따라서 이 작품을 대하면서 이렇게 기발한 구상과 능숙한 수사로 이루어진 작품의 내적 본질을 읽어내지 못하면 작품을 살려 읽지 못한 채 죽여버리는 愚를 범하게 되는 것이다.

李達의 또 다른 五言絶句인 〈題金養松畵帖〉의 "一行兩行雁 萬點千點山 三江七澤外 洞庭瀟湘間"을 筆者는 작자인 李達이 金養松의 山水畵를 "想像的 山水畵(想像的인 山水를 그린 그림)"로 판단하고, 다시 이 山水를 實在의 風景으로 삼아 읊었을 것이라 확신하여, 작자 李達이 우리 古典 詩歌의 音調와 律格의 우리 말과 글로 豫備한 意味網의 文章으로 "한 줄인지 두 줄인지 기러기 날고, 만 점인가 천 점인가 산도 많은데, 삼강・칠택 그 밖인가 싶기도 하고, 동정・소상 그 사인가 싶기도 하네!"라고 하여, 기구에서는 실제 화면 속에 그려진 기러기는 분명 한 줄이거나 두 줄 중 하나로만 그려져 있을 것인데, 한 줄과 두 줄로 표현한 것은 기러기들을 날아가는 동적 상태의 대상들로 삼아 읊은 것이며, 그래서 한 줄만인 것 같다가 두 줄이 된 것 같아 수시로 변하기 때문에 어미를 "~인지, ~인지"의 불명 상태로 표현하였다. 승구 역시 흔히 "想像 山水圖"에서 보아온 바대로 遠景의 많은 山들을 點으로 표현한 것이 萬點이 될 것 같기도 千點이 될 것 같기도 하여 "~인가 ~인가"라는 不明 狀態型 語尾에다 文外로 "많은데"라는 敍述語까지 살려 構想했다. 작자 李達이 "一行・兩行", "萬點・千點" 같은 非指定化와 "~外"와 "~間" 같은 不明確化의 造句와 配字를 意圖的으로 사용한 것은 우리 말의 想像的 空間을 기막히게 잘 살려 漢詩化하고 있는 것이라 할 수 있다.

따라서 이 〈金養松畵帖〉을 중국의 시인들에게 제시하고 "題畵詩"를 요망했다면 결코 李達의 이 作品 같은 기막힌 "想像的 題畵詩"가 나올 수 없었을 것이다. 우리 말의 언어적 구조와 감각을 잘 이해하고 체화한 李達이 아니었다면 네 구 모두를 名詞의 動詞 혹은 形容詞的 轉成으로 構文함으로써 작품 전체를 提示型으로 構成하고, 네 구의 주체를 의도적으로 지정하지 않음으로써 고의적으로 不明化하여 기막힌 상상의 공간으로 유도하여 제시하는 성과를 거둘 수 없었을 것이다.

崔慶昌은 絶句 작품인 〈楚調〉에서 "楚나라의 노래 가락"이라는 題材를 설정하고, 많은 先人들이 그렇게 했던 것처럼 그냥 당연한 듯이 "楚辭"를 떠올리면서 자연스럽게 "屈原"을 주인공으로 삼아 屈原의 영혼을 불러 억울하고 안타까운 죽음을 무한히 同情하며 慰撫하고 싶었을 것이다. 그래서 먼저 豫備 構想했을 "楚나라서 고자질에 슬퍼하던 날, 懷沙賦로 원망하며 죽은 屈原아, 瀟湘江은 흘러 흘러 쉬지 않는데, 千年 두고 남긴 魂만 부쳐 놨구나!"라는 기막힌 鎭魂의 우리 말 노래를 "楚國傷讒日 懷沙怨屈原 湘江流不歇 千載寄遺魂"이라는 漢詩로 남기고 있는 것이다. 이런 점을 전제로 이 작품을 바르고 진실 되게 읽어내기 위해서 우리는 "漢文字"로 기록되어 있는 이 작품에서 승구인 "懷沙怨屈原"을 반드시 "懷沙賦로 怨望하며 죽은 屈原아"라는 呼格의 文章으로 풀어 읽어낼 수 있어야 하고, 승구와 결구의 終末에 "~아"라는 呼格 조사와 "~구나!"라는 感歎型 어미를 찾아 읽고 작자의 우리 말 文章의 驅使 솜씨를 읽어낼 수 있어야 하는 것이다.

또 다른 絶句 작품인 〈感興〉에서는 "느꺼운 懷抱"를 題材로 설정하고, 역시 분명히 豫備 構想했을 한글 文章인 "약 캐 먹고 長生不死 追求해 본들, 그 누구가 孤竹君의 아들만 하랴? 西山서 캔 고사리만 한번 먹고도, 맑은 바람 외려 사뭇 남아 있으니!"를 漢詩化 하여 "採藥求長生 何如孤竹子 一食西山薇 淸風猶不死"라고 읊었다. 이 작품의 題材인 "느꺼운 懷抱"를 다시 풀어 읽어 보면 "너무너무 북받쳐서 기막히게 뜨거워진 깊은 가슴 속의 감회"라는 말이다. 이 작품을 이런 감회를 중심으로 말해보면 바로 작자 자신이 선비로서, 높은 뜻과 바른 도리 그리고 역사적 正義를 삶으로 실천한 孤竹君의 두 아들인 伯夷와 叔齊를 참 선비의 典型으로 삼아 가슴속에 새겨 간직함으로써 뜨겁게 느낀다는 말이다.

이 작품은 "採藥求長生(藥 캐 먹고 長生不死 追求해 본들)"이라는 기구를 통해 靈芝니 不老草니 하는 藥草를 캐서 먹고 肉體의 長生不死를 한다는 神仙을 熱望하는 俗世의 人間들을 향해서, 작자는 고사리를 캐서 먹고 굶어 죽어도 높은 뜻과 도리를 지켜서 오히려 정의로운 삶의 精神的 主人公들로 時空을 초월해서 長生不死하게 된 伯夷와 叔齊의 높은 志操와 節槪가 지닌 永遠不滅의 기막힌 氣像을 "淸風猶不死(맑은 바람 외려 사뭇 남아 있으니!)"라며 우러러 기리고 있다. 이 작품에서도 詩로 豫備 構想한 우리 말 文章이 이상에서 인용한 바와 같다고 가정하면, 그 네 구의 어미들을 "~해 본들, ~만하랴? ~하고도, ~했은니!"로 읽을 수 있게 한 것은 작자인 崔慶昌의 우리 말에 대한 有機的 構文 能力 때문이라고 할 수 있다.

白光勳은 絶句 작품인 〈陵霄臺下 聞笛〉에서 "능소대 아래에서 피리 소리를 듣고"라는 자신의 실제 경험을 "석양 무렵 저 강 위의 피리 소리는, 가랑비 속 강 건너는 뉜가 싶더니, 이내 여운 아득하게 간 곳 없다만"이라고 하여 陵霄臺 아래에서 경험하는 풍경으로 말하면서, 이 풍경을 바로 가랑비가 내리는 속에 맞은 석양 무렵이라는 시간과 가랑비가 내리는 속의 강이라는 공간, 그리고 이 시간에 이 공간을 배경으로 맞은 그 누군가가 그윽한 흥겨움의 가락으로 피리를 불며 강을 건너나 싶다가 이내 그 피리 소리가 사라져 간 상황으로 설정해 "夕陽江上笛 細雨渡江人 餘響杳無處"로 漢詩化하고는, 이 애틋할 만큼 아쉽게 사라져 간 피리 소리가 아련히 사뭇 아쉬워, 이내 애틋하게 가슴에 남겨 놓고 사라진 청각의 가락이 가랑비 속 어두움에 사라져 상상의 그리움이 되어, 돌아올 봄에 이 강가 나무마다 곱게 피어날 꽃송이들이라는 시각의 풍경으로 되살아나 봄을 맞을 것이라며, "강가 꽃 돼 나무마다 봄을 맞겠지!"로 豫備 構想하여 "江花樹樹春"으로 漢詩化하여 再現 하고 있는 것이다. 그래서 이 작품을 정확하게 이해하고 살려서 풀어내기 위해서는 "비가 내리는 저녁 무렵이라는 시간과 비가 내리는 강 위라는 공간"이라는 설정이 결구를 위한 예비 조건으로서 구조적으로 설정된 배경임을 알아야 한다. 그리고 이 작품의 제목인 〈陵霄臺下 聞笛〉의 "陵"자는 "凌"자와 뜻이 같기도 하여 서로 通用하는 글자로 쓴 것이다. "陵霄"는 "곧장 구름 위 하늘로 솟았다."라는 뜻으로 "凌霄"와 같은 뜻으로 쓰였다.

또 다른 絶句 작품인 〈贈尹而栗〉의 原文인 "醉語不記日 南山舊樣青 重期月明夜 吹笛下松汀"을 읽으면, 작자인 白光勳이 벗에게 다시 이야기하는 것처럼 준비해서 읊어 漢詩化했을 우리말 文章이 바로 "醉中 한 말 날짜 기억 못 하겠으니, 남산이 옛날처럼 푸르르거든, 달이 환히 밝을 밤을 다시 약속해, 피리 불며 솔숲 물가 내려가 보세!"라는 文章이었을 것이라는 추정이 쉽게 수긍될 수 있는 것이다.

이는 작자가 과거 언젠가 벗인 尹而栗과 같이 달이 환하게 밝은 밤에 솔숲이 있는 물가에서 술을 마시고 피리를 불며 노닐고서는, 헤어지면서 "달이 밝을 며칟날 밤에 또 만나세!"라고 약속을 했다가, 취중에 약속한 것이라 그 날짜를 그만 잊었으니, 남산이 옛날처럼 푸르러지면 달 밝을 밤을 다시 약속해서, 피리를 불며 함께 그 솔숲 물가로 내려가서, 또다시 술을 마시며 놀아보자며 또 한 번 약속을 하는 것이다.

이 한글로의 譯解 文章은 필자가 이런 사연을 전제로 譯解한 한글 文章이지만, 작자가 還生을 해서 譯解한 이 文章을 읽는다면 語調나 文脈 그리고 心氣의 印象으로도 同意를 할 것이다. 그것은 白光勳과 尹而栗이 자별한 우정으로 맺어진 친구 사이임을 전제로 하고 이 작품을 읽어 보면, 누구나 이 譯解된 한글 문장의 내용에 모두 공감하고 동의할 것을 필자가 확신하기에, 이것이 바로 작자가 豫備 構想한 한글 文章을 筆者가 譯解한 것일 뿐이라고 斷言하는 것이다.

또 다른 絶句 作品인 〈富春別墅〉는 작자의 벗인 文希凱의 別莊인 "富春亭園林"을 말한다. 따라서 이 작품은 작자가 여기에 머물면서 읊은 작품으로 추정된다. 이 작품의 원문인 "夕陽湖上亭 春光在湖草 明月山前榭 花陰看更好"를 構想의 狀態로 놓고 분석해보면, 기구와 승구가 相關的인 前半部로, 전구와 결구가 상관적인 後半部로 구성되어 있다. 전반부의 시간은 석양 무렵이고 후반부의 시간은 달이 밝은 밤이며, 전반부의 공간은 호수 위의 2층 정자이고 후반부의 공간은 산 앞의 단층 정자이다. 그런데 이 시의 시간과 공간 속에서 주인공이 되어 마주하는 풍경을 보고 느끼며 시로 이야기하고 있는 주인공은 바로 작자인 玉峰이므로, 만약 우리가 그에게 이 "富春別墅"에서의 감흥을 말해 달라고 한다면 분명 "석양 무렵 호수 위의 정자서 볼 젠, 봄 풍경은 호수 풀뿐인가 했더니, 밝은 달빛 환한 산 앞 정자서 보니, 꽃그늘도 볼수록 다시금 좋네!"라고 답해 주었을 것이 분명하다. 그래서 이 작품의 역해에 漢詩 原文의 기구에 없는 "~에서 볼 젠"이라는 文外의 서술 어미와 승구에 "~뿐인가 했더니" 라는 서술 어미 그리고 전구에 文外의 서술 어미인 "~서 보니"와 결구에 "좋네!"라는 감탄형 어미 등을 넣은 것은 이 시에 작자인 玉峰의 모국어 감각과 그 활용의 솜씨가 체화되어 있었을 것이기 때문이다.

이상에서 보는 바와 같이 이 세 詩人들이 前後 및 同時代의 어떤 詩人들보다 韓國語的 意味 構造에 대한 理解와 言語 感覺에 대한 生活的 體化가 言語 生活로 熟練되어 있어서 보다 새롭고 자유로웠던 것이 이들이 남긴 漢詩 作品에서 變容된 情況으로 확인되는 것이다. 그래서 이들은 우리 말의 意味 構造와 言語 感覺을 가능한 한 漢詩의 그것들로 變換하여 形象化하려 하였다고 할 수 있다. 따라서 이들의 漢詩 作品들, 특히 五言絶句 작품들은 우리 선인들의, 아니 우리 겨레의 진솔하고 정겹고 섬세한 마음과 표정과 맵시를 우리 말의 온갖 맛으로 담고 있어, 우리 옛 어른들의 일상적 삶의 참모습과 진정을 숨김없이 읽어 볼 수 있는 것이다.

이제 玉峰의 詩를 마지막으로 이제까지 이른바 "三唐詩人"이라 일컬어져 온 이들의 작품들을 모두 譯解하게 되었다. 이들은 語文的 能手로서 學唐의 詩人으로 自負하였을 것이고 세상으로부터 認定도 받았겠지만, 이 三人의 詩가 실질적으로 餘他의 詩人들의 그것과 아주 辨別되는 새롭고 놀라운 特質은 앞에서 말한 바대로 우리 말로의 우리 감정과 우리 말투와 우리 말맛과 그 쓰임새를 그대로 살려서 가능한 한의 漢字 및 漢文章의 構造와 機能으로 運用하여 漢詩化했다는 점이다.

이들의 작품들은 餘他 詩人들의 작품들을 다루고 풀어 읽듯 그냥 평면적인 散文的 構造로 접근해서는 쉽게 門을 열어주지 않는다는 점을 알아야 한다. 이들의 작품들은 보다 섬세하고 치밀한 우리 말로의 의미와 우리말로의 틀을 漢詩 文句와 文脈 속에 破格的으로 壓縮하고 配置하고 있으며, 때로는 아예 無言과 言外로 意味를 배치하고 있음을 볼 수 있다. 또한 이들은 흔히 唐風 詩의 아주 중요한 특질인 "恨"이나 "興"으로 울려내는 소리 가락을 타는 詩를 오히려 거의 짓지 않고 있다. 따라서 이들은 이미 일컬어져 온 바 대로의 蹈襲的인 "三唐詩人"이 아니라 "三人의 韓國的 漢詩人"이라고 해야 할 것이다.

뿐 만 아니라 이들도 역시 麗末國初로부터 心性의 修養이 强調되는 性理學의 풍조를 벗어나려 하지 않았을 것이다. 따라서 이들이 창작한 작품들의 실제 성향을 점검해 보면 感興의 風情이나 哀傷의 情恨에 지나치게 편향되거나 매몰되어 그런 가락을 타고 넘으며 詩를 짓고 읊지 않는다. 오히려 사물이나 인정의 내적 자질이나 공간을 思惟的으로 섬세하고 진실 되게 구성하고 수용하여 작품 속에 담아 형상화하고 있다. 그래서인지 孤竹의 〈武夷洞〉이나 玉峰의 〈新居得石井〉·〈武夷精舍 代月課〉 같은 작품들은 濂洛詩의 風格과 영향을 여실하게 보이기도 하는 것이다.

이제 이 세 詩人들의 작품에 대한 後人들의 評判을 살펴보기로 한다. 일찍이 任相元이 「蓀谷集序」에서 "有稱三唐集者 謂崔孤竹慶昌 白玉峰光勳 李蓀谷達也(삼당집이라고 일컬어지는 것이 있었으니 최고죽 경창·백옥봉 광훈·이손곡 달을 말한다.)"라고 해서 이 세 사람이 "世稱 三唐詩人"으로 알려지게 됐으며, 이어서 "是三子者 刻意摹唐 間有絶相肖者 驟而讀之 蒨麗可愛 若奪唐人之髓(이 세 사람은 고심하며 唐의 시를 본떠 지어서, 이따금 唐의 시와 아주 닮은 것이 있기 때문에 별안간 읽어 보면 사랑스러울 만큼 선명하고 고와서 唐나라 시인들의 진수를 빼앗아 가진 듯하다.)"라고 하여 이들의 唐詩風으로서의 詩的 位相을 기정사실화 하였다.

그런데 이들의 바로 후배격인 柳夢寅은 그의 『於于野談』에서 崔

慶昌과 李達의 詩에 대하여 “姑取其善鳴者而錄之(우선 그 잘 지었다는 시를 기록한다.)”라고 하고는 孤竹의 七言絶句 〈大隱巖〉을 〈過李長坤故宰相家〉로 誤認 記錄하고서 “淸淡可尙 但此人等 只事小詩 元學不裕 終不大鳴如古人(맑고 담담하기는 숭상할 만하나, 단 이들은 다만 小品의 詩 짓기만 일삼고 근원대로의 시 공부는 여유롭게 이루어내지 못해서, 종내에는 옛시인처럼 크게 명성을 거두지 못했다.)”이라고 하였으며, 또 孤竹의 詩 〈武陵溪〉의 둘째 수인 “危石纔敎一逕通 白雲猶自秘仙蹤 橋南橋北無人問 落木寒流萬壑同(험한 바위 겨우 하나 산길 통해 나게 했고, 흰 구름이 천년 두고 신선 자췰 숨겨둔 채, 다리 앞도 다리 뒤도 물어도 볼 사람 없이, 지는 낙엽 찬 냇물만 수만 골짝 똑같구나!)”을 “尋僧舍 入山谷 忽失路 …… 其失路 凄棲遑之恨 在於此言表(스님의 절을 찾아 산골로 들어가다가 홀연 길을 잃고 …… 이내 몸 둘 곳이 없게 된 한스러움이 말 밖에 담겨 있다.)”라고 하여, 이 작품의 제목에서 이미 작자가 “武陵桃源”을 연상하며 지은 것임을 확인할 수 있음은 물론 이 작품에서도 超絶的인 脫俗의 仙境에 대한 놀라움과 감탄을 읊은 것임을 바로 확인할 수 있는데도, 柳夢寅은 이렇게 턱없는 臆說까지 붙여 誤解를 하고 있다.

또한 같은 책에서 玉峰 白光勳에 대해서는 “白光勳以能詩善草書鳴於湖南爲第一 其過扶餘縣 縣監方船載酒 借公州妓樂以要之 至則布衣一儒生 貌寢少風采 妓中有一人名將本善俳諧 曰曾聞白光勳之名大於山 及得見之 釣龍臺耳 名爲蘇定邦白馬餌龍之地 而不過塊然一小巖而已 當時以妓言爲善形容 光勳有一小詩 亦鳴於時 靑山重疊水空流 不是金宮卽玉樓 全盛至今無處問 月明潮落倚孤舟 以余觀之 詩亦釣龍臺也(백광훈은 시에 능하고 초서를 잘 쓰는 것으로 호남에서 제일이라 알려졌는데, 그가 부여를 지나가게 되자 현감이 배를 준비하여 술

을 싣고서 공주의 기녀들과 풍악을 빌려 준비해 놓고 초청을 하였다. 그런데 도착한 행색을 보니 가난한 한 시골 선비로 체모도 못생기고 풍채도 보잘 것 없었다. 기녀들 중에 '장본'이라는 이름의 기녀가 본래부터 희롱하기를 잘하는 터라, 말하기를 '일찍이 듣기로 백광훈의 명성은 산보다도 크다더니, 막상 만나보니 조룡대일 뿐일세!'라고 하였다. 부여 백마강에 조룡대가 있는데 그 명칭은 소정방이 용을 낚시질한 곳이라서 생긴 것이지만 한 덩어리의 작은 바위일 뿐이니, 당시 이 기녀의 말이 아주 잘 형용한 것이다. 광훈에게 한 수의 小品 詩가 있어서 또한 그 시기에 소문이 났었는데, '푸른 산들 겹겹인 채 물만 괜히 흘러가고, 황금 왕궁 아니고서 그냥 고운 누각이니, 왕성했던 그땔 물어볼 곳조차 없는 채로, 달만 밝고 조순 빠져 외론 배에 기대 있네!'라고 한 것이니, 내가 보기에는 이 시도 조룡대일 뿐이다.)"라고 하여, 조금은 비웃듯이 貶下하고 있다.

그런데 柳夢寅은 그의 『於于野談』에서 崔致遠으로부터 鄭士龍·蘇世讓 등 많은 文人들을 批判하고 있지만, 특히 이 三唐詩人들의 작품을 언급함에 있어서는 의도적인 듯이 꼭 "小詩(小品의 詩)"라고 표현하고 있을 뿐만 아니라, 작품 자체를 의도적으로 오해하는 것인지 沒理解하는 것인지는 모르나, 실제 오해와 몰이해의 행태를 보이고 있다. 그래서 柳夢寅이 특히 이 三唐詩人들에 대해서는 劣等感을 강하게 갖고 있었던 것으로 추정된다.

柳夢寅과는 아주 다르게 『玉峰集』의 序文을 지은 申欽은, 이 글에서 그의 詩에 대하여 "其氣完 其聲淸 其色淡而古 其旨雅而則 噫其得於天者耶(그 기상이 완전하고 그 성조가 맑으며 그 색조는 담담하면서 예스럽고 그 旨趣는 우아하면서 법도를 지녔으니, 아 그것은 천부적으로 터득되신 것인가!)"라고 하며 玉峰의 詩的 特性을 略述

하고 있다. 이것은 玉峰의 詩만 아니라 三唐詩人의 詩에 共有된 특성들로 이해될 수 있는 것이었다.

따라서 申欽은 그의 『晴窓軟談』에서 "我朝文章鉅公 非不蔚然輩出 務爲傳家 至於取法李唐者絶少 冲庵忘軒之後 崔慶昌 白光勳 李達 數人最著 冲庵詩 所傳誦人口者固多 如江南殘夢晝厭厭 愁逐年芳日日添 鶯燕不來春又暮 杏花微雨下重簾. 西風木落錦江秋 煙霧蘋洲一望愁 日暮酒醒人去遠 不堪離思滿江樓 尤爲膾炙者也 置之唐人集中 辨之不易. 忘軒詩 曰通州天下勝 樓觀出雲霄 市積金陵貨 江通揚子潮 寒雲秋落渚 獨鳥暮歸遼 鞍馬身千里 登臨故國遙 亦可謂亞於冲庵矣. 崔之詩 去歲維舟蕭寺雨 折花臨水送行人 山僧不管傷離別 閉戶無端又一春. 白之詩 紅藕一池風滿院 晚蟬千樹雨歸村. 李之詩 病客孤舟明月在 老僧深院落花多之語 一臠可知其味(우리 왕조에 와서 글을 잘하는 여러분들이 많이 배출되셔서 힘써서 집안의 전통을 세우셨지만, 중국의 唐나라 詩를 본받아 이뤄낸 분은 아주 적었다가, 冲庵과 忘軒 두 분의 뒤에는 崔慶昌과 白光勳과 李達 등 몇몇 사람이 가장 알려지게 되었다. 冲庵의 詩는 사람들의 입에 외워지는 것들이 진실로 많은데, '강남 헤매꾸던 꿈 끝 봄날 한낮 고요한 채, 봄 풍경 뒤 좇는 시름 매일매일 보태건만, 꾀꼴·제빈 오지 않고 봄만 다시 저물어서, 살구꽃에 가랑비 속 겹겹 주렴 내려치네!'와 '가을바람 낙엽 지며 금강에는 가을이라, 안개 끼인 마름 물가 사뭇 보며 시름인데, 해 저물고 술 깨고서 사람 멀리 떠난 뒤엔, 강가 누각 이별 시름 온통 못 견디겠구나!'는 더욱 사람들의 입에 오르내리는 작품이라, 唐나라 시인들의 詩集에 넣어 놓으면 변별해내기 쉽지 않을 것이다. 忘軒의 詩에는 '통주 여긴 천하의 명승지라서, 큰집들이 구름 위로 솟은 듯한데, 시장에는 천하 물건 다 쌓여 있고, 강으로는 양자 조수 통해 흐르며, 찬 구름은 가을 맞아 물가에 지고, 홀로인 샌 해 저물자 遼東 돌아가, 말 안장 위 내 몸만은 천 리 밖인 채, 올라 서니 내 나라는 아득 멀구나!'라고 하여 가히 冲庵에 버금 간다 하겠다. 崔孤竹의 詩는 '지난 해엔 비 내리는 이 절 앞에 배 댔을 제, 꽃 꺾어선 물가 와서 떠날 사람 보내더니, 산 속 스님 슬픈 이별 상관하지 않는 채로, 문 닫고서 무심하게 또 한 봄을 맞겠구려!'라고 하였으며, 白玉峰의 詩는 '붉은 연꽃 펴난 한 못 바람 가득 분 울안에, 저녁 매미 울던 온 숲 비는 마을 돌아간 뒤'라고 하였고, 李蓀谷의 詩는 '병든 손의 외론 배엔 밝은 달만 비추련만, 노스님들 깊은 울안 진 꽃잎만 가득하니'라고 하였으니 이 시들의 한 詩句들만으로도 그 風味를 알 수 있다.)"라고 하여 값을 아주 높이 매기고 있다.

이상 申欽의 評은 바로 冲庵의 詩가 보여주는 "江南"을 향해 끝나가는 봄을 애타 하는 무한한 情恨과 "錦江樓"에서 서글퍼져 가는 가을에 못 견디게 안타까운 이별의 無限한 恨哀, 그리고 忘軒의 詩가 보여주는 豪宕한 風情과 倉卒間 反轉으로의 旅愁로 마무린 能熟한 솜씨, 崔孤竹의 詩가 보여주는 得道한 스님의 脫世俗的 人性을 위한 觀察과 描寫, 그리고 白玉峰의 詩가 보여주는 事物에 대한 機微의 捕捉과 그 生動的 模寫의 手法 등을 實證으로 삼아, 이들을 참으로 기막히게 唐詩의 風情과 그 表象的 수법을 남다르게 터득하고, 보다 풍부하고 다양한 情感과 韻味의 詩的 창작을 실천한 一系의 작가들로 評決한 것이 분명하다.

李睟光도 그의 『芝峯類說』에서 崔孤竹과 蓀谷의 詩를 好評하고 있으며, 許筠은 그의 『惺叟詩話』에서 崔孤竹과 白玉峰 그리고 蓀谷에 대하여 "我朝詩 至宣廟朝大備 盧蘇齋得杜法 而黃芝川代興 崔白法唐而李益之闡其流(우리 조선의 시가 선조대왕 시기에 크게 준비가 되

어, 노소재가 두보의 詩法을 터득하고 황지천이 대를 이어 등장하였으며, 崔孤竹·白玉峰이 唐詩를 모범으로 삼았으며 李蓀谷이 그 흐름을 크게 열어 놓았다.)"라고 하였다. 또한 "余嘗聚孤竹五言古詩 …… 蓀谷玉峰 及亡姉 七言絶句 爲一帙看之(나는 일찍이 孤竹의 五言古詩 …… 손곡과 옥봉 및 죽은 누이 등의 七言古詩를 모아 한 帙의 책을 만들어 보고 있다.)"라고 하였다. 梁慶遇도 그의 『霽湖詩話』에서 이 三人들의 시를 好評하고 있다. 그리고 南龍翼은 그의 『壺谷詩話』에서 歷代 作家들의 작품 전반에 대한 총체적 印象 批評을 하면서, 이 三人에 대해서는 "崔孤竹 慶昌之淸淑"·"白玉峰 光勳之瘦朗"·"李蓀谷 達之孤絶"이라 평하고 다시 "崔白優劣 簡易序已定 謂崔曰炯然南國之孤照 謂白曰吟作秋蟲到白頭 意可知矣 絶句崔果優 而七律無可傳者 至若紅藕一池風滿院 亂蟬千樹雨歸村 一聯則崔讓於白矣 律絶最優者 其蓀谷乎(崔孤竹과 白玉峰의 優劣에 대해서는 崔簡易가 이미 지은 그의 '訂玉峰孤竹集合刊不可說'에서 결정을 내리면서, 崔孤竹에 대해서는 '환하게 빛날 만큼 남쪽 나라를 홀로 비출 만하다'라고 하였고, 白玉峰에 대해서는 '가을벌레처럼 시를 읊어 白頭에까지 갈 것이다'라고 했으니 그 의의를 가히 알 수가 있다. 絶句에 있어서는 崔孤竹이 과연 우수하지만 七言律詩는 전해질만한 작품이 없다. 白玉峰의 '붉은 연꽃 펴난 한 못 바람 가득 분 울안에, 저녁 매미 울던 온 숲 비는 마을 돌아간 뒤'에 이르러서는 崔孤竹은 白玉峰에게 양보해야 할 것이다. 그리고 律詩와 絶句에 있어서 가장 우수한 사람은 그 蓀谷일 것이다!)"라고 評定하고 있다.

이제 이 책에서 다루는 玉峰 白光勳은 그의 年譜의 幼少年期 才氣와 月沙의 序文에 "早抛擧子業(일찍부터 科擧 及第 같은 것에 뜻을 두지 않았다.)"이라고 한 것 그리고 象村의 序文에 "試擊節而歌之 則颯颯者宮 鏗鏗者商 讀之者心激而腸潔 古所云乾坤有淸氣 散入詩人之脾者 白子其近之歟(시험 삼아 節奏에 맞추어 노래하듯 읊으면 가볍고 시원스러운 가락은 '宮'의 소리이고, 또동또동 맑은 가락은 '商'의 소리라, 시를 읽는 사람의 마음이 느낌을 받아 심장이 말끔해지니, 예부터 '하늘과 땅에 있는 맑은 기운이 시인의 脾臟에 흩어 들어간 것이다'라고 말하는 바대로, 백옥봉이 여기에 가까운 사람이구나!)"라고 한 것 등을 봐서 어딘지 모르게 玉峰이 知的 自負心과 身分的 自尊意識이 강했던 것으로 추정되며, 이런 자부심과 자존의식이 자칫 感傷的 偏向化의 自我를 오히려 知的 自我로의 성찰로 유도해서 인지, 그의 작품들은 총체적 성향에 있어서 아주 호탕한 감흥을 유창한 가락에 실어 읊은 시나 아주 절절한 한애를 가냘픈 가락에 실어 읊은 시는 남기지 않고 있다. 그래서인지 蓀谷이나 孤竹에 비해서 훨씬 많은 작품을 남겼음에도 이 두 사람의 작품에서 보는 것보다 시적 정감을 조금은 사유하듯 가다듬어 읊어내고 있음을 볼 수 있다.

月沙가 또 序文에서 "尤工於絶句 深得盛唐風格(더욱 絶句에 교묘해서 盛唐詩의 風格을 터득했다.)"이라고 評價한 바와 같이 玉峰은 絶句詩에서 새로운 詩的 境地를 보이고 있으며, 그것도 특히 五言絶句의 작품들에서 그런 面面들을 잘 보여주고 있다.

이상에서 一瞥 論議한 이 三唐詩人들은 共同의 約束도 없이 우연한 일치의 自覺들로 五言絶句의 작품을 많이 남기고 있는데, 통계적으로 詩에 능한 것으로 알려진 歷代의 作家들은 대개 五言絶句에 능한 것으로 나타나고 있으니, 五言絶句야 말로 참신하고 精髓다운 구상과 효율적이며 집약적인 수사가 요구되는 갈래의 것이라고 할 수 있다. 이 三人이 상대적으로 五言絶句의 작품을, 그것도 좋은 작품들을 많이 남기고 있다는 것은 讀者들에게 이 三人의 詩에 대한 남다른 留意를 요구하는 당연한 이유가 되고 있다.

이 三人의 詩人들은 남달리 漢文章과 우리말 사이에는 言語的 屈折範疇의 성격적 차이가 커서 詩語와 詩想으로서의 엄청난 異質性이 있음을 일찍부터 간파하고, 우리말만으로서의 다양한 사물적 감각과 섬세한 인성적 정서를, 우리말로서의 語感과 語調・語套・語氣・語態 그리고 陰・陽性 母音의 對比로 인한 修飾語群의 心象的 差異・言外로의 暗示化 등을 漢詩로 어떻게 해서 形象化할 것인가를 다양하게 窮究하여 四句 혹은 八句의 우리말 詩로 構成하고 그것을 새롭게 漢詩로 창작한 사람들로서, 다른 詩人들과 매우 다르게 唐宋의 漢詩를 그냥 蹈襲的으로 學習하여 평면적・模擬的으로 창작하는 관행을 근본적으로 극복하고, 보다 自我的 眞實性의 확립을 위해 입체적 조직형의 유기적 구조로 창작해온 것을 확인하게 된다. 특히 이 三人 中에서도 玉峰은 이것을 위해 더욱 입체적인 조직형의 유기적 구조로 시를 창작해 왔을 뿐만 아니라, 누구보다도 詩的 造語와 配字에 있어서 다양한 變調를 시도하였음을 확인하게 된다. 우리의 漢詩 作家들은 당연히 漢詩를 짓기에 앞서 먼저 우리말로 詩의 主題는 물론 素材와 修辭 등 작품 자체의 意味構造를 우리말의 意味網으로 構成한 다음, 이것을 漢詩 自體의 音律과 配句의 構造的 條件에 맞춰 漢詩化한 것이다. 따라서 이런 作詩 活動에 더욱 적극적이었을 이 三人의 詩人들은 그냥 三唐詩人이 아니라 앞에서 말한 바대로 "三人의 韓國的 漢詩人"이라 새롭게 呼稱되어야 할 것이다.

그런데 이 三人 중에서 孤竹・玉峰과 아주 달리 蓀谷은 그의 五言

絶句 작품에서부터 七言絶句 작품에 이르기까지 唐詩의 樂府體를 擬作한 것들이 아주 많아, 자신의 出身的 限界狀況으로 인한 갈등적인 삶을 애써 慰撫·解消하기 위한 대리적 時·空間과 伴侶를 脫現實的으로 찾아 울고 웃은 面面들을 보이고 있다.

玉峰은 漢詩를 어떻게 하면 우리말의 다양한 語調와 語感·語氣·語套로 그리고 다양한 文脈的 變調의 詩想으로 이뤄진 작품으로 완성해 내느냐 하는 것에 더욱 노력했음이 실상으로 확인되고 있거니와, 이제 이런 점에 상응하는 몇몇 작품들을 實例로 하여 點檢해 보기로 한다.

〈寄友〉라는 작품은 두 수로 되어 있는데, 이 제목의 뜻은 누구나 알고 있는 바대로 "벗에게 부친다"이다. 그러므로 이 두 작품은 이 시를 부쳐 받게 된 벗이 눈앞에 있거나 가까운 곳에 있는 사람이 아님을 알 수 있다. 이런 상황을 전제로 하여 작자는 이 두 수의 시에 자신과 헤어져 있는 벗과의 거리 그리고 이런 형편과 상관된 상황과 자신의 심경 등을 명료하고 섬세하게 담아 전하려 하였고, 이를 위해서 사항의 윤곽과 진실이 우리말로 명료하고 진실하게 설명되고 전달될 수 있도록 우리말의 연결어미와 종결어디 그리고 그것들이 섬세하고 정겨운 정감으로 전달될 수 있게 하는 갖은 기능의 조사들과 시구와 시어들 상호간의 조응관계를 유기적으로 잘 설정하여 시어와 語義의 생략과 함축을 모두 기능하는 문맥으로 漢詩化하고 있다.

그래서 첫째 수인 "江水東流去 東流無歇時 綿綿憶君思 日夜海西涯"도 우리말로 먼저 "강물은 동쪽으로 흘러서 가며, 동쪽으로 흘러 흘러 쉴 때 없는데, 끝도 없이 자네 그린 생각만인 채, 밤낮으로 海西

이 끝 있을 뿐일세!"로 구성하고 漢詩化했을 것이다. 이것은 "~은 ~으로 ~하며, ~으로 ~해서 ~하는데, ~없이 ~만인 채, ~으로 ~할 뿐일세!"라는 有機的 意味網을 이루고 있을 뿐만 아니라, "~만"이나 "~뿐" 같은 한정조사와 의존명사 같은 것이 꼭 쓰이게 하여 詩想의 變調를 강화하고 있다. 그리고 이 작품에서 "東流"의 "東"과 "海西"의 "西"라는 서로 반대인 공간들은 이 작품의 주제적 갈등 구조를 위해서 설정된 假想의 두 공간이다.

둘째 수인 "客行知遠近 處處有青山 日晩江南望 相思燕子還"도 우리말로 먼저 "어디쯤에 客(자네) 갔을까 알만하네만, 곳곳마다 푸른 산들 가려진 채라, 해지도록 강남만 바라볼 제면, 그리움에 제비들만 되돌아오네!"로 구성하고 漢詩化했을 것이다. 이것은 "~에 ~했을까 ~하네만, ~마다 ~들 ~했을 테니, ~도록 ~만 ~할 제면, ~에 ~들만 ~하네!"라는 有機的 意味網을 이루고 있을 뿐만 아니라, 전구의 "日晩江南望(해지도록 강남만 바라볼 제면)"에는 "해지도록"의 앞에 "아침부터"라는 말이 생략되어 있고, "강남만"의 앞에는 "벗이 살고 있을"이라는 말이 생략되어 있어서 "벗 자네가 가서 있을 그 강남만을 하루 종일 바라보고 있다"는 기막힌 정황을 말하고 있다. 결구의 "相思燕子還(그리움에 제비들만 되돌아오네!)"에는 "그리움에"의 앞에 "벗을(자넬) 향한"이라는 말이 생략되어 있음을 알 수 있는데, 이 구에도 "~만"이라는 한정조사가 두 번이나 쓰여 詩想의 變調를 강화하고 있음을 알 수 있다.

〈寄鄭兄景綏 名遠〉의 "綠楊未成線 池閣鎖餘寒 日出花間鳥 相思淸夢闌"은 漢詩 原文의 文面을 충실하게 따라 우리말로 풀어 읽으면 "파릇 버들 실가지도 못 이뤄진 채, 못가 집엔 남은 추위 안 풀렸는데, 해 떠올라 꽃들 사이 새들 소리에, 그리다 꾼 맑은 꿈만 깨어났구려!"가 되지만, 이 작품을 우리말의 의미 논리나 문맥의 자연스러운 어순으로 볼 때 기구와 승구는 우리말로의 의미적 논리로서 화자이며 작품의 주체인 작자가 체험하고 감각하면서 시를 지어 읊고 있는 時·空間이 한 봄날의 이른 아침이면서 못가에 있는 집안일 것이 분명하다. 따라서 화자는 바로 이 집 방안에서 한 봄날 새벽잠에서 벗을 만난 꿈을 꾸다가, 아침 해가 뜨고 꽃 사이서 우는 새 소리에 잠을 깨서 보니, 꽃도 다 핀 한 봄이지만 정녕 아직은 봄추위가 남아 있어서, 아마도 방 밖 이 못가에는 파릇파릇 잎들이 자라면서 휘늘어질 버들가지들이 아직은 그렇지 못한 채 있을 거라고 하는 말이다.

그래서 이 기구와 승구를 실제 이 시·공간에서 작자가 詩的으로 추정하는 상황으로 놓고 보면, 당연히 우리말로의 詩인 "못가 집엔 남은 추위 안 풀렸으니, 파릇 버들 실가지도 못 이뤘는데"로 해야 자연스럽고 순리적인 문맥인데, "寒"이라는 脚韻字가 반드시 승구에 놓여져야 하기 때문에 불가피하게 기·승구가 倒置되어 漢詩化한 것임을 알아야 하는 것이다. 그리고 이 작품에서도 기·승·전·결 네 구의 어미인 "～진 채, ～했는데, ～에, ～했구려!"만으로도 작품 전체의 시상이 유기적이면서 생동적인 가락을 타고 있음을 확인할 수 있다. 이 작품에서도 결구에서 한정조사 "～만"을 살려 읽을 수 있어야 이 작품 자체를 살려서 읽게 되는 것이다.

이제 玉峰의 詩 作品들에 대한 총체적 논의를 시작함에 있어서 필자는 이 작품들의 본질에 대한 자신 있는 이해가 부족함을 자인하지 않을 수 없어, 그 작품들의 본질에 백분 상응하는 논평은 사양하지 않을 수 없다. 다만 譯解의 작업을 하면서 오히려 새롭게 학습한 보람과 그 과정에서 체득·확인한 새로운 면면과 요소들을 玉峰의

詩에 있어서 아주 새로운 특성으로서 작품들의 내적 자질로 놓고, 그 시어들의 자질적 선택과 배치 그리고 그것들이 상호 치밀한 유기적 구조를 구성하고 있음을 전제로 하여, 그 개개 작품들의 자질과 특색들을 소개하고 안내하고 유도하는 것으로 논평을 대신하기로 하였다.

이미 앞에서 언급한 바대로 蓀谷과 孤竹・玉峰 세 사람이 함께 韓國語的 語感의 意味 構造와 情感을 奧妙하고 纖細하게 담고 놓아 作品化했다는 점에서, 韓國的 漢詩의 作家들이라 했는데, 이 중에서 특히 玉峰은 五言이나 七言의 律詩에 비해서는 물론 七言絶句에 비해서도 좋은 작품으로 창작하기가 어려운 것으로 알려진 五言絶句의 작품을, 蓀谷과 孤竹 보다 훨씬 많은 131수나 남겨 놓았을 뿐만 아니라, 作品들의 文藝的 資質에 있어서 역시 창의성과 참신함을 매우 새롭게 보여주고 있어 拔群의 作家的 位相을 잘 확인시켜 주고 있다. 이 五言絶句의 작품들에서는 〈贈思峻上人〉・〈贈尹而栗〉・〈別楊應遇〉 같은 興趣의 작품과 〈挽〉・〈哀淨源〉 같은 恨哀의 작품 등 몇 작품들에서만 들릴 만큼의 가락이 실린 시를 남기고 있을 뿐, 나머지 多數의 작품들에서는 分節的 音感을 별로 의식할 수 없어 그의 五言絶句 作品들이 전반적으로 知的인 吟味의 詩이며 感情的인 放懷의 詩가 아님을 잘 보여주고 있다. 그래서 작자가 五言絶句 作品들에서는 전반적으로 무엇을 읊느냐 하는 것보다 어떻게 읊느냐 하는 것에 마음을 썼던 것으로 판단된다.

玉峰은 어느 작가들보다도 성실하고 정겹게, 겨우 20개 글자의 4구인 좁은 틀의 絶句라는 공간에 가장 값지고 알뜰한 알맹이의 무엇들을 우리말로의 온갖 생각과 솜씨로 죄여 넣은 구슬방울로 속을 한껏 채워 남기고는, 40개의 글자와 56개의 글자로 확장된 律詩라는

8구의 공간을 진솔하고 성실한 일상사와 정감들로 알뜰하게 안으로 갈무려 읊어 놓고 있다. 특히 五言絶句 작품들에서는 인정과 사물의 구조나 현상을 평면의 시각에서 탈피해서 韓國的인 情感과 語感의 妙味로 살려, 보다 다양한 聯想과 心象 그리고 함축과 생략 등의 운용을 보다 새롭고 파격적인 배치와 조직의 수법으로 구성하여 漢詩化하였다. 이제 玉峰의 詩에 대해서는 그 작품들이 함유하고 있는 묘체이면서, 앞에서 말한 바 우리말로서의 보다 다양한 연상과 심상 그리고 함축과 생략 등의 운용을, 어떻게 漢詩的 作品化의 實際로 수행하고 있는가를 점검하고 확인할 수 있도록, 몇 수의 작품들을 실례로 제시하여 同好學人들의 共感과 同賞을 誘導하고 勸勵해 보기로 한다.

〈新居得石井〉에서는 제목의 "石井"과 "寒泉" 그리고 "淸明" 같은 것들의 心象과 "照我十年心"으로 해서 무슨 詩風의 작품인지를 말할 수 있어야 한다.

〈題楊通判應遇淸溪障〉은 누가 누구의 무엇을 대변하여 지은 詩인지를 알아야 하며, 또 이 작품에는 누구의 무엇이 함께 곁들여지고 있는 것인지를 알아야 한다.

〈富春別墅〉에서는 隨時的으로 展開되는 風光에 놓여진 화자의 心境相과 그것의 發話狀을 우리말로 섬세하고 진솔하게 그대로 살려 읽어낼 수 있어야 한다.

〈題畵梅〉에서는 기구 "冷蘂開猶少"에서 "少"자와 승구 "遊蜂聖識春"에서 "聖"자를 상호 유기적 심기의 관계로 놓고 아주 딱 맞는 의미의 우리말로 풀어서 읽어야 하고, 전구 "何當添勁節"의 "勁節"을 구체적인 실물로 바꾸어 읽을 수 있어야 한다.

〈醉題金仲皓衣〉의 결구 "一笑是平生"에서 "平生"과 〈寶林寺贈別〉의 결구 "平生寸心是"에서 "平生"이 어떻게 서로 같고 어떻게 서로 다른 "삶"인지를 각각 그 앞에 놓인 "千金不惜醉"와 "白日在青天"으로 풀어, 무엇이 같고 무엇이 다른지 살펴볼 수 있어야 한다.

〈挽〉에서는 이 "挽"자 다음에 무슨 글자가 생략되어 있는지를 알아야 하며, 전구 "百年成說在"에서 "成說"이 다른 말로 무엇인지를 반드시 알아야 한다.

〈贈朴無競〉에서는 승구 "何處非花柳"에 우리말 토를 잘 달아 읽어야 하며, 전구 "白雲在天涯"에서 "白雲"에는 우리말로 무슨 토를 달아 읽어야 하는지를 알아야 한다. 또 이 작품에서 이 "白雲"이 구체적으로 무엇을 지칭하는 것인지를 알아야 한다.

〈送僧向嶺左〉는 懷古詩로서 당연히 허망함과 한탄을 읊은 것이므로, 어떠한 무엇과 어떠한 무엇을 대비적으로 읊은 것인지를 알아야 하고, 이것을 확인시켜 주는 것들을 작자는 무엇과 무엇으로 지정하여 어떤 助詞들로 놓아 읊고 있는지를 알아야 한다.

〈錦城贈友〉에서는 이 시를 지어 주는 벗이 아주 오래전부터 친한 옛친구처럼 서로 정이 깊어진 벗이 되게 한 세 가지 이유가 무엇무엇인지를 밝혀 말할 수 있어야 한다.

〈別後〉의 첫째 수인 "一夢殘更月 臨門別後顔 秋雲最無思 遮斷水西山"에서는 제목인 "別後"에서 "別"의 구체적 대상이 누구인지를 알아야 하고, 기구의 "月"과 전구의 "雲"이 상관되는 상황이 구체적으로 어떤 사연인지 설명할 수 있어야 한다.

玉峰은 또 七言絶句의 작품들을 222수나 남기고 있어서 양적으로 놀라움을 보이면서, 그 題材에 있어서도 대상의 범위를 다양화하고 있다. 그는 "七言"으로 조금 커진 用器의 여유를 작품 자체에 대한 보다 확대되고 자유로운 구상과 수사로 운용하면서, 시상의 실질적 다양성과 참신성을 제고하여 주제적 범주의 확장과 함께 이에 상응하는 수사적 혁신과 변화도 새롭게 하고 있다. 이런 경향에 五言絶句의 작품들에서와 같이 순수 우리말로서의 언어적 감각과 문맥적 구조에 바탕한 문장의식이 기반을 이루고 있음은 물론이다.

따라서 玉峰은 이상에서 말한 우리말로서의 언어감각과 문장의식을 바탕으로 구성된 우리말의 감각과 정감을 담은 詩語와 詩文章을 漢詩의 樣式과 構造에 맞추어 보다 자신 있고 능숙하게 漢詩化함으로써 詩人的 抱負를 자신한 作家였다. 이제 七言絶句 작품들에 대한 論及을 통해 玉峰의 韓國的 漢詩人으로서의 眞面을 확인해 보기로 한다.

〈明皇〉에서는 기구에서 "兩鬢絲"의 부사적 배경과 승구에서 "更羈危"의 부사적 배경이 어떻게 서로 다른 것인지를 변별하여 "토(우리말의 助詞)"로 각각 달아 읽을 수 있어야 하고, 전구의 끝에 우리말의 무슨 "토"를 달아야 하는지를 알아야 한다.

〈贈妓湖南月〉에서는 기구와 승구로 읊어지는 상황의 배경과 현재의 상황을 실감 있게 추정하고 재구성하여 합리적으로 확인할 수 있어야 하며, 전구에서 "隨流水"의 "流水"가 구체적으로 삶의 어떤 상태를 말하는지 알아야 하고, 결구에서 "淚滿雲"은 구체적으로 시적 주체의 어떤 행태를 비유적으로 표현한 것인지를 알아야 한다.

〈幽居〉의 첫째 수는 작자 자아의 행태나 감정이 작품의 공간 어디에도 개입되어 있지 않은 채, 작자는 한가롭고 조용한 日常과 風景들을 寫生하듯 적고 있을 뿐이므로, 이 작품에서는 특히 "幽"·"僻"·"少"·"無事"·"晝不開"·"小庭"·"一聲山鳥" 등의 詩語들을 상호 연관하여 음미해 보고, 이 작품이 어떤 詩風을 닮아 있는 것인지를 말할 수 있어야 한다. 그리고 둘째 수에서는 결구의 "微雨一簾春意深"에서 "一簾"을 잘 풀어 읽어야 하며, "春意"도 관습적으로 하는 逐字的 飜譯의 풀이가 아니라, 당시의 語彙일 수 있으면서 현대에 가장 적합한 語彙로 바꾸어 풀이하고 읽을 수 있어야 한다.

〈過龍湖〉에서도 기구의 "誰家"라는 詩語, 승구의 "釣船無纜"이라는 句節, 전구의 "輕霞一抹"이라는 句節, 결구의 "殘陽照掩門"이라는 句節 등이 相互 照應的으로 어떻게 작용하며 내면 풍경과 정감을 마련하고 있는지를 명료하게 읽어낼 수 있어야 한다.

〈清暎亭〉에서는 기구에서 "千峰雲作一江晴"의 "千峰雲作"과 "一江晴"이 어떤 형태의 구조로 상호 연결되고 있는 것인지를 合理的 文意로 파악하여 읽을 수 있어야 하며, 전구와 결구에서는 詩想의 主人公과 상관된 詩語의 誤用을 잘 살펴 확인할 수 있어야 한다.

〈有琴師自海中來者〉에서는 작자가 "琴師"를 무엇으로 인정하여 읊고 있는지를 알아야 하고, 기구의 "下蓬山"에서 "下"자와 전구의 "下指"에서 "下"자가 우리말로 각각 어떻게 다르게 풀이되는지를 알아야 하며, 전구 자체를 아주 쉽게 풀어 읽을 수 있어야 하고, 결구의 "冷風"이 실제로 무엇을 말하는 것인지 알아야 한다.

〈柳〉에서는 기구의 "不記時"가 文外로 무슨 말을 하고 있는지를 알아야 하고, 승구인 "輕黃嫩綠總多姿"가 가는 버들가지의 상태를 말한 것이지만, 文外로 무엇으로의 연상을 유도하는 것인지를 알아야 하며, 결구인 "每被風來特地吹"의 "風"이 또 무엇을 상징하는 말로 쓰였는지를 알아야 한다.

〈贈別成卿〉에서는 작품의 주제적 성격과 그 정감의 균형적 일치를 위해서, 결구인 "一樽相送是天涯"에서 "一樽"이 잘 배치된 詩語인지를 살펴봐야 하고, 만약 적합하지 않은 것이면 무슨 詩語로 代置해야 하는지를 알아야 한다.

〈紅白蓮 呼韻〉에서는 이 작품의 전・결구인 "試向月中尋異馥 不同顔色也同風"을 정확한 문맥으로 잘 파악해서 풀어 읽고, 특히 결구에서 "也同風"이 구체적으로 紅蓮과 白蓮이 서로 어떻다는 것을 말하고 있는지를 확인할 수 있어야 한다.

〈復用前韻 贈吳國彦〉에서는 "士生千一此明時 欲罷漁竿碧海湄 却向春風看造化 乾坤元不費心思"라는 네 구를 상호 유기적으로 풀어 읽고, 결구를 이렇게 마치고 있는 것은 작자의 어떤 태도를 말하고 있는 것인지 말할 수 있어야 한다.

〈白蓮社 西寮〉에서는 "定・閒・幽・深・虛・秋・暗・疎・愁" 등의 글자들이 함축한 心象들이 相互 照應하며, 작품 내면 공간의 정황을 어떻게 구조적・유기적으로 입체화하고 있는지를 잘 살펴 읽어낼 수 있어야 한다.

〈東溪 次主兄韻 名光城〉에서는 기구의 "巖菊"에 누가 투영되고 있는지를 알아야 하고, 승구인 "竹青松碧共爲年"에서 "竹青松碧"을 왜 "碧松青竹"이라고 하지 않았는지를 알아야 하며, "共爲年"을 어떻게 풀어 읽어야 하는지를 알아야 한다.

〈汭陽 贈琴僧〉에서는 승구가 작자의 어떤 정서적 상황을 실토한 것인지를 알아야 하고, 전구인 "寧知人外觀空侶"의 "人"과 "空侶"가 각각 무엇들인가를 알아야 하며, 결구인 "解作春聲却慰心"에서 "解作"의 실제 주어는 누구인지를 알아야 하고, "春聲"은 구체적으로 무슨 소리들을 말하는 것인지 알아야 하며, "心"은 구체적으로 누구의 무엇을 말하는 것인지도 알아야 한다.

〈有贈〉에서는 이 작품의 제목인 "有贈"을 우리말로 정확하게 풀어 읽어야 하며, 기・승구인 "滿庭高樹盡梨花 花發應須客再過"에서 "梨花"는 무슨 사연의 이야기와 상관이 있는지를 알아야 하고, 이렇게 해서 "客"이 누구를 지칭하는 것인지를 알고, 결구인 "月明香夢玉人家"를 정확하게 풀어 읽을 수 있어야 한다.

〈題洪君千璟 錦北庄〉에서는 전・결구인 "十年心事一樽酒 坐對梅花無所言"에서 핵심인 두 어휘가 무엇들인지 말할 수 있어야 하고, "一樽酒"와 "十年心事"의 상관성, "梅花"와 "無所言"의 상관성을 합리적으로 풀어서 읽을 수 있어야 한다.

〈用前韻 效香奩體〉에서는 이 작품이 지어진 구도를 잘 파악하여 그 內含한 詩想의 實狀을 정확하게 읽을 수 있어야 한다. 또 전・결구인 "賴是西窓有明月 莫教狂蝶攪花心"에서 "明月"과 "狂蝶", "花心"을 구체적으로 파악하여 풀어 읽을 수 있어야 한다.

〈代通甫 席上有贈〉에서는 기・승구인 "南山松栢北山雪 一笑偶逢今日春"에서 "南山松栢"과 "北山雪"이 어떤 존재들로서 어떤 관계일까를 잘 파악하여 읽어야 한다. 그래야 전・결구인 "有情那得衆中語 却似不曾相識人"을 풀어 읽을 수 있고, 이렇게 풀어 읽어내야 제목의 "通甫"와 "有贈"을 단서로 한 이야기를 말할 수 있다.

玉峰은 五言律詩의 작품들을 蓀谷보다는 적지만 孤竹보다는 많이 남기고 있다. 律詩에서는 首聯과 尾聯을 外延의 機軸처럼 했으면서도, 마치 絶句의 "起承轉結"처럼 매우 치밀하고 조직적으로 詩想의 緣脈을 有機化하여, 이것들 자체만으로 한 작품의 絶句 詩로도 인정될 만큼 조직적이다. 이 首聯과 尾聯을 詩型의 機樞로 하여 頷聯과 頸聯을 流水對보다는 竝列의 對句들로 많이 배치하여 창작해 놓음으로써, 興이든 恨이든 素材에 실어서 感情의 가락으로 마구 풀어내기보다는, 興과 恨이 투영된 소재일지라도 조금은 思惟的인 客體化의 성향으로 對象化하여 배치하고 제시한 인상의 작품들을 많이 남기고 있다.

따라서 이 五·七言 律詩 作品들의 대체적 실상을 이렇게 전제하고, 이 작품들에 대해서도 우리말로서의 다양한 연상과 심상 그리고 함축과 생략 등의 운용을 어떻게 漢詩的 作品化의 實際로 수행하고 있는가를 점검하고 확인할 수 있도록 개개의 작품들을 실례로 제시하여 역시 同好 學人들의 共感과 同賞을 誘導하고 督勵해보기로 한다.

〈懸津夜泊〉에 대해서는 이 작품이 작자의 日常 속 人品의 한 典型을 곱게 보여주는 것이라는 점을 전제로 하여, 首·頷·頸의 세 聯이 모두 竝列의 對句들로 이루어져 있으면서 이 各 聯들의 여섯 句가 갖추고 있는 敍述의 構造들과 樣態들을 각각의 實相들로 살려 놓고, 이 작품 어디에도 작자의 직접적인 자기감정의 言表가 전혀 없는 것을 전제로 하여, 작자의 인격적 내면 정조와 인품을 읽어낼 수 있어야 한다. 따라서 함·경·미련의 수사적 표현 양태를 전제로 하여 이 작품이 궁극적으로 서정적 서술의 시인지, 감각적 제시의 시인지를 판정할 수 있어야 한다.

〈漫興〉의 둘째 首에서는 수련이 작품 자체의 주제를 살릴 수 있도록 그 前·後의 詩句들을 再調整해 읽을 줄 알아야 하며, 이 작품이 같은 제목인 〈漫興〉의 둘째 首라서 첫째 首와 같은 情調의 작품으로 읽을 수 있으나, 이 둘째 首는 집으로 돌아와 있으며 지은 것임을 미련으로 확인하고 풀어 읽을 수 있어야 한다.

〈訪安上人西林寺〉에서는 수련의 "道山路"와 "知寺名"을 우리말의 어감적 구조로 정확하게 알고 풀어 읽을 수 있어야 하며, 미련의

"一宿便神淸"에서 "一宿"이 무엇과 대비하고 있는 것인지 알아야 하고, "便神淸"의 근원적 배경이 무엇들인지를 말할 수 있어야 한다.

〈重陽日〉은 수련인 "九日仍愁思 淹留足歲時"와 미련인 "山翁携白酒 一醉亦襟期"를 그냥 합쳐도 五言絶句로서 아주 좋은 작품이 될 수 있는데, 함련과 경련이 무엇을 강조하기 위한 설정인지를 알아야 한다. 따라서 이 작품에서 이렇게 기막힌 상황의 반전을 선언하듯 놀랍게 표시하는 어휘인 한 글자가 어떤 것인지를 알아야 한다.

〈漫興〉이라는 이 題目은 앞에서도 나왔는데, 앞의 작품은 "그냥 그런 감흥"이라 풀었고, 이 작품은 "그냥 이는 흥취에 젖어서"로 풀이하여 서로 다르다. 앞의 작품은 그 자체의 내용인 작자의 감흥의 질이 그냥 輕淸하기만 한 데에 비해, 이 작품은 보다 思惟的이며 修養的이고 조금은 自足的이라, 興의 質量的 異質性을 고려하여 우리 말로 풀이를 달리한 것이다. 이 작품에 대해서는 수련인 "坐愛靑山近 行憐小逕平"으로는 風情的 自足의 興趣를, 그러면서도 미련인 "深居無物競 多病也身輕"으로는 修養的 自足의 興趣를 읽어낼 수 있어야 한다.

〈金士重江樹 和恕初〉에서는 수련인 "邂逅平生友 棲遲是處奇"를 아주 잘 알아차려서 풀어 읽어야 하며, 함련인 "江光雨後見 山氣夕陽知"도 잘 알아차려서 읽어야 한다. 특히 이 앞 구의 "見"자와 뒷 구의 "知"자를 어떻게 맞춰서 읽고 풀어야 하는지를 알아야 한다.

〈憶崔嘉運〉에서는 네 聯의 여덟 句 마다에서 각 句의 끝 세 글자 語節들을 눈여겨 짚어 보고, 가만히 서로의 관계를 유기적으로 살펴 詩想의 情調를 짚어내야 한다. 그래야 미련인 "猶憐孤枕夢 不道海山遙"를 다시 잘 풀어 읽고 이야기할 수 있는 것이다.

〈金士重江樹 敬次李一齋〉에서는 이 작품의 전반부인 수련과 함련이 무엇을 말하고 있는 것인지를 정확하게 풀어 읽고 그 실상이 무엇인지를 알아야 하며, 그렇게 해서 경련인 "源遠流因肆 根深幹自長"이 함축한 二重의 意義를 정확하게 읽어내야 미련인 "依歸今有所 終始志須强"이 무슨 이야기인지를 알 수 있다.

〈楊通判求題靑溪障〉에서는 함련의 "空識意"와 "或疑眞"에서 "空"자와 "或"자를 玉篇이나 字典에 지시된 뜻에서 자유롭게 풀어 잘 읽어내야 하고, 경련에서는 "一望"과 "偏驚"을 작품 자체의 本旨와 相關시켜 정확하게 짚어서 풀어 읽을 수 있어야 한다.

〈竹籬〉에서는 수련을 잘 차려서 풀어 읽어야 하며, 경련의 "梅兼絶"과 "雪一奇"도 우리말로 잘 풀어서 읽어야 한다. 그렇게 해서 미련인 "兒孫如滿眼 恣意爲君爲"를 분명하게 풀어 읽어낼 수 있어야 한다.

〈別金季義, 以其先公河西集 請余抄定〉에서는 제목에 있는 기록을 함께 참고하여, 미련인 "無問存亡事 江河萬古流"를 자세하게 풀어서 읽고 설명할 수 있어야 한다.

〈送沈公直赴任春川 名忠謙〉에서는 작자가 수련을 "厭劇仍淸疾 移官恢素情"이라 읊어주고서, 미련에서는 왜 "應憐樓下水 日夜向秦城"이라고 읊어주고 있는지, 그 이유를 자세하게 풀어 말할 수 있어야 한다.

玉峰은 七言律詩를 35수 남기고 있다. 79수의 五言律詩 중에서 首聯부터 竝列의 對句로 시작한 작품이 26수나 되는 데 비해, 七言律詩에서는 35수 중에서 겨우 2수만 竝列의 對句 작품을 남기고 있다. 이것은 七言律詩에서는 그 詩型의 量的 擴大가 提示型의 構想보다는 敍述型의 說明이 쉽기 때문이었을 것으로 판단된다. 七言律詩 작품들에서는 주제의 성격에 상응한 시상의 질량적 조절과 구성이 아주 무리 없이 이루어지고 이를 위한 소재들의 선택과 그 수사도 정연하게 잘 수행되어 있다. 그래서 시적 대상을 매우 자연스럽고 합리적으로 典型化하여 제시하고 있는 작품이 많은 것을 확인하게 된다.

〈奉呈眉巖先生 柳希春〉에서는 함련인 "窮通有命吾何與 消長隋時理必然"에서 작자의 무엇을 읽어내야 하는지를, 그리고 미련인 "平生學道心期在 莫道黃虞是古先"에서는 무엇을 읽어내야 하는지를 알아야 한다. 그리고 〈又用前韻 奉別〉에서도 미련인 "興王問及蒼生事 仁恕如今即政先"을 잘 풀어 읽어내야 하고, 그래서 眉巖先生을 어떤 人物로 보고 있는지를 알아야 한다.

〈頭輪山〉에서는 수련인 "淸淑扶輿地紀分 雄蟠直拱祝融君"이 무엇들을 말하고 있는지를 알아야 하고, 미련인 "東南更接三神界 夢挾飛人跨八垠"이 누구의 무엇을 말하고 있는지를 알아야 한다. 그래서 이 "頭輪山"을 어떤 산으로 그리고 있는지를 살펴봐야 한다.

〈次 正使慶會樓 遇雪韻〉에서는 작자 자신이 次韻한 詩를 지은 正使에게 무엇을 말하려고 한 것인지를 잘 살펴서 확인할 수 있어야 한다.

〈寄竹崖徐君受, 名益〉에서는 작자가 누구의 무엇을 표본으로 제시하고 그것을 어떻게 하고 싶어서 이 시를 읊어 부치는 것인지 확인해야 한다.

〈挽玉溪盧先生〉에서는 누구를 어떤 인격과 품성의 표본으로 삼아 읊고 있는 것인지, 그리고 이런 인격으로서 이런 품성으로 실천한 삶의 행적을 구체적으로 무엇이라 하고 있는지를 확인하고, 끝구인 "山河非復舊精靈"을 정확하게 풀어 읽어낼 수 있어야 한다.

차례

三. 七言絶句

四. 五言律詩

五. 七言律詩

六. 五言古詩

七. 七言古詩

八. 補遺

〈「補遺」에만 수록 되어 있는 作品〉

一· 序文

玉峰集序

人聲之精者爲言 而言之精者爲詩 詩必正其趨向 不雜煩聲 方可得聲之精而能入作者之域矣 盖自詩道之屢變 郊寒島瘦 各有其體 而尙奇者傷於僻 務瞻者流於雜 門路一差 格力日卑 詩之正聲 幾乎熄矣 國朝盛文章 大家名集 彬彬輩出 近世有白玉峯者 以詩名於湖中 湖中人士 莫敢望焉 早抛擧子業 好遊名山大川 旣與時不諧 凡無聊不平 必於詩而發之 嘗以布衣被選製述官馹召 隨儐詔史 延譽諸公間 名卿大人折官位輩行願爲交 造門求其面識者 殆日無虛也 尤工於絶句 深得盛唐風格 詩未脫稿 人皆口相傳以熟 又以墨妙擅盛名 咸謂長吉復起 逸少再生 未幾公死 盖公之死而其詩益可貴重 片言隻字 皆膾炙人口 余嘗拾聞於流傳 未嘗不一唱三歎 恨未得見全稿也 頃歲先王命詞臣 裒選東國詩文 余於撰集廳 始見所謂玉峯集 句法精鍊 音調響亮 中律度 讀之鏘然有金石聲 眞所謂正其趨向而得聲之精者也 獨恨其天不假年 不得大鳴於時 而瓊霏玉屑 散落於兵火之餘者 僅能十之二三 又恐從此浸遠而無傳也 逮戊申春 尹公季初出按湖節 過辭余曰 欲刊書籍 當先何集 余首以斯集勸之 居無何 季初公馳書告功訖 徵余文弁其首 公之胤上舍振南氏 又踵門勤以爲請 余旣慕公之風 而又嘉上舍能以詞華筆法 世其家業 遂書此敍其顚末云

萬曆己酉季冬上浣 正憲大夫禮曹判書 弘文館大提學 藝文館大提學 知春秋館成均館事 同知經筵事 世子右賓客 李廷龜謹序

옥봉집의 서문

사람의 소리에서 그 정수가 말이 되고 말의 정수가 시가 되는 것이니, 시는 반드시 나아갈 방향을 바르게 잡아서 번잡한 소리가 되지 않아야, 바야흐로 소리의 정수를 터득해서 능히 참된 시가 지어지는 경지에 들어갈 수 있다. 대체로 시의 길이 여러 번 변하면서 孟郊처럼 쓸쓸하거나 賈島처럼 여위거나 해서 제각기 제 시체를 갖게 되었는데, 기이한 것을 숭상하는 사람은 너무 궁벽한 것에 치우치고, 풍성한 것을 힘쓰는 사람은 잡다한 것에 흘러서, 문을 열고 가는 길이 한번 어긋나면 시의 품격과 힘이 날로 낮아져서 시의 올바른 목청이 거의 사그라지게 된다.

우리 조선은 문장이 융성해서 대가와 유명한 문집이 명실상부하게 많이 나오게 되어서, 근래에 백옥봉이라는 분이 호남에서 시로 명성을 드날려 호남의 선비들이 아무도 감히 본받아 보려고 하지도 못했는데, 일찍부터 과거시험 공부 같은 것은 아예 포기하고 명산・대천 같은 산수 자연에 유람하는 것을 좋아하면서, 일단 시대 형편에 비위를 맞추는 것을 못 하고 무릇 무료하고 불평스러운 것들을 반드시 시로 풀어 읊었다. 일찍이 맨 선비로서 글을 짓는 제술관으로 피선되어 불려 가서는 중국(明나라)의 사신을 접대하며 글을 지음으로써, 당시 여러 명사들 사이에서 칭찬을 듣고 명성을 얻어, 이름 있는 고관과 인격 높은 어른들도 자신들의 직급이나 연배를 굽히고 동료처럼 되어 사귀기를 원해서, 문 앞에 찾아와서 서로 알고 지내기를 요망하는 사람이 없는 날이 거의 없었다. 더욱이 절구 짓기에 뛰어나 성당(盛唐)의 시 풍격을 깊이 터득하고 있었으며, 시를 미처 탈고하기도 전에 사람들이 모두 입에서 입으로 서로 전해 가며 푹 익혔고, 또한 묘한 글씨 솜씨도 명성을 드날려서, 모두 말하기를 "장길(長吉; 唐의 시인 李賀)이 다시 살아났고, 일소(逸少; 晉의 명필 王羲之)가 다시 태어났다."라고 하였다. 그런데 얼마 안 있다가 공이 궂기니, 공의 궂김으로 해서 그 시는 더욱 귀하게 되어 한 마디 시어나 한 글자라도 모두 사람들의 입에 회자하게 되었으며, 나는 일찍이 유행하는 작품들을 주워듣고 한번 읽어 보고서는 세 번 감탄하지 않을 수 없었기에 그 작품 전부를 못 보는 것이 한스러웠다.

근년에 선왕께서 글쓰기를 맡은 신하들에게 명하셔서 우리나라의 시와 문장들을 뽑아 모으게 하시자, 나는 이 일을 담당한 관청에서 처음으로 이른바 『옥봉집』을 보니, 그 시구들의 구성이 정밀하게 조직되어 있고, 소리 가락이 밝게 울려나면서 음율도 법도에 딱 맞아, 시를 읽자 "쟁그랑 쟁그랑" 금속이나 돌로 만든 악기의 소리가 나는 듯하니, 이른바 그 방향을 바르게 잡아서 정밀한 소리를 내게 된 것이라 하겠다. 유독 한스러운 건 하늘이 그 수명을 길게 점지해 주지 않아서 그 시대에 크게 명성을 떨칠 수 없는 채, 구슬과 옥 같은 그 작품들이 전쟁 통에 흩어지게 된 끝에 열 중에 겨우 두, 셋 정도가 남았고, 또한 이것들도 차츰 시간이 흐르면서 전해질 수 없게 되었다.

무신년 봄에 尹公 季初가 호남에 절도사로 가면서 떠난다는 인사차 나에게 들러서 말하기를 "책을 발간하기로 하는데, 마땅히 무슨 책을 먼저 할까?"라고 하여, 나는 우선 이 『玉峰集』을 권하였다. 그리고서 얼마 있다가 계초가 글을 보내서 작업이 끝나간다며, 나에게 책 머리의 서문을 요망한다고 하였고, 공의 장남인 선비 진남씨도 문 앞에 찾아와서 정성스레 청해서, 내가 일찍부터 공의 풍격을 흠모해왔고 또한 선비 진남씨의 훌륭한 글과 글씨 솜씨가 집안의 전통을 이은 것을 아름답게 여겨서, 이내 이 글을 써서 그 전말을 밝힌다.

만력 기유 섣달 상순에 정헌대부 예조판서 겸 홍문관 대제학, 예문관 대제학으로 지춘추관, 성균관사에 함께 지경연사와 세자우빈객인 이 정구는 삼가 서를 쓰다.

---

* 郊寒島瘦 : 중국 宋나라의 蘇軾이 그의 「祭柳子玉文」에서 唐나라의 시인 孟郊와 賈島의 시풍을 "郊寒島瘦(맹교의 너무할 만큼 쓸쓸한 인상과 가도의 안타까울 만큼 여윈 인상)"라는 評價語로서 평가하였는데, 唐詩의 인상적인 격식을 말한다.
* 製述官 : 조선조 시대 글을 잘 짓는 재능으로 인해 임명되는 承文院의 하급 관리를 말한다.
* 馹召 : 재능을 인정받아 불시에 불려가서 책임을 맡는 것을 말한다.
* 隨儐 : 접대를 맡은 伴接使를 수행하는 것을 말한다.
* 詔史 : 皇帝의 詔書를 가지고 오는 사신인 "詔使"와 같은 말이다. 여기에서는 明나라에서 오는 사신을 말하며, 이때의 詔使가 韓世能과 陳三謨였다.
* 延譽 : 명성을 널리 알리는 것을 말한다.
* 長吉・逸少 : 長吉은 唐의 시인 李賀의 字이고, 逸少는 晋의 名筆인 王羲之의 字이다.
* 一唱三嘆 : 한 번 읊거나 불러보고 세 번을 감탄하게 된다는 말로, 훌륭한 시나 문장을 칭찬하는 말이다.
* 撰集廳 : 임금님의 명에 따라 좋은 글이나 시를 뽑아서 모아 갈무리는 업무

를 하는 관청을 말한다.

* 瓊霏 : 구슬의 가루로서, 먹으면 장수를 하고 신선이 된다고 한다.
* 玉屑 : 옥을 빻아서 만든 가루로, "瓊霏"와 함께 기막히게 잘 지어진 귀중한 시 작품을 비유적으로 표현한 말이다.
* 居無何 : "居"는 "經過"라는 말이고, "無何"는 "많지 않은 시간"이라는 말이어서 "얼마 있다가"라는 말이다.

해설 이 글은 당시의 문장가로 알려진 李廷龜의 서문으로, 이 글에서 그가 玉峰 詩의 특질을 "句法精鍊 音調響亮 中律度(그 시구들의 구성이 정밀하게 조직되어 있고, 소리 가락이 밝게 울려 나면서 음률도 법도에 딱 맞아)"라고 한 것과 "尤工於絶句 深得盛唐風格 詩未脫稿 人皆口相傳以熟(더욱 절구에 있어서 아주 오묘해서 깊이 성당의 시풍격을 터득하였으므로, 시가 탈고도 되기 전에 사람들이 입으로 서로 전하며 익혔다)"라고 한 것 그리고 그 재능과 명성에 대하여 "嘗以布衣 被選製述官馹召 隨儐詔史 延譽諸公間(일찍이 맨 선비로서 글을 짓는 제술관으로 피선되어 불려 가서는, 중국의 사신 바로 明의 韓世能을 접대하며 시를 지음으로써, 당시 여러 명사들 사이에서 칭찬을 듣고 명성을 얻어)"이라고 한 것 등은 "早抛擧子業(일찍부터 과거시험 보는 것을 포기했다)"이라는 玉峰의 處世 姿勢와 함께 玉峰의 시와 인품을 바르게 읽어내는 데에 있어 중요한 자료가 된다.

玉峰集序

我東以詩聞者 其家非一 而唯崔白二子以正音鳴 異時諸學士大夫 苟用文章自命者 則必顯重而稱說之 雖以欽之面墻 猶得習誦其遺韻 曁白子之胤子振南氏 裒厥稿而梓之 屬欽序其首 欽旣受而卒業矣 其氣完 其聲淸 其色淡而古 其旨雅而則 噫 其得於天者耶 詩非天得 不可謂之詩業嘉祐以下者不必論 至於號追踵古風者 若無得於天者 則雖劌心鉥目 終身觚墨 而所就不過咸通諸子之優孟爾 譬如剪綵爲花 非不燁然 而不可與語生色也 詩道之難固如此 則白子之詩 信乎其爲正音也 試擊節而歌之 渢渢者宮 鏗鏗者商 讀之者心澈而腸潔 古所云乾坤有淸氣 散入詩人脾者 白子其近之歟 昔人有言 寧玉而瑕 無石而璠 如其玉也 瑕亦可也玉而無瑕 其有不爲世之瓌寶也乎 有志於詩而欲得其門者 於斯焉徵則幾矣 崔白方駕主盟 而白詩獨先傳 抑非幹蠱能世其業歟 尤可尙也已 玉峰姓白 名光勳 字彰卿 玉峰其號也.

皇明萬曆歲舍 辛亥陽月 下澣 崇政大夫 行禮曹判書 兼知春秋館事 同知 經筵成均館事 藝文館提學 東陽申欽書.

옥봉집의 서문

우리나라에서 시로 명성을 드날린 사람이 하나만이 아닌데, 오직 崔孤竹・白玉峰 두 분만이 정통의 시를 지어 놓았으니, 이다음에 공부하는 선비와 높은 관리들로서 진실로 글을 잘 짓고 활용하는 것을 자부하려는 사람이라면, 반드시 두 분을 드러내고 존중하면서 칭송할 것이다. 비록 신흠 나 같이 글에 대해 꽉 막힌 사람도 오히려 그 남기신 시들을 익혀 외우게 되었는데, 백옥봉 이분의 맏아드님인 진남씨가 원고를 모아서 발간을 하게 되자, 이 신흠 나에게 책머리의 서문을 부탁하였다. 신흠 나는 이미 그 원고를 받아 읽기를 끝냈거니와, 그 기상이 완전하고 그 성조가 맑으며 그 색조는 담담하면서 예스럽고 그 旨趣는 우아하면서 법도를 지녔으니, 아 그것은 천부적으로 터득되신 것인가! 시가 천부적으로 터득된 것이 아니면 시라고 할 수 없는 것이다. 宋나라 蘇洵의 시 그 아래를 따라 배우는 사람들에 대해서는 논의할 필요도 없지만, 옛 詩風을 뒤따라 배운다고 말하는 사람들도 만약 천부적으로 터득하지 못한다면, 비록 심장을 찔러 자신을 각성시키고 눈을 찔러 자신을 각성시키며 죽을 때까지 시를 짓고 썼어도, 이뤄낸 결과는 저 唐나라 말기의 시인들을 흉내낸 배우 노릇에 불과할 것이다. 비유컨대 채색 종이를 오려서 꽃을 만들면 환하게 태깔이 나지 않는 것은 아니지만, 함께 살아 있는 빛이 있다고 말할 수는 없는 것이다.

시를 짓는 길의 어려움이 진실로 이와 같으니, 백옥봉 이분의 시는 진실로 그 正音(순수하고 바른 조화의 소리)의 시가 아니겠는가! 시험 삼아 무릎을 치며 가락에 맞추어 노래하고 읊어본다면, 알맞은 상태의 "宮"의 소리 가락일 것이고, 확실한 상태의 "商"의 소리 가락일 것이라, 마음은 맑아지고 오장은 깨끗해질 것이니, 옛날부터 이른바 하늘과 땅이 품은 맑은 기운이 시인의 허파에 스며든 것으로, 白玉峰 이분이 바로 이런 경지에 가까우신 것이로다! 옛사람이 말하기를 "차라리 흠이 있는 구슬일 망정, 옥이 섞인 돌은 인정할 수 없다."라고 하였으니, 만일 구슬이라면 흠이 있어도 가하다는 것이라, 구슬이면서 흠이 없다면 그것은 세상에서 가장 기이한 보물이 될 수 있지 않겠는가! 시에 뜻을 두고 그 바른 문을 찾아 만나고 싶어 하는 사람은, 여기에서 실험을 한다면 거의 뜻을 이룰 것이다.

崔孤竹과 白玉峰 두 분이 바야흐로 함께 주체가 되어 시 짓기를 펼치셨지만, 白玉峰 이분께서 선도하셨으니, 아무래도 그 재능이 그 시로 능히 그대로 이어지게 한 것이 아니겠는가! 그래서 더욱 가상한 것일 뿐이다. 玉峰 이 분의 성은 "白"이고 이름은 "光勳"이며 자는 "彰卿"이고 "玉峰"은 그 호이시다.

황명 만력 시기 신해년 시월 하순에 숭정대부로 예조판서를 맡아서 지춘추관사와 함께 지 경연성균관사・예문관 제학을 겸하고 있는 동양 신흠은 쓰다.

---

* 正音 : 글자대로의 뜻은 "글자의 바른 소리"이지만, 중국 『淮南子』의 「天文訓」에서 "姑洗生應鐘 比於正音 故爲和(姑洗의 가락이 應鐘의 가락을 낳아서

바른 소리에 비겨지기 때문에 조화가 된다)"라고 한 바대로 "正統의 詩"라는 말이다.

* 面墻 : 내 눈앞에 바로 담장만 마주한다는 말로, 識見이 아주 좁다는 것을 비유한 말이다.
* 嘉祐 : 중국 宋나라 仁宗皇帝의 연호인데, 이 시기는 詩人 蘇軾이 살던 시기라서 "嘉祐以下"라는 말은 소식 말고 이후에는 어떤 사람도 별로 배우거나 논할 가치가 없다는 말이다. 또한 "嘉祐"를 『嘉祐集』의 준말로 본다고 하더라도, 『嘉祐集』이 바로 蘇軾의 아버지인 蘇洵의 문집이어서 역시 문맥상 뜻으로는 별 차이가 없다.
* 劌心鉥目 : 원래 "劌目鉥心(눈을 살짝 찔러 놀라게 하고 심장을 살짝 찔러 놀라게 한다)"이라는 말인데, 글자를 바꾸어 썼으나 뜻은 같은 것으로 "글 공부와 글짓기를 열심히 한다."라는 말이다.
* 觚墨 : 글과 시를 짓고 쓰는 것을 말한다.
* 咸通諸子 : "咸通"은 중국의 唐나라 懿宗皇帝의 年號로 이른바 晩唐시기인데, 이때의 시인들인 李商隱・溫庭筠・杜牧・陸龜蒙・張祜・鄭谷 등을 말한다.
* 優孟 : 중국 楚나라의 배우 優孟이 孫叔敖의 옷과 갓을 입고 쓰고 있자, 楚의 왕과 신하들이 몰라봤다고 하는 이야기에서 온 말이다.
* 渢渢者宮 : 알맞은 상태인 宮의 소리 가락을 말한다.
* 鏗鏗者商 : 확실한 상태인 商의 소리 가락을 말한다.
* 幹蠱 : 過失挽回, 才能, 才幹으로, 여기에서는 "才能"이라는 뜻으로 쓰였다.

해설 이 글에서도 옥봉의 시에 대하여 "唯崔白二子 以正音鳴(오직 최고죽・백옥봉 두 분만이 정통의 시를 지어 놓았으니)"이라고 한 것, "其氣完 其聲淸 其色淡而古 其旨雅而則 噫 其得於天者耶(그 기상이 완전하고 그 성조가 맑으며 그 색조는 담담하면서 예스럽고 그 旨趣는 우아하면서 법도를 지녔으니, 아 그 천부적으로 터득되신 것인가!)"라고 한 것, "試擊節而歌之 則渢渢者宮 鏗鏗者商 讀之者 心激而腸潔(시험삼아 무릎을 치며 가락에 맞추어 노래하고 읊어본다면, 알맞은 상태의 '宮'의 소리 가락일 것이고, 확실한 상태의 '商'의 소리 가락일 것이라, 마음은 맑아지고 오장은 깨끗해질 것이니)"이라고 한 것 등이 바로 玉峰 詩의 문예적 본질을 평가하고 있는 것이다. 이런 평가의 실상은 작품들을 확인함에 있어서 아주 중요한 지침이 되는 것이다.

玉峰詩集序

玉峰白公 爲詩善學唐 一時詞客咸以爲莫能及 余自少時 已知有玉峰 一再從之遊 悼其早世 丙午余忝擯相朱梁二詔史 公之胤上舍振南 能繼家聲 余請于 朝 偕往來西路 每語及其先人詩 灰燼之餘 收拾無 多 余甚惜之 今年秋 乃將印本一卷 來示余 要余爲一言諸凡若干首噫玉峰詩 眞能學唐而有得焉者也 盖聞凡爲詩 以氣爲主 東方人生於偏壤 其氣弱 若欲效唐詩音調 其詩薾然不可觀 三百篇之後 詩莫盛於唐 學之而不類焉 則反歸於淺近衰颯 終不若從事蘇黃兩陳之爲愈 此說之行久矣 宜學唐者之鮮 而學之而彷髴焉者 爲尤鮮也 玉峰乃能奮于百載之下 追蹤乎古人 振響於絶代 一字一句 有不稱於意 不欲出以示人 平生咳唾 流落人間者 人重之如瓊琚 公於聲韻殆天得也 公旣以詩鳴 筆法遒勁 逼于鍾王 世稱爲二絶 爲人淸苦 不屑擧子業 壬申韓陳 詔史之來 館伴蘇齋盧先生 請于 朝 以白衣爲製述官 公之詩名 重於世如此 世之論詩者 以公爲學唐而得其正派 盛矣哉 仍竊思之 余偶閱牧隱先生詩 有曰唐詩氣頗短 稍平惟蘇州 蘇州詩學陶詩 非不沖澹高古 牧隱獨謂之稍平 豈牧老所願學者 李杜萬丈光燄也耶 後之人欲學唐者 以李杜爲軌 則亦未免落於蘇黃格律也耶 余未及以此說質之玉峰 九原難作 爲之三歎 遂併書所感于懷者 爲之序.

萬曆己丑至月晦 忠勤貞亮 效節協策 扈 聖功臣 輔國崇祿大夫 晉原府院君 兼知經筵事 西坰柳根書.

옥봉시집의 서문

옥봉 백공은 시를 지음에 있어서 唐의 詩를 잘 배워 지었기 때문에, 일시에 시를 짓는 사람들이 모두 능히 따라갈 수가 없다고 하였다. 나도 소싯적부터 이미 옥봉이라는 분이 있는 것을 알아서 한두 번 따라가 노닐기도 하였으며, 그래서 그가 너무 일찍 궂긴 것을 슬퍼하였다. 병오년에 내가 욕되게도 伴接使의 보조원이 되어 朱之蕃과 梁有年 두 詔使를 접대하게 되었을 때, 공의 장남인 선비 진남이 능히 그 집안의 명성을 이어온 터라, 내가 조정에 청원하여 그 영접하는 서쪽 노정을 함께 오가게 되었을 제, 그 돌아가신 아버님께서 남기신 시가 불에 타고 남은 것을 수습해도 얼마가 되지 않는다고 말할 적엔, 나도 심히 안타깝게 여기곤 하였다. 그런데 금년 가을에 이내 장차 출간을 할 한 책을 가지고 와서, 나에게 보이면서 무릇 몇 수만의 시이지만 그 머리에 글을 써주기를 요망하였다.

아! 옥봉의 시야말로 참으로 능히 唐의 詩를 배워서 터득함이 있는 것들이다. 대개 들어온 바로 하면 무릇 시를 짓는 데에 있어서는 氣槪로 주를 삼는데, 우리나라 사람들은 외지고 조그만 나라에서 태어나서 그 기개가 나약하여 만약 唐詩의 소리 가락을 본받고자 하면, 그 시가 환하긴 해도 가히 볼 만한 것이 없는 것이다. 『詩經』의 三百篇 이후에는 시가 唐나라 때보다 훌륭한 적이 없는데, 이것을 배워서 비슷하지도 못하면 도리어 얄팍하고 천하고 시들하고 쓸쓸해져서, 마침내는 蘇軾이나 黃庭堅, 陳師道와 陳與義를 따라 공부함으로써 좋아지는 것만 못하다고 하니, 이런 이야기가 유행한 지가 오래 되었다. 그래서 당연히 唐詩를 배우는 사람이 적고, 배워서 비슷하게 되는 사람은 더욱 적게 되었다.

玉峰은 이내 능히 몇백 년 후에 분발을 해서, 옛사람들을 그 발자취로 뒤쫓아서, 비교할 수 없을 만큼 새로운 시의 소리로 떨쳐내면서, 한 글자 한 시구라도 뜻한 바에 맞지 않으면 사람들에게 내어 보이려 하지 않았다. 평생 남긴 시들로서 사람들 사이에 유통하며 읊어지는 작품들을 사람들은 아름다운 옥처럼 귀중하게 여기니, 공은 시의 소리와 가락에 있어서 자못 천부적으로 터득하고 있는 것이다. 공이 시에 있어서는 애초부터 이렇게 알려졌지만, 글씨의 솜씨에 있어서도 그 체제나 솜씨가 힘차서 鐘繇나 王羲之의 경지에 바짝 따라가 있어서, 세상에서 "二絶(두 가지가 아주 뛰어나다)"이라 칭송하였다. 인품의 됨됨이에 있어서는 곤궁한 채 청렴결백하여, 과거나 벼슬 같은 것에 초연하였다. 임신년에 明나라의 韓世能과 陳三謨가 使節로 왔을 제, 그 伴接使인 盧蘇齋 선생이 공을 조정에 제청하여 製述官이 되었으며, 공의 시 명성이 세상에 이렇게 알려지고 귀중하게 쓰여지게 되었다. 그래서 세상에서 시를 논하는 사람은 공을 일러 唐詩를 제대로 학습하여 그 정통의 유파를 터득했다고 하니, 아주 훌륭한 일이다!

이내 가만히 생각해 보니 내가 우연히 목은 선생의 시를 읽어 본 바로는 "唐의 시도 그 기개가 자못 모자라, 좀 평탄한 것도 오직 韋蘇州(韋應物)이지!"라고 하셨는데, 위응물의 시는 陶淵明의 시를 배워 지은 것이라, "맑고 깊고 고고하고 예스럽지 못한 것"이 아닌데,

목은 선생께서 유독 이것을 "좀 평탄"이라고 하셨으니, 목은 선생께서 배우려고 하신 것은 이백과 두보 같이 빛과 불꽃을 내는 것이 아니셨던가? 뒤의 사람으로서 唐詩를 배우려는 사람이 李白과 杜甫의 시를 목표로 삼았다가는, 또한 蘇軾과 黃庭堅의 시 품격과 성률에 빠져 헤매는 것도 면하지 못하지 않을까? 내가 미처 이 이야기로 옥봉께 질문을 드려보지 못한 채, 저승에 계신 분께 어쩔 수가 없으니, 세 번 탄식을 할 뿐이다. 이내 이렇게 가슴에 느꼈던 바를 함께 써서 머리글로 삼을 뿐이다.

만력 기축년 동짓달 그믐에, 충근정량 효절협책 호 성공신 보국숭록대부 진원부원군 겸 지 경연사 서경 유근은 쓰다.

---

* 忝擯 : 욕되게도 감히 明나라 詔使(사절단)를 맞을 伴接使의 보조원이 되었다는 말로, 자신을 겸손하게 낮추어서 쓰는 말이다.
* 朱梁二詔史 : 朝鮮朝 宣祖 39년(1606, 丙午)에 明나라에서 皇太孫의 탄생을 알리는 詔使(사절)로 온 朱之蕃과 梁有年을 말한다.
* 偏壤 : 외지게 자리 잡은 조그만 지역이라는 말이다.
* 薾然 : 꽃이 핀 듯 환한 상태를 말한다.
* 衰颯 : 시들어서 쓸쓸해진 상태를 말한다.
* 咳唾 : 글자대로의 뜻은 "기침과 침"인데, 어른의 말씀이나 문인의 작품을 말한다.
* 瓊琚 : 붉은 옥과 차는 옥같이 귀중한 옥을 말한다.
* 遒勁 : 글씨의 체가 힘차거나 글의 기세가 힘찬 상태를 말한다.
* 鍾王 : 중국의 서예가인 魏나라 鍾繇와 晉나라 王羲之를 말한다.
* 韓陳 : 明나라의 世宗皇帝가 죽고 穆宗皇帝가 등극을 하면서 이것을 알리는 詔使로 온 韓世能과 陳三謨를 말하며, 우리나라에서는 盧守愼이 伴接使가 되어 맞이하였는데 이때 玉峰이 盧守愼의 추천으로 白衣製述官이 되어 이 자리에 함께 하였다.

* 蘇州 : 중국 唐나라의 시인 韋應物이 蘇州刺使를 역임했기 때문에 "韋蘇州"라고 불렀다. 여기에서는 "韋蘇州"인 韋應物을 가리키는 것으로 추정된다. 그는 山水와 田園을 묘사하는 것을 주로 삼아 시를 많이 지었다.
* 蘇黃 : 흔히 중국의 宋나라 때 시인인 蘇軾과 黃庭堅을 가리키는 말이다.
* 九原 : 묘지나 黃泉(저승)이라는 말로 九泉이라는 말과 같다.

해설 이 글에서도 玉峰의 인성과 생애에 대해서 "爲人淸苦 不屑擧子業(인품의 됨됨이에 있어서는 곤궁한 채 청렴결백하여, 과거나 벼슬 같은 것에 초연하였다)"이라고 한 것, 시풍에 대해서 "乃能奮于百載之下 追蹤乎古人 振響於絶代 一字一句 有不稱於意 不欲出以示人(이내 능히 몇 백년 후에 분발을 해서, 한 글자 한 시구라도 뜻한 바에 맞지 않으면 사람들에게 내어 보이려 하지 않았다)"이라고 한 것을 전제로 하여, "公於聲韻 殆天得也(공은 시의 소리와 가락에 있어서 자못 천부적으로 터득하고 있는 것이다)"라고 하였는데, 이것을 실제 작품들의 문예적 자질로 밝혀 확인해야 하는 책임은 우리들에게 지워져 있는 것이다.

二. 五言絶句

弘慶寺

홍경사에서

가을 풀은 앞선 왕조 절터였었고, 秋草前朝寺
낡은 비엔 학사님 글 남아 있건만, 殘碑學士文
천년 두고 흘러가는 물만 있는 채, 千年有流水
석양 속에 돌아가는 구름 뿐일세! 落日見歸雲

* 弘慶寺 : 지금의 충남 천안시에 있었던 奉先弘慶寺를 말한다. 고려 고종 12년(1021년)에 逈兢이 여행자들의 안전도 함께 보호하기 위해서 창건하였으나 그 뒤 허물어지고, 여기에 세웠던 碣記碑만 崔沖의 글로 남겨져서 국보로 지정되어 있다.

해설 이 작품은 懷古詩다. 시작도 끝도 없는 무한한 시간과 우리가 있는 자리에서부터 우주 전체까지의 무한한 공간에서, 고려라는 한 시기에 있었다가 없어진 홍경사와 여기 세워진 비에 글만 남긴 최충. 이 작품은 이렇게 유상하고 무한한 자연에 대비되는 무상하고 유한한 인간사에 대한 절대적인 허망감과 무한한 恨을 읊어낸 시다.

이런 시는 유상 무한한 자연의 시공간에 놓여졌다가 사라지는 무상한 인간 자아의 한계 의식을 절대적인 한과 슬픔으로 절감하는 감정을 질량적으로 극대화하여 한껏 느끼고 한껏 울려내는(善於感慨 善鳴) 전통의 수법으로 이루어진 시이며, 이것이 당시풍(唐詩風)의 본령이기도 한 것이다. 그래서 전구의 "有流水"는 그냥 "흘러가는 물이 있고”가 아니라 “흘러가는 물만 있는 채”이며, 결구의 “見歸雲”은 그냥 “돌아가는 구름 보인다”가 아니라 “돌아가는 구름뿐일세!”임을 알아야 하며, 전구와 결구는 유상·무한한 시·공간적 풍광만의 제시로 오히려 여기에 절실하게 대비되는 무상한 인간사와 인생의 허망함을 默示하는 수사의 수법이 놀라움을 잘 보여주는 것이다.

따라서 이런 시를 이해하기 위해서는 시적 심기를 잘 살리는 “~였었고, ~건만, ~만 ~한 채, ~뿐일세!” 같은 어미와 조사들 그리고 생략 문자를 잘 찾아서 읽어낼 수 있어야 한다.

陵霄臺下聞笛
능소대 아래에서 피리 소리를 듣고 나서

석양 무렵 저 강 위의 피리 소리는,	夕陽江上笛
가랑비 속 강 건너는 뉜가 싶더니,	細雨渡江人
이내 여운 아득하게 간 곳 없다만,	餘響杳無處
강가 꽃 돼 나무마다 봄을 맞겠지!	江花樹樹春

* 陵霄臺 : “陵霄”라는 명칭으로 봐서 꽤 높은 곳인 것 같으나 어디에 있는 臺인지 알 수 없다. 다만 작자의 고향인 전라도 長興의 汭陽江이나 鵲川 혹은 遂寧川 가에 있던 장소가 아닌가 추정될 뿐이다. 물론 이 凌霄臺와 똑같은 이름의 큰 바위 언덕이 경기도 화성시 송산면 들판에 있으나 여기에는 강이

없고 멀리 바다만 있어서 시의 정황과 부합하지 않는다.

해설 이 작품은 作者의 年譜에서 "丁未公十一歲 設初終場之戲 長者呼春字 使以古詩應終場 公卽對曰 江花樹樹春 長者詰之無有 公又卽誦其全篇而告之曰 夕陽江上篴 細雨渡江人 餘響杳無處 江花樹樹春 體格宛然唐詩 衆皆然之 已而公直告以應詰猝作 滿座驚歎 鄕人至今傳說 以爲美談(정미년 공의 나이 11세 때 鄕試 시험의 초장과 종장 놀이를 할 때, 어른이 '春'자를 脚韻으로 불러 주고 옛 시에서 찾아 마지막에 대답하게 하자, 공이 바로 답을 하기를 '강가 꽃 돼 나무마다 봄을 맞겠지!'라고 하니, 그 어른이 '뜬금없다'며 따져 묻자, 공이 바로 작품 전편을 외워 알리기를 '석양 무렵 저 강 위의 피리 소리는, 가랑비 속 강 건너는 뉜가 싶더니, 이내 여운 아득하게 간 곳 없다만, 강가 꽃 돼 나무마다 봄을 맞겠지!'라고 하니, 그 시적 체제와 격식이 완연하게 唐詩와 같아 모두 다 그렇게 여기게 되었고, 이내 공이 곧바로 따져 물으심에 대해서 답으로 지었다고 하자, 좌중에 모인 모두가 놀라 감탄을 하였으며, 시골 사람들은 지금까지 이 이야기를 전하면서 아름다운 이야기로 삼고 있다)"이라고 한 바대로, 이 작품의 결구 "江花樹樹春"은 脫現實의 想像的 時空間을 새롭게 創造해낸 것으로서, 作者의 天賦的인 詩的 想像力과 그 修辭的 才能을 자신도 모른 채 無自覺的인 듯 豫示한 것으로 추정되어 놀라운 구절이 아닐 수 없다. 뿐 만 아니라 이 놀이에서 어른의 물음에 전 작품을 다 외워 읽었다고 한 것은 이 현장에서 지은 것이 아니라 이미 그전에 지은 것임을 알 수 있고, 文集에서도 작품의 제목이 〈陵霄臺下聞笛〉으로 되어 있는 것을 보면 11세 이전에 지은 것일 수도 있어서 더욱 놀라지 않을 수 없다.

이 작품의 내적 정황을 작자가 되어 풀어 읽어 보면 이 시는 꽃이 피기를 기다리고 있는 어느 봄날 석양 무렵이라는 시간과 가랑비가 내리는 강 위의 능소대라는 공간에서, 누가 부르는지도 모르는 채 저 강 위에서 들려오는 피리 소리를 들으면서 "그윽한 감흥에 겨워 강을 건너는 누구일 거라"고 추정해 보고 있노라니, 어느 사이 피리 소리는 어디론가 아득히 사라져갔건만, 이 사라져간 피리 소리는 다시 꽃들의 소리 없는 합창인 듯 강가 나무들의 꽃으로 환하게 피어나 한봄을 맞게 될 것이라는 脫現實의 새로운 時空間的 創造라는 말이다.

물론 전구와 결구를 그냥 쉽게 번역하면 "그 여운은 이내 아득 간 곳이 없고, 강가 꽃들 나무마다 봄을 맞았네!"로 읽혀질 수 있다. 그런데 이렇게 "강가 꽃들 나무마다 봄을 맞았네!"라며 현장에 현재한 풍경으로 삼아 번역할 경우는 화자(작자)가 매우 분명하게 그 풍경을 그려보고 선명한 감각과 심상으로 읊은 것이라 하겠는데, 이 경우는 가랑비가 내리는 석양 무렵이라는 시간과 이 시간에서도 강을 건너가야 해서 현장의 시간이 조금은 더 지나간 과거의 시간이 되어야 하고, 또 피리 소리가 사라진 뒤인 시간이라 아무래도 황혼이 가까울 무렵인 시간에다 어두워지는 시간의 비속 강가의 꽃들 풍경이 그렇게 환하고 분명하게 보이지 않았을 것을 전제로 하면, 실재한 현장의 풍경을 말하는 것으로 보는 것은 무리이다. 또한 이런 번역으로 보면 전구의 상황과 결구의 상황이 상호 아무런 유기성 없이 그냥 우연의 공동 시·공간적인 두 상황의 단순한 연결 배치가 될 뿐이다.

작자의 여타 작품들에서 확인되는 구상 수법을 보거나, 이 작품에서 전구의 상황이 실재의 것이든 허구의 것이든 "아득하게 간 곳 없다만"이라고 번역돼야 한다면, 그리고 "아득하게 간 곳 없이 사라진 피리 소리"가 듣는 사람을 夢幻的으로 유도하기 쉽다면 이것은 단순한 사실의 설명이 아니라 분명 새로운 상상의 단서를 예비한 것이라 할 수 있다. 또 이 전구는 그렇게 준비된 것이라야 제대로 된 시 작품으로 완성될 수 있는 것이다. 다시 말하면 전구의 피리 소리 가락으로 사라지는 청각의 심상은 결구의 꽃들의 소리 없는 합창같이 환하게 핀 시각의 풍광으로 되살아나 한봄을 맞게 될 거라는 미래로의 상상이 된다는 말이다. 이렇게 전구와 결구가 청각의 시각적 연상으로 인한 감각의 變換을 암시하며 結構되어 있는 것이어야만, 시상 자체의 참신성은 물론 그로 인한 시적 흥취의 그윽하고 아득한 뒷맛을 길게 남겨 놓으면서 무한한 여운과 기막힌 殘像으로 사뭇 남아 있을 수 있기 때문이다. 그래서 이 작품은 아련하게 사라져간 피리 소리를 꽃으로 피어날 봄으로 연상해보는 감각 변환의 기막힌 구상이 너무 놀랍다. 11세에 지었다는 이 시는 시각에서 청각으로, 어두워져 곧 사라질 시・공간을 상상 속의 환하고 새로운 시・공간으로 연장・변환함으로써 무한한 상상의 시・공간으로 되살려 내고 있는 것이다.

따라서 이 작품은 서문에서 평가된 바대로 천부적 시재를 가진 작자의 기발한 천재성을 여실히 보여주고 있어서 무한한 탄성을 금할 수 없는 수작이면서, 앞에서 언급한 바대로 옛 어른들이 흔히 말씀하는 바와 같이 작자의 後日 詩的 大成을 무자각인 自己暗示로 읊어낸 놀라운 작품이 아닐 수 없다. 이 작품에 대해 年譜에서 11세 때 즉석에서 口誦하여 滿座의 驚歎을 받았다고 하였다. 이와 같은 詩才로 인해서 옥봉은 14세 때 青蓮 李後白에게 가서 공부하면서 그로부터 "絶世奇寶"라는 칭찬을 들었고, 22세 때에는 珍島에 謫居하는 盧蘇齋 守愼에게 가 공부하면서 "神交久名聞 義合可忘年(정신 사귐 명성 오래 들어왔더니, 의리 화합 가히 나일 잊을 만 하네!)"이라는 시를 받기도 하였으며, 나중에 24세 때 靈巖의 玉峰 아래로 이사하여 晩翠堂을 짓자 蘇齋는 五言排律의 詩를 지어 축하하기도 하였고, 36세 때는 蘇齋의 추천으로 白衣製述官이 되어 明의 使臣들로부터 歎賞을 받아 "抱不世才(세상에 드물게 뛰어난 재능을 지니고)"라는 평가를 받기도 했다. 그래서

"江花樹樹春(강가 꽃 돼 나무마다 봄을 맞겠지!)"이라는 놀라운 결구의 이 작품은 작자의 詩才를 세상에 크게 알리는 단초가 되었다. 附言해 둘 하나는 이 작품의 제목인 "陵霄臺下聞笛"의 "陵霄"는 "凌霄"와도 같은 뜻으로 함께 쓰이는 말이다.

新居得石井

새로 터 잡은 집에서 바위틈 우물을 갖게 되어서

묵은 바위 이끼 덮여 결은 사이에,	古石苔成縫
찬 샘물이 한 절군 양 깊이 고인 채,	寒泉一臼深
맑고 밝기 제 스스로 저렇듯 하여,	淸明自如許
나의 십 년 살아온 맘 비추어 보네!	照我十年心

해설 이 작품은 작자의 年譜에 24세 때 지은 것으로, 靈巖郡 玉泉面 元敬山의 玉峯 아래 풍경이 고와 晩翠堂과 玉山書堂을 지어 놓고 지내면서 바위를 깨고 우물을 파 놓은 뒤 지은 작품으로 기록되어 있다. 스승처럼 모셨던 蘇齋 盧守愼이 晩翠堂을 제재로 詩를 지어 주었다고 하였다.

이 작품은 선비로서 작자가 淸靜・明澄한 자아 심성의 수양 의지를 확인하는 작품이다. 자신이 지향하는 청정・명징한 심성의 표본을, 몇천 년・몇만 년인지도 모르는 긴긴 세월 속에 하늘의 순리대로 생겨나고 부대낀 채 含默으로 의연하게 남아 있는 묵은 바위, 그래서 묵묵 무언한 채로 세상과 역사에 수행과 덕성을 시범한 哲人의 표본인 양 남아 있는 그 묵은 바위틈에, 이 철인의 마음을 읽을 한 절구(臼)인 양 고인 샘물을 표본으로 삼아, 이제까지 십 년 동안 지켜 왔다고 여기는 내 마음을 비추어 본다는 조심스럽고 갸륵한 몸짓을 보이는 시다. 이 시는 "古石"이라는 이 시어에서 특히 "古(묵고 묵어 옛스러운)"자의 의미에 주목 · 유의하면서, 寒泉 · 淸明 · 照我心 등 시어들에 담긴 작자의 情意的 심상과 태도 · 자세가 매우 濂洛風詩를 닮은 또 다른 一面을 보여주는 아주 좋은 한 예의 詩임을 확인할 수 있다.

題楊通判應遇靑溪障

양 통판 응우가 가지고 있는 청계 그림의 가리개를 제재로 삼아서

문서 처리 흰 살쩍만 재촉하더니, 簿領催年鬢
시골 산수 그림 속에 들어와 있네. 溪山入畵圖
모래 깔린 옛 냇둑이 바로 여긴데, 沙平舊岸是
달 밝은 속 낚싯배만 외롤 뿐일세! 月白釣船孤

---

* 楊應遇 : 楊士奇를 말한다. 楊士彦의 아우로 應遇는 그의 字이고 號는 竹齋이며 벼슬은 判官이었다. 宣祖大王께 國防을 위해 준비할 것을 進言으로 올리

기도 하였고, 淸白함으로 알려지기도 하였던 인물이다.

* 溪山 : 글자대로의 뜻은 "시내와 산"이나 이 단어는 그냥 "시내와 산"이 아니라 "고향의 시내와 산"이라는 말이다. 그래서 "고향"이라는 말로 代用되고 있는 慣習의 用語이다.

해설 이 작품은 작자가 楊士奇의 가리개인 "靑溪障"의 그림을 제재로 삼아서, 그림의 제재를 楊士奇의 고향 풍경으로 설정하고 현재 判官(通判)이며 선배인 楊士奇를 작품 중의 화자이며 주인공으로 삼아, 화자에게 현재의 그림 속 공간이 실재했던 과거의 고향 공간으로 연상되어 회상되면서 그 現場 不在의 존재인 자아, 아니 현장 존재일 수 없는 자아라는 인식으로 인한 離鄕의 고독감을 시상의 본질로 하여 읊은 시다. 실제로는 楊士奇 자신이 관리로서 매일매일 겪어야 하는 公務에 지쳐 백발만 늘어가는 객지의 나그네 같은 신세로 생각했는지 모르지만, 이 그림 속에서 고향이 환기되어 새삼스레 고향을 연상하며 외로워하는 것으로 읊고 있는 시이다. 그래서 이 작품은 작자 자신이 바로 작품의 실제 주인공인 楊士奇가 되어 자신의 이야기처럼 읊고 있는 시이다.

그런데 이 작품의 문면만으로는 청계 그림 속에 실제로 등장하는 소재들이 산과 물, 모래가 깔린 물가의 둑, 그리고 배와 달일 것으로 판단되어 "달 밝은 속 낚싯배만 외롤 뿐일세!"로 번역이 됐지만, 만약 이 청계 그림 가리개 속에 낚싯배가 그려져 있지 않고 아예 달도 그려져 있지 않다면, "月白釣船孤"는 "달 밝은 속 낚싯배만 외롤 뿐일세!"가 아니고, "달 밝은 속 낚싯배만 외롭겠구나!"로 화면을 향해서까지 상상만 해보는 공간으로 번역돼야 한다. 그림에서도 확인되지 않는 외로운 고향의 정경을 더욱 상상·추정해서 읊어야 하는 것이기 때문이다.

하나 부언할 것은 이 작품은 작자가 자신의 향수를 읊은 것이 아니고 그림의 주인공으로 설정된 양응우의 향수를 대신하여 읊어 준 것이지만, 여기에는 물론 작자 자신의 간절한 향수도 함께 투영되어 있는 것으로 읽을 수 있어 더욱 좋은 작품이 되는 것이다.

贈思峻上人
사준 스님에게 주다

지리산엔 쌍계사가 名勝地이고,	智異雙溪勝
금강산엔 만폭동이 奇異타는데,	金剛萬瀑奇
그 명산들 이 내 몸은 못 가보면서,	名山身未到
매번 스님 전송하는 시만 지었소!	每賦送僧詩

해설 이 작품은 기구와 승구를 기발한 착상으로 구성하여, 雙溪寺와 萬瀑洞을 최고의 풍광으로 설정하여 自他의 무한한 探勝의 목표로 삼아 놓고는 이내 전구에서 자신은 그 명산에 못 가는 존재로 삼고, 결구에서는 그 명산엘 마음껏 가서 노니는 스님에게 시만 지어 주는 무한히 아쉽고 안타까운 존재로 스스로를 만들고 있다. 그래서 이 작품에서 기·승구의 "勝"자와 "奇"자, 그리고 전구와 결구로 이루어진 수사의 수법은 참으로 새롭고 놀랍기 그지없다.

寄友

벗에게 부치다

강물은 동쪽으로 흘러서 가며, 江水東流去
동쪽으로 흘러 흘러 쉴 때 없는데, 東流無歇時
끝도 없이 자네 그린 생각만인 채, 綿綿憶君思
밤낮으로 海西 이 끝 있을 뿐일세! 日夜海西涯

해설 이 작품은 다음 작품과 함께 누구인지는 알 수 없지만 매우 절친한 벗에게, 그 벗과 이별해 있어서 몹시 그리워하는 우정을 전하는 시다. 이 작품에서 두 번이나 인용되고 있는 "東流(동쪽으로 흘러간다)"라는 말은 "그냥 흘러간다"라는 것이 아니라 "영원히 동쪽으로만 흘러간다"라는 것으로, 중국의 黃河나 揚子江 같이 영원히 변함없이 동쪽으로만 흐르는 상태를 말하는 것이다. 그래서 "東流"라는 단어는 불변의 원리라는 의미로 모든 글에서 원용되어 왔다. 그런데 여기에서는 작자 자신이 전구에서 "憶君思(자네를 그리워하는 생각)"라고 한 바대로 "東流(동쪽으로만 흐르는)"하는 물처럼 그리운 자네만을 끝없이 생각하고 있다는 말이다. 따라서 여기에서 밤낮으로 꼼짝없이 내가 잡혀 있는 이 海西와 강물이 흘러가는 벗 자네가 가 있는 그 동쪽은 서로 만나기 어렵도록 설정된 가상의 공간들이다. 그래서 이 海西에 꼼짝없이 잡혀 있는 나는 동쪽에 있는 자네를 찾아가 만날 수가 없어서 쉼이 없이 사뭇 생각만으로 동쪽을 향해 그리워했다는 말이다.

又
또 한 수

어디쯤에 客(자네) 갔을까 알만하네만,	客行知近遠
곳곳마다 푸른 산들 가려진 채니,	處處有青山
해 지도록 강남만 바라볼 제면,	日晚江南望
그리움에 제비들만 되돌아오네!	相思燕子還

해설 이 작품은 앞의 작품을 부쳐 준 그 벗이 역시 客(자네)으로 어디쯤 갔을까 알만하네만, 그곳은 곳곳마다 푸른 산들만 가려져 있어서, 아침부터 해가 저물 무렵까지 자네가 있을 그 강남 쪽만을 바라보고 있노라면, 자네만을 골똘하게 생각하고 있는 나에게 작년에 간 제비들만 그 강남에서 되돌아올 뿐이라는 탄식을 읊어 전하는 시다. 또 자네가 해가 지는 무렵을 맞아 그곳에서 고향을 그리워하며 그 강남을 멍하게 바라보고 있노라면, 제비들만 그냥 날아 돌아올 것이라며 무한한 무언의 동정을 실어 전하는 시다.

寄鄭兄景綏 名遠

정형 경유에게 부쳐 주다 이름은 원이다

파릇 버들 실 가지도 못 늘어진 채,	綠楊未成線
못가 집엔 남은 추위 안 풀렸는데,	池閣鎖餘寒
해 떠올라 꽃들 사이 새들 소리에,	日出花間鳥
그리다 꾼 맑은 꿈만 깨어났구려!	相思淸夢闌

해설 이 작품은 아직은 좀 이른 봄날 아침의 정황과 함께 벗을 그리는 살뜰한 심경을 곱게 그리듯 전하는 참으로 정갈한 정감의 시이다. 기구와 승구로 전하고 있는 조금은 이른 봄날의 이른 아침, 파릇한 잎눈의 실가지들도 아직 늘어지진 못한 채인 버들, 못 가 아직은 찬기가 남은 별당에서 정녕 이 벗을 만난 참으로 좋은 꿈을 꾸다가, 꽃들이 막 피어난 가지 사이에서 우는 새 소리에 이내 꿈을 깨고 말았다는 안타까운 심정을 하소연하듯 전하는 시다.

이 작품에서도 주체의 심기적 상황을 내장하고 있는 기・승구의 시・공간적 상황 설정도 새롭거니와, 전・결구의 "花間鳥(꽃들 사이 새들 소리에)"와 "淸夢闌(맑은 꿈만 깨어났구려!)"은 참으로 곱고 귀여운 수사의 솜씨가 돋보이는데, 이 꿈이 바로 벗인 鄭景綏를 만나고 있던 안타까운 꿈이었음은 말할 필요도 없다.

寄梁天維 名山逈

양천유에게 부치다 이름은 산형이다

어저께 남산에서 술 마실 적엔,	昨日南山飮
술 취해서 자네 시에 답 못했는데,	君詩醉未酬
깨고 보니 꽃만 손에 쥐여 있는 채,	覺來花在手
나비만이 사람(나의) 시름 짝해 있구려!	蛺蝶伴人愁

해설 이 작품은 "어저께 벗 자네와 함께 술을 마셔서 자네 시에 화답도 못하고 돌아와서는, 자네와 어저께 만나 누린 詩酒의 기쁨을 집에 와서 잠 속에 즐거운 꿈으로 꾸었지만, 깨고 나서 보니 어디에서 날아왔는지 나비 한 마리만 나도 모르게 손에 쥐어져 있는 꽃에 앉은 채 시름겨운 나를 위로나 하는 듯 나와 짝이 되어 있네마는"이라고 마치고 있으나, 전구의 "花"가 바로 "자네의 시"라는 말이며, 결구의 "蛺蝶(나비)"은 전구의 "花(꽃)"이면서 "자네의 詩"인 이것을 사랑하는 나의 "안타까움"이다. 이 "蛺蝶(나비)"이면서 "안타까움"이 바로 나와 함께 시름겨워하고 있다는 말이다.

贈尹而栗 名寬中

윤이율에게 주다 이름은 관중이다

취중 한 말 날짜 기억 못하겠으니, 醉語不記日
남산이 옛날처럼 푸르르거든, 南山舊樣青
달이 환히 밝을 밤을 다시 약속해, 重期月明夜
피리 불며 솔숲 물가 내려가 보세! 吹笛下松汀

해설 이 작품은 우리 선인들의 질박하고 순수한 심성과 행태가 우정으로 오롯이 살려져 읊어진 살뜰한 시다. 어저껜가 아니면 며칠 전인가, 달이 밝은 밤에 이 정겨운 벗 윤이율과 만나서, 분명 남산 발치를 거닐다가 이내 소나무들이 늘어선 물가로 내려가서는 술을 함께 마시며 정겹고 흥겹게 즐기다 헤어졌을 것이고, 이 순간에 그 윤이율과 다시 만날 날을 약속했을 테지만, 이제 되짚어 보니 그 날짜를 까맣게 잊은 터라 그 남산이 그냥 전처럼 푸르르고 달도 밝을 날을 다시 잡아서, 저번처럼 그 남산 발치를 거닐어 보고 다시 그 소나무들이 늘어선 물가로 피리를 불며 내려가 보자는 전갈이다. 그래서 전구의 "重期月明夜(달이 환히 밝을 밤을 다시 약속해)"에서 "달이 환히 밝을 밤"이라는 시간과 "다시 약속"이라는 행태, 그리고 결구의 "吹笛下松汀(피리 불며 솔숲 물가 내려가 보세!)"이라는 제청에는 참으로 동심의 소년 같은 살뜰한 정이 담겨있다.

過寶林寺

보림사를 찾아가면서

낙엽들은 모랫길에 우수수 지고, 落葉鳴沙逕
찬 물길은 산들 사일 달리듯 흘러, 寒流走亂山
홀로 가며 저무는 해 시름겹건만, 獨行愁日暮
흰 구름 속 스님은 풍경 울리네! 僧磬白雲間

해설 이 작품은 낙엽들이 우수수 지는 모랫길을 걸어 산들 사이를 마구 흘러가는 찬 냇물을 보며, 시름겹게 해가 저무는 시간에 가고 있는 화자(작자)가 시공을 망각한 경지에서 종소리만 울리는 속의 저 초연한 보림사의 정경과 대비되는 자아의 조금은 처연해지는 심경을 말없이 전하고 있는 시다. 그래서 이 작품에서는 전구의 "獨行愁日暮(홀로 가며 저무는 해 시름겹건만)"라는 정황의 토로가 화자 자아의 모습을 선하게 그려 보여주고 있다.

富春別墅

부춘 별장에서

석양 무렵 호수 위의 정자서 볼 젠, 　　夕陽湖上亭
봄 풍경은 호수 풀뿐인가 했더니, 　　春光在湖草
밝은 달빛 환한 산 앞 정자서 보니, 　　明月山前榭
꽃그늘도 볼수록 다시금 좋네! 　　花陰看更好

* 富春別墅 : 작자의 벗인 文希凱의 "富春亭園林"을 말하는 것으로 추정되며, 亭子는 여기에 있는 淸穎亭으로 추정된다.

해설 이 작품은 네 구를 평면적 문장들의 축자적 해석으로 풀어 읽으면 산만하고 개별적인 이야기들에 불과한 시가 될 뿐이다. 따라서 우선 이 작품이 富春 별장의 봄 풍경을 읊은 시임을 전제로 하고 접근한다면, 여기의 풍경이 아름다울 것을 염두에 두고 읊었을 것임을 알 수 있다. 그렇기 때문에 기구를 그냥 "석양에 호수 위 정자"라고 풀이하면 안 되고, "석양 무렵 호수 위의 정자서 볼 젠"이라며 화자를 주체로 개입시켜 文面에 없어도 "볼 젠"이라는 행동으로 살려서 읽어야 한다. 승구는 그냥 "봄 풍경은 호숫가 풀에 있고"가 아니라 "봄 풍경은 호수 풀뿐인가 했더니"라는 착각의 추정 반성으로 풀어 읽어야 하고, 전구는 그냥 "밝은 달에 산 앞 정자"가 아니라 "밝은 달빛 환한 산 앞 정자서 보니"로 문면에 없는 "보니"를 보충하여 풀어 읽어야 하며, 결구는 그냥 "꽃그늘을 보니 다시 좋다"가 아니라 "꽃그늘도 볼수록 다시금 좋네!"로 보아 "을"을 "도"라는 토로, "다시"를 강조형의 "다시금"으로, "좋다"를 "좋네!"라는 감탄형 어미로 바꾸어 읽어야 한다. 이 작품은 별장의 풍경이 낮에 보는 못가 풀에만 있는 것이 아니라, 달 밝은 밤의 꽃그늘도 다시금 좋다는 것을 말하고 있는 것이다.

題金季綏畫八幅 名禔

김계수의 그림 여덟 폭을 제재로 삼아서 이름은 제이다

고가 하나 깊은 솔숲 숨은 듯 있고,	古屋隱深松
산바람은 홀로 선 학 스쳐 부는데,	山風吹獨鶴
주인 그냥 사립문도 더디 닫건만,	人閑掩戶遲
밤 깊으면(고요하면) 옹달샘만 흐르겠구나!	夜靜幽泉落

* 季綏 : 養松堂 金禔의 字이다.

해설 이 작품은 정태의 화면을 생동하는 실재의 공간으로 살려 읊은 시다. 우리가 古畵에서 보아온 바대로 이 화면에 실제로 등장하는 것은 古屋(고가)과 松(솔 숲)과 獨鶴(한 마리의 학)과 掩戶(닫힌 문)만일 것인데, 이것들은 이 시적 시간과 공간을 보다 토속적이고 전원적이며 보다 태고적이고 보다 정적인 상황으로 꾸려지게 하여, 실제 화면에는 없는 이 고가 주인(人)의 여유로운 행태(문도 더디게

닫는 것)와 밤이 깊어지면 너무 조용해져서 옹달샘이 흐르는 소리만 들리는 정적의 상태로 조금은 탈세속적인 특수공간으로 만들고 있는 좋은 시이다.

又
또 한 수

취해 걸음 느린 줄은 알지 못하고,	不知醉行緩
돌아갈 길 멀다고만 말을 할 텐데,	但道歸路長
찬 까마귀 저들 또한 무슨 일인고?	寒雅亦何事
산 밖에는 바로 저녁 해 기울 텐데!	山外是斜陽

해설 이 작품은 그림 속에는 있을 사람과 까마귀 두 주체를 조금은 희화적으로 상상하며 시화하고 있는 시이다. 기구와 승구로는 화면 속에 있는 주인공을 조금은 놀리듯, 술에 취해서 자신의 걸음걸이가 느려서 갈 길이 먼 것을 모르고 길이 멀다고 탓만 할 거라고 하고, 전・결구로 역시 화면에 실제로 있을 찬 까마귀는 또 무슨 일로 멍청하게 잘자리로 돌아가지 않고 날고만 있는가? 저 산밖엔 저녁 해가 바로 질 텐데! 라고 읊은 것으로, 이것은 실제의 그림에 작자 자신의 놀림 취미 같은 기분을 곁들여, 바로 實在하는 動的 風景을 한 폭의 그림으로 다시 그린 듯 읊은 풍경시다.

又

또 한 수

밤 이슥해 낚싯배는 돌아오는데,	夜久釣艇來
달이 밝자 외따른 섬 드러나 뵈고,	月明孤島出
개펄 저편 마을에는 집만 있는 채,	家在浦西村
나란한 숲 아련히 털끝 같구나!	平林杳如髮

해설 이 작품은 달 밝은 강 위에 돌아오는 낚싯배만 그려진 그림을 놓고, 작자 자신이 이 배의 주인이 되어 풍경의 모사와 함께 저 멀리 아직 못 돌아간 채 숲 끝에 있는 집만 아쉽게 바라보는 정감을 간접적으로 살짝 입혀 읊고 있는 시다.

又

또 한 수

풀 우거진 곳에다가 소 풀어 놓고,	放牛草深處
피린 갖고 불 줄도 모르더니만,	有笛不知吹
금방 앞산 몰려오는 비를 만나서,	忽値前山雨
돌아올 젠 문득 소를 거꾸로 탔네!	歸來却倒騎

해설 이 작품은 그림 속에 있을 빗속에 소를 거꾸로 타고 돌아오는 목동의 모습을 그 시·공적 배경과 심리적 상황을 추정하며 그리듯이 읊어 보이는 시다. 기·승구는 추정된 배경의 풍경이요 목동의 행태지만 매우 실감 있는 풍경이요 행태이며, 전구 역시 轉機의 狀況 설정이지만 매우 실상으로 공감되는 배경이라, 시를 누구에게나 살짝 웃음을 띨 만큼 공감의 실제 풍경으로 유도하고 있다.

又

또 한 수

배 대놓고 옛 나루터 찾아와 보니,	泊舟臨古渡
살짝 비가 앞마을을 지나서 가고,	片雨過前村
술 산 사람 강둑으로 돌아가는데,	沽酒人歸岸
수양버들 반쯤 문을 가리웠구나!	垂楊半掩門

해설 이 작품에도 실제 화면에 그려져 있는 것은 나루터에 매어 있는 배·저기 보이는 앞마을·강둑으로 돌아가는 사람·버들가지에 문 앞이 반쯤 가린 집 등일 텐데, 작자는 이 배를 타고 온 주인공이 되어 시야의 풍경들을 그저 보이는 대로 그리듯 읊고 있는 것이다. 그래도 작자는 이 그림의 대상 풍경과 인물을 비가 지나간 마을, 술을 사서 갖고 가는 사람, 수양버들이 반쯤 가린 문의 집 등으로 다시 실경

화하여 읊음으로써, 자신의 심경을 조용히 興趣化하면서 동시에 독자들을 이 풍경 속으로 말없이 유도하고 있다.

又
또 한 수

낙엽은 시내 길에 쌓여 덮혔고,	落葉溪中逕
외론 연긴 대숲 마을 펴 오르는데,	孤煙竹外村
아쉬운 양 홀로이 돌아가는 곳,	依依獨歸處
다리 끝난 게가 바로 사립이겠지!	橋盡是衡門

해설 이 작품은 그림 속 주인공에게 작자가 조용한 동반자 되어 독자들에게까지 말없이 동참자로 유도하고 있는 재미있는 시다. 이 그림 속에는 낙엽에 덮인 시내 길 · 저기 외론 연기가 피어오르는 대숲 마을 · 아쉬운 심경일 듯 홀로이 돌아가고 있는 사람 · 이 사람 앞에 놓여 있는 다리 등이 매우 사실적으로 그려져 있을 것인데, 홀로 돌아가고 있는 사람은 분명 저 다리를 건너갈 테고, 저 다리를 건너면 거기가 바로 연기가 피어오른 대숲 마을일 것이며, 이 다리 끝에 있는 사립문은 바로 이 사람의 고향 집 사립문일 것이다. 그래서 작자는 작품 속에서 자신이 바로 이 홀로 돌아가는 사람이 되고 싶고, 외론 연기 피어오르는 저 대숲 마을이 고향이고 싶으며, 독자들에게도 그런 사람, 그런 마을이 되게 하고 싶었을 것이다.

又

또 한 수

고목들은 잎이 이미 다 져버렸고, 古木葉已盡
산 앞에는 가을 물만 휑할 뿐인데, 山前秋水空
외론 배는 밤이라서 노 젓지 않나? 孤舟夜不棹
달빛 속에 피리만 불고 있구나! 吹笛月明中

해설 이 작품은 그림 속의 풍경을 실재하는 현실 풍경으로 재구성한 시다. 그런데 작품 속의 소재들은 거의 모두가 고정된 공간에서의 존재들로서 정태화된 상태로 있는 것들이다. 잎이 다 져버린 고목, 휑한 상태로 있는 가을 강물, 외로운 배, 환하게 밝은 달빛 속 등 모두가 정태화된 것이다. 그래서 이 모두가 살아 있는 공간과 존재들이지만, 총체적으로 이 모두를 정중동인 상태로서 또 하나의 그림 같이 영상화하고 있는 것이다. 그런데도 이 작품의 정황을 기막힌 정중동의 허전하고 어설프면서도 이내 호젓하고 신비롭게 하고, 여기 외로운 배에 文外로 설정된 주인공을 사뭇 못내 애틋하게 하는 것은 이 작품에서 유일한 동태인 "吹笛(피리 불기)"으로 마련된 아련한 가락을 들려주는 행위의 묘미이다.

又

또 한 수

맑은 저녁 시내 풍경 사랑스러워,	晩愛溪上晴
묵은 바위 거문고를 끼고 앉으니,	橫琴坐古石
잘 새들은 성긴 숲에 날아와 들고,	宿鳥入疎林
구름·안갠 서로 엉겨 끼이는구나!	雲煙相羃歷

해설 이 작품은 그림 속의 풍경을 사실적으로 모사하듯 읊어 보이고 있는 시다. 맑게 갠 시내 위의 저녁 풍경, 이 풍경이 좋아서 시냇가 묵은 바위 위에 거문고를 놓고 앉아 있는 주인공, 잠자리로 냇가 성긴 숲에 날아드는 잘 새 그리고 구름과 안개가 스멀스멀 끼고 있어 실제로 주인공과 새들은 동적인 존재들이지만, 풍경 전체의 정적인 상황에 동중정의 존재들로 동화되어 다시 한 폭의 그림으로 제시되어 있다. 그런데 여기에서 문외의 주인공으로 추정되는 거문고의 주인에 작자 자신이 대입되고 있음직하지만, 여기에는 독자들도 누구나 한 번씩 대입됨직도 한 좋은 시이다.

李伯生鷄山別業 名純仁

이백생의 계산 별장을 제재로 읊다 이름은 순인이다

옛친구가 아늑하게 살고 있는 집, 故人有幽居
가을 구름 위로 한 길 났을 뿐으로, 一徑秋雲上
긴 밤 내내 찬 등불만 빤히 켜진 채, 永夜明寒燈
숲 끝에서 성긴 빗발 소리뿐이리! 林端疎雨聲

해설 이 작품은 작자의 친밀한 벗이었을 이순인의 별장과 이 별장에서 가을밤을 맞고 있을 벗 이순인의 아늑할 정황과 심경을 추정하여 읊은 시다. 아득히 그려지는 벗의 별장을 가을 구름이 감긴 사이로 나 있을 산길 위에 있는 것으로 추정하면서, 긴 밤 내내 차가운 등불만 빤히 밝힌 채 앉아 있을 벗은 저 밖 잎도 거의 진 가을 숲에 후득이는 빗소리만 아늑하게 듣고 있을 거라는 말이다. 그리고 호젓하지만 무한히 아늑할 그곳의 밤에 정겨운 벗을 그리는 심경을 함께 하고파 이 작품에는 문외로 "나도 가서 하룻밤을 자보고 싶다"라는 작자의 애틋한 심경이 자리 잡고 있음을 읽어낼 수 있다.

懷崔嘉運

최가운을 그리워하며

뜰 조용히 물만 그냥 흐를 뿐이고,	庭靜水空去
풀 섶 깊이 벌레들만 온통 우는데,	草深虫亂鳴
오늘 밤엔 밝은 달이 떠서 있으니,	今宵有明月
응당 서울 장안에도 비춰주겠지!	應照洛陽城

해설 이 작품도 작자가 달이 환하게 밝은 가을밤을 맞아, 서울에 있을 평생의 벗 최경창을 몹시 그리워하는 시다. 이 작품에서도 기·승구의 서술 부분이 "水空去"와 "虫亂鳴"으로 되어 있는데, 이것들은 "물이 그냥 흐르고"와 "벌레들이 온통 울다"로 풀이되는 것이 아니라 반드시 "물만 그냥 흐를 뿐이고"와 "벌레들만 온통 우는데"로 풀어 읽어야 한다. 그것은 이것들이 바로 작자가 이제까지 벗 최경창을 그리워하는 간절한 기다림에도 아무 소식을 못 듣고 있는 기막힌 상황을 대유한 것이기 때문이다. 그래서 전구에서 "오늘 밤 달이 저렇게 밝게 뜨는 것"을 매개로 하여, 결구에서 "저 달이 서울에도 떠서 비출 테니"라고 한 말의 뒤에는 "가운도 정녕 저 달을 나와 함께 보며 내 생각을 할 거라"는 말을 말없이 하고 있는 것이다. 이 작품에서도 작자는 벗에 대한 간절한 그리움을 단 한 마디의 감정적 언표도 없이 시종 상관되는 상황의 전달만으로 간절한 감정을 무언으로 전하고 있을 뿐이다.

題鶴林守墨竹
학림수가 먹만으로 그린 대나무를 제재로 삼아 짓다

순임금을 향한 당시 기막힌 한은, 帝子當年恨
未開拓 길 남쪽 와서 궂긴 것인데, 南來楚路窮
시름겹게 들려오는 옛 사당 비만, 愁聞古祠雨
밤마다 외론 대숲 울리고 있네! 夜夜泣孤叢

* 帝子 : 중국의 옛날 聖君으로 알려진 舜임금을 말한다. 순임금이 治水事業을 위해서 남쪽까지 왔으나 그 사업을 다 마치지 못하고 蒼梧山에서 궂기자, 순임금을 찾아서 不遠千里하고 남쪽 瀟湘江으로 왔던 두 왕비인 娥皇과 女英 두 姉妹가 이 소식을 듣고는 강가의 대나무에 눈물을 뿌리고 이내 강에 투신하여 죽었는데, 이 눈물이 물든 대나무가 斑竹이 되었으며 이들은 湘水의 神이 되어 뒤에 이들을 제사 지내는 사당인 湘妃廟가 생겼다.
* 鶴林守 : 조선왕조 왕실의 근친인 靑城君 李傑의 아들로 이름은 慶胤이며 자는 秀吉, 호는 駱坡・駱村・鶴麓으로, 이런 家系로 해서 鶴林守로 봉해졌다가 鶴林正으로 고쳐서 봉해졌다. 중국의 浙派 화풍을 잘 배운 화가로, 養松 金禔와도 친한 想像山水畵의 명수들로 알려졌으며 화가인 李澄의 아버지이다.
* 孤叢 : 글자대로의 뜻은 "외로운 포기"이나, 실제로는 "孤竹叢(소상강 가의 외로운 斑竹 포기)"의 준말로 아황과 여영의 눈물이 배여든 대나무인 瀟湘斑竹의 포기를 말하는 것이다.

해설 이 작품은 흔히 시인이나 문사들에게 소재로 많이 인용되고 읊어지는 중국의 瀟湘江 가에 있는 斑竹이 그려진 것을 제재로 삼아서, 이것과 상관된 舜임금의 蒼梧山 使役 중 궂긴 사연과 娥皇・女英

두 왕비의 殉節한 슬픔을 읊은 시다. 그래서 이 작품 전구의 “愁聞古祠雨(시름겹게 들려오는 옛사당 비)”는 바로 湘妃廟에 내리는 빗소리로 여기에 모셔진 아황·여영 두 왕비가 울며 흘리는 눈물이며 그 소리라서 결구에서 “夜夜泣孤叢(밤마다 외론 대숲 울리고 있네!)”이라며 주위에 둘러 서 있는 외로운 대나무 포기들까지 따라 울게 하고 있다는 말이다.

又
또 한 수

지면 얕아 뿌린 따라 드러나 있고, 地瘦根從露
몇 핼 넘겨 잎도 이미 거의 없다만, 年多葉已空
만약 대 속 그 손님을 만난다면은, 如逢臺裏客
외려 집혀 한 마리 용 될 수 있겠네! 猶可拄成龍

* 臺 : 문집에도 “臺”로 되어 있으나, 분명히 “壺”의 誤記이다. 『列仙傳』에 “費長房汝南人 爲市掾 有賣茶翁 懸一壺於肆 及罷市 輒跳入壺中 人莫之見 長房於樓上覩之 因往拜翁 翁曰明日更來 長房朝日果往 翁乃與俱入壺中 …… 飮畢而出 翁囑不可與人言 復翁欲與俱去 長房念家爲憂 翁斷一靑竹 使懸之室 家人見之長房也 以爲縊死 遂殯斂之 長房立傍 人莫之見(비장방은 여남 사람이다. 시장 담당 관리가 되었는데 차를 파는 한 영감이 가게에다 한 개의 병을 매달아 놓고 시장이 끝나면 바로 그 병 속으로 뛰어 들어가는데, 사람들은 그것

을 보지 못하지만 비장방 만은 이층 다락 위에서 이것을 보고 알게 되어, 이내 그 영감을 찾아가 절을 올리자 영감은 말하기를 '내일 다시 오라'고 하였다. 장방이 정말로 다음 날 아침에 찾아가자 그 영감이 함께 그 병속으로 들어갔다. …… 거기에서 술 마시기를 끝내고 병 밖으로 나오자 영감은 다른 사람에게 절대로 말하지 말라고 부탁하였다. 그 뒤에 다시 영감이 함께 그 병 안으로 가고자 했으나 장방은 집안 식구들이 걱정할까 염려가 된다고 하자, 영감은 푸른 대나무 하나를 잘라 주면서 '이것을 방 안에 달아 놓으라'고 하여 그대로 했더니 집안 사람들은 장방이 목을 매어 죽었다고 하며 빈소를 차리고 염을 하였다. 그러나 장방은 그냥 옆에 서서 있었건만 사람들은 알아보지 못하였다)"라고 하였고, 또한 "翁與一竹杖曰 騎此任所之 長房騎此而任意往來 以杖投陂 顧視則龍也(영감이 하나의 대나무 지팡이를 주면서 말하기를 '이것을 타고 가고 싶은 대로 가라'고 하였다. 장방이 이것을 타고 마음대로 오고 가다가, 이 대나무 지팡이를 언덕에다 던지자 곧바로 용이 되었다.)"라고 하였기 때문에 "臺"字가 아니고 "壺"字임이 분명하다.

해설 이 작품은 그림 속에 뿌리도 드러난 채 잎도 거의 없이 초라한 형체로 그려진 대나무를 읊은 시로, 기·승구에서는 이렇게 초라한 대나무의 형태를 극히 동정적인 시선으로 그려 놓고서는, 전·결구에서 "如逢臺裏客 猶可拄成龍(만약 臺 속 그 손님을 만난다면은, 외려 집혀 한 마리 용 될 수 있겠네!)"이라며 기막힌 반전의 가능성을 전제로 오히려 신비로운 변환의 신화적 존재로 살려서 시화하고 있다.

그런데 이 시에서 작자가 "만약 대(臺) 속 그 손님을 만난다면은, 외려 그 손님의 손에 집혀져서 한 마리의 용이 될 수 있겠네!"라고 한 것을 보면, 앞의 "臺"의 註에서 살펴본 바대로 이것은 신선으로 알려진 費長房이 낮에는 차를 파는 영감이 병(壺)을 걸어 놓고 밤에는 그 병 속에 들어가 사는 것을 보고, 장방도 이 영감을 만나 함께 그 병 속에서 자기도 하였으며, 나중에 그 영감이 장방에게 잘라서 준 푸른 대나무를 받아 마음대로 타고 다니다가 그 대나무를 언덕에 던지자 용으로 변하였다는 말에서 온 것이다.

따라서 이 시에서 "臺裏客(臺 속 그 손님)"은 바로 "臺裏(臺 속)"가 아닌 "壺裏(병 속)"이며, 이 "客(손님)"은 바로 그 차를 파는 영감에게서 대나무 지팡이를 받아 타고 다니다가 언덕에 던져 용이 되게 하였다는 費長房을 말한다. 이렇게 보면 이 작품을 筆寫한 어떤 사람이나 그것을 새기는 사람이 "壺"자를 "臺"자로 잘못 썼거나 잘못 새긴 것이 분명하다.

又

또 한 수

땅도 넓은 그 강남의 넓은 평야엔,	地闊江南野
마을마다 저냥 울안 가득할 텐데!	隨村自滿園
곧 생각나 그 옛길로 찾아갔건만,	徑思尋舊路
어느 곳이 바로 옛집 사립문인고?	何處是柴門

해설 이 작품은 그림 속의 대나무를 보고는 바로 이것으로 환기된 향수를 읊은 시다. 작자의 고향 그 넓은 평야 마을 집집마다 울안엔 대나무들이 숲을 이뤄 가득할 거라, 이 작품의 기구와 승구로 읊어지고 있는 풍경은 몇백 년이 지난 지금에도 湖南線 열차를 타고 가면

서 보게 되는 정겨운 풍경들로 되살아나는 것을 확인하게 된다.

작자는 전구와 결구로 이 간절한 향수를 따라 옛집을 찾아가는 정황을 애틋하게 읊고 있지만, "徑思尋舊路(곧 생각나 그 옛길로 찾아갔건만)"라고 읊고는 이내 "何處是柴門(어느 곳이 바로 옛집 사립문인고?)"이라며 너무 허망한 심경으로 반문하듯 마치고 있다. 그러나 이 작품은 결구를 이렇게 마무리함으로써 오히려 무한한 향수와 기막힌 그리움과 못내 아쉬움의 오롯한 샘인 또 다른 그림이 되어 있는 시다.

又

또 한 수

땅속 뻗기 그 누군들 너를 막으랴! 迸地誰禁汝
하늘 닿기 네 마음껏 하면 되느니, 連天儘任君
맑은 푯대 족히 俗氣 고칠 만하여, 淸標足醫俗
돋워 심곤 후손까지 두고 보리라! 培植看仍雲

해설 이 작품은 대나무를 절개의 상징 식물로 전제하여 강직한 절개와 고결한 지조의 인격체로 설정하고 인성 수양의 가치 표준으로 삼아 칭송과 推獎을 하는 시다. 그래서 기·승구에서부터 대나무를 脫俗과 超凡의 존재로 한껏 추키고 나서 전구에서 "淸標足醫俗(맑은 푯대 족히 俗氣 고칠 만하여)"이라고 설정해 놓고, 이내 결구에서 "培

植看仍雲(돋워 심곤 후손까지 두고 보리라!)"이라고 극찬하여 진실로 "四君子"의 하나임을 선언하고 있다.

哭蘇澳 字淨源
소오의 죽음을 슬퍼해 울며 짓다 자는 정원이다

지난해에 서쪽으로 가던 도중엔,	去歲西歸路
자네 집이 갈원 가에 게 있었는데,	君家葛院邊
어찌 알 수 있었겠나? 오늘 눈물을,	那知今日淚
적막 속에 새 무덤에 뿌리게 될 줄!	寂寞洒新阡

해설 이 작품은 작자와 친밀했던 벗의 뜻밖의 죽음에 기막힌 통곡을 대신하여 읊어낸 시다. 기·승구에서 지난해의 여행 도중 갈원에 있는 벗의 집을 언급하고 있는 것을 보면, 정녕 벗의 집에 들러서 詩酒의 酬酌이 있었던 것이 분명하다. 그래서 헤어지면서 後日의 再會를 기약했을 터라, 이렇게 죽음의 소식을 듣게 될 줄은 꿈에도 생각 못 한 거라는 말이다. 전구의 "那知今日淚(어찌 알 수 있었겠나? 오늘 눈물을)"로 뜻밖의 비보에 말도 할 수 없는 자신의 애통과 낙망을 전하면서, 결구인 "寂寞洒新仟(적막 속에 새 무덤에 뿌리게 될 줄!)"으로 죽어 말도 없는 벗과 역시 너무 기막혀 할 말을 잊은 채 눈물만 뿌릴 수밖에 없는 자신의 절박함을 전하고 있을 뿐이다.

哀淨源

정원의 죽음을 슬퍼하면서

차가운 계곡 구비 해도 지는데,	落日寒溪曲
눈 내린 산속 墓에 술잔 붓네만,	山杯雪後村
산 이별도 벌써 제냥 괴로웠으니,	生離已自苦
죽어 作別 다시 무슨 말을 하겠나!	死別復何言

* 淨源 : 蘇澳의 字다.

* 山杯 : 원래 대나무 같은 마디를 잘라 만든 술잔을 말한다. 대개 촌 막걸리 같은 술을 마시거나 촌민들이 산이나 냇가에서 놀이를 할 때 사용하였다. 여기에서는 벗의 생시에 소박하고 진솔하게 술을 주고받아 마시던 행태대로 무덤에 술을 붓는다는 말로 쓰였다.

해설 이 작품도 자별하게 우정을 나누었던 벗의 죽음을 종내 잊지 못하고 사뭇 애통해하는 자신의 행태 일면을 여실히 보여주는 시다. 그래서 기구로는 해도 져가고 있는 차가운 산속 계곡 굽이로 벗의 무덤 위치를 제시하고, 승구에서는 눈 내린 그 마을 차가워진 벗의 무덤에 옛날 소박하게 서로 마셨던 촌 막걸리를 붓고는, 전・결구로 "살아 이별도 괴로운데, 영영 죽어 작별하게 됐으니 다시 무슨 말을 하겠는가!"라며 통곡하고 있는 것이다.

又
또 한 수

옛날 준 시 책상 위에 이름 남긴 채, 舊贈名留案
뜬 인생에 작별하고 해 넘겼는데, 浮生別隔年
글 펴서도 차마 읽지 못하겠으니, 開書不忍讀
곱던 마음 그 어디에 가 있는 건가? 精爽在何邊

해설 이 작품도 사별한 벗이 사뭇 잊혀지지 않은 채 허망하게 뜬 인생으로 해를 넘긴 터라, 벗이 옛날 보내준 글이나마 읽어보려 하지만 이내 책상 위에 이름만 남긴 채 아무 영상도 찾을 수 없어, 그 글을 펴고서도 차마 읽지 못하건만, 아 그 곱던 자네의 마음은 이제 어디에 있는 건가! 라며 또 한 번 招魂처럼 읊고 있는 시다.

汭上路醉後
예상 길에서 취한 뒤에 짓다

강 위 바위 취해서 누워 잘 적엔, 醉眠江上石
먼 봉우리 그늘 지워 해가 지더니, 日落遠峯陰
홀로 새는 앞 여울을 날아 지나고, 獨鳥前灘過

안개비가 끼는 숲은 침침해 가네!	沉沉烟雨林

해설 이 작품은 풍경시다. 술에 취해 누워 자려 할 적엔 먼 산봉우리에 그늘을 지우며 해가 지고 있더니, 깨어나 보니 한 마리 새만 앞 여울을 날아 지나가고, 저기 안개비가 끼어 숲은 침침해져 가고 있는 풍경을 이야기하듯 사실대로 읊어 보이고 있다.

題畵梅

그린 매화를 제재로 삼아서 짓다

싸늘한 꽃 피어나도 외려 적건만,	冷蘂開猶少
노는 벌은 용하게도 봄을(핀 걸) 알 테니,	遊蜂聖識春
어떡하면 굳센 절개 대나물 더해,	何當添勁節
눈과 달과 그 정신을 함께 할 건가?	雪月共精神

해설 이 작품은 매화를 고고한 인격의 주체로 擬人化한 시다. 그런데 그냥 의인화한 시가 아니고 겨우 몇 송이의 아주 적은 수로 설정하여 희귀한 존재로 제시하고서도, 蕩兒的인 심상의 노는 벌이 용하게 알아차린다고 하고서는, 어떻게 하면 절개 굳은 대나무의 기질을 더 보태어 어떤 경우에도 꺾이지 않고 그 곱고 맑은 바탕을 지키며 하얀

눈과 맑은 달의 정신을 함께 지니는 존재가 될 것인가 하는 기원이요 동정이다.

따라서 이 작품의 주체인 매화는 지조 높은 선비이면서 절개 굳은 열녀의 통합적인 인성으로 상징화된 것임을 알 수 있다. 그래서 "冷(싸늘한)"과 "遊(노는)"라는 관형어 그리고 "聖(용하게도)"이라는 부사어, "勁(굳센)"이라는 관형어, "雪月(눈과 달)"이라는 대비어 등의 배치와 배합을 상호 유기적으로 잘 살려 읽어야 한다.

雙溪園

쌍계 동산에서

잘 있었나? 옛 뜰 앞에 서 있는 나무,	好在庭前樹
꽃 피어나 또 한 번 찾아왔으니,	花開又一來
산속 영감 술이 응당 익었을 텐데,	山翁酒應熟
달빛 속에 술잔으로 함께 취하세!	共醉月中杯

해설 이 작품은 옛날 놀던 곳과 詩酒를 함께 나누었던 이곳의 옛 벗을 찾아간 정황을 읊은 시다. 가고 싶었던 곳 그래서 찾아간 이곳 벗의 집 뜰 앞의 나무가 너무 정겨워 "好在(잘 있었나?)"라며 마치 정겨운 사람인 양 안부를 묻고 있다. 이 나무는 분명 고목의 매화일 것이다. 그래서 승구에서 "花開又一來(꽃 피어나 또 한 번 찾아왔으니)"

라며 말을 걸고는, 전·결구에서 주인인 산속 영감을 향해 담가 놓은 술이 응당 익었을 테니, 달빛 속에 함께 취해보자는 수작을 청하고 있는 것이다.

醉題金仲皓衣
취해서 김중호 옷에 쓰다

나의 생일 날과 달이 뒤져 있기에,	以我日月後
자넬 보고 형이라고 부르네만은,	視君呼作兄
천 냥 돈쯤 아낌없이 취해보세나,	千金不惜醉
한 번 웃음 바로 그게 한평생이니!	一笑是平生

해설 이 작품은 우정과 풍류의 멋과 가락이 함께 어우러져 거침없이 읊어진 아주 좋은 시다. 기·승구로 상대에게 거는 수작도 시원스런 어투에 객기까지 곁들여져 좋지만, 전구의 "千金不惜醉(천 냥 돈쯤 아낌없이 취해보세나)"는 호탕한 기상이요, 결구의 "一笑是平生(한 번 웃음 바로 그게 한평생이니!)"은 통쾌한 달관의 선언이라 할 만하다.

題徐上舍別業

서 상사의 별장을 제재로 삼아 짓다

대숲으로 마을 언덕 감춰져 있어, 樹竹藏村塢
산수 찾아 나그네로 여기 와 놀며, 溪山是客遊
봄바람이 동동주에 살살 불어와, 春風吹綠酒
해는 져도 다시금 눌러앉았네! 落日重淹留

* 徐上舍 : 작자의 벗일 것으로 추정될 뿐, 名字와 字・號도 알 수 없으나 別業이 있는 것으로 봐서는 생활이 어렵지 않은 사람으로 추정된다.

해설 이 작품은 아마도 벗일 서 상사의 시골 별장을 찾아, 봄날의 하루를 우정의 한 차례 酬酌으로 즐기는 조용한 흥취를 읊은 시다.

留別雙溪翁

쌍계옹을 남겨 놓고 작별하면서

산속 영감 이별을 애타 하던 곳, 山翁惜別處
눈 오는 속 洞口까지 나왔었기로, 步出雪中門

귀로에 때로 머리 되돌려 보니, 歸路時回首
매화꽃만 이미 마을 가리웠구나! 梅花已隔村

---

* 雙溪翁 : "雙溪에 사는 영감"이라는 말인데, 구체적으로 누구인지는 알 수 없지만 시 본문에 나오는 "山翁(산속 영감)"을 말한다.

해설 이 작품은 이미 앞에 나온 작품 "雙溪園"에서도 주인공으로 나왔던 그 산속 영감과의 아쉬운 작별 정황을 읊은 시다. 그래서 기·승구에서 이 산속 영감이 전송이 안타까워 洞口까지 따라 나왔음을 말하면서, 전구에서 자신도 이 산속 영감의 우정이 너무 고맙고 아쉬워 돌아오는 길에 때로 머리를 돌려 바라본다고 하였다. 결구의 "梅花已隔村(매화꽃만 이미 마을 가리웠구나!)"은 벗의 고마운 우정을 못 잊어함 뿐만 아니라 한껏 피어난 매화꽃의 기막힌 흥취와 풍경을 남기고 떠나는 자신의 무한한 아쉬움도 말없이 담아 읊고 있는 기막힌 수사의 妙句다.

病後

앓고 난 뒤에

가을 산속 사람은 병 져 누운 채, 秋山人臥病
낙엽들만 산속 길을 덮고 있으니, 落葉覆行逕

저편 암자 스님 문득 생각나누나, 忽憶西庵僧
해 저문 속 풍경 소리 멀리 들리니! 遙聞日暮磬

* 西庵 : 원래는 "서쪽에 있는 암자"이지만, 여기에서는 "저쪽 암자"라는 거리를 의식한 말로 쓰였다.

해설 이 작품은 적막과 병고 속에 절감하는 고독감을 읊은 시다. 조락하는 가을 산속이라는 공간에 병 져 누운 채인 나(화자)라는 기구, 찾아올 사람 아무도 없이 낙엽들만 덮여 있는 산길(정황)이라는 승구, 그리고 저편 암자에 있을 스님이 문득 생각난다는 전구, 해가 저문 속에 풍경 소리가 멀리에서 들려온다는 결구. 이 전·결 두 구는 물론 도치된 것이다. 시 자체의 시·공간적 상황과 주체로서의 화자의 정황이 분명 일인칭 화자의 꾸밈없는 독백으로 서술되고 있지만, 간결한 한 장면의 펜화같이 정갈한 시다.

寶林寺贈別

보림사에서 작별해 보내면서 지어 주다

봄 맞은 절 다락 앞서 손을 맞잡고, 握手寺樓春
말 없는 채 서로 그냥 전송하지만, 相送無言裏
밝은 해는 청천에만 저래 떴으니, 白日在青天

평생 동안 우리 마음 바로 저걸세! 平生寸心是

해설 이 작품은 光明正大한 心性의 修養을 함께 다짐하는 선비의 서약 같은 시이면서 동시에 당당한 大丈夫의 浩然之氣를 自負하는 선언 같은 시이기도 한 것이다. 그래서 손을 맞잡는 행위의 기구나 아무 말이 없이 서로 전송하는 태도의 승구 등에서 이미 화자와 상대의 의연한 인품이 선하게 상상된다. 전구의 "白日在青天(밝은 해는 청천에 만 저래 떴으니)"은 그야말로 浩蕩한 기상과 당당한 자부의 확신이다. 그래서 결구에서 이내 "平生寸心是(평생 동안 우리 마음 바로 저걸세!)"라며 "저 青天(푸른 하늘)에 환하게 밝은 해가 바로 우리들의 마음일세!"라며 당당한 공약으로 선언하고 있는 것이다.

自寶林下西溪

보림사로부터 서계로 내려가면서

맑고 고운 구름 속엔 달 뜨려 하고, 月意晴雲裏
취해 탄 말 가는 길엔 강물 소린데, 江聲醉騎邊
마을 길이 가까운 게 싫지 않은 건, 不嫌村路近
깊은 숲에 우는 두견 있어서일세! 深樹有啼鵑

해설 이 작품은 달이 뜨려는 이른 밤에 길을 가는 화자의 여정과 여기에 어울려진 두견이 우는 정경을 그냥 따라 그리듯 읊은 시다. 그래서 구름 속 달이 뜨려는 밤에, 술에 취해 말을 타고 강물 소리를 들으며 가고 있는 화자, 가다가 보니 마을 길이 가까워지는데도 싫지 않고 정겨운 까닭은 바로 깊은 숲에서 들려오는 두견새의 울음소리가 있어서라는 말이다.

寄文舜擧 名希凱

문순거에게 부치다 이름은 희개이다

종이 없고 게다 또한 붓도 없지만,	無紙亦無筆
산마을의 민요나마 회포를 푸니,	寫懷山竹枝
자네 오길 바랄 수는 없다고 해도,	君來不敢望
오늘은 그냥인 날보다는 낫네!	此日勝常時

* 山竹枝 : 山은 "산마을"이며, 竹枝는 "竹枝詞(민요)"이므로 "산마을의 민요"라는 뜻이다.

해설 이 작품은 벗에게 기막히게 보고 싶다는 심경을 참신한 착상과 기묘한 수사의 수법으로 詩化하여 읊어 전하는 좋은 시다. 그래서 종이도 없고 붓도 없어 보고 싶고 만나고 싶다는 편지도 써서 보낼 수가 없는 처지지만, 이렇게 산속 마을의 민요나마 부르면서 보고 싶은 외로운 회포를 풀고 보니, 자네가 나에게 오기를 바랄 수는 없다고 해도 이렇게 민요를 부르면서 회포를 풀 수 있는 오늘은 그래도 아무것도 못하는 채 그냥 있어 온 다른 날들보다는 낫다는 안타까운 자위의 넋두리 같은 시다.

春城別

봄 맞은 성에서 작별을 하며

빗속 풀빛 푸르르져 가고 있건만,	草色雨中綠
강 위의 산 외로운 성 지금 여기서,	孤城江上山
봄 흥겨운 정은 벌써 한도 없는데,	春心已無限
돌아갈 벗 몇을 다시 보내야 하나?	復送幾人還

해설 이 작품은 화자가 봄을 맞아 풀은 푸르러져 헤어졌던 사람들이 서로 만나는 계절인데, 이 외로운 성 산 위에서 한없이 흥겨워져 가는 봄을 맞고서, 함께 누리지 못하고 오히려 돌아갈 벗들만을 다시 몇 사람이나 더 작별해 보내야 한다는 말이냐? 며, 무한히 안타까워하고 서글퍼 하는 시다.

三月晦 別金季義 名從虎

삼월 그믐날에 김계의와 작별하면서 이름은 종호이다

한해의 봄 다 끝나는 날인데다가,	一年春盡日
천 리 길에 멀리 가는 사람이라서,	千里遠行人
버들꽃도 이별의 한 그 마음같이,	楊花似別恨
바람결에 제냥 펄펄 날리는구나!	風處自紛繽

해설 이 작품은 안타까운 날 안타까운 벗과 작별하는 상황에서 서로의 심정을 기막히게 참신한 비유로 읊어낸 좋은 시다. 그래서 기구에서 "一年春盡日(한해의 봄 다 끝나는 날인데다가)"이라는 기막히게 아쉽고 안타까운 날로 제시하고, 승구에서 "千里遠行人(천 리 길에 멀리 가는 사람)"으로 기막히게 멀리 가는 사람으로 설정하여 너무도 안타까운 이별의 상황을 만듦으로써, 전구에서 "楊花似別恨(버들꽃도 이별의 한 그 마음같이)"라며 역으로 버들꽃이 오히려 자신들의 삶과 감정이 移入된 존재라고 여김으로써, 결구에서 "風處自繽紛(바람결에 제냥 펄펄 날리는구나!)"이라며 기막힌 한탄의 감정을 타령처럼 읊고 있는 것이다.

過雙溪舊居

쌍계의 옛날 살던 집을 지나가면서

듣자하니 동림 거기 대나무 숲은,	聽說東林竹
이젠 백자 키로 자라 있다 하는데,	今成百尺長
취해 놀던 옛 친구들 외려 알까만,	寧知奮醉伴
차마 산양 그냥 지나 못 가겠구나!	不忍過山陽

* 東林 : 글자대로의 뜻은 "동쪽의 숲"이지만 "대나무 숲"을 지칭하는 말로 많이 쓰인다. 또한 중국의 江西省 廬山에 있는 사찰인 "東林寺"를 말하기도 하고, 이 東林寺에서 晉나라의 慧遠을 중심으로 義를 맺은 宗炳 등 "十八賢"을 이르기도 한다. 여기에서는 중국의 山陽처럼 대나무 숲이 있는 마을을 지칭한 말로 쓰였다.
* 山陽 : 중국의 東晉에 있던 "竹林七賢(대숲 속에서 노닐던 일곱 사람의 賢人들)" 중의 한 사람인 向秀가 살던 마을인 山陽을 지나가다가 누군가가 부는 피리 소리를 듣고 옛날을 그리워 했다고 해서 "山陽聞笛"이라는 말이 생겼다.
* 寧知奮醉伴 : 이 구에서 "奮"자는 文集에도 이대로 기록되어 있으나, 이 글자는 분명히 誤字로 "舊"자이어야 하며, 그래야 문맥상으로도 맞다. 文集에는 모든 곳에서 "舊"자가 "奮"자로 誤記되어 있다.

해설 이 작품은 실제로는 옛날 살던 마을과 옛집을 지나가면서, 때때로 그리워했던 풍경과 친구들을 되새겨 보며 그 생사 여부를 알게 될까 두려워 안타깝게 읊조리는 애틋한 시다. 기・승구에서 그 옛마을의 대나무 숲이 백자 길이로 자랐다는 것을 들어 알았다고 하고,

전 · 결구에서 이렇게 세월이 가서 옛날 피리를 불며 함께 놀던 그 옛 친구들의 생사 여부가 궁금할 뿐만 아니라, 혹시 그 피리를 부는 사람이 있어도 그 사람이 옛친구인지 알 수도 없고, 또 아예 그 옛 친구들이 다 죽어 피리를 부는 사람이 없어 그 소리를 들을 수도 없을지 몰라, 이 옛 마을을 차마 지나갈 수가 없다는 안타까움을 하소연하고 있는 시다.

溪堂雨後

시냇가 집에서 비가 내린 뒤에

어젯밤에 산속에는 비 내렸는지,	昨夜山中雨
앞 시내엔 물이 바로 불어났는데,	前溪水政肥
대숲 집서 아늑한 꿈 깨어나 보니,	竹堂幽夢罷
봄 풍경이 사립문께 가득하구나!	春色滿柴扉

해설 이 작품은 대숲 속 별당에서 아늑한 잠을 깨고 나서 봄비가 내린 뒤 한층 봄빛이 새롭게 무르익은 풍경을 조용한 흥취로 감상하고 있는 시다. 그래서 이런 시임을 살려 읽기 위해서는 "山中雨"를 그냥 "산속의 비"나 "산속에 비 내려서"나 "비 내리더니"로 풀어 읽으면 안 되고, 반드시 전구의 "幽夢(아늑한 꿈)"과 상관시켜 "비 내렸는지"라는 推定의 형태로 풀어 읽어야 한다. 이렇게 풀어 읽어야 앞 시내에

불어난 물이 새롭고 반가운 것이 되기 때문에 더욱 그렇다. 그리고 이 작품에서는 "肥"자와 "幽"자와 "滿"자가 이 작품의 내적 심상을 새롭게 살리는 글자들임을 알고 살려 읽어야 한다.

前江
앞 강에서

아이들은 따가운 해 좋아라고들,	兒童喜暖日
다퉈 가서 앞 강에서 멱감는다만,	競去浴前江
안타깝다! 거기 노는 원앙새들이,	可惜鴛鴦鳥
놀라 날다 제 짝들을 잃지 않을까?	驚飛不失雙

해설 이 작품은 童話같이 깜찍하고 재롱같이 귀여운 재치로 읊어낸 漢詩다. 그래서 이 작품은 매 구들을 평면적인 산문의 문구를 읽듯이 풀면 안 된다. 기구의 "喜"자를 반드시 "좋아라고들"로, 승구의 "浴"자를 반드시 "멱감는다만"으로, 전구의 "鴛鴦鳥"를 반드시 "원앙새들이"로, 결구인 "驚飛不失雙"을 반드시 "놀라 날다 제 짝들을 잃지 않을까?"로 풀어 읽어야 한다.

江南詞
강남의 노래

강남에서 연밥을 딸 예쁜 아가씨,	江南採蓮女
강물만 산 부딪쳐 흘러서 갈 뿐,	江水拍山流
연 덜 자라 물 위에도 안 나왔으니,	蓮短未出水
뱃노래는 “봄이 바로 시름겹다!”네!	櫂歌春政愁

해설 이 작품은 제목에서 시사하는 바대로 강남지역 연못에서 연밥 따는 처녀들의 생태와 민요를 제재로 삼아 읊은 시다. 그래서 기구에서 연밥 딸 아가씨를 작품 전체의 주어로 설정하였고, 승구에서 아가씨의 기대에 상반되게 흘러가는 강물을 등장시켜 부정적 배경을 예비하고 있으며, 전구에서 아예 연 포기가 물 위에 나오지도 않았다고 함으로써, 결구를 “櫂歌春政愁(뱃노래는 ‘봄이 바로 시름겹다’네!)”라고 마치고 있다. 결구의 “春政愁”는 연밥 딸 아가씨가 부르는 뱃노래의 가사 중 한 구절로서 “모든 사람들이 다 좋아하는 봄이지만, 딸 연밥이 없는 나에게는 시름겨울 뿐이다”라는 말이다.

爲鄭明府情人戲題 名仁寬

정 명부가 사랑하던 여인을 위해서 장난삼아 짓다

이름은 인관이다

회양 길이 어떠한진 모르옵지만,	不識懷陽路
북녘 눈길 따라서 오시거들랑,	相隨北雪來
사또님은 보옵소서 창밑 촛불이,	君看窓下燭
무슨 일로 눈물이 져 쌓였는가를!	何事淚成堆

* 懷陽 : 어느 지역의 옛 명칭일 것이나 구체적으로 알 수 없다. 다만 작자의 고향인 全羅道 長興의 옛 이름이 懷州이고, 鄭仁寬이 이곳의 원님으로 와 있었기 때문에, 懷州의 앞쪽이라는 뜻으로 "懷陽"이라고 호칭한 것일 가능성이 있다.

해설 이 작품 작자의 벗일 정 명부가 북쪽 어느 지역에 있을 때 사랑했던 여인이 헤어진 채 외롭게 있으면서, 지금은 남쪽의 어느 지역(長興?) 사또(明府)로 있을 鄭仁寬에게 고독한 심경과 간절한 그리움을 호소하려는 안타까움을, 이 여인이 자신의 안타까운 심경을 호소하는 양으로 그 여인을 대신해 간절하게 전하는 시다.

기 · 승구에서 "지금 사또님이 있는 그곳을 가는 길이 어떤지는 모르지만, 제가 있는 이 북쪽의 눈 내리는 길을 따라오시게 되거들랑", 이라고 고대하면서, 전 · 결구에서 "저의 신세를 대신한 저의 방 창밑의 촛불이 무슨 일로 눈물을 흘리듯 녹아 흘러 쌓였는가를 살펴보시라"고 하는 간절하고 안타까운 하소연이다.

贈太尙上人

태상 큰스님에게 지어 주다

자그만 집 솔숲 속에 숨은 듯 있어,	小屋隱松林
나그네로 오니 산속 밤은 깊어져,	客來山夜深
무심한 채 구름과 함께 자고선,	無心雲共宿
시 남겨서 학과 같이 읊고 싶구려!	有句鶴同吟

해설 이 작품은 철저한 자연인의 무작위적 행태와 순수 성정의 실상이 자연 상황 속에 자아로 놓여져 전혀 무작위의 양태로 읊어진 시다. 그래서 전・결구에서는 "無心雲共宿 有句鶴同吟"이라는 이 두 구가 流水對로 이루어져서는, 그저 그냥 느끼는 자족과 절로 이는 흥취의 自動記述처럼 읊어지고 있다. 따라서 이 작품에서는 그 소재들의 질량이 간결하고 청정하게 선택되고 배치되어 탈속적 시・공간을 형성하고 있다. 이런 점에서 이 두 구의 "無心"과 "有句"를 유의하여 읽어야 하며, 특히 "無"자와 "有"자를 잘 살려 읽어야 한다.

寶林寺
보림사를 찾아가면서

산길 가며 가는 길도 잘 모르는 채, 山行不知路
온 숲속엔 땅거미 지고 있는데, 暝色千林裏
이따금씩 종소린가 싶게 들리니, 彷彿疎鐘聲
구름 깊은 어느 곳에 절이 있는가? 雲深何處寺

해설 이 작품은 화자 자신이 가고 있는 길도 모른다고 하고 온 숲속엔 땅거미 지고 있다고 하였으면서도, 종소린가 싶은 것이 들린다고 하며 구름 깊은 어느 곳엔가 절이 있는가? 라고 함으로써, 시·공간을 신비로우면서도 조금은 으슥하게 꾸며서, 시적 정황과 심기도 그윽함과 함께 조금은 휘휘함을 맛보게 하는 묘한 시다.

贈義衍師
의연 스님에게 주다

모래판에 자는 나를 불러 깨워서, 喚我沙邊睡
취하고 난 그대 노랠 들으라네만, 聽君醉後謠

돌아갈 맘 문득 그냥 서글퍼짐은,	歸心却惆悵
산 어둡고 물소리도 멀어서일세!	山暝水聲遙

해설 이 작품은 기・승구에서 보는 바 대로 작자와 상대 스님이 아마도 음식과 술을 나눠 먹고 난 뒤, 스님 자네는 모래판에 취해 잠든 나를 깨워서 취하고 난 자신의 노래를 들으라고 하지만, 작자는 아마도 이곳에서 집이 조금은 멀어서 해가 지고 나면 실제로 돌아갈 것이 염려되어, 전・결구로 "歸心却惆悵 山暝水聲遙"라며 돌아가야 하겠다는 말을 대신하고 있는 시이다. 밤이 되어간다는 이유를 이런 수사의 시어로 말하는 이 결구는 역시 참신한 시구임이 분명하다.

白蓮社題性元上人房

백련사에서 성원 큰스님의 방을 제재로 삼아 짓다

손님 오자 산속 스님 깜짝 놀라서,	山僧驚客至
누각 가득 낀 구름을 바삐 쓸더니,	忙掃滿樓雲
밤 되어도 말똥말똥 잠도 없는 채,	入夜淸無寐
좋은 향만 손수 제냥 사르고 있네!	名香手自焚

* 掃雲 : "雲"은 "白雲"이다. 그래서 "白雲重重"은 "絶對世界에 머물러 있음"인

데, 이 "白雲"을 쓸어낸다는 것은 對象과 世界를 相對的으로 認識한다는 말일 것이다. 그러나 그렇더라도 이 스님은 相對的으로 認識할 뿐 자신을 相對化하여 認定하는 것은 아니다.

해설 이 작품은 일체를 絶對視하던 性元 큰 스님이 작자를 위시한 세상 사람들(俗客)이 절에 오자, 이 세상 사람들을 위해서 누각에 끼인 구름을 쓸면서도, 마음의 바탕은 어디에도 집착함이 없이 絶代世界에 常住해 있는 듯, 밤이 되어도 말똥말똥 잠이 없는 채 제냥 향만 사르고 있다면서, 性元스님이 참으로 큰 스님이라는 칭송을 말없이 말하고 있는 것이다.

過趙景元

조경원을 찾아가서

손 좋아해 술통 항상 채워 둔 것은,	喜客尊常滿
봄이 와서 나무마다 꽃 펴설 텐데,	春來樹樹花
아이 불러 뜨락 안을 쓸고서 보면,	呼童掃庭宇
산 그림잔 석양일 제 더욱 많겠지!	山影夕陽多

해설 이 작품은 작자가 찾아간 조경원이 벗일 터이고, 그래서 그에게 도치된 기·승구로 "봄이 와서 나무마다 꽃들이 폈기 때문에 손

님을 좋아해서 그래 기다리면서 동이 술을 항상 채워 뒀을 거라"고 넘겨짚으며, "그래서 내가 찾아왔네 그려!"라는 말을 글 밖으로 말하고서는, 이내 술을 달라고 하는 한 마디도, 마시자고 하는 한 마디도 없이, 전·결구에서 "아이를 불러 쓸고서 보는 뜨락 안에, 석양 무렵에 산 그림자는 더욱 많겠지!"라고 하여 이런 시·공간이 바로 우리가 술을 마셔야 할 자리가 아닌가? 하는 말 없는 말을 하고 있는 시다. 그래서 이 작품의 네 구는 모두 작자의 정겨운 마음씨가 빚어낸 것들이지만, 특히 "山影夕陽多"라는 결구는 이 시를 참으로 푸근한 우정에다 더욱 은근해진 홍취를 말없이 곁들여 읊어낸 좋은 시로 만들고 있어 새롭다.

重投景元家

다시 경원의 집에 투숙하면서

나그네길 푸른 산 끝 멀리로 났고,	客路青山遠
자네 집은 들판 무논 서쪽 있는데,	君家野水西
옛날 그때 그대론 채 남아 있어서,	依然舊時事
꽃 위에선 저녁 새가 울고 있구려!	花上暮禽啼

해설 이 작품은 옛날에 왔던 친구의 집에 다시 와서 "依然舊時事 花上暮禽啼"라는 전구와 결구로서 지난날을 회상하며, 조금은 반가우

면서도 무엇인지 아쉬움과 허전함의 심기가 뒷맛으로 남아 읊어진 시다. 이 작품이 새롭게 시가 될 수 있게 한 것은 전구의 回想이 있기 때문이다.

寄謝思峻

사준 스님에게 사양하며 부치다

그대 절에 머무는 걸 들어 아는데,	聞汝支提住
사람 편에 詩軸 用紙 부쳤네마는,	因人寄軸牋
나는 이제 시 안 짓기 오래되어서,	我今詩廢久
붓 잡으면 뜻이 그냥 멍할 뿐이네!	把筆意茫然

* 支提 : 사리가 없는 탑만 있는 절을 말한다. 그런데 작자와 아는 사이이며 벗과 같은 사이일 思峻이 여기에 머문다고 한 것을 보면 이 사람은 스님인 것으로 추정된다.

해설 이 작품은 아마 작자의 지인으로 스님일 듯한 상대가 詩軸 용지를 부쳐 보내서 시를 지어 보내라는 뜻이었겠으나, 작자는 농담하듯 시 짓기를 그만둔 지가 오래라서 새삼 붓을 잡아 시를 짓자니 시상도 안 잡히고 그냥 멍할 뿐이라는 말로 사양을 하는 것이다. 그런데 이 작품은 이 시 안 짓기의 핑계 같은 이 전·결구가 있어서 시로서 잘 살아 있는 것이다.

又

또 한 수

石川 老人 지금 詩壇 元老이시니,	石老今詞伯
시 찾는 건 꼭 이분 댁 문에 가 하게.	求詩必此門
매화 피고 달이 밝은 밤이 될 제는,	梅花明月夜
스님 가도 응당 아니 번거롤 테니!	師去未應煩

* 石老 : 작자도 찾아뵙고 시를 공부한 石川 林億齡을 지칭한다.

해설 이 작품은 앞 수에서 보는 바대로 思峻스님이 詩軸에 넣을 좋은 시를 원할 바에는 나 같은 사람이 아니라 반드시 詩의 元老라고 할 분인 石川先生께 가서 시를 받으라는 권유의 시다. 그런데 이 작품에서도 전・결구를 "梅花明月夜 師去未應煩"이라며, 매화가 꽃을 피우고 달이 밝은 밤인 흥취의 시공간에 맞추어 석천 선생님을 찾아뵙고 시축 시를 청하면, 선생님께서 절대로 번거롭게 여기시지 않을 거라는 이 결구가 있어서 이 작품 역시 좋은 시가 되었다.

龍淵醉別

용연에서 술에 취해 작별하면서

함께 말로 온 모래톱 저녁을 맞고,	幷馬沙汀夕
구름 낀 숲 푸르른 채 그 몇 겹인고?	雲林碧幾重
우리 풍류 아무래도 끝없는 건데,	風流儘難竟
헤진다니 문득 너무 촉박하구려!	告別却怱怱

* 雲林 : 글자대로의 뜻은 “구름 낀 숲”이지만, 이 말은 세속을 떠나서 “숨어 사는 곳”을 이르는 말로도 쓰인다. 여기에서는 “구름이 낀 숲”이라는 말로 쓰였다.

해설 이 작품은 벗과 함께 술에 취한 채 함께 말을 타고 龍淵이라는 곳에 도착해서는, 아직 즐거운 홍취와 정분이 아쉽게 남아 있는데 다시 작별하게 되어 헤어지는 안타까움을 전하는 시다.

秋齋夜吟

가을밤 서재에서 읊다

홀로 깨자 작은 서잰 휑할 뿐이고,	獨起小齋空
서릿기운 차가운 속 달만 밝은데,	月明霜氣中
아늑한 샌 자는 둥지 편치 않겠네!	幽禽栖不定
가을 숲에 바로 저래 바람 많으니.	秋樹政多風

해설 이 작품은 둥지에 깃든 새를 염려하는 고운 동정심이라는 작자의 섬세한 인정이 그림으로 그리듯 읊어진 시다. 그래서 기 · 승구에는 서릿발이 세고 달이 환히 밝은 밤에 휑하게 아무도 없는 작은 서재에 홀로 잠을 깨어 앉아 있는 작자의 자태가 곱게 그려지고, 전 · 결구에는 차가운 가을바람이 불어대는 숲과 여기에 깃든 새의 정황이 뵈는 듯 그려지면서, 깃든 새를 염려하는 작자의 고운 인정까지 그리듯 담겨져 조용한 공감을 유도하고 있다.

挽

만사

옛 안방엔 가득 고운 먼지만 꼈고,	舊閤芳塵滿
새 무덤 쪽 난 언 길은 멀기만 한데,	新阡凍路長
백년해로하자 했던 말만 남은 채,	百年成說在
천 줄기의 눈물에다 부쳐버렸소!	付與淚千行

* 挽 : 이 작품들은 그냥 이렇게 "만사(挽)"로만 되어 있으나, 내용으로 봐서 "아내를 위한 만사(挽內)"임이 분명하다.
* 百年成說 : "百年偕老(백년을 함께 삽시다)" 라며 부부가 함께 약속한 말을 말한다.

해설 이 작품은 작자의 나이 22세 때 죽은 부인인 鄭氏에 대한 숨길 수 없는 감정을 그대로 읊어낸 참으로 슬픈 挽詞로 추정된다. 당시 양반 가문의 남성들이 감정절제의 수양을 철저히 하고 의연하게 행동해야 했던 생활문화와 범절을 생각해 보면 이런 挽詞를 짓는 경우가 많지 않았으며, 짓는 경우에도 감정의 절제 없이 이렇게 사실적으로 읊은 경우는 더욱 많지 않았다.

그런 점에서 이 작품의 기구인 "舊閤芳塵滿(옛 안방엔 가득 고운 먼지만 꼈고)"은 죽은 아내의 빈 자리인 기막힌 실경을 눈물을 삼키는 슬픔으로 전하고, 승구인 "新阡凍路長(새 무덤 쪽 난 언 길은 멀기만 한데)"은 아직은 2월의 남은 추위로 언 채인 무덤가는 길마저 멀고 먼 것을 한탄하면서, 전・결구에서 "百年成說在 付與淚千行(백년해로 하자 했던 말만 남은 채, 천 줄기 눈물에다 부쳐버렸소!)"이라 하여 선비요 대장부인 체통도 돌아보지 않고 못 지키게 된 약속의 한을 한껏 울어 무수히 흐르는 눈물 줄기에 실어 전하겠다는 다짐을 하고 있는 것이다.

그래서 대장부로서의 체통이나 선비로서의 자세로는 당시에 논의의 여지가 있을지언정, 진실한 인간애로나 숨김없는 부부애로서의 진정을 이렇게 숨김없이 풀어 읊은 좋은 시는 우리 漢詩史에서 흔치 않은 예가 아닐 수 없다.

又

또 한 수

인생만사 아침 거울 앞에서 보면,	萬事臨朝鏡
공연스레 흰 머리만 훤히 남은 채,	空餘雪髮明
앞으로도 살아갈 날 남았을망정,	可能來有日
울고파도 이미 목이 메일 뿐이오!	欲哭已無聲

해설 이 작품도 홀로의 몸(홀아비)이 된 자신으로 센 머리털만 훤한 신세가 된 채 앞으로 살아 있을 날이 남아 있다고 해도 울고 싶은 심경뿐이나, 울고자 해도 너무 절박한 감정에 목이 메어 울 수도 없게

되었다는 기막힌 통한의 읊조림인 시다.

따라서 앞에서도 말한 바대로 무서운 감정절제와 의연한 자세 유지가 체화된 옛 선비들의 면모와 체통을 상상해 보면, 전·결구로 이렇게 숨김없이 토로된 작자의 심경과 그 통한의 아픔이 얼마나 절절했겠는가를 짐작케 한다. 그래서 이 작품 역시 참으로 숨김없는 인정을 그대로 보여주는 좋은 시가 아닐 수 없다.

贈友南還
남쪽으로 돌아가는 벗에게 주다

장안 거리 전송해 보내는 이곳,	長安相送處
귀향하는 자네에게 시만 주네만,	無語贈君歸
문득 강남 향해서 바라볼 적엔,	却向江南望
청산엔 또 저녁해만 질 뿐이겠지!	青山又落暉

해설 이 작품도 승구의 "無語贈(말없이 준다)"이라는 어휘가 헤어지는 감정이 너무 안타깝고 서글퍼서 막상 무어라고 할지 할 말이 없어 오히려 "시만 준다"는 것이다. 그래서 전구의 "却向江南望(문득 강남 향해서 바라볼 적엔)"은 바로 아무 말도 못 하고 귀향하는 이 벗을 떠나보낸 뒤, 그 자리에 그냥 선 채 그 벗이 떠나간 강남 쪽을 바라본다는 것이다. 결구에서는 "青山又落暉(청산엔 또 저녁해만 질 뿐이겠

지!)"라며 벗이 떠나고 오늘도 또 하루해가 질쯤이면 처연한 허망감을 되뇌이며 자네가 간 그 남쪽을 향해 해가 져가는 푸른 산만 바라보게 됐다는 서글픈 이별의 시다.

長城道中
장성 가는 길에서

여행길에 단오날을 만나고 보니,	路上逢重五
곳 달라도 시절·풍물 마찬가진데,	殊方節物同
이 멀리서 애틋하다 어린 딸아인,	遙憐小兒女
하루 종일 후원에서 그넬 타겠지!	竟日後園中

해설 이 작품은 타향에서 나그네로 여행 중 향수와 고적감을 느끼며 길을 가고 있었을 작자가, 타향에서 단오날을 만나서 고향의 오늘 단오 풍경을 상상하면서, 아직 천진스런 소녀일 어린 딸아이의 그네 타는 모습을 상상하며, 자신도 지극히 순수해지고 애틋해지는 향수와 아버지로서의 감정을 눈을 감고 그려지는 풍경에 담아 곱게 그리는 그림처럼 읊은 애틋한 시다.

이 작품의 전·결구인 "遙憐小兒女 竟日後園中(이 멀리서 애틋하다 어린 딸아인, 하루 종일 후원에서 그넬 타겠지!)"은 杜甫의 詩句를 훔쳐 썼으면서도 두보보다 더 새롭게 잘 살려 읊어 놓아 참으로 좋은 구이다. 그래서 이 구에서는 文外의 語義(그네)를 잘 찾아 읽어야 한다.

贈朴無競

박무경에게 주다

봄바람 속 서울 장안 큰 거리에는, 春風洛陽陌
어디인들 꽃·버들이 안 폈으랴만, 何處非花柳
흰 구름은 저 하늘 끝 게만 있으니, 白雲在天涯
놀이꾼도 사뭇 머릴 돌리겠구려! 遊子長回首

* 花柳 : 글자대로의 뜻은 "꽃과 버들"이지만, 시에서는 흔히 "기생과 유흥장" 같은 "환락과 여색" 같은 것의 상징이나 비유로 많이 쓰였다.
* 白雲 : 글자대로의 뜻은 "흰 구름"이지만, "思親(어버이를 사모함)"과 "思鄕(향수)"을 환기시키는 상징이며, 또한 "歸隱(고향이나 자연으로 돌아가 숨어 사는 것)"의 상징이기도 하다.
* 遊子 : 타향에 오래 돌아다니는 사람 또는 집을 나와 돌아다니는 "놀이꾼"을 말한다.

해설 이 작품은 벗이거나 지인이었을 朴無競이 시골의 부모님 슬하를 떠나 서울에 와 있는 것을 염려하여, 주인공(박무경) 자신의 간절한 思親과 鄕愁인 양 시를 구상하여 갸륵하게 여기는 듯이 읊은 시다. 그래서 기・승구의 “春風洛陽陌 何處非花柳”로 서울 장안의 번화와 주색의 유흥이 넘침을 말하면서 경계해야 할 시・공간임을 제시하고, 전・결구에서 “白雲在天涯 遊子長回首”라고 하여 주인공인 朴無競 자신이 오히려 思親과 鄕愁가 간절한 양으로 삼아 은연중에 기리어 칭찬을 함으로써 그렇게 되도록 유도하고 있는 묘한 수법의 시다. 따라서 이 작품에서는 기구의 “春風”, 승구의 “花柳”, 전구의 “白雲”, 결구의 “遊子”라는 어휘들을 잘 살펴서 유기적으로 해석해 읽어야 하는 것이다.

贈友

벗에게 주다

자네는 이 가을에 서해에서 와,	君從西海秋
저녁 맞은 남산 속의 날 방문하곤,	訪我南山夕
바로 함께 취해서는 통 말도 없이,	一醉無所言
빈 뜨락에 잎이 지는 소리만 듣네!	空庭聞葉落

해설 이 작품은 저 멀리서 온 반가운 친구가 가을 저녁을 맞은 남산 속의 내 집으로 찾아와서, 서로 아무 말도 없이 바로 그냥 함께 술을 마시며 취한 채, 역시 그냥 빈 뜨락에 지는 낙엽 소리만 듣고 있다는 한 토막 초연한 천성의 奇人들 이야기 같은 시다.

그런데 기·승구에서 가을 저녁이라는 시간과 남산 속이라는 공간을 설정하고, 여기에 멀리 서해에서 찾아온 반가운 벗과 남산 속에 숨은 듯 한 나를 주체로 삼아 놓고는, 전·결구에서 "一醉無所言 空庭聞葉落"이라고 마친 것은, 그저 무한히 그윽한 시·공간에서 서로 아무 말을 하지 않고서도 바로 서로 함께 무한히 아늑한 심기에 동참한 채, 이내 정적 속에 낙엽이 지는 소리를 들으며 느껴워지는 기막힌 흥취를 함께 하면서 서로 간에 한마디 말도 없이 낙엽 소리만 함께 들으면서도 함께 기막힌 흥취로 하나가 되는 지극한 한마음의 벗이라는 말이다.

鄭清源 谷口堂 名彦湜
정청원의 골짝 입구 집에서 이름은 언식이다

바위 숲엔 꽃이 마악 다 져버렸고,	巖樹花初謝
못 속 연은 잎이 벌써 동동 떴는데,	池荷葉已浮
그냥 술을 함께 서로 기울이자니,	共傾無事酒
산속 집엔 석양빛이 가득하구나!	落日滿山樓

해설 이 작품은 아마도 음력으로 3월 말에서 4월 초쯤인 시기로 일기도 화창한 날에 절친한 벗의 집을 찾아가서 구경하는 풍경 속에, 석양 무렵까지 무엇에도 거리낌 없이 그냥 술을 주고받으며 즐기는

정경을 한 폭의 그림으로 스케치하듯 읊어낸 시다. 그런데 이 작품에서 작자와 벗에게는 물론 독자들에게도 시적 풍정을 빚어내 맛보며 즐기게 함은 물론 작품의 정감 자체를 살려내는 것은 전구의 "共傾無事酒"이며, 특히 이 중 "無事酒(그냥 술, 아무 의의나 목적이 없이 마시는 술)"라는 어휘는 아주 복합적인 의미를 함축하고 있는 참 좋은 活句이다.

又
또 한 수

숨은 냇물 고운 가락 소릴 울리고,	暗澗嬌絃韻
개인 산은 수묵환 양 빛이 감도니,	晴山水墨浮
봄 애탄 맘 말 타긴 듯 아깝게 됐네!	春心惜騎馬
안개 낀 숲 성 누각을 숨겨 놨으니!	煙樹隱城樓

해설 이 작품 역시 봄을 맞은 풍경 속에 홍겹게 놓인 자아를 곱게 주인공으로 삼아, 너무 빨리 지나가는 봄을 안타까워하는 심경을 그리듯 읊고 있는 시다. 기구는 숨은 냇물의 고운 물소리를 그려 놓았고, 승구는 개인 산을 수묵화의 그것으로 비겼다. 그래서 전구는 봄의 흥취에 젖은 마음은 빨리 지나가서 말 타고 가며 보는 양 너무 빨라 안타깝다는 것이고, 결구는 안개 낀 숲으로 성 누각도 숨겨 놓았으니 더욱 가만히 감상해야 하기에 그렇다는 말이다.

夢贈李學士汝守
꿈속에서 이 학사 여수에게 주다

강남 비출 달을 짝해 잠을 잘 제면, 伴宿江南月
다정하게 옛날처럼 밝긴 했지만, 多情舊夜明
삼 년 동안 천 리 밖서 꿈만 꾸면서, 三年千里夢
하루도 서울 아닌 꿈은 없었네! 無日不皇京

해설 이 작품은 작자가 형님인 光弘이 平安道 評事로 평안도에 가 있을 때 거기에 가서 있을 당시 지은 시로 추정된다. 객지에서 밤이 되어 달을 보다가 잠이 들 제는, 언제나 옛날 서울에서 보던 그 달과 같이 밝기는 했지만, 삼 년 동안 이 천 리 먼 곳에서 달만 보다가 잠이 들어 꿈만 꾸면서, 어느 하루도 서울에 가서 있지 않은 꿈이 없었다는 말이다. 다시 말하면 이 먼 객지에서 달이 밝은 밤이면 그 서울 꿈을 꾸지 않는 날이 없었다는 기막힌 향수(고향은 아니지만 정든 서울의 생활 기억)를 하소연하는 시다.

寶林寺

보림사에서

낡은 전각 벽에는 구름 펴 나고, 古殿雲生壁
개인 산엔 공중에서 새 내려 올 쯤, 晴山鳥下空
재 올린 뒤 한가로이 낮잠 잘 제면, 閑眠午齋後
베갠 온통 물소리에 싸여 있겠네! 一枕水聲中

해설 이 작품은 보림사라는 사찰과 그 주위의 한낮 풍경을 배경으로 놓고, 이 절 스님의 수도하는 행태를 사실적으로 옮겨 그리듯 읊은 시다. 그런데 이 작품은 사찰이라는 종교적 공간과 스님이라는 수양적 주체를 주 제재로 읊으면서도, 실제로 스님이라는 인격적 주체는 등장시키지 않고 다만 그의 행태와 정황만을 설명함으로써 그 주체를 명료하게 상상하고 재구성할 수 있게 수사한 좋은 작품이다.

謝天維

梁天維 山逈에게 고마워 하며

한 창 앞에 매화꽃은 지려 하는데, 一窓梅欲謝

자넨 병에 봄 어떻게 보내려 하나? 君病奈春何
적적한 속 잠시 잠서 깨어 일어나, 寂寂閑眠起
외로이 읊다 보니 핸 벌써 졌네! 孤吟日已斜

해설 이 작품은 "정겨운 매화도 지려 하고 있는 아쉬운 계절, 자넨 병중에 있는 몸으로 이 봄을 어떻게 보내려는가? 나도 너무 적적한 속에 잠에서 깨어 일어나서는, 외롭게 혼자 시만 읊다가 보니 해는 벌써 기울고 있네 그려! 자네도 병중에 외로울 것이고 나도 이렇게 외롭게 하루를 보내고 있으니, 자네가 너무 보고 싶다"는 심경을 전하는 시다.

又

또 한 수

술 거르고 그대 오길 기다리면서, 漉酒待君來
거문고만 낀 채 끝 봄 애태우는데, 橫琴惜餘景
시냇물은 그대 향해 흘러가건만, 溪流流向君
길엔 사뭇 봄 소나무들만 서 있네! 一路春松影

해설 이 작품 역시 벗을 간절하게 기다리는 심경을 전하는 시다.

그래서 술을 걸러 놓고 자네 오기를 기다리면서, 함께 즐기려고 거문고를 낀 채 끝나가는 봄이 안타까워 애를 태우는데도, 자네 사는 쪽으로 시냇물은 흘러가건만, 이리로 오는 한길에는 사뭇 봄을 맞는 소나무들만 서 있다고 함으로써, 간절한 기다림에도 오지 않아 너무도 허전한 외로움에 기막히게 서글프다는 마음을 말없이 전하고 있다.

送僧遊雙溪

쌍계사에 유람가는 스님을 전송하면서

한 번쯤은 참세상을 바로 찾아가,	一欲尋眞去
그 골짝을 서로 따라 놀고 싶지만,	相隨遊洞天
고운 선생 남긴 자취 안 멀다 하나,	孤雲迹未遠
절 문 앞엔 흘러가는 물뿐이겠지!	流水寺門前

해설 이 작품은 옛날 孤雲 先生이 신선 되어 가셨다는 쌍계사로 가는 스님에게, 나도 함께 가서 속세를 떠난 참세상 곧 신선 세상을 찾아 놀고 싶지만, 또 세상에서 전하기를 이 쌍계사에는 고운 선생이 신선 되어간 자취가 남았다고들 하지만, 아마도 가봐야 그 쌍계사 문 앞에 계곡물만 흐를 뿐, 실제로는 허망할 것이라는 위로 아닌 위로 같은 이야기의 시다.

送僧向嶺左

경상도 남쪽으로 향해 가는 스님을 보내며

수로왕의 사적들은 山河만 남고,	首露山河在
추풍 결에 낙엽들만 바로 날테니,	西風葉正飛
흥했다가 망해버린 천고의 한을,	興亡千古恨
돌아가는 한 스님 편에 부치네!	付與一僧歸

해설 이 작품은 천년이 넘는 옛 說話와 흔적만 남긴 伽倻의 역사를 懷古하는 한탄의 시다. 그래서 천 년 전 수로왕의 자취는 허망하게 사라진 채 산과 강만 남아 있고, 가을바람 결에 낙엽만 바로 날리고 있을 테니, 그 흥했다가 망해버린 천년 역사에 대한 한스런 감회를 그곳으로 돌아가는 한 스님 편에 한 편의 시로 읊어 부쳐 보낼 뿐이라는 말이다.

贈別

작별하며 주다

서울 숲에 봄바람은 일찍 분대도,	秦樹春風早

吳의 산들 나그네길 멀고 멀 테니, 吳山客路長
驛使 편에 전할 매화 소식있어도, 有梅傳驛使
형양 닿을 기러기는 없지 않은가! 無雁到衡陽

---

* 秦樹 : 唐詩에서 쓰인 것을 援用한 것으로 중국의 西南 쪽에 있는 秦나라의 首都인 咸陽을 말하나, 여기에서는 작자 자신이 현재 있는 곳으로 실제로는 서울을 지칭한 것으로 추정된다.
* 吳山 : 옛날 중국의 東南 쪽에 있던 吳나라를 지칭하나, 여기에서는 작별하고 떠나는 작자의 벗이 가는 곳을 말한다.
* 驛使 : 驛에서 交通과 通信을 담당하는 하급의 관리를 말하나, 여기에서는 이 관리가 가져온 소식을 대신한 말로 쓰였다.

해설 이 작품은 서울에 있는 작자가 남쪽으로 떠나는 벗에게 떠나고 나면 편지도 부치기 어려울 상황을 안타까워하며, 특히 봄바람이 일찍 불어 매화가 반갑게 꽃이 피면 더욱 그 소식을 전하고 싶어질 테지만 자네가 가는 그 남쪽 衡陽과 같은 그곳에는 이제 봄이라 기러기들이 오히려 이 북쪽으로 다 날아와서 그곳으로는 안 날아갈 테니 소식을 전할 길도 없다며, 이별하는 안타까움의 간절함을 압축하여 전하는 시다.

이 작품에서 특히 전·결구의 구상과 수사는 杜甫의 〈月夜憶舍弟(달밤에 고향 집의 아우들을 그리워하며)〉의 "有弟皆分散 無家問死生(다 흩어져 가버린 아우만 있고, 삶과 죽음 물어볼 집도 없구나!)"이라는 치밀한 구상과 수사의 수법을 기막히게 학습하여 자기화하여 원용하고 있는 것으로, 이것은 "없어야 할 상황은 있고, 있어야 할 상황은 없는" 것이라는 기막힌 불운의 극한적 조건을 만드는 수사의 수법이다. 두보의 이런 구상과 수사 수법을 기막히게 터득하여 활용하고 있는 시인과 구절로는 高麗의 스님인 釋圓鑑이 五言律詩 〈苦熱吟〉에서 "有地盡炎赫 無階奔廣寒(모두 열에 달구어진 지역만 있고, 찬 광한전 달려서 갈 계단은 없어)"이라는 시구의 활용만 보일 뿐 이것을 알고 살려서 쓴 작가는 볼 수 없다가 三唐詩人들에게 와서 李達과 함께 白光勳이 제대로 알고 활용하고 있는 것을 확인하게 된다.

錦城贈友
금성에서 벗에게 주다

금리에서 술이 처음 익어갈 즈음,	錦里酒初熟
우연히 옛친구로 친해진 것은,	偶與故人親
알았구려 향내가 풍겨 오는 곳,	認得香來處
배꽃들이 나무 가득 봄이어선 걸!	梨花滿樹春

해설 이 작품은 금성(지금의 羅州)에서 봄을 맞아 벗과 술을 나누며 즐기는 흥취를 읊은 시다. 그래서 이렇게 술을 나누며 즐기는 흥취를 빚어내는 요소로 주체로는 벗을, 시간으로는 봄을, 공간으로는 배꽃이 향기를 피우는 금성을 설정하여, 이런 계절에다 이런 곳이기에 이런 벗과 나누는 술자리가 참으로 기막히게 고맙다는 것을 말없이 전하는 시다.

寄季涵直省

사간원에서 숙직하는 계함에게 부치다

오랜 옛집 새벽 燈만 빤히 비추고, 古屋照殘燈
빈 뜨락에 병든 잎만 져 내리는데, 空庭病葉下
아득타만 알만하네 옛친구 懷抱, 遙知故人懷
비 · 바람 속 西宮(司諫院이 있는 곳)에서 지새울 이 밤! 風雨西宮夜

* 省 : 司諫院인 省臺의 略稱인 듯하다.

해설 이 작품은 기 · 승구에서 "古屋照殘燈 空庭病葉下"라고 하여, 오랜 옛집(西宮) 새벽이 된 등불의 방안, 병든 잎만 져 내리고 있는 바깥 뜨락을 시적 주체인 松江 自身의 더없이 고적하고 쓸쓸할 정황으로 추정하여 전하면서, 전 · 결구에서 "遙知故人懷 風雨西宮夜"라고 하여 倒置하였으나, 벗인 松江이 이 가을밤 西宮에서 숙직으로 지새우며 고적할 심기를 추정하면서 기막힌 우정으로 위로하고 있는 정겨운 시다.

病中 次孤竹韻
병중에 고죽의 운을 따라 짓다

거의 죽다 병서 도로 살아났건만, 瀕死病還蘇
가을 돼도 더윈 더욱 심해지는데, 近秋炎益熾
그립구나 본 마음인 나의 그 사람, 懷我素心人
집 이웃의 남산만은 푸르르겠지! 屋隣南岳翠

* 素心人 : "하늘이 준 대로 가장 순수하고 진실한 마음을 지닌 사람"이라는 말이다. 동서고금을 막론하고 가장 천성이 훌륭한 인품의 사람을 지칭하는 말로, 孤竹의 인품을 극찬하는 말이다.

해설 이 작품은 평생의 지극한 벗인 고죽을 그리워하면서, 그의 순수・고결한 인품을 함께 그려 보며 애틋한 우정으로 읊은 시다. 그래서 기・승구에서 거의 빈사 상태의 身病에서 소생한 자신의 형편과 아직도 더운 초가을 날씨의 불편함을 전하면서도, 전・결구에서는 벗인 고죽을 순수・고결한 인품의 참 좋은 벗으로 그리워하면서, 그 인품을 극찬하고 있는 것이다. 결구의 "南岳翠(남산만은 푸르르겠지!)"라는 어휘는 남산 자체의 자연 상태를 말하려고 한 것이 아니라 孤竹의 기상과 인품이 이 남산의 푸르름과 우뚝 서 있음 같이 높고 의연하다는 것을 상징적으로 암시한 것이다.

病中 寄諸公宴集

병중에 있으면서, 잔치 모임에 모인 여러분들에게 부치다

듣자하니 술고장의 여러 벗들은,	聞說高陽侶
서로 함께 대숲서만 노신다지만,	相携在竹林
무릉 여긴 아직까지 병중인데다,	茂陵今尙病
비・바람에 찾아오는 이도 끊겼소!	風雨斷來尋

* 高陽 : 중국에 있는 여러 곳의 명칭이나, 漢의 劉邦이 沛公으로 있을 때 酈生이 훌륭하다는 소문을 듣고 사람을 시켜 초청하려 하자, 그는 "나는 선비(儒人)가 아니고 고양의 술꾼(高陽酒徒)입니다"라고 하며 사양하였다. 그래서 "高陽"은 술의 고장이라는 말로 많이 쓰였다.
* 竹林 : "대숲"을 말하나 여기서는 중국 晉나라의 竹林七賢이 노닐던 대숲으로 비겨서 차용한 것이다.
* 茂陵 : 중국 漢나라의 문장가였던 司馬相如가 茂陵에서 병이 들어 살고 있었기 때문에 후대의 詩人들이 자신을 겸손하게 비교하여 일컬으며 많이 인용하였고, 여기에서도 작자가 자신을 司馬相如에게 비겨서 쓴 것이다. 唐나라의 시인 李商隱이 〈寄令狐郎中〉에서 "茂陵秋雨病相如(무릉에서 가을비 속 병이 든 사마상여)"라고 읊었다.

해설 이 작품은 대숲같이 좋은 곳에서 모두 모여 술자리를 함께 한다니 여러분들은 참으로 좋겠지만, 나 자신은 병이 든 채 비・바람만 불고 찾아오는 사람도 없다고 하여 대비적인 자기 처지에 대한 무한한 한탄을 호소하는 시다.

頭輪北庵 寄尙山人
두륜산 북암자에서 상 산인에게 부치다

옛 절이라 스님들도 몇이 안 되고,	古寺僧無箇
가을 산속 고요한 채 앉아 있는데,	秋山坐寂寥
석양 속에 종·풍경들 소리 들리니,	斜陽聽鐘磬
시냇길서 응당 멀진 않겠소 그려!	溪路應未遙

해설 이 작품은 옛 절에 머물러 있는 작자가 석양 무렵에 들려오는 종소리와 풍경 소리를 듣고서 시내 건너편 어느 사찰에 있을 尙山人을 그리워하며 지어 부치는 시다.

贈魏而栗
위이율에게 주다

매화꽃이 핀 것도 안 살폈다가,	不省梅花發
자네 와서 병인데도 문 나섰더니,	君來病出門
봄 산속에 하루해도 이미 늦건만,	春山日已晚
잔 비우자 문득 할 말 잊어버렸네!	杯盡却忘言

* 而栗 : 동시대 "魏 아무개"라는 선비의 字로 추정될 뿐 누구인지 확인할 수 없다.

해설 이 작품은 매화가 꽃을 피웠는데도 무관심했던 작자가 병중에도 문밖까지 나가서 맞은 반가운 벗이라, 봄을 맞은 산속에 해가 져가도록 술을 함께 마시며 서로의 우정과 흥취가 저절로 한 마음이 되어, 술을 다 마신 다음에는 혼연일체로 구태여 서로 할 말이 필요 없게 된 채 그냥 있다는 기막힌 분위기의 정황을 전하는 시다.

그래서 이 작품에서는 결구의 "却忘言(문득 할 말 잊어버렸소!)"이라는 어휘를 잘 새겨 읽고 음미해야 한다. 작자와 벗인 魏而栗이 봄을 맞은 산속에서 해가 지도록 술을 마시며 서로 나누는 기막힌 우정과 흥취는 말로 할 수 없이 깊고 참된 것이지만, 서로는 말로 할 것도 없이 서로 알고 서로 함께 느끼고 있어서 아예 서로 말로 할 필요도 없다는 말이다.

江上

강 위에서

낚시하는 대 아래엔 강물이 깊고,	江深釣臺下
해 저무는 돛배 앞엔 하늘 넓은데,	天闊暮帆前
은은하게 종소리는 어디서 오나?	隱隱鍾何自

저 멀리 안개 낀 절 겐 걸 알겠네! 遙知精舍煙

해설 이 작품은 낚시터 아래에는 깊은 강물이 흐르고, 해 저물녘 돛배 앞엔 무한한 하늘이 펼쳐져 있는데, 은은하게 어디선가 들려오는 종소리는 아마도 저 멀리 안개가 낀 절에서일 걸 알겠다는, 작품 속에 文外로 놓여진 채 그윽한 흥취에 젖은 작자가 주위의 풍경과 정황을 그저 그려서 알리듯 읊은 시다.

與萬竹京口別

徐萬竹과 서울 입구에서 작별하면서

風席 달고 한강을 건너가서는, 掛席渡漢水
마차 몰아 위관(長城 근처의 葦嶺일 듯)으로 들어가겠지, 驅車入葦關
서로 작별하고 나면 천 리 사인데, 相分一千里
가을 해만 또 서산에 넘어가겠네! 秋日又西山

* 萬竹 : 萬竹堂 徐益을 말한다.

* 葦關 : 전라도 長城에 있는 葦嶺을 운에 맞추어 바꿔 쓴 것으로 추정된다. 『東國輿地勝覽』에 "在縣北三十里要害之地(현의 북쪽 30리 요충지역에 있다)" 라고 한 것을 보면, "嶺"자 대신 운자에 맞추어 "關"자로 바꾼 것으로 추정된다.

해설 이 작품은 벗인 徐萬竹 益이 전라도 쪽으로 떠나는 것을 작별하면서 그 외롭고 서글픈 심경을 읊은 시로 추정된다. 그래서 기·승구에서 그 먼 여정을 속도감으로 놓아 벗 자네가 한강을 건너가서는 마차를 몰아 장성의 葦嶺 그 험한 재를 넘어갈 것이라 추정하고는, 전·결구에서 기막힌 막막감을 말없이 깔아 一千里의 거리로 서로 헤어지고 나면 이 서글픈 가을 해만 또 저 서산으로 넘어가고 있을 것이라며, 끝없을 허망감을 말없이 전하고 있다.

過仲皓家 有感

중호의 집을 찾아갔다가 감회에 젖어서

국화 심은 그 사람은 어디 가 있나?	種菊人何在
꽃을 보러 이 나그낸 또 왔건마는,	看花客又來
청산 향해 한도 없는 아픈 맘으로,	青山無限意
석양 속에 사뭇 그냥 서성거리네!	西日重徘徊

해설 이 작품은 옛 친구의 집을 찾아가서, 망연히 선 채 죽은 그를 회상하면서 끝없이 슬픈 감정을 안타깝게 읊은 시다. 그래서 기구에서 국화를 심어 놓은 사람은 바로 이 집의 옛 주인이며 자신의 옛 친구인 金仲皓이건만, 지금은 어디에 가 있느냐? 하며 묻고는, 다시 승구에

서 옛 친구가 심어 놓은 국화를 보러 찾아왔건만 친구가 없다고 하고, 전구에서 옛 친구가 묻힌 저 푸른 산속의 무덤을 향해 끝없이 슬픈 심정을 말하고, 결구에서 이내 해가 져가는 속에 사뭇 그냥 서성거리고 있을 뿐이라며 기막혀하는 자신의 정상을 그려 전하듯이 읊어 보이고 있다.

贈友
벗에게 주다

옛날 작별 어느 핸지 알 수 없지만,	昔別不知年
푸른 산속 錦城 여관 아래였는데,	青山錦館下
나그네길 살구꽃이 피는 마을서,	客路杏花村
오늘 밤이 있을 줄을 뉘 알았겠나!	誰知有今夜

* 錦館 : 전라도 錦山旅館이거나 錦城旅館을 줄인 말일 것으로 추정되나, 작자의 고향인 長興과 가까운 곳이 錦城이라 錦城旅館을 말한 것으로 추정된다. 錦城은 지금의 전라남도 羅州의 옛 명칭이다.

해설 이 작품은 어느 해인지 지금은 확실하게 알 수 없는 그때, 錦城(羅州)의 푸른 산속 여관 아래에서 우리가 서로 헤어졌었는데, 아! 이제 이 객지 여행 중 살구꽃이 이렇게 환하게 핀 이 마을에서,

오늘 밤 이렇게 만나서 함께 자면서 기막힌 회포를 풀게 될 줄을 누가 알 수나 있었느냐? 하며 기막히게 기쁜 감흥으로 감격해하는 시다. 그래서 전구의 "客路杏花村"과 결구의 "誰知有今夜"는 아무도 예상 못한 오늘 밤의 만남이라는 기막힌 기회를 무한한 기쁨의 감탄으로 읊고 있는 것이다.

寄楊應遇

양응우에게 부치다

남녘땅엔 매화 처음 피어나면서,	南紀梅初發
驛路 주변 산천마다 모두 그럴 것,	山川驛路邊
멀리서 알만하네 官舍 오늘 밤,	遙知縣齋夜
빗소리만 홀로 듣다 잠들겠구려!	獨聽雨聲眠

* 縣齋 : 楊應遇가 근무하고 있는 그 지역의 관사를 지칭하는 것으로 추정된다.

해설 이 작품은 멀리 객지에서 근무하는 벗 楊應遇에게, 매화가 피기 시작하는 계절이면 온 곳이 매화꽃으로 무르익을 테니 자네나 나나 서로가 간절한 우정으로 그립고 아쉬워지는 것인데, 이렇게 매화가 꽃을 피우는 계절에 나는 몹시도 자네가 그리운데, 자네도 그 객지 관사에서 나를 생각하면서 봄비 내리는 소리만 듣다가 홀로 잘 것이라는 위로 겸 동정의 심경을 전하는 시다.

贈別
작별하며 주다

옛사람은 만나볼 수 없는 터라서,	古人不可見
자네에게 마음 두고 친했었는데,	與子宿心親
또다시 하늘 저 끝 작별을 하니,	又作天涯別
청산 속에 괜히 다시 봄만 맞겠네!	靑山空復春

* 古人 : 글자대로의 뜻은 시대적 개념으로의 "옛날 사람"이다. 그런데 중국을 위시한 유교문화권의 나라들에서는 가장 순수·진실한 人間性의 주인공을 중국의 고대 곧 無爲의 政治가 이루어진 唐·虞의 至治時代 사람들로 인식하여왔기 때문에, 古人을 이 唐·虞의 사람과 같이 진실하고 순수한 인성의 주인공으로 인식하게 되었다. 따라서 여기의 "古人"은 단순한 시대 개념의 옛날 사람이 아니라, 바로 이렇게 옛사람같이 인성이 순수·진실한 사람이라는 말이다. 우리 선인들은 인품이 순수·진실한 사람을 "古人"이라 불러왔다. 그렇기 때문에 한문학이나 한문 고전을 연구하는 사람은 이 "古人"을 반드시 유념하여 이해해야 하며, 아주 진실한 인성의 주체로 표본시하였다.

해설 이 작품은 우리 선인들이 자신들의 인성적 수양의 모형으로 삼아온 "古人(옛사람)" 같이 순수·진실한 인성의 주인공인 벗과 작별을 해야 하는 정말로 너무도 안타까운 심정을 읊은 시다. 따라서 이 작품에서는 이 "古人(인성이 옛날 사람 같이 참으로 순수·진실한 사람)"이라는 어휘의 내포 개념을 잘 파악할 수 있어야 하고, "空(괜히·허망하게)"자에 담긴 작자의 심기적 의미를 정확히 읽어낼 수 있어야 한다.

작품의 제목을 누구에게인지도 모르게 그냥 "贈別(작별하며 주다)"이라고 기록하고 있지만, 작품 속에서 이 시를 주는 상대를 "古人"에다 비교하고 있음을 봐서 상대인 그 사람은 참으로 좋은 사람임을 알 수 있다. 그래서 결구에서는 "青山空復春(청산에선 괜히 다시 봄만 맞겠네!)"이라며, 古人 같은 자네와 작별하고 나서는 봄이 와도 좋을 것이 없이 허망하게 됐다는 한탄을 전하고 있는 것이다.

送僧

스님을 보내며

안개 걷자 산들은 다퉈 나서고,	霧罷山爭立
물가 선뜩 비는 반쯤 걷혀 가는데,	汀寒雨半收
스님이여 어디 약속 찾아가는가?	僧尋何處約
가을 석양 이 사람은 기대섰는데!	人倚夕陽秋

* 倚夕陽 : 글자대로의 뜻은 "석양에 기대 서 있다"이지만, 이것은 단순히 이

런 육체적 행태만을 표현하는 것이 아니라 "석양 무렵에 누군가를 골똘히 기다리고 있거나, 누군가를 보내고 너무 안타까워 기막힌 심경으로 사뭇 무엇에 기댄 채 서 있다"라는 의미로, "倚欄干(난간에 기대 섰다)"이라는 예처럼 많이 쓰이는 말이다.

해설 이 작품은 스님과의 작별을 못내 아쉬워하면서 안타깝게 보내는 자신의 정상을 하소연하듯 읊은 시다. 그래서 기·승구에서 작자와 스님이 현재한 공간의 안개가 차츰 걷히면서 산들이 하나하나 다퉈 나서듯이 나타나고, 물가는 선뜩해지면서 비는 반쯤 걷혀가고 있는 현장을 매우 사실적으로 그리듯 제시하고는, 전·결구에서 스님은 어느 곳의 누구와 한 약속이 있기에 찾아가느냐고 물으며, 나도 이 가을 석양 속에 사람이 그리워 오히려 이렇게 기대듯 서 있는데 나를 버리듯 떠나느냐며 못내 아쉬운 심경을 전하고 있는 것이다.

景元家 招琴師

경원의 집에서 거문고 악사를 초청해 놓고

취해 가며 가는 길도 몰랐었는데,	醉行不知路
말 내린 곳 바로 예가 누구 집이지?	下馬是誰家
물어보니 문득 자네 집 근처인데,	問却君居近
거문고를 부른 달밤 뭐하려는가?	携琴夜月何

해설 이 작품은 아마도 벗인 듯한 경원에게 보인 시이다. 기구를 "醉行不知路"라고 하여 "취해서 말을 탄 채로 가는 길도 몰랐었다"고 하고서는, 승구에서 "下馬是誰家"라고 하여 "타고 가던 말이 제냥 알아차린 양 멈춰 내린 곳이 누구 집이지?"하고, 전구에서 이내 "問却君居近"이라며 "막상 물어보니 어허 놀랍게도 문득 자네 집 근처인데"라며 확인하고는, 결구에서 "携琴夜月何"라며 정녕 주인 景元과 자신이 함께했는지도 모르는 거문고 연주자를 불러 놓고는, 주인 景元이 홀로 부른 양 "이렇게 거문고 연주자까지 불러 놓고 이 밝은 달밤에 무엇을 하려는 건가?"라며 우연히 와서 아무것도 모르겠다는 양 묻고 있는 내숭 같은 시이다.

따라서 이 결구 뒤에는 틀림없이 "시를 함께 짓자는 것 아닌가?", 혹은 "술을 함께 마시자는 것 아닌가?" 그래서 "이 달 밝은 밤을 기막힌 흥취로 지새우자는 것 아닌가?"라는 연이은 물음들이 감춰져 있음을 쉽게 읽어낼 수 있는 것이다.

寄文叔章

문숙장에게 부치다

산속 비는 흙 질만큼 오지도 않고,	山雨不成泥
산 구름은 괜히 제냥 돌아갔는데,	山雲空自廻
그 누구가 무릉 병객 딱해 여길꼬?	誰憐茂陵病

* 文叔章 : 이름은 緯世이며 본관은 南平이고 호는 楓巖이며 退溪의 제자로 임진왜란에 의병을 일으켰다. 그런데 이 시에서 보는 바대로 그는 무슨 일엔가 뜻이 맞지 않아서 세상을 피해 살고 있었던 것으로 추정된다.
* 茂陵病 : "茂陵病客"의 준말이다. "茂陵病客"은 중국의 漢나라 司馬相如를 말하며, 나그네로 떠돌다가 蜀으로 귀환 도중 臨邛을 지나가다가 거문고로 卓文君을 꼬여내서 成都로 돌아왔으나, 가난하여 다시 臨邛으로 돌아가서 술장사를 하자, 文君의 아버지인 卓王孫이 창피해서 百萬兩의 돈을 주어 부자가 되었다. 글을 잘 지어서 그가 죽은 뒤에 武帝가 그가 지은 封禪書를 읽고 극찬하였다. 여기에서는 司馬相如가 병이 든 채 卓文君을 사모하여 거문고를 타던 곳을 그리워하듯이, 작자가 병이 든 채 기막힌 벗인 문숙장이 있는 곳을 바라보며 간절히 기다린다는 말이다.
* 琴臺 : 중국 漢나라의 司馬相如가 거문고를 타던 곳으로 泗川省 成都 浣花溪가에 있다고 한다.

해설 이 작품은 작자가 벗인 문숙장을 향해 간절하게 기다리는 심정을 읊어 전하는 시다. 그래서 이 작품의 기・승구에서 "山雨不成泥 山雲空自廻"라고 하여 "산속의 빗발은 흙이 질어질 만큼도 오지 않고, 끼었던 산의 구름은 괜히 제냥 되돌아 가버렸는데"라며 기다리던 비가 이내 허망하게 끝나는 현상으로 벗을 향한 기다림의 실망감을 빗대고 있으면서, 전・결구에서 이내 "자신은 옛날 탁문군이 그리워 사마상여가 거문고를 타던 그 金臺만 향해 저물녘까지 애타게 바라볼 뿐이었던 것처럼 자신도 벗 文叔章을 기다리고 있다"며 하소연하듯 읊고 있는 시다.

又
또 한 수

호수 위서 일찍 옷깃 나란히 잡고, 湖上曾聯袂
달빛 속에 꽃 배 띄워 돌아왔는데, 蘭舟泛月廻
되려 자네 숨었다는 얘길 듣고서, 翻聞葉裏子
노래하던 옛날 대(觀望臺)서 애만 태우네! 腸斷舊歌臺

* 葉裏子 :『海壑吟稿』〈漁父辭〉에 "歸來蘆葉裏 魚鳥作比隣(갈대잎 속 그곳으로 돌아와서는, 물고기·새 친한 이웃 되어 살면서)", 明나라 林敏의 〈題畵詩〉에 "前村黃葉裏 自有耐閒人(앞마을에 누렇게 단풍 든 속에, 심심한 걸 제냥 견딜 사람 있어서)"이라고 한 바대로, 이 어휘는 자연 속에 숨어 사는 사람을 말하는 것으로 추정된다. 이 시에서는 작자의 벗일 文叔章이 무슨 일로 세상을 피해 자연(시골) 속에 살고 있었던 것으로 추정된다.

해설 이 작품 역시 벗인 文叔章을 애틋하게 그리워하는 시다. 그래서 기·승구에서 "그 옛날 호수 위에서 나란히 손을 잡고, 달빛이 환한 속에 꽃 배를 띄워 함께 노를 저으며 돌아왔었는데"라며 회상하고는, 이내 전·결구에서 "되려 세상을 피해 어디론가 숨어버렸다는 소식만 듣고서, 이렇게 옛날 우리가 함께 노래했던 곳에 와서 애만 태우고 있다"며 무한히 서글퍼하고 있는 시이다.

折荷花 寄閔都事恕初 名忠元

연꽃을 꺾어 민 도사 서초에게 부치다 이름은 충원이다

쓸쓸만 한 빈 서재엔 해도 저물고, 寥落空齋暮
못의 꽃만 홀로 친할 수밖에 없어, 池花獨可親
꺾어 보자 향내만은 사뭇 풍기니, 折來香不斷
다락 기댄 사람에게 부쳐 보내네! 寄與倚樓人

해설 이 작품도 역시 옛부터 두터운 정분을 나누었던 벗일 閔忠元에게 애틋한 심정을 전하는 시다. "아무도 없이 쓸쓸한 빈 서재에 해가 저물자, 가까이 친해질 수 있는 것은 유독 못 속에 피어 있는 연꽃 송이뿐이라, 이것을 꺾어 보니 향기가 사뭇 풍겨, 누각 난간에 기대어서 역시 나를 생각하고 있을 자네에게 부쳐 보낸다"는 정겨운 이야기 같은 시다.

寄喜瞻

희첨에게 부치다

문 앞 나와 보내던 정 저버릴세라, 恐負門前送
병중의 말이나마 이냥 쓰다가, 因書病裏言
시름겨워 문득 슬피 바라보네만, 愁來却悵望
달이 밝을 그 마을은 어느 곳일까? 何處月明村

* 喜瞻 : 누구인지는 알 수 없으나, 아마도 그 누구의 字일 듯하다.

해설 이 작품도 역시 정겨운 벗일 喜瞻에게 어디 있는지 무한히 보고 싶다는 심정을 전하는 정겨운 시다. "아마 언젠가 전번에 작별할 때 희첨 자네가 문 앞까지 나와서 전송을 해줬는데, 그 고마운 마음을 저버리지나 않을까 두려워, 이렇게 병중의 두서없는 말이나마 그냥 쓰다가, 시름겨워져 문득 자네가 있을 듯한 그 어느 곳을 서글프게 바라보고 있네만, 내가 있는 여기처럼 지금 달이 밝은 속에 자네가 있을 그 마을도 어디인지 달이 밝을 거라 상상이 되어 막연히 문득 슬프게 바라보고 있건만, 역시 어디일까 무한히 안타깝고 그리울 뿐"이라는 애틋한 시다. 그래서 결구인 "何處月明村(달이 밝을 그 마을은 어느 곳일까?)"은 참으로 쉬우면서도 또한 참으로 어려운 착상이면서 참신한 수사를 보여주는 좋은 예가 된다.

東溪贈別

동계에서 작별해 보내면서 지어서 주다

시골 산수 흥취는 끝도 없는데,	溪山意不盡
전송하려 겹겹 숲속 벗어나와서,	相送出重林
臺 곁 버들 꺾어 주며 당부하노니,	爲語臺邊柳
"고운 풀이 짙어질 젠 돌아오게나!"	歸來芳草深

* 臺邊柳 : 글자대로의 뜻은 "놀이터, 곧 대 곁 버들"이다. 그러나 이 어휘는 전구 자체만이 아니라 결구와의 의미상 상관 구조로 놓고 잘 풀어 읽어야 한다. 이렇게 보면 이 어휘는 "以臺邊柳(대 곁의 버들가지고)"인데 "以(가지고)"자가 생략된 것이다. 이것은 옛날 중국의 樂曲인 "折楊柳(버들가지 꺾어 갖고)"에서 보는 바대로, 작별할 때 버들가지를 꺾어서 헤어지는 벗에게 주면서 "심어 놓고서 내 생각하라"며 당부하는 일에 해당한다. 이런 행위는 옛사람들이 작별할 때 행하는 한 관습이었다.

해설 이 작품은 작자가 정든 벗과 헤어지면서 너무 아쉬워하며 짓는 행태와 당부를 담아 읊은 시다. 기구에서 "산수 속에 노니는 흥취는 끝도 없다"고 하여 헤어짐이 너무 안타까운 까닭을 말하고 있으며, 승구의 겹겹 숲속을 나온 뒤 전구에서 안타까운 행태의 당부를 "爲語臺邊柳"라고 하고 있는데, 전구를 "위하여 대 곁 버들에게 말하노니"로 풀이하면 안 된다. 반드시 "(그래서) 대 곁 버들 꺾어 주며 당부하노니"로 풀이하여 읽어야 하는 것인데, 여기에서 "爲"자는 "그래서"라는 말이나 번역을 안 해도 되고, "臺邊柳" 앞에는 오히려 "折與(꺾어 주며)”라는 어휘가 생략되어 있음을 알아야 한다. 그래서 이 전구는 산문적 문구로 바꾸어 “折與臺邊柳而爲言”이라는 것임을 알아야 한다. 결구인 “歸來芳草深”도 “아름다운 풀이 짙은 곳에 돌아오다”로 풀이하면 안 되고, 반드시 “고운 풀이 짙어질 젠 돌아오게나!”라는 간곡한 부탁으로 풀어 읽을 수 있어야 한다. 내년 봄이 돌아와서 풀이 짙어질 젠 반드시 다시 돌아오라는 간곡한 부탁인 것으로, 이런 시적 정감의 언표 행태는 전통적 관습으로 이어져 온 것이다.

金君宗德來訪

김군 종덕이 찾아 와서

빗발 속에 산속 손님 찾아왔기로,	雨中山客至
시골 밥에 가을배추 대접했네만,	野飯折秋菘
가난하게 사는 것은 안 부끄러워,	不愧貧居事
만류하고 하루 해를 다 보냈구려!	相留到日終

해설 이 작품은 가난한 선비의 자존심 타령 같은 시다. 기구의 “빗발 속”에 찾아온 “산속”의 손님인 金宗德은 분명 반가운 사람이다. 작자는 가난한 사람이면서도 승구에서 “野飯折秋菘(시골 밥에 가을배추 대접했네만)”이라며 당당한 듯 이야기하는 것은 손님이 자신의 가난을 잘 알고 있을 뿐만 아니라, 이런 대접이 자신의 진실 · 소박한

정성을 담은 접대임을 훤하게 알고 있을 것이라는 진정한 믿음이 있기에, 다시 전구에서 자랑하듯 "不愧貧居事(가난하게 사는 것은 안 부끄러워)"라고 태연하게 말하면서, "相留到日終(만류하고 하루 해를 다 보냈구려!)"이라며 끝맺고 있는 것이다.

玉山後庵

옥산 뒤 암자에서

산속 스님 손님맞이 습관이 되어,	山僧慣迎客
날마다 꽃을 쓸고 문을 열기로,	日日掃花開
이곳을 빈번하게 오고 간다만,	此地頻來往
이제부터 또 몇 번을 오게 될 건고?	從今又幾廻

해설 이 작품은 매일 꽃잎 진 길을 쓸고 손님을 맞는 스님의 정성이 고마워 매일매일 찾아오고 간다며, 이제부터 또 몇 번을 더 오고 가게 될지 모르겠다는 이야기 같은 시지만, 은연중에 순수 진솔한 인간적 고마움을 담아 읊으면서도 46세로 일생을 마친 자신의 운명을 예감이나 하듯 조금은 청승맞은 넋두리 같은 끝맺음을 하고 있는 시다.

海臨寺 次石川先生

해임사에서 석천 선생님의 운을 따라 짓다

숨은 사람 이 밤 내내 잠에 못 들고, 幽人夜不寐
달이 뜨면 새도 깃서 놀라 깰 텐데, 月出鳥驚栖
얼마쯤은 가을 산에 잎 질 터이니, 多少秋山葉
되려 옛길 잃을까봐 걱정스럽네! 還愁舊路迷

* 海臨寺 : 『東國輿地勝覽』의 「全羅道」 條 어디에도 없어 어디에 있는 寺刹인지 알 수가 없으나, 아무래도 전라도 어디쯤에 있었던 사찰로 추정된다.

해설 이 작품은 숨어 사는 사람처럼 절에 와서 하룻밤을 자는 작자 자신이 잠 못 들고 누워 있으면서, "달이 밝게 뜨면 숲에 깃든 새들도 놀라 깨지 않을까 마음도 쓰이는데, 아직은 다 지지 않은 잎들이 얼마쯤 져 내릴 터이니, 되려 항상 다니는 옛길이 덮여 길을 잃게 되지는 않을까 싶다"는 공연스러운 듯한 마음 쓰임을 객적은 듯이 읊은 시다.

贈祖誾師 石川贈詩 鵝溪題卷

조은 스님에게 전해주다

(옛날에) 석천 선생께서 시를 지어 주시고 아계가 그것을 썼다

남악 아래 숭엄사 그 절간 방과,	南嶽崇巖寺
동쪽 숲의 죽하루 그 누각 위가,	東林竹下樓
삼 년 동안 독서 하던 곳들이라서,	三年讀書處
그대에게 시름의 실 한 편 보내네.	送爾一篇愁

* 南嶽 :『東國輿地勝覽』의 「全羅道, 龍潭縣」 조에서 "崇巖寺"가 그 아래에 있다고 기록된 것으로 봐서 이것은 "九峰山"을 말하는 것임을 알 수 있다. 玉峰이 이 아래 사찰에서 공부를 했다는 말이며, 아마 이 때가 바로 옥봉이 石川 林億齡에게 시를 공부할 때로 추정된다.
* 東林 : 사찰에 있는 숲을 말하는 것으로 추정된다.

해설 이 작품은 작자가 일찍이 석천 선생님께 시를 공부할 적에, 이 崇巖寺의 절 방과 竹下樓 위에서 삼 년 동안 기거하며 공부하고 독서 하던 옛 추억을 되짚어 보며 못 견딜 만큼 그리워져, 이제는 이렇게 시름겨울 만큼 애틋하다는 간절한 심경을 읊어 보내주는 시다.

又

또 한 수

석천 노인 聯句 지어 읊으신 곳은,	石老聯牋詠
맑은 바람 오월 누각 위였었는데,	淸風五月樓
이내 학사 써 놓은 시 읽고서 보니,	仍看學士筆
한 번 떠나 몇 해라서 시름겹구려!	一別隔年愁

* 學士 : 鵝溪 李山海를 지칭하는 말이다.

해설 이 작품은 수십 년이 지나서 "옛날 崇巖寺에서 石川 선생님께 시를 공부할 적에 선생께서 聯句로 지으신 시를 당시 李山海가 붓으로 쓴 것을 이제 여기에서 보며 읽게 되니, 그 절을 떠나와 몇십 년이 지난 것을 되짚어 보며 너무 그리워지는 옛 생각에 견딜 수 없이 시름겨워지게 됐다"는 안타까운 심경을 읊어 전하는 시다.

題金士重江榭 名千鎰

김사중의 강가 정자를 제재로 삼아 짓다 이름은 천일이다

고기잡이 작은 배를 잡아타고서, 漁人乘小艇
저녁 무렵 강 속 향해 가고 있는데, 日夕向江中
새는 홀로 울며 외려 날아서 가고, 獨鳥鳴猶去
푸른 산은 겹쳐 다시 겹쳐 있구나! 靑山重復重

해설 이 작품은 제목에서 "題金士重江榭(김사중의 강가 정자를 제재로 삼아 짓다)"라고 했으나 실제의 작품에서는 이 정자에서 작자 자신이 보고 듣는 강과 산의 풍경을 매우 사실적이면서도 집약적으로 素描하듯 읊은 시다.

憶林夢臣

임몽신을 그리워하며

숲속 비는 소리 없이 부슬거리고, 林雨不成響
가을 집엔 밤 추위가 감돌 테지만, 秋堂生夜寒
시골 산속 십 년 동안 겪은 일들로, 溪山十年事

취한 꿈에 한 등불만 가물대겠지! 醉夢一燈殘

* 林夢臣 : 어디에서도 찾아지지 않아 누구인지 알 수 없다.
* 醉夢 : "醉生夢死(취한 듯 살다가 꿈처럼 죽는다)"의 준말로, "그냥 살다 그냥 죽음"이라는 말이면서, 또한 그냥 "醉夢(취한 채 꾸는 꿈)"이라는 독립 單語이기도 하다. 이 작품에서는 독립 단어로 쓰인 것으로 판단된다.

해설 이 작품은 상대의 상황을 꿈속의 이야기인 양 상상으로 추정해 그려 보면서, 한편 동경하듯 한편 동정하듯 읊어 전하는 시다. 그래서 기·승구에서 숲속에 소리 없이 내리는 비와 산속에서 가을을 맞은 집엔 차가운 기운이 스밀 걸 추정해 그려 놓았으면서도, 내적으로는 말없이 호젓하고 아늑함이 함께 한 심기의 시·공간으로 유도 가능하게 하고 있다. 이런 시·공간을 전제로 전구의 "溪山十年事(시골 산수 십 년 동안 겪은 일들로)"가 마련된 것이라 결구의 "醉夢一殘燈(취한 꿈에 한 등불만 가물대겠지!)"은 바로 십 년 동안 겪어온 일들을 반추하며 그 즐거웠고 슬펐던 사연들에 취하듯 겪어온 채, 이제는 한 등불만 가물거리는 방안에서 林夢臣 자네는 정말로 무한히 평온하고 깊은 꿈속에 들어 자고 있을 거라는 말이다. 따라서 이 작품에 대한 이런 풀이를 전제로 하여, 이 작품을 읽는 우리는 이 작품의 글 밖으로 작자의 "林夢臣 자네가 무한히 부럽네그려!"라는 마음속의 말이 말없이 남겨져 있음을 알아야 한다.

龍湖戲題

용호에서 놀이 삼아 지어보다

요리조리 누각 앞을 거닐다가는,	邐迤樓前步
간들간들 가깝자 또 놀랍더니만,	輕盈近更驚
비단 옷깃 향기로운 구름 젖은 채,	香雲濕羅袂
삐진 嬌態 무정해져 버린 듯하네!	嬌怨似無情

* 邐迤 : 걷는 모양을 묘사하는 행태부사어인 "요리조리"라는 말이다.
* 輕盈 : 행태 묘사의 부사어인 "간들간들"이라는 말이다.

해설 이 작품은 한 여인의 고운 자태와 정겨운 용모 그리고 표정을 정교하게 묘사하듯 읊은 시다. 기・승구는 여인의 걷는 자태를 생동적으로 묘사하고 있는데, 승구의 "輕盈近更驚(간들간들 가깝자 또 놀랍더니만)"에서 특히 "近更驚"은 말로 쉽게 표현할 수 없는 여인의 행태와 이에 대한 남성의 감탄적 언어인 "너무 놀랍게 애틋해!" 같은 어휘를 선비이며 귀족인 작자의 체통상 言表할 수 없는 터라, 그냥 이렇게 "近更驚"이라고 마무린 것이다. 그러나 전・결구의 "香雲濕羅袂 嬌怨似無情(비단 옷깃 향기로운 구름 젖은 채, 삐진 嬌態 무정해져 버린 듯하네!)"은 여인의 기묘한 자태 묘사와 세밀한 표정 묘파로, 승구의 "近更驚"을 나름대로 敷衍하고 있다. 그래서 이 작품은 선비의 지나친 女色 描破라는 혐오감을 받을 수는 있지만, 작품 자체의 구상과 수사는 놀라운 솜씨가 살아 있는 아주 더없이 좋은 작품임을 확인할 수 있다.

又

또 한 수

타고나길 가냘퍼진 체질이라서,	賦得輕盈質
봄바람에 버들 허릴 흉내 내는데,	春風柳學腰
매해마다 이별을 해야 하는 곳,	年年別離處
냇물 이편 다리 위서 애가 끊기네!	腸斷水東橋

해설 이 작품은 많은 작품들에서 주인공인 여인을 보는 바와 같이 여인을 詩化的 慣例대로 무한히 纖麗한 자태의 미인으로 설정하고 종내는 失戀의 주인공으로 삼아 시적 정조를 유도하고 있는 시다. 그래서 기·승구에서 주인공을 천부적 섬려 체질의 여인으로 삼아 놓고, 전·결구에서 이내 "年年別離(매해마다 이별을 해야 하는)"의 주인공으로 삼아 "水東橋(냇물 이편 다리 위)"라는 영원히 애끓는 이별의 장소를 만들어 제시하고 있는 것이다. 이런 구상과 수사의 妙諦로 해서 이 작품 역시 아주 佳品의 怨情詩가 되는 것을 부정할 수 없다.

龍湖別立夫
용호에서 입부와 작별하면서

손 보내는 외론 배는 멀어져 가고,	送客孤舟遠
거문고를 타도 한은 깊은 물 같아,	鳴琴一水深
노 돌리자 산엔 해도 저물려는데,	棹廻山欲暝
안개 낀 숲 짙푸른 채 고요하구나!	煙樹綠沈沈

* 立夫 : 鄭彦信의 字이다. 그는 임진왜란에 전공을 세워서 정승의 자리에까지 올랐으나, 鄭澈의 끈질긴 반대로 끝내 鄭汝立의 近族으로 몰려 사형을 당하였다가, 나중에 사면·복적되었다.

* 鳴琴 : 거문고를 타는 것을 말하는데, 대개 친구와 작별할 때 거문고를 타는 것은 이별하는 한을 풀기 위한 행위이다. 伯牙가 흐르는 물을 생각하며 거문고를 타자 鍾子期가 그 뜻을 알았다고 한 것처럼 친구와 작별할 때 하는 행태의 하나다.

* 一水深 : 승구의 "鳴琴一水深"에서 "鳴琴(거문고를 타도)"을 유도 부사어로 삼아, 생략된 주어인 "恨(立夫와 이별하는 恨)"의 술어구인 "深(깊은)"을 後面 修飾으로 한 倒置의 주어 "水(물)"의 술어인 "一(같아)"과 합해져 "一水深"은 술어구가 된다. 따라서 이것을 散文처럼 語順을 따라 풀이하면 안 된다.

* 沈沈 : 조용하고 어둑한 상태, 물이 깊은 상태, 소식이 아득하게 끊긴 상태를 말한다.

해설 이 작품은 강 위에서 벗과 작별하고 거문고를 타며 그 안타까움을 풀려고 하나 한스러운 마음만 더욱 깊어지고, 산속에 해도 저물고 안개 낀 숲은 한층 고요하기만 하여 더욱 외롭다는 이별의 한을 읊은 시다.

留別

남겨 놓고 떠나면서

영 위 길로 장차 멀리 돌아가려니,	嶺路將歸遠
강 구름은 비 내릴 듯 으쓱 추운데,	江雲欲雨寒
인생살인 만남・헤짐 있는 법이나,	人生有合散
處地마다 이별 심정 참 어렵구나!	隨處別情難

해설 이 작품은 누구인지 매우 정분이 두터웠던 벗을 남겨 놓고 떠나면서, 영을 넘어서 멀리 가야 할 길을 생각하고 지금 출발하려는 이곳 강 위에는 구름이 끼어 아마도 늦가을쯤인 날씨는 으쓱 추워지고 비가 내릴 듯한 상황을 맞으며, 이내 전・결구의 "人生有合散 隨處別情難"이라는 기막힌 한탄과 서글픈 심경을 읊어 놓고 있는 시다.

別後

작별하고 나서

한 꿈 끝에 새벽녘 뜬 둥근 저 달은,	一夢殘更月
헤진 얼굴 문 앞에 왔나 싶은데,	臨門別後顔
가을 구름 너무나도 무정만 하여,	秋雲最無思
물 저 서편 산 위쪽을 가려 버리네!	遮斷水西山

해설 이 작품은 그리운 그 누구와 작별을 하고 나서, "밤에 꾸던 꿈을 깬 새벽녘 하늘에 환하게 뜬 둥근 저 달은 정녕 작별한 그분의 얼굴임이 분명한데, 저놈의 가을 구름은 너무나도 생각 없이 무정만 하여 물 건너 저 서쪽 산 위를 가리워서 달을 못 보게 한다"는 애처로운 원망과 안타까운 호소를 담아 읊어낸 시다. 그래서 이 작품은 아마 작자 자신이 절친한 벗 누구와 작별을 하고 나서, 한동안 소식도 못 들은 채 너무 궁금하고 애틋해하고 있으면서 지내던 어느 해 가을날 새벽에 꿈을 깨고 나서 읊은 시일 것이나, 마치도 한 여인이 사랑하는 임과 이별을 하고 나서 애타게 하소연하는 閨怨詩 같은 心氣를 곱게 풍기고 있다.

贈漁父

어부에게 주다

포구 주막 저녁연기 피어오를 쯤, 煙生浦口店
낚시 끝낸 줄엔 한껏 바람이 불고, 罷釣滿緡風
하늘 저 밖 저녁 해도 다 져버려서, 天外夕陽盡
돛단배로 산 그늘 속 돌아왔구려! 歸帆山影中

해설 이 작품은 작자 자신이 낚시를 끝내고 돌아와서, 낚시터의 풍경과 낚시하던 정황 그리고 낚시를 끝내고 돌아오며 견문한 풍경 등을 어부에게 곱게 그려 보여주듯 읊은 시다. 별로 기발한 구상이나 참신한 수사의 흔적이 보이지 않고, 그저 실제로 겪은 바대로 있는 것들만을 그냥 거두어 보여주며 말해 주고 있는 작품이지만, 한 장의 간결한 풍경화처럼 은근한 정취를 갈무려 담고 있는 정겨운 시가 되었다.

別楊應遇

양응우와 작별하면서

환한 저 달 남해 위에 솟아오르며,	明月生南海
맑은 가을 만 리 멀리 환히 비추니,	淸秋萬里輝
이별하는 심경에도 줄 것은 없어,	離心無所贈
이 시 갖고 가는 자네 전송하겠네!	持此送君歸

해설 이 작품은 분명히 이별을 읊은 시이면서도 앞의 〈贈漁父〉와는 그 격조와 정취의 가락이 아주 다르게 밝고 흥겹게 읊어지고 있는 좋은 시다. 기구에서 "明月生南海(환한 저 달 남해 위에 솟아오르며)"로 "환한 달"을 등장시켜서 무한 통쾌한 시상의 중심 소재로 삼고, 승구에서 "淸秋萬里輝(맑은 가을 만 리 멀리 환히 비추니)"로 풀어, 이 달을 고도의 정신적 수양의 모형체로 설정함으로써 안타깝게 이별하는 내 심정은 너무 아쉬워 줄 것이 없는 터라, 이 솟아오른 환한 달을 내 마음의 상으로, 아니 우리들의 마음의 상으로 삼아 돌아가는 자네에게 주며 전송하겠다는 것이다.

이 작품은 이별의 안타까움에서 출발하는 시상을 읊고 있는 것이지만, 바다 위에서 솟아오른 환한 달이 맑은 가을밤에 만 리를 비춘다는 시적 시・공간과 그 상태의 쾌활함과 청량함을 내 마음만의 상이 아니라 우리 두 사람의 마음의 상으로 함께 해보자는 다짐을 유도하고 있는 것이다. 그래서 무한히 시원하면서 유려한 흥의 가락을 거침없이 타고 읊어지는 시다.

別尹成甫 名唯幾

윤성보와 작별하고 나서 이름은 유기이다

천 리 먼 길 어찌 자넬 작별했던가? 千里奈君別
밤중 간 길 일어나서 보자고 하니, 起看中夜行
외론 배는 이미 멀리 떠나 버리고, 孤舟去已遠
달도 진 채 찬 강물만 울 듯 흐르네! 月落寒江鳴

해설 이 작품은 멀리 가는 벗을 오후쯤 배로 태워 보내고 나서, 밤중에 잠에서 깨어나 떠나간 뱃길을 바라보기라도 하자고 하니, 외로운 배는 벌써 멀리 가버렸을 것이고, 떠 있던 달마저 져버리고 차가운 강물만 울 듯이 소리를 내며 흘러가고 있을 뿐이라, 허망하고 적막해진 상황과 심경을 서글프게 읊은 시다.

西林

서림(서편 숲)에서

산길이라 멀어도 더욱더 좋고, 山路遠逾好
산바람도 걸음 따라 불어오는데, 山風趂步生

또한 精舍(庵子) 있는 곳을 알 만하구나, 亦知精舍處
구름 저편 풍경 하나 소리 들리니! 一磬隔雲聲

해설 이 작품은 호젓하고 아득한 산길을 걸어, 걸음마다 불어오는 산바람을 맞으며 가다가, 구름 저편에서 맑게 들려오는 한 풍경소리를 듣고는 "아 거기에는 정갈하고 조용한 사찰이 있겠구나!" 싶어하며, 무한히 평온함을 즐기면서 가고 있는 자아의 행태를 고마워하듯 읊고 있는 시다.

洛中 贈友還鄕
서울에서 귀향하는 벗에게 주다

한 나그네 뜻을 얻지 못한 처지로, 客有不得意
귀향 시기 봄도 또한 끝 무렵이나, 歸時春亦闌
그래도 알만하네 고운 풀빛은, 猶知芳草色
천 리 길에 가는 안장 곁 따를 것을! 千里傍行鞍

해설 이 작품은 실의한 채 서울에서 방황하다가 이렇게 봄도 거의 끝나는 즈음에야 고향으로 힘없이 돌아가는 벗에게, "그래도 자네가 고향으로 돌아가는 천 리 길에는 사뭇 고운 봄을 맞는 푸른 풀빛이,

자네가 타고 가는 말 안장을 곁 따라 이어지며 사뭇 반갑게 맞이해 줄 것"이라며, 애써 다독이고 위안하며 보내는 기막힌 마음과 몸짓이 눈에 보이는 듯 정겹게 읽혀지는 참으로 고운 시다.

舟下清灘 回寄秀華沙彌

배로 청탄을 내려와서 수화 어린 중에게 도로 부쳐 주다

가을 강물 위에서 작별한 뒤로,	別後秋江水
구름 낀 숲 몇 겹이나 가리웠을까?	雲林隔幾重
외로운 배 달은 아직 다 안 졌는데,	孤舟月未落
푸른 저 산 종소리만 멀리 들리네!	遙聽翠微鐘

해설 이 작품은 수행의 첫 과정을 밟게 된 수화 어린 중에게 아쉽고 못 잊어 하는 어른의 심경을 자연스레 전해주는 간단한 편지 같은 시이다. 그래서 아직 어린 나이로 천진난만하게 또래들과 노닐 소년이면서 이 고적하게 어려운 수행의 과정을 감내할 처지의 모습이 아무래도 무한한 연민의 정을 돋우어 못내 그립고 안타까워지는 것을 못 숨기겠다는 작자 자신의 심경을, "나는 아직 잠이 못 든 채 네가 있는 그 절의 종소리를 멀리서 듣고 있다"는 말로 대신하여 끝마치고 있다. 결구의 "遙聽翠微鍾"은 속세적 연민의 인정을 의도적으로 회피하기 위하여 수동적인 상태로 시화했을 것이나, 못내 연민의 정이 가

는 터라 실제로는 능동적인 "푸른 저 산 종소리를 멀리서 듣네!"일 것이 분명하다.

西城有贈

서편 성안에서 누구에겐가 지어 주다

성안 가득 복사·오얏꽃들 폈으니,	滿城桃李花
어디인들 봄 술 잔치 안 하겠는가!	何處非春酌
멀리 풍광 찾아 노는 객들 있는데,	有客遠尋芳
자넨 애써 숨듯 혼자 안타깝구려!	憐渠苦幽獨

해설 이 작품은 누구인지는 모르나 아마도 작자와 친분이 있을 그 사람이, 모두 밖으로 나와 기쁘게 바람을 쏘이며 즐길 이 화창한 봄에 숨듯이 혼자 외롭게 있을 것을 안타까워하면서, 동정하듯 연민하듯 읊어 주는 시다. 그래서 전·결구에서 "有客遠尋芳 憐渠苦幽獨(멀리 풍광 찾아 노는 객들 있는데, 자넨 애써 숨듯 혼자 안타깝구려!)"이라며, 이 안타까움에 대한 慰撫로서 동정과 연민의 정을 읊어 보내고 있는 것이다.

送柳霽卿還鄉

고향으로 돌아가는 유제경을 전송하면서

천 리 멀리 한 마음 벗 작별하자니,	千里同心別
한가을도 이 밤으로 나눠지는데,	高秋此夜分
서로 따라갈 기러기 있긴 하지만,	相隨有歸雁
며칠 만에 호수 구름 도달할 건고?	幾日到湖雲

* 柳霽卿 : 누구인지 확인할 수 없지만, 시의 내용으로 봐서 작자의 고향 친구임이 분명하다. 그래서 늦가을에 고향으로 돌아가는 것을 전송하는 것으로 추정된다.

* 高秋 : 한창인 가을, 한껏 깊어진 늦가을, 곧 "한가을"이라는 말이다.

해설 이 작품은 스스럼없는 벗이었을 것으로 여겨지는 귀향길의 柳霽卿과 작별하면서, 천 리 먼 길을 돌아갈 여정의 어려움과 고적할 정황을 말없이 추정하면서 위로와 염려의 정분으로 읊어 주는 시다. 그래서 상대를 "同心(같은 마음, 곧 한 마음)"이라고 하였고, 헤어지는 상황을 "此夜分(이 밤으로 나눠지는데, 곧 끝나게 되는데)"이라며 아주 안타까워하고 있으며, "相隨有歸雁"이라 다독이면서도, 이내 "幾日到湖雲"이라며 그 당시로는 천 리라는 기막히게 먼 거리의 고향을 대체 며칠을 가야 도착할까 싶어져, 무한한 연민과 동정의 염을 읊어 전하고 있는 것이다.

又

또 한 수

흰 머리털 이제는 이와 같으니, 白髮今如此
남은 인생 물어보자 얼마쯤일고? 餘生問幾分
푸른 산속 지초 · 창출 지천일 테니, 靑山足芝朮
구름 낀 한 골짝을 빌려주구려! 借我一溪雲

해설 이 작품은 고향으로 돌아가는 벗 柳霽卿에게 "이제는 허옇게 된 머리털의 신세인 나이니, 내 남은 인생이 얼마나 되겠는가! 듣자 하니 자네의 고향 산속에는 지초와 창출 같은 약초들이 풍성하게 자라고 있다 하니, 구름 낀 그 산골짜기를 나에게 빌려주기를 바라네!" 라며, 간청하듯 읊어서 주는 시다. 그래서 전 · 결구인 "靑山足芝朮 借我一溪雲(푸른 산속 지초 · 창출 지천일 테니, 구름 낀 한 골짝을 빌려주구려!)"은 문맥상 분명 간청이면서 시상과 수사에 상응한 흥취와 가락이 실린 좋은 시가 되었다.

送鄭百鍊 名鎔

정백련을 전송하면서 이름은 용이다

자네는 한강의 배 잡아타고서, 君乘漢江舟
가는 도중 수종사를 방문할 텐데, 去訪水鍾寺
누각 앞엔 푸른 숲이 많을 것이고, 樓前碧樹多
천 봉 속엔 밝은 달이 환하겠구려! 明月千峰裏

* 鄭百鍊 : "百鍊"은 鄭鎔의 字이다. 관향은 海州로, 일찍 곶겼으나 五言絶句의 뛰어난 작품들을 남겼다.

해설 이 작품은 "배를 타고 광주에 가면 거기에 있는 水鍾寺를 방문할 것이고, 거기에서 누각에 오르면 누각 앞에는 푸른 숲이 많을 것이며, 거기에서 밤을 맞게 되면 그 아래와 사방으로 수 천 개의 봉우리들이 늘어선 속에서 환하게 밝은 달빛을 받게 될 것"이라는 기대감을 한껏 추켜서 읊어 주면서 그런 밤을 부러워하는 자신의 심경도 "明月千峰裏"에 말없이 실어 전하고 있는 시다.

敬次蘇齋相公
공경하여 소재 상공님을 따라 짓다

태평 시대 정승님이 잘 되셨으니,	好作昇平相
공 없으심 그게 공이 있으심일 것,	無功卽有功
부끄럽네 외람되게 弟子 됐건만,	自慚叨下榻
무슨 말로 태평 치적 기려야 할꼬?	何說贊時雍

* 昇平相 : "훌륭한 임금님의 태평한 시대 정승님"이라는 말로, 蘇齋 盧守愼이 宣祖朝에 정승이 되었기 때문에 이렇게 표현한 것으로 추정된다.
* 叨下榻 : "叨"는 "분수 넘치게 차지하게 되다"라는 말이며, "下榻"은 "훌륭한 사람을 대접한다"는 뜻과 "어디에 의지해서 寄食하는 것"을 함께 말하는데, 여기에서는 작자 白光勳이 盧蘇齋에게 가서 시를 배웠기 때문에 弟子로 인정받은 것을 황송하게 여겨서 한 말이다.

해설 이 작품은 시를 배운 스승이면서 대선배로서 宣祖大王의 임명을 받은 현명한 정승이기도 한 盧蘇齋 선생의 시에 次韻하여 시를 지으면서, 宣祖大王의 聖德 그리고 盧蘇齋 선생의 德望과 功績을 극찬하는 시다. 그래서 宣祖 임금님의 聖德과 蘇齋 선생님의 德性으로 인한 功業을 말한 "無功卽有功(공 없으심 그게 공이 있으심일 것)"이라는 승구는 聖君과 賢臣에 의한 善政은 사람의 순수한 뜻대로 이루어져, 아무것도 한 것이 없는 것 같은 "無功(공 없음)"인데, 이렇게 아무것도 한 것이 없는 듯이 이루어진 것이 善政이요 太平이라, 이것이 바로 이렇게 기막히게 필요한 것을 한 것이 있는 것인 "有功(공이 있으심)"이라는, 참으로 기막힌 착상과 수사의 妙句가 아닐 수 없다. 뿐만 아니라 이런 善政의 功績이라서, 결구에서 "何說贊時雍(무슨 말로 太平 治績 기려야 할꼬?)"이라며 감탄을 하고 있는 것이다.

題尹希宏精舍

윤희굉의 정사(별장 서재)를 제재로 삼아서

얽힌 수목 가을 암석 이어 서 있고,	亂樹連秋石
그윽한 샘 밤 내 못에 똑똑 질 텐데,	幽泉滴夜池
우리 집도 이런 풍경 있긴 하건만,	吾家亦有此
어느 날이 바로 이 돌아갈 땔고?	何日是歸時

* 尹希宏 : 인적 사항을 확인할 수 없으나 작자와 친분이 있는 벗으로 精舍 같은 書齋까지 있는 선비로 추정된다.

해설 이 작품은 벗의 정사(별장 서재)를 찾아가서 그 주위의 풍경을 구경하고서는, 이런 정도의 풍경을 갖추고 있는 고향의 옛집을 돌아가서 즐기지 못하는 자신의 형편을 곁들여 서글퍼 하듯 읊은 시다.

贈白蓮社印思上人

백련사 인사 스님에게 주다

해 떠오자 처마 그늘 푸르러지고,	日出碧簷影
온통 하늘 오색 노을 곱기도 한데,	漫空五色霞
높은 스님 뜨락을 다 쓸고나서,	高僧掃庭宇
한가로이 앉은 채로 연화경 읽네!	閑坐讀蓮華

* 白蓮社 : 중국 晉나라의 스님인 慧遠이 慧永과 雷次宗 등 18명과 모임을 만들고 붙인 명칭인데, 혜원이 東林寺에서 활동하면서 이 모임의 명칭이 절의 명칭처럼 쓰이면서 뒤에 사찰의 명칭으로 많이 쓰였다. 따라서 이 시에서 白蓮社는 작자 당시에 작자의 고향과 가까운 康津의 萬德山 속에 있던 白蓮社를 말하는 것으로 추정된다.

해설 이 작품은 신라 때 창건된 옛 절에 찾아와서 조금은 별개의 신비 공간인 듯한 사찰의 풍경과 여기의 주인공으로 청정한 수양의 일상을 보여주는 印思上人의 행태를 한 폭의 묘소화처럼 "閑坐讀蓮花"로 그려 보여주고 있다.

會津贈林監役愰

회진에서 임 감역 황에게 주다

밤중 호수 위의 마을 찾아가자니,	夜尋湖上村
호숫가 길 위에 달만 비출 뿐인데,	月照湖邊路
주민들도 자네를 능히 알아서,	居人能說君
"버들 둑 위 송판 문을 달았다" 했네!	柳岸松爲戶

* 會津 : 전라도에 있던 縣으로, 羅州에 속한 縣이었다.

* 監役 : 조선조 繕工監에 속한 종9품의 관리로, 국가나 왕실의 공사를 감독하는 관리였다.

해설 이 작품은 벗이었을 林愰의 집을 달이 밝은 밤에 호숫가 마을로 찾아가서는, 전·결구에서 "居人能說君 柳岸松爲戶(주민들도 자네를 능히 알아서 말하기를, '버들이 늘어선 둑 위에 송판으로 만든 문을 단 집입니다' 라고 하더라)"라고 한 바대로, 자네는 정녕 마을 사람들도 다 알 만큼 소박하고 진솔하게 살고 있는 것을 확인하게 됐다는 말 없는 칭송의 시다.

醉後

취했다가 깨어난 뒤에

어저께 다락 위서 술 마신 끝에, 昨日東樓飮
자네가 간 시간도 몰랐었는데, 不知君去時
깨어 보니 베갯머리 부채뿐이니, 起看留枕扇
한갓 새벽 창 앞 생각 부쳐야겠네! 聊寄曉窓思

해설 이 작품도 누구인지는 모르나 아마도 벗이었을 누구와 누각 위에서 함께 술을 마시고 나서, 잠이 들었던 사이에 벗이 떠난 것도 몰랐고, 깨어나 보니 벗은 가버리고 벗이 놓고 간 부채만 있어서, 이 시를 적어 부쳐 보내겠다는 이야기 같은 시다. 그런데 이 작품에서는 결구 "聊寄曉窓思(한갓 새벽 창 앞 생각 부쳐야겠네!)"가 참으로 잘 마무리된 것임을 알아야 한다. 이 구가 바로 "자네가 떠난 것도 모르고 나는 이 다락 방에서 잠들었다가 깨어나 보니, 자네는 없고 부채만 남겨 놓고 가서, 이 새벽 창 앞에 앉아서 자네를 향한 몹시 허전하고 아쉬운 생각을 이 부채에 적어 보내겠네!"라는 참으로 진솔하고 정겨운 우정이 담긴 佳句이기 때문이다.

敬次宋頤庵

공경하여 송이암의 시 운을 따라 짓다

사람들을 만나서도 딴말은 없고,	逢人無雜言
사뭇 산속 돌아갈 뜻뿐이었는데,	長是歸山意
또 이렇게 한 해 봄만 보내게 되니,	又送一年春
깊은 산 속 꿈 기억만 더할 뿐이네!	雲蘿添夢記

* 宋頤庵 : 宋寅을 말한다. 頤庵은 그의 號이고 字는 明仲으로 관향은 礪山이다. 학자이자 명필로 알려졌고 礪城君으로 봉해졌으며 시호는 文端이다.
* 雲蘿 : 등 넝쿨과 담쟁이덩굴, 깊은 산속에 숨어 사는 곳을 말하는데, 여기에서는 "깊은 산속에 숨어 사는 곳"으로 쓰였다.

해설 이 작품은 작자가 평생을 두고 소원하는 바 "산속에 들어가서 숨어 살고픈 소망"을 못 이룬 채 세월만 가는 것을 스스로 안타까워하는 심경을 애틋하게 읊은 시다. 그래서 이 작품의 결구인 "雲蘿添夢記(깊은 산속 꿈 기억만 더할 뿐이네!)"는 현대의 우리 가곡인 "청산에 살리라"를 연상할 만큼 우리 선인들은 물론 東洋 三國의 옛사람들이 모두 그리워해 온 삶의 공간인 "구름이 감돌고 담쟁이덩굴이 어우러진 산속"이다. 이 공간은 세상의 속된 먼지와 부질없는 것들을 훌훌 털고 달과 물과 초목과 바람과 새와 짐승들과 어우러져 욕심 없이 살 수 있는 현세 속의 이상 공간이었기에 일찍부터 소망해온 공간이었다.

그런데 이런 공간이 "꿈속의 공간으로만 기억에 더 보태질 뿐"이라는 결구는 작자의 기막힌 안타까움이면서 옛사람들과 지금 사람들의 안타까움임은 물론, 지금의 우리들도 모두 안타까워할 꿈의 공간이 되기 때문에, 이 시는 사뭇 아쉬움을 불러내는 애틋한 시가 되는 것이다.

三.

七言絶句

始皇

진시황을 제재로 삼아서

방사들은 신선 찾아 가선 아니 돌아온 채,	方士求仙去不還
여산능 속 수은 바다 인간 세상 본떴건만,	驪山銀海象人間
지금 와선 그 누구가 무덤 속 뼈 위로하랴?	只今誰弔坑中骨
지상 요새 백 두 개는 옛날대로 있다마는!	形勝依然百二關

* 方士求仙去不還 : 세상에 전하는 바 秦의 始皇이 方士(신선들의 장수하는 약을 빚어 만든다는 技術人)를 東海에 있다는 三神山(蓬萊·方丈·瀛州의 세 산. 우리나라에서는 이 세 산이 바로 金剛·智異·漢拏의 세 산이라고 말함)에 보내서 神仙을 만나 不死藥(먹으면 죽지 않는다는 신선의 약)을 구해 오라고 하였으나, 방사들은 다시 돌아오지 않았다고 한다. 물론 이때 함께 갔었다는 徐福(徐芾이라고도 함)은 童男 童女 각각 三千名씩을 데리고 가서 일본으로 간 다음 안 돌아왔다고 한다.
* 驪山銀海象人間 : 중국의 陝西省 驪山에 있는 秦始皇의 능 이야기로, 무덤 형상을 인간 세상의 형태로 꾸미고, 여기에 수은을 가득 부어서 영원히 부패하지 않고 살아 있는 형태로 남아 있게 하였다는 것을 말한다.
* 百二關 : "關"은 城의 "關門"으로, 국경을 지키는 중요한 城門이다. 그래서 아주 중요한 "國防의 要塞"를 일컫는 말이다. 여기에서는 秦始皇이 國防을 걱정해서 萬里長城을 쌓으면서까지 걱정을 했지만, 진시황이 죽은 지 오래된 지금도 중국 국토는 그대로 있는데, 진시황 그대는 자신의 무상한 인생만 걱정했지, 역사는 무한하다는 것도 알지도 못했다며 가소로워하는 풍자의 눈길을 싣고 있는 표현이다.

해설 이 작품은 중국 역사에서 최초로 封建諸侯의 제도를 폐지하고 郡縣制度로 직접 통치를 통해서 폭압적 전제 정치를 수행한 秦始皇의 無道한 暴政을 "君君(임금은 임금다워야 한다)"이라는 君主觀에 입각하여 신랄하게 비판하고 조소하듯 읊어낸 참으로 무섭고 서슬 퍼런 풍자의 걸작임을 감탄하지 않을 수 없는 놀라운 시다. 이 작품이 만약 唐詩 중에 있었다면 天下의 傑作으로 평가되었을 것이 분명하다. 따라서 이 작품의 제목인 "始皇(始初의 皇帝)"이라는 呼稱에 대하여, 작자는 분명 "可當치 않다"는 매서운 비판과 함께 "可觀일세!"라는 조롱을 文外로(글 밖으로) 설정해 놓고 있는 것임을 알아야 한다.

明皇

당의 명황(현종)을 제재로 삼아서

서쪽 蜀 땅 풍상 겪어 두 귀밑털 세버린 채,	西蜀風霜兩鬢絲
흥경궁에 돌아와선 다시 외론 나그네라,	歸來興慶更羈危
이 남내(흥경궁)로 옮겨진 뒤 그 고통이 가련타만,	可憐南內遷移苦
이 당시엔 안록산이 있었다는 말은 말라!	莫道當時有祿兒

* 南內 : 서안에 있었던 唐나라 궁정의 명칭으로 唐나라 장안 동남쪽에 있던 興慶宮을 말한다. 玄宗은 안록산이 죽은 뒤 서촉에서 돌아와, 이 궁전에서 楊貴妃가 없는 것에 고독해 하며 살아 스스로 안타까워했던 것이기 때문에

이때 玄宗의 고통은 안록산과는 아무 상관이 없다는 말이다.

해설 이 작품 역시 "君君(임금은 임금다워야 한다)"이라는 儒家的 君主觀에 따라, 중국의 唐나라 황제 玄宗이 安祿山의 반란으로 楊貴妃와 함께 西蜀으로 피난을 가다가, 안록산의 반란이 양귀비로 인한 것임을 주장한 陳玄禮에 의하여 양귀비가 馬嵬坡에서 처형되었으나, 안록산이 죽고 반란이 진압되어 현종이 長安에 돌아와서 興慶宮에 살면서 양귀비를 못 잊어 하며 괴롭게 지낸 것을 가련한 것으로 평가하면서, 荒淫에 빠진 君主의 愚昧하고 無道함을 은연중 비판・풍자하여 읊은 시다.

이 작품의 결구에서 "莫道當時有祿兒(그 당시에 안록산이 있었다는 말은 말라)"라고 한 것은 안록산이 이미 죽은 뒤라 안록산 때문에 현종이 괴롭게 지낸 것이 아니라 오히려 양귀비가 없어서 괴롭게 지낸 것이라는 것과 적극적으로는 황제라는 사람이 체통도 없이 한 여인을 못 잊어 괴로워했으니 참으로 역사에서 말할 수 없이 부끄러운 위인이라는 것을 말없이 풍자하고 있는 것이다.

이 작품에서 전구와 결구는 직설적 수법을 피하고 간접적 화법을 썼지만 완곡한 은유의 풍자는 오히려 玄宗을 체통 잃은 황제로 비하하고 있다. 그래서 전구의 "可憐(가련타만)"은 결코 진정한 동정의 감정을 실은 말이 아니라 황제의 인품과 체통을 상실한 행태에 은근히 날 세운 풍자를 말없이 갈무려 읊은 것이다. 작품의 제목인 "明皇"은 실제 諡號의 略稱이지만, 여기에서는 작자가 여기에 透映하고 있을지도 모르는 無言의 嘲弄을 실었을 含意도 담지 않았을까를 찾아 읽어봐야 한다.

高宗

송나라의 고종을 제재로 삼아서

黃龍 가서 마시쟀던 계책 역시 허술하고,	痛飮黃龍計亦疎
조정 신하(胡銓) 되놈에게 굴복 다퉈 따졌으나,	廷臣爭議拜穹廬
강남땅엔 제냥 몸만 보전할 곳 있는 채로,	江南自有全身地
하북에선 부질없이 반 팔 글만 전해 왔네!	河北空傳半臂書

* 黃龍 : 지금의 중국 吉林省 農安縣인 옛 黃龍府를 말한다. 일찍이 중국의 宋나라 高宗皇帝 때 宋나라가 북쪽을 점거하고 횡포하던 金나라의 위협을 계속 받아 나라가 위태롭자, 忠臣인 岳飛가 부하들을 모아 놓고 "우리가 金나라를 쳐들어가서 黃龍府를 점령한 다음 통쾌하게 술을 마셔 보기로 약속하세!"라고 하였으나, 이것은 이루지 못한 헛된 계획으로 끝나고 宋나라는 나중에 멸망하였다.
* 廷臣爭議拜穹廬 : 宋나라 조정의 신하인 胡銓이 秦檜를 위시한 신료들이 金나라 되놈에게 굴복하여 和議할 것만 논의하는 것을 적극적으로 따졌다는 말이다. "穹廬"가 중국 북방의 匈奴·契丹·女眞·蒙古 등의 부족들이 살던 집을 말하기 때문에 여기에서는 金나라 임금이 사는 집을 지칭한 것이다. 당시 宋나라가 金나라의 침략과 위협을 계속 받았고, 皇帝인 徽宗과 欽宗이 납치되듯 金나라에 억류되어 있으면서 徽宗이 曹勛을 중국의 남쪽 지역에 남아 있던 아들에게 보내어 반소매 길이 비단 깃에 "便可卽眞 來援父母(바로 황제에 취임해서, 나를 와서 돌아가게 하라)"라고 분부하여 皇帝로 취임한 高宗皇帝는 신하들에게 글을 보이며 통곡하였다. 그러나 高宗皇帝는 南宋을 추슬러 국력을 회복하지 못하였고, 岳飛·張浚·胡銓 등 충신들의 무한한 노력에도 秦檜가 岳飛 등을 살해하고 金과의 和議를 결성하였으며, 徽宗과 欽宗 두 황제는 끝내 金나라의 구금 상태에서 죽게 되었다.

해설 이 작품은 儒家의 正統 史觀인 "尊華攘夷(文明의 中華를 높이고 野蠻인 오랑캐를 물리쳐야 한다)"를 大義로 확신하는 선비토서의 작자가, 中華의 주인인 南宋의 高宗皇帝가 제대로 所任과 道理를 다하지 못한 채 아버지와 형인 두 황제가 적국에서 구금 상태로 죽게 한 것을, 세상의 典範을 세워야 할 帝王이 無威와 不孝를 자행한 罪過로 은연중 깊이 풍자한 시다. 전・결구의 "江南自有全身地 河北空傳半臂書(강남 땅엔 제냥 몸만 보전할 곳 있는 채로, 하북에선 부질없이 반팔 글만 전해 왔네!)"는 아주 잘 짜여진 대구들로서, 億兆蒼生에게 윤리와 강상의 실천을 시범해야 할 제왕이 제 몫을 다하지 못하는 것을 직설이 아닌 간접적 화법으로 잘 읊어낸 좋은 시가 되었다.

이상의 세 작품은 당시 선비로서 작자가 필수적으로 갖추어야 할 道德的 倫理意識과 華夷觀에 立脚한 君主觀을 바탕으로 아주 예리한 분석과 엄정한 비판을 수행한 결과이다.

浩浩亭
호호정에서

천년 전에 왕자님이 난새 타고 퉁소 잡고,	千年王子紫鸞簫
차가운 성 달 밝은 밤 한 곡 불며 놀았는데,	一弄寒城月滿霄
강 위에는 대만 있고 사람일랑 안 보인 채,	江上有臺人不見
밤 깊어져 돌아올 젠 먼바다만 아득하네!	夜深歸路海迢迢

* 浩浩亭 : 『東國輿地勝覽』「咸鏡道, 利城縣」에 "浩浩亭"이 있으며, 그 설명으로 "在客館東 東望大海 前臨平野(객관 동쪽에 있어서, 동쪽으로 큰 바다가 보이고, 앞으로는 평야가 펼쳐 있다)"라고 한 것을 보면 상호간에 유사성이 있어서 동일한 건물일 가능성이 있으나 확정할 수는 없다. 무엇보다 작자가 함경도를 갔었다면 아마도 벗인 崔慶昌이 北評事나 鍾城府使로 있을 때일 가능성이 있으나 확인할 수 없다. 다만 『東國輿地勝覽』의 어디에도 여기 말고 다른 "浩浩亭'은 기록이 없어 이 기록만 들었다.

해설 이 작품은 중국 周나라 靈王의 太子인 晉 같은 인물을 작품 속의 역사적인 주인공으로 설정하여 虛構化하고 그에 대한 懷古의 感慨를 읊어낸 시다. 그래서 일단은 시종 허구적인 구상의 시로 판단되기는 하나, 혹시 신라의 麻衣太子나 혹은 이와 유사한 사연을 남겼을 古人을 상상적으로 설정하여 詩化한 것으로 추정되기도 한다.

聽潮樓

청조루에서

먼 산에는 안개 기운 마알갛게 처음 끼고,	遠山煙氣淡初橫
하늘 닿은 옛 성터엔 풀·숲들만 나란터니,	天接荒城草樹平
외론 베개 차가운 밤 잠들지 못하는데,	孤枕夜凉眠不得
살랑 바람 비를 불어 강물 소릴 보내누나!	小風吹雨送江聲

* 聽潮樓 : 『東國輿地勝覽』에는 전라도 강진에 있는 누각으로 客館 남쪽에 있으며, 현감인 吳舜從이 건립했다고 하였다.

해설 이 작품은 작자가 전라도 강진에 가서 聽潮樓에서 하룻밤을 자면서 낮에 본 풍경과 밤에 잠을 못 이룬 채 경험하는 정황을 일기에 적듯이 읊은 시다. 그래서 기・승구에서 낮에 본 산과 주변의 풍경들을 사실적으로 기록하고, 전・결구에서는 "孤枕夜凉眠不得 小風吹雨送江聲(외론 베개 차가운 밤 잠들지 못하는데, 살랑 바람 비를 불어 강물 소릴 보내누나!)"이라고 하여, 새롭거나 기이한 한 글자 한 낱말의 꾸밈도 없이 그냥 있는 대로 표현하고 있는 데도, 주인공인 작자가 새벽까지 고적하게 잠들지 못하다가 간헐적으로 불어오는 살랑 바람결에 실려 오는 빗발과 함께 耽津江의 물소리만 듣고 있는, 나그네로서의 외로운 모습이 너무도 잘 그려져 보여지고 있는 것이다.

明廟忌日

명종대왕 제삿날에

상감 행차 순행 가서 다시 돌아 안 오신 채,	玉輦巡遊不復還
강남땅의 안개 비만 瀟湘・蒼梧 가렸으니,	江南煙雨隔湘山
無限 情恨 그 무엇이 黃陵 대만 하오리까?	多情誰似黃陵竹
새순 나도 매해마다 다만 옛날 斑竹이니!	生子年年只舊斑

* 明廟 : 조선조 13대 왕인 明宗을 지칭한 말로, 왕이 昇遐(임금이 죽음)하고 나서 宗廟에 모셔지면서 높여서 붙여진 호칭이 "明宗"이다. 원래는 "明宗"을 모신 사당이 "明廟"이나, 이 사당의 호칭을 바로 승하하신 임금을 지칭하는 말로 쓴 것이다. 따라서 이 王(임금님)이 살아 계실 때에는 "明宗"이나 "明廟"라는 호칭도 없고 그렇게 불려질 수도 없는 것이다.
* 黃陵 : 중국의 옛날 虞나라의 舜임금이 國土 整備를 위해 남쪽으로 갔다가 蒼梧山에서 죽자, 그를 찾아갔던 두 왕비인 娥皇과 女英 두 자매는 영영 舜임금을 못 보게 되어, 瀟湘江 가 대나무에 눈물을 뿌리고 강물에 몸을 던져 죽었다. 그래서 이 대나무엔 영원히 눈물이 물들어 아롱아롱하게 된 "瀟湘斑竹"이 생겨났고, 사람들이 이것을 너무 슬프고 안타깝게 여겨 뒤에 이 강가의 黃陵이라는 곳에 湘君廟라는 祠堂을 세워 두 왕비를 제사로 모셔 왔다.

해설 이 작품은 작자가 비록 벼슬도 하지 않고 직위도 없는 白頭의 선비이지만, 임금님이셨던 明宗大王의 시대에 進士가 된 자신은 主上의 恩澤 속에 사는 臣民으로서 절로 그리고 당연히 先王의 忌日을 맞아 극진한 슬픔을 두고두고 잊을 수 없음을 사뢰듯 읊은 시이다.

그런데 이 작품의 문맥상 표현 양태는 옛날 중국의 舜임금을 향한 娥皇과 女英의 슬픔과 한을 읊어서, 明宗大王의 승하를 기막히게 슬퍼하는 仁順王后 沈氏의 슬픔과 한을 대신하여 호소하는 듯이 되어 있다. 그러나 작자가 明宗 임금님의 시대에 進士가 된 존재로서 당연히 신하이며 백성이라는 자아의식이 체화되어 있을 것을 의심할 여지가 없다면, 이 작품에는 선비로서의 도리이며 백성으로서의 衷情을 당연하고 자연스러운 자아의 비탄과 向慕의 진정으로 담아 읊었을 것이 결구의 "生子年年只舊斑(새순 나도 매해마다 다만 옛날 斑竹이니!)"의 "只舊斑"이라는 기막힌 한 마디로 충분히 확인되는 것이다. 따라서 이 작품은 작품 자체의 문예적 성과 여부를 떠나서, 작자가 선비로서 臣

民으로서 진실한 도리와 본분을 잊지 않고 다하는 衷心을 보여주는 진정의 시다.

憶崔孤竹

최고죽을 그리워하며

텅 빈 서재 닫은 속에 서로 그려 못 잊는 채,	相思脉脉掩空齋
천 리 밖의 그는 지금 벽해 서쪽 게 있건만,	千里人今碧海西
외론 꿈(잠)도 못 꾸면서 가을밤만 다 가는데,	孤夢不來秋夜盡
샘가 오동 소리 없이 달빛만이 차갑구나!	井梧無響月凄凄

해설 이 작품은 평생의 절친한 벗인 崔慶昌이 明나라 使臣의 伴接에 초청되어 갔을 때이거나, 그렇지 않으면 明나라로 가는 使臣의 隨行員으로 갔을 때 그를 그리워하며 지은 시로 추정된다. 그래서 전·결구의 "孤夢不來秋夜盡 井梧無響月凄凄(외론 꿈도 못 꾸면서 가을밤만 다 가는데, 샘가 오동 소리 없이 달빛만이 차갑구나!)"는 깊어가는 가을밤에 벗이 너무 그리워 잠도 못 드는 채로 있는데, 우물가에 잎도 다 져서 소리도 없이 서 있는 오동나무 위에 떠 있는 달빛만 더욱 차갑게 느껴질 뿐이라는 처연한 읊조림이다.

贈妓湖南月
기생 호남월에게 주다

한 곡조 맑은 노래 서울 밑서 듣자 하니,	一曲清歌洛下聞
왕손 누대 옛날 입던 비단치만 그대론데,	王孫臺閣舊羅裙
번화 모두 사라지고 흐르는 물(형편) 따라와선,	繁華散盡隨流水
가을바람 향한 춤 끝 눈물 가득 눈 가렸네!	舞向秋風淚滿雲

* 隨流水 : 글자대로의 뜻은 "흐르는 물을 따라간다"이나, 여기에서 "流水"는 "자신의 뜻과 상관없이 흘러가는 생활 형편이나 세월"을 말한다. 그래서 이 어휘는 "世波에 떠밀려 산다"는 말이다.
* 雲 : 여기에서는 "아주 많은 상태"를 표시하는 부사어인데, 이 작품에서는 시야가 보이지 않을 만큼 가득 낀 구름 같이 눈물만 고인 눈의 상태를 말한다.

해설 이 작품은 젊었을 적에 湖南의 어느 곳에서 명성을 얻어 나름대로 사람들의 사랑을 받다가, 나이가 들면서 유랑 신세로 서울 밑 어느 곳에 의탁하여 있는 妓女 湖南月을 만나서 그녀의 처량한 情狀을 연민의 정으로 동정하며 읊어 주는 시다. 그래서 이 작품에서도 결구의 "舞向秋風淚滿雲(가을바람 향한 춤 끝 눈물 가득 눈 가렸네!)"은 주인공인 湖南月의 애련한 인상을 여실하게 그려 보이면서, 무한한 연민과 동정을 언외로 전하고 있는 구절이다.

頭輪寺 題信堅軸

두륜사에서 신견 스님의 시축에 써 넣다

온 시냇가 솔·참나무 등 덩굴이 얽혀 있고,	一溪松櫟間朱藤
비 자욱한 가을 산속 벽 반쯤 등 밝혔는데,	雨暗秋山半壁燈
글·칼 다 못 이뤘다만 이뤘은들 뭐 했겠나?	書劍無成成底用
십 년 동안 오고 가며 여기 스님 부끄럽네!	十年來往愧居僧

* 頭輪寺 : 『東國輿地勝覽』의 어디에도 이런 명칭의 사찰은 없는데, 전라남도 해남의 頭輪山에 있는 大興寺를 그 산의 명칭으로 대신 불러서 "頭輪寺"로 호칭한 것이 아닐까 추정될 뿐이다.

해설 이 작품은 작자가 사찰에 가서 信堅스님의 詩軸에 써넣기 위해 지어서 읊은 시이나, 자아의 한평생을 되돌아보며 끝없이 自省하고 自嘆하며 自嘆하고 自省하는 시다. 그런데 기·승구에서 깊은 산속 사찰 공간의 가을 풍경과 자욱하게 내리는 가을비 속 벽 반쯤에 등불만 빤한 승방의 정경을 고적하게 그려서, 작자 자아의 자성적 성찰의 계기로 설정하고는 전구에서 "書劍無成成底用(글·칼 다 못 이뤘다만 이뤘은들 뭐 했겠나?)"이라며 丈夫와 선비로서 자아의 평생을 말없이 自省하고 自嘆하며 自嘆하고 自省하며 살아왔음을 보였다. 결구에서는 "十年來往愧居僧(십 년 동안 오고 가며 여기 스님 부끄럽네!)"이라 읊어 자아의 한평생을 自首하듯 안타깝게 마무리하고 있다. 그래서 이 작품에서 우리는 작자 玉峯이 46세라는 짧은 인생을 스스로 예언하듯 겸손하게 自評하고 自慰하려는 선비로서의 모습을 무한한 연민과 무한한 추모의 염으로 읽게 된다.

樵歌
초동의 노래

안개 숲속 나무 잘라 생솔 잔뜩 짊어지고,	斫得煙林滿擔青
잎 피리를 문득 불어 노랫가락 맞추면서,	便吹山葉逐歌聲
돌아올 젠 앞마을이 멀단 말도 안 하는 채,	歸來不道前村遠
한길 내내 산들바람 자락자락 참 맑구나!	一路輕風陣陣清

* 山葉 : 글자대로의 뜻은 "산의 잎"이지만, 이것은 "산의 나무나 풀의 잎을 말아서 만든 잎 피리"를 말한다. 이것은 실제로 시골 초동이나 목동들이 흔히 하는 놀이이다.
* 陣陣 : 사물의 똑같은 상태가 끊겼다가 다시 이어지는 형태를 나타내는 부사어이다. 우리말로 하면 "한 자락 한 자락"인 상태를 말하며, 여기에서는 "자락자락"이라는 의태부사어로 쓰였다.

해설 이 작품은 초동을 작품의 주인공으로 삼아 피리를 부는 행태와 그에 상관된 풍경들을 자연스럽게 그리듯이 읊어 놓은 한폭의 樵童人物圖 같은 시다. 그래서 기・승구에서 초동이 생솔가지를 잘라서 지고 돌아가는 모습과 잎을 말아 만든 피리를 노랫가락에 맞춰 부는 행태를 그리고, 전·결구에서 "제가 부는 잎 피리 소리에 스스로 취한 채 앞마을이 먼 것도 잊고서 사뭇 불며 가고 있건만, 한길 내내 산들바람도 초동과 맞추기나 한 듯 자락자락 참으로 맑게 불어오나!" 싶다고 한 것이다.

綾陽北亭 舊別

능양 북쪽 정자에서, 옛날에 작별했던 벗을 생각하며

긴 둑 위에 해 저물어 행인들도 거의 없고,	長堤日晩少人行
버들 숲만 푸르른 채 강물 소리뿐이건만,	楊柳靑靑江水聲
그 옛날에 이별했던 곳이 바로 여기라서,	爲是昔年離別處
이젠 이별 아닌 데도 한스런 정 또 많구나!	不緣離別亦多情

* 綾陽 : "綾州"라고도 불린 "綾城", 곧 지금의 전남 和順의 綾州面 남쪽을 말하는 것이 아닌가 생각되고, 北亭은 여기에 있었던 정자가 아니었을까 추정된다.

해설 이 작품은 제목에서 시사하는 바대로 아마 이 정자에서 과거에 정겨운 벗과 작별한 사연이 있어서, 그때 헤어지던 상황과 애틋했던 감정을 되짚어 새기면서, 새롭게 이는 고적감과 되짚어 새겨지는 懷古의 감정을 읊어낸 시다.

幽居

아늑하게 숨은 듯 살면서

숨듯 사는 곳이 외져 오는 사람 거의 없고,	幽居地僻少人來
일이 없어 사립문을 낮인 데도 닫아둔 채,	無事柴門晝不開
꽃 가득 핀 작은 뜨락 봄은 그냥 조용하고,	花滿小庭春寂寂
우는 산새 한 마리만 푸른 이끼 내려앉네!	一聲山鳥下靑苔

해설 이 작품은 소재와 소재들의 상호간 유기적 구조가 바로 시의 제목인 "幽居(아늑하게 숨은 듯 살면서)"에 아주 잘 맞추어져 딱 맞게 구상되고 자연스럽게 수사되어 아주 곱게 잘 그려지듯 읊어진 참으로 좋은 시다. 그래서 이 작품에서 "幽(아늑하게 숨은 듯)"·"僻(외져)"·"少(거의 없고)"·"無事(일이 없어)"·"晝不開(낮인 데도 닫아둔 채)"·"小庭(작은 뜨락)"·"一聲山鳥(우는 산새 한 마리만)" 등의 질량감이나 心意相은 피수식의 체언들이나 상관적 서술어들과 치밀하게 유기적으로 연관되어 있음을 알아야 한다. 따라서 "寂寂"도 제목인 "幽居(아늑하게 숨은 듯 살면서)"의 心氣와 딱 맞도록 반드시 "조용하다"로 풀어 읽어야지 그냥 "적적하다"로 풀어 읽으면 안 되는 것이다. 그리고 이 작품에서 주인공인 작자와의 정감적 교류의 대상들이 이렇게 간결하고 단아한 채 절제된 양태들로 존재하는 것은 제목으로 시사되고 있는 주제적 정감의 내향적 일체화를 위한 필수 요건임은 말할 필요도 없다.

又

또 한 수

하루 종일 사립문엔 찾아오는 사람 없고,	竟日柴門人不尋
때로 아늑 숨은 새들 온갖 울음 들리는데,	時聞幽鳥百般吟
매화꽃이 다 져가자 살구꽃이 피어나니,	梅花落盡杏花發
한 발 가득 부슬비에 봄 흥취는 깊어가네!	微雨一簾春意深

해설 이 작품도 역시 제목인 "幽居(아늑하게 숨은 듯 살면서)"의 정감과 흥취를 읊은 시임은 물론이다. 그런데에도 앞의 작품과 달리 內含의 情感은 보다 교감의 폭을 넓혀 짙고 깊은 흥취로 갈무려져 있다. 그래서 기구에서 "竟日柴門人不尋(하루 종일 사립문엔 찾아오는 사람 없고)"이라고 하여 "幽居(아늑하게 숨은 듯 살면서)"의 시·공간으로 설정되어 있으면서도, 승구에서 "時聞幽鳥百般吟(때로 아늑 숨은 새들 온갖 울음 들리는데)"이라고 하여 정감적 교감의 대상이 넓혀지고 있으며, 전구에서도 "梅花落盡杏花發(매화꽃이 다 져가자 살구꽃이 피어나니)"이라고 하여 시간도 길어지면서 역시 교감의 대상이 계속 이어지고 있으며, 결구에서 "微雨一簾春意深(한 발 가득 부슬비에 봄 흥취는 깊어가네!)"이라고 하여 교감의 대상도 확대되고 그에 따른 흥취도 깊어지며 짙어지고 있는 것이다.

煙霞洞 訪劉上舍 不遇 名好仁

연하동으로 유 상사를 찾아갔으나 만나지 못하고

이름은 호인이다

붉은 잎들 펄펄 나는 푸른 골짝 산밑 쪽에,	紅葉飛飛碧洞陰
사립문도 안 닫은 채 석양빛만 짙었는데,	柴門不掩夕陽深
신선 찾아 어딜 가서 돌아올 길 늦은 건가?	尋眞何處歸來晩
벽에 가득 고운 시만 객은 제냥 읊고 있네!	滿壁淸詩客自吟

* 煙霞洞 : "煙霞"라는 말은 일반적으로 "곱게 피어오른 봄의 안개"를 말하면서, 그 아름다운 상태로 인해서 조용하고 아름다운 풍경의 세계를 말하기 때문에 煙霞洞은 속세를 떠나 신선 같은 존재가 살고 있는 아름다운 곳으로 인식되어왔다. 그래서 우리나라의 여러 곳에 이런 명칭의 지역이 있어서, 이곳이 어디를 지칭하는 것인지는 알 수 없으나, 劉好仁이 오랜 벗이었을 것으로 추정해 보면, 이 벗이 살고 있는 이곳은 당시 전라도의 어느 곳이 아닐까 추정될 뿐이다.

* 尋眞 : 眞界 곧 속세가 아닌 참된 세계인 신선이 사는 곳을 찾아간다는 말이다.

해설 이 작품은 가을이 깊어진 어느 날 오후 무렵 붉은 단풍잎이 펄펄 지고 있는 연하동 산골짝으로 벗을 찾아갔으나, 벗이 어디엔가 신선같이 좋은 벗을 찾아갔는지 없어, 실제로는 외로운 객이 된 나이지만, "滿壁淸詩客自吟(벽에 가득 고운 시만 객은 제냥 읊고 있네!)"이라며 작자 자신은 여유롭게 벗이 지어서 벽에 가득 적어 놓은 맑고 고운 시들만 읊고 있을 뿐이라고 마침으로써, 자신의 고적한 상황이나 허전한 심경은 아예 모르는 듯 없는 듯 곱게 마무리 되어 있는 시다.

過龍湖
용호를 지나가며

푸른 숲에 싸인 마을 저 둑 위엔 뉘집인가?	岸上誰家碧樹村
낚싯배는 안 매인 채 울밑 그냥 놓였는데,	釣船無纜在籬根
엷은 안개 살짝 물든 산들 열려 있는 곳에,	輕霞一抹山開處
아직 남은 저녁볕이 닫힌 문을 비추누나!	留住殘陽照掩門

* 龍湖 : 전라남도 장흥군 부산면 부춘리 탐진강에 있는 소인 "용소"를 이르는 말로, 이 물가 바위에는 玉峰이 썼다는 "龍湖"라는 글자가 남아 있다.

해설 이 작품은 작자가 長興 탐진강의 "龍湖"라는 "沼"가 있는 마을을 지나가면서 구경하는 풍경을 말없이 정겨운 눈길로 포착하여, 조금의 보탬이나 꾸밈도 없이 百分의 寫實畵처럼 곱게 살려서 그리듯 읊어 놓은 絶唱의 詩다. 이 작품에서는 기구의 "誰家(뉘집인가?)"라는 시어, 승구의 "釣船無纜(낚싯배는 안 매인 채)"이라는 어구, 전구의 "輕霞一抹(엷은 안개 살짝 물든)"이라는 어구, 결구의 "殘陽照掩門(저녁별이 닫힌 문을 비추누나!)"이라는 어구 등이 작품의 외적 인상과 내적 심기를 궁금하면서도 느긋하고 그냥이면서도 정겹게 하여, 작자의 고운 눈길이 편한 손길로 그려지고 정겨운 목청의 조용한 가락이 소리 없이 실려 곱게 읊어지고 있는 기막힌 시가 되었다.

淸暎亭 四時詞

청영정의 네 계절 노래

비 개이자 맑은 강에 강 물결은 잔잔하고, 　雨霽淸江江水平
강가 꽃들 짙게 핀 곳 백로들은 멱감는데, 　江花深處浴鵁鶄
봄바람에 王孫草(정겨운 풀)는 마냥 한껏 푸르러져, 　東風綠盡王孫草
새 노래를 다 불러도 정은 한도 끝도 없네! 　唱轉新詞無限情

---

* 淸暎亭 : 전라남도 長興 부산면 부춘리에 있는 정자로 탐진강에서 가장 아름답다는 龍湖(龍沼) 가에 있는 정자이다. 앞에서 말한 바대로 여기에는 玉峰이 썼다는 "龍湖"라는 글씨가 남아 있다.
* 王孫草 : 唐나라 시인 王維의 시 〈送別〉에서 "春草年年綠 王孫歸不歸(봄풀은 매해마다 푸르르련만, 왕손께선 오실 건가 안 오실 건가?)"라고 하여 봄을 맞은 풀은 새해만 되면 언제나 유상하게 반복하여 새롭게 푸르러지건만, 한번 떠나간 사람은 다시 안 오거나 한번 죽은 사람은 다시 살아날 수 없어 무상하기 때문에, 이 풀은 인생의 이별이나 죽음을 대비적으로 환기시켜 슬프게 하는 시의 자료로 관용되어왔다.

해설 이 작품은 봄을 읊은 것으로 淸暎亭에서 봄을 맞은 강물과 강변의 풍경을 보면서, 저 有常하게 사뭇 반복하는 자연의 유구함에 너무도 안타깝게 대비되는 無常한 인생의 근원적 한애를 읊은 시다. 유상하게 반복하는 청명하고 평온한 강물의 풍경, 그리고 강가의 고운 꽃들과 백로의 한가로운 풍경 더욱이 다시 한껏 푸르러져 봄을 맞은 풀 등은 인간의 무상한 삶을 대비적인 한과 슬픔으로 절감하게 한다. 결구인 "唱轉新詞無限情"은 이 한애를 풀어보려고 새로운 노래를 돌아가며 불러봐도 이 정한은 끝도 없이 이어진다는 한탄이다.

又

또 한 수

서로 함께 취해 실려 푸른 물결 놀려가니, 相將載醉弄滄浪
고목 위에 꾀꼴 소리 한 강둑은 사뭇 긴데, 古木黃鸝一岸長
해 저물녘 삿대 소리 산 그림자 속에 나고, 日暮槳聲山影裏
푸른 마름 출렁대며 배 안 온통 서늘하다! 綠蘋溶漾滿船涼

해설 이 작품은 청영정을 중심으로 한 주위의 초여름 날 풍경과 정황을 읊은 시다. 물론 작자가 작품의 한 주인공으로 동참하여 배를 타고서, 꾀꼬리가 사뭇 우는 고목들의 긴 강둑을 따라가다가 해가 저물 무렵이 되어 산 그림자 속에 노를 저으며 보는 풍경은 푸르른 마름이 출렁대며 배 안이 온통 저녁을 맞아 시원해진다는 무한히 느긋한 정감을 말없이 전하고 있다.

又
또 한 수

나루 머리 바람 빨라 돛 내리고 찾아 드니,	渡頭風急落帆過
밤 구름 낀 모랫벌은 볼수록 아득 먼데,	入夜雲沙望轉賖
언덕 너머 붉은 단풍 숲속에는 몇 집인가?	隔岸幾家紅葉樹
푸른 산이 끝난 저곳 달빛 참말 환하구나!	青山斷處月明多

해설 이 작품은 이 탐진강가에서 가을을 맞은 마을의 밤 풍경을 읊은 시다. 바람이 빨라 돛을 내리고 찾아 든 나루터, 밤이 되면서 바라볼수록 멀리 구름 낀 모랫벌, 언덕 저 너머로 단풍이 든 숲속에 숨듯 있는 몇 집들, 푸른 산이 잘리듯 끝난 저곳에는 온통 달빛이 환하게 밝은 풍경 등을 무작위로 그냥 배치해 그리듯 읊고 있다.

又

또 한 수

온 하늘에 눈 개이고 밤은 아득 깊어갈 즘, 一天晴雪夜迢迢
학 탄 신선 돌아오나 푸른 옥의 퉁소 소리, 駕鶴人歸碧玉簫
꿈속처럼 시 읊으며 된추위도 모른 채로, 吟夢不知寒意重
매화 소식 또 찾아서 다리 앞쪽 와 있구나! 也尋梅信到南橋

* 駕鶴人歸碧玉簫 : "駕鶴人"은 신선이라고 알려진 옛날 周나라의 태자인 "晋"이다. 그는 학을 타고 "碧玉簫(옥퉁소)"가 아닌 "笙篁"을 불었는데, 여기에서 작자는 "玉簫"로 오해하여 하나의 시구에다 잘못 합성하여 사용하고 있다.
* 尋梅와 到南橋 : 중국 宋나라 때 林逋라는 선비가 평생을 鶴 한 마리와 매화나무만 아끼고 살면서, 사람들에게 "아내는 매화이고 자식은 학이다(梅妻鶴子)"라고 하였고, 눈 속에 매화가 피면 잠을 자지 않고 다리를 건너 물가에 핀 매화를 달빛 속에 밤내 감상하였다고 한다.

해설 이 작품은 겨울을 맞은 淸暎亭 마을을 작자가 초현실적인 새로운 시・공간으로 재구성하고, 여기에 신선으로 알려진 王子喬가 실제로는 笙篁을 불며 鶴을 타고 논 것으로 알려졌는데, 옥퉁소를 분 것으로 오해한 채 환상처럼 등장시키면서, 이내 자아는 꿈속처럼 시를 읊으며 추위도 모르는 존재로서 마치 옛날 중국의 宋나라 때 杭州의 西湖 孤山 속에 홀로 평생을 살면서 눈이 내리는 선달 밤이면 눈 속의 매화가 피는 것을 보려고 다리를 건너 물가로 갔다는 林逋가 된다는 이야기를 하며, 자기 홀로만의 고고한 심기에 몰입하는 기막힌 흥취를 누리며 읊고 있는 시다.

清暎亭
청영정에서

수천 봉엔 구름 펴도 온 강 맑게 개여 있어,	千峰雲作一江晴
바람 연잎 놀려대며 이슬 쏟는 소리인데,	風弄荷盤露有聲
오늘 밤엔 어느 곳서 봉황 타고 생황 불까?	何處鳳笙今夜裏
푸른 다락 밝은 달에 고운 이는 애타는데!	翠樓明月玉人情

* 鳳笙 : 작자가 옛날 신선들의 이야기 내용에서 그 상관되는 소재들을 오인하고 있음을 보이는 것이다. 예컨대 鳳凰과 상관되는 신선은 蕭史로, 중국의 『列仙傳』에도 蕭史는 簫(퉁소)를 불어서 鳳凰을 불렀으며, 결코 笙簧을 분 것이 아니다. 그런데 唐나라의 韓愈가 〈誰氏子〉라는 詩에서 "或云欲學吹鳳笙 所慕靈妃媲蕭史(혹 말하길 봉황 타고 생황 불기 배우련 건, 영비 사모하기 때문에 소사 단짝 된 것일세!)"라고 한 것을 玉峯이 이것을 보고 蕭史가 鳳笙(봉황 타고 생황 불기)을 한 것으로 誤解한 것으로 추정된다. 이 작품에서 "鳳笙"이라는 합성어는 잘못된 것이다.

해설 이 작품은 清暎亭을 특수한 공간과 건물로 설정하여, "蕭史가 簫(퉁소)를 불어서 秦 穆公의 딸 弄玉을 아내로 맞은 것 같이, 이 작품에 등장한 신선도 봉황을 타고 와서 笙簧(생황)을 불면, 밝은 달빛 속에 누각에 있을 여인은 弄玉 같을 텐데, 그 마음은 어떻겠는가" 라며, 애틋할 그 여인의 심경을 안타깝게 동정하고 위무하듯 읊은 시다. 그러나 이 작품 속의 주인공인 신선이나 여인은 시종 가상적이라, 시 자체의 허구적 구상이나 수사의 수법은 좋은 것일 수 있으나 감성적인 유희의 인상으로 인해 진실감이 결여된 흠결은 지울 수가 없다.

訪雙溪翁

쌍계의 노인을 방문하고서

마을 어귀 냇물 깊어 저녁 배로 건너가서,	村口溪深渡晩船
사립문 앞 대숲 길은 바라보니 그대로나,	柴門竹逕望依然
서로 만나 귀밑털이 눈 같은데 안 얄군 건,	相逢未怪鬢如雪
이 산속엘 안 온 지가 지금 십 년 돼서일세!	不到此山今十年

해설 이 작품은 작자와 친분이 두터운 사이였을 쌍계 마을의 노인 집을 십여 년 만에 찾아가서는 기막히게 서로 반가워, 허옇게 센 귀밑털을 서로 보면서도 허탈하게 느끼거나 얄궂게 여기지 않는 것은, 내가 이 산속 마을을 십 년 만에야 찾아옴으로서 그 사이 세월이 그렇게 흐른 것을 알기 때문이라는 감상이 아닌 설명 같은 시다.

그러나 이 작품의 승구에서 "柴門竹逕望依然(사립문 앞 대숲 길은 바라보니 그대로나)"이라고 한 것은 분명히 "자연 풍경(대숲 길)은 사뭇 有常한데(사뭇 그대로 있는 것인데)"라는 것을 말하는 것이고, 전구에서 "相逢未怪鬢如雪(서로 만나 귀밑털이 눈 같은데 안 얄군건)"이라고 한 것은 작자가 有常한 자연 풍경 앞에 대비적으로 無常한 인간에 대하여, "눈같이 센 귀밑털이 얄궂은 것을 아는 것"을 전제로 한 말이다. 따라서 이 작품도 실제로는 "귀밑털이 세게 늙은 것이 슬프다는 것"을 감정적으로 애써서 완화해 보려는 詩人的 達觀然의 몸짓이라 하겠다.

贈行思上人

행사 스님에게 주다

외론 마을 사뭇 병에 또 매실은 익는 때라,	孤村一病又黃梅
풍광 매일 잦추는 걸 시름 속에 구경할 뿐,	愁見風光日日催
풀 고와도 문 닫은 채 찾는 손도 없었는데,	芳草閉門無客到
석양 무렵 개 짖더니 스님이 왔소 그려!	夕陽聞犬有僧來

해설 이 작품은 작자가 제목으로 나오는 주인공인 行思스님에게 지어서 준 시이며, 이 스님이 작자를 찾아오면서 지은 시에서 "相思人在海南村(그리운 인 해남 이곳 마을에만 살고 있어)"이라고 한 걸 보면, 이 당시에 작자는 전라도 어느 바닷가 외로운 마을에 살고 있었던 것으로 추정된다. 그래서 "외로운 마을에서 사뭇 병이 든 채 봄은 또

훌쩍 지나가고 초여름이 오면서 매실도 누렇게 익는 때가 되어서 시름겹게 매일매일 재촉하듯 지나가는 계절 풍경만 맞을 뿐, 푸른 풀이 무성하게 새로 돋아 자라나면 헤어졌던 사람도 이별했던 사람도 다시 만나게 된다는데, 문 앞에는 찾아오는 사람 아무도 없더니, 아! 이 석양 무렵에 개가 짖어대더니 스님이 찾아 왔구려!"라며 기막히게 놀라는 듯 반가워하는 시다.

贈處敏上人

처민 스님에게 보내주다

청학동의 고운 경친 남원과 닿아 있고,	青鶴煙霞接帶方
월송정의 신선 길은 금강산과 가깝다니,	月松仙路近金剛
봄바람 속 그대에게 강남 술을 보내는 건,	春風送汝江南酒
명산 두루 구경하고 서울 들어오란 걸세!	看遍名山入洛陽

* 青鶴 : 신라 때부터 알려진 지리산 속에 있는 마을인 "青鶴洞"의 약칭으로, 그 당시부터 마치 신선이 사는 마을인 양 인정되어 많은 시 작품에 등장하던 곳이다. 지금은 書堂 마을로 되어 있다.
* 帶方 : 전북 南原을 지칭하던 옛날의 명칭이다.
* 月松 : 작자가 關東八景 중의 하나인 강원도 平海에 있던 越松亭을 略稱한 말로 추정된다. 아마 "越松"을 "月松"으로 알고 기록한 것으로 판단되나, 시인이나 문인이라면 신라의 風月郎徒라는 花郎인 述郎 등이 노닐었다는 전설

도 있어서 의도적으로 이렇게 "月松"이라 칭했을 가능성도 있다.

* 江南酒 : 전라도 지역의 술을 지칭한 것으로 추정된다. 아마 당시의 전라도가 곡창지대로서 다른 지역보다 조금 여유가 있어서 좋은 술도 잘 빚어 마셨을 가능성이 있고, 작자 자신이 또 이곳 출신이라 이 술을 잘 알아서 이 江南酒를 보낸다고 한 것으로 판단된다. 그리고 다른 작자들의 작품에서도 스님들과 같이 술을 마신 이야기가 많이 나오는 것을 보면, 당시 스님들도 술을 마셨는가 싶기도 하고 시적 풍류의 관습 행위로 술을 언급했나 싶기도 하다.

해설 이 작품은 작자가 벗이었을 處敏스님에게 그의 풍류 취향을 推奬하듯 한편으로는 놀리듯 술을 보내겠다며, 명산 풍광을 두루 좋게 관람하고 서울로 돌아오라는 당부 겸 격려의 시다. 그런데 이 작품의 전・결구인 "春風送汝江南酒 看遍名山入洛陽"의 "봄바람 속"・"강남술을 보내는 것"・"명산 두루 구경하고"・"서울 들어오란 걸세!" 등은 아무래도 處敏스님을 스님으로가 아닌 풍류객으로 보고 은근히 놀리는 것으로 읽혀지기도 한다. 더구나 작품의 끝인 "入洛陽(서울 들어오란 걸세!)"은 바로 뒤에 "나하고 만나서 거나하게 술을 마셔보세!"라는 말이 생략된 것으로 읽혀지기도 하는 것이다.

有琴師自海中來者

바다에서 온 거문고 악사가 있어서

우연히 달과 함께 봉래산서 내려올 제, 偶將明月下蓬山

신선 바다 안개·노을 옷깃 가득 아롱진 채,	瑤海煙霞滿袖斑
손끝 놀려 선경 계곡 물소리를 울려내니,	下指弄聲丹壑水
서늘 바람 하룻밤 새 인간 세상 퍼지겠네!	冷風一夜遍人間

---

* 蓬山 : 신선들이 산다는 "蓬萊山"을 말한다. 우리나라에서는 옛날부터 "春蓬萊(봄의 金剛山)"라 하여 금강산을 다르게 부르는 말이었다.
* 瑤海 : 달밤의 맑은 하늘을 지칭하는 말이면서 西王母가 산다는 "瑤池"를 이르는 말로, 역시 신선들이 사는 곳을 말한다. 여기에서는 바로 이 "瑤池"를 지칭하여 쓰인 것이다.
* 丹壑 : 붉은빛의 암석으로 된 골짜기인데, 여기에서는 아마 신선들이 사는 골짜기라는 말로 쓰였을 것이다.
* 冷風 : 원 의미는 "서늘한 바람"이지만 여기서는 물소리를 연상하며 연주해 내는 거문고의 가락 소리를 인상적으로 표현한 말이다.

해설 이 작품은 바닷속의 어느 지역에서 왔다는 거문고 연주자를 신비로운 바닷속의 어느 곳에서 온 신선 같은 주인공으로 설정하여, 그가 거문고를 타며 울려내는 가락이 저 신선 세계의 맑은 물소리 같아, 이 가락을 따라 신비롭게 일어나는 맑은 바람이 하룻밤 사이에 온 인간 세상에 퍼지겠다는, 기막힌 탈현실의 상상과 신비로운 찬미로서의 기도 같은 시다.

그런데 이 작품에서 결구인 "冷風一夜遍人間(서늘 바람 하룻밤 새 인간 세상 퍼지겠네!)"은 앞 구(전구)에서 물소리로 울려내는 청각의 거문고의 가락이 청각에서 피부적 감각인 서늘한 감각으로 轉移하여 온 세상의 사람들이 모두 다 시원하도록 펼쳐지겠다는 축복 같은 기원이다.

自汭陽醉行

취중인 채 예양을 떠나가면서

성남으로 홀로 가며 말 걸음은 느리다만,	城南獨去馬遲遲
맑은 강가 난 길인 걸 취중에도 알겠는데,	路入淸江醉夢知
개인 날씨 석양 되자 산은 한층 짙푸르고,	晴到夕陽山更綠
숲 건너선 도롱인 채 노래하며 목동 가네!	隔林簑唱牧歸兒

* 汭陽 : 『東國輿地勝覽』에도 없는 地名이라 어디인지 알 수 없다. 전라도 海南의 異稱이라고도 하고, 전라도 長興의 耽津江을 汭陽江이라고도 하는데, 그냥 "汭陽"이라고 한 것이나 이 어휘가 제목이나 시어로 쓰여져 있는 뒤의 여러 작품의 내용으로 봐서 "汭陽"은 강물의 명칭 겸 지명인 것으로 추정된다. 그래서 장흥 耽津江의 옛 명칭인 汭陽江을 말하는 것이 아닐까 추정된다.

해설 이 작품은 작자 자신이 술에 취한 채 말을 타고 가고 있는 도중의 풍경과 자신의 행태, 그리고 가다가 산뜻 개인 석양 속에 새로 맞는 한층 푸르른 산빛과 숲 건너편에 도롱이를 입은 채 노래를 부르는 목동의 천진스런 모습을, 그냥 무작위로 하나하나 줍듯 소재들로 삼아 그리듯이 읊은 풍경화 같은 시다.

有懷
그리움이 있어서

창 앞 홀로 깨어나자 하늘 장차 새려 하고, 窓前獨起天將曉
저 산 밖엔 달이 지며 두견새만 울 뿐인데, 山外月沈啼子規
여기에서 이릉까진 삼 백린 걸 아는 터라, 知去爾陵三百里
꿈에나마 얼굴 봐서 애타던 것보단 낫네! 夢中眉目勝相思

* 爾陵 : 전라도 綾州(지금의 전남 화순군 능주면)의 옛이름이다

해설 이 작품은 제목에서 말하는 그리움의 실제 대상이 누구인지 명확하지 않아서 시상의 내적 실질이 분명하게 파악되지 않지만, 제목에서 누구라는 것을 표시하고 있지 않은 것이 오히려 그리움의 실제 대상이 여인임을 무언으로 암시하는 것으로 판단된다. 따라서 그 여인을 애틋하게 그리워하며 꿈에서나마 본 것으로 애써 자위하는 안타까운 시다.

"장차 새려는 새벽에 홀로 깨어났다"는 기구, "저 산 밖으로 달은 져가고 두견새만 울 뿐인데"라는 승구 등으로 제시된 작자의 처연한 상황만큼의 고독한 정황, "여기에서 이릉까진 삼 백리나 먼 걸 아는 터라"라는 전구의 너무 아득 먼 거리, "꿈에나마 얼굴 봐서 그냥 애만 타는 것보단 낫네!"라는 애처로운 자위의 몸짓 등은 참으로 가긍하기 그지없는 애달픈 시다.

柳

버드나무를 보고

다락 앞을 향해 심곤 때는 기억 못 하건만,	種向樓前不記時
연노랗다 연초록에 자태 많이 바뀌면서,	輕黃嫩綠總多姿
자연스레 가는 허리 부여받아 가진 채로,	自然賦得腰支細
요기에만 향해 부는 바람 매번 받고 있네!	每被風來特地吹

해설 이 작품은 새로 가냘프고 곱게 자라난 버들가지를 누구나 쉽게 여인으로 연상할 수 있도록 곱고 세밀하게 수사하여 擬人化한 시다. 그래서 기구의 "不記時(심은 때를 기억 못 하건만)"라는 어휘는 "어느 사이에 훌쩍 자랐다"는 놀라움을 "기억 못 한다"로 바꾸어 표현한 수법이며, 승구의 "輕黃嫩綠總多姿(연노랗다 연초록에 자태 많이 바뀌면서)"는 짙어져 가는 버들가지의 고운 빛깔을 표현한 것이지만 이것에서는 연초록 빛 치마를 입은 여인의 자태를 연상하게 수사가 이루어진 것을 바로 알 수 있다. 더욱이 전구의 "自然賦得腰支細(자연스레 가는 허리 부여받아 가진 채로)"라는 수사는 누구라도 쉽게 여인의 가는 허리를 연상할 수 있는 것이다. 결구의 "每被風來特地吹(요기에만 향해 부는 바람 매번 받고 있네!)"는 분명 버들가지에 불어오는 바람의 상태와 방향을 말하고 있는 것이지만, 이것은 바로 봄바람이 이 버들가지만을 향해 분다는 뜻이다. 따라서 이 작품은 비록 버드나무라는 물상을 擬人化하여 읊고 있지만, 전 작품이 여인의 자태가 연상되도록 수사가 곱고 세밀하게 이루어지고 있음은 물론, 이 여인을

몹시 사랑하는 한 남성을 상관적으로 연상할 수 있도록 읊어져 있어서 아주 좋은 작품이 되었다.

暎湖亭 次閔舍人 名德鳳
영호정에서 민 사인을 따라 짓다 이름은 덕봉이다

알겠구나! 이게 바로 봉래산의 첫 봉인걸,	知是蓬萊第一峯
늙은 자라 호수 속에 빠져 머릴 휘두르니,	老鰲搖首墮湖中
천년 만에 선계 비밀 곧장 깨져버렸지만,	千年直破煙霞秘
풍월만은 그대론 채 이분 차지 돼 있구나!	風月依然屬此公

* 暎湖亭 : "暎湖亭"이라는 이름의 정자는 평안도 楚山에 있던 정자이나, 이 정자는 건립 연대가 조선조 숙종 때라고 되어 있어서 선조 때 궂긴 작자와 맞지 않아 이 楚山의 정자를 말하는 것으로 인정할 수는 없다. 이 정자가 실제로 어디에 있었던 정자인지 확인할 수 없다.
* 閔舍人 德鳳 : "舍人"은 조선조 때 議政府에 속한 정4품의 관리였다. 閔德鳳은 아마도 작자와 친분이 있었던 사람이거나 풍류를 즐기며 시를 짓던 사람으로 추정된다.
* 此公 : 이분, 이 사람을 말한다.

해설 이 작품의 제목에 나오는 閔舍人 德鳳이라는 사람이 누구인지 알 수 없으나, 시의 내용으로 봐서 이 사람이 정자를 건립하고 專用

하다시피 한 것으로 추정된다. 그래서 이 작품은 이 정자를 중심으로 한 풍경을 찬미하면서 그에 따라 関舍人의 풍류와 詩才도 推奬하는 시다.

기구에서 이 정자가 있는 곳의 主山을 "蓬萊第一峯(신선들이 산다는 봉래산의 첫 봉인걸)"이라고 극찬하면서, 승구에서는 그 이유를 "老鰲搖首墮湖中(늙은 자라 호수 속에 빠져 머릴 휘두르니)"이라며 늙은 자라의 머리와 같기 때문이라고 말하고 있다. 전구에서 다시 "千年直破煙霞秘"라고 하여 이 산이 다시 기막히게 깊이 감추어져 있던 신선 세계와 같은 이 정자 주변의 아름다운 풍경의 비밀이 다 깨져서 알려지게 했다고 했지만, 결구에서 "風月依然屬此公(풍월만은 그대론 채 이분 차지 돼 있구나!)"이라고 하여 자연의 풍경과 교감하며 바람과 달을 읊는 멋과 흥취는 그대로 이분의 독차지가 돼 있다는 부러움의 칭송을 하였다.

二友堂 次石川先生

이우당에서 석천 선생의 시운을 따라 짓다

한 베갯맡 맑은 소리 먼 시내서 들려오자,	一枕淸聲遠澗來
주인께선 달빛 속에 처음 꿈서 깨셨는데,	主人明月夢初回
막 익은 술 포도빛이 넘쳐나려 하네마는,	新醅欲漲蒲萄綠
어느 날에 찬 매화꽂 나무 가득 피어날꼬?	何日寒梅滿樹開

* 二友堂 : 愼參議 喜男의 집(第)을 말한다.

해설 이 작품은 작자가 자신의 시 스승이었던 石川 林億齡을 주인공으로 놓고, 이 石川을 다시 중국 宋나라의 선비이며 시인이었던 林逋와 비겨서 읊은 시다. 그래서 이 작품에서는 林逋의 詩 〈山園小梅(孤山 속 작은 동산에서)〉에 등장하는 소재들을 援用하여 詩化하고 있다. 기구에서는 "疎影橫斜水淸淺"의 "水淸淺(살짝 맑게 흐르는 물)"으로 "들려오는 맑은 물소리"를 연상하여 원용하였고, 승구에서는 "暗香浮動月黃昏"의 "月"로 "달빛"을 연상하여 원용하였으며, 전구에서는 "不須檀板共金尊"의 "金尊"으로 "막 익은 술"을 연상하여 원용하였고, 결구에서는 "疎影"과 "暗香"으로 "찬 매화꽃"을 연상하여 원용하고 있다.

결구를 "何日寒梅滿樹開(어느 날에 찬 매화꽃 나무 가득 피어날꼬?)"라고 하여, 술은 마셔야겠는데 매화가 피지 않는다고 안타까워하는 것은 바로 石川이 그의 시에서 주인인 愼喜男이 梅(매화)와 月(달) 이 둘을 벗으로 삼는다고 하여 堂號를 "二友"라고 했을 것으로 전제하고, "이 매화가 피어나야 달과 함께 즐길 텐데 그렇게 할 수 없어서 '二友堂中窓獨開(이우당의 방안에서 창만 홀로 열 뿐일세!)'라며 매화꽃이 안 피는 것을 안타까워하면서 달만을 맞으려고 창만 연다"고 한 것으로 추정하고, 작자는 스승인 林石川의 심경에도 동참하여 이렇게 결구를 맺은 것으로 판단된다.

이상의 시적 구상과 수사를 작자가 典故와 연상적 수법으로 기막히게 상관시켜 구조적으로 詩化한 것이라는 점을 놓고 보면, 이 작품은 法古刱新의 創意에다 換骨奪胎의 새로운 修辭手法으로 새롭게 읊어진 아주 좋은 시이다.

戲題
장난삼아 짓다

숙인 머리 곁눈질에 한껏 정은 많다마는,	低鬟轉眄最情多
이 추운 방 하룻밤을 어떻게 하잔 건가?	奈此寒廂一夜何
이 다음에 난릉 봄 술 푹 잘 익게 되었을 제,	他日蘭陵春酒熟
성안 가득 꽃 핀 곳서 또 취함이 안 좋겠나?	不妨重醉滿城花

* 이 작품은『韓國文集叢刊』本에는 없다.
* 蘭陵 : 李白의 〈客中作〉에 "蘭陵美酒鬱金香(난릉의 맛난 술은 울금 향내 풍겨나고)"이라고 하였는데, 蘭陵은 名酒의 생산지로 알려진 곳이다.

해설 이 작품은 작자가 적극적인 애정 행태를 보이는 어느 여인에게 달래듯 다독이듯 지어 준 시로 추정된다. 그래서 기구에서 "低鬟轉眄最多情(숙인 머리 곁눈질에 한껏 정은 많다마는)"으로 음탕하다고 할 만큼 놀랍고 적극적인 여인의 애정 표현과 유혹 행태를 제시하고서, 승구에서는 "奈此寒廂一夜何(이 추운 방 하룻밤을 어떻게 하잔 건가?)"라며 안타깝게 동정하듯 타이르듯 달래면서 사양을 하고는, 전・결구에서 "他日蘭陵春酒熟 不妨重醉滿城花(이 다음에 난릉 봄 술 푹 잘 익게 되었을 제, 성안 가득 꽃 핀 곳서 또 취함이 안 좋겠나?)"라며 다시 상대의 심기를 달래며, 돋우는 再會로의 기대를 言質로 다짐하는 양의 시원한 가락으로 읊어내며 잘 유도하고 있다.

東溪 次竹谷韻

동계에서 죽곡의 시 운자를 따라 짓다

봄 맞은 산 아물아물 바라보니 안개 같고,	春山曖曖望如煙
솔바람은 서늘하게 돌 샘물과 어우러져,	松韻泠泠和石泉
향긋 술잔 살살 들며 좋은 시절 맞춰 놀다,	細酌芳樽酬好節
석양 무렵 꽃 아래서 취한 채로 잠들었네!	夕陽花下倚酣眠

* 이 작품은 『韓國文集叢刊』 本에만 실려 있다.
* 東溪 : 어느 지역의 명칭일 것으로 추정될 뿐 구체적으로는 알 수 없다.
* 竹谷 : 누구인지 확인할 수 없으나, 작자보다 좀 선배 인물로서 숨은 선비로 알려진 李長榮의 號가 아닐까 추정될 뿐이다.
* 曖曖 : 의태부사로서 "아물아물"한 상태를 말한다.

해설 이 작품은 어디인지 알 수 없는 곳이지만 봄을 맞아 온화하고 화창한 풍경 속에 벗들과 조용히 술을 마시다가 꽃떨기 속에서 단잠에 그냥 들었었다는 편한 이야기 같은 시다. 그래서 기구의 "春山曖曖望如煙"이라는 아지랑이가 곱게 끼인 봄날의 산 풍경이나, 승구의 "松韻泠泠和石泉"이라는 솔바람과 바위 샘물의 맑은 소리 등의 시・청각의 전달은 그 풍경들의 화평한 정감들에 잘 맞추어져 무작위의 수사로 그냥 그려지듯 읊어지고 있으며, 전・결구의 "細酌芳樽酬好節 夕陽花下倚酣眠(향긋 술잔 살살 들며 좋은 시절 맞춰 놀다, 석양 무렵 꽃 아래서 취한 채로 잠들었네!)"에서는 그냥 차분한 선비들의 화평한 행태와 그윽한 흥취가 곱게 보이듯 그려진 한폭의 풍경화를 제시하는 듯한 시이다.

惜春
봄을 안타까워하며

봄 아끼다 응당 바로 봄의 속임 당할 만큼,	惜春應是被春欺
하룻저녁 고운 약속 그냥 병에 잡혔지만,	一夕佳期坐病羸
정말 깊이 부끄럽네 중은 왕래 자주해도,	深愧山僧來往數
복사꽃이 다 지는 걸 아예 그냥 모를 테니!	桃花落盡不曾知

해설 이 작품은 작자가 제목에서 말한 바대로 "봄을 안타까워하며" 봄을 제대로 즐기거나 누리지 못하고 있다가 봄이 그냥 지나가 버려, 오히려 봄에게 속임을 당하듯이 될까도 싶어 벗들에게 하룻저녁 모여 놀거나 즐기자고 했지만 그 약속을 지킬 수 없게 병에 걸려 잡혀 있는 상황에서, 풍류라는 명목으로의 계절 풍광 감상이나 놀이가 실상은 세속적 심신의 향락일 뿐이니, 저 스님들이 일체 차별상을 벗어나 得道하고 아예 계절도 모르는 모습에 깊이 부끄럽게 되었다는 자성의 심경을 읊고 있는 좋은 시다.

蕩春臺

탕춘대에서

그 옛날에 상감께서 순시 행차 많으실 젠,	昔日君王巡幸多
산빛 어린 단청 건물 풍악으로 싸였더니,	照山丹碧貯笙歌
지금 와선 적막한 채 황량해진 마을 길에,	如今寂寞荒村路
한식 맞은 놀이꾼뿐 꽃도 아니 피었구나!	寒食遊人不見花

* 蕩春臺 : 서울 종로구 홍지동 홍지문에서 세검정으로 가다가 왼쪽 냇가 능선 끝에 있던 蕩春臺城을 말한다. 이 명칭(蕩春 : 봄을 실컷 즐기며 노닌다)의 뜻과 같이 조선조 시대 서울에서 유명했던 놀이터였다.

해설 이 작품은 전란이나 천재지변을 겪지 않았을 "蕩春臺"가 작자의 당시에도 조금은 황폐한 채 있었는지, 寒食을 맞은 탕춘대의 적막한 풍경을 허전해하며 回顧的으로 읊은 시다. 그래서 기·승구에서 "君王巡幸多 丹碧貯笙歌(상감께서 순시행차 많으실 젠, 단청 건물 풍악으로 싸였더니)"라 하여 蕩春臺의 昔日(옛날) 풍광과 유흥의 내력을 말해 놓고는, 전·결구에서는 "寂寞荒村路 遊人不見花(적막한 채 황량해진 마을 길엔, 놀이꾼뿐 꽃도 아니 피었구나!)"라며 寒食을 맞아 놀이꾼들이 있긴 하다만 꽃도 피지 않은 채 쓸쓸할 뿐인 정황을 "春來不似春(봄은 정녕 왔건마는 봄 같지 않네!)"이라는 唐나라 東方虬의 〈昭君怨〉의 詩句를 되뇌이듯 應用하고 무한히 안타까워하며 읊은 懷古의 詩다.

次思庵 贈安四耐 名慶昌

사암 어른의 시 운을 따라 지어서, 안사내에게 주다

이름은 경창이다

몇 해 내내 세상일로 처자식과 떨어진 채, 年來世故隔妻兒
언제나 배로 고향 떠나온 게 애틋한데, 每憶舟從故里移
눈보라가 치는 성안 외론 촛불뿐인 이 밤, 風雪滿城孤燭夜
이 내 심사 오직 도인 자네만이 알 뿐이리! 寸心唯有道人知

* 道人 : 奇人으로 알려져 있던 安四耐 慶昌을 말한다.

해설 이 작품은 작자 자신이 "고향에 부인과 자녀를 남겨 놓고 몇 해째 서울에 와서 머물면서, 언제나 배로 고향을 떠나올 때를 되뇌이며 애틋하게 여겨왔는데, 오늘따라 눈이 내리는 이 타향에서의 겨울밤을 외롭게 지새우는 나의 심사를, 나처럼 역시 타향을 떠도는 도인 자네만이 알 것"이라는 同病相憐의 외로운 심정을 하소연하듯 전하는 시다.

贈鄕友

고향 벗에게 주다

국화꽃은 벌써 지고 단풍잎도 시드는데,	黃花已盡楓葉衰
오늘 저녁 서로 만남 본래 기약 안 한 거나,	此夕相逢本不期
한번 술 끝 저 들길로 자네를 보낸다면,	一醉送君西廓路
달이 밝은 어딘선가 말 발길이 더디겠지!	月明何處馬遲遲

해설 이 작품은 고향에서 온 친구를 만나서 술을 함께 마시면서 내일쯤에 다시 작별하고 떠날 것을 너무 아쉬워하며, 친구도 나와 헤어져 갈 때는 몹시 안타까워할 것이라는 서로의 극진한 우정을 진실로 믿으며 읊은 진정의 시다. 그래서 "국화도 벌써 다 지고 단풍도 시들해진 아쉬운 시기에, 약속도 하지 않다가 우연처럼 기막히게 서로 만나 더욱더 반가운 터라, 이렇게 겨우 한번 서로 술을 마시고 바로 자네를 이별해 보낸다면, 떠나는 자네도 가다가 달이 밝은 밤을 맞으면 너무 안타까워 타고 가는 말의 발길이 사뭇 더뎌지게 될 것이 아니냐?"며 무한히 애틋해 하고 있는 것이다.

呈尹學士

윤 학사께 바치다

비를 맞는 포기에서 국화꽃을 새로 따고,	黃花新摘雨中叢
대숲 아래 바람결에 뽀얀 술 막 거르련만,	白酒初醲竹下風
弘文館의 金蓮燭 불 응당 꿈엔 있을 테니,	玉署金蓮應在夢
고향선들 어찌 그냥 조용한 채 계시겠소?	家鄉那得任從容

* 尹學士 : 누구인지 확인할 길은 없지만, 당시 弘文館의 관리인 선배 중의 한 사람으로 추정된다.

* 玉署 : 조선조 시대에 弘文館을 지칭하는 말로, 상대인 尹學士가 이 관청의 관리였을 것을 알 수 있다.

* 金蓮 : 황금으로 만든 연꽃으로 부처 앞에 놓는 것을 말한다. 여기에서는 임금님이 弘文館에 하사한 "金蓮燭"이라는 촛대를 약칭한 것으로 추정되며, 이 촛대의 불빛 아래에서 재능을 자랑하던 선비 관리들이 영광스럽게 글과 시들을 지었을 것이다.

해설 이 작품은 지어서 바치는 이 시를 받을 상대가 "가을을 맞아 비를 맞는 국화 송이를 따고, 흰(뽀얀) 술을 처음 거르며 마실 준비를 하실 테지만, 당신께서는 분명 옛날 그 홍문관 집무실 안에서 여러 선비 관료들과 함께 金蓮燭 불빛 아래에서 자랑스럽고 영광스럽게 글과 시를 짓던 정황을 꿈속에서도 잊지 않고 있으실 테니, 지금은 고향에 돌아가서 있으시지만, 어찌 그렇게 글과 시를 짓지 않고 그냥 조용한 채 있으시기야 하겠느냐"며, 한껏 추켜 올리듯 부러워하듯 읊어 바치는 시다.

汭陽東橋

예양 이편 다리에서

다리 위에 노는 이들 꽃들 머리 가득 꽂고,	橋上遊人花滿頭
성 저 끝엔 달이 뜨고 물은 술술 흐르는데,	城邊月出水悠悠
살랑 바람 봄 옷깃을 불어 헤쳐 차게 함은,	輕風解作春衣冷
너무 기쁨 밤 내 놀까 안타까워해서리라!	爲惜淸歡盡夜遊

* 汭陽 : 앞에서 본 바대로 전라도 長興의 옛이름(古號)이거나 여기에 있는 汭陽江을 말하는 것으로 추정된다.

해설 이 작품은 작자 자신도 이 다리 위에서 놀이를 하는 사람들의 하나로 동참하여 "밤까지 이어지는 봄놀이를 하면서, 차가운 밤바람 결을 '너무 기쁨에 젖은 사람들이 밤 내 놀까 염려가 되어 바람이 좀 차게 부는 것'"일 거라며 장난기로 풀이하듯 곁들여 읊어 보는 시다.

汭上 醉別柳靜甫 名潑

예양강 위에서 유정보와 작별하면서 이름은 발이다

푸른 버들 비를 맞곤 뾰족 순이 새로 돋고, 綠楊經雨弄尖新
하얀 말은 굽도 사뿐 취한 사람 태웠는데, 白馬蹄輕載醉人
강물은 돌아갈 길 멀리 제냥 따라가니, 江水自隨歸路遠
한잔 술로 전송하는 이별 정(한)과 똑같구나! 一樽相送別情均

해설 이 작품은 "푸른 버들가지들이 뾰족 새순들이 돋아 늘어진 강가에서, 벗들이 모여 술을 마시고 나서는 경쾌한 발굽의 백마를 타고 떠나는 친구 유정보를 보내자니, 이 강물도 못 잊는 듯 제냥 친구가 돌아가는 길을 멀리까지 따라가니, 저 강물도 서로 이별하고 가는 우리들의 사뭇 안타까운 정과 같은가 싶다"는 넋두리 같은 시다.

錦官黌軒 贈崔善林 名慶長

금관성 명륜당 마루에서 최선림에게 주다 이름은 경장이다

나귀 타고 지나가던 이곳 몇 해 되었던가?	幾年驢馬經行處
화음현의 장관에게 화냄 실컷 당했는데,	剩被華陰縣長嗔
오늘 다시 찾아오니 옛날 모습 그대론 채,	今日重來舊形影
한 마루서 봄에 취해 정든 친분 짐을 졌네!	一軒春醉荷情親

* 錦官 : 어디에도 기록으로 전해지지 않는 곳이나 羅州의 옛 이름이었던 錦城을 어원으로 삼아 나주의 성안을 杜甫 詩의 "錦官城"을 본떠서 그대로 사용하여 쓴 말로 추정된다.

* 黌 : 옛날 중국의 학교를 말하나 여기서는 조선조 때 지방의 관립 학교였던 향교의 명륜당을 말한다.

* 崔善林 慶長 : 본관이 해주로 崔慶昌의 가까운 친족이었다.

* 華陰 : 어느 지역의 옛 명칭일 것으로 추정되나, 『東國輿地勝覽』에도 보이지 않아 확인할 수 없다.

해설 이 작품은 작자가 몇 해 전 옛날에 여기에 와서 화음현의 원님에게 꾸지람을 실컷 들은 것을 되짚어 새겨 보면서도, 오늘 다시 와서 보니 이곳 나주의 향교 명륜당의 풍채는 옛날 그대로이고, 이 명륜당 한편 마루에서 이 좋은 벗 최선림 자네의 정겨운 접대를 받아, 이 봄의 흥취에 한껏 취해서 이 기막힌 우정에 무한한 고마움을 짐처럼 지게 됐다고 하는 시다.

荷浦 次金皞 詠雨詩

하포에서 김호의 시를 따라 짓다 비를 읊은 시

우수수 끝 추적추적 오며 또한 침침해져,	蕭蕭淅淅又沈沈
바다에서 산에까지 저녁 어둠 쉬 짙은데,	接海連山易夕陰
반드시 이들 소리 귀 기울여 안 들어도,	未必此聲偏惻耳
인가들의 절반쯤이 바로 단풍 숲속일세!	人家一半是楓林

* 荷浦 : 어느 바다나 큰 물가에 있는 지명일 것으로 추정된다.
* 浙浙 : 문집에는 "浙浙"로 되어 있으나, 이 어휘는 이 작품의 전체 시상에 전혀 맞지 않고 오히려 "淅淅(스륵스륵 : '빗소리'의 의성어)"이 시상 전체와 맞는다. 아마 각자수가 잘못 새긴 것으로 추정되어 "淅淅"으로 바로잡았다.
* 惻 : 이 글자 역시 문집에 "惻"자로 되어 있으나 시상의 구조로 봐서 "側耳(귀를 기울여 듣다)"의 "側"자가 맞을 것인데, 역시 각자수가 잘못 새긴 것으로 추정되어 여기에서는 "側"자로 고쳐 바로잡았다.

해설 이 작품은 작자가 荷浦 마을에 와서 비 내리는 소리를 듣고, 金皞라는 벗이 지었을지도 모르는 한시 〈詠雨(빗소리를 읊다)〉를 읽고, 그 시를 "聽雨(빗소리를 듣고)"로 풀이하여 그 韻을 따라 조금은 해학적인 반론의 語套로 읊은 것이 아닐까 추정되는 시다. 金皞가 지었을 〈詠雨〉에서는 "시름을 돋우는 가을비를 가을밤에 가만히 귀를 기울이며 들어보라"고 했을지도 모른다. 그래서 작자는 "시인의 시름을 돋우는 이 가을밤 빗소리를 꼭 귀를 기울이지 않고 들어도 되겠구려! 이 마을의 인가들은 한 반쯤이 모두 단풍 숲에 싸여 있으니, 가을

밤의 빗소리는 그냥 들어도 실컷 들을 수 있지 않겠나?"라며 해학적인 어투로 반론하듯 읊어 보이고 있는 것이다.

錦津舟上 別閔恕初

금진나루 배 위에서 민서초와 작별하면서

강 위에서 자넬 만나 또 자네를 보내려고,	江上逢君又送君
조각배에 술 실으니 해 기울어 어둑한데,	扁舟載酒日斜曛
내일 아침 그리울 젠 꿈속처럼 아득하여,	明朝相憶杳如夢
하늘 저 끝 돌아보면 흰 구름만 떠돌겠지!	回首天涯只白雲

* 錦津 : 전라도 羅州에 있는 錦江津이라는 강물을 말하는 것으로 추정되며, 이것은 "錦川"·"木浦"·"南浦"라고도 불려졌다.
* 恕初 : 閔忠元의 字다.

해설 이 작품은 작자가 錦津이라는 곳에서 해가 지는 저녁 무렵에 떠나갈 배에서 술을 나누어 마시고 閔恕初를 작별해 보내면서, "내일 아침이면 다시 서로 그리워져 생각할 적에 꿈속의 일같이 아득할 뿐인 채로, 머리를 돌려서 자네가 떠난 그 멀리를 생각하며 바라보노라면 아마도 하늘에는 흰 구름만 떠 있을 것"이라는 허망한 상황만을 예상하면서 무한히 서글픈 심경으로 읊어 전해 주는 시다.

贈別成卿

성경과 작별하면서 지어 주다

교외 들판 비 내린 뒤 새벽 추윈 더해져도,	郊原雨後曉寒多
서편 성안 자네 찾아 가는 길은 멀잖건만,	西郭尋君路不賒
봄 찾아와 좀상매화 꽃들 절로 펴나는데,	春到小梅花自發
한 통 술로 전송한 뒨 바로 하늘 끝 같겠네!	一樽相送是天涯

* 成卿 : 拙修齋 趙聖期의 字이지만, 조성기는 옥봉이 굿긴 뒤의 사람이라 맞지 않다. 따라서 누구인지 확인할 수가 없고, 다만 옥봉의 벗 중 한 사람으로 추정될 뿐이다.

해설 이 작품은 작자와는 정분이 깊었던 사이었을 成卿과 한 통의 술을 나누어 마시고 서로 헤어져 보내고 나면 "자네가 가는 곳이 아득히 먼 하늘 끝 같겠다"는 아쉽고 안타까운 심경을 읊어 전하는 시다. 그래서 "비가 내린 뒤에 새벽 추위가 좀 더해지긴 했어도, 서편 성안의 자네가 사는 집을 찾아갈 길이 그렇게 멀지는 않지만"이라며, 서로의 사는 곳 거리가 멀지는 않다고 전제하고서도, "봄이 와서 좀상매화가 피는 이때에 이렇게 한 통 술만 서로 나누어 마시고 서로 헤어지면 자네가 가는 그곳이 참으로 아득히 먼 하늘 끝 같겠다"는 아쉬운 심경으로 마치고 있는 것이다.

그런데 이 작품에서는 시상의 중심인 "이별의 안타까움"이 결구의 "一樽(겨우 한 통의 술)"에 집약되어 있음을 알 수 있는데, 작자가 벗인 成卿과의 이별의 안타까움을 보다 深化하여 詩想을 더욱 강화하려 했다면, 平仄에도 아무 문제가 없는 터에 왜 "一樽"을 더욱 안타깝고 아쉬운 "一盃(겨우 한 잔의 술)"로 놓지 않았는지가 의문으로 남는다.

荷浦 贈金皞

하포에서 김호에게 지어 주다

한 시냇물 갯논 한 켠 향해 기웃 흘러가고,	一溪流向浦田斜
작은 주막 문 닫힌 채 비·바람만 쳐대는데,	小店閑門風雨多
뉘 알았나? 서로 만남 여기에서 있게 될 걸,	誰道相逢在此裏
밤 깊도록 잠도 없이 등불 놓고 마주했네!	夜深無睡對釭花

* 荷浦 : 어느 지역의 명칭으로 추정된다.
* 釭花 : 등잔불을 말한다.

해설 이 작품은 주인공인 金皞가 누구인지는 모르나 작자와 정분이 깊었던 사람으로 추정되는데, 그와 "갯가 마을에다 작은 주막집에 문을 닫아 놓고 비·바람만 쳐대는 밤에, 누구도 알 수 없는 뜻밖의 기회로 서로 만나, 밤이 깊도록 잠도 없이 등불을 마주한 채 함께 앉아 끝없는 이야기를 하고 있다"는 실제의 정황을 함께 영원히 간직하자는 듯이 말없는 참 심경으로 적어 주는 시다.

溪村雨中
냇가 마을 빗속에서

시내 위의 복숭아꽃 두세 가지 피어 있고, 溪上桃花三兩枝
봄 실비 속 울타리로 초가들은 가렸는데, 雨中籬落隔茅茨
황소는 밭 다 간 다음 푸른 풀밭 놓였다가, 黃牛耕罷在青草
농분 집에 돌아갈 제 "어뎌"라며 따라 가네! 田父歸時相語隨

* 茅茨 : 띠풀이나 볏짚으로 엮은 이엉을 덮은 초가집을 말한다.
* 相語 : 주인이 소를 몰고 가며 흔히 쓰는 말인 "어디여(어뎌)"나 "이랴이랴" 같은 말일 것이다.

해설 이 작품은 그저 그냥 지극히 간결하고 소박한 농촌의 풍경이지만, 아주 정겹고 세세한 눈길로 포착하고 여실하게 살려서 곱게 그리듯이 조용한 목청으로 읊어낸 참으로 좋은 시다. 그래서 "복숭아꽃 두세 가지가 피어 있는 시내 위"라는 기구와 "봄을 맞은 실비 속에 울타리로 가려 있는 초가들"이라는 승구로 제시된 정태적 풍경과 "밭을 다 간 다음 황소는 푸릇푸릇 막 새싹이 돋는 풀밭에 고삐가 풀린 채 그냥 놓여 있다"라는 전구, "농부는 집에 돌아가면서 고삐 줄로 황소의 몸을 '어뎌' 또는 '이랴이랴'라는 말과 함께 툭툭 치면서 따라가고 있다"는 결구로 제시된 동적 풍경의 마무리, 특히 결구의 "相語隨('어뎌'라며 따라가네!)"에는 동물과 자연스럽게 교감하며 사는 농부의 순후하고 진기한 일상의 면모가 너무 정겨워, 읽는 이로 하여금 사뭇 조용한 목청으로 따라 읊으며 그려보고 싶은 참으로 너무도 진솔하고 평화로운 산촌의 한 폭 풍경화가 아닐 수 없다.

次月溪明府 贈梁仲明
월계 원님의 시운을 따라 지어서 양중명에게 주다

좀 흐리다 자욱한 채 부옇게 비 내릴 제, 輕陰漠漠雨如塵
붉은 살구 꽃핀 시절 먼 곳 길손 보내거니, 紅杏花時送遠人
그 어느 곳 청산 아래 홀로 머리 돌려볼까? 何處青山獨回首
흩인 구름·고운 풀과 한도 함께 새롭겠지! 亂雲芳草恨俱新

* 月溪 : 趙希文의 號이다. 조희문은 梁子徵과 함께 金麟厚의 제자이면서 함께 사위들이기도 한 사람이다.
* 梁仲明 : 仲明은 梁子徵의 字이며 호는 鼓巖이다.

해설 이 작품은 작자의 절친한 벗이었던 조희문의 시의 운을 따라 지어서, 역시 절친한 벗이었던 梁子徵을 흐린 하늘 부옇게 비가 내리는 봄날, 붉은 살구꽃이 피는 시절에 멀리 작별해 보내면서, 자신도 정녕 안타까웠을 이별의 정을, 멀리 떠나간 仲明 자네가 어느 곳 청산 아래에서 나를 그리워하며 머리를 돌려 바라볼 적에는 흩인 구름과 고운 풀들과 함께 한스러운 심경이 새록새록 더할 것이라며, 상대의 심경으로 바꿔 놓고 읊은 조금은 수사의 솜씨를 부린 좋은 시다.

海上作
바다 위에서 짓다

대마도 성 한 편으로 장사배는 떠날 테고,	馬島城邊商舶行
兎頭神社 사당 아랜 저녁 조수 들 거라며,	兎頭祠下暮潮生
서로 만나 모두들 다 앞길 險탄 말을 하나,	相逢盡說前程險
외려 절로 사람 없어 짐은 문득 가볍겠네!	猶自無人載却輕

* 馬島 : 일본의 對馬島를 준말로 쓴 것일 것으로 추정된다. "商舶(장삿배)"이라는 말로 봐서 더욱 그렇게 추정되며, 제목을 "海上作"이라고 한 것을 봐서도 이 시가 일본으로 무역선이 떠나는 것을 주제로 삼아 지은 것으로 추정되기 때문에 더욱 그렇다.
* 兎頭祠 : 對馬島에서 日本 본토로 가는 해안에 있는 "兎頭神社"를 준말로 쓴 것으로 추정된다.

해설 이 작품은 작자가 일본으로 떠난다는 商船을 해상에서 보고, 이 상선이 대마도 兎頭神社 아래에 정박할 즈음에는 저녁 조수가 들 것인데, 사람들은 서로 만나서는 모두 앞으로의 뱃길이 험할 거라고들 말하고 있으니, 오히려 이 배에 탈 사람이 없어서 이 상선에 싣고 갈 것은 가벼워지겠다는 이야기를 하고 있는 시다.

贈梁仲明
양중명에게 주다

한번 가면 천 리 사람 될 자네가 애틋하여, 一去憐君千里人
눈발 속에 전송하려 호수까지 나왔는데, 雪中相送到湖濱
찬 매화가 바로 가장 다정할 나물 테니, 寒梅最是多情樹
돌아갈 때 미처 봄에 뒤지지는 말게 하게! 莫遣歸時不及春

* 梁仲明 : 작자의 벗인 梁子徵을 말한다. 仲明은 그의 字이며 號는 鼓巖이고 관향은 濟州다.

* 寒梅 : 어휘의 뜻이 "추위 속에 피는 매화"라는 말로서, 아주 이른 봄 아직은 추운 날씨 속에서 고고하게 가장 먼저 피는 매화를 말한다.

해설 이 작품은 "한번 헤어지고 나면 아득한 천 리 밖 같이 멀리 가 있을 너무도 안타까울 벗이라서, 이렇게 눈이 내리는 속인 데에도 이 물가까지 나와서 떠날 배를 전송하고 있다"면서, "벗 자네가 가는 그곳에는 정녕 나와 같이 기막히게 자네를 반길, 첫봄의 매화가 다정하게 기다리고 있을 테니, 그 이른 추위 속에 그 다정한 매화가 꽃을 피우는 시기에 절대로 뒤지지는 말도록 하라"는 당부이며 기도 같은 간절한 인정의 시다.

이 작품에는 벗에 대한 기막힌 우정으로의 자신이 대입된 "寒梅(추위 속에 피는 매화)"라는 시어가 작품의 핵심을 이루는 어휘이다. 따라서 이것을 유기적·상승적으로 살려내기 위한 작위로 "一去(한번 가면)"·"千里人(천 리 사람)"·"雪中(눈발 속)"·"多情樹(다정할 나무)"·"莫遣…不及春(미처 봄에 뒤지지는 말게 하라!)"이라는 어휘들에 담긴 정감의 무게를 잘 차려 읽어내야 하는 것이다.

採菱曲

마름 따기 노래

나루 어귀 서로 만나 마름 따러 가서 보니,	相邀渡口採菱去
마름잎은 처음 돋고 조아기 잎 파랗다만,	菱葉初生荇葉青
해지면서 바람 빨라 배 떠나기 어려워서,	晚來風急船難進
시름겨워 노 기댄 채 먼 물가만 바라보네!	愁倚蘭橈望遠汀

해설 이 작품은 실제로 마름을 따거나 실제로 따는 상황을 읊은 것이 아니라 중국에서 樂府體의 노래로 알려진 〈採菱曲〉을 본떠 실제처럼 허구화한 상황으로 읊어낸 시다. 그럼에도 실제적인 상황처럼 살리기 위한 "相邀渡口(나루 어귀 서로 만나)"·"荇葉青(조아기 잎만 파랗다만)"·"船難進(배 떠나기 어려워서)"·"愁倚蘭橈(시름겨워 노 기댄 채)" 등의 情境 설정은 작품 자체의 내적 정감을 實際化하는 데에 있어서 잘 기능하고 있는 것들이다.

宜仲江舍有懷 卽李義健

의중의 강가 집에서 회포에 젖어 의중은 곧 이의건이다

강가 집의 맑은 밤은 놀이하듯 달 밝은데,	江閣淸宵弄月明
푸른 하늘 물속 같고 물가 안개 살짝 끼어,	碧天如水渚煙輕
고운 벗이 그립건만 서로 만날 길 없는 채,	佳人相憶不相見
저 산 밖의 두견새만 두 세 마디 우는구나!	山外杜鵑三兩聲

* 佳人 : 대체로 "美人" 또는 "美女"를 말하지만, 아끼고 좋아하는 대상인 "賢人"이나 "君子"를 말하기도 한다. 여기에서는 물론 "賢人"과 "君子" 같이 좋은 대상으로 작자의 벗인 "宜仲"을 지칭한 말이다.

해설 이 작품은 작자가 자신과 우정이 아주 깊은 벗인 宜仲의 마을에 가서, 의중이 항상 머물며 노닌 강가 정자에 도착하자 이 밤의 풍경을 놀리듯이 달은 환하게 밝은데, 물속 같이 맑은 푸른 밤하늘에다 물가에는 안개만 살짝 끼어 있을 뿐, 그 벗을 만날 수 없는 안타까운 상황과 심경을 안타깝게 읊은 시다. 그래서 기・승구로 전제된 기회의 정황은 외려 "佳人相憶不相見(고운 여인처럼, 훌륭한 인물처럼 기막히게 서로 그리워하건만 서로 만나지 못하는 채)"이라는 안타까운 상황으로 반전되면서, 이내 "山外杜鵑兩三聲(저 산 밖의 두견새만 두 세 마디 우는구나!)"이라는 무한한 외로움과 슬픔만의 반추로 끝마치고 있는 것이다.

有寄

부칠 데가 있어서

봉래섬의 그 신선이 타고 있는 한 조각 배,	蓬島仙人一葉舟
듣는 바론 어젯밤에 시골 고향 찾았다니,	傳聞昨夜過滄洲
푸른 연꽃 피어났을 서림사 그 절에서,	碧蓮花發西林寺
달 밝은 속 통소 불며 돌 다락 위 오르겠네!	明月吹簫上石樓

* 蓬島 : 흔히 "신선들의 고향"이라고 알려진 바닷속에 있다는 섬을 말한다. 이곳은 하늘에 있는 것은 아니나 세속의 인간이 사는 지상은 아니고 신선들이 사는 곳이라서 바닷속에 있는 "蓬萊島"라고 하는 것이다.
* 滄洲 : 신선들이 산다는 이상적인 곳이나 시골을 말하기도 하고 시골의 갯고랑을 말하기도 한다.
* 西林寺 : 어디에 있는 실제의 사찰인지를 알 수 없지만, 중국 宋나라 蘇軾의 詩 〈題西林壁〉에는 "西林寺"가 杭州에 있는 사찰로 되어 있다.

해설 이 작품은 제목에서 "有寄(부칠 데가 있어서)"라고 한 것을 보면, 기구에서 "仙人(신선)"이라고 지칭된 사람에게 이 시를 부친다는 것이 분명하며 이 작품의 주인공이 바로 이 仙人으로 지칭된 사람임을 알 수 있다. 또 蓬島仙人·明月吹簫 등의 암시로 봐서 그는 탈속적인 인품과 풍정을 지닌 사람으로서, 方外人 같은 행적도 지녔던 것으로 추정된다. 이 작품은 이런 주인공을 벗으로 삼았던 작자가 그의 탈속적 행태와 풍정을 추정하며 알리듯 읊은 시다.

寄伯生
백생에게 부치다

적적한 채 배꽃 피어 서편 누각 가렸는데, 梨花寂寂掩西樓
봉산 꾸던 꿈을 깨니 옛 놀던 일 그립건만, 回夢蓬山憶舊遊
오늘 밤에 옛친구는 어느 곳서 留宿할까? 今夜故人何處宿
온 강 가득 달 밝은 속 한 척 외론 배뿐이리! 滿江明月一孤舟

* 伯生 : 李純仁의 字이다.

해설 이 작품은 배꽃이 피고 달이 밝은 봄밤을 맞은 작자가 옛날 벗들과 함께 노닐던 추억을 반추하며, “아! 벗 백생은 오늘 밤 어느 곳에서 유숙하고 있을까 궁금하기 그지없는데, 아마도 달빛이 가득 쏟아지는 강 위에서 자네도 외롭게 홀로 배를 탄 채 나를 생각하고 있겠지!”라며, 벗을 향해 그립고 외로운 심경을 말없이 담아 전하는 시다. 그래서 이 달 밝은 봄밤에 벗을 생각하며 무한히 외로워진 나처럼 역시 나를 그리워하며 외로울 그 벗을 상상하는 “滿江明月一孤舟”는 간접적 상황만의 배치로 문맥적 주인공의 감정 설명을 대신하고 있는 참으로 잘 그려져 읊어진 결구가 아닐 수 없다.

詠落梅
지는 매화꽃을 읊다

이 봄 정원 가득 폈던 꽃들 홀로 제쳐놓고, 孤負東園滿樹雪
달 밝은 때 한 가지만 남겨 감상하려는데, 一枝留賞月明時
밤 돼 다만 바람 불려 다 질까봐 걱정되니, 夜來只恐風飄盡
다락 머리 옥피리야 제발 불지 말아다오! 玉笛樓頭且莫吹

* 落梅 : 이 어휘의 뜻은 "매화꽃이 진다"이나, 이것은 〈落梅花〉라는 중국 고대의 樂曲 중 하나로서, 李白의 〈聽黃鶴樓上吹笛〉에서 "黃鶴樓中吹玉笛 江城五月落梅花(황학루 이 안에서 옥피리를 불어대니, 강가 성안 오월인데 매화꽃이 지는구나!)"라고 한 바대로, 〈落梅花〉라는 樂曲의 명칭을 문장으로 보고 "매화꽃이 진다"로 풀이하여 사용하고 있는 것이다. 그래서 이 작품에서도 李白의 詩의 풀이대로 "밤에 매화꽃이 다 질까 걱정이니, 옥피리를 제발 다락 머리에서 불지 말라"라고 한 것이다.

해설 이 작품은 작자가 홀로 이 봄 정원에 가득 핀 많은 꽃들을 다 제쳐놓고, 오직 한 가지의 매화꽃만을 남겨 놓고 달 밝은 속에 홀로 감상하려고 하는 차인데, 밤이 되어 바람에 불려 다 떨어질까 걱정이라, "제발 그 누구도 다락 머리에서 옥피리를 불어 바람이 일지 않게 해달라"는 간절한 소망의 기도 같은 시다.

題金晦叔橫灘圖

김회숙의 횡탄도를 제재로 삼아서

강 위 낡은 다린 괜히 석양빛만 비춰 주고,	江上斷橋空夕照
대숲 사이 초가들은 푸른 이끼 반쯤인데,	竹間茅屋半蒼苔
물결 위에 구름 걷혀 밝은 달은 떠오건만,	滄浪雲破有明月
저 멀리에 그리운 인 오시려나 마시려나?	彼美一人來不來

* 金晦叔 : 金啓의 字이며 호는 雲江이다. 옥봉보다 선배였으며, 잘 알려지지는 않았지만 그림을 그렸던 것으로 추정된다.

해설 이 작품은 "橫灘"이라는 물가 마을의 초가 풍경을 그린 작품을 제재로 삼아 實在의 風景으로 살려 놓고, 구름이 걷히고 달이 떠오른 밤이건만 여기에 올지 안 올지도 모르는 그리운 사람을 애타게 기다리는 정겨운 여인을 문맥 밖으로 설정해 놓고 있는 애틋한 시다. 그래서 이 작품에서는 결구의 "來不來(오시려나 마시려나?)"라는 수사가 아주 쉽게 놓여진 것이면서도 아주 새롭게 살아 있는 것이다.

題棲霞堂

서하당을 제재로 삼아서

맑은 시내 따른 한 길 흰 구름 속 나 있어서,	淸溪一路白雲間
강남지역 눈 내린 산 두루 밟아 찾아오니,	踏遍江南雪後山
우연찮게 돌단 당자 솔숲 달빛 가득한데,	偶到石壇松月滿
물소리에 바람 불어 새벽 추월 돋워내네!	水風吹作五更寒

* 棲霞堂 : 전남 담양군에 있는 정자로, 조선조 시대 金成遠이 자신의 호인 "棲霞堂"의 명칭을 따서 지은 것이다. 김성원은 여기에서 高敬命·鄭澈 그리고 조금 후배이지만 白光勳 등과 교유하며 시와 글을 지었다.

해설 이 작품은 작자가 눈이 내린 뒤의 강남지역을 두루 도보로 걸어, 맑은 시내를 따라 흰 구름 속으로 난 한 길로 찾아간 서하당에서 우연찮게 石壇(돌단)에 이르러 주변 솔숲에는 달빛이 가득한데, 주위에는 온통 물소리에다 바람이 불어 새벽을 맞는 추위를 돋우고 있다는 서하당의 겨울 새벽을 맞은 을씨년스러운 풍경과 상황을 그냥 기록하듯 읊어 놓고 있는 시다.

村居

시골 마을에 살면서

잘린 둑을 울로 삼고 다시 문도 안 만든 채,	斷岸爲籬不復門
성긴 대숲 · 푸른 덩굴 시내 건넛마을인데,	踈篁翠蔓隔溪村
석양 무렵 적적한 속 한가론 잠 깨어나니,	斜陽寂寂閑眠起
지면 가득 진 꽃잎들 봄비 내린 흔적일세!	滿地落花春雨痕

해설 이 작품은 담도 만들지 않고 문도 없는 허름한 건물뿐인 시골집, 성긴 대나무 숲과 푸른 덩굴만으로 감싸여 있는 채로의 시내 건넛마을에서, 석양 무렵 적적한 속에서 한가롭게 자던 낮잠에서 깨어나 보니, 뜨락과 마당 곳곳 지면에는 꽃잎들이 져 내린 위에 봄비가 살짝 내려 흔적을 남기고 있는 풍경을, 조용하지만 놀라는 듯 새롭고 시원한 기분을 말없이 곁들여 한 폭의 그림을 그리듯 읊은 좋은 시다.

廣寒樓 次李蓀谷益之 名達

광한루에서 손곡 이익지의 운을 따라 짓다 이름은 달이다

풀빛 짙은 긴 다리에 해는 마악 지는 땐데,	草色長橋落日時

삼삼오오 놀이 말들 푸른 실로 장식한 채, 三三遊騎絡青絲
강남땅의 풍경 물색 지금도 이 같으니, 江南風物今如此
물어보세 자넨 와서 몇 수 시를 지었던가? 爲問君來幾首詩

해설 이 작품은 당시에도 비교적 유흥과 풍정의 도시였었을 남원에서, 작자가 풀빛이 짙어지는 긴 다리 위로 해가 져가는 무렵, 삼삼오오로 짝을 지은 풍류객들이 푸른 실과 끈으로 머리와 안장에 장식을 한 말을 타고 놀이 가는 풍경을 보고, 바로 자신이 운자를 빌려 짓는 시의 작자인 둘도 없는 시 벗 李達에게, "이렇게 멋과 흥이 넘치는 이곳 남원에 왔었을 자네는 여기에 왔을 적에 이곳 유흥과 풍정에 취해서 대체 몇 수의 시를 지었느냐?" 라며 묻고 있는 시다.

寄梁天維
양천유에게 부치다

온 뜨락에 비 개이자 새 이끼들 자라나고, 一庭晴雨長新苔
책상 위에 흙 떨구며 새끼제비 돌아올 뿐, 泥墜書床乳燕回
괜한 생각 끝없다가 문득 시름겨워져서, 閑思悠悠却惆悵
녹음 아래 하루 종일 자네 오길 기다리네! 綠陰終日待君來

해설 이 작품은 작자가 초여름 비가 막 개인 뜨락에 이끼만 새로 자라나 있고 책상 위에다 어설프게 진흙을 떨구면서 새끼제비가 돌아올 뿐인 한낮, 괜한 생각만 사뭇 하고 있다가 까닭도 없이 문득 서글퍼져서, 이 집을 둘러 그늘을 지운 녹음 아래에서 하루 종일 자네가 오지 않을까 하고 사뭇 기다리고 있다는 애틋하고 정겨운 시다.

洛中秋思

서울에서 가을 생각에 잠겨

초승달은 아쉬운 듯 누각 아래 져 내리고,	新月依依下玉樓
밤벌레만 적막 속에 사람 시름 돋우는데,	陰虫寂寂伴人愁
오동나무 우물 위에 가을바람 차가우니,	梧桐井上西風冷
한밤 내내 외로운 잠 머리 백발 되겠구나!	一夜孤眠堪白頭

해설 작자가 서울에서 꽤 오래 살았을 것이기 때문에 꼭 고향 전라도가 그렇게 몹시 그립지는 않을 것이라고 해도, 누구에게나 그런 것처럼 작자도 어릴 적 생각, 고향 생각, 벗 생각 등으로 가을은 왠지 쓸쓸했을 것이고, 더구나 가을밤에는 정녕 그런 것들이 그리워 외로웠을 것이 분명하다. 그래서 이 작품은 초승달도 무엇이 아쉬운 듯 저 누각 아래로 져 내려가고, 밤 내 벌레들만 적막 속에 울어 잠도

못 들게 사람의 시름을 돋우고 있는데, 저 우물가에 서 있는 오동나무에는 가을바람만 차갑게 불고 있으니, 이 한 밤 내내 외로움에 잠도 들지 못하는 채로 머리만 백발이 되어 세지겠다는 자기 한탄과 자기 연민의 안타까움을 토로하는 시다.

紅白蓮 呼韻

홍·백련을 놓고 운자를 불러서 짓다

貴人 別莊 못 속에는 반드시 연 심는데도,	人家池館必芙蓉
일찍 듣긴 홍련·백련 함껜 안 심는다지만,	紅白曾聞不兩容
시험 삼아 달빛 속에 기이한 향 맡아 보라,	試向月中尋異馥
얼굴빛은 안 같아도 향냄새는 같을 테니!	不同顏色也同風

해설 이 작품은 분명히 연못에 연을 심는 관례에 대한 의견을 말하는 형식의 시다. 그런데 작자는 속설인지는 모르나 당시 못에 연을 심을 때 기피의 관례로 홍련(붉은 꽃의 연)과 백련(흰 꽃의 연)은 함께 심지 않는다는 풍습이 있는 것을 말하고서는, 그러나 달빛이 환하고 공기가 맑고 조용한 속에 그 두 빛의 연꽃이 풍기는 향기를 각각 확인해 보면, 분명히 그 꽃 빛은 서로 달라도 바람에 풍겨오는 향기는 반드시 같을 거라는 항변 아닌 항변 같은 주장을 하고 있다.

이 작품은 두 종류의 연꽃에서 둘의 시각적 차이나 好惡를 변별하려 한 것이 아니다. 이 연꽃들을 인격적 주체로 놓고 그 외형적 육감의 색채가 아닌 내면적 인품으로 비겨지는 향기로 놓고 보면 둘이 꼭 같다는 굳은 소신 같은 주장을 하는 시다.

魏叔宅 次伯氏韻

위씨 아저씨 댁에서 형님의 운을 따라 짓다

시내 앞쪽 한 줄 길로 솔 담쟁이 속 들어가,	溪南一路入松蘿
높은 마루 불려가서 뵙고 나니 내 집 같아,	趂召高軒似到家
한껏 취해 사양 않고 하룻밤을 유숙하며,	盡醉不辭留夜宿
좀상매화 향내 속에 달 뜨기를 기다리네!	小梅香裏候嫦娥

* 魏叔 : 작자와 척이 닿는 아저씨 벌 되는 사람인 듯하며 이름은 袞이다.

해설 이 작품은 異姓의 아저씨 되는 분을 찾아뵙고 고맙게 대우를 받고서는, 내 집 같은 편안한 심기로 한껏 술에 취해서 머물러 자려 하면서, 피어난 좀상매화의 향기 속에 조용한 흥취와 고마움을 말없이 갈무린 채 달이 뜨기를 기다리고 있다며 읊고 있는 시다.

春後

봄이 지난 뒤에

앓고 난 뒤 곤한 잠에 문도 열지 않았더니,	病後昏眠不啓扃
처마 곁에 우는 새가 불러 깨우는 듯하니,	傍簷啼鳥似呼醒
놀이꾼아 붉은 꽃들 다 진다고 원망 마라,	遊人莫怨紅芳盡
바로 새론 녹음들이 뜨락 가득 짙을 테니!	便有新陰綠滿庭

해설 이 작품은 봄이 지난 뒤에 흔히 사람들이 서운해하고 아쉬워하는 계절 감정이나, 특히 인생의 무상감 같은 한애에 편향하는 인정을 달래듯 읊어 전하는 시다. 그래서 작자는 이런 계절적 감상의 계기를 외면하듯 병후의 곤한 잠에 맡겨진 채 있다가 새 우는 소리에 깨어났다고 하면서, 져버린 꽃으로 인한 상실감을 새로 짙어질 신록으로 맞으며 知的으로 극복할 것을 권유하고 있는 것이다.

代人有贈

어떤 사람을 대신해서 지어 주다

고운 얼굴 다 시들면 한은 외려 새로운데,	容華消盡恨猶新

천 리 사이 어쩌자고 이런 이별 잦은가요?	千里如何此別頻
차가운 밤 달만 밝고 꿈도 안 꿔지는 곳서,	寒夜月明無夢處
일생의 봄 헛보내게 되잖을까 두렵네요!	恐教虛擲一生春

* 代人 : "代人"의 "人"은 분명히 "어떤 사람"으로 풀이되는 사람일 것이며, 이 사람은 분명 사랑하는 사람과 이별을 하는 여인일 것으로 추정된다.
* 一生春 : 글자대로의 뜻은 "일생 동안에 있어서 봄"이라는 말이므로, 이 "봄"을 사람의 일생으로 놓고 보면 "청춘의 시기"라는 말이다.

해설 이 작품은 사랑하는 사람과 헤어진 어떤 여인을 대신해서, 그 사랑하는 사람에게 이별로 인한 원통한 한과 고독의 비애를 호소하는 시다. 그래서 "고운 얼굴이 시들면 한은 오히려 새록새록 더해지는데, 천 리나 되는 먼 거리를 어쩌자고 자주자주 이별만 하게 되나요?"라며 원망 아닌 원망을 하고는, "寒夜月明無夢處(차가운 밤 달만 밝고 꿈도 안 꿔지는 곳서)"라며 꿈에라도 보고 싶건만 꿈마저도 안 꿔지는 기막힌 처지를 슬프게 호소하면서, 이내 "恐教虛擲一生春(일생의 봄 헛보내게 되잖을까 두렵네요!)"라며 한평생 중 이 청춘을 헛보내게 될까 두렵다는 기막힌 호소를 하면서도 원망의 눈치를 조금도 내비치지 않고 있는 것이라, 전구의 "無夢處"라는 처지와 결구의 "一生春"이라는 안타까움은 한 여인의 기막힌 인상을 잊을 수 없게 적시해 주고 있다.

睡起

졸음에서 깨어 일어나서

수침향도 다 사위고 작은 병풍 허전한데,	水沈香盡小屛空
잠 깨나도 몽롱한 속 해는 아직 안 진 채로,	睡起朦朧日未終
창밖에는 산이 있어 봐도 봐도 싫지 않고,	窓外有山看不厭
느린 바람 비를 불어 성긴 솔숲 지나가네!	慢風吹雨度疎松

* 水沈香 : "水沈"은 향기를 품은 나무이다. 따라서 "水沈香"은 이 나무를 깎아서 태울 제 나는 향기를 말한다.

해설 이 작품은 작자 자신의 일상 중 한 단면을 자연스럽게 읊어 보이는 시다. 향이 다 피워지고 나서 작은 병풍만 허전하게 펴져 있는 방안, 여기에서 낮잠을 자다가 깨어나 보니 해는 아직 다 안 져 있는 채로, 창밖에는 항상 사뭇 봐왔어도 싫지 않은 산이 있는데, 마침 느린 바람이 스윽 비를 불어와서 듬성듬성 서 있는 소나무 숲을 지나가고 있다는, 영락없이 한가로운 화가가 그저 그냥 사생하듯 그린 그림 같은 시다. 그래서 애써 구상하고 새롭게 수사하려 한 기색을 찾을 수 없이, 그저 그냥 쉽고 편하게 보이는 것들을 자신의 일상 눈길로 그리듯이 적어 소박하고 진솔하게 전하고 있어 참으로 좋다.

巴山夜話

파산에서 밤 내 대화를 나누며

어디에서 헤졌던가 괴롭게도 그립더니,	何處離君苦憶君
파산 가을 빗소리는 밤 깊도록 들리는데,	巴山秋雨夜深聞
서창 촛불 함께 대화할 걸 어찌 알았으랴?	那知共話西窓燭
옛 절 끝 종 치더니만 또 새벽녘 구름 이네!	古寺殘鐘又曉雲

* 巴山 : 어디에 있는 무엇인지 확인할 수 없어 어느 마을의 명칭이 아니었을까 추정될뿐이다. 원래 중국의 四川省 일대의 산을 지칭하며, 唐나라 시인 李商隱의 〈夜雨寄北〉에도 나오는 곳이다. 따라서 이 시에서도 그것을 그냥 차용하여 쓴 것으로 추정된다.

해설 이 작품은 작자가 친분이 두터운 벗과 헤어져 있다가 오랜만에 뜻밖에 만나서, 가을비가 내리는 파산이라는 곳에서 촛불을 켜 놓고 서로 밤을 지새우며 끝없이 이야기를 나누다가, 저편 옛 절에서 새벽 종소리가 들리고 새벽 구름이 보일 때까지 그대로 있었으니, "이렇게 만나서 이렇게 밤을 지새우게 될 줄을 어찌 알기나 했느냐?"며 기막힌 기쁨의 심경을 읊은 시다.

洛中秋夜

서울에서 가을밤을 맞아

서편 누각 이 밤 내내 가을 생각 새록 일고,	此夜西樓秋思生
성긴 발도 안 내린 채 이슬조차 참 맑은데,	疎簾不下露華淸
二十四橋 달빛 속에 울려 내는 한 종소린,	一聲二十四橋月
강남에만 있는 사람 멀어 슬픈 정이구나!	人在江南傷遠情

* 二十四橋 : 이 어휘는 중국 唐나라의 시인 杜牧의 시 〈寄揚州韓綽判官〉에서 "二十四橋明月夜(스물네 개 다리 위에 달이 밝은 밤이 되면)"라는 구에 나오는 것이다. 二十四橋는 중국의 江蘇省 江都縣 西門 밖에 있는 다리들이라고 하며, 이 시에서는 당시 서울의 淸溪川에 놓인 여러 다리들을 여기에 비겨서 쓴 것이다.

해설 이 작품은 작자가 가을에다 그것도 밤을 맞아서, 새록새록 이는 계절적 감회를 겨워하며 엉성한 발도 안 내린 채 있자니 이슬도 참으로 맑은데, 다리마다 환하게 밝은 달빛 속에 普信閣의 밤 종소리가 喚起시키는 것은 정녕 그리운 사람이 저 먼 강남에만 가 있어서 그 멀리를 향해 마음 상해하는 감정을 촉발시키는 것이라는 안타까운 정황의 대리 해설 같은 시다. 그래서 전구의 "一聲(한 종소리)"은 보신각에서 밤 중에 치는 종소리일 것이며, 이 "一聲"은 바로 결구의 "傷遠情(멀어 슬픈 정)"을 喚起시키는 소리이다. 결구의 "人"은 작자의 벗이면서, 이 종소리를 듣는 모든 사람들의 벗들일 것이다.

李伯生第 夜別

이백생의 집에서 밤에 작별을 하며

어슴푸레 밤 풍경에 궁성 안은 가을 맞아,	蒼蒼夜色禁城秋
앞 담장 위 달 떠올라 반쯤 다락 그림잔데,	月到南墻影半樓
바로 옛벗 천 리 멀리 작별하기 때문이라,	爲是故人千里別
오동잎과 피리 소리 마음 시름 다 돋우네!	笛聲梧響盡心愁

해설 이 작품은 작자의 연하 벗이었을 李純仁의 집에서 밤에 만나서는 천 리 먼 곳으로 떠나게 된 그와 작별을 하면서 너무 아쉽고 안타까움에 시름겨워지는 심정을 전하는 시다. 그래서 결구에서는 "笛聲梧響盡心愁(오동잎과 피리 소리 마음 시름 다 돋우네!)"라며 오동잎이 지는 소리도, 누군가가 부는 피리 소리도 모두 다 마음속의 시름을 온통 돋우듯이 불러내고 있다는 것이다.

徐君受家 名益

서군수의 집에서 이름은 익이다

서쪽 송방 나가서는 옛날 그 길 맞나 싶어,	西出松坊舊路疑

고목 오동·새 버들을 사람에게 물어 알곤, 古梧新柳問人知
추풍 불어 끝도 없는 강남 향한 그리움에, 秋風無限江南思
벽 반쯤의 외등 아래 한 수 시만 짓는구려! 半壁靑燈一首詩

* 松坊 : 당시 서울의 서쪽 敦義門 밖에 있던 마을인 盤松坊을 줄인 말로 쓴 것으로 추정된다.

해설 이 작품은 작자와 벗인 徐益이 함께 가을을 맞은 서익의 집에서 지은 시이다. 전·결구인 "秋風無限江南思 半壁靑燈一首詩"는 울컥 그리워지는 고향 강남을 향한 무한한 그리움과 간절해지는 향수에 젖어, 벽 반쯤에 빤하게 등불만 밝혀 놓고 서로 마주한 채, 말도 없이 있다가 이내 한 수씩의 시들만 짓게 됐다는 허탈한 탄식 같은 시이다.

錦江舟上 別南子昂 名慶昌

금강 배 위에서 남자앙과 작별하면서 이름은 경창이다

남녘 손님 돌아갈 즘 가을 또한 깊었으니, 南客歸時秋亦深
남녘 하늘 안개비 속 단풍 숲이 그리운데, 楚天煙雨憶紅林
산 앞에서 하룻밤만 같은 배서 잤었으니, 山前一夜同舟睡
하염없는 금강물은 바로 이별 심경일세! 錦水悠悠是別心

해설 이 작품은 가을도 깊어가는 즈음에 남쪽 고향으로 돌아가는 벗인 南子昻과 함께 객지인 이곳 금강에서, 작자 자신도 같은 고향인 그 남쪽 안개비가 끼인 속에 있을 붉은 단풍 숲이 그리워지는데, 지금 이 금강 가 산 앞에서 하룻밤을 배 안에서 함께 자고 작별할 생각을 하니, 저 하염없이 흘러가는 금강의 물은 바로 이별하는 우리들의 끝없이 서글픈 심경 같다는 탄식의 시다.

還鄕路中

고향으로 돌아가는 길에

호서 길은 다 끝나고 호남으로 갈 길인데,	湖西路盡湖南路
천 리 멀리 산과 강에 사뭇 병 든 한 몸으로,	千里山河一病身
낡은 주막 등도 없이 비바람만 치는 이 밤,	古店無燈風雨夜
반평생의 꼴 모양이 앞 분들께 부끄럽네!	半生形影愧前人

해설 이 작품은 귀향 도중 호서지역을 지나 호남지역에 들어가서 주막에서 하룻밤을 유숙하며, 지금까지의 반평생을 돌아보면서 앞선 옛 분들에 비겨지는 자신의 인생과 처지가 부끄럽다는 기막힌 회한의 감회를 목메는 가락으로 읊어서 전하는 시다.

이 작품에서는 그립던 고향으로 돌아가는 還鄕의 기쁨을 읊음직하지만, 이제까지 千里의 먼 거리 서울에서 궁색하고 간구한 생활만 겪어 古人 先輩들에게 무한히 부끄럽기만 한 자신의 처지를 절감하면서, 이내 승구에서 "千里山河一病身(천 리 멀리 산과 강에 사뭇 병 든 한 몸으로)"이라며 눈물로 목메는 청승맞은 가락을 토하고는, 전구의 "古店無燈風雨夜(낡은 주막 등도 없이 비바람만 치는 이 밤)"라는 하룻밤을 유숙하는 형편, 결구의 "半生形影愧前人(반평생의 꼴 모양이 앞 분들께 부끄럽네!)"이라는 자기 회한 등으로 너무도 처량한 한탄의 눈물 먹은 가락이 실려 읊어지고 있는 것이다.

龍湖雜詠

용호에서 이런저런 것들을 읊다

강바람이 밤 내 불자 눈발 매화꽃과 같아,	江風吹夜雪如梅
섣달 속에 봄빛 재촉 돌아오게 한 듯한 데,	催得春光臘裏廻
무한히도 달은 밝아 고운 꿈을 깨고 나니,	無限月明淸夢後
불기 사윈 쇠향로엔 향탄 재만 남았구나!	火殘金鴨落香灰

해설 이 작품은 섣달쯤에 강마을에서 바람결에 날리는 눈발을 매화꽃인 양 기쁘게 구경하며 봄이 돌아왔나 싶어 하던 작자가 밤을 맞아 깊은 잠에 들어 맑고 고운 꿈을 꾸다가 깨어나 보니, 눈이 개고 달만 무한히도 밝은데 노란 놋쇠 향로에는 피우던 향이 다 꺼지고 재

만 남아 있더라고 그냥 이야기를 하듯 읊은 시로 선비의 清閑한 일상 단면을 보여주고 있어, 정갈하고 고운 작자의 자태와 정황이 잘 그려져 있는 좋은 시다.

又

또 한 수

강에 눈이 처음 녹자 갈대 순은 돋아나고,	江雪初消蘆笋生
봄날 흐림 지난 들판 불탄 흔적 분명한데,	春陰過野燒痕明
옥피리를 다시 부니 앞마을은 저물겠고,	更吹玉笛前村暮
노 저어 든 새 물결은 한껏 잔잔 해보이네!	棹入新流一望平

해설 이 작품은 눈이 다 녹고 봄을 맞는 강가와 흐린 구름이 지나가는 들판에 들불에 탄 흔적뿐인 풍경, 그저 다시 한번 피리를 부노라니 앞마을엔 해가 저물겠고, 노를 저어서 들어가는 새 물결은 한껏 잔잔해 보인다며, 그냥 펼쳐진 풍경의 면면들을 대강 모아 그리듯 읊은 좋은 시다.

又
또 한 수

호수 정자 봄이 와서 손은 또한 돌아오니,	春到湖亭客亦歸
매화꽃이 펴 난 곳에 버들가지 늘어지고,	梅花開處柳依依
집주인은 술 있다니 밤도 출발 잊은 챈데,	主人有酒夜忘發
심술 많은 산바람은 옷 춤추듯 들춰대네!	多事山風蕩舞衣

해설 이 작품은 작자가 봄을 맞아 호숫가 정자에 손님으로 돌아오니, 매화가 피어나고 버들도 휘휘 늘어져 있는 데다, 정자의 주인은 술을 준비해 놓았다니 떠날 생각을 아예 잊고 있는 터인데, 심술 많은 산바람은 옷자락이 춤을 추듯 불어대고 있다는 투정 같은 시다.

又
또 한 수

가을 하늘 적막한 채 터엉 빈 듯 멀 뿐이고,	秋天寂歷遠如空
모래톱 숲 아물아물 바라봐도 끝없는데,	沙樹依微望不窮
긴 한 마디 피리 소리 사람 노에 기대 선 채,	長笛一聲人倚棹
온 강 가득 바람·이슬 밝은 달빛 속이구나!	滿江風露月明中

해설 이 작품은 가을을 맞은 강가 마을의 풍경과 이 풍경 속에 놓여진 작자 자신의 말 없는 감회와 행태를 그리듯 이야기하고 있는 시다. 그래서 전구의 "長笛一聲人倚棹(긴 한 마디 피리 소리 사람 노에 기대 선 채)"는 이 가을밤 배 위에서 누군가가 길게 부는 피리 소리를 듣고 기묘한 흥취에 젖은 사람으로 아무 말 없이 노에 기댄 채 서 있는 작자를 곱게 그려볼 수 있게 하고, 결구의 "滿江風露月明中(온 강 가득 바람・이슬 밝은 달빛 속이구나!)"은 노에 기댄 채 서 있는 이 작자의 정감적 외연의 풍경을 그림처럼 덧보태서 잘 보여주고 있어 한 폭의 素描畵 같은 시가 되었다.

又

또 한 수

가을바람 밤 들면서 찬 물결을 불어대서,	西風入夜漾寒波
졸다 깨어 배를 저어 기럭 앉은 사장 댄채,	睡起舟行近鴈沙
적적해진 가을 심경 달 밝기만 바라는데,	寂寂秋心待明月
흰 구름 속 외로운 개 짖는 저긴 뉘집인고?	白雲孤犬是誰家

해설 이 작품은 밤 들면서 가을바람이 찬 물결을 불어대서 졸다가 깨어난 작자가 배를 저어서 기러기 떼들이 앉은 백사장에 댄 채, 가을을 맞아서 적적해진 심경이라 달이라도 환하게 밝아지기를 바라

고 있다가, 저기 구름 속에서 외롭게 한 마리 개 짖는 소리를 듣고는 "누가 사는 집일까?"라며, 왠지 외롭고 궁금해지는 심경을 읊어 읽는 우리들도 함께 아련히 그려보게 하는 시다.

이 작품에서는 결구의 "白雲孤犬是誰家(흰 구름 속 외로운 개 짖는 저긴 뉘집인고?)"에서 "白雲"과 "孤犬", "誰家" 등의 시어 선택과 배치로 이 작품의 시상을 조금은 아스라한 시각과 청각만으로의 상상적 대상으로 살려 마무리게 하고 있어서 아주 좋다.

龍湖戱題

용호에서 장난삼아 지어 보다

금병풍에 바람 살짝 촛눈물은 떨어져도,	風度金屛燭淚零
취한 넋은 밤 추위가 감도는 걸 줄일 테니,	醉魂猶省夜寒生
무슨 일로 매화꽃을 일찍 피라 재촉하랴?	何事梅花催早發
고운 사람 맑은 노래 한껏 봄 情 돋우는데!	玉人淸唱最春情

* 이 題目의 작품들은 『韓國文集叢刊』本에는 없고, 『三唐集』刊本에만 있다.
* 醉魂 : "술에 취한 넋"이라는 말이면서 "감흥에 취한 넋"이기도 하다. 여기에서는 아마 결구의 "고운 사람의 맑은 노래로 인한 봄의 감흥에 한껏 취한 넋"이라는 말일 것이다.
* 玉人 : 옥을 다루는 기술자, 용모와 인품이 옥과 같이 아름다운 사람, 아름다운 여인을 말한다. 여기에서는 고운 여인이라는 의미로 쓰인 것으로 추정

된다.

* 春情 : 글자대로의 뜻은 "봄의 정서"인데, 봄의 정경이나 봄의 감흥 또는 이성간의 애정이나 감정을 말하기도 한다. 여기에서는 묘하게도 이성간의 감정과 봄의 감흥을 통합적으로 함축하여 쓰인 것으로 추정된다.

해설 이 작품은 작자가 아름다운 어느 여인의 맑은 노래를 듣고 새로운 흥취와 환희의 감정에 조용하지만 깊이 도취되어, 봄을 맞는 듯한 기막힌 감정을 지적 수양의 고양으로 재구성하여 곱게 읊어낸 시다. 그래서 기 · 승구에서 촛농이 떨어지고 밤의 추위가 감돌아도 고운 사람의 맑은 노래에 취한 넋은 그 추위를 줄일 수 있다고 劇化하면서도, 전 · 결구에서는 그 "고운 사람"을 "용모와 인품이 옥과 같이 아름다운 사람"이라는 심상을 함께 하는 "玉人"으로 삼고, 대비의 주체를 "梅花"로 삼아서 濃艶한 性愛의 감정이 아니라 승화된 정신적 和樂과 감정으로 마무리고 있는 것이다.

따라서 이 같은 제목의 다음 작품들에서도 공통적으로 확인되는 바 작품의 실제적 주인공은 여인임이 확인되고 있으면서, 작자의 그에 대한 감정은 뒤로 가면서 차츰 이성적인 정한으로 편향되면서 보다 애상적인 가락으로 시화되고 있음을 잘 보여주고 있다.

又

또 한 수

봄바람에 고운 손길 구슬 난간 기댔다가,	春風纖手玉欄干
붉은 촛불 맑은 밤에 취했던 꿈 깨난 무렵,	紅燭淸宵醉夢殘
꽃 풍경 속 두어 곡조 솜씨 놀려 연주하니,	弄得數聲花影裏
푸른 산봉 구름 걷고 물흐름은 차갑구나!	碧峯雲盡水流寒

해설 이 작품은 주인공인 여인이 거문고를 타기 전과 탈 무렵 그리고 타는 동안의 상황과 정경을 그리듯 보여주면서, 그 거문고 가락으로 남겨진 청각적 인상을 기묘한 비유의 묘사로 마무리하고 있는 고운 시다. 기구와 승구의 시어들이 여인의 자세와 행태에 섬세하게 상응하여 수사되어 있어서 그 자태의 실상이 선연하게 그려지고 있으며, 전구에서는 "弄得數聲花影裏(꽃 풍경 속 두어 곡조 솜씨 놀려 연주하니)"로 연상되는 거문고 연주의 상황이 눈에 보이듯 그려지고 있으며, 결구는 그 연주의 통합적 심상을 "碧峯雲盡水流寒(푸른 산봉 구름 걷고 물흐름은 차갑구나!)"이라는 새로운 시·청각적 인상 비유로 살려서 잘 그려 읊고 있다.

又

또 한 수

달도 또한 정 있는 듯 비단 자리 밝혀 주고,	月亦有情明綺席
꽃도 능히 그림자를 나눠 요지 비추련만,	花能分影倒瑤池
고운 이는 반쯤 취해 난간 기대 섰을 테니,	佳人半醉倚欄立
달인지도 꽃인지도 멀리라서 모르겠네!	是月是花遙不知

해설 이 작품에서는 주체인 玉人이 "月(달)"과 "花(꽃)"로 바뀌고, 이 玉人의 실제 상대인 작자 자신은 "佳人(아름다운 사람)"으로 설정되어, 이 가인의 안타까운 정황을 기막히게 하소연하듯 읊고 있다. 그래서 기구에서 "月亦有情明綺席(달도 또한 정 있는 듯 비단 자리 밝혀 주고)"으로 읊어 상대 여인인 달도 자신을 사랑하며 그리워하고 있는 것으로 하였고, 승구에서도 "花能分影倒瑤池(꽃도 능히 그림자를 나눠 요지 비추련만)"라며 꽃도 자신을 사랑하여 가까이하려 하고 있다고 하여 놓고서도, 실제 화자 자신인 "佳人(고운 이)"은 이 달과 이 꽃과는 너무 멀리서 "半醉倚欄立(취해 난간 기대 서 있는)" 터라, 결구에서 "遙不知(멀리라서 모르겠네!)"라며 이 달과 이 꽃과는 영원히 화합할 수 없는 것으로 안타깝게 설정하고 있는 것이다.

又
또 한 수

붉은 다락 한 면으로 푸른 버들 늘어졌고, 紅樓一面綠楊低
물 가득한 맑은 강에 손은 갈 길 저편이라, 水滿淸江客路西
이별의 정 풀려 하나 노랜 곡도 못 이룬 채, 欲寫離情不成曲
석양 물든 문밖에서 말만 자주 우는구나! 夕陽門外馬頻嘶

해설 이 작품은 그리운 사람과 이별하는 작자가 이별하는 슬픈 정을 노래로 풀려고 해도 너무 슬퍼서 목이 메여 노래도 부를 수 없는데, 나의 마음을 알아서 나를 대신하는 듯 석양이 지는 문밖에서 말만 자주 "히히힝" 소리를 내며 운다는 동화 같은 이야기의 시다.

又
또 한 수

가는 버들 숲 사이로 그림배는 옮겨 가며, 細柳林間畵舫移
눈앞 온통 고운 자태 그냥 머엉해진 터라, 春嬌滿眼不勝癡
미처 말도 못 나누곤 애가 먼저 끊긴 채로, 未交言語腸先斷
모래 물가 건너려니 말 걸음도 더디구나! 欲渡沙汀馬亦遲

해설 이 작품은 가늘게 늘어진 버들 숲 사이로 배를 타고 떠나는 상대와 말을 타고 떠나는 작자가 작별을 하는 순간, 눈앞 온통 나타난 너무 고운 그녀의 자태에 넋이 빠진 듯 멍해진 터라, 미처 말 한마디도 못 나누고 애가 먼저 끊긴 채 모래톱의 물가를 건너가려니 탄 말도 발걸음이 더디다는 기막힌 순간의 정상을 눈물 어린 눈길로 읊어 적은 시다.

寄金文甫兄弟
김문보 형제에게 부치다

금주 지역 오고 가며 날짠 열흘 지나간 채,	錦州來往日過旬
문 앞 골목 쓸쓸하게 초가 내 집 가난한데,	門巷蕭蕭白屋貧
물어보세 옛친구들 서롤 생각해봤는가?	爲問故人相憶否
맑은 얼굴 어젯밤에 꿈속에선 친했건만!	淸容昨夜夢中親

* 이 작품은 『韓國文集叢刊』本에만 있다.
* 錦州 : 전라도 錦山의 고려 말기 呼稱이다.

해설 이 작품은 작자가 어젯밤 꿈에 벗인 김문보 형제를 만나보고서는, 자신의 근래 며칠 동안의 근항과 함께 자신의 가난한 생활 형편을 전하면서, 그동안 자네들은 내 생각을 좀 해봤느냐며 묻고는, 자신은 어젯밤 꿈속에서 자네들을 친하게 만났었다며, 편지처럼 전하는 시다.

贈奇伯顧 名孝諫
기백고에게 주다 이름은 효간이다

매해 서로 생각해도 소식일랑 끊긴 채로,	相思歲歲隔音塵
천 리 밖서 괜히 꿈속 사람이라 놀라면서,	千里空驚夢裏人
만남·헤짐 원래부터 정해진 건 없는 바나,	聚散元來無定算
바닷가 성 꽃·버들만 한번 다시 새롭겠네!	海城花柳一番新

* 이 작품도 『韓國文集叢刊』 本에만 있다.
* 音塵 : 音信과 같은 말로 "소식"이라는 뜻이다.

해설 이 작품은 해마다 새해가 되면 서로 생각은 했으면서도 실제 소식은 끊긴 채로, 서로 천 리 밖에서 어쩔 수 없이 그냥 꿈속에서만 서로 만나보는 사람들일 뿐임에 놀라면서, 우리가 서로 만나고 헤어지고 하는 것이 원래부터 정해진 것은 없는 바이지만, 아 이 바닷가 성에 우리들 없이 꽃과 버들만 또 한 번 다시 새해를 맞겠구나! 싶어, 너무 아쉽고 보고 싶다는 안타까운 우정을 전하는 시다.

題挹濂堂

읍렴당을 제재로 삼아서

높은 정자 취해 들자 지는 석양 화안한데,	醉入橋亭落日明
산속 아인 마중 나와 기웃 선 채 웃어주니,	山童迎步笑攲傾
전에부터 애써 시를 읊기 후회하면서도,	從前悔學吟詩苦
멋진 곳을 만날 제면 흥겨운 정 못 견디네!	每到風流不勝情

---

* 挹濂堂 : 작자의 벗이나 가까운 知人의 處所나 庭園에 있는 서재나 처소의 堂號로 추정되며, 이 두 작품의 내용으로 봐서는 풍광도 청명하고 정황도 안온한 곳이었음을 알 수 있다.
* 橋亭 : 여기의 "橋"자는 "喬"와 같은 글자로서 "높다"는 뜻이다. 따라서 "橋亭"은 "높은 정자"라는 말이다.

해설 이 작품은 작자가 찾아간 "읍렴당"의 한 정자에 술에 취한 채 들어가자 져가고 있는 저녁 햇빛이 환한데, 근처에 있던 산마을 아이는 기웃 기대어 서서는 빙그레 웃고 있으니, 전에부터 애써 시를 짓고 시를 읊는 관습을 후회한 적도 있지만, 이 "읍렴당"의 풍경과 이 천진스러운 산마을 아이의 모습 등을 보면, 시를 짓고 싶은 흥겨운 심기를 못 견뎌 이내 이렇게 시를 짓고 읊는다는 것이다.

又

또 한 수

푸른 산은 한 면으로 그린 듯 집 선명타가,	靑山一面畵堂明
비 막 내려 담장 꽃들 버팀 기울 듯한 채로,	雨重墻花架欲傾
취중이라 봄 어느새 다 간 것도 몰랐더니,	醉裏不知春去盡
꾀꼬리가 지난해의 情을 울어 깨우누나!	黃鸝啼起舊年情

해설 이 작품 역시 "읍렴당"의 곱던 풍경 변화와 새로 내리는 비로 인해 안타까워진 풍경을 전하면서도, 기쁘게 술에 취해 지내는 홍취 속에 봄이 다 간 것도 모르고 있었더니, 꾀꼬리가 울면서 지난해 봄에 느꼈웠던 정감을 환기시켜 주고 있다는 조금은 자랑 같은 시다.

寄呈理遣堂

이견당께 부쳐 드리다

은혜 휴가 잠깐 틈타 高官들께 사례하고,	暫乘恩暇謝鵷鸞
천 리 고향 돌아오니 국환 아직 안 졌건만,	千里歸來菊未闌
한 쪽배로 後湖에서 보던 달빛 상상되어,	想得扁舟後湖月
푸른 산도 외려 절로 서울과 같습니다.	靑山猶自似長安

* 理遺堂 : 서로 자별한 친분이 있던 연상인 선배의 號거나 堂號인 듯하다.
* 鵷鸞 : "원추새"와 "난새"라는 말인데, 이 두 가지의 새가 선 상태는 고관과 대신들이 서 있는 의연한 모습을 표현하는 말이라, 여기에서는 고관과 대신을 대표하는 말로 쓰였다.
* 後湖 : 서울에 있는 漢江의 일부인 강물을 지칭하는 것으로 추정되며, 여기에서 "理遺堂"이라는 분과 함께 뱃놀이를 했던 곳으로 추정된다.

해설 이 작품은 "理遺堂"이라는 선배 되는 인물과 옛날에 後湖(서울 근처에 있던 호수인 듯함)라는 호수에서 함께 달빛 속에 뱃놀이를 했었는데, 지금 여기 고향에 왔어도 그때의 기억이 떠오르면서, 여기의 산을 보니 오히려 서울 근처에 있는 그 산으로 착각이 되어, 지금도 선배님과 함께 서울에 있는 것 같다는 정황 보고 같은 시이다.

敬次思庵韻 題淡峻軸

공경하여 사암 선생의 운을 따라 지어서, 담준의 시축에 적어 넣다

곳곳마다 인가들은 대숲 아래 사립이고,	處處人家竹下扉
새들 앞 개 날아간 뒤 석양빛만 희미한데,	鳥歸南浦夕陽微
시 다 지어 적어 준 뒤 호난 스님 가고 나면,	詩成寫與名僧去
머리 돌려 청산 보며 홀로 남아 슬프겠네!	回首青山悵獨違

해설 이 작품은 스님에게 시를 지어 주면서 스님이 떠난 뒤에 홀로 남은 자신은 청산만 보며 쓸쓸하겠다는 자신의 외로울 심경을 전하는 시다.

東溪呈主兄

동계에서 주인 형께 바치다

울타리들 서로 잇대 가느란 길 통해 있어,	籬落相連細逕通
고운 꽃들·예쁜 풀 속 시내 이편 찾아오니,	好花芳草到溪東
개인 숲속 적적한 채 산 새들만 우는 속에,	晴林寂寂啼山鳥
취한 얼굴 때로 때로 물 건너는 바람 맞네!	醉面時時渡水風

해설 이 작품은 형 같은 주인에게 지어 바치는 시로, 이 주인의 마을일 "東溪"의 풍경과 서로 만나 술을 함께 마셨을 정황을 새가 우는 숲속과 취한 얼굴로 때때로 물을 건너 불어오는 바람을 맞는 조용한 흥취로 고마운 말을 대신하여 전하고 있다.

奉別駱川相公 尹毅中

낙촌 정승님을 받들어 작별하면서 윤의중

섬돌 앞에 남은 국화 괜히 가을 시늉하나,	殘菊當階謾擬秋
시골 산순 벌써 눈 속 노니시게 되었는데,	溪山已是雪中遊
신선의 배 한 번 작별 되려 꿈과 같지마는,	仙舟一別還如夢
벼슬길은 하염없이 열여덟 물 구비리다.	雲路悠悠十八洲

* 駱川 : 이 어휘에 "相公"이라는 말이 이어진 것을 보면 이 "駱川"이라는 호를 가진 주인공이 정승임을 알 수 있는데, "駱川"을 "尹毅中"이라고 표기하고 있다. 그런데 윤의중의 호는 "駱村"이지 "駱川"이 아니다. 따라서 이 "駱川"은 誤記이다. 그리고 윤의중은 재산을 많이 모아 전라도 儒生 丁巖壽로부터 탄핵을 받아 벼슬에서 削職되었다가 光海君 때 복직되었다. 다만 그가 刑曹判書를 역임했기 때문에 여기에서 "駱川相公"이라 호칭된 것이다.
* 仙舟 : 글자대로의 뜻은 "신선이 탄 배"이지만, 여기에서 "신선"은 상대방을 높이 칭송하여 부르는 말이다. 여기에서는 "駱村"의 행차를 높여서 부른 말이다.
* 雲路 : 원래는 "구름이 오고 가는 길"이라는 말이나, 벼슬하여 출세하는 것을 말한다. 여기에서는 "벼슬길"이라는 말로 쓰였다.
* 十八洲 : "十八灘"이라는 險難한 물길을 대신하여 쓰인 말로, 여기에서는 하염없는 벼슬길이 이 열여덟 구비의 험난한 물길 같다는 의미로 쓰였다.

해설 이 작품은 작자가 전라도 고향에 갔을 때, 같은 전라도가 고향인 선배 駱村 尹毅中을 만나, 이 시골 고향에서 눈이 쌓인 풍경 속에 함께 노닐 수 있게 되었는데, 駱村 정승께서는 곧 떠나신다니 작별하고 나면 나는 되려 꿈속같이 안타깝기만 하겠지만, 결구의 "雲路悠悠十八洲(벼슬길은 하염없이 열여덟 물 구비리다)"같이 서울로 다시 벼슬길을 위해 떠나는 駱村 相公에게 벼슬길이라는 것은 결코 평탄한 길이 아니라 그야말로 열여덟의 물굽이인 양 험난할 것이라는 간곡한 말씀을 드리는 시다.

이 작품은 혹시 駱村 尹毅中이 이른바 不正한 蓄財로 고향 전라도에서 선비들로부터 비난과 함께 儒生 丁巖壽의 탄핵 上疏가 朝廷에 올려져, 어려운 처지에 있을 당시에 지어진 것이 아닌가 하는 추정이 가기도 하는 시이다.

寶林寺 次徐上舍 舊與伯氏讀書于此
보림사에서 서 상사의 운을 따라 짓다

예전에 형님과 함께 여기에서 책을 읽으며 공부하였다

백 년 삶에 그 몇 명쯤 마음속의 사람들을,	百年多少意中人
입만 열면 "만나자"고 하다 이 봄 맞았는데,	開口相逢到底春
이별한 정 얘기하며 오직 술만 있다면은,	話得別情唯有酒
귀향 흥에 검은 두건 뒤집혀도 괜찮겠지!	不妨歸興倒烏巾

해설 이 작품은 작자가 예전에 형님과 함께 책을 읽으며 공부했

던 寶林寺에 와서, 여기에서 일찍이 깊은 우정을 나누었던 옛 벗들, 특히 죽은 이 徐上舍를 보고 싶어 회상하며 몹시 안타깝고 슬픈 심경을 읊은 시다. 그래서 기・승구에서 "百年多少意中人 開口相逢到底春(백 년 인생 그 몇 명쯤 마음속의 사람들을, 입만 열면 '만나자'고 하다 이 봄 맞았는데)"이라 하여, "기껏해야 백 년도 못 사는 인생에서 진정으로 마음속에 새겨져 있는 겨우 몇 명의 참된 벗들을 입만 열면 '서로 만나야지' 하며 되뇌이기만 하다가, 필경에는 이 徐上舍처럼 못 만나게 된 채 그냥 이 봄을 맞게 됐는데"라며 슬픈 탄식을 하고 있으면서, 전구에서 "話得別情唯有酒(이별한 정 얘기하며 오직 술만 있다면은)"라며 너무도 안타깝고 간절한 기회를 기도처럼 소망해 보면서, 이내 결구로 "不妨歸興倒烏巾(귀향 흥에 검은 두건 뒤집혀도 괜찮겠지!)"이라며 모두 살아서 만나 귀향하여 누릴 기막힌 감흥에 한껏 취할 수만 있다면, 정신없이 취한 채 머리에 쓴 검은 두건이 뒤집혀져도 개의하지 않겠다는 슬픈 선언 같은 마무리를 하였다.

又

또 한 수

한 잔 술론 저승 간 일 불러오기 어려운 채,	一杯難喚九原人
풀 섶 묻힌 외론 무덤 벌써 몇 봄 보냈는고?	草沒孤墳已幾春
비・바람 속 그 광산에 풍경만은 남았건만,	風雨匡山餘物色
자넬 찾아 오늘 와서 다시 수건 눈물 젖네!	對君今日更霑巾

* 九原 : 이 어휘의 원래 뜻은 "중국의 戰國時代 大夫의 墓地"였으나, 뒤에는 두루 墓地나 저승을 뜻하는 말로 쓰였다.
* 匡山 : 중국의 江西省에 있는 "廬山"을 달리 부르는 명칭이다. "匡廬山"이라고 부르기도 하였는데, 唐나라 李白이 안록산의 난 때 이 匡廬山에서 숨어 지냈다고 한다. 여기에서는 이 시의 주인공인 徐上舍가 생전에 시를 짓고 노닐던 곳을 比喩하는 말로 쓰였다.

해설 이 작품은 작자의 정다운 벗이었을 徐上舍의 무덤에 와서, 그의 죽음을 가슴으로 슬퍼하며 눈물로 읊어 저승으로 전하는 기막힌 시다. 그래서 "한 잔 술로는 다시 불러올 수도 없는 너무너무 멀고 먼 저승으로 간 사람아!"라며 정말 애가 타게 불렀을 "一杯難喚九原人"이라는 기구와 "무성한 풀 섶에 묻힌 채 있는 외로운 무덤 속에서 자네는 벌써 몇 해째의 봄을 보냈는가?"라며 정녕 통곡으로 부르짖었을 "草沒孤墳已幾春"이라는 승구는 이것들을 읽는 지금의 우리들도 함께 목메게 하는 대목인데, 전구에서 다시 "자네가 옛날 노닐며 시도 읊던 그곳에는 지금도 비 · 바람이 치는 속에 옛 풍경이 그대로 남아 있건만"이라며 "風雨匡山餘物色"으로 읊고, 끝내 "자네를 찾아 오늘 무덤으로 와서는 이 말도 없이 묻힌 채의 허상을 대하고 있으니, 다시 흐르는 눈물만 닦아 수건을 적시네!"라며 "對君今日更霑巾"이라는 결구로 마쳐, 이내 처량하고 구슬픈 가락의 목청이 실린 채 눈물로 흐르는 작자의 애처로운 모습이 선하게 보이는 듯 그려지고 있는 것이다.

敬次靑蓮先生 題愼上舍軒 名衡

공경하여 청련 선생의 시 운을 따라, 신 상사의 집을 제재로 짓다 이름은 형이다

나그네 길 자넬 찾자 바로 눈이 내린 뒤라,	客路尋君雪後時
매화 향기 그 맵시도 달이 밝아 딱 좋으니,	梅花香影月明宜
맑은 술로 얘기하다 차가운 밤 다 간대도,	淸樽話到寒更盡
이 다음에 그리울 제 이 시만은 있겠구려!	他日相思有此詩

해설 이 작품은 작자가 옛 스승인 청련 선생의 시 운을 따라, 아마도 벗인 愼衡의 집을 찾아가서 누리는 맑고 아름다운 흥취를 곱게 그리듯 읊으면서 이별한 뒤 헤어져 외로울 이다음에도 이렇게 지금 지어 놓은 시만은 남아 있어 조금은 위로가 되겠다며 자신을 다독여 보는 시다.

기구인 "客路尋君雪後時"에서 보는 바대로 "여행 중에 愼衡 자네 집을 방문하게 된 것"이나 또 "그 순간이 마침 눈이 내린 뒤"인 것 등의 실제 상황으로 구성된 것이나, 승구가 "梅花香影月明宜"인 것에서 보는 바대로 "이렇게 눈이 내린 속에 핀 매화의 그윽한 향기와 그 꽃의 기막힌 맵시가 눈이 막 개고 달이 환하게 밝은 속에 서로 어우러진 상태"의 초탈적인 정경으로 설정된 것 등은 참으로 기막힌 정감의 시・공간 제공이다. 그래서 전구에서 "淸樽話到寒更盡"이라 하여 "서로 정겹게 맑은 술잔을 주고받으며 끝없는 이야기를 나누다가 이 추운 겨울밤을 다 보내겠지만"이라며 잠을 안 자고 나눈 우정을 확인하고서는, 결구에서 "他日相思有此詩"라 하여 "헤어진 뒤 이다음에 서로 그리워질 제면 나에게는 위로를 받을 이 시만은 남아 있겠구나!"라며 안타깝게 자위를 하고 있는 것이다.

따라서 이 작품은 무한히 정갈하고 청정한 심기로의 깊은 흥취가 끝없이 갈무려지게 하는 시로, 시적 심기의 창조를 위한 각각의 시간적 계기 설정이 아주 절묘하게 이루어져 있어서, 작자의 놀라운 구상과 기묘한 수사의 높은 솜씨가 잘 살아 있는 것이다.

宿蓮臺庵

연대암에 자면서

붉은 덩굴・푸른 숲속 한 지름길 열려 있고,	紫蔓青林一逕開
시내 발원하는 곳엔 돌 못 물이 빙 도는데,	溪源生處石塘回
연화암 이 절 위에 한밤중 뜬 밝은 달은,	蓮花庵上三更月
정녕 '參별' 쓰다듬고 '井별' 지나 왔겠구나!	定是捫參歷井來

해설 이 작품 조금은 세속에서 벗어난 산속에 있는 절이라는 특수 공간에서 자면서, 아무래도 별나고 새롭게 접하게 되는 한밤중에 더욱 맑고 밝은 달을 보면서 참으로 정겨우면서도 뭐라고 할지 모르는 신비감도 느껴져서, "二十八宿중에 '參별'을 쓰다듬고는 '井별'도 지나서 왔겠구나!"라며, 신비스러운 상상의 동화 같이 읊은 신기하면서도 맑고 소박한 시다.

贈國彦還京

서울로 돌아가는 국언에게 주다

서쪽 청산 바라보기 한도 끝도 없겠지만,	西望靑山無盡時
꽃도 피고 달도 뜨는 한강 가로 잘 가게나.	好歸花月漢江湄
변변찮은 술통 앞서 헤어지며 말하노니,	分携草草尊前語
"작별한 뒤 그리움은 꿈속 혼도 못 잊겠네!"	魂夢依依別後思

* 國彦 : 『韓國文集叢刊』에 실린 『玉峯集』에는 제목이 〈贈吳國彦還京 名世賢〉으로 되어 있어서, 이 작품은 제목이 "서울로 돌아가는 오국언에게 주다. 이름은 세현이다"임을 알 수 있다.

해설 이 작품은 기구에서부터 승구 그리고 전구와 결구에서 결구가 의미 문맥상으로 기구와 어떻게 유기적으로 상관되는지를 잘 살펴서 읽어내야 하는 시다. 물론 문장의 기본 구조로는 작자가 벗이었을 吳世賢이 서울로 가는 것을 전송하면서 지어 주는 시다. 이 작품의 기구에서 바로 자신이 벗인 吳世賢이 서쪽 서울로 떠나고 나면, 벗이 가는 그 서쪽 서울의 푸른 산을 끝도 없이 바라보며 그리워할 것이라며 선언하듯 하소연하듯 우선 말하고, 이어 승구에서 "어쨌건 자네는 꽃도 피고 달도 뜨는 한강 가를 따라 잘 가게나!"라며 축하하듯 전하고는, 전구에서 이제 내가 변변찮은 이 술동이 앞에서 헤어지며 하게 되는 말은 결구의 "작별한 뒤 그리움은 꿈속 혼도 못 잊겠네!"라는 것밖에 없다는 기막힌 하소연의 고백이다.

又
또 한 수

이번 가면 다시 오기 또 언제쯤 될 것인가?	此去重來又幾時
푸른 버들 천여 그루 해진 강가 서 있을 뿐,	綠楊千樹暮江湄
봄 고와도 적적하게 문을 되려 닫아둔 채,	春芳寂寂門還掩
서글퍼라 날 생각해 묻는 이도 없게 됐네!	惆悵無人問所思

해설 이 작품은 떠나는 벗 오국언에게 이제 가면 언제 다시 올 거냐며, 자네가 가고 나면 버들가지들만 늘어진 강가에서, 봄이 와도 적적하기만 한 채 문을 도리어 닫고 살게 되었건만, 서글프게도 자신을 생각해서 방문해 줄 아무도 없을 거라는 하소연이며 넋두리 같은 시다.

復用前韻 贈吳國彦
다시 앞의 운을 원용하여 지어서 오국언에게 주다

선비로서 천년 한번 밝은 이때 태어나서,	士生千一此明時
푸른 해변 던져 놨던 낚싯대를 거두려고,	欲罷漁竿碧海湄
봄바람을 문득 맞아 조화 이칠 살펴보니,	却向春風看造化
하늘·땅은 마음속 일 원래부터 그냥 뒀네!	乾坤元不費心事

＊ 이 작품은『韓國文集叢刊』本에만 실려 있다.

해설 이 작품은 작자의 착잡했을 처세 의지와 상황 의식을 일상적인 所懷처럼 읊어낸 시다. 그러나 기구에서 "士生千一此明時(선비로서 천년 한번 밝은 이때 태어나서)"라는 시대와 자아에 대한 확신을 전제로, 승구에서 "欲罷漁竿碧海湄(푸른 해변 던져 놨던 낚싯대를 거두려고)"라며 뜻을 세우고는, 전구에서 "却向春風看造化(봄바람을 문득 맞아 조화 이칠 살펴보니)"라며 선비로서 天理를 묻고 窮究하면서, 결구에서 이내 "乾坤元不費心事(하늘・땅은 마음속 일 원래부터 그냥 뒀네!)"라는 스스로의 터득과 확신으로, 한 선비로서의 뜻 지킴과 몸 깨끗이 함을 달관한 듯 다짐하는 기막힌 시다.

白蓮社西寮

백련사 서편 요사채에서

스님 禪定, 鐘 한가해 별채 殿閣 조용하고,	僧定鐘閒別殿幽
밤이 깊자 텅 빈 房帳 시낸 가을 기운이라,	夜深虛幌一溪秋
잠 못 든 채 저 산 비를 가만히 헤어 보면,	不眠暗記西山雨
바람이 든 성긴 대숲 잎잎마다 시름이리!	風入疎篁葉葉愁

* 이 작품은『韓國文集叢刊』本에는 실려 있지 않다.

해설 이 작품은 白蓮社 요사채에서 가을비가 내리는 하룻밤을 유숙하면서, 저 산에서 몰려오는 가을비가 바람결에 실려 성긴 대숲에 내리면, 그 잎들의 소리가 시름겹게 들리겠다는 추정을 해보고 있는 자신의 가을밤 정황을 읊어 전하는 정갈한 시다. 이 작품에서는 "定"·"閒"·"幽"·"深"·"虛"·"秋"·"暗"·"疎"·"愁" 등의 글자들이 함축한 心象들이 相互 照應하며 작품의 내적 공간의 정황을 어떻게 구조적·유기적으로 입체화하고 있는지를 잘 살펴 읽어내야 한다.

寶林寺贈衍上人

보림사에서 연 스님에게 주다

옥피리를 부는 소리 먼 하늘에 울려 가고,	玉笛嘹嘹響遠天
석양빛에 고운 노을 개인 냇물 아른댈 제,	夕陽霞彩媚晴川
그대 함께 돌아갈 쯤 취해 출발 잊었다가,	共君歸去醉忘發
막대 짚자 산바람에 걸음마다 가뿐했네!	一杖山風步步仙

* 嘹嘹 : "삐이삐이" 하며 소리를 내는 피리의 소리를 나타내는 의성어(부사어)이다.

해설 이 작품은 옥피리 소리가 먼 하늘로 울려 가고, 석양빛이 비춰 고운 저녁노을이 맑은 냇물 위에 아른거릴 제, 자네와 함께 돌아가게 됐을 즈음에 취해서 출발할 것도 잊었다가, 그래도 지팡이 하나만 짚고 산바람을 맞으며 가노라니 걸음마다 가뿐했다는 자랑 같은 시다.

介山路
개산 가는 길에

가을 산에 비 지난 뒤 석양빛은 화안하고,	秋山雨過夕陽明
흘로 갈 길 인도하듯 막 냇물은 흐르는데,	亂水交流引獨行
강둑 위의 두어 마을 엉성한 숲속에는,	岸上數村疎樹裏
사람 소린 전혀 없고 매미 소리뿐이구나!	寂無人語有蟬聲

해설 이 작품은 개산이라는 곳을 가는 도중에 보고 듣는 풍경과 상황을 있는 그대로 그려 옮기듯 읊은 시다. 전구의 "岸上數村疎樹裏(강둑 위의 두어 마을 엉성한 숲속에는)"와 결구의 "寂無人語有蟬聲(사람 소린 전혀 없고 매미 소리뿐이구나!)"은 특별한 수사의 흔적이 없이 실경을 있는 대로 잘 그려 보여주고 있는 좋은 시다.

和姜上舍傷敬叟

강 상사의 시에 화답하고, 경수 생각에 서러워하면서

음성・용모 한 번 간 뒤 다시 친할 길이 없고,	一隔音容不復親
세상에는 자네 眞面 그릴 솜씨 없더니만,	世間無手寫君眞
가련하다 강 머리에 밝게 떴던 저 달만이,	可憐明月江頭影
외려 당시 말 나란히 탔던 사람 비춰 주네!	猶照當時並馬人

* 姜上舍 : 姓만 알 수 있을 뿐인 이 사람이 누구인지를 알 수 없으나, 작자의 벗일 가능성이 있다. 上舍라는 호칭이 붙은 것을 보면 선비인 것은 분명하다.
* 敬叟 : 이 사람도 누구인지는 알 수 없으나 敬叟는 그의 字일 것으로 추정되며, 시의 내용으로 봐서 이 사람도 작자의 절친한 벗이었을 것으로 판단된다.

해설 이 작품은 절친한 사이의 정다운 벗이었다가 이내 세상을 떠난 敬叟를 안타깝게 그리워하며, 애써 그의 영상을 되짚어 그려보면서 다정하게 함께 했던 지난날의 일면을 되살려 그리듯 읊어보는 슬픈 시다. 그래서 정녕 눈물을 흘리며 읊었을 "可憐明月江頭影(가련하다 강 머리에 밝게 떴던 저 달만이)"이라는 전구는 이내 "猶照當時幷馬人(외려 당시 말 나란히 탔던 사람 비춰주네!)"이라는 결구로 이어져서, 내 눈물 어린 눈길에다가 나란히 함께 말을 타고 갔던 그 벗의 영상을 환상처럼 비추어 보여주고 있다는 것으로, 작자는 바로 저 강 머리 위에 떠 있는 밝은 달에서 말을 나란히 타고 갔던 죽은 옛벗의 영상을 연상하고 있다는 말이다.

次寄林丈
임씨 어른의 시 운을 따라 지어서 부쳐 드리다

서먹·싫음 곧 잊어야 바로 정든 친분이니,	却忘疎懶是情親
마음속 일 어른 말고 누구에게 말하리까?	心事非公孰可陳
숲 사이엔 아마 꽃이 비단 같이 폈을 테니,	倘記林間花似錦
작은 마차 모름지기 안 끝난 봄 찾으소서.	小車須趂未殘春

해설 이 작품은 가까이 모시고 싶은 어른을 초청하는 시다. 그래서 '서먹하고 싫은 마음이 있다가도 곧 잊혀져야 이것이 바로 정겹게 친한 것이니'라는 전제로, 임씨 어른 말고 제 마음의 일을 어디에다 다 말하겠습니까? 제가 사는 이곳에는 꽃이 비단결처럼 아름답게 피어 있으니, 이 봄이 미쳐 다 가기 전에 이곳으로 오시라는 간곡한 청원을 드리는 시다. 그런데 이 시의 내용으로 봐서 이 "林丈(임씨 어른)"은 작자와 師弟間 같은 관계였고 서로의 情分이 자별한 관계에 있던 어른인 石川 林億齡이 아닌가 추정이 되기도 한다.

東溪 次主兄韻 名光城

동계에서 종가 형님의 시 운을 따라 짓다 이름은 광성이다

돌 틈 국환 가을 가도 제냥 곱지 못한 채로,	巖菊經秋不自姸
퍼런 대와 푸른 솔과 함께 한 핼 보낼 텐데,	竹青松碧共爲年
돌아갈 샌 저 서산의 석양 속 다 날아가고,	歸禽度盡西山影
두어 집의 마을 주윈 저녁연기 끼어 있네!	數村戶邊有夕煙

* 東溪 : 어느 곳인지 확인이 되지는 않지만, 아마 종가 형님인 光城이 살고 있는 마을이 아닐까 추정해볼 뿐이다.
* 主兄 : 여러 형님들 중에서 宗家의 형님을 일컫는 말이다.

해설 이 작품은 人格性이 투영된 돌 틈 국화를 주체로 삼아 조금은 쓸쓸한 채로, 푸른 대와 푸른 솔과 함께 해를 보내야 할 터인데, 잘자리로 돌아오는 새들도 석양 속에 다 날아가 자취를 감추었고, 저리로 보이는 두어 집들의 마을 주위에는 저녁 연기만 끼어 있다는 조금은 쓸쓸한 늦가을 저녁의 풍경을 그냥 있는 대로 그리듯 읊어 놓은 시다.

이 작품은 구상에 마음을 쓰거나 수사의 솜씨를 부린 흔적도 없이 그저 느껴진 것과 보이는 것들을 붓 가는 대로 그냥 옮겨 적은 것 같지만, 기구의 "巖菊(돌 틈 국화)"에는 작자 자신이 투영된 것이다. 승구는 다른 이라면 자연스럽게 "碧松青竹共爲年"이라고 했을 터인데, 이렇게 "竹青(대처럼 퍼렇고)"과 "松碧(솔처럼 푸르른)"으로 바꾸어 놓은 것은 퍼렇고 푸르른 절개와 의지의 선비인 宗中 親族 兄弟들이라는 의미가 투영된 것이다. 작자는 이 종중 친족 형제들과 굳세게 겨울이라는 추위 속을 뚫고 한 해를 꼿꼿하게 겪어내겠다는 다짐을 하면서, 전구와 결구로 전개되는 실제의 풍경을 관조하듯 보고 있는 것이다.

그러나 작자가 관조하듯 바라보고 있는 전구의 "歸禽度盡西山影(돌아갈 샌 저 서산의 석양 속 다 날아가고)"이라는 풍경은 멀지 않아서 죽음을 맞을 자신의 모습을 무자각으로 보고 있는 듯하다. 그래서 결구의 "數戶村邊有夕煙(두어 집의 마을 주윈 저녁연기 끼어 있네!)"은 실경의 묘사이면서 자기 사후에 남겨질 시인적 인상을 역시 무자각적으로 암시하고 있는 것으로 읽혀지는 것이다. 이 작품에서 제냥 한껏 곱게 피어나지 못하고 있는 늦가을 국화와 석양 속으로 다 날아가 버리고 마는 새는 이 시를 작자가 자기 운명을 무자각적으로 암시하는 작품으로 읽혀지게 하는 뒷맛을 지울 수가 없다.

沙峴路上 題應遇扇

사현 길 위에서 응우의 부채에 써 넣다

비 내린 뒤 교외 들판 봄 올 낌새 한창이고,	雨後郊原春意多
나그네길 간 곳마다 매화꽃이 펴 있는데,	客行隨處有梅花
하늘 끝서 또한 갈려 이별하게 되었네만,	天涯又是臨岐別
덧없는 세상일들 되는 대로 맡겨 두세!	世事悠悠一任他

* 應遇 : 작자의 절친한 시의 벗인 梁士奇의 字다.
* 沙峴 : 彰義門 밖에 있던 慕華館의 서북쪽에 있던 고개를 말한다. 제목에서 "길 위에서" 라고 한 것과 시의 내용을 보면 아마 벗인 楊士奇가 어디론가 떠나는 길이었던 것으로 추정된다.

해설 이 작품은 "봄도 한창 무르익어 가고 매화도 간 곳마다 피어나서, 참으로 서로 만나 시와 술로 즐기기에 아주 좋은 때인데, 이 하늘 끝같이 아득한 곳에서 또다시 길이 서로 갈려 헤어져야 하게 됐지만, 아 세상일은 또 이렇게 덧없이 되어가는 판이니 돼가는 대로 맡겨두세!"라며 이별하는 허탈감을 달관하듯 서로 달래는 시다.

"春意多(봄 올 낌새 한창이고)"와 "有梅花(매화꽃이 펴 있는데)"라는 흥겨운 상황에서 만났기에 정녕 거나하게 술을 마시며 함께 흥취를 나누었을 것이고, "天涯又是臨岐別(하늘 끝서 또한 갈려 이별하게 되었네만)"은 이별을 하면서도 조금은 누그러진 감정일 것이다. 그래서 "世事悠悠一任他(덧없는 세상일들 되는 대로 맡겨 두세!)"라며 여유를 보이는 것이다.

自懸津 舟向白蓮社

현진으로부터 배로 백련사를 향해 가며

헤지려니 멈칫멈칫 아쉬움이 끝없었고, 欲別遲遲不盡心

호수 가득 산 풍경에 숲엔 석양 비추는데, 滿湖山色夕陽林
돌아갈 젠 바로 동풍 부는 편을 만났다만, 歸時政得東風便
구름 속 종 울려 나올 깊은 옛 절 어디인고? 何處雲鐘古寺深

해설 이 작품은 현진에서 출발해서 떠나올 때의 아쉬운 심경과 석양이 저가는 풍경 속에 봄바람을 맞으며 백련사로 돌아가는 중의 평온하고 한가로운 정취를 읊어 놓은 시다.

題李龍壽伽倻琴

이용수의 가야금을 제재로 삼아 읊다

산의 숲은 무성한 채 강 안개는 사라지고, 山木萋萋江霧消
아침 햇빛 벌건 난간 한 꾀꼬리 울 뿐인데, 一鶯初日赤欄橋
얄궂구나! 소매 가득 은하 기운 남았으니, 怪來滿袖星河氣
꿈속 하늘 들어가서 이별 노래 연주했나? 夢入天家寫別謠

해설 이 작품은 李龍壽라는 사람의 가야금을 제재로 삼아, 강의 안개가 걷힌 뒤의 풍경과 아침에 처음 떠오른 햇빛이 붉게 물든 다리 난간 주위에 한 마리 꾀꼬리가 울고 있는 상황을 전제로 하여 쓴 시이다. 전구를 “怪來(얄궂구나!)”라는 발화로 시작하여 “滿袖星河氣(소매 가득 은하 기운 남았으니)”로 마치면서, 가야금 악사인 이용수를 꿈속에서 하늘을 다녀온 사람으로 삼아, 혹시 牽牛와 織女가 만났다가 이별하는 순간의 슬픔을 가야금의 가락으로 연주하고 돌아오지 않았나 싶다는 무한한 애련의 상상으로 읊어낸 시다.

代琴娥別鄭明府

금아가 정 사또와 작별하는 것을 대신해서 짓다

어젯밤엔 달 밝다가 오늘밤엔 눈 내리니,	昨夜月明今夜雪
달은 제 맘 알아선지 눈 오게 해 임 잡건만,	月知妾意雪留君
내일 아침 홀로 가실 역사 앞쪽 그 길에서,	明朝獨去驛南路
목 메이며 흐를 강물 님은 들어 보옵소서!	嗚咽江流君試聞

해설 이 작품은 제목에서 말하고 있는 바대로 작자가 작품의 주인공인 琴娥라는 여인을 대변해서 지은 것이다. 기구와 승구에서 “어젯밤에는 달이 임과 저를 반기듯이 환하게 밝더니만, 오늘 밤엔 안 뜨고 대신 눈이 내리게 해서 임을 가시지 않게 잡는 것 같건만”이라 애소하면서도 구태여 떠나실 임인 것을 알고 있기에, 전구에서 “내일 아침 저를 버리고 홀로 역사 앞쪽 길로 떠나실 적엔”이라는 기막히게 안타까운 이별을 예상하면서, “嗚咽江流君試聞(목 메이게 흐를 강물 임은 들어 보옵소서!)”이라는 결구로 마무리하고 있다. 여기에는 분명

목 놓아 울고 싶은 절박한 여심이 기막힌 아픔으로 맺혀 있는 무한한 슬픔의 시다.

園林卽事

동산 숲속에서 있은 일

봄 지난 뒤 동산 숲서 병 앓고 난 마음으로,	春後園林病後心
아늑한 길 홀로 지나 시내 뒤쪽 다다르니,	獨穿幽逕到溪陰
끝물 꽃잎 몇 점만이 이끼 낀 길 속에 졌고,	殘紅幾點苔塵裏
신록 짙은 깊숙한 속 꾀꼬리만 날고 있네!	黃鳥飛飛新綠深

해설 이 작품에서 병을 앓고 난 뒤 작자의 심경이 봄이 막 끝난 무렵의 자연 속에 놓여지고, 이어서 아늑한 산길을 홀로 걸어 시내 뒤쪽에 이르게 하였다는 이 기·승구는, "心"·"獨穿"이라는 어휘로 봐서도 부정할 수 없는 작자 자신의 일인칭 자술이지만, "心"이 분명 "病後心(병 앓고 난 마음)"이요 "獨穿幽逕(아늑한 길 홀로 지나)"도 분명 작자 홀로인 데에도 호젓하거나 외로움의 심기가 전혀 없다. 그래서 전구의 "殘紅幾點苔塵裏(끝물 꽃잎 몇 점만이 이끼 낀 길 속에 졌고)"도 분명 봄의 한물이 간 풍경이긴 하지만 결코 쓸쓸하거나 허전하지 않고 오히려 정일하고 평온한 속이라, "黃鳥飛飛新綠深(신록 짙은 깊숙한 속 꾀꼬리들 날고 있네!)"이라는 결구로 새로운 정경을 맞으며

조용하지만 병후의 새로운 생기가 도는 자신을 조용하게 자족자락하면서 무한한 고마움의 심경으로 가만히 이야기하듯 그려보듯 읊은 좋은 시다.

送僧天鑑 舟向京口

배로 서울 입구를 향해 가는 스님 천감을 전송하면서

외로운 배 사월 맞아 서울 향해 떠나가니, 孤舟四月向長安
천 리 가는 바람길은 하룻밤 새 거릴 텐데, 千里風程一夜間
양화강 위(양화나루) 도착하면 한 번 멀리 바라보소, 試到楊花江上望
오색구름 높이 뜬 곳 바로 삼각산일 테니! 五雲高處是三山

---

* 五雲 : 五色雲의 준말로, 점을 치는 대상이기도 하고 다섯 가지 색깔의 구름이 상서롭다고 하기도 하였고, 五色의 雲母를 말하기도 한다. 여기에서는 임금이 계신 곳을 지칭하는 것이다.
* 三山 : 三角山의 준말이다.

해설 이 작품은 스님이 비록 세상의 영화나 부귀와는 인연이 없는 사람이지만 이 스님에게 서울이 번화한 곳이라 좋다는 의의를 강조하여, "그곳으로 가는 것을 기쁨인 양 격려하는 것은 아니지만 우리의 서울이요 임금님이 계신 곳이니 공경하고 숭모해야 할 일이라, 양

화나루에 배가 닿거든 멀리 바라보라. 그 멀리 동북쪽에 오색구름(임금님이 계신 곳) 높은 곳이 바로 삼각산일 것이고 그 아래가 경복궁일 테니!"라며, 타이르듯 읊어 은연중 스님에게도 임금님을 공경해야 함을 부탁하는 선비다운 시범의 시다.

瀟洒園
소쇄원에서

새봄 맞아 한 번 취함 동산 노인 때문이라,	新春一醉爲園翁
솔숲에서 머리 풀고 얼굴 가득 바람맞고,	散髮松林滿面風
읊다가 꿈꾸려 할 쯤 스님 벌써 가버리곤,	吟夢欲成僧已去
흰 구름에 밝은 달빛 물소리 속일 뿐일세!	白雲明月水聲中

해설 이 작품은 새봄이라는 계절에다 소쇄원이라는 공간으로 주인인 노인의 접대를 받았을 작자의 무한한 고마움과 그로 인해 기막힌 내심의 흥취가 자연스럽게 읊어진 아주 좋은 시다. 그래서 기구인 "新春一醉爲園翁"에는 "新春(새봄)"이라는 계절 자체에도 기막힌 기대와 반가움이 담겨있지만 "一醉"라며 오랜만에 받아보는 단 한 번의 대우로 한껏 취했다는 무한한 고마움이 담겨있는데, 모두 동산 주인이신 梁山甫 노인 때문이라는 감사의 인사이다. 승구인 "散髮松林滿面風"에는 너무도 편하고 자연스럽게 풀어진 머리로 얼굴 가득 숲속

솔바람을 맞고 있다고 하였다. 이대로 하루를 즐기며 시를 읊다가 이내 밤을 맞아 잠이 들 즈음에는 함께 노닐던 스님이 벌써 가버렸다고 하여 조금은 허전함을 전하듯 하면서도, 결구를 "白雲明月水聲中(흰 구름에 밝은 달빛 물소리 속일 뿐일세!)"이라 읊어, 하얀 구름이 몇 점 떠 있는 하늘과 환하게 밝을 달빛과 조올조올 흐르는 물소리들만의 시청각으로 어우러졌을 한밤중의 시・공간으로 마무리하면서, 여기에 흰 구름과 밝은 달빛 그리고 물소리 속일 뿐인 채 말로 표현할 수 없는 즐거움과 그윽한 흥취에 겨워 있는 자신을 그려 놓고 있는 것이다.

汭陽 贈琴僧

예양에서 거문고 타는 스님에게 주다

우연히 새 물결 따라 이 물가에 왔다가는,	偶逐新流到此潯
봄 아끼다 할 수 없이 봄 보내며 읊었는데,	惜春無奈送春吟
어찌 알 수 있었겠나? 俗人 말고 스님 친구,	寧知人外觀空侶
봄 소리를 탈 줄 알아 문득 내 맘 위로할 줄!	解作春聲却慰心

해설 이 작품은 "정말로 뜻밖에 거문고를 타는 스님을 만나 그의 거문고 가락을 듣고는, 가는 봄을 안타까워하며 시만 읊던 내가 어떻게 세속 사람들 말고 스님을 만나서 그가 봄의 소리를 타 주어서 나의

마음이 위로받게 될 줄을 알았겠는가?"라며, 기막힌 고마움과 감격의 심기가 소리 없는 가락에 곱게 실려 전하는 시다.

전구의 "空侶"라는 어휘는 마음이 텅 빈 채 아무것에도 잡혀 있지 않은 무한한 자유의 주인공이라는 것이고, 결구의 "春聲(봄 소리)"이라는 어휘는 봄을 맞아 깊은 계곡에서 녹아내리는 물소리와 숲속의 새 소리 등 순수 진실한 자연의 소리들을 말한다. 이 두 어휘는 이 작품을 새롭게 살리는 시어들이다.

이 "空侶"는 이 세상의 모든 것이 다 비워진 채 허허로워 무한히 자유로운 마음의 주인공이어서, 결구의 "春聲(봄을 맞은 모든 소리)"을 그 본질들 그대로 체득하여 거문고의 가락으로 살려 타면서 소리를 내준다. 작자는 거문고 연주자가 자기 기교로 연주하는 소리가 아니라 자연 그대로의 "春聲"을 타 내주기 때문에 무한한 교감을 할 수 있는 기막힌 위로를 받게 됐다는 감탄을 하고 있는 것이다.

贈琴師徐仁俊

거문고 악사인 서인준에게 주다

용호와 천포 사일 오며 가며 하는 채로,	來往龍湖泉浦間
거문고로 한평생의 한가로움 얻어 살며,	琴中占得一生閑
그리울 젠 다만 고향 가는 꿈만 꿔오면서,	相思只作滄洲夢
눈 내린 속 매화 핀 산 저버리진 않았겠네! (이런 때의 이 산을 꼭 꿈에 찾아갔었을 테니까)	不負梅花雪後山

해설 이 작품은 거문고 악사인 徐仁俊의 한가로운 인생살이를 격려하듯 부러워하듯 읊어 주는 시다. 그래서 徐仁俊 자네는 고향이 아닌 용호와 천포 사이를 오가는 채로 살면서도 거문고를 타는 풍류 속에서 그 즐거움으로 한평생의 한가로움을 얻어 살고 있을 것이고 그래서 고향이 그리워도 가지는 못한 채 다만 고향 가는 꿈만을 꿀 때에도, 눈이 내리는 속에 매화가 피는 그 고향의 산속을 꼭 찾아가 〈落梅花〉라는 曲을 거문고로 탔을 것이므로 결코 고향을 저버리지 않았을 것이라고 칭송하면서, 여기에다 자신의 향수와 함께 부러움도 말없이 담아 전하고 있는 것일 수 있는 것이다.

그런데 琴師 徐仁俊이 이렇게 꿈속에서 거문고로 연주했을 것이라고 추정해보는 이 〈落梅花〉라는 곡은 실제로는 "琴曲"이 아니고 "笛曲"이라서, 만약 작자가 실제로 이렇게 〈落梅花〉를 연주했을 것이라고 여겼다면 그것은 事理에 맞지 않는 것일 수 있다.

題徐上舍別墅

서 상사의 별장을 제재로 삼아서

늘 얄궂어 해온 것은 읊는 영감 너무 말라,	常怪吟翁太瘦生
고목 매화 핀 언덕서 귀밑털만 환하다가,	古梅花畔鬢華明
술이 동이 가득 차면 맨숭맨숭 있지 않고,	酒滿樽時不枯淡
취해 시를 지으면서 다시 멋을 부려설세!	醉題詩處更風情

* 徐上舍 : 앞에서도 보는 바대로 구체적으로 누구인지는 확인할 수 없다.

해설 이 작품은 작자의 벗이었을 徐上舍가 외모는 비록 늙고 야위었어도, 술만 준비되면 그냥 맨숭맨숭하게 있지 않고 꼭 취하게 마시고 나서는 반드시 시를 짓고 나서 흥취에 젖어 한껏 멋을 부린다는 격려 겸 칭찬을 보내는 시다. 그래서 전구의 "不枯淡(맨숭맨숭 있지 않고)"이라는 상대의 취후 행태 묘사와 반드시 이어지는 행태로 결구를 "醉題詩處更風情(취해 시를 지으면서 다시 멋을 부려설세!)"이라고 하며 마무리한 것은 참으로 읽는 우리들로 하여금 저절로 흥겨운 가락을 붙여서 읊게 하고 있다.

望浦亭八景 卽盧相公稙江舍

망포정의 여덟 가지 풍경 곧 이 정자는 노 상공 직의 강가 집이다

稅野農歌

세야의 농가

뽕잎 먹여 고치 되고 보리 또한 한철에다, 桑葉成絲麥亦秋
무논 모 싹 갠 뒤 비에 새파랗게 반들반들, 水苗晴雨綠油油
한껏 좋은 이 날씨를 누가 그림 그려낼꼬? 太平風日誰堪畵

문 앞 온 들 노래 소릴 누운 채로 듣고 있네! 臥聽門前滿野謳

* 望浦亭 : 조선조 선조 때의 문관으로 나중에 知中樞府事를 역임한 盧稙이 남한강 가에 갖고 있던 별장을 말한다. 아마 이곳을 중심으로 한 여덟 곳의 경치가 좋아서 작자가 시로 읊은 것으로 추정된다.

해설 이 작품은 첫여름을 맞아 누에는 다 자라서 고치가 되어가고 보리 이삭은 익었으며, 무논에 심어진 모의 싹들이 개었다가 내린 비를 맞고 새파랗게 반들반들 자랑하듯 자라 있으니, 아! 이렇게 싱그럽고 생기에 차는 하루의 풍경들을 누가 그림으로 그려낼 만한가? 이렇게 보이는 것들 뿐 만 아니라, 집집마다 문 앞 온 들판에서 농부들이 즐겁게 부르는 농가를 걱정 없이 그냥 누운 채로 고맙고 홍겹게 듣고 있다는 시로, 작품의 네 구 모두에서 풍성함과 넉넉함이 수사로 가득하다. 그래서 말 없는 고마움과 여유로움의 눈길과 표정이 홍겨운 가락을 띠고 무한히 울려 나오는 아주 좋은 시다.

香村牧笛

향촌마을 목동의 피리 소리

퍼진 언덕 활짝 펼쳐 풀들 바로 잘 자란 위, 散向平坡草政肥
소 거꾸로 탄 채 사뭇 석양 속에 돌아갈 제, 倒騎長是夕陽歸

한 곡 불며 시내 다리 나 있는 길 가노라면, 一聲吹過溪橋路
앞마을에 있는 집만 사립 반쯤 닫혀 있네! 家在前村半掩扉

해설 이 작품은 향촌이란 마을에서 목동의 피리 소리를 듣고 마을의 풍경과 함께 목동의 천진스러운 행태를 그림의 소재인 양 주워서 태고의 풍정을 그리듯이 읊어 놓은 고운 시다. 이 작품에서 기구의 "草政肥(풀들 바로 잘 자란 위)"라는 공간 설정이나 승구의 "倒騎長是夕陽歸(소 거꾸로 탄 채 사뭇 석양 속에 돌아갈 제)"라는 泰然自若한 牧童의 奇行, 전구의 "一聲吹過(한 곡 불며 가노라면)"라는 여유로운 목동의 행태, 결구의 "半掩扉(사립 반쯤 닫혀 있네!)"라는 한가로운 풍경의 묘사는 참으로 이 작품을 잘 살려 보여주는 것이다.

婆城暮嵐

파성의 저녁 산 기운

낡은 진터 을씨년히 풀·숲 사이 남은 채로, 古壘蕭蕭草樹間
찬 날씨에 해 저물자 새들 날아 돌아올 뿐, 寒天日暮鳥飛還
지금에는 聖君 세상 전쟁이란 없는 때니, 卽今聖世無征戰
산 기운은 사뭇 객과 친구 된 채 한가롭네! 一任山嵐伴客閑

해설 이 작품은 옛날부터 전략적인 요지라서 진지의 터가 남아 있었던 婆城이라는 산성의 저물녘 풍경을 전제로 하고, 전구를 "卽今聖世無征戰(지금에는 성군 세상 전쟁이란 없는 때니)"이라고 읊어 정황의 반전을 잘 준비함으로써, 결구를 "一任山嵐伴客閑(산 기운은 사뭇 객과 친구 된 채 한가롭네!)"이라며 여유로운 흥취로 잘 살려 마무리하고 있는 좋은 시다.

鎭浦朝煙

진포의 아침 안개

산머리엔 해가 솟고 물은 마을 닿았는데,	山頭日出水連村
일들 하나? 집집마다 웃음·얘기 왁자하고,	人事家家笑語喧
수양버들 감싼 강둑 풍경 분간 못 했더니,	籠岸不分垂柳色
다릴 넘자 이따금씩 배 맨 흔적 나타나네.	過橋時露繫舟痕

해설 이 작품은 鎭浦라는 갯마을의 아침 풍경을 시·공간적인 배경으로 전제하고, 여기에 동참한 화자가 체험하는 평화롭고 화창한 강촌의 풍경과 상황을 사실적으로 그리듯 읊어 놓은 시다.

龍門春望

용문산을 향해 봄을 몹시 기다리며

매일매일 문 쪽 향해 무슨 예약 있는 듯이,	日日軒窓似有期
주렴 일찍 걷어 놨다 주렴 늦게 내리는데,	捲簾時早下簾遲
봄 풍경은 지금 바로 산머리 절 왔으련만,	春光正在峰頭寺
꽃 핀 저 밖 가는 스님 저냥 알려 안 하누나!	花外歸僧不自知

해설 이 작품은 봄을 안타깝게 기다리는 자아의 심경과 그로 인한 행태를 바로 봄을 맞았으면서도 그 봄을 전혀 모르는 채인 스님과 대비적으로 놀리듯 감탄하듯 읊은 묘한 시다. 그래서 기구에서 "似有期(무슨 예약 있는 듯이)"라고 하여 기막히게 그리운 그 누구와 만나기를 기약(예약)한 듯이 봄을 몹시 기다린다고 하면서, 승구에서 "捲簾時早下簾遲(주렴 일찍 걷어 놨다 주렴 늦게 내리는데)"라고 하여 마치 애를 태우며 기막히게 그리운 사람을 기다리듯 일찍 걷은 주렴을 늦도록 둔다는 것이다. 전구에서 "春光正在峰頭寺(봄 풍경은 지금 바로 산머리 절 왔으련만)"라 하고서, 결구에서 "花外歸僧不自知(꽃 핀 저 밖 가는 스님 저냥 알려 안 하누나!)라고 하여 작자 자신과는 전혀 달리 저 꽃이 핀 것에 관심도 없이 절로 돌아가는 스님은 꽃이 피는 것에 대해서 스스로 알려고 하는 척도 하지 않는다는 것이다.

따라서 이 작품에서 작자는 봄을 몹시 기다리는 자신과 달리 저 스님은 일체를 없는 것으로 깨달은 듯이 꽃 핀 것을 모르는 척하고 있다고 놀리는 것이기도 하고, 실제로 得道를 해서 時空을 온통 벗어나 있는 그 높은 정신의 경지를 감탄하는 것이기도 한 양으로 읊고 있는 아주 재미있게 잘 지어진 시이다.

金沙秋晩

금사벌에 가을은 늦어 가는데

갈대꽃들 엉킨 한편 역귀꽃도 화안하고,	蘆花掩亂蓼花明
개펄 저 끝 가을 산도 한결같이 청량한데,	極浦寒山一樣清
어딜 가나? 외기러기 외려 내려 앉지 않고,	何處斷鴻猶未下
저문 구름 하늘 끝서 홀로 슬피 우는구나!	暮雲天際獨悲鳴

해설 이 작품은 늦가을을 맞으며 맑고 서늘해지는 갯벌의 풍경과 여기에 어디로 가는지 해 저무는 하늘가로 끼룩끼룩 슬피 울며 날아가고 있는 한 마리 기러기를 배치해서, 소슬한 정황을 잘 살려 읊어낸 한 편의 아주 맑고 고운 시다

三叉松月

세 갈래 진 소나무 위에 뜬 달

신선들의 道家 책을 손수 한 권 간직하고,	手持一卷蘂珠篇
松壇에서 읽고 나선 학과 함께 낮잠 자다,	讀罷松壇伴鶴眠
한밤중에 놀라 깨니 온몸 온통 그림잔데,	驚起中宵滿身影
찬 안개는 다 걷히고 달만 하늘 져가누나!	冷霞飛盡月流天

* 三叉松 : 위쪽 가지들이 세 갈래로 갈라진 소나무를 말하는 것이다.

* 蘂珠篇 : 蘂珠는 신선들이 사는 곳 또는 仙境을 말하며 蘂珠篇은 道敎의 經典을 말한다.

* 松壇 : 소나무의 밑이나 아래에 만들어진 자리를 말한다.

해설 이 작품은 "三叉松月(세 갈래 진 소나무 위에 뜬 달)"이라는 말과 소재 자체가 조금은 脫俗的인 空間을 시사하는 것인데다 시적 화자인 주인공이 손에 "蘂珠篇(道敎의 經典)"을 갖고서 이 소나무 아래에서 읽는다고 한 것으로 봐서, 작자는 세 갈래 진 가지의 노송과 달·학과 함께 있는 이 공간을 仙境으로, 여기에 함께 있는 자아를 신선으로 가상화하여 한밤중 내내 탈속적 정감의 존재가 되어 기막히게 그윽하고 무한한 흥취의 주인공이 되어 있는 것이다.

一抹溪雲

한 차례 칠해 놓은 듯 끼어 있는 계곡의 구름을 보고

가물가물 처음에는 어디선가 밀려왔다,	杳杳初從何處來
느릿느릿 작은 계곡 문득 향해 돌아가나,	溶溶却向小溪廻
무심해도 꼭 모두가 일없는 건 아니거니,	無心未必都無事
神奇 功力 온 세상을 적시는 걸 응당 보리!	會見神功潤八垓

* 八垓 : 지구의 팔방과 경계를 말한다.

해설 이 작품은 한 계곡을 온통 칠하듯 끼어 덮고 있는 구름을 단순히 물리적인 자연의 무심한 현상으로만 치부하여 보지 않고, 하늘이나 우주의 오묘한 이치나 뜻에 의한 신기한 功力으로 이 지상 온 곳에 비를 내려서 모든 생명들을 잘 살아나게 할 것이라는 예찬과 기원으로 읊고 있는 아주 좋은 시다.

寄題魏士任家

위사임의 집을 제재로 삼아 지어서 부치다

사립문엔 손님 없어 모듬 이끼 자랐을 것,	柴門無客長苔錢
산에 가득 꽃이 피며 달빛 내에 가득할 젠,	花滿山時月滿川
기다리게 가장 좋은 밤을 맞춰 내가 가서,	好待吾行最良夜
푸른 절벽 깊은 곳의 두견 울음 들을 테니!	碧巖深處聽啼鵑

* 魏士任 : 구체적으로 누구인지는 알 수 없으나 士任이 字로 추정될 뿐 名字를 알 수 없다. 다만 작자와 친분이 있는 사이의 인물로, 당시 전라도 長興에 사는 선비였을 것으로 추정된다.

해설 이 작품은 작자의 벗일 위사임에게 자신이 한번 방문할 것이라는 소식을 전하는 시로, "손님이 찾아오지 않아서 자네 집 사립문 앞에는 이끼들이 동글동글 무더기로 모여 자라 있을 것이니, 산에 가득 꽃들이 피며 달빛이 냇물에 가득 비추는 밤, 그런 밤을 잡아 내가 찾아갈 테니 잘 기다리게, 내가 가서는 그 푸른 절벽 숲에서 울고 있을 두견새의 울음 소리를 들을 걸세!"라며 편지처럼 읊어 부치는 좋은 시다.

文舜擧來訪
문순거가 찾아와서

뒤란 가득 송화 져서 다시 봄은 없지 했다,	松花滿院更無春
문득 자네 온 게 기뻐 그래 두건 매만지곤,	却喜君來爲整巾
녹음으로 서로 인도 시냇가에 앉았자니,	相引綠陰溪畔坐
낮 꾀꼬리 자꾸 울어 사람 만류하나 싶네!	午鸎千囀似留人

* 文舜擧 : 이 사람도 누구인지 구체적으로 확인이 되지 않지만 아마 작자의 벗이었을 사람으로 舜擧는 그의 字가 아닐까 추정된다.

해설 이 작품은 봄이 다 가서 허전하게 느끼며 지내는 날, 너무도 정겹게 찾아온 벗을 맞아 무한한 기쁨에 두건도 매만져 고쳐 쓰고나서는 녹음 속으로 안내해서 시냇가에 앉아 있자니 즐겁게 우짖는 꾀꼬리 소리는 우리들을 만류하나 싶다며 읊은 시로, 기・승・전・결의 네 구 모두가 쉬우면서도 아주 잘 構想되고 쉽게 修辭되었으면서도, 무한히 한가롭고 무한히 정겹고 무한히 평온한 심기가 곱게 자리 잡고 있는 시다.

謹用林塘韻 贈雪淳上人
삼가 임당의 운을 따라 지어서 설순 스님에게 주다

비 내린 뒤 시내 앞쪽 네댓 산봉 말끔 좋아,	雨後溪南四五峯
낡은 다리 해 지는 속 홀로 막대 짚고 가면,	斷橋斜日獨携筇
일찍 놀던 그곳 기억 옛날대로 되나면서,	依然記得曾遊處
달 밝은 속 서호 같이 兩岸의 鐘 울리겠지!	明月西湖兩岸鐘

* 林塘 : 鄭惟吉의 호이다.

해설 이 작품은 작자가 전에 설순 스님을 다시 찾아갔었는데, 지금 이 시를 전해주면서 만약 다시 그 절을 찾게 되면 일찍이 전에 왔던 그때의 기억들이 되살려져서 그때가 다시 그립게 되겠다는 감회를 말없이 담아 읊은 시다. 그래서 기구가 문면상으로는 그냥 "雨後溪南四五峯"이라고만 읊어졌지만, 여기의 "四五峯"은 그냥 제시한 것이 아니라 비를 맞으면 새로운 모양일 것이라 "말끔 좋아"라는 서술어가 문외로 함축된 것임을 알아야 한다. 그래서 승구와 전구 그리고 결구에서 "낡은 다리를 지나 홀로 가다가 보면, 옛날대로 일찍이 노닐었던 곳들이 기억 날 것이고, 달이 환하게 밝아지면 마치 저 중국의 西湖같이 양안의 종소리가 들려올 것이라"라는 추정을 해보는 것이다.

又

또 한 수

삐딱 닫힌 대사립에 물이 돌고 도는 곳서,	竹門斜掩水回回
구름 걷힘 보고 나서 학 오는 걸 보노라면,	看盡歸雲看鶴來
병 많아도 시골 흥취 응당 방해 안 되는 건,	多病不應妨野興
애써 읊기 사뭇 바로 가을 재촉 당해설세!	苦吟長是被秋催

해설 이 작품은 작자가 자신의 근황과 심경을 설순 상인에게 알리는 시다. 그래서 삐딱하게 닫아둔 채 집 둘레에는 물길이 돌아가는 곳에 살면서, 매일매일 그냥 저 하늘에 걷힌 구름을 다 보고 나서는 그 하늘에 날아오는 학을 보고 있노라면, 병이 많은 편이라도 이 시골에서 평화롭고 한가롭게 사는 흥취에 방해가 안 되는 것은, 사뭇 애써 시를 읊게 되기 때문이며 이것은 바로 해마다 닥쳐오는 가을의 흥취가 재촉하듯 시를 짓게 하기 때문이라는 것이다.

憶處敏上人

처민 스님을 그리워하며

자취 없는 구름에다 자유로운 학 같아서,	孤雲無跡鶴無依

매번 시내 앞쪽 왔다 가던 모습 생생한데, 每到溪南記別時
가을비 속 문 닫은 채 어느 곳 절 머무는가? 秋雨閉門何處寺
깊은 밤에 한 등불 앞 맑게 야윈 자태겠지! 一燈深夜照淸羸

해설 이 작품은 상대인 처민 스님의 탈속적 행적과 고결한 인품을 칭송한 시다. 그래서 스님은 자취 없는 외로운 구름 같고 의지하지 않고 자유롭게 나는 학과 같은 인품임을 말하면서, 매번 시내 앞쪽에 오면 그와 작별하던 때를 기억하게 된다고 하고서는, 이내 전구에서 이 스님이 의지하고 있을 장소를 "秋雨閉門何處寺(가을비 속 문 닫은 채 어느 곳 절 머무는가?)"라며 몹시 애틋하게 궁금해하고 추정해보면서, 결구에서 "一燈深夜照淸羸(깊은 밤에 한 등불 앞 맑게 야윈 자태겠지!)"라며 말없이 그리워하고 있는 바와 같이, 오랜 수도와 수양으로 고결한 정신에다 맑고 깨끗하게 야윈 자태일 것으로 추정하고 있다. 이 시는 상대인 처민 스님의 행태와 인상을 아주 고고하고 탈속적인 인품으로 그리듯이 읊어 말없이 칭송하고 있는 좋은 시다.

贈思峻上人
사준 스님에게 주다

물과 구름 같은 자취 본래 기댐 없는 터라, 水雲蹤迹本無依
꽃이 피면 산 떠났다 보리 익어 돌아오니, 花發離山麥熟歸

내일이면 외론 돛배 하늘 저 끝 사라진 뒤, 明日孤帆天際落
저녁 강 위 뜸한 풍경 비만 부슬 내리겠소! 晩江疎磬雨霏微

해설 이 작품도 세속의 아무것에도 거리낌이나 잡힘이 없는 무한한 자유인 사준 스님이라, 내일도 외로운 돛배를 타고 저 먼 하늘 끝으로 떠나고 나면, 저녁을 맞는 강물 위에 뜸한 풍경 소리만 울리며 비만 부슬부슬 내릴 것이라는 그의 정황을 부러워하듯 기리는 시다.

그저 흐르는 물과 거침없는 구름 같이 그냥 아래로만 흘러가는 물과 구름 같이 살며, 꽃이 피면 산속 절을 떠나 닿는 대로 다니다가 보리가 익을 무렵이면 절로 돌아오곤 하는, 무한한 자유자재의 삶을 사는 스님이니, 내일이면 또 외로운 돛배처럼 정처 없이 떠나 어느 하늘 가에 가 있을 것인데, 그러고 나면 스님이 있던 이 해 저무는 강가의 절에는 이따금씩 울리는 풍경 소리 속에 가랑비만 부슬부슬 내릴 거라는 상상의 그림처럼 읊은 시로, 이 작품에는 그런 인상을 문면의 어디에도 남긴 것이 없지만, 문면 밖으로 말없이 스님 당신 같은 자유자재의 정신과 삶이 무한히 부럽다는 의사를 전하고 있는 것이다.

與金季義 話龍湖之勝

김계의와 함께 용호의 풍경을 이야기하며

외로운 성 오늘 밤엔 달빛이 어떠할까?	孤城今夜月如何
기억 나는 그 남강엔 흰 돌들이 많았는데.	記得南江白石多
자네 묻는 용촌마을 기막히게 기이한 건,	君問龍村奇絕事
눈 내린 속 매화꽃이 안 핀 곳이 없던 걸세!	雪中無處不梅花

해설 이 작품은 龍湖의 기막힌 절경을 묻는 金季義에게 답으로 이야기해 주고 있는 시다. 그래서 그곳이 있는 외로운 성안 마을에는 달이 어떻게 떴을까를 자신도 궁금해하듯 自問하고는, 기억해 보니 용호가 있는 남강에는 흰 돌들이 많았던 것으로 회상되는데, 季義 자네가 묻는 그곳의 기막히게 신기한 풍경이 바로 결구인 "雪中無處不梅花(눈 내린 속 매화꽃이 안 핀 곳이 없던 걸세!)"라고 하였다. 이 결구는 눈이 내리는 속에 온 마을이 온통 매화꽃들로 함께 피어나, 신비하고 기이하기 그지없다는 기막힌 감흥의 기억과 감탄의 목청이 실려 있는 것이다.

錦城途中 回寄閔都事恕初

금성 가던 길에 민 도사 서초에게 회답으로 부치다

객지에서 풍상 속에 가을은 다 가려는데,	客裏風霜欲盡秋
금성에서 삼일 동안 자네 만류 따랐다가,	錦城三日爲君留
동편 들길 머뭇대며 외려 그냥 있는 채로,	遲遲猶在東郊路
겹겹 숲을 돌아보니 벌써 다락 가렸구려!	回首重林已隔樓

해설 이 작품은 작자의 벗이었을 閔都事 恕初의 만류로 3일 동안 머물다가 떠나면서, 그 고마운 배려에 감사하며 빨리 떠나오지 못하고 느릿느릿 오다가, 머리를 돌려서 함께 올라 술을 나누어 마셨던 그 누각을 돌아보니 겹겹의 숲에 가려 보이지 않는다는 안타까운 심경을 읊어 전하는 시다.

又

또 한 수

쓸쓸하게 홀로인 채 해남 향해 돌아가니,	蕭條獨向海南還
비는 우는 눈물인 양 소맬 얼룩 다 적시나,	雨似啼痕袖盡斑
그 누구가 나그네 맘 이별한 한 알겠는고?	誰會客心兼別恨

해 저물녘 저 구름은 편히 앞산 건너갈 뿐!　　　暮雲容易度前山

해설 이 작품 역시 閔都事와 작별하고 海南으로 돌아가며, 비를 맞으며 가는 자신의 처량한 행색을 전하면서, 나그네인 자신의 심경과 이별한 한을 누가 알기나 하겠느냐 하는 푸념과 함께, 해 저물녘 구름은 아무 생각 없이 편한 듯 앞산을 건너갈 뿐이라는 이야기를 원망 같이 읊은 시다. 그래서 전구의 "誰會(그 누구가~~한 걸 알겠는고?)"와 결구의 "容易(생각 없이 편한 듯)"라는 어휘는 작자의 절실한 심경이 실린 것임을 눈여겨 읽어야 한다.

贈處英上人
처영 스님에게 주다

한 잔 술로 헤어지며 둘 다 서로 못 잊는 채,　　　一盃言別兩依依
수천 산봉 흐릿 옛길 찾아 들어 갈 터인데,　　　去入千峰舊路微
어디선가 들새들만 울어 다시 애절하고,　　　何許野禽啼更切
매환 져서 향기 없이 또 하루만 저물겠네!　　　落梅香斷又殘暉

해설 이 작품은 자신과 상대인 處英 스님이 서로 헤어져 산속으로 돌아가는 상황을 매화꽃이 다 지고 향기도 사라진 터에 해도 저무는 상황으로 묘사하여 함께 안타까워하고 서로 위로하며 읊어주는 시다. 겨우 한 잔 술로 서로 헤어지며 못 잊어 하는 심경과 서로 헤어져, 수천 산봉 속 희미한 길로 찾아가는 고적함 속 어디선가 나타난 들새들의 애절한 울음소리들만 들리는 곳들, 매화도 다 지고 향기도 없는 채인 산속을 가노라면 또 하루만 저물 것이라며, 애틋한 서로의 동정과 위로로 읊어주고 있는 시이다. 그래서 결구의 "落梅香斷又殘暉"는 작자와 상대인 處英上人의 孤寂한 情況의 內的 風景으로도 읽혀지는 것이다.

又

또 한 수

푸른 구름 산봉 아래 홀연 참선 그립다가,	禪栖忽憶碧雲峰
갔을 적엔 찬 샘물이 돌 틈에서 흐를 테니,	到日寒泉拂石縫
옛날처럼 밤 깊어서 섬돌 아래 듣다가는,	依舊夜深階下聽
달 밝으면 심은 老松 때로 기대 서 있겠네!	月明時倚手栽松

해설 이 작품은 處英 스님이 돌아가는 절의 풍경과 돌아가서 수양하는 생활의 정황을 상상 추정하여 말없이 칭송하며 읊어주는 시다. 푸른 구름이 감도는 산봉우리 아래라는 공간에서 바위틈에서 흘러나오는 찬 샘물을, 전부터 해오던 대로 깊은 밤이면 섬돌 아래서 그 소리

를 듣다가, 달이 밝아지면 손수 심었던 소나무에 기대 섰을 거라는 시·공간과 행태를 추정해보며, 이 스님의 청정하고 고결한 수양적 삶과 인품을 간접적으로 칭송하고 있는 것이다.

又

또 한 수

문득 왔다 헤진다니 마음 그냥 조바심 나,	却來言別意匆匆
술잔 잡고 서로 보며 새벽종이 두려운데,	把酒相看畏曉鐘
가을 풀과 노란 국화 가도 가도 있을 테니,	秋草黃花去不盡
많은 산속 어느 곳을 홀로 막대 짚고 갈고?	亂山何處獨携筇

해설 이 작품도 역시 스님과의 작별을 안타까워하는 심정으로 스님이 갈 여정과 행색을 안타깝게 추정해보고, 이내 "亂山何處獨携筇(많은 산속 어느 곳을 홀로 막대 짚고 갈고?)"이라고 그려보며, 위로하듯 동정하듯 읊어주는 시다.

送道文上人
도문 스님을 전송하며

흐린 봄날 하룻밤 새 매화 위한 듯이 개니,	春陰一夜作梅晴
물 가득 찬 못가 언덕 파릇 풀들 돋으련만,	水滿池塘綠草生
병 많아서 황학루의 달도 보지 못할 테니,	多病又孤黃鶴月
동해・산 쪽 바라보며 마음이나 풀려 하네!	海山東望遣渠情

* 黃鶴月 : 李白의 〈送儲邕之武昌(무창으로 가는 저옹을 보내면서)〉에 나오는 "黃鶴西樓月 長江萬里情 春風三十度 空憶武昌城(황학루의 서쪽 저기 떠 있는 달은, 장강 따라 만리 가는 정 돋우는데, 봄바람을 삼십 차례 맞고 보내며, 무창성을 괜히 그냥 그릴 뿐일세!)"이라는 구절에서, "黃鶴西樓月"을 빌려 쓴 것으로 추정된다.

해설 이 작품은 흐리던 봄 날씨도 매화꽃이 잘 피라는 듯 개고, 물이 풍성하게 가득 찬 못에다가 언덕에는 생기에 찬 푸른 풀들도 돋아나겠지만, 도문 스님 그대가 이렇게 헤어져 떠나가고 나면, 나는 병만 많은 채로 있으면서 함께 노닐던 누각에 뜨는 달을 볼 필요도 없는 처지가 되어, 그대가 돌아가는 그 동해안의 산속 절을 향해서 바라보기만 하게 될 거라는 자신의 너무 고적하고 애틋해질 형편을 호소하듯 읊어주는 시다.

送弘印上人歸桃源洞

도원동으로 돌아가는 홍인 스님을 전송하면서

듣자하니 도원에는 세상 피해 간 사람들, 聞說桃源避世人
그냥 살며 절로 능히 속세 멀게 된다는데, 自能居住隔風塵
나무꾼들 만나면은 응당 서로 물을 테니, 相逢樵子應相問
이 세상의 시끄런 일 마구 말은 하지 말게! 時事紛紛莫浪陳

해설 이 작품은 제목에 있는 "桃源洞"을 "武陵桃源"으로 설정해 놓고, 그곳으로 가서 살게 되면 절로 이 시끄러운 속세와는 멀어져 절연이 될 테지만, 혹시라도 그곳의 나무꾼과 만나게 되면 서로 이야기를 할 것이니, 이 속세의 일들이 비록 시끄럽긴 하지만 그래도 거기에 대해서 아무렇게나 말하지는 말아 달라는 당부 같은 시다.

贈圓澈上人

원철 스님에게 주다

외론 마을 서로 찾자 깊은 눈 속 저녁인데, 相訪孤村暮雪深
추운 집에 붙어 자며 누구와 시 읊겠는가? 寒齋寄宿伴誰吟

내일 아침 한 번 작별 동쪽 숲 밖 떠나가면, 明朝一別東林外
수만 골짝 · 수천 산속 찾을 수도 없을 텐데! 萬壑千峰不可尋

해설 이 작품은 작자가 깊은 겨울 외로운 마을 저녁 눈 쌓인 속에서 圓澈 스님과 만나, 추위 속 어느 집에 함께 자면서 "스님 그대 말고 누구와 함께 시라도 지어 읊을 상대가 있는가?"라며 말없이 고맙고 반가워하면서, "내일 아침에 그냥 서로 한번 작별하고 헤어져 저 동쪽 숲 밖으로 그대가 떠나가면, 수만 골짝 · 수천 산들 속에 있을 그대의 거처(절)를 찾을 수도 없을 터이니, 나는 참으로 얼마나 외롭게 될지 아느냐?"라며 하소연하듯 읊어 전하는 시다.

寒川灘
한천 여울에서

한천탄 위 흐르는 물 물 빛깔은 쪽빛 같고, 寒川灘上水如藍
양석암의 저편으론 못 가득 눈 내렸는데, 兩石巖西雪滿潭
달만 밝고 학 탄 신선 만나지도 못한 채로, 明月不逢騎鶴侶
밤 깊어져 피리 불며 강남으로 내려가네! 夜深鳴笛下江南

해설 이 작품은 寒川灘이라는 여울과 兩石巖이라는 암석이 풍경을 이루고 있는 이곳을 신선이 나타날 듯한 풍광의 공간으로 설정하고 쓴 시이다. 전구를 “明月不逢騎鶴侶(밝은 달에 학 탄 신선 만나지도 못한 채로)”라고 하였는데, 이 구에서 “騎鶴侶”는 작자가 원래 “騎鶴仙(학 탄 신선)”으로 하고 싶었겠지만, “仙”자가 平聲의 글자라서 쓸 수 없어서 仄聲의 글자인 “侶(짝・벗)”자를 놓은 것이므로, 이 “侶”자는 작자가 의도한 대로 “신선”으로 풀어 읽어야 이 작품의 本旨를 살려 읽는 것이 된다. 전구를 이렇게 풀어 읽어 신선을 못 만난 것으로 설정함으로써 결구는 “夜深鳴笛下江南(밤 깊어져 피리 불며 강남으로 내려가네!)”이라는 상황으로 어쩔 수 없이 끝맺게 되는 것이다. 이 작품에서는 전구의 “明月不逢”이 기막히게 아쉬운 상황을 예비한 어휘로서, 이것을 그냥 쉽게 “밝은 달에 만나지도 못한 채로”로 풀어 읽으면 절대 안 된다. 이 어휘의 “明月”은 시상의 의미로 반드시 “月明(달만 밝고)”이어야 하는데 平仄에 안 맞아서 “明月”로 되어 있지만, 이 어휘가 이 작품의 시상적 의미구조로는 절대 “밝은 달”이 아니고 반드시 “달만 밝고”인 것임을 이 작품의 전체적 시상의 구조로 상관시켜 파악하고 풀어 읽을 수 있어야 한다.

贈琴師朴文謙

거문고 악사 박문겸에게 주다

하늘 끝서 만났으니 바로 정든 친군데다,	天涯相見卽情親
강가 풀과 강가 꽃도 참말 좋은 인연인데,	江草江花是勝因

술잔 잡고 구름 저 밖 가락 다시 듣게 되니,	把酒更聽雲外曲
한 해 봄을 헛보내게 되는 것은 면케 됐네!	免教虛度一年春

* 雲外曲 : "雲外(구름 저 밖)"는 "신선이 사는 저세상"이라는 뜻이어서 "雲外曲"은 "신선 세상의 노래"나 "신선의 노래"라는 말이다.

해설 이 작품은 거문고 악사인 朴文謙의 거문고 연주 가락을 듣고, 그에게 "雲外曲(신선 노래)"을 연주하며 신선의 세상 같이 즐기게 해주어, 이 한 해의 좋은 봄을 보람되게 보낼 수 있게 되었다는 고마움을 전하는 시다. 그래서 하늘 끝 타향에서 서로 만나서 더욱 정이 든 친구라는 것, 강가에 풀이 짙어지고 꽃들도 피어나 기막히게 좋은 인연을 마련해 주었다는 것을 전제로 하고서는, 여기에다 "술을 마시면서 바로 저 하늘 위에 있는 신선의 노랫가락 같은 朴文謙 그대의 거문고 가락을 다시금 듣게 됐으니, 아! 이제는 이 한 해의 좋은 봄을 헛되게 보내게 되는 아쉬움은 면하게 되었다"는 자랑과 함께 고마움을 전해주고 있는 시이다.

又
또 한 수

두견새가 우는 녹음 초남산 속 여기에서, 杜鵑啼綠楚南山
봄도 가고 사람 가기 하룻밤의 사일 거니, 春去人歸一夜間
난간 기대 시 읊으며 시름만을 짝했다가, 吟倚曲欄愁是伴
해 솟아도 외려 그냥 겹문 닫고 있으려네! 日高猶自掩重關

---

* 楚南山 : 어느 산을 지칭하는 고유명사가 아니라, 중국에서는 흔히 중국의 옛날 楚나라 지역이었던 서남 쪽 지역을 말하며, 우리나라에서는 흔히 호남 지역을 가리키는 말로 쓰였으므로, 여기에서도 호남지역 어디에 있던 산을 지칭한 것으로 추정된다.

해설 이 작품은 앞의 작품에서 본 바대로 무한히 고마운 거문고 악사에게, 자네가 나와 작별하고 떠나갈 날의 하룻밤이 기막히게 외롭고 적막할 것을 절실하게 예상하면서, 자네와 작별하고 나서는 그냥 고독한 시름만을 벗 삼은 채 자네만을 그리면서 홀로 난간에 기대 앉아 밤을 지새우겠다는 낙담과 실의의 심경을 전해주는 시다. 그래서 결구의 "猶自掩重關(외려 그냥 겹문 닫고 있으려네!)"은 자네와 작별하고 나서도 자네만 생각하는 고독을 오히려 아끼듯 간직하고 살겠다는 기막힌 심경을 대신하는 말이다.

贈笛人

피리 부는 사람에게 주다

신선 영감 해남 마을 돌아가서 누운 채라,	仙翁歸臥海南村
천 리 사이 깊었던 정 자네 맞아 얘기하니,	千里深情對爾論
피리 불며 전년 가던 그 길 다시 찾아가면,	吹笛更尋前歲路
눈이 개인 문 앞 둑엔 강물 빠진 흔적이리!	雪晴門畔落汀痕

해설 이 작품은 성명도 없이 "笛人(피리 부는 사람)"이라고만 기록된 이 사람과 함께, 과거에 같이 노닐었던 것으로 추정되는 또 한 사람인 "仙翁(신선 같은 영감)"을 그리워하며, 셋이 전년 눈 내린 속에 함께 노닐면서 피리도 불면서 즐겼던 상황을 되짚어 회상해 보고, 이제 그 곳을 다시 찾아 전 해에 갔던 길로 가다 보면 눈이 개인 문 앞 둑엔 강물이 빠지고 난 흔적만 남아 쓸쓸할 것이라며 서글퍼 하는 시다.

憶崔嘉運

최가운을 그리워 하며

우연스레 달이 밝아 앞 놀이터 거닐자니,	偶因明月步前臺

산 그림자 처음 돌고 찬 물기운 스미는데, 山影初移水氣來
서울 있는 자넨 나를 생각이나 하고 있나? 君在長安相憶否
봄바람 속 역 앞 매환 또다시 피련마는! 春風又發驛南梅

* 嘉運 : 孤竹 崔慶昌의 字이다.

해설 절친한 벗인 孤竹을 향한 시를 지을 적에는 언제나 제목에 꼭 "懷"자나 "憶"자를 붙인 것을 새삼 말하지 않더라도, 이 작품은 기막히게 은밀한 우정을 말없이 전제하고 오히려 푸념하듯 원망하듯 깊은 진정을 애틋하게 말없이 담아 전하는 시임을 알 수 있다.

기구의 "달이 밝아서 거닐었다는 앞의 놀이터"는 지난날 함께 노닐었던 터일 것이고, 승구에서 "산 그림자가 처음 돌고 찬 물기운이 스몄다"는 것은 지난날 함께 체험한 것처럼 지금도 그렇다는 것이며, 결구의 "봄바람 속 또 피는 역 앞의 매화"도 분명 지난날 함께 시로 읊었던 것일 것이다. 그래서 전구에서 "서울에만 있는 자넨 나를 생각이나 하고 있나?"라며 지난날 함께 했을 추억들을 다그치듯 묻고 있는 것이다.

전·결구의 "君在長安相憶否 春風又發驛南梅(서울 있는 자넨 나를 생각이나 하고 있나? 봄바람 속 역 앞 매환 또다시 피건마는!)"라는 다그침에 대한 미안함과 함께 매화가 다시 핀다는 소식에 대한 흥취로 孤竹이 금방 화답의 시를 지었을 진솔한 표정이 눈에 보이는 듯 선연하게 그려진다.

又

또 한 수

며칠 동안 그리워도 자네와는 헤어진 채,	相思幾日隔淸塵
하룻밤 새 봄 꿈서만 만나보는 사람이니,	一夜春塘夢裏人
유수 같은 세월 풍경 한스런 건 아니지만,	不恨年光似流水
매화·버들 매해마다 새로운 게 시름겹네!	却愁梅柳逐年新

* 淸塵 : 중국 魏나라 曹植의 〈七哀〉에서 "君若淸路塵 妾若濁水泥(그대는 깨끗한 길 먼지와 같고, 이 첩은 흐린 물의 진흙과 같네!)"라고 한 바 대로 서로 만날 수 없는 사이인 "淸塵濁水"라는 말에서 온 것으로, 서로 만날 수 없는 사이를 이르는 말이다. 그러나 한편으로는 "足下之塵(높은 분의 발아래 이는 먼지)"이라고 해서 훌륭한 사람을 높여서 부르는 말이기도 하다.

해설 이 작품도 역시 며칠을 두고 그리울 때가 있어도 만날 수가 없는 상황에 있는 자네라, 그저 하룻밤 사이에나 허망한 봄의 꿈속처럼 겨우 한번을 잠깐 만나게 되는 사람인 형편이니, 흘러가는 물 같이 마구 거침없이 가버리는 세월이 한스럽거나 원망스러운 것은 아니지만, 매화나 버들같이 우리 인생도 그냥저냥 새해만을 맞듯 한 해 한 해로 흘러가 버리는 것이 끝없이 시름겹고 한스러울 뿐이라는 시이다.

春後

봄이 지나간 뒤에

봄이 간들 병든 객이 별수 없지 어쩌겠나?	春去無如病客何
문 나설 땐 거의 없고 문 닫은 때 많건마는,	出門時少閉門多
두견새도 공연스레 번화한 봄 애타는지,	杜鵑空有繁華戀
푸른 산속 미처 안 진 꽃에서만 울고 있네!	啼在青山未落花

해설 이 작품은 제목에서 이미 주제를 시사하듯, 수많은 시인들이 수많은 세월을 두고 수많은 작품으로 읊어온 제재인 "흘러간 봄"을 읊은 시다. 봄이 허망하게 흘러가도 병객으로 어쩔 수 없다는 한탄만 해야 하는 화자는, 문밖으로 나가는 때는 거의 없고 문을 닫은 채로 숨은 듯 있는 때가 많다고 탄식하듯 푸념하고는, 우는 소리만 들려주고 있는 저 두견새도 공연스레 번화한 봄을 그리워하는 생각만을 하고 있는 듯이, 저 푸른 산속에 미처 안 진 꽃포기 속에서만 울고 있는 것 같다며 탄식하듯 읊고 있다. 그래서 결구 "啼在青山未落花(푸른 산속 미처 안 진 꽃에서만 울고 있네!)"의 두견새가 바로 화자 자신을 대역하고 있는 것임을 무자각적으로 보여주고 있는 시이다.

和樂亭
화락정에서

취해 강 길 찾아가니 석양 서편 기울었고,	醉尋江路夕陽西
잠시 난간 기대 앉자 수만 산봉 나직한데,	暫倚瓊欄萬嶺低
별수 없이 낙화들은 다 날리려 한다마는,	無賴落花飛欲盡
뜨락 가득 신록 속에 꾀꼬리만 울어대네!	滿庭新綠是鶯啼

해설 이 작품은 마치 작자가 무자각적으로 제목인 "和樂亭"을 제재로 살려내서 읊은 듯, 취흥에 사뭇 즐겁고 여유로운 걸음으로 석양 속에 한가로울 강가 길을 걸어, 조용한 정자 난간에 기댄 채 그저 그냥 평안한 심기로 앉아 보노라니 저 수많은 고개마루들은 나지막이 보이고, 지는 꽃잎들은 별수가 없는 듯이 다 날려 가려 하지만, 정원 가득 푸르러 가는 녹음 속에서 꾀꼬리만은 한가롭고 즐겁게 우짖고 있다는 傳言 같은 시다. 그래서 이 시를 읽는 우리들에게 이 결구 "滿庭新綠是鶯啼(뜨락 가득 신록 속에 꾀꼬리만 울어대네!)"의 울어대는 꾀꼬리가 정녕 화자 자신이고 싶은 존재일 것으로 읽혀지는 것이다.

剛川寺 憶訥齋冲庵

강천사에서 눌재와 충암 두 분을 되새겨 그려보며

어느 해에 두 노인은 여기 眞境 찾으셨나?	何年二老此尋眞
안개・달빛 옛날대로 신선 세계 그 봄이라,	煙月依然玉洞春
나도 또한 먼 것 탓을 하지 않고 다시 오니,	我亦重來不辭遠
지는 꽃잎 흐르는 물 사람 홀릴 듯 싶구나!	落花流水恐迷人

---

* 剛川寺 : 訥齋 朴祥과 冲庵 金淨 두 분이 士禍로 전라도의 금산・진도 등지로 유배를 갔던 것을 전제로 하여, 『東國輿地勝覽』에서 그곳들을 검색해 보았으나, 어느 곳에도 이런 사찰이 없어서 확인할 수가 없다. 그런데 다음 작품에 "剛川洞"이라는 지역이 나오는 것을 봐서 이 사찰이 이곳에 있는 것이 아닌가 싶으나 이 지역도 어디에 있는 것인지 확인할 수 없다. 혹시 당시 전라도 순창에 있는 剛泉寺를 지칭하는 것이 아닌가 싶기도 하나 확인이 되지 않는다.
* 眞 : 이 글자는 바로 이 "剛川寺"를 지칭하는 "眞界(寺刹)"의 준말로 인용되었을 것이나 의미로는 분명 "眞境(속세를 떠난 곳・신선이 사는 곳)"의 준말로 인용된 것이 분명하다. 승구에서 "眞"을 바로 "玉洞(신선 세계)"이라고 표현한 것을 봐서 더욱 그렇다.

해설 이 작품은 많은 文人들이 흔히 사찰을 신선들의 탈속적인 세계와 同一視하는 바와 같이, 작자도 이 剛川寺라는 사찰을 신선들의 세계인 공간으로 인정하고, 訥齋 朴祥과 冲庵 金淨 두 분이 일찍이 유람했을 것을 회고・추모하면서, 안개와 달빛 등의 봄 풍경들이 그분

들이 오셨을 때와 꼭 같이 남아 있어서, 자신도 먼 것을 탓하지 않고 찾아와 보니, 지는 꽃잎과 흐르는 물이 사람을 홀릴 듯이 여전히 아름다운 곳이라는 칭송의 시다.

剛川洞 贈趙遂卿

강천동에서 조수경에게 주다

붉은 언덕 푸른 절벽 앞선 소문보다 좋고,	丹崖翠壁勝前聞
겹겹 전각·누대 속에 아득 분간 안 되는데,	複閣重樓杳不分
향을 같이 사르면서 깊은 이 밤 앉았자니,	共炷名香坐遙夜
문득 몸이 산 밖 나갈 구름 될까 시름겹네!	却愁身似出山雲

* 趙遂卿 : "遂卿"은 어떤 사람의 字로 추정되나 누구인지 확인할 수 없다.

해설 이 작품은 작자가 벗인 趙遂卿과 함께 풍경이 아름다운 이 "剛川洞"에 와서, 함께 노닐다가 하룻밤을 유숙하면서 누리는 감회를 읊은 시로 추정된다. 그래서 "丹崖翠壁"이라는 산수풍경과 "複閣重樓"라는 건물의 규모로 봐서 사찰에서 유숙하는 상황임을 알 수 있으며, 전구의 "坐遙夜(깊은 이 밤 앉았자니)"와 결구에서 "却愁身似出山雲(문득 몸이 산 밖 나갈 구름 될까 시름겹네!)"이라고 한 것을 보면, 작자가 했던 이곳에서의 하룻밤 체험과 감회가 매우 새롭고 정겨웠던 것을 확인할 수 있다.

鳳鳴亭下 次韻
봉명정 아래에서 남의 운을 따라 짓다

긴 다리엔 햇볕 따뜻 물은 하늘 같이 넓고,	長橋日暖水如天
꾀꼬리가 우는 성엔 버들 안개 채질하니,	鶯囀孤城柳拂煙
강남에서 제일 좋은 아름다운 풍경이라,	最是江南好風景
이 낚시터 깊은 곳서 낚싯대에 기대 조네!	釣磯深處倚竿眠

* 鳳鳴亭 : 이 작품에 "江南"이라는 말과 "釣磯"라는 말이 있는 것을 보면, 당시 강이 있는 전라도의 한 곳일 가능성이 있으나, 『東國輿地勝覽』의 어디에도 이런 정자가 기록되어 있지 않아서 확인할 수 없다.

해설 이 작품은 작자가 강가에 있을 이 "鳳鳴亭"에서 체험하며 감상하는 아름다운 풍경에 한껏 겨워진 감흥을 고맙게 읊은 시다. 그래서 따뜻한 햇볕 속에 하늘처럼 한껏 펼쳐진 수면, 꾀꼬리가 하루 종일 즐겁게 우는 안개 낀 버들 숲 등의 풍경에 화자는 "이 강남서 가장 좋은 풍경이여!"라며 감탄하고는, 이내 "釣磯深處倚竿眠(이 낚시터 깊은 곳서 낚싯대에 기대 조네!)"이라며 읊조리고 있는 것으로, 화자의 한껏 흥겨워진 행태가 보이는 듯 그려지고 있다.

有懷

그리움만 남은 채

그리워라 어느 곳에 고운 얼굴 가려진 채,	相思何處隔容華
밤마다 앞 누각서 은하수만 바라보나,	夜夜南樓望絳河
전날 사람 돌아와도 또한 아무 말 없으니,	前日人歸亦無語
멀고 전할 소식 적고 못 전할 것 많아선가!	遠音傳少不傳多

해설 이 작품은 제목에서 그리움의 대상이 표시되어 있지 않은 것을 봐서, 시를 짓게 되고 그래서 시상의 대상이 된 주체는 벗이나 친척 중의 인물이 아니라 정을 주고받은 인연이 있는 여인으로서, 소식이 끊긴 상태에 있는 이 주인공을 몹시 그리워하건만, 전날 거기에서 온 사람도 전하는 말이 없으니, 결구에서 "遠音傳少不傳多(아무래도 먼 데에다 '좋다면서' 전할 것은 적고, '외롭고 슬퍼서' 못 전할 건 많아서인가 싶다)"라며, 애써 동정과 선의로 해석과 추정을 해보면서 애틋하게 기다리고 있는 너무도 안타까운 시다.

綾陽 和丁使君 焰

능양에서 원님 정염에게 화답하여 짓다 이름은 염이다

외진 성엔 해가 지면 물·구름기 썰렁하나, 孤城落日水雲凉
발 걷으면 푸른 산이 고운 堂(政堂인 집무실) 앞 다가서고, 簾捲青山近畵堂
사또 게서 좋은 일만 누릴 기회 얻게 되어, 賴有使君供好事
푸른 연 대 굽혀진 못 이슬 향긋하겠구려! 碧莖彎處露盤香

* 綾陽 : 전라도 和順의 옛 명칭이다.
* 碧莖 : 식물의 푸른 줄기를 일컫는 일반적인 말이나, 여기에서는 못에 있는 연의 대궁을 지칭한다. 그러나 여기에는 꽃송이와 함께 연잎도 함축적으로 말하는 것임을 알아야 한다.

해설 이 작품은 작자의 벗일 綾陽(和順)의 원님 丁焰에게 화답하는 시로, 근무지가 비록 외지고 물구름이 썰렁한 곳이긴 하지만, 발을 걷으면 집무실 앞쪽에는 푸른 산이 다가서고, 거기다가 태평 무사한 나날이 이어지는 속에, 사또 자네에게는 좋은 일들이 이어지게 되어, 구부러진 푸른 연 대궁과 꽃 또 그 잎들에 맺히는 이슬이 향긋한 냄새를 풍기는 연못을 구경하며 즐기는 그윽한 호사를 누릴 것이라는, 은연중 그 태평 상황을 부러워하듯 그 善政을 찬양하듯 실재하는 상황으로 그려서 읊어주고 있는 고운 우정의 시다.

連珠亭

연주정에서

옮겨 기댄 높은 누각 해는 지려 하는 땐데,	徙倚高樓落日時
푸른 산엔 사뭇 새들 느릿 날아가건마는,	青山不盡鳥歸遲
고운 그이 사는 집은 서강물로 막혀 있어,	美人家隔西江水
시야 저 끝 안개 물결 한도 없이 그립구나!	目極煙波無限思

* 連珠亭 : 이 정자가 어디에 있던 건물인지 알 수 없지만 작품에서 언급된 "西江"이 지금의 서울 마포 지역에 있는 것임을 기준으로 삼아 보면, 지금의 용산이나 마포 지역에 있었던 정자로 추정된다. 정자의 이름인 "連珠"는 떨어져 있어서는 안 되고 항상 한 줄로 꿰여져 함께 있어야 한다는 것을 의미하므로, 작자는 孤竹 崔慶昌과 그런 사이이어야 한다는 시의 의의를 작품의 창작 의도로 새겨 담았을 수 있다.

해설 이 작품에서 "美人"으로 표현되어 등장한 사람이 누구인지, 그 성명은 물론 성별도 알 수 없어 이 작품의 구체적 시상의 내막은 알 길이 없지만, 그래서 오히려 작자 자신에게는 분명 절실하게 친밀한 사연의 인물이라서 차마 밝힐 수 없어 오히려 가슴에만 깊이 새기고 있는 대상일 것이다. 우리가 이 작품의 제목인 "連珠亭"의 "連珠"가 발상의 단초가 될 수 있다는 점과 "美人"이 기막히게 친밀한 감정적 동반자일 것을 전제로 하고 "隔西江"이라는 격리의 조건 표시를 놓고 보면, 아무래도 작자와 평생의 지기였고 당시 高陽과 坡州 지역에서 옮겨가며 살았던 孤竹 崔慶昌을 향한 그리움을 마치 여인을 향한 것인

듯 읊은 것으로 추정된다.

帶方 贈妓 和兪使相

대방에서 기생에게 지어 주면서, 유 부사에게 화답하다

곱디고운 담장 머리 피어 있던 꽃 한 가지,	艷艷墻頭花一枝
가련하게 잡혀 꺾여 봄 기약은 그르친 채,	可憐攀折誤春期
꾀꼬리가 밟아 부숴 말도 없이 져버렸다,	黃鸝踏碎落無語
날려 갔다 날려 오나 당신께선 모르셔요!	飛去飛來君不知

* 兪使相 : 구체적으로 누구인지 확인할 수 없지만, 이 사람은 작자의 벗이었을 兪氏 아무개인 "南原府使"를 말하는 것임이 분명하다.
* 帶方 : 전라북도 南原의 옛 이름이다.

해설 이 작품은 작자가 기생을 대신해서 기생의 하소연을 現任인 "兪아무개 南原府使"에게 호소하는 내용으로 읊어서 기생에게 준다면서 "兪아무개 府使"에게 화답하는 형식으로 읊은 시다. 담장 머리 곱디곱게 피어 있던 한 가지의 꽃은 기생 자신을 대유한 것이다. 이 꽃이 가련하게 뜻에 없는 그 누구에게 잡혀져서 꺾여진 채 곱게 기대했던 봄을 그르치게 됐는데, 거기에 더하여 꾀꼬리란 놈이 사정없이 밟아 버려 말도 못 하고 다 져버려서 그냥 날려져 갔다가 날려져 오건만,

사또 당신께선 전혀 모르시네요! 라며, 기막히게 억울하고 슬픈 사연을 기막힌 한의 하소연으로 대신하고 있는 것이다. 따라서 여기서 "그 누구"와 "꾀꼬리"가 작품의 화자인 기생을 범했던 인물들이고, "君(당신)"이 바로 사또인 이 "兪使相"임은 말할 필요도 없다. 이렇게 해서 작자는 이 가련한 기생의 대변자로 그녀의 애처로운 하소연을 읊어 전하고 있는 것이다.

山寺口占

산사에서 금방 지어 읊다

선방 안은 적적한 채 저녁 구름 덮벼들고,	禪房寂寂晚雲侵
잠 깨나니 빈 처마 밑 잔 대숲만 울리는데,	睡起虛簷細竹吟
시 다 읊고 문득 문밖 길을 찾아 나가 보니,	詩罷却尋門外路
푸른 산은 말이 없고 물만 무심 흐르누나!	青山無語水無心

해설 이 작품은 절이라는 초월적 공간의 清淨하고 靜逸한 풍경과 정황이 너무도 자연스럽고 곱게 그려져 있고, 여기에 놓여지듯 참가자로 함께 한 작자 자아의 자태와 심경이 절로 그냥 조용한 읊조림으로 들리듯 울려지고 있는 참으로 좋은 시다. 그래서 이 작품의 전구인 "詩罷却尋門外路(시 다 읊고 문득 문밖 길을 찾아 나가 보니)"와 결구인 "青山無語水無心(푸른 산은 말이 없고 물만 무심 흐르누나!)"은 참

으로 禪의 境地에 들어 無心無爲로 자연스럽게 울려 나온 목소리가 된다.

爲金季義七夕有懷

김계의를 위해서 칠석에 느끼는 바가 있어 짓다

산골짝 길 아득하고 비는 좀체 안 개어도,	峽路迢迢雨未開
이 초성의 남쪽 들엔 가을 돌아 또 왔는데,	楚城南畔又秋廻
고운 기약 그 누구가 하동 여인 같겠는가?	佳期誰似河東女
매해마다 안 등지고 한 차례씩 찾아오니!	不負年年一度來

* 楚城 : 시에서 흔히 楚는 중국을 기준으로 하여 서남쪽을 가리키므로 여기서는 우리나라의 전라도 지역의 어느 곳을 가리키는 것으로 추정된다.
* 河東女 : 銀河水의 동쪽 곧 은하수의 이편에 있는 여인이므로, 織女를 말하는 것일 것이다. 여기에서는 매년 七夕에 꼭 牽牛를 만나온 織女처럼, 七夕날 金季義를 만나온 작자 자신을 織女에 비유한 것으로 추정된다.

해설 이 작품은 작자가 자별한 벗이었을 金季義에게 해마다 해오던 바대로, 오늘도 七夕날을 맞아 깊은 산골짝 아득한 길을 따라 비 내리는 속 楚城에 찾아와서는, "그 누가 牽牛를 만나러 오는 織女인나 같은 사람이 있느냐?"며, 해마다 찾아오는 우정을 자랑하듯 강조하듯 읊은 시로 추정된다.

夢後

꿈을 깨고 난 뒤에

개인 가을 오늘 밤은 한 달 일 년 같은 채로,	秋晴今夜月如年
꿈속에서 서로 만나 기뻐 미칠 듯했는데,	夢裏相逢喜欲顚
앞 시냇가 얼마쯤의 서리 맞은 단풍잎들,	多少前溪霜後葉
일시에 휘날려서 창문 가를 두들기네!	一時撩亂撲窓邊

해설 이 작품은 꿈속에서 만난 그 누구가 작자와 기막힌 우정을 나누는 사이의 벗인 터에, 헤어진 지가 몇 달이 넘어서 이 가을밤엔 기다리는 기간이 그 몇 달이 넘은 것이 한 해 같이 길게 느껴져 너무 간절하던 차에 꿈속에서 서로 만나 미칠 듯이 기뻤는데, 깨고 나서 보니 서리가 친 뒤 앞 시냇가에 져 내린 얼마쯤의 낙엽들이 일시에 마구 날려 몰려와서 창틀을 몰아친다는 설명 같은 시지만, 창틀을 몰아쳐서 친구를 만난 꿈을 너무도 아쉽고 안타깝게 깨워버리게 한 바람에 대해서는 한 마디의 직설적 言表도 없이 읊고 있다.

僧有來訪 因向頭輪 贈之
스님이 찾아왔다가 이내 두륜산으로 간다기에 이 시를 주었다

깊은 산 속 세 번째 와 병든 생활 위문할 젠,	三到深山問病居
시내 가득 누런 낙엽 새벽바람 뒤였는데,	滿溪黃葉曉風餘
오늘 밤엔 중봉 산속 찾아가서 잘 터이니,	今宵政就中峯宿
달 밝은 속 누대들은 그림보다 더 좋겠네!	明月樓臺畫不如

* 頭輪 : 전남 해남군에 있는 "頭輪山"의 준말로, 여기에는 大芚寺(大興寺라고도 불림)라는 사찰이 中峯 아래에 있었다. 이 작품의 스님은 이 절에 속했던 것으로 추정된다.

해설 이 작품은 깊은 산 속이면서 낙엽이 지는 가을 새벽녘에, 병중에 있는 작자 자신을 세 번이나 문병차 온 스님이 두륜산 속 절로 돌아간다고 하니, 돌아가서는 오늘 밤에 중봉 아래 절에서 자게 될 테고, 그러면 밝은 달빛 속에 어우러진 절 안의 누대들은 그림보다 더 아름답겠다며, 문병 온 상대에게 너무도 고마운 심경과 함께 부러워하듯 진솔한 찬미를 보내는 시다.

林牧使竹谷別墅 名誨

임 목사의 죽곡 별장에서 이름은 회이다

청산 기웃해진 곳에 바윈 대가 되어 있어,	靑山欹處石爲臺
맑은 시내 다가앉아 옥 술잔을 당겨 놓고,	坐近淸流引玉盃
한도 없는 봄 생각을 노래 불러 푼다 해도,	唱得一春無限思
매화 진 뒤 새로 펴 난 살구꽃은 안타깝네!	也憐新杏遞殘梅

해설 이 작품은 벗일 林牧使의 별장에서 흥취를 풀자고 술자리를 베풀고는, 이렇게 새로 맞은 봄의 무한한 감흥에 너무 겨워져서 술을 마시지만, 안타깝게 져버린 매화꽃 대신 새로 피어난 살구꽃에는 너무 안타까운 미련의 정감을 어찌할 수 없다는 심경을 토로하듯 읊은 시다. 따라서 이 작품에서는 결구 "也憐新杏遞殘梅"의 "也"자를 전구의 "唱得(노래 불러 푼다)"에다 이어 연결어미를 "~해도"로 하여 풀어 읽을 수 있어야 한다.

海臨寺 贈正仁師

해림사에서 정인 선사에게 주다

강남땅의 이 절에는 꽃이 지는 시절이라,	江南蕭寺落花天
십 년 전에 노닌 자취 생각하니 아득한데,	十載遊蹤思渺然
차 끓는 솥 한낮 연기 법당 방이 따스해서,	茶鼎午煙香室暖
비바람이 온 산 쳐도 창 닫은 채 잠 잘잤네!	一山風雨閉窓眠

해설 이 작품은 작자가 십 년 전 봄에 강남 지역의 海臨寺에 와서 쉬어갔던 추억을 아득하게 되새기며, 무한히 그리운 듯 읊어주는 시다. 이 작품에서 십 년 전이건만 "思渺然(생각하니 아득한데)"이라며 못 잊는 것은 전·결구로 읊은 "茶鼎午煙香室暖 一山風雨閉窓眠(차 끓는 솥 한낮 연기 법당 방이 따스해서, 비바람이 온 산 쳐도 창 닫은 채 잠 잘잤네!)"이라는 아늑하고 향긋한 속에서 잠을 잤던 아름다운 추억이 너무 새롭고 그립기 때문이다. 그래서 새삼스레 되뇌이며 읊어주고 있는 것으로, 이 전·결구가 없었다면 이 작품은 제대로 시의 맛을 지닐 수가 없는 것이다.

題桂熙軸

계희 스님의 詩軸에 써넣다

꽃 그림자 겹쳐진 속 해는 아직 안 졌어도, 花影重重日未斜
조용한 채 들 사람 집 찾는 사람 없더니만, 寂無人過野人家
봄 흥취를 추슬러서 스님 시권 써넣자니, 欲將春思題僧卷
미친 듯이 취한 터라 쓸 얘기도 많잖구려! 醉裏顚狂語不多

해설 이 작품은 승구의 "野人家(들 사람 집)"가 분명 작자 자신의 집일 것이지만, 꽃들이 피어 있는 데에다 해도 아직 안 기울었으니, 시를 쓸 두루마리를 갖고 찾아온 이 桂熙 스님과 술을 마셨을 것이라, 봄의 흥취를 시로 읊어 써넣으려 하니, 미친 듯이 많이 마신 취중이라 시로 쓸 말이 없어, 마치도 주정뱅이의 헛소리 같은 시가 되어버렸다는 푸념 같은 시다. 이 작품에서 전구의 "題僧卷(스님 시권 써넣자니)"과 결구의 "語不多(쓸 얘기도 많잖구려!)"는 장난기 같은 수사의 수법으로, 이를 상관시켜서 잘 마무리하고 있다.

贈尹通甫別 名唯深

윤통보와 작별하며 주다 이름은 유심이다

들판 둑에 구름 개자 물은 질펀 하늘 같고,	野岸雲開水似天
찬 숲 위에 지는 해만 나그네 길 비추는데,	寒林落日客行邊
술잔 앞에 취해 엎침 얄궂다고 하진 마세,	當杯莫怪醉成倒
작별한 뒨 서로 잊고 외려 잘 수 있을 테니!	別後相忘猶有眠

해설 이 작품은 작자가 여행 중에 벗인 尹通甫와 만나서 가을 해가 져가는 무렵에 함께 취하도록 술을 마시고 난 뒤, 서로 헤어지면서 술주정하듯 지어 주는 시다. 그래서 전구와 결구는 "우리 서로 술잔 앞에서 취해 엎어져도 서로 얄궂다고 하지는 말자. 서로 헤어지고 난 뒤에는 저절로 서로 다 잊혀진 채 자게 될 수 있을 테니!"라며 여유를 부리듯 읊고 있는 시이다. 이 작품에서도 전구의 "醉成倒(취해서 엎어짐)"는 작별하는 안타까움을 서로 달래자며 함께 한 행태의 결과일 텐데, 결구에서 "相忘猶有眠(서로 잊고 외려 잘 수 있을 테니!)"이라고 한 것은 시인의 능청맞은 행태와 솜씨가 여실히 살아 있음을 보여주고 있다.

題琴妓扇
거문고 타는 기생의 부채에 써 주다

어찌 일찍 詞賦 짓자 황금을 썼겠는가?	何曾詞賦費黃金
맑은 바람 마음 위로하는 걸 다 깨쳤던들,	儘覺淸風解慰心
정갈하고 둥근 모양 되려 명월 견줄 만해,	圓潔還堪比明月
원하건대 달빛 따라 그대 품속 들고 싶네!	願隨流影入君襟

해설 이 작품은 거문고를 타고 있는 기녀가 갖고 있는 부채를 제재로 삼아 자신의 사랑하는 심경을 넌지시 곁들여 읊은 시다. 그런데 이 부채가 合竹扇(쥘부채)이 아니고 圓扇(둥근 부채)이었기 때문에 시로 읊어질 수 있었던 것이다. 둥근 부채는 맑은 바람을 일으키는 반가운 물건이면서 또한 밝고 환한 빛을 내는 둥근 달과 같아 이 기녀에게 맑은 바람을 시원하게 선물할 뿐만 아니라 밝고 환한 빛을 반갑게 비춰줄 터이니, 작자 자신은 바로 이 둥근 부채가 되어 맑은 바람으로 잠자리에 든 기녀를 시원하게 해줄 뿐만 아니라 밝고 환한 달빛이 되어 기녀의 품속에 비춰들고 싶다는 심경을 전하고 있는 것이다.

기구와 승구에서 이 둥근 부채가 맑은 바람으로 외로운 여인의 마음을 시원하게, 그리고 달이 되어 빛으로 밝고 환하게 해주는 것을 미쳐 알았더라면, 漢나라 武帝의 寵愛를 상실한 陳皇后가 武帝의 신임을 받는 司馬相如에게 몰래 값진 黃金을 뇌물로 주고 〈長門賦〉를 지어 武帝에게 바치게 하고서야 寵愛를 다시 받게 되는 복잡하고 수고스러운 노릇을 했겠느냐고 한 것이다. 따라서 이 작품에서 전구의 "圓潔

…… 比明月(정갈하고 둥근 모양 …… 밝은 달에 견줄 만해)"과 결구의 "願隨流影入君襟(원하건대 달빛 따라 그대 품속 들고 싶네!)"은 은근한 구상과 고운 수사가 잘 어우러져 있다.

又

또 한 수

천 리에서 오는 글은 옥이요 금이련만,	千里音書玉又金
그 몇 해를 서리·눈에 괜히 마음 놀랐을 뿐,	幾年霜霰謾驚心
무슨 수로 난새를 탄 선녀같이 돼 가지고,	何方得似乘鸞女
안개·노을 함께 날아 달과 품을 함께 할까?	煙霧同飛月共襟

해설 이 작품은 이 거문고를 타던 기녀와 헤어진 뒤에, 같은 제목으로 한 수를 다시 지어 놓은 시로 추정된다. "옥이거나 금같이 소중하고 반가울 기녀 자네의 편지가 천 리나 되는 그 먼 곳에서 오기를 그렇게도 간절히 그 몇 해를 기다리다가 가을이 와서 서리만 내리거나 겨울이 와서 눈발만 날리면, 아! 또 한 해만 가는구나 싶어 괜히 마음만 놀라 무한히 언짢아지니, 무슨 수로 그 기녀는 난새를 탄 선녀같이 되어 나와 함께 고운 안개와 노을 속을 함께 노닐면서, 달인 나와 품을 함께 할 수 있을까?"라며 안타까워 하고 있는 것이다. 그래서 전구의 "乘鸞女(난새를 탄 선녀)"와 결구의 "月共襟(달과 품을 함께

할까?)"이라는 시어에는 상대화한 여인에 대한 心象과 그녀를 향한 작자의 묘한 감정이 자리를 잡고 있다.

次李益之有贈

이익지가 누구에게 준 시의 운을 따라 짓다

안방 깊이 닫힌 채로 시간만이 길고 긴 속,	深掩蘭房玉漏長
금비녀가 떨어지자 흩인 머린 싱그런데,	金釵落處髻雲香
적적한 속 사람 없어 괜히 시름겨워진 채,	閑愁寂寂無人見
일어나서 매화나무 위에 끼인 서릴 터네!	起掃梅花樹上霜

해설 이 작품은 李達이 지어서 月娥라는 기녀의 詩帖(시를 적어 두는 수첩)에 적어 넣어주었다는 작품인 〈仙桂曲 題月娥帖('선계곡'을 지어서 월아의 시 수첩에 적어 넣다)〉이라는 시의 韻을 따라 지은 시로 추정해 볼 수 있다. 우선 脚韻이 꼭 같고 시상의 내용이 玉峰의 작품에 담겨 있는 詩想과 有關한 것으로 보이기 때문에 더욱 그렇다.

우선 李達의 작품을 보면 "一曲瑤琴秋恨長 夜深燒盡水沈香 多情更有西樓月 步下金階滿地霜(한 곡 고운 거문고에 가을 한은 끝도 없고, 밤은 깊어 수침향도 다 타 없어져 가는데, 애끓게도 저편 누각 달만 다시 걸려 있어, 가을 계단 내려가니 지면 가득 서리 꼈네!)"이라고 하여, 月娥가 깊어진 가을밤에 아무도 없이 홀로인 채 고독하게 잠을 못 이루고 서리가 낀 뜨락으로 내려가 서성인다고 하였다.

그런데 玉峰의 작품에서도 역시 주인공을 누군가에게 사랑을 받아 곱고 아름답게 가꾸며 살다가 외롭게 혼자가 된 여인으로 설정하여, 이제는 오히려 무한히 고독한 자신을 自憐하는 이 여인은 서리가 낀 매화나무를 同病相憐의 同伴者的 相對로 삼아서 거기에 끼인 서리를 털어냄으로써 애틋하게 보듬어 주고 있는 것이다. 李達의 〈仙桂曲 題月娥帖〉은 白光勳뿐만 아니라 孤竹 崔慶昌도 〈次益之贈彈琴女韻〉이라는 詩를 次韻으로 지어 놓고 있다.

春日贈別

봄날 작별하고 가는 이에게 주다

강 위 아침 오자 비는 먼지 적셔 내리는데,	江上朝來雨浥塵
한 잔 술로 멀리 가는 사람 전송하려 하니,	一杯相送遠行人
문 나서면 바로 저기 하늘 끝 갈 길이라서,	出門卽是天涯路
눈 닿는 끝 구름·안개 애를 끊는 봄이겠네!	目極雲煙腸斷春

해설 이 작품은 자신과 작별하고 멀리 떠나는 상대를 전송하면서 자신의 아쉬운 정과 상대의 행색 그리고 갈 길의 형편을 추정하여 읊어주는 시다. 그래서 떠나는 상대와는 겨우 한 잔의 술을 마시고서 서로 헤어져서는 자신도 멀리 하늘 끝으로 난 길을 갈 터인데, 눈길이

닿는 그 먼 길을 가노라면 구름과 안개가 끼었을 그 봄의 풍경이 정녕 홀로 가고 있는 그대도 애가 끊길 듯 안타깝게 할 것이라는 동정이면서 위로인 것이다.

弘農郡 贈人

홍농군에서 어느 사람에게 주다

앞 방죽엔 수양버들 뒤 성곽엔 꽃들에다,	南埭垂楊北郭花
수만 집들 인적 조용 달만 한껏 밝았는데,	萬家人靜月明多
누각 안엔 웬 여인이 새 노래를 불러 주니,	樓中有女唱新曲
천 리 고향 돌아갈 맘 오늘 밤은 어찌하나?	千里歸心今夜何

해설 이 작품은 새 노래를 부른 어느 여인에게 자신의 심경 일단을 넌지시 담아 지어 준 시다. 그래서 기·승구에서 실제의 현장 풍경인 방죽에 늘어선 수양버들과 성곽에 핀 꽃 그리고 밤을 맞아 인적도 조용한 수만의 인가들과 여기에 한껏 밝게 비춘 달빛 속에 든 시·공 풍경에서 특히 누각을 배경으로 제시하고는, 이곳 弘農 官家의 妓女로서 잔치 자리에서 노래를 부르고 있었을 여인의 자태와 노래를 보고 듣고서는, "천 리 길의 고향으로 돌아가려던 마음을 오늘 밤엔 어떻게 하면 좋으냐?"고 안타깝게 물어보듯 읊어 전하는 시다.

이 작품의 배경과 사연을 이렇게 전제하고, 제목에 있는 "人(사람)"

을 풀어 읽어 보면 아무래도 이 "人"은 바로 이 작품의 전구 속에 나오는 "有女唱新曲(새 노래를 부르고 있는 여인)"인 妓女일 것이 분명하다. 그래서 이 여인이 부르는 새 노래의 곡과 그 자태에 은근하지만 기막히게 매료된 자신의 감정을 애틋하게 하소연하듯 "歸心今夜何(돌아갈 맘 오늘 밤은 어찌하나?)"라며 결구를 맺고 있다.

松京有感

개성에서 감회에 젖어

오백 년의 그 시간이 별안간에 간 봄인 채,	五百年間瞥眼春
그 번화는 남긴 티도 찾을 곳이 없건마는,	繁華無處覓遺塵
맘 상해라 열두 난간 다리 머리 뜬 달빛만,	傷心十二橋頭月
하염없이 길을 가는 나그네를 비추누나!	留照悠悠行路人

해설 이 작품은 무상한 역사의 흔적마저 사라진 현장에서 절로 울려 나오는 허망한 탄식을 읊어낸 시다. 그래서 오백 년의 그 고려왕조 역사가 별안간 훌쩍 사라져 가버린 봄날의 풍경들 같은 채로, 지금에 와서 보니 그 번화했던 고려왕조 역사의 유적은 티끌만큼도 남은 것이 없이 허망할 뿐이건마는, 이곳을 찾아온 나의 마음은 끝없이 슬퍼진 터에 이 개성의 열두 개 다리 머리 위에 그 옛날부터 떠 있었던 달빛만 지금도 그냥 하염없이 길을 가고 있는 나그네인 나를 비춰주

고 있을 뿐이라고 했다. 이 작품의 네 구가 모두 무한히 깊은 한탄의 청승맞은 가락으로 읊어지고 있는 시다.

扶餘有感

부여에서 감회에 젖어

푸른 산들 겹쳐 있고 퍼런 강물 흘러갈 뿐,	青山重疊碧江流
옛터 宮은 간데없고 樓亭들만 남았는데,	不是金宮卽玉樓
한창이던 그 옛날은 이젠 물을 곳도 없이,	全盛只今無處問
달만 밝고 조수 질 뿐 외론 배에 기대섰네!	月明潮落倚孤舟

* 金宮 : "王宮의 宮闕"이라는 말로, 여기에서는 옛 王宮 터에 이 "宮闕"이 안 남아 있다는 말이다.
* 玉樓 : 여기에서 "玉樓"라고 한 것은 지금 옛 왕궁터에 "宮闕"은 없고 놀이하는 "아름다운 樓閣"만 남아 있다는 말이다.

해설 이 작품은 작자가 부여를 찾아가서 백제의 유적과 산천을 둘러보고 회고하는 소감을 읊은 시다. 푸른 산들은 겹쳐 섰고 푸른 강물은 옛날처럼 흘러가며 有常하건만, 지금 찾아와서 보니 그 옛날 백제의 왕궁이었던 터에 宮闕은 흔적도 없고, 오히려 妓女들이 놀이하는 樓閣만 남아 있으니, 국운이 한창이었던 그 당시의 상황을 지금은 물어볼 곳조차 없는 터라, 달빛만 환하게 밝고 조수는 빠져버린 이 강에서 외로운 배에 기대선 채 있을 뿐이라는, 歷史 無常에 대한 긴 탄식의 심경을 읊고 있는 시이다.

그런데 이 작품을 柳夢寅은 그의 『於于野談』에서 "白光勳以能詩善草書 鳴於湖南爲第一 其過夫餘縣 縣監方船載酒 借公州妓樂以要之 至則布衣一儒生 貌寢少風采 妓中有一人名將本 善俳諧 曰曾聞白光勳之名大於山 及得見之 釣龍臺耳 …… 而不過塊然一小巖而已 當時以妓言爲善形容(백광훈이 시에 능하고 초서를 잘 써서 호남에서 제일이라고 알려져 있는데, 그가 부여를 지나가다가 현감이 배를 띄우고 술을 싣고서 공주의 기녀와 풍악까지 잡혀와서 함께 즐기며 놀자고 하여, 백광훈이 도착하는 걸 보니 그냥 한 시골 선비일 뿐인 데에다 생김새마저 별수 없는 터라, 기생 중에 '장본'이라는 이름을 가진 여인이 놀리기를 잘하여서 말하기를 '일찍이 듣기로는 백광훈의 명성이 山보다도 크다고 하더니 이제 만나보니 저기 있는 釣龍臺일 뿐일세!'라고 하였다. …… 그런데 이것은 한 덩어리 조그만 바위에 불과할 뿐이라는 말로서, 그 당시 이 기녀의 말이 백광훈의 인품을 아주 잘 형용한 것이다)"이라고 하면서, 뒤이어 "以余觀之 詩亦釣龍臺也(내가 읽어 보니 詩도 또한 釣龍臺 수준이다)"라고 하여 이 작품을 예로 들어 貶下하고 있다.

이것은 詩를 누구보다도 새롭게 지으려고 무한히 노력한 것을 잘 보여주고 있는 玉峰이라서, 五言絶句 같은 詩型에서 三唐詩人들에게 매우 劣等感을 느꼈을 柳夢寅이, 三唐詩人들을 위시해서 많은 작가들의 시를 비판하고 있는 것으로 추정된다. 그래서 여러 경우에서 詩를 詩답게 보지 않고 기계적으로 평가하고 있는 문제점을 보이고 있다.

完山題柳府使江亭 名德粹

완산에서 유 부사의 강가 정자를 제재로 삼아 짓다

이름은 덕수이다

성 저 밖의 푸른 산과 비 끝난 뒤 하늘에다,	城外青山雨後天
한 냇물 윈 붉은 해에 수만 집은 안개 어려,	一川紅日萬家煙
고향길이 천 여린 걸 내 스스로 아는 바니,	自知鄉路千餘里
곁의 사람 취한 내 잠 깨울 필요 없네그려!	不用傍人喚醉眠

해설 이 작품은 벗의 강가 정자에서 노닐면서 비가 끝난 뒤의 청신한 풍경과 여기에 연관하여 환기될 향수의 정황을 다독이듯 읊은 시다. 그래서 비가 갠 뒤에 저 멀리 성 밖으로 푸르게 드러난 산들의 청신한 풍경과 푸른 하늘 그리고 한 냇물 위에 쏟아지는 붉은 햇빛 속에 안개가 곱게 낀 수많은 집들의 풍경에, 이내 연상되는 고향을 간절하게 그리워하면서도 천 여리 밖의 먼 고향으로 금방 돌아갈 수 없음을 알고 있기에, 술에 취해서 깊이 잠든 속 꿈으로 그 고향을 찾아가고 싶으니 옆에 있을 누구도 잠든 나를 깨울 필요가 없다는 은근한 부탁처럼 읊고 있는 것이다.

贈萬珠師
만주 스님에게 주다

쓸쓸한 채 혼자 살며 찾는 인적 끊겼다가,	閑居寥落斷來尋
때로 높은 스님 와선 함께 마음 얘기하곤,	時有高僧與話心
한밤 내내 조올조올 봄 맞을 물 흐르는데,	一夜潺湲春磵水
그 눈길 속 바위 절 문 깊숙 찾아 돌아가리!	雪中歸去石門深

해설 이 작품은 외로울 만큼 쓸쓸하게 혼자 살고 있는 자신을 찾아와서 밤 내 정겹게 서로 이야기를 하며 보내고는, 이내 다시 절로 훌쩍 돌아가는 스님에게 돌아갈 길을 정감으로 그려 이야기하듯 읊어 주는 시다. 그래서 한가롭긴 하지만 적막한 채 외롭게 매일매일을 보내고 있건만 찾아오는 사람의 왕래도 거의 끊겨 있는 자신의 형편을 말하고는, 이런 형편을 알기나 하는 듯이 때때로 높은 정신 경지의 수양을 닦은 스님이 찾아와서 서로 맑은 마음의 경지를 주고받으며 끝없이 이야기하는 것을 전하면서, 이렇게 이야기를 주고받는 하룻밤 내내 곧 봄을 맞을 냇물이 사뭇 조올조올 흐르는 소리가 들려왔음을 말하면서, 이제 날이 새고 아침이 되면 스님 자네는 그 산의 눈길 속을 거침없이 걸어서 그 절 문 깊숙한 법당으로 돌아갈 것이라며, 이내 자신의 다시 안타깝고 쓸쓸해질 심경을 말없이 담아 전하고 있는 것이다.

그런데 기구에서 자신의 상황을 "寥落斷來尋(쓸쓸한 채 찾는 인적 끊겼다가)"이라 하고, 승구에서 상대 스님을 "高僧(높은 스님)"이라고 한 것에는 세속 衆生으로서의 자아의 고독과 희노애락을 초탈한 상대 스님의 精神的 境地를 대비적으로 설정하여, 현실적 자아의 처지를 상대화함으로써 은연중 자아를 향한 동정을 유도하려고 하는 의도가 담겨 있다.

頭輪寺 贈道演師

두륜사에서 도연 스님에게 주다

하늘 가득 비·바람 속 속객으로 처음 오니,	滿天風雨客來初
한쪽 벽엔 향등 불빛 예불 끝낸 뒤였는데,	一壁香燈禮佛餘
문 앞 가린 푸른 산봉 구름 온통 껴 있건만,	門掩碧峯雲暝盡
밤 깊도록 꿈(잠)도 없이 도경(불경) 얘기뿐이었네!	夜深無夢話金書

* 金書 : 원래는 "金泥(금물)로 쓴 글"을 말하나, 나중에는 道敎나 佛敎의 書籍을 의미하는 말로 쓰였다. 그래서 金書는 道德經이나 佛經을 말한다. 또 天神의 詔書나 法律條文을 말하기도 한다.

해설 이 작품은 자신이 처음 속객으로 찾아가서 구경하는 사찰의 풍경 그리고 여기에서 체험하는 정황과 상대 스님의 탈속적 인품을 羨望하듯 기린 시다. 그래서 온통 하늘 가득 비바람이 치는 험한 날씨 속에 속세의 사람으로 두륜사를 처음 찾아온 어설프고 을씨년한 자신의 심경 상황을 전제하고, 이 절 안의 한쪽 벽에는 향등이 켜진 채 걸려 있고 스님들은 예불이 다 끝난 뒤의 정황을 제시하며, 사찰의 정문을 가릴 듯 마주 서 있는 푸른 산봉이 온통 구름만 껴 있건만이라며 속세 같으면 매우 을씨년한 형편임을 말하고서, 결구에서 이 도연 스님은 이런 형편을 아랑곳하지 않고 밤이 깊도록 잠도 자지 않은 채 태연하게 불경 이야기만 하고 있다고 함으로써, 이 도연 스님이 일체를 벗어난 채 설법과 득도의 경지에 든 인물임을 말없이 기리고 있는 것이다.

金士重 伏巖江墅

김사중의 복암 강가 별장에서

울타리 한 둬 집 마을 바위 굽이 깊숙한 곳,	數家籬落石灣深
홀로 숨은 사람 있어 나무 기대 시 읊다가,	獨有幽人倚樹吟
비에 씻긴 저녁 沙場 안개 다는 안 걷힐 즘,	雨洗晩沙煙未盡
바로 강물 중심 향해 작은 배를 풀어 가리!	小舟撑出是湖心

해설 이 작품은 강가에 있는 별장을 발상의 단서로 삼아, 이 별장의 주인인 김사중의 일상의 단면을 그대로 그냥 스케치하듯 읊은 시다. 울타리 친 두어 집으로 이루어진 마을이라는 공간과 강가 바위 굽이라는 장소만으로 김사중의 별장이 있는 곳을 상상할 수 있게 했

으며, 별장 주인인 김사중이 홀로 세상을 멀리하고 숨어 사는 선비로서 때때로 나무에 기대선 채 시만 읊는다고 하고, 비가 한바탕 씻을 듯이 내린 저녁 무렵 모래펄에 고은 안개가 아직 다 안 걷힌 즈음을 제시하고는, 결구에서 김사중은 바로 버텨 놓았던 배를 풀어 타고 이 강물 중심을 향해 나갈 거라며 그 자유자재의 그윽한 놀이를 부러워하듯 읊고 있다.

寄海南宰金文甫

해남의 원님 김문보에게 부치다

그대와는 보자마자 곧장 서로 가까워져,	與君相見卽相親
넓은 천지 나의 십 년 가난 딱해했었는데,	湖海憐吾十載貧
달이 밝던 다락 머리 달은 벌써 기운 터니,	明月樓頭兎已缺
이별한 맘 하루하룬 삼십 일과 맞먹겠네!	離懷一日敵三旬

* 明月樓 : 이 건물은 海南에 실제로 있는 누각일 수 있으나, 여기에서는 "달빛이 환한 누각"이라는 뜻으로 쓰였을 것이 분명하다.

* 兎 : "兎月(토끼가 약 방아를 찧고 있다는 달나라)"의 준말로, 우리 民譚과 관련된 말이다.

해설 이 작품은 정겨운 벗이었던 金文甫와 나눈 우정을 못잊어

하며 그 그리운 심경을 읊어 보내는 시다. 그래서 자네와 내가 처음 만나서 보자마자 곧바로 서로 가까워졌음을 말하면서, 이 넓은 세상에서 나의 처지를 알아주는 사람이라곤 아무도 없었는데, 10여 년 동안 아주 가난한 처지에 있는 나를 자네만이 처음으로 지극히 애처롭게 여겨준다고 하며 말없이 기막힌 고마움을 표하고, 내가 자네를 찾아가서 만났을 적에 함께 한 곳인 그 달이 밝던 다락 머리에 이제는 15일이 지나 그 달빛이 이미 쓰러졌을 것임을 말하면서, 결구에서 자네와 헤어진 채로의 나의 심정은 너무 외로워 매일 하루가 30일(한 달) 같이 너무 길게 느껴져서 괴롭다며 하소연하고 있는 것이다.

그런데 전구의 "兎已缺(달이 벌써 기운 터라)"은 작자가 벗과 헤어진 지 이미 15일이 지나서 서로 헤어진 외로움의 나날이 너무 길다는 안타까움을 글 밖으로 함축하고 있는 말이면서 또한 이 외로움의 나날이 너무 길다는 것은 그 배경에 밝은 달빛 속에 서로 만난 다락 위의 기막히게 기뻤던 순간이 너무 짧았었다는 안타까움이 자리하고 있다. 결구인 "離懷一日敵三旬"은 둥근 달빛이 밝아 있었던 다락 위의 하룻밤은 기막힌 기쁨이었건만, 그 기쁨은 그날 밤이 새벽이 되고 서로 헤어지면서 너무 짧았었기에, 그렇게 서로 헤어진 것이 벌써 그믐이 되어 반가운 만남의 보름날 밤은 상실되고 이내 한스런 이별의 한만인 채 15일이라는 긴 시간이 되어버렸는데, 이제는 이렇게 이별로 인한 한을 안고 있는 하루하루가 아예 이 앞의 15일보다도 더 긴 30일의 시간이 되었다는 탄식을 하고 있는 것이다.

月谷凉亭 在綾城

월곡 양정에서 능성에 있다

물이 돌고 산이 돌아 면면마다 신기한 걸, 水轉山回面面奇
밤에 와서 일찍 한 번 달 밝은 때 봤었기에, 夜來曾見月明時
인간 세상 한 여름내 쇠를 녹일 더윈데도, 人間九夏流金日
이 정자 속 닿자마자 문득 더윌 잊게 됐네! 纔到亭中便不知

---

* 九夏 : 90일 동안의 덥고 지루한 여름이라는 말로 쓰인 것이다.
* 流金日 : "流金"은 "쇠를 녹인다"라는 말로, "流金日"은 "쇠를 녹일 듯이 아주 더운 날씨"라는 말이다.

해설 이 작품은 작자가 일찍이 한번 이 정자에 와서 달빛이 환한 밤에 기막히게 신기한 주위 산수의 풍경을 구경한 터라, 그때 경험한 그 맑고 시원했던 감정이 그대로 남아 있을 뿐만 아니라 지금도 풍경이 그대로 맑고 시원해서, 저 세속 사람들로 북적이는 곳들에는 이 90일간의 여름 더위가 말도 할 수 없이 덥겠지만, 여기 이 凉亭에는 도착하자마자 더위를 그냥 바로 잊게 한다는 과장 같은 감탄의 시다. 그래서 이 작품은 기구에 "面面奇(면면마다 신기한 것)"라는 山水의 風景을, 승구에서 "曾見月明時(일찍 한 번 달 밝은 때 봤었기에)"라며 잊을 수 없는 경험을 전제해 놓고, 전구와 결구에서 "流金日(쇠를 녹일 더윈데도)"이라고 하면서 "纔到亭中便不知(이 정자 속 닿자마자 문득 더윌 잊게 됐네!)"라며 구상과 수사를 아귀에 딱 맞추어 읊어 놓고 있다.

有贈

줄 데가 있어서

뜨락 가득 높은 나문 모두가 다 배나무니,	滿庭高樹盡梨花
꽃이 피면 응당 손이 다시 찾길 기다리리,	花發應須客再過
어느 날쯤 난릉에는 봄 술이 익을라나?	何日蘭陵春酒熟
달 밝으면 살풋 꿈속 고운이 집 꿈꾸는데!	月明香夢玉人家

* 蘭陵酒 : 李白의 〈客中行(여행 중의 노래)〉에서 "蘭陵美酒鬱金香(난릉에는 맛있는 술 울금 향기 풍기는데!)"이라고 하였는데, 蘭陵은 맛있는 술이 생산되는 곳으로 이 "鬱金"의 향기를 풍겨서 아예 이 술을 "鬱金香"이라 부르기도 하였다.

해설 이 작품은 작자가 사랑했던 어떤 여인이거나 기녀와 헤어진 다음, 그 여인을 그리워하며 그녀에게 보내주고 싶어 지은 시이다. 그 여인의 집 뜨락에 가득 서 있는 높은 나무들은 모두가 배나무라고 하여, 그 여인과 만나서 정답게 사랑을 나누었던 계절이 배꽃이 핀 시기였을 것을 默示하고 있으며, 그 나무들에서 다시 배꽃이 피면 그 여인이 응당 그 손님, 곧 작자 자신이 다시 찾아올 것을 기다리고 있을 거라고 확신하며 추정하고 있는 것이다. 그래서 언제쯤에나 蘭陵 같이 향기로운 그 봄 술이 익어 그때를 맞추어 가서 함께 술을 마시게 될지 안타깝다는 것이며, 이내 그 술이 익는 때를 몰라 안타깝게 기다리기만 하면서, 달이 밝은 밤이면 매번 살풋이 잠이 들어 꾸는 꿈속에 그 고운이(여인) 집을 꿈으로 꾼다는 애틋한 심경을 전하고 있다.

寄山人

산사람에게 부치다

야윈 꼴로 이 맑은 밤 깊은 침묵 갈무린 채,	羸形淸夜抱幽沉
외론 달만 은근하게 함께 마음 비추는데,	孤月慇懃與照心
저 하늘 밖 신선으로 놀며 돌아 안 오면서,	天外仙人遊不返
푸른 구름 깊숙한 곳 학이 우는 어디일까?	鶴鳴何處碧雲深

해설 이 작품은 멀리 저 하늘 밖 먼 곳으로 유람을 떠나 어느 산속에 살고 있을지도 모르는 벗일 한 사람에게, 자신의 외로운 형편과 심경을 전하면서 기막히게 보고 싶다는 간절한 심경을 말없이 전하는 안타까운 시다. 그래서 "자신은 야윈 꼴의 주인공이 되어 이렇게 맑은 밤에 홀로 가슴 속에 깊은 침묵만 갈무린 채로, 저 하늘에 외롭게 뜬 달하고만 은근하게 서로 마음을 비추어 주고(교류하고) 있는데, 친분이 두터운 벗인 한 사람은 저 먼 하늘 밖 어딘가로 유람을 떠나 정녕 어느 산속에서 푸른 구름이 깊은 속에 학만 울고 있을 그 어디에서 머물고 있느냐?"며 묻고 있는 시로, 여기에는 자신의 고독감과 함께 자네가 기막히게 보고 싶다는 심경을 말없이 전하고 있는 것이다.

그런데 이 작품에서 기구의 "羸形(야윈 형체, 곧 야윈 형상의 체질)"은 바로 작자 자신의 외로움으로 야윈 몰골이며, "淸夜(이 맑은 밤)"는 자신의 하루하루 외롭지만 청정한 생활의 시간적 배경이고, "抱幽沈(깊은 침묵 안은 채)"은 자신의 가슴에 깊숙이 갈무려져 있을 고독의 침묵을 말해주면서, 상대 벗인 "山人"에게 자신의 형편을 전해주고 있으며, 승구의 "孤月(외론 달만)"은 자신과의 기막힌 정신적 交流의 伴侶者임을, "慇懃與照心(은근하게 함께 마음 서로 비춰)"은 자신의 孤高淸潔한 人性을 간접적으로 전하고 있다. 그리고 전구의 "仙人(신선)"은 말할 것도 없이 작자의 벗인 이 "山人"을 말하는 것이고, 결구의 "鶴鳴何處(학이 우는 어디)"는 이렇게 신선 같은 벗이 가서 있을 곳을 학이 우는 고상한 공간으로 상상하여 설정한 것이다.

環碧堂
환벽당에서

두어 구비 안개 계곡 맑은 채로 터엉 빈 듯, 數曲煙溪淸若空
작은 방에 한가론 꿈 옷깃 가득 바람 불다, 小堂閑夢滿襟風
깨어나서 문을 여니 보이는 사람 없고, 覺來開戶無人見
지는 해만 일렁일렁 물속으로 비춰드네! 斜日離離暎水中

* 環碧堂 : 광주광역시 북구 충효동에 있는 정자로 1500년 대에 沙村 金允悌가 지은 것이다. 한국의 명승 107호로 지정되어 있고, 宋時烈의 扁額과 林億齡의 詩가 배치되어 있다.

해설 이 작품은 이 환벽당이라는 건물에 머물고 나서 자신이 체험한 정황과 주위에 있는 풍경을 스케치하듯 읊어 놓은 시다. 안개가 살짝 끼인 두어 굽이의 계곡이 저 하늘빛처럼 한량없이 맑은 채로 있는 조용한 풍경은 시적 주인공인 화자가 하루를 시작하는 정황의 배경으로 제시된 것이고, 또 화자가 작은 방 안에서 한가롭게 자며 꾸는 꿈결에 옷깃 가득 바람이 불고 있는 정황이 그대로 그려져 있으며, 꿈을 깨고 난 뒤에는 아무도 없이 조금은 적막한 주위의 분위기가 그려져 있다. 결구에서는 이 환벽당에서 화자가 적적할 만큼 조용히 맞는 하루의 끝이 물속에 비춰든 저녁 햇빛으로 마감하여 그려져 있다.

贈奉恩僧

봉은사 스님에게 주다

이 강 위의 봉은사를 추억하게 되는 것은,	爲憶奉恩江上寺
객선 타고 내 일찍이 어느 9월 찾아가서,	客船曾過九秋中
서릿바람 해진 다음(해 지고서) 외로이 자던 그곳,	霜風落日孤眠處
당시 반 밤 그 종소리 아직 기억나서일세!	猶記當時半夜鐘

* 奉恩江上寺 : 원래 "江上奉恩寺"이며 또 이래야 자연스러운 語句인데, 이 자연스러운 語句대로 "爲憶江上奉恩寺"라고 하면 "仄, 仄, 平"이 되어 簾法에 맞지 않는다. 그래서 "仄, 平, 仄"에 맞게 "奉恩江上寺"로 한 것이다.

해설 이 작품은 작자가 어느 해 9월 지금의 서울 강남의 봉은사를 찾아갔었던 기억을 되살려 짚어보면서, 그 절의 어느 스님에게 그 절에서 하룻밤을 유숙하며 반 밤중에 들은 종소리가 신비롭고 그윽했음을 아직도 기억하고 있다며 기막힌 추억인 듯 말하고 있는 시다. 따라서 이 작품에서 그 시상의 본질을 정확하게 읽어내기 위해서는 문맥의 상호 유기적인 구조를 잘 파악해서 읽어야 한다. 다시 말하면 기구의 "爲憶(추억하게 되는 것은)"과 결구의 "猶記(아직 기억나서일세!)"가 상호 인과적인 有機構造로 이루어진 것임을 알고 풀어 읽어야 한다.

醉眠金季綏以自寫水墨綃扇求題

취면 김계유가 자신이 그린 수묵화 비단부채를 가지고 제화시를 지어 써 달라고 해서

서글퍼라 귀향 계획 또다시 글러진 채,	惆悵歸山計又非
흰 구름만 괜히 그냥 옛 바위문 꼈을 텐데,	白雲空鎖舊巖扉
누가 알랴 이 오늘의 끝도 없는 내 鄕愁를,	誰知此日無窮意
한 산길만 사뭇 그냥 푸른 산속 나 있겠지!	一逕依依入翠微

* 醉眠金季綏 : 조선조 중기의 화가인 金禔를 말한다. 季綏는 字이고 醉眠은 호이며, 다른 호를 養松軒이라고도 하였다. 그는 특히 山水畵를 잘 그렸으며 李達과도 가까웠다.

* 歸山 : 글자대로의 뜻은 "산으로 돌아간다"이지만, 옛사람들이 객지나 서울에 와 있으면서 가고싶어 하고 가고 싶어지게 되는 고향은 큰 도회지거나 바닷가 혹은 강가의 마을이기보다는 이 시끄러운 도시나 세속을 떠나서 깊숙하고 조용한 산속의 마을이기를 바라기 때문에, 여기에서처럼 흰 구름이 끼어 있는 깊은 산 속 바위 사이 문을 들어가서 있는 깊은 마을이라야 하는 것이다.
* 巖扉 : 글자대로의 뜻은 "바위 사이의 문"인데, 이것은 스님이나 신선 또는 세상을 멀리하고 숨은 듯이 사는 고고한 선비 등이 사는 脫俗的인 공간(마을)으로 들어가는 入口를 지칭하는 말로서, 작자 자신도 이렇게 탈속적인 마을에 살고 있는 선비라는 자각이 있는 표현이다.

해설 이 작품은 화가인 김제가 비단부채에 水墨으로 山水畵를 그리고 여기에 題畵詩(그림을 제재로 삼아 시를 지어서 그림에 써넣는 것)를 지어달라고 해서 지은 시로, 이 그림 속의 山水風景을 작자는 자신이 가고 싶어도 아직 가지 못하고 있는 그 정든 산속의 고향으로 설정하고, 가상적으로 귀향을 못 하고 있는 자신인 양 안타까운 향수를 실어 읊은 시다.

이 작품은 조금 특이하게 기구에서 "歸山計又非(귀향 계획 또다시 글러진 채)"라고 하면서 승구에서 "空鎖舊巖扉(괜히 그냥 옛 바위문 껐을 텐데)"라고 하여 구름만 꽉 끼어 있을 마을 문만 상상하고, 전구에서 "此日無窮意(이 오늘의 끝도 없는 내 鄕愁를)"라며 고향을 향한 간절한 향수를 다시 반추하듯 되뇌고, 결구에서 아무도 찾아가는 사람 하나 없이 "一逕依依入翠微(한 산길만 사뭇 그냥 푸른 산속 나 있겠지!)"라며 너무도 적막할 상황으로 안타깝게 그려보며 읊고 있는 것이다.

지금 보는 바와 같이 詩想의 强調를 위한 수법이 남다른 이 작품은 수많은 다른 작가들의 시에서는 거의 볼 수 없는 별난 構想과 修辭의 수법으로 이루어져 있어서, 같은 三唐詩人인 孤竹이나 蓀谷의 絶句 作品에서도 볼 수 없는 것이다.

題洪君千璟錦北庄
홍군 천경의 금북 별장을 제재로 삼아서

작은 길이 숲 통과 후 또 한 마을 거기 있고,	小逕通林有別村
푸른 시내 끝나가자 사립문에 도착해서,	青溪欲盡到柴門
십 년 동안 마음속 일 한 동이의 술로 풀며,	十年心事一樽酒
매화 마주하여 앉자 말할 것이 없게 됐네!	坐對梅花無所言

해설 이 작품은 작자가 절친한 벗일 洪千璟의 별장을 찾아가서, 10여 년 동안 서로 아쉬워했던 우정과 친분을 한 동이 술을 마시며 정겨운 이야기로 풀다가, 이내 꽃이 핀 매화나무를 함께 마주해 앉아 이 매화꽃의 기막힌 자태와 향기에 취해서, 그냥 사뭇 그윽하고 아늑한 심기와 무한한 감흥에 젖어 새삼 말을 할 필요가 없게 됐다는 기막힌 감탄의 선언이다. 그래서 이 작품의 결구인 "坐對梅花無所言(매화 마주하여 앉자 말할 것이 없게 됐네!)"은 위에서 말한 바대로 너무도 기막힌 심기와 감흥의 경지라서 말로 표현할 수도, 표현할 필요도 없는 경지에 들어 있다는 소리 없는 선언이다.

成大任家 留別 名軾

성대임 집에서 남겨 두고 작별하면서 이름은 식이다

귀한 이가 술 준비해 약속해줘 와 있다가,	王孫有酒來相命
먼 곳 손은 떠날 맘에 노랜 바로 슬프네만,	遠客思歸歌正悲
처마 앞의 좋은 비는 또 웬일로 내리면서,	簷前好雨亦何事
울 밑 노란 국화꽃도 아직 홀로 남아 있네!	籬下黃花今獨遲

* 王孫 : 글자대로의 뜻은 "王家의 後孫"이지만, 그냥 "귀한 사람", "귀한 이" 같이 좋은 사람을 높여 부르는 말이기도 하다. 여기에서는 바로 그런 뜻으로 쓰였다.
* 相命 : 옛날 중국에서 諸侯들이 서로 모이기를 약속하는 것을 말한다.

해설 이 작품은 시상의 내막을 풀어서 읽어야 할 필요가 있다. 작자는 어느 해 가을 절친한 벗이었을 成大任이 술을 준비해 놓고 초청을 해서 먼 곳에서 손님으로 찾아갔지만, 작자는 이 成大任과 서로 만난 즐거움을 한껏 풀지도 못하고 헤어져 떠나기 때문에 오히려 슬퍼지려 하는데, 마침 처마 앞에는 떠나기가 안타까운 자신의 마음을 알아 만류나 하듯 가을비가 기분 좋게 내리고, 成大任의 집 울타리 아래에 있는 노란 국화도 아직까지 꽃을 피운 채 남아 있네라고 읊은 것이다. 이 말은 이 처마 앞의 비도 저 울타리 아래에 홀로 늦게까지 피어 있는 노란 국화꽃도 나를 만류하고 있는 것이 아니냐는 말이다.

松都懷古 分次皇華集 而今存其一

송도에서 옛날을 그리워하며

『황화집』의 운을 나누어 따라 지었는데 지금은 그 하나만 남겨져 있다

옛날 노래·춤 추던 곳 다만 거친 터뿐인 채,	向來歌舞但荒臺
들 사슴만 매해마다 푸른 이끼 차지할 뿐,	野鹿年年占綠苔
저 근처의 헐린 암자 오직 길만 남았는데,	西近廢庵唯有路
일찍 듣긴 궁녀들이 등 밝히러 왔었다네!	曾聞宮女點燈來

해설 이 작품은 황폐한 채 빈 공간에 흔적만 남은 옛 개성의 왕궁터와 그 근처의 사찰 흔적들을 보며 들은 바를 되살려 말없이 역사의 무상함을 적어 보이듯 읊은 시다. 기구로는 흥겹고 화려했던 과거의 인간적 공간을 제시하고, 승구에서는 이 공간이 이제는 황폐한 채 들짐승만의 공간으로 남은 것을 보임으로써 인간 역사의 무상함을 확인하면서, 전구에서 황폐한 불교사찰과 결구에서 궁녀들의 佛供 행태를 인용한 것은 은연중에 盲信祈福을 깊이 풍자한 것이다.

完山別松巖梁士眞北歸 名大樸

완산에서 북쪽으로 돌아가는 양사진을 작별하면서

이름은 대박이다

옛 성안엔 봄 다 가고 녹음 그늘 지워 있어,	古城春盡綠陰陰
하루종일 꾀꼬리는 제냥 좋게 우짖는데,	竟日黃鸝自好音
천 리 거리 따라가는 도중에는 산만 있고,	千里有山隨去路
한 잔으로 작별할 맘 이야기할 술도 없네!	一杯無酒話離心

해설 이 작품은 작자의 벗일 梁士眞이 자신과 헤어져 북쪽으로 외롭게 떠나는 것을 서글프게 전송하는 시다. 온통 첫여름으로 짙어진 녹음 속에 하루종일 즐거운 듯 울고 있는 꾀꼬리의 한껏 흥겨운 상황을 제시하고, 여기에 자신과 헤어져 산만 있는 천 리 길을 하염없이 가야 하는 처지의 벗 梁士眞은 이렇게 즐겁게 우는 꾀꼬리의 소리를 대비적으로 들으면서 가야 할 처지인데, 이렇게 헤어지면서도 안타까움을 서로 이야기 나누며 보내는 한 잔의 술자리도 없이 그냥 헤어지게 되었다는 기막힌 심경을 안타깝게 토로하고 있는 시이다.

전구인 "千里有山隨去路"는 "천 리 거리 따라가는 도중에는 산만 있고"라는 것이며, 결구인 "一杯無酒話離心"은 "이별할 맘 이야기할 술도 없는 한 잔"이라는 것으로, 이 두 구에서 작자는 "없어야 할 산은 있고, 있어야 할 술은 없다"는 절박한 상황을 읊고 있다. 이것은 작자가 杜甫가 〈月夜憶舍弟〉에서 활용하고 있는 극단적 대비 상황의 설정을 위한 수사의 수법을 기막히게 터득하여 활용하고 있음을 잘 보여주고 있는 작품이다.

用前韻 效香奩體

앞의 운자를 써서 향렴체를 본떠 짓다

교방 앞쪽 밭두둑과 옛날 성터 뒤쪽에는,	教坊南畔古城陰
풀빛 사람 끊긴 발짝 소리인가 싶게 할 젠,	草色迷人隔履音
그래 바로 서쪽 창에 밝게 뜨는 달 있으니,	賴是西窓有明月
미친 나비 꽃술 교란하는 일은 없게 하소!	莫教狂蝶攪花心

* 香奩體 : 중국의 唐나라 시인인 韓偓이 처음 시작한 詩體로, 美人을 읊는 것을 주로 하는 것이다.

해설 이 작품은 작자가 實在하는 어느 妓女를 주인공으로 설정하여 지은 것인지, 처음부터 虛構的인 인물인 妓女를 주인공으로 설정하여 獨白體로 지은 것인지 확인할 수 없지만, 제목에서 "效香奩體(향렴체를 본떠 짓다)"라고 한 것을 봐서 일단 작품 자체로서는 시종 허구의 시로 보는 것이 마땅하게 여겨지는 시다.

그런데 이 작품은 문맥상 文外의 주인공인 妓女가 바로 화자로서 작품을 자신이 獨白하는 이야기만으로 始終하고 있는 형식의 시다. 그래서 작품의 실질을 이해하기 위해서는 주인공인 妓女의 존재를 가

능한 한 추정해볼 필요가 있다. 따라서 이 작품이 제목에서 "用前韻(앞의 韻을 써서)"이라고 한 것과 "效香奩體(향렴체를 본떠 짓다)"라고 한 것을 보거나, 작자가 앞의 작품에서 〈完山別松巖梁士眞北歸〉라는 제목으로 "完山"에 자신이 머물러 있는 것을 말하고 있는 것을 보면, 이 妓女는 아마 完山에 있는 여인임이 분명하고 작자는 이 여인을 사랑했을 가능성이 높다.

물론 작자의 구상인 이 작품의 기구와 승구로 보여주는 이 기녀의 주거 공간이 외지고 황량한 듯한 앞쪽 밭두둑과 성터 뒤쪽인 것으로 봐서 이 妓女는 현역이 아니고 퇴역한 기녀로 추정된다. 전구에서 "西窓有明月(서쪽 창에 밝게 뜨는 달 있을 제)"이라고 한 것은 밤이 되어 자정이 되면 자신을 찾아오는 둥근 달같이 환한 풍채의 사랑하는 임인 玉峰이 있다는 말이다. 결구에서 "莫敎狂蝶攪花心(미친 나비 꽃술 교란하는 일은 없게 하소!)"이라고 한 것은 미친 나비 같은 불량배가 꽃술같이 향기롭고 고운 나를 교란시키지 말게 해달라는 간곡한 기원을 하고 있는 것이다. 따라서 이렇게 풀어서 읽어 보면 전구의 "明月(밝은 달)"은 이 妓女가 사랑하는 작자 자신을 여기에 투영시킨 것으로 설정한 것임을 쉽게 알 수 있다. 그래서 이 시는 그 퇴역 기녀를 사랑하는 작자 자신이 그 기녀도 역시 자신을 은근하면서도 진실하게 사랑하는 주인공으로 삼아 밝은 달로 비겨 놓고 있다고 설정한 것이고, 그렇게 해서 이 妓女의 안타깝고 간곡한 심경을 독백하는 양으로 읊어 놓고 있는 奇想과 妙思의 詩다.

贈智衍上人
지연 스님에게 주다

구름 낀 산 돋운 흥을 문득 진정할 수 없어,	雲山發興却難裁
십 리 거릴 험한 산길 모두 잊고 찾아오니,	十里都忘犖确來
시스님이 시구 새로 터득한 땔 바로 맞아,	正値詩僧新得句
솔·달빛 속 문에 들자 "敲"냐 "推"냐 묻는구나!	入門松月問敲推

* 犖确 : 산에 바위가 많아 험한 상태를 말한다.
* 敲推 : "推敲"를 바꾸어 쓴 말로, "推敲"는 옛날 중국의 唐나라 시인 賈島가 말을 타고 가다가 "鳥宿池邊樹 僧敲月下門"라는 시를 짓고서, 다시 "敲(두드리다)"를 "推(밀다)"로 고쳐 놓고서는, 이 두 글자 중 어느 글자가 더 좋은지를 스스로 결정하지 못하다가, 韓愈를 만나서 그의 권고로 "敲"자로 바꾸었다는 이야기로, 修辭의 苦衷을 비유하는 말이다.

해설 이 작품은 구름이 곱게 낀 산의 풍경으로 인해 돋우어진 흥에 진정할 수 없이 이끌려서, 바로 십 리 거리나 되는 험한 산길을 모두 잊고서 찾아와 보니, 바로 시를 잘 짓는 이 지연 상인이 막 터득한 시상으로 시를 지어 놓고 있는 순간이라, 자신이 솔숲 달빛 속 절문에 닿자마자 "어떤 글자가 좋으냐?"며 묻는다는 이야기 같은 시로 僧俗을 잊은 詩友의 모습이 선하다.

贈日者李君遇
점쟁이 이군우에게 주다

종래부터 온갖 일을 하늘 뜻에 따랐거니,	從來萬事聽天爲
귀인·부자·고생·영화 어찌 기필하랴마는,	貴富枯榮詎可期
그런대로 남산 아래 세 이랑의 집 있으니,	賴有南山三畝宅
이 내 몸은 정말 좋은 생애인 걸 깨닫겠네!	此身眞覺好生涯

* 聽天 : 하늘의 이치나 하늘의 원칙에 순종하며 산다는 말로, 유교에서 말하는 "盡人事待天命(사람이 해야 할 일을 다 하고, 하늘의 명령을 기다린다)"라는 것과 통하는 말이다.

* 三畝宅 : "세 이랑의 밭이 딸린 집"이라는 말로 겨우겨우 살아갈 수 있는 집이라는 말이다.

해설 이 작품은 혹시 점쟁이인 이군우가 점을 한번 쳐보라는 권유가 있어서, 그에 대한 답으로 지어 보여준 시가 아닌가 추정된다. 그래서 자신은 이제까지 살아오면서 모든 일을 함에 있어서, 이 일들 하나하나에 대해 그냥 하늘의 이치와 원칙을 밝히고 따라서 살아오고 있기 때문에, 귀인이 될 것인가? 부자가 될 것인가? 고생을 할 것인가? 영화롭게 살 것인가? 등은 꼭 그렇게 되기를 기대도 소망도 하지 않고 살아왔지만, 그런대로 나에게 저 남산 아래 세 이랑의 밭이 딸린 집이 있으니, 이 정도면 이 내 몸은 정말로 좋은 생애를 살 수 있게 된 것임을 깨닫고 살게 됐다는 "守分知足(분수를 지키고 만족할 줄을 아는 것)"의 조용한 선언이라고 할 수 있는 시다.

又

또 한 수

이치 연구 전공 직업 묘하기가 귀신 같아,	業專窮理妙如神
화와 복을 먼저 알아 사람 감동하게 하니,	禍福先知可感人
내 일생의 긴긴 한이 되는 일을 물어보세,	問我一生長恨事
어찌하여 儒林界서 내 몸 容認 못 받는가?	奈何鄒魯莫容身

* 鄒魯 : “鄒魯之鄕”이라는 말의 준말이다. 鄒나라는 孟子가 태어난 나라이고 魯나라는 孔子가 태어난 나라로서, 이 두 聖人의 나라이므로 儒敎의 本故鄕이라는 말로 쓰이며, 뒤에는 儒林界를 대신하는 말로 쓰였다.

해설 이 작품은 상대인 점쟁이 李君遇의 점 솜씨와 그 神通力을 은근히 추켜세우면서, 지금까지 儒林界에서 선비로서 제대로 대우를 못 받고 있는 것으로 여기는 자신의 평생 팔자와 처지를 왜 그런지 봐달라는 듯 읊은 시다. 그런데 전구에서 “一生長恨事(내 일생의 긴긴 한이 되는 일)”라고 한 것이나 결구의 “奈何鄒魯莫容身(어찌하여 儒林界서 내 몸 容認 못 받는가?)”이라는 표현은 작자가 그냥 시 읊기로 해보는 말이 아니라, 실제로 자신이 갖춘 학식이나 인격이 제대로 정계에 수용되어 크게 뜻을 이루지 못한 아픔의 목소리일 수 있는 것이다.

服闋後 有京友來訪
내가 복을 벗은 뒤에, 서울에서 찾아온 벗이 있어서

강가엔 풀, 산엔 꽃들 눈앞 온통 봄이건만,	江草山花滿目春
홀로 슬픈 눈물 지며 좋은 시절 마주한 채,	獨將哀淚對芳辰
천 리 길을 찾아온 날 문득 그냥 부끄런 건,	却慚千里相尋日
외려 삼 년 죽지 못한 몸이 되어 있어설세!	猶作三年未死身

* 服闋 : 父母님의 喪을 당한 아들이나 며느리 또는 딸이 부모님을 위한 喪服을 입고 喪主 노릇을 하다가, 三年間의 喪을 다 끝내고 나서 喪服을 벗는 것을 이르는 말이다.

해설 이 작품은 작자가 부모님의 상을 당해서 三年의 喪을 다 마치고 나서 喪服을 벗고 있는 중에, 서울에서 찾아와 방문한 벗에게 三年의 喪 기간 동안 죽음을 무릅쓴 정성으로 孝道를 다하지 못한 자신의 不孝한 罪를 자수하듯 말하면서, 자식된 도리를 제대로 다 하지 못한 부끄러움에 말없이 용서를 비는 시다.

贈僧

스님에게 주다

십 년 동안 바다 동쪽 바다 서쪽 떠돌다가,	十年踪跡海東西
남산 돌아와 누우니 예가 바로 옛집인데,	歸臥南山是舊棲
그 많은 삶 다 툭 털고 참 눈 붙여 보게 된 건,	擺却多生眞着眼
수천 산령 흰 구름과 수천 냇물 달이었네!	白雲千嶺月千溪

해설 이 작품은 먼 곳의 이곳저곳을 십 년 동안 떠돌다가, 이제야 돌아와서 남산 발치에 누워 지내자니 여기가 바로 내 옛날 집인데, 지금까지 겪으면서 살아온 그 많은 인생살이의 사연들을 다 툭 털어 버리고 참된 마음으로 눈을 붙여서 보고 구경하며 살아가게 한 대상들은 무한히 순수하고 아름다운 저 수천 개의 산봉우리를 감도는 흰 구름과 수천 개의 시내 물에 잠긴 달빛들뿐이었다고 하는 시다. "白雲千嶺月千溪"라는 결구는 작자 자신의 가슴 속을 훤하게 읽을 수 있어 참으로 좋다.

爲友挽內 李忔慈堂

벗을 위해서 그 부인의 만사를 짓다 이흘의 어머님

부부란 건 안 따져도 다시 어떠하겠는가?	不論夫婦復如何
우는 딸에 우는 아들 온 집안이 울음이니,	哭女啼兒滿一家
오직 하얀 백발에다 두 눈 흐를 피눈물은,	唯有白頭雙眼血
그대론 채 물을 따라 교하까지 닿겠구려!	也隨流水到交河

해설 이 작품의 상대는 작자와 절친한 벗이었고 그 벗의 죽은 아내는 재취한 부인으로, 이 부인이 낳은 딸과 아들은 벗에게 늦둥이라 아직 미성년이었던 것으로 추정된다. 이 작품의 意味網에 따른 구조로 봐서는 기구와 승구가 도치되어 있는 것으로, 승구는 "아직 모두 미성년인 딸과 아들이 너무 슬퍼해서 통곡하는 소리가 온 집안에 가득 울려나고 있다"는 것이다. 그래서 기구에서 이 기막힌 자식들의 울음소리를 듣고 있는 그 벗에 대해서 작자는 "자네가 궂긴 부인과 부부 사이라는 인정을 따지기 전에 그 자녀들의 울음소리를 들으며 다시 어떻게 슬픔을 가눌 수가 있겠는가?"라며, 시의 첫 마디인 기구로 우선 함께 슬퍼하듯 달래며 위로하고 있는 것이다.

전구를 "唯有白頭雙眼血"이라고 하여 상대인 벗이 온갖 고통으로 하얗게 된 머리만인 채 두 눈에는 피눈물을 흘려서, 결구에서 "也隨流水到交河"라며 서울에 살고 있을 벗이 흘린 그 피눈물이 작자 자신이 살고 있는 交河까지 흘러올 것이라는 기막힌 정황에 동정을 하고 있는 것이다.

旅遊有感
나그네로 다니며 감회가 있어서

풍상 겪어 베옷들은 다 해져버린 채로,	風霜弊盡木綿裘
강 다락에 홀로 올라 저녁 무렵 시름할 제,	獨上江樓倚暮愁
외기러기 한 소리만 하늘 저 끝 사라지고,	斷雁一聲天外落
푸른 구름 천 리 하늘 바다·산엔 가을일세!	碧雲千里海山秋

해설 이 작품은 앞의 시인 〈爲友挽內〉에서 기구와 승구를 도치시켜 구성한 것과 흡사하게 詩想의 構成을 變調하면서 더욱 대담하게 變調를 시도하여, 前半인 기·승구를 오히려 작품의 중심인 主·述部로 삼아 먼저 배치하고 後半인 전·결구를 작품의 배경으로 삼아 時·空間的 狀況으로 설정하여 배치하고 있다. 다시 말하면 작자는 시적 주체로서, 외기러기 한 마리만 울면서 저 하늘 밖으로 사라지고, 푸른 구름만 낀 천 리 먼 하늘 아래 가을을 맞은 바닷가 산에 있는 누각 위에 홀로 올라, 나그네로 다니면서 다 해진 베옷만 걸친 주제로 해가 저무는 난간에 기댄 채 시름에 겨워 있다는 무한한 自己憐憫의 독백이다.

錦城戲贈
금성에서 놀이 삼아 지어 주다

한 잔 술에 취해 남은 이 밤 방은 아늑하고,	一樽留醉夜堂深
바람 성의 구름 걷자 바다 위 달 비춰 와서,	風破城雲海月臨
곧장 새벽종 때까지 잠도 들지 못하는데,	直到曉鐘無夢處
고운 사람 이별 애탄 내 맘가짐 아는구나!	佳人解作惜離心

* 錦城 : 조선조 때 전라도 羅州의 옛 이름이며, 동시에 경상도 大邱의 일부인 花園縣의 옛 이름이었으나, 여기에서는 전라도의 羅州를 지칭한 것으로 추정된다.

해설 이 작품은 작자가 羅州의 妓女를 사랑하여 함께 밤을 새우고는 작별을 하게 되어 안타까운 심경을 담아 지어 준 시로 추정된다. 그래서 "한 잔 술에도 취한 듯이 남아서 있는 오늘 밤의 방안은 아늑하기도 하고, 거기에다가 고맙게도 바람이 불어와서 성 위에 끼어 있던 구름이 다 걷혀 가게 하자 바다 위에 뜬 달빛이 이 방안에까지 비춰 와서, 그대로 새벽 종소리가 울릴 때까지 안타까워 잠도 들지 못하고 있는데, 사랑스럽게 너무 고운 이 사람(여인)은 이별을 애타게 안타까워하는 나의 마음을 아는가 싶다"는 자신의 심중을 무한한 고마움으로 전하는 것이다.

따라서 이 작품의 실질을 제대로 차려 읽기 위해서는 전구의 "無夢處"가 "無睡處"와 같은 말로, 詩語의 心象을 살리기 위해서 "夢"자를 쓴 것임을 알아야 하고, 결구에서 "惜離心"의 주어가 佳人이 아니라 작자임을 알고 풀어 읽어야 한다.

頭輪寺

두륜사에서

냇물 소린 조올조올 바위틈서 울려 나고, 澗響潺湲出石間
법당에는 손님 없어 늙은 스님 한가론데, 法堂無客老僧閑
해 저물자 흰 구름만 산봉 뒤로 지나가고, 日暮白雲峯後過
수만 그루 낙엽들만 가을 산에 져 내리네! 萬株紅葉下寒山

* 頭輪寺 : 전라남도 해남군의 頭輪山에 있는 사찰이다.

해설 이 작품은 頭輪寺라는 사찰의 해 저문 가을날 풍경을 너무도 사실적인 그림으로 그리듯 조금의 가감도 없이 그대로 포착하여 아주 곱게 시화하고 있는 시다. 그래서 우리는 이 작품을 읽으면서 바로 현장에 찾아간 한 사람이 되어, 조올조올 흐르는 바위틈 사이의 물소리를 듣고, 한 사람의 俗客도 없이 늙은 스님만 앉아 있는 법당을 지나, 막 해가 지는 저 산봉우리 뒤로 흰 구름 몇 점이 다 돌아간 뒤에, 차가운 가을 산속에 수많은 그루의 단풍나무에서 낙엽들만이 지는 신비의 풍경을 구경할 수 있게 되는 참 좋은 작품이다.

贈雪淳上人 次高學士而順 名敬命

설순 스님에게 주다 고 학사 이순의 운을 따라 짓다

이름은 경명이다

문 닫고서 긴 하루를 참선하듯 앉았다가,	掩門長日坐如禪
책상 위에 향 사윈 뒤 벽 기대어 졸고 나서,	香歇書床倚壁眠
이 산속의 스님 향해 마음속 일 말하려다,	欲向山僧道心事
한 잔 술에 취하고선 또한 멍해졌네 그려!	一杯成醉又茫然

* 而順 : 高敬命의 字다.

해설 이 작품은 작자가 산속 절에 가서 머물면서 체험하는 정황과 경험하는 자신의 심경을 가감 없이 사실적으로 구술하듯 읊어 전하는 시다. 그래서 기구와 승구에서는 승방에 며칠간을 머물면서 작자 자신이 실제로 체험하는 정황과 행태가 눈에 선연하게 짚여지고, 전구와 결구에서는 작자가 사찰과 승려의 정서적 분위기와 감정적 성향에 스스로 서먹해져 있음을 "道心事(마음속 일 말하려다)"라 하고는 이내 "一杯成醉(한 잔 술에 취하고선)"라는 행태로 속임 없이 자연스레 전하고 있는 것이다.

贈處敏上人
처민 스님에게 주다

우연 다 간 봄 아쉬워 앞마을을 거닐건만,	偶因春盡步前村
병객이라 정겨워도 제냥 할 말 없는 텐데,	病客情來不自言
무슨 일로 高僧 그댄 또한 급히 돌아가나?	何事高僧歸亦急
저문 구름 담쟁이 옷 괜히 바라보겠구려!	暮雲空望薜衣翻

* 薜衣; 칡덩굴의 껍질로 짠 천으로 만든 옷이라는 말인데, 산속에 숨어 사는 사람들의 옷을 일컫는 말로 쓰인다. 여기에서는 處敏 스님이 입은 장삼을 말하는 것으로 추정된다.

해설 이 작품은 작자가 "어쩌다가 다 지나가 버린 봄을 아쉬워하는 마음을 스스로 달래보려고 마을 길을 그냥 거닐고 있기는 하지만, 병객의 신세라 지나간 봄이 아쉬운 심정을 제냥 어디에다가 풀어 놓을 말도 없는 터인데, 그래도 이런 내 심경을 말해볼 만한 상대는 인품 고상한 스님 당신이니, 이런 당신은 또 무슨 일로 그렇게 급히 절로 돌아가고 있는가? 해가 저물고 있는 지금 장삼 소매를 펄럭이며 절로 가고 있는 스님 그대를 바라보고만 있게 됐다"는 안타까운 심경을 읊어 전하는 시이다. 그래서 승구의 "不自言(제냥 할 말 없는 터)"과 결구의 "空望(괜히 바라보겠구려!)"이라는 詩語들로 묻어나는 작자의 悽然한 행색이 선하게 보이는 것 같다.

荷浦別業 示鄭兄景綏

하포 별장에서 정형 경수에게 보여주다

여기에를 오고 가기 십여 년을 해오면서,	此中來往十年餘
沙場 白鷗 볼 적마다 그만 못해 부끄런채,	每見沙鷗愧不如
비・바람 속 어부 집에 투숙했던 그곳서도,	風雨漁家投宿處
자네와의 정든 얘긴 한 빈 창 앞 나누었지!	共君情話一窓虛

해설 이 작품은 작자 자신이 "이제까지 이 벗의 별장이 있는 이곳을 십여 년간 오고 가면서도 삶이 뜻 같지 못한 처지라서, 항상 오고 가면서 보는 저 백사장에 한가롭게 거니는 백구의 팔자만큼도 못해 부끄럽기만 한 채였지만, 그래도 어느 해인가 우리가 어디를 가다가 비와 바람이 치는 속에 어느 어부의 집에 투숙하면서, 자네와 함께 아무도 없는 빈 창 앞에서 정든 이야기를 나누기는 했지!"라면서 애써 자신을 다독이려는 심경을 전하는 시다.

思峻歸自西關

사준이 서관(평안도)에서 돌아와서

지난해의 꽃 필 적에 홀로 전송하고 온 뒨,	去歲花時送獨歸
구름 낀 산 아득한 채 소식 거의 없더니만,	雲山漫漫信音稀
그 평양의 문화·풍물 얼마나 알아 왔나?	二京文物知何許
띠 풀 내 집 가을 낙엽 날 제 문득 찾았으니!	却訪茅廬秋葉飛

* 思峻 : 작자의 벗인 스님으로 추정된다. 5언 절구에 〈贈思峻上人〉과 〈寄謝思峻〉이 나온다.
* 雲山 : 구름이 곱게 끼거나 걸려 있는 산을 말한다.
* 漫漫 : 멀고 아득한 상태를 말한다.
* 二京 : 원래 중국의 東京(洛陽)과 西京(長安) 두 곳을 가리키는 말인데, 우리나라에서 東京은 慶州를 가리키고 西京은 平壤을 가리켰으며, 우리의 옛말에서 "東(동쪽)"은 "첫 번째인 一이며 여기이고 慶州", "西(서쪽)"는 "두 번째인 二이며 저기이고 平壤"이라고 써 왔다. 그래서 "二京"은 "西京"인 "平壤"일 것이 분명하다.

해설 이 작품은 지난해 平壤으로 갔다가 일 년 만에 돌아온 벗인 思峻에게 "가을 낙엽만 날리는 내 초가집을 갑자기 찾아왔으니, 平壤의 風物에 대해서 얼마나 많이 見聞하며 鑑賞하고 왔느냐?"며 묻는 시다.

訪李伯生

이백생을 찾아 가서

느티·버들 잎들 지며 밭두렁 길 차가운걸,	槐柳蕭蕭九陌寒
전날 밤의 꿈속에선 고향 가서 봤더니만,	夢中前夜見鄕關
나귀 타고 홀로 떠나 성남 길을 벗어나서,	騎驢獨出城南路
자네 집을 찾아오니 온산 가득 눈 내리네!	尋到君家雪滿山

* 伯生 : 작자의 후배인 李純仁의 字이다.
* 九陌 : 큰 도시의 아홉 갈래인 큰 거리의 길이나 논밭 사이의 여러 갈래 길을 말하는데, 여기에서는 밭 사이의 길을 말한다.

해설 이 작품은 작자 자신보다 조금 후배인 벗 李純仁의 집을 찾아가서 온산 가득 눈이 내린 풍경을 이야기하듯 읊고 있는 시다. 그런데 이 작품은 네 구의 구상과 수사가 지극히 평범하게 이루어져 있지만, 기구와 승구가 실제 경험한 사실들의 인용으로, 늦가을을 맞은 느티나무와 버드나무의 잎들이 져 내리면서 썰렁하게 찬 기운이 감도는 밭두렁 길을, 전날 밤 꿈속에서 고향에 돌아가서 봤다고 회상하는 것이다. 전구에서 나귀를 타고 홀로 성남의 길을 벗어나서, 결구에서 "尋到君家雪滿山(자네 집을 찾아오니 온산 가득 눈 내렸네!)"이라는 마무리는 승구의 "見鄕關(고향 가서 봤더니만)"이 아니라도 기막히게 푸근하고 정겨운 내 고향인가 싶다는 작자의 감정을 말없이 곁들인 마무리임을 읽어낼 수 있는 것이다.

漢江夜泛

한강에서 밤에 배를 띄우고

성남 다시 벗어나서 바다・하늘 바라보니,	復出城南望海天
고향 그려 이별 시름 끌리는 걸 어쩌겠나?	鄕心無奈別愁牽
青楓이니 白露니 가을 강을 읊조려도,	青楓白露秋江吟
달만 비친 외로운 배 사람은 잠 못 드는데!	月照孤舟人未眠

* 青楓 : 杜甫의 〈寄韓諫議〉에서 "青楓黃赤天雨霜(푸른 단풍 누릇 붉긋 하늘 서리 내리게 해)"이라는 시구를 인용한 말이다.
* 白露 : 蘇軾의 〈赤壁賦〉에서 "白露橫江(맑고 찬 이슬 강에 끼고)"이라는 文句를 인용한 말이다.

해설 이 작품에서 작자는 서울의 도성 남쪽 어느 곳에 살 무렵 아마 가을 어느 날 한강에 배를 띄우고, 한강의 서쪽 바다가 있는 방향으로 가다가 하늘을 쳐다보고는 이내 저 남쪽 먼 전라도의 고향이 그리워졌을 것이다. 그래서 승구에서 고향이 그리워져서 이별하고 나온 시름에 이끌리는 것을 어찌할 수가 없음을 토로하고, 전구에서 이 향수를 달래기라도 하듯 杜甫의 "青楓(푸른 단풍)" 詩句와 蘇軾의 "白露(맑고 찬 이슬)" 文句를 빌려 가을을 맞은 江의 風景을 읊조리며 스스로를 달래봐도, 결구에서 "月照孤舟人未眠(달만 비친 외로운 배 사람만은 잠 못 드네!)"이라고 한 바대로, 이 배에 탄 사람인 작자 자신은 너무 간절한 고향 생각에 잠을 잘 수 없다는 간절한 향수를 안타깝게 읊고 있다.

渡蘆嶺
노령을 지나와서

새벽 기럭 도로 따라 관문을 지나와서, 還隨曉雁度關門
지나온 길 말하려니 꿈속 일과 꼭 같은데, 欲說經行似夢魂
문득 강남 지역 풍토 가까운 게 기쁘구나. 却喜江南風土近
인가 있는 곳곳마다 대숲 이룬 마을이니! 人家處處竹林村

* 蘆嶺 : 전북 정읍시와 전남의 장성군 사이에 있는 고갯마루를 지칭하는 말이다. 이 蘆嶺 때문에 이것이 속한 산맥을 "蘆嶺山脈"이라고 하였다.

해설 이 작품은 歸鄕하는 도중의 풍경과 감회를 반갑고 기쁜 심경으로 읊은 시다. 그래서 기구와 승구에서 늦가을 남쪽으로 날아오는 기러기 떼를 도로 따라오듯 이 關門 같은 蘆嶺을 넘어와서, 새삼 지금까지 지나온 경로를 말해보려니 마치도 꿈속의 일 같다고 하고는, 전구와 결구에서 문득 너무 기뻐지는 것은 이 강남의 풍토가 가까워져서인데, 바로 인가들이 나타나는 곳곳마다에 대숲들로 이루어진 마을들이 있어서라며 반기고 있다. 이 "人家處處竹林村"이라는 풍경의 제시에는 작자 자신의 고향 마을이 가깝다는 반가움의 눈길이 실린 것이다.

擬情人
정든 사람을 삼아 놓고

하늘 끝에 떠나 살며 가는 한 핼 감탄하며,	天外離居感歲行
人叢 속엔 전의 맹서 감히 말도 못하지만,	人中不敢道前盟
산이 높고 물이 넓은 여기 오는 그 路程에,	山高水闊來時路
이 밤 서로 만난다면 이 심정을 알련마는!	此夜相逢知此情

해설 이 작품은 작자가 어떤 여인을 사랑하는 사람으로 삼아 놓고 서로 사랑하기로 굳게 약속을 하고서는, 이내 서로 하늘 끝처럼 먼 곳에 헤어져 있으면서, 서로 안타까워만 해야 하는 심경을 전하듯 호소하듯 읊고 있는 시라고 하겠다. 그래서 이 시는 기구와 승구에서 자신이 이 정든 사람에게는 하늘 끝인 먼 곳으로 떠나가 살면서 한 해가 흘러가는 것을 감탄하면서도, 많은 사람들 속에서는 자신이 서로 사랑하며 함께 하자고 한 그 맹서를 감히 말도 못 하고 살아가고 있다고 하고서는, 전구와 결구에서 만약 사랑하는 당신이 나를 찾아서 산이 높고 물이 질펀한 이 험난한 노정을 거쳐와서, 오늘 밤 나를 만나게 되면 당신을 기막히게 기다려온 나의 진정을 알게 될 것이라는 애원이며 호소 같은 시다.

그런데 이 작품의 제목이 〈擬情人(정든 사람을 삼아 놓고)〉이라고 되어 있는 것을 보면 작자 자신의 실질적인 삶을 읊은 艷情詩가 아니고, 작자 자신의 詩的 手腕을 自量해보려고 어떤 벗을 여인처럼 설정한 模擬의 작품이 아닌가 추정된다. 그것은 작자가 자신을 士林으로 자부했을 것을 전제로 하고 보면 더욱 그렇게 판단되기 때문이다.

贈李守夫
이수부에게 주다

客舍 뜨락 매화·버들 빗발 주룩 내리는데,	客庭梅柳雨絲絲
하늘 끝에 보내면서 또 이 시만 주네만은,	相送天涯又此詩
이별하는 정을 갖고 강물 비굔 하진 마세.	莫把離情比江水
강 물결은 한 번 가면 돌아올 때 없는 게니!	流波一去沒回期

* 守夫 : 조선조 선조 때에 숨어 살던 선비인 李瑤의 字이이다. 이요는 작자와 친한 벗이었다.

해설 이 작품은 작자가 벗이었던 李瑤와 객지인 어느 곳에서 함께 있다가 어디인지 다시 멀리 떠나는 그 벗과 헤어지면서, 이번에 헤어지면 만날 수 없을 것이라는 落望的인 생각은 절대 하지 말고 또다시 만날 기대를 하자는 당부 아닌 당부를 간절하게 하고 있는 시다.

이 작품에서 기구의 풍경 제시는 그냥 공간적 배경을 전제하려는 것이 아니라 매화꽃이 피고 버들가지가 눈을 틔우고 싱그러운 봄비도 내리는 봄날이 다시 오듯이, 우리도 다시 만날 것이라는 것을 전제로 하고 있는 것이지만, 벗이 안 떠날 수 없는 터라 별수 없이 작별하면서, 나는 자네에게 아무 情表도 못 차린 채 겨우 이 贈別의 詩만 주게 됐지만이라고 하고, 전·결구에서 우리가 이별하는 지금의 심정이 저 흘러가는 강물처럼 한번 흘러가면 다시 돌아오지 않고 그만이듯이, 우리 우정도 잊혀지면 그만이라고는 절대로 생각하지는 말게! 강물은 한번 흘러가면 다시 돌아오지 않으나 우리들의 友情은 어떤 경우에도 그렇게 되면 안 되는 것이기 때문이라는, 간절한 당부를 "莫把離情比江水"라며 천진스러운 소년처럼 하고 있는 것이다.

楮子島

저자도(지금의 서울 뚝섬)에서

굽은 물가 새로 개여 연꽃들은 피어나고,	曲渚新晴蓮子花
물·구름 위 저 아득히 절을 향해 가리키다,	水雲遙指梵王家
가뿐한 배 흥에 겨워 먼 줄도 모른 채로,	輕舟乘興不知遠
문 앞 바로 닿고 보니 산 위 뜬 달 기우누나!	直到門前山月斜

* 梵王家 : 여기의 "梵王"은 불교에서 말하는 "色界의 天王"을 말하고, "梵王家"는 "梵王宮"과 같은 말로 대개 佛敎의 寺刹을 말한다. 여기에서는 아마 지금의 서울 강남구에 있는 "奉恩寺"를 지칭하는 것으로 추정된다.

해설 이 작품은 한강의 楮子島(지금 한강의 뚝섬 옆에 붙은 섬)

물굽이에는 날씨도 맑게 갠 채 연꽃들이 피어 있고, 여기에서 바라보이는 강의 남쪽 건너편에 저 멀리 물·구름이 낀 사이로 옛 절(奉恩寺일 것)이 손끝에 가리켜지는데, 흥에 겨워 가벼운 배를 타고 먼 줄도 모르고 건너가서, 절 문 앞에 도착해 보니 시간이 얼마나 지났는지 벌써 저 산 위에 뜬 달이 기울고 있다며, 하루를 느긋하게 즐긴 흥취와 풍경을 꾸밈없이 있는 대로 읊은 시다.

西湖翫月圖

'서호에서 달을 구경하는 그림'을 보고

언덕마다 매화꽃에 걸음마다 시 짓노라,	岸岸梅花步步詩
사립문께 손님 온 걸 학이 먼저 알거니와,	柴門有客鶴先知
인간 세상 한 모양의 황혼 무렵 달이건만,	人間一樣黃昏月
서호에 뜬 이 달만은 각별하게 신기하네!	月在西湖分外奇

* 西湖翫月圖 : 그 누군가가 중국의 杭州 西湖에서 달을 구경하는 것을 제재로 삼아 그린 그림인 것이 분명하다. 세상에 잘 알려진 바대로 항주 서호에 뜨는 달은 구경거리로서 가치가 대단했던 것을 "西湖十景" 중에 달과 관련된 풍경이 "平湖秋月"과 "三潭印月" 같이 두 번이나 등장하는 것으로 알 수 있다. 또 北宋의 林逋가 지은 〈山園小梅〉의 "暗香浮動月黃昏(그윽 향기 풍겨나며 달은 황혼 맞아 뜨고)"을 白光勳이 익히 暗誦했을 것이다. 그래서 林逋의 故事를 그렸을 이 〈西湖翫月圖〉를 보고 결구에서 "分外奇(각별하게 신기

하네!)"라 한 것임을 바로 알 수 있다.

해설 이 작품은 작자가 중국 北宋의 杭州 西湖處士인 林逋의 "梅妻鶴子(매화를 아내로 삼고 학을 아들로 삼아)"라는 行蹟과 맑은 志操를 높이 기리고 공감하면서, 마치 자신도 이 林逋에 同格化하려는 듯 同調하여 정서적으로 조용하지만 기막힌 감흥으로 참여하고 있는 시다.

기구에서부터 "岸岸梅花步步詩(언덕마다 매화꽃에 걸음마다 시 짓노라)"라며 林逋의 기막힌 心氣와 行態를 그리듯이 되짚어 읊으면서 자신의 감정도 말없이 곁들이고 있으며, 승구에서 "柴門有客鶴先知(사립문께 손님 온 걸 학이 먼저 알거니와)"라고 하여 자신의 집에서 이루어지는 풍경처럼 그리듯 제시하면서 기막힌 반가움과 흥취를 말없이 실어 놓고서는, 이내 전·결구에서 "인간 세상에서 다 한 모양으로 보는 황혼 무렵의 달이건만, 이 달이 서호에 떠서 주인인 林逋와 매화, 학과 함께 어우러지면서 각별하게 신기하고 특이하다"며 감탄하고 있는 것이다. 그래서 이 작품의 제목에서도 "西湖翫月"이라고 했으며, 林逋의 "暗香浮動月黃昏"이라는 시구는 뒤에 수많은 梅花圖에서 畵題로 援用되어 왔다.

贈鄕僧水澄
고향 스님 수징에게 주다

아홉 거리 마차·말에 더운 먼지 넘치는데,	九衢車馬漲炎塵
귀찮토록 딱하구나! 늙어 병든 이 내 몸은,	僕僕堪憐老病身
어떡해야 그댈 따라 띠 풀 집에 도착해서,	安得相隨到茅屋
개인 날에 대 그늘서 비단 두건 젖혀 쓸까?	竹陰晴日岸綸巾

* 九衢 : 여러 갈래로 갈라진 큰길의 거리를 말하지만 큰 도시를 대신하는 말로도 쓰였다.
* 僕僕 : 번거롭고 귀찮은 상태를 말한다.

해설 이 작품은 고향 사람으로 작자와 친분이 있었던 스님에게 자신은 이 서울에서 복잡한 거리 더운 먼지 속에 늙어 병까지 든 채로 있으면서, 어떻게 해야 스님 자네를 따라 함께 그 고향 깊은 산속 띠 풀 집같이 정갈한 그 僧房에 도착해서, 맑게 갠 날 대나무 숲 그늘 아래에서 시원하게 두건을 훌떡 젖혀 쓰고 편하게 쉴 수 있을까 싶어, 자신의 현실이 너무 한스럽고 애처롭다는 호소를 승구에서 "僕僕堪憐老病身"이라 전제하며, 스스로 제 몸이 귀찮을 정도로 딱하게 병든 몸임을 고향으로 돌아가는 스님에게 한탄으로 전하는 시다.

西郭 次孤竹
서곽으로 가서 고죽의 집에서

이 내 삶에 그저 그런 일 아닌 게 없건마는,	此生無事不悠悠
계절 중양 가까운데 또 손 되어 노닐면서,	節近重陽又客遊
양자 살던 그 옛집을 적막 속에 찾아오니,	寂寞來尋楊子宅
황국화만 외려 옛날 고향처럼 피었구나!	黃花猶似故園秋

* 悠悠 : “느릿느릿한 상태”를 말하나, 여기에서는 “그저 그런 상태”를 말한다.
* 楊子 : “自愛說”로 유명한 楊朱를 말하기도 하고 漢나라의 楊雄을 지칭하기도 하는데, 晉나라 때 左思의 詩에서 “寂寂楊子宅 門無卿相輿(양자 살다 적막한 채 있는 집에는, 문 앞에는 정승·판서 마차도 없네!)”라고 한 것을 봐서, 여기에서는 楊雄을 가리키는 것으로 판단된다. 여기에서 楊子는 물론 孤竹을 대칭한 것으로 썼다.

해설 이 작품은 정갈한 마음만으로 그저 그렇게 보내며 조금은 고적하게 살고 있었을 선비로서의 작자가, 그래도 가을을 맞아 기막힌 벗인 孤竹의 옛집 터를 찾아가서 체험하는 가을의 정감과 일상을 表白하듯 서술하고 있는 시다. 그래서 기·승구인 “此生無事不悠悠 節近重陽又客遊(이 내 삶에 그저 그런 일 아닌 게 없건마는, 계절 重陽 가까운데 또 손 되어 노닐면서)”는 고적해진 작자 자신의 실제적 삶의 배경과 실상을 직설적으로 토로하는 것이고, 전·결구인 “寂寞來尋楊子宅 黃花猶似故園秋(양자 살던 그 옛집을 적막 속에 찾아오니, 황국화만 외려 옛날 고향처럼 피었구나!)”는 楊雄 같은 벗 孤竹의 옛집 터에서 그래도 회고의 정서와 계절적 향수를 反芻와 감흥으로 애써 자위하고 있는 조금은 애틋한 시다.

江行
강을 따라가면서

저 강 위의 인가들은 모르는 마을인데, 江上人家不記村
달이 밝자 작은 산봉 때로 흔적 드러내고, 月明時露小峰痕
배 매 놓고 종 울리는 곳을 홀로 듣노라니, 維舟獨聽鍾來處
안개 낀 숲 흐릿한 곳 제가 바로 절 문일세! 煙樹依微是寺門

해설 이 작품은 배를 타고 가면서 보고 듣는 강변 마을의 풍경을 스케치하듯 읊어 전하는 시다. 그래서 작자는 배를 타고 강을 따라 지나가면서 보는, 강 위의 인가들이 있는 모르는 마을과 달이 밝아오자 때로 모양을 드러내는 작은 봉우리들을 그냥 이야기하듯 적어놓고 있으면서, 그래도 이 뱃길에 조금은 한가로움을 즐기듯이 강가에 배를 매어 놓고 홀로 종소리가 울려 나는 곳을 향해 들어보며 그곳을 바라보노라니, 아 저기 밤안개가 흐릿하게 낀 숲속에 바로 절 문이 있나 싶다는 것이다.

이 시는 달이 밝은 밤에 한가로이 뱃길로 강 위를 가며 소박한 주변 풍경을 구경하다가, 이내 강가에 배를 대어놓고는 은은하게 울려오는 종소리도 들으며 절 문도 확인해 보는 작자가 어느덧 자신을 소박한 한 폭 풍경화 속의 호젓한 주인공으로 삼아 보여주고 있다.

卽事書懷 贈志文 奉恩僧
있는 그대로 회포를 풀어 지문 스님에게 주다 봉은사 스님

歸鄕心에 밤낮으로 建溪 앞쪽 맴돌면서,	歸心日夜建溪南
오랜 병에 봄을 만나 더 못 견뎌 했었다가,	舊疾逢春更不堪
우연찮게 스님 만나 새로 꾼 꿈 얘기하길,	偶見山人語新夢
"들 매화꽃 향기 속에 서편 암자 닿았었소!"	野梅香裏到西庵

* 建溪 : 고려말의 李邦直이 玉峰의 고향인 長興에 와서 지었다는 詩에서 "溪邊處處梅臨水 山下家家竹擁軒(시냇가엔 곳곳마다 매화 물가 늘어섰고, 산 아래엔 집집마다 대숲 마루 끼고 있네!)"이라고 한 것을 보면, 이 작품의 建溪와 梅(매화나무)는 바로 작자의 고향인 長興에 있는 고향 시내이며 매화임이 분명하다.
* 西庵 : "서편에 있는 庵子"라는 말인데, 아마 작자가 많이 찾아갔던 고향 長興의 어느 寺刹 庵子일 것이다.

해설 이 작품은 봄을 맞으면서 故鄕 長興을 못잊어 하는 鄕愁로 보내던 작자가, 知面인 奉恩寺 스님 志文에게 鄕愁에 얽힌 자신의 새로 꾼 꿈 이야기를 말해주고 있는 시다. 그래서 기구에서 고향의 옛집이 있을 건계 앞쪽을 밤낮없이 생각하고 있음을 애소하듯 말하고, 승구에서 오랜 병에 있는 신세이면서도 새로 봄을 맞으니 한층 더 못 견디게 그리워했다고 하고서는, 전・결구에서 우연찮게 반가운 志文 그대를 만나 새로 꾼 고향 꿈을 이야기하게 되었으니, 꿈속에서 들 매화가 풍기는 꽃향기 속을 걸어서 서편에 있는 암자에 도착했었다는 기막힌 향수의 여담을 "野梅香裏到西庵"이라는 결구로 마치면서, 은근한 홍취와 함께 기막힌 안타까움의 향수를 宋나라 때 西湖處士 林逋를 연상하며 말없이 실어 전하고 있는 것이다.

送南君復始關西行

남군 복시가 관서 지방으로 가는 것을 전송하면서

나그네가 나그네를 전송하여 보내자니,	遠遊人送遠遊人
술 마주해 한없는 맘 각기 슬퍼지네마는,	對酒各傷無限神
시험 삼아 생양관의 서쪽 길로 가보게나,	試過生陽館西路
고운 풍경 외려 옛날 그때 봄과 같을 테니!	煙花猶似舊時春

* 南復始 : 작자의 벗이었던 누구로 추정되며, 성은 南氏이고 字가 復始였던 것으로 추정된다.
* 生陽館 : 조선조 시대 평안도 中和郡에 있는 驛院인 生陽驛에 있었던 國營

旅館으로, 여기에는 中國을 오고 가는 使節 行次나 지방 관리들이 머물렀다.

해설 이 작품은 작자가 먼 객지에서 벗인 南君復始와 술을 나누어 마시고 關西 地方으로 가는 그와 각각 서로 헤어지면서 전송하듯 위로하듯 읊어주는 시다. 그래서 "서로가 꼭 같이 먼 객지의 나그네로서, 서로 술을 마주하고서도 서로 헤어져야 하는 처지의 심경이라 무한히 슬플 뿐이긴 하지만, 관서 지방으로 떠나가는 길에 자네는 中和의 生陽館을 꼭 들려보게나"라고 당부하면서, 결구에서 "煙花猶似舊時春(고운 풍경 외려 옛날 그때 봄과 같을 테니!)"이라며 자신이 일찍이 가서 구경하고 즐겼던 그 고운 풍경이 자신이 갔던 그해의 봄과 아직도 꼭 같을 것이라며, 期待와 好奇로 유도하듯 위로하듯 읊어 주고 있는 것이다.

次孤竹 贈寶雲

고죽의 집에서 보운에게 주다

나그네로 서울 놀다 또 새해를 맞았는데,	客遊京國又新年
고향 스님 딱 만나자 失心하여 멍해지나,	逢着鄕僧意惘然
남악 있는 그 벗에게 귀향 시기 알리게나,	爲報歸期南嶽伴
"흰 구름이 깊은 곳서 茶顚 되어 있을 테니!"	白雲深處作茶顚

* 南嶽 : 아마 작자의 고향인 長興의 남쪽에 있는 天冠山을 말하는 것으로 추정된다. 이 산에 天冠寺와 玉龍寺라는 사찰이 있는 것으로 봐서 그렇게 추정되며, 또한 시에서 "南嶽伴(남악 있는 그 벗)"이라고 한 대상이 바로 작자가 찾아가고 싶어 하는 그 절의 스님이거나 어떤 벗일 것이기 때문에 더욱 그렇다.
* 茶顚 : 중국의 唐나라 陸羽가 茶(차)를 너무 좋아하여 "茶顚(차에 정신이 빠져 엎어지는 것)"이라 불렸고 『茶經』 세 편을 지었다. 그래서 茶(차)를 파는 상인들이 "茶神"으로 섬겨 제사를 지내기도 하였다.

해설 이 작품은 작자가 객지인 서울에서 새해를 맞아 벗인 孤竹(崔慶昌)의 집에서 고향의 스님일 寶雲을 만나 "고향으로 돌아가거든 부디 그 南嶽에 있는 내 벗에게 불원간 그곳으로 돌아가겠다는 시기를 꼭 알려달라"는 부탁을 하고 있는 시로, 결구의 "白雲深處作茶顚(흰 구름이 깊은 곳서 茶顚 되어 있을 테니!)"은 바로 자신이 "그 절에 가서는 차 맛에 미친 듯이 차만 즐겨 마시는 미치광이였던 중국의 唐나라 陸羽와 같이 되어 있을 것이다"라고 말해달라는 간곡한 부탁으로, 나름대로 흥취와 멋을 잘 살려 마치고 있다.

代通甫 席上有贈

통보를 대신해서(시를 지어서), 자리 위에서 그 누구에게 줄 데가 있어서

남쪽 산의 송백이요 북쪽 산의 눈이다가,	南山松栢北山雪
우연 만나 한 번 웃음 오늘만은 봄이련만,	一笑偶逢今日春
정 있은들 군중 속에 어찌 말을 할 수 있나?	有情那得衆中語
문득 일찍 서로 모른 사람 같이 했네그려!	却似不曾相識人

* 通甫 : 작자의 知人이었을 누구의 字로 추정되나, 구체적으로 누구인지 확인이 되지 않아 작품의 내막을 정확하게 이해하는 데에도 한계가 있음을 밝혀 둔다.

해설 이 작품에는 문맥상의 추정으로 상관되어 등장하는 인물이 세 사람인 것은 분명하고, 실제 작품의 문면에 등장하는 인물은 두 사람일 것으로도 추정되며, 이 두 사람이 각각 南山의 松柏과 北山의 雪(눈)로 代喩되고 있음도 분명하다. 그런데 이 두 사람 중의 하나를 작자 자신이라고 보는 경우에는 제목에 있는 "通甫"라는 사람은 작품의 내용과는 아무 상관이 없는 무의미한 사람이 된다. 따라서 제목의 "代通甫(통보를 대신해서)"라는 말은 작자가 "通甫"를 대신해서 시를 짓는다는 말이고, "有贈(그 누구에게 줄 데가 있어서)"이라는 말은 작자가 "通甫"를 대신해서 지은 시를 역시 "通甫"를 대신해서 그 누구에게 준다는 말이다.

이런 정황들을 전제로 하여 이 작품 속의 두 사람을 합리적으로 추정해보면, 南山의 松栢과 北山의 雪(눈)로 代喩되는 두 사람은 바로 작품 제목의 "通甫"와 "通甫"가 어느 원님이나 監司님의 잔치 자리 같은 데서 한번 만나보고 일방적으로 기막힌 戀情을 느꼈을 妓女를 지칭하는 것으로 추정된다. 따라서 "通甫"는 아마 풍모도 준수하고 지조도 곧고 높은 松栢 같은 선비였을 것이고, 妓女는 저 북쪽 높은 산에 내린 하얀 눈처럼 너무 차가울 만큼 냉정하면서도 지극히 순결한 자태라서 그 원님이나 監司님의 기막힌 사랑을 받으면서도 몸을 호락호락 허락하지 않는 여인이었을 것이다. 그래서 이 두 사람은 원님이나 監司님의 잔치 자리에서 슬쩍 처음 봤지만 바로 서로 정말 感電이 된 듯 눈과 마음이 뜨겁게 交流한 채 잔치가 끝난 뒤 사뭇 서로 잊지 못한 채로 있었을 것이다.

그런데 이제 오늘 또다시 두 사람이 만나게 된 자리 역시 사람들이 모인 잔치의 자리임이 분명하다. 다만 오늘은 좀 여유롭고 편한 분위기인 데에도 通甫는 차마 그 妓女에게 心中을 바로 말하지 못하는 터라, 작자는 그를 대신하여 기·승구에서 "南山松柏北山雪 一笑偶逢今日春"이라 하여 "우리 둘은 서로 남쪽 산의 松柏과 북쪽 산의 눈으로 있다가, 우연히 이 자리에서 다시 만나 한번 서로 웃자 오늘이 기막히게 기쁜 봄이 되어 서로 속마음과 깊은 정을 실컷 말하고 싶지만 그래도 이 많은 군중 속에서야 어찌 차마 말할 수가 있겠는가?"라며 안타까운 듯이 하소연하고는, 이내 결구로 "却似不曾相識人(문득 일찍 서로 모른 사람 같이 했네그려!)"이라며 안타까운 심경으로 변명 아닌 변명과 고뇌의 심경을 은밀하게 전달하고 있는 시다.

次李校理伯生

이 교리 백생의 집에서

신선으로 午門 아침 처음으로 내려오자,	仙郎初下午門朝
겹겹 성안 꽃 치장에 다린 버들 치렁치렁,	花暎重城柳拂橋
술잔 잡곤 홀연 한식 지나간 데 놀랐건만,	把酒忽驚寒食過
남쪽 고향 귀가 생각 길은 아득 멀었겠네!	楚鄉歸思路迢迢

* 伯生 : 작자의 6년 후배인 李純仁의 字이다.

* 仙郎 : 신선을 지칭하는 말로, 중국의 唐나라 때에는 尙書省에 속한 팔자 좋은 員外郎을 지칭하는 말로도 쓰였다. 여기에서는 상대방을 좋게 일컬은 "신선"으로 쓰였다.

* 午門 : 중국의 皇宮인 紫禁城의 正門을 말하나, "午"字가 "남쪽"을 가리키는 것이라 여기에서는 당시의 우리 서울의 正南 쪽에 있는 城門인 南大門 곧 "崇禮門"을 말하는 것이다. 시 속의 주인공인 李伯生(李純仁)이 이 근처에 살고 있었던 것으로 추정된다.

* 楚鄉 : 중국의 옛날 楚나라였던 남쪽의 지역을 지칭하는 말이지만, 중국의 唐나라 溫庭筠의 〈南湖〉에서 "盡日相看憶楚鄉(하루 종일 서로 보며 먼 고향만 추억했네!)"이라고 한 바대로 "먼 남쪽의 옛고향"을 지칭하는 말로 두루 쓰였다.

해설 이 작품은 작자가 머물고 있는 집 주인인 李純仁을 주인공으로 삼아 그의 고향을 저 남쪽 시골로 설정하고, 寒食을 보내고 났을 그의 봄맞이 놀이와 鄕愁를 상상적으로 詩化하여 격려하듯 위안하듯 읊어준 시다. 그래서 기·승구로 신선처럼 말끔하게 차리고 崇禮門

아래로 오는 주인공 이순인에다, 한식을 넘기고 꽃이 흐드러지게 피어나고 버들가지들이 휘늘어져 한창 봄이 무르익은 풍경을 배치하고서는, 전구에서 흥에 겨워 술잔을 잡은 주인공이 불현듯 지나간 한식을 떠올리곤 이내 못 돌아간 고향 생각에 놀라 몹시 그리워하는 것으로 설정하고, 결구를 "楚鄕歸思路迢迢(남쪽 고향 귀가 생각 길만 아득멀었겠소!)"라며 실제처럼 실정처럼 해놓고 동정하고 연민하고 있다. 주인공인 李純仁 자신도 당시 작자와 崔慶昌·李山海 등과 이른바 八文章으로 알려져 있었음을 감안하면 이 작품을 자아 실상의 형상화처럼 수용하고 높이 稱譽했을 것이 분명하다.

楮子島北臺 贈文仲吉 名夢轅

저자도 북대에서 문중길에게 주다 이름은 몽원이다

삼월 맞은 강마을엔 곳곳마다 꽃 펴있고,	三月江村處處花
술 자랑할 푸른 깃발 꽃 위 많이 걸렸는데,	靑旗誇酒出花多
돛 내린 뒤 뱃사람들 서산 그늘 들어가자,	落帆人入西山影
버들 가린 문 앞으로 한 길 기웃 나 있구나!	楊柳門前一逕斜

해설 이 작품은 제목에서 "楮子島北臺(저자도 북대에서)"라고 한 것으로 봐서, 작자가 작품 속에 한 인물로 개입하고 있는 것이 아니라 그냥 대상적 풍경에 대한 관람자로, 삼월이라는 한봄을 맞아 제법 흥

겨워지는 강마을의 저물녘 풍경을 시종 스케치하듯 그려 제시하고 있는 시다.

기 · 승구는 삼월이란 시간과 강마을이라는 공간, 그리고 이 시 · 공간을 살려서 생동하는 곳곳마다의 꽃, 한창 피어나는 살구꽃 나무그루들 그리고 이 나무그루들 위로 술을 자랑하듯 높이 꽂혀 있는 푸른 깃발들, 이런 것들을 보며 그리듯이 읊은 구절이다. 이 시구들에는 저절로 흥겨운 콧노래의 가락이 실렸을 것은 물론이다. 여기에다 전 · 결구에서 마침 보노라니 정겹게도 돛을 내린 뱃사람들이 저 해가 막 져가고 있는 서산 그림자 속으로 들어가고 있는데, 버들가지들에 가린 문 앞으로 한 길이 기웃 나 있다고 하였는데, 이 길은 바로 술집으로 나 있을 것이다. 이 작품은 이렇게 해가 질 무렵의 정겨운 풍경을 조용한 흥취의 눈길로 그리듯 읊고 있는 작자의 정감과 모습이 가만히 집혀지는 그림 같은 시이기도 하다.

東湖卽事

동호에서 있었던 것들을 그대로 읊다

참 좋았지 바로 강가 곳곳마다 누각들엔,	好是臨江處處樓
가건 오건 우리 놀일 막을 사람 다시 없어,	往來無復禁吾遊
그때그때 천 냥 쓰기 안 아까워했었기로,	當時不惜千金費
이곳 풍월 매해마다 낚싯배의 차지였네!	風月年年屬釣舟

* 東湖 : 서울 漢江에 東湖大橋가 놓여 있는 漢江一帶를 말한다. 이곳은 풍경이 매우 아름다워 북쪽 江岸에는 湖堂이라고도 불리는 讀書堂과 鷹峰이 솟아 있었으며 하류로 내려가면 夢賚亭이라는 큰 정자가 있었고, 남쪽 江岸에는 狎鷗亭과 奉恩寺가 있다.

해설 이 작품은 그야말로 당시 東湖 현장의 風光들을 배경으로 삼아 몇몇 해를 즐겨왔던 風流의 놀이를 回顧하며 흥겹게 읊어 놓고 있는 시다. 그래서 기구의 "好是臨江處處樓(참 좋았지 바로 강가 곳곳마다 누각들엔)"는 첫 마디인 "好是"부터 자랑에 찬 감탄어로 시작하여 유흥의 공간들을 자랑하듯 되뇌이고, 승구에서는 "往來無復禁吾遊(가건 오건 우리 놀일 막을 사람 다시 없어)"라며 豪氣롭게 외친 다음, 전구와 결구에서 더한층 목청을 높여 "當時不惜千金費 風月年年屬釣舟(그때그때 천 냥 쓰기 안 아까워했었기로, 이곳 풍월 매해마다 낚싯배의 차지였네!)"라며 한껏 목청을 높여 읊어내고 있는 것이다.

이 작품의 "處處樓(곳곳마다 누각들)"와 "釣舟(낚싯배)"는 작자를 위시한 동료들이 누각에서 술을 마시며 시를 짓다가 이내 낚싯배를 타고 낚시를 하며 노닐기도 했다는 것이다. 따라서 이 작품에서는 "好是(참 좋았지)"니, "無復禁吾遊(우리 놀일 막을 사람 다시 없어)"니, "不惜千金費(천 냥 쓰기 안 아까워했었기로)"니, "風月 …… 屬釣舟(이곳 풍월 …… 낚싯배의 차지였네!)"니 하는 시 어휘들에는 앞에서 말한 바와 같이 거나한 흥취로 인한 높은 목청의 가락이 실려 거침없이 읊어졌을 것이다.

梅花堂 次李內翰仲高 名嶸

매화당에서 이 내한 중고의 시운을 따라 짓다 이름은 영이다

눈 자욱한 저 안 숲은 갈길 분간 못 할 텐데,	雪暗中林路不分
절 문에서 전송하니 모두 정든 사람이라,	寺門相送摠情人
돌아갈 땐 무엇에서 머리 돌려 볼 만할까?	歸時何處堪回首
해가 지는 서릉 위에 흰 구름이 뜬 때겠지!	落日西陵是白雲

* 梅花堂 : 어느 사찰 안에 있는 禪房의 명칭으로 추정되며, 작자가 여기에 잠시 머물면서 몇몇 벗들과 함께 있다가 작별을 하며 시를 지은 것으로 추정된다.
* 內翰 : 조선조 때 藝文館의 檢校를 중국 宋나라 때의 翰林學士로 인정하여 內翰이라 별칭한 것을 말한다.

해설 이 작품은 작자가 어느 사찰에서 함께 있다가 헤어지는 정든 벗들과의 이별을 안타까워하면서, 겸하여 멀고 먼 고향에 못 돌아가는 자신의 처지와 심경을 더욱 서글퍼 하면서 읊은 시다. 그래서 이 작품의 전구에서 "歸時何處堪回首(돌아갈 땐 무엇에서 머리 돌려 볼 만할까?)"라고 하여 작자 자신도 벗들과 작별하고 돌아갈 때에는 어느 경우에 머리를 돌려 자신을 돌아보게 될 것인가?라며 自問하고는, 결구에서 "落日西陵是白雲(해가 지는 西陵 위에 흰 구름이 뜬 때겠지!)"이라며 바로 저녁 해가 져가는 저 멀리 서쪽 언덕 위에 고향을 생각하게 하는 흰 구름이 뜬 것을 보는 순간일 것이라며 서글프게 自問自答을 하고 있는 것이다.

題靈印長老房

영인 스님의 절 방을 제재로 삼아서

봄 아끼며 봄 시름을 풀어낼 곳이 없어,	惜春無處寫春愁
또 절 방을 찾아와서 하루 종일 머물건만,	又到禪房盡日留
스님하곤 상관없이 지면 가득 져버린 꽃,	滿地落花僧不關
산바람에 불려 흩여 동쪽 물길(不變天理) 따라가네!	山風吹散逐東流

해설 이 작품은 작자가 애를 태우는 봄날의 온갖 시름을 풀어보자며, 모든 생각을 훌훌 털어버리고 無念無想의 境地에 들어가는 것을 배우고 싶어, 靈印 스님의 禪房을 찾아가서 하루 종일 머물러 보지만, 애초부터 스님은 아무것에도 전혀 걸림이 없는 채 꽃잎들만 지면 가득 져내려, 산에서 부는 바람결에 그 꽃잎들은 불려져 흩어져서는 이내 동쪽으로 흐르는 물결에 실려 사뭇 흘러가듯 흩어지기만 한다는 이야기로 끝을 맺고 있는 시다.

이 작품은 실로 기구인 "惜春無處寫春愁(봄 아끼며 봄 시름을 풀어낼 곳이 없어)"로 작자가 말하고 싶은 것을, 아니 이 작품의 주제를 미리 다 말하고 있다. 봄은 누구에게나 아니 특히 시인에게는 기막히게 기다려지는 환희의 계절이며 감흥의 계절이다. 그런데 이 봄은 왔다가 이내 다시 흘러가는 물리적 시간이라, 이것은 기막힌 흥취의 기쁨으로 맞으면서 거의 동시에 아깝고 애틋하게 흘러가는 시름과 탄식을 예비하고 있는 恨스러운 계절인 것이라서, 작자는 靈印 스님처럼 無念無想의 達觀을 배워 보겠다고 그의 禪房에 가서 하루 종일 머물러 보았지만, 그 靈印 스님을 닮을 수 없음은 물론 오히려 이 기막힌 기쁨의 흥취를 실어 오는 봄이 이내 무한한 恨과 서글픔만 남겨 놓고 가는 것을, 이 봄을 대표해서 핀 꽃들이 끝내 지면 가득 져 내린 뒤 산에서 부는 바람결에 불려져서 동쪽으로 흘러가듯 물결에 실려 가버리는 것으로 안타깝게 보며 다시 한번 확인하고 있을 뿐이다.

물론 이 작품에서 작자는 봄이라는 계절을 오는 것, 맞는 것만으로, 그리고 현장적인 정태적 풍경의 共時的 공간만으로 의식하며 수용하지 않고 동태적 풍경의 通時的 공간으로 의식함으로써 꽃을 피고 지는 존재로 정감화하면서 기쁨의 흥취로 맞고는 이내 恨과 서글픔으로 마무리하게 되는 것이다. 이 작품에서는 "惜春(봄 아끼며)"·"春愁(봄 시름)"·"落花(져버린 꽃)"·"東流(不變天理)"가 상호 유기적으로 어우러져 시상을 구성하고 있는 것이다.

客窓春後

봄이 지나간 뒤에 여관 창 앞에서

비 온 끝에 깊은 골목 모래·먼지 정갈하고,	雨餘深巷淨沙塵
석양 속에 문 닫힌 채 綠陰 이웃 짙었는데,	門掩斜陽綠滿隣
나비들은 봄이 벌써 가버린 걸 모르는지,	蝴蝶不知春已去
짝 져 날며 외려 그냥 꽃 파는 일 좇아가네!	雙飛猶趂賣花人

해설 이 작품은 작자가 어느 곳 여관 창 앞에 앉아서 봄이 막 지나간 뒤에 보게 되는 주위의 풍경들을 靜觀的인 눈길로 그리듯 읊은 시다. 그래서 비가 내린 뒤에 깊숙한 골목 안은 비에 젖어 모래나 먼지가 젖어서 한결 정갈하고, 사립문들이 닫힌 채 석양 속의 이웃집들은 녹음이 짙어져 있는데, 어디선가 날아온 나비들은 봄이 이미 다 간 것도 모르는지, 짝을 지어 날면서 꽃을 팔려고 안고 가는 사람을 뒤따라가고 있다는 것이다.

네 구가 모두 특별한 수사의 수법을 활용한 흔적을 보이지 않은 채 매우 평이하고 간결한 문맥으로 이루어져 있으면서도, 그저 있는 풍경 그대로를 잔 기교의 꾸밈이 전혀 없이 그냥 잘 살려서 한 폭의 풍경화로 명료하게 그려 놓고 있는 좋은 시다.

到女院 望月出山

도녀원에서 월출산을 바라보면서

두 해 동안 고생 속에 객지 서울 있을 적엔,	二年辛苦客秦城
꿈에서만 고향 산 봐 유별나게 정겹더니,	夢見鄉山別有情
오늘에야 문득 정말 이 산 풍경 만나서는,	今日却逢眞面目
머리 들자 외려 꿈속 길 아닌가 두렵구나!	擧頭猶怕夢中行

* 到女院 : 시 제목에 있는 月出山을 시에서는 "鄕山"이라 하였고, "到女院"에서 "바라본다"라고 한 것을 보면, "到女院"은 작자의 고향인 靈巖이나 주위 어느 곳에 있던 驛院 같으나 『東國輿地勝覽』에도 기록이 없어 확인할 수 없다.
* 秦城 : 글자대로의 뜻은 중국의 秦나라 때 축조했다는 萬里長城을 말하나, 여기에서는 멀고 험난한 타향을 지칭하는 말이거나 "秦"이 "中國"을 대표하는 말로 쓰여서 "秦城"이 중국의 "서울"이라는 말로 많이 쓰였다는 점에서 볼 때 여기에서는 당시 우리의 "서울"을 지칭하는 뜻으로 쓰였을 것이다.

해설 이 작품은 고향 靈巖에서 유년기부터 항상 바라보며 사랑하고 아꼈던 月出山을 먼 객지에서도 사뭇 그리워하며 꿈속에서만 안타깝게 구경하다가, 오랜만에 고향으로 돌아오며 實景을 바라보고는 기막힌 반가움의 심경을 노래하듯 읊은 시다. 그래서 기구에서 2년 동안의 고생스러운 객지 생활을 배경으로 놓고, 승구에서 꿈에서만 보는 고향의 이 月出山은 유별나게 정겨웠다고 실토하고는, 전구에서 오늘에야 정말로 진짜 月出山을 만나보게 됐다고 하면서, 결구에서는 지금 이것이 오히려 혹시라도 꿈속에 가고 있는 길(과정)이 아닌가 싶어 두렵다며, 기막힌 안타까움 끝에 실제로 만나는 실경이 현실이 아닐까 싶어 두렵기까지 하다는 심경을 실토하고 있는 것이다.

回鄕

고향에 돌아와서

강과 바다 가물가물 몇천 리의 길이었나?	江海茫茫路幾千
돌아오니 이웃·마을 그냥 옛날 그대론데,	歸來隣曲故依然
아이들은 나의 얼굴 바뀐 것이 얄궂다니,	兒童怪我容顔改
타향에서 보낸 시간 하루가 한 해였네!	異地光陰日抵年

해설 이 작품은 언제 지은 것인지, 고향을 떠난 지 몇 해 만에 돌아와서 지은 것인지 알 수 없지만, 당시가 지금 같이 교통수단이 고속도로 발전한 시대와 비교할 수 없는 시대임을 놓고 보면, 결구에서 읽어 볼 수 있는 바대로 타향살이를 오래 하지는 않았어도, 타향에서 많은 고초를 겪고 살다가 귀향한 형편을 하소연하듯 읊은 시다. 그래서 기구의 "路幾千(몇천 리의 길이었나?)"과 승구의 "故依然(그냥 옛날 그대론데)", 전구의 "容顔改(나의 얼굴 바뀐 것이)" 그리고 결구의 "日抵年(하루가 한 해였네!)" 등의 語句들은 人生 苦樂의 對比, 人生 老少의 對比 등으로 他者化한 興에 견주어 自我化한 恨을 한껏 강조하여 호소하듯 읊고 있는 것이다.

別家
집을 떠나와서

뜬 인생은 백 년 동안 제냥 괴론 것이라서,	浮生自苦百年間
"각기 기뻐하자"면서 아내 · 애들 달랬지만,	說與妻兒各好顏
금릉성의 아래 문득 도착해서 바라보니,	却到金陵城下望
흰 구름은 구봉산에 외려 그냥 남아 있네!	白雲猶在九峰山

* 金陵 : 조선조 때 경상도 金山郡을 지칭하는 또 다른 명칭이었다. 이곳이 뒤에 金泉市로 승격되면서 市 말고 나머지 지역을 金陵郡이라 하였다가 市로 통합하였다.

* 九峰山 : 金山郡에 있는 산으로 『東國輿地勝覽』의 慶尙道 地圖 중 金山에는 기록되어 있지 않고 오히려 尙州에 기록되어 있다. 그러나 地圖에는 金山의 바로 뒤로 그려져 있다.

해설 이 작품을 이해하기 위해서 먼저 작자의 年譜를 통해 여기에 등장하는 "金陵"이라는 地名을 확인해 보면, 작자가 14세 때인 조선조 명종 5년(庚戌)에 자신보다 17세를 앞선 어른인 靑蓮 李後白을 金陵의 傅山으로 찾아가서 崔慶昌 · 尹箕 · 林薈 · 金胤 등과 함께 성실하게 가르침을 받았으며, 동시에 "絶世奇寶(전무후무하게 기특한 보물 같은 재주)"라는 극찬을 받았다고 하였다. 그리고 朴世采가 쓴 李後白의 諡狀에는 그가 일찍부터 재능과 명성이 높았는데도 벼슬과 출셋길에 뜻을 두지 않고 집 뒤에 있는 푸른 소나무를 풋대로 삼아 스스로 호를 "松巢"라고 하고 있었는데, 峒隱 李義健과 孤竹 崔慶昌 · 玉峰 白光勳이 찾아와서 따르며 함께 지냈다고 하였다.

그런데 작자가 이 작품에서 찾아간 곳이 金陵인 것을 보면 바로 스승으로 모셨던 李後白이 자신과 崔慶昌을 받아들여 시를 공부시켰던 그곳임은 분명하나, 작자가 李後白에게 가서 시를 공부하던 때는 14세 때로 아직 혼인을 하지 않은 때였는데, 이 작품에서는 아내와 애들을 달랬다고 한 것을 봐서 이 작품이 시 공부를 위해서 李後白에게 갈 때 지어진 작품이 아닌 것만은 분명하다. 다만 작자가 14세 때 李後白을 뵈러 갔던 곳이 金陵이고 이 작품에서 찾아간 곳도 金陵인데, 이 두 곳의 金陵은 분명히 같은 곳으로 추정되나 李後白의 당시 고향이었던 전라도 康津에는 『東國輿地勝覽』이나 『八道名勝古蹟』의 어디에도 이 金陵이 기록되어 있지 않으며, 九峯山도 역시 기록되어 있지 않아 이곳이 어디인지 확인할 수가 없다. 金陵이 『東國輿地勝覽』에는 金山(지금에 金泉)의 古號로 기록되어 있으며, 九峰山은 이 책의 〈慶尙道地圖〉에 바로 이 金山의 뒤쪽에 記入되어 있고 기록으로는 尙州牧의 〈山川〉에 記入되어 있다.

이렇게 『東國輿地勝覽』의 기록을 놓고 보면, 이 작품은 작자가 혼인도 하고 자녀도 둔 뒤에 집을 떠나, 경상도 金山郡으로 와서 저 북쪽 九峰山에 낀 흰 구름을 바라보고는 이내 고향을 간절히 그리워하는 시로 남기고 있는 것이 된다. 다만 朴世采의 李後白 諡狀을 보면 李後白의 先祖 墓所가 경상도 咸陽에 있다고 한 것이나, 白光勳의 年譜에 "聞靑蓮李公 以布衣講學于金陵之慱山 就而學焉(청련 이공이 벼슬도 하지 않은 맨 선비로서 금릉의 단산에 가서 학문을 강의하자 그곳으로 찾아가서 배우게 되었다)"라고 한 것을 전제로 해보면 혹시 金陵이 지금의 慶北 金泉이 아닐까 하는 추정도 해볼 수는 있다.

贈奉恩僧雲水
봉은사 스님인 운수에게 주다

해 저물녘 나귀 몰고 돌 다리께 도착하니, 日暮驅驢到石橋
은은하게 풍경 소리 산정에서 들리더니, 遙聞微磬在山椒
높은 스님 문 앞 쌓인 눈도 쓸지 않은 채로, 高僧不掃門前雪
향 등잔불 한 점만이 고요 속에 빤하구려! 一點香燈照寂寥

* 山椒 : 산초나무의 열매나 산마루 혹은 山頂을 말하는데, 여기에서는 山頂을 말한다.

해설 이 작품은 이 시를 읊어주는 상대인 雲水 스님이 一切에 대한 得悟(깨달음)의 경지에 들어 그냥 無念無想인 채 安然(그저 그냥 편안함)해진 得道의 境地를 자연스럽게 기리고 있는 시다. 그래서 기・승구는 작자 자신이 奉恩寺를 찾아가는 과정과 정황만을 제시하고 있지만, 전구인 "高僧不掃門前雪(높은 스님 문 앞 쌓인 눈도 쓸지 않는 채로)"은 바로 無念無想인 채 安然해진 스님의 정신적 경지를 말하는 것이며, 결구인 "一點香燈照寂廖(향 등잔불 한 점만이 고요 속에 빤하구려!)"는 得道한 채 寂然해진 스님의 印象을 代喩하고 있는 것이다.

初春得楊蓬萊明府書 書只一行 曰三千里外心親 一片雲間明月云 而無他語 楊時爲安邊伯

초봄에 양봉래 원님의 편지를 받고

편지는 다만 한 줄로 '삼천리 밖 마음의 친구, 한쪽 구름 사이 밝은 달'이라 하고는 다른 말은 없었으며, 양봉래는 이때 安邊의 府使로 있었다

봄을 맞은 서울 초입 한 장 편지 와 있는데,	一紙書來漢口春
편지 속엔 '마음 친구' 다만 이 말 써 놨으니,	書中有語只心親
그리움에 구름 사이 저 달 문득 부럽구나,	相思却羨雲間月
삼천리 밖 있는 사람 나눠 비춰 보는 것이!	分照三千里外人

* 明府 : 중요한 지방 관청인 府나 牧의 長(우두머리)을 말하며, 조선조 시대에는 府使나 牧使·府尹 등을 지칭하는 말이었다.

해설 이 작품은 작자가 벗인 楊蓬萊 士彦으로부터 "三千里外心親 一片雲間明月(삼천리 밖 마음의 친구, 한쪽 구름 사이 밝은 달)"이라는 한 줄의 글뿐인 편지를 받고 회답처럼 지은 아주 좋은 시이다. 그래서 이 작품에서 기구를 그냥 산문적 문맥으로 놓고 "한 장 편지 오자 한강 입구 봄인데"라고 풀어 읽으면 안 된다. 여기의 "一紙書"는 "한 장 편지"이면서 "한 줄뿐인 편지"이며, 그래서 "기막히게 소중하고 애틋한 편지"라는 뜻을 함축하고 있는 것이고, "漢口春"은 "작자 자신이 외롭게 살고 있는 한강의 입구에서 기막히게 기다려지던 봄"이라는 뜻을 함축하고 있어서, 앞의 "一紙書"를 더욱 기막히게 여겨지도록

해주는 시간적 · 공간적 설정인 것이다. 승구도 그냥 산문적 문맥으로 쉽게 풀어 "편지 속 있는 말 다만 마음 친구라네"라고 풀어 읽으면 안 된다. 여기의 "只心親"은 "다만 얼굴로만 기억되는 보통의 친구"가 아니라 "다만 하나뿐인 마음의 친구"라는 말이면서 "서로 마음을 주고 받는 다만 하나뿐인 친구"라는 말이다. 그런데 이 편지에는 "이렇게 기막힌 마음의 친구"라는 말만 한 줄의 글로 써있을 뿐이라 너무도 안타깝다는 것을 전제하고 있는 것이다. 이렇게 안타깝기에 전구에서 서로 기막히게 보고 싶어질 적엔 저 구름 사이에서 환하게 떠 있으면서 지상의 모든 것을 비춰 보고 비춰 줄 수 있는, 아니 바로 삼천리 밖에 있는 벗인 楊士彦을 비춰주고 비춰 볼 수 있어서 저 밝은 달이 너무도 부럽다고 한 것이다.

그리고 楊士彦이 한 줄로 써서 보냈다는 이 "三千里外心親 一片雲間明月"에는 물론 작자 白光勳을 기막힌 마음의 친구로 그리워한다는 楊士彦의 작자를 향한 우정의 진심이면서, 그래서 이 "一片雲間明月"은 楊士彦 자신에게는 옥봉이 언제나 환한 기쁨과 반가움의 잊을 수 없는 영상으로 가슴속에 남아있는 기막힌 벗이라는 말이다.

邊詞
변방의 노래

날쌘 병사 거느리고 밤에 요하 건너려다,	欲領輕兵夜渡遼
외론 성을 바라보니 진지 구름 아득타만,	孤城一望陣雲遙

명사수는 일찍부터 음산 길을 잘 알거니, 射鵰曾識陰山路
사막 속에 허리 묻힐 눈도 겁은 안 나겠지! 不怕沙中雪沒腰

해설 이 작품은 唐詩의 邊塞體 作品을 模擬하여 읊은 시라서, 제재 자체가 실제적 체험이나 사실로 이루어지는 것이 아니고 시종 虛構化한 것이다. 시간도 현재가 아니고 공간도 우리의 것이 아니며 주인공도 우리가 아닌 채, 그냥 상상적인 옛날에다 중국의 북방 변경에서 전투하는 중국의 병사로 설정되어, 모두가 허구적으로 구상되고 수사되어 이루어진 것이라 핍진한 실감의 대상이 될 수 없음은 당연한 것이다.

그러나 작자 자신은 물론 독자들에게도 실감되고 동의될 수 있을 만큼 선택된 제재에다 실재할 수 있었던 시·공간과 인물로 허구화하고 수사하여 이루어진 이 작품은 중국에서도 唐代 이후 좋은 作詩 風潮의 傳統으로 이어져 王建·王昌齡·王翰·令楚狐 등 많은 작가들이 이런 작품들을 무수히 많이 남기고 있을 뿐만 아니라 우리나라에서도 사뭇 이어져 온 作詩 風潮의 전통이다. 이 작품의 時·空 背景은 확인할 수도 없는 채이면서도 無名의 將軍과 名射手로 설정된 이 작품의 人物들은 실제적 存在인 양 躍如하게 그려져 있어서, 역시 이 작품은 邊塞體의 좋은 詩가 되는 것이다.

送天靈上人西遊 寄崔立之
서쪽으로 유람 가는 천령 스님을 보내면서, 최입지에게 부치다

강가 절의 문 앞에서 비속 서로 작별하며, 江寺門前雨中別
"서쪽 가면 자네 언제 돌아오나?" 물었는데, 問君西去幾時還
하늘 끝서 서로 그려 갑절 서글퍼질 때엔, 天涯相憶倍惆悵
지는 해에 장수산엘 홀로 올라갔었겠지! 落日獨登長壽山

* 崔立之 : 簡易 崔岦을 말하며, 立之는 崔岦의 字다. 이때 崔岦은 天靈 스님이 유람 가는 황해도 載寧의 원님으로 가서 있었다. 여기에 長壽山이 있고 이 산에는 妙陰寺를 위시한 네 곳의 절이 있어서 천령 스님이 유람을 갔던 것으로 추정된다.

해설 이 작품은 작자가 황해도 載寧으로 가는 天靈 스님 편에 이 시를 보내면서, 그곳 원님이면서 벗인 崔岦이 지난번 그곳으로 부임할 제 작별한 자신의 모습을 되짚어 보고, 그곳 載寧에서 자신을 그리워할 崔岦의 모습을 상상하며 읊어 놓고 있는 시다. 그래서 기구에서 "雨中別(비속 서로 작별하며)"로 작별하던 공간적 상황이 서글펐음을 회상하면서, 승구에서 "幾時還(언제 돌아오나?)"으로 벗인 崔岦에게 "언제 돌아와서 다시 만나게 되겠는가?"를 안타깝게 물어본 자신의 당시 행태를 환기시키듯 말하고, 전구에서 "天涯相憶倍惆悵(하늘 끝서 서로 그려 갑절 서글퍼질 때엔)"으로 서로의 그리움이 간절함을 전제하고는, 결구에서 "落日獨登長壽山(지는 해에 장수산엘 홀로 올라갔었겠지!)"이라며 상대인 벗 崔岦 자네도 나를 얼마나 그리워하겠는가! 라는 추정과 예상으로 실제인 양 마무리 하고 있는 것이다.

又

또 한 수

장수산의 서쪽에는 재령군이 거기 있고,	長壽山西載寧郡
그 군 원님 나와 헤져 벌써 한 해 지났는데.	郡中太守別經年
그대 올 젠 옥 같은 시 실컷 지어 올 터이니,	君歸剩得青瑤字
정신없이 취해서 잘 나를 깨게 일러 주게!	道我昏昏只醉眠

* 青瑤 : 푸른 옥을 말하나, 여기에서는 青瑤(푸른 옥) 같은 아름다운 시나 글을 일컸는 말로 바로 이 天靈 스님이 郡守인 崔岦을 만나서 함께 지을 詩를 말한다.

해설 이 작품은 조금 장난기 같은 솜씨로 읊은 시로, 벗인 崔岦과 헤어진 지가 한 해가 지났으니, 스님 그대가 거기 가서는 그를 만날 것이고 그러면 그와 함께 좋은 시를 실컷 지을 것인데, 그렇게 하고 돌아와서는 그 좋은 시들을 외롭게 지내면서 그냥 정신없이 술이나 마시며 취해 있을 나에게 알려달라는 당부를 天靈 스님에게 하고 있는 것이다. 이 작품에서 작자의 시인적 솜씨는 이 결구에 있는 것이다.

有僧向洛山 因寄鄭方伯
낙산사로 간다는 한 스님이 있어서, 이편에 정 방백에게 부치다

낙산사의 의상대서 취해 읊을 신선에겐,	洛山臺上醉吟仙
푸른 만 리 바다만이 눈앞 펼쳐있으련만,	萬里滄溟在眼前
고래 · 大鵬 한밤중에 놀이해도 모른 채로,	不記鯨鵬中夜戲
여섯 용이 해 부축해 푸른 하늘 치솟겠네!	六龍扶日上靑天

* 鄭方伯 : 당시 江原監司로 부임해 있었던 鄭澈을 말하는 것으로 판단된다.

해설 이 작품은 이 시를 받을 鄭澈의 氣像과 風流를 한껏 추켜세워 읊은 시다. 이 작품에서는 기구의 "醉吟仙"으로 작품의 주인공인 鄭澈의 호탕한 풍류적 행태를 예비해 놓고, 승구에서 그의 이런 풍류를 한껏 펼칠 수 있게 하는 시 · 공간적 상황을 설정하고서, 이내 鄭澈은 밤중에도 그냥 취해서 시만 읊다가 잠이 들어 있는 채, 東海 바다에서 물의 고래와 하늘의 大鵬이 마구 놀이를 한껏 해도 모를 것은 물론, 날이 새면서 바다의 여섯 용이 해를 부축해서 푸른 하늘로 오르게 하여 날이 새도, 사뭇 취해서 시만 읊다가 든 잠에서 깨어나지 않고 있을 것이라고 하였다. 그래서 이 전·결구는 참으로 남다르고 놀라운 구상과 수사의 솜씨를 유감없이 보여주고 있는 것이다.

漫興奉呈宋礪城頤庵

그냥 감흥을 읊어, 여성부원군 송이암 어른께 드리다

울안 가득 희고 붉게 꽃들 피고 있건마는,	滿院花開白又紅
가련해요 막 고운 빛 한순간 속 것인데다,	可憐方艶片時中
또 알기론 날아가서 끝내 진흙 묻힐 테니,	也知飛去終泥土
펄펄 날려 저녁 바람 따를 것도 없겠어요!	不用紛紛逐晩風

* 宋礪城頤庵 : 조선조 中宗 때의 선비이며 관리였던 宋寅을 말한다. 그는 관향이 礪山이라 礪城君으로 봉해졌고 號가 頤庵이었으며 글씨를 잘 썼다.

해설 이 작품은 작자 자신보다 아주 연상인 어른 宋頤庵께 바치는 것으로, 봄을 맞아 희게 붉게 피어나는 꽃들을 아름다움이라는 관념적 가치거나 희망과 보람의 인생적 상징이거나를 불문하고, 궁극에는 모두가 허망하게 사라지는 존재라는 한탄의 정을 실어 하소연하듯 아뢰듯 바치는 시다.

무수한 선대의 시인들이나 동시대의 시인들도 모두 읊었음직한 이런 “落花詩”는 마땅히 많을 것 같고, 그래서 신통한 눈길과 생각으로 새롭게 읊은 작품이 흔하지 않을 것 같으며, 이 작품도 그렇게 보이는 범위에서는 별로 다를 게 없어 보이는 시다. 그러나 여기에서는 꽃을 그 희고 붉은 빛이 한순간의 것인 채 시간적 무상의 존재라는 것으로, 또한 날아가서(날려져서) 진흙 속에 묻혀버리는 공간적 무정처의 존재라는 것으로 의인화하여 무상한 인간의 일생으로 暗喩하면서, 이것을 시간적인 눈길과 공간적인 눈길로 파악하여 이 시·공간적인 존재로서의 가치적 폐기와 생명적 상실을 지극히 人生的인 눈길로 읽어 절실하게 공감하고 동정하며 읊어냄으로써 더욱 새롭고 핍진한 心襟의 가락으로 서정화하고 있다.

又次寄呈頤庵

또 운을 따라 지어서 이암께 부쳐 드리다

귀여운 새 푸른 가지 놀이 정말 어여쁘고,	政憐嬌鳥弄青枝
게다 먼 산 비에 씻긴 눈썹 같은 등성 맞아,	更值遙山雨洗眉
상상되는 신선 노인 한 가지도 일없으셔,	想得仙翁無一事
늦게 꽃 핀 정원에서 새 시 지어 두셨겠네!	晚花庭院有新詩

해설 이 작품은 頤庵 어른이 늦봄을 맞아 한가롭게 보내실 일상의 하루를 곱게 추정해보면서 간접적으로 問安을 드리듯, 閒靜을 기리듯

읊어 부치는 아주 좋은 시다. 그래서 작자는 우선 頤庵 어른의 居處를, 기구로 서재 앞 정원 새로 잎이 돋는 가지 위에 앉아 놀고 있을 어여쁜 새를 그려 놓고, 승구로 눈을 들어 바라보는 저 먼 산 비에 씻긴 채 눈썹처럼 고운 능선을 그려 놓고서는, 이내 "想得仙翁無一事 晩花庭院有新詩(상상되는 바대로 신선 같은 노인이신 이암 어른께서는 아무 일도 없이 한껏 한가로우셔서, 아마도 늦게 핀 꽃들로 어우러진 정원을 거니시면서 새로 시를 지어 두셨겠네!)"라며 마치고 있는 이 전·결구는 참으로 진솔한 일상의 단면을 그냥 그리듯이 읊은 고운 시다.

題二淸齋室

三淸殿의 齋室을 제재로 삼아 짓다

每夜 마음 齋戒하며 하늘(玉皇) 향해 禮 올릴 제,	夜夜齋心禮碧空
시중드는 동자·시녀 향기 속에 있었는데,	金童玉女瑞香中
돌아와선 丹 굽는 글 손수 점쳐 읽노라니,	歸來手點丹經字
고요한 속 오동꽃만 저녁 바람 따라 지네!	寂歷桐花墜晩風

* 二淸齋室 : "二淸"은 『三唐集』과 叢刊本 『玉峰集』을 위시한 여러 詩集에 모두 이렇게 "二淸"으로 되어 있으나, 제목이 "題 二淸齋室"이라고 표기되어, "題" 자와 "二"의 사이가 떨어져 있는 것으로 봐서 "三"자에서 한 획을 誤刻했거나 印出할 때에 잘못으로 "二"자로 남은 것으로 추정된다. 작품의 내용으로

봐서도 "三淸"이 맞는 것으로 판단되어, "三淸殿의 齋室"로 풀어 국역하였음을 밝혀둔다. 물론 "二淸"은 중국 唐나라의 두 시인 스님인 "淸江"과 "淸晝"를 말하는 것으로 알려져 있으나, 이 작품의 내용과는 잘 맞지 않는 것으로 판단되고, 기·승구의 主人公의 행태나 동자와 시녀의 향기 속 시중들기 등은 당시 昭格署의 三淸殿에서 醮祭를 올릴 때의 정황으로 추정되어 "二淸"은 "三淸殿"의 "三淸"일 것이 분명하다.

* 金童 : 신선을 모시는 동자를 말한다.
* 玉女 : 선녀를 모시는 시녀를 말한다.

해설 이 작품은 당시 서울의 北部 鎭長坊에 있는 昭格署에 있던 三淸殿에 속한 齋室의 특이한 풍경과 정황을 신비한 눈길과 心氣로 포착하여 상상과 함께 그려 전하듯 읊은 시다. 그래서 이 작품에서 작자가 1인칭 화자로 설정하여 등장시키고 있는 주인공은 道士로서, 밤마다 마음을 깨끗이 가다듬고 하늘에 있는 玉皇上帝께 醮祭의 禮를 올릴 제면, 童子와 侍女는 피어나는 향기 속에 시중을 들고, 禮가 끝나고 나면 제자리로 돌아와서 丹經(道家의 經典이며 신선이 되는 수련이나 약을 만드는 것을 적은 글)을 한 글자씩 따져서 읽고 있노라면, 고요하기만 한 속에 저녁을 맞으며 부는 바람결에 오동꽃만 지고 있겠다는 독백과 같은 시지만, 묘한 정적감과 신비감이 감도는 듯한 조용한 풍경과 정감이 눈길에 선하게 그려지는 한 폭의 서경시다.

四.

五言律詩

懸津夜泊

현진 나루에 밤에 배를 대고서

나그네로 마을 입구 배 대고 보니,	旅泊依村口
다시 놀긴 늘그막이 돼버렸는데,	重遊屬暮年
종소리는 둑의 저편 절서 울리고,	鍾聲隔岸寺
말소리는 호수 건넌 배서 들리며,	人語渡湖船
달은 멀리 갈대숲 위 솟아오르고,	月上蒹葭遠
안갠 저기 섬들까지 이어 꼈더니,	煙橫島嶼連
밤이 깊자 바람 다시 빨라지면서,	夜深風更急
내려앉을 기러기들 줄 못 짓누나!	落雁不成聯

* 懸津 : 『東國輿地勝覽』의 京都나 開京 그리고 京畿道와 全羅道 어디에도 기록되어 있지 않아서 확인이 되지 않는 곳이나, 작품의 내용으로 봐서 지금의 경기도 金浦市에 편입되어 있는 通津이 아닐까 추정될 뿐이다.

해설 이 작품은 총체적으로는 서경시이나 차분하게 정감이 실린 정갈한 시로서, 작품 전체가 살뜰한 情感으로 구상되고 고운 풍경들이 구조적으로 섬세하게 수사되어, 참으로 기막히게 잘 그려진 한 폭의 풍경화로 제시되어 있다. 이 작품에서는 네 聯의 여덟 句 어디를 봐도 感情的 言表가 전혀 없지만, 수련 "旅泊依村口 重遊屬暮年"의 "旅泊(나그네 배 대고 보니)"과 "屬暮年(늘그막이 돼버렸는데)"으로 작자는 자신의 쓸쓸해지는 심경을 말없이 말하고 허전해지는 심기를 歎息

調로 마무리하고는, 함련의 두 구에서 꼭 같이 청각적으로 수용 인식된 "鐘聲(종소리)"과 "人語(말소리)"라는 음성적 대상들을 신통하게도 시각으로 연상 재현하여 敍景化하고 있으며, 경련의 두 구를 "月上(달은 솟아오르고)"과 "煙橫(안갠 이어 꼈더니)"으로 아주 서늘하면서도 조금은 신비로울 가을밤의 풍경으로 배치하고서, 미련에서 "夜深風更急(밤이 깊자 바람 다시 빨라지면서)"으로 인해 "落雁不成聯(내려앉을 기러기들 줄 못 짓누나!)"이라는 소슬한 가을밤의 상황으로 종결하면서 가을밤을 맞으며 조금은 처연해지는 심경을 言外로 가만히 싣고 있는 것이다.

詠盆蘭 呈靑蓮先生

화분의 난을 읊어서, 청련 선생님께 바치다

거문고 속 가락을 홀로 들으며,	獨聽琴中操
楚의 손님 노랠 사뭇 애타 했더니,	長憐楚客詞
네 뿌리는 어느 곳서 옮겨 왔던고?	移根自何處
책상 곁서 바로 天眞 姿態대로라,	傍案是眞姿
바람 불려 헤쳐질 건 그냥 놔두고,	一任風披拂
비에 꺾여 기울지는 말게 했는데,	休教雨倒欹
강남땅의 가을 차비 가까웠으니,	江南秋事近
그린 분께 되려 갖다 놓고 싶어요!	還欲贈相思

* 琴中操 : 글자대로의 뜻은 "거문고 속의 가락"인데, 여기에서는 둘째 구의 "楚客(초나라 손님)"과 상관시켜 읽어 보면, 옛날 중국의 楚나라 屈原이 억울한 삶을 노래하며 "蘭"으로 자신의 인격과 지조를 비겨서 남긴 〈離騷經〉과 〈九歌〉 등을 연주하는 거문고의 가락을 의미하는 것이 분명하다. 또한 이 가락을 그냥 음악적인 것만으로 이해하는 것이 아니니 이 詩는 그 가락에 실린 歌詞, 곧 이 가사를 읊고 노래한 주인공인 屈原을 연상하며 지어진 것이다. 따라서 "楚客詞"는 바로 이 屈原의 〈離騷經〉과 〈九歌〉를 말하는 것이다.

해설 이 작품은 花盆에 심어진 蘭을 단서로 하여 이 蘭이 高潔한 志士로 人格化하여 연상되고, 이렇게 인격화해서 素材로 실려진 〈離騷經〉과 〈九歌〉를 다시 연상하여 노래하듯 읽고 거문고를 타면서, 바로 이 작품들의 주인공인 屈原을 연상의 중심 인물로 삼아 놓고는, 이 굴원을 言外로 靑蓮 先生과 비겨 보면서 이내 선생께 드리는 것으로 마무리고 있는 시다.

수련에서 작자 자신이 이 화분의 蘭을 매개로 하여 연상된 屈原의 〈離騷經〉과 〈九歌〉를 부르고 스스로 거문고로 타면서 애를 태웠다 하였고, 함련에서는 이 蘭을 아직 어린아이로 놓고 어디서 왔느냐?며 묻고 이내 책상 앞에서는 天眞의 姿態라고 다독이고는, 경련에서 바람에 불려질 경우에는 포기가 실컷 헤쳐진 대로 있게 두었다가, 비가 쏟아질 때엔 비어 꺾여 기울어지진 않게 했다며 극진하게 돌봤음을 말하고, 미련에서는 靑蓮 先生이 계신 그 강남(호남)에는 가을을 준비할 시기가 다가왔으니, 뵙고 싶은 靑蓮 先生께 이 화분의 난을 갖다가 놓아 드리고 싶다고 하는 것이다. 미련의 끝구에 있는 "盆蘭(화분의 난)"은 高潔한 志士的 氣像이 작자 자신에게는 합당하지 않고 靑蓮 先生님과만 딱 맞고 어울린다는 것을 言外로 말하고 있는 것이다.

이 시는 그냥 읽으면 지극히 평범한 작품으로 판단하기 쉬우나, 수련의 "獨聽(홀로 들으며)"과 "長憐(사뭇 애타 했더니)", 함련의 "自何處(어느 곳서 옮겨왔던고?)"와 "是眞姿(바로 天眞 姿態)", 경련의 "一任(그냥 놔두고)"과 "休敎(말게 했는데)" 등의 시어들을 상호 유기적으로 잘 살려 읽으면 아주 알뜰하게 좋은 작품임을 확인할 수 있다. 그리고 미련의 "相思"는 "서로 그립다"나 "서로 생각하다"라는 동사로 쓰인 것이 절대 아니고 바로 "그린 분께(그리운 분께)" 라는 명사, 곧 "靑蓮 先生"을 지칭하는 "그린 분께"로 쓰인 것임을 알아야 한다.

漫興

그냥 그런 감흥

이월 맞은 강남에는 비가 내려서,	二月江南雨
들 집 문 앞 매일매일 흐려진 채라,	郊扉日日陰
푸른 이낀 사람 자취 덮어버렸고,	靑苔掩人迹
고운 나문 꽃 피려다 겁을 먹은 듯,	芳樹怯花心
노는 오린 못 안 가득 모여만 있고,	戱鴨池塘滿
갈 기러긴 변방 깊이 날아가 버려,	歸鴻關塞深
객지 다님 유독 마냥 서글퍼지며,	客遊偏悵望
해 저문 산 홀로 맞아 시만 읊노라!	獨對暮山吟

해설 이 작품은 음력 2월을 맞은 江南의 아직 봄이 무르익지 않고 며칠째 신통치도 않은 비가 내리며 매일매일 흐린 채로 있는 날씨 속에, 조금은 을씨년하게 벌어지는 풍경과 정황을 매우 어설프게 접하면서 그 면면들로 보여주듯 제시하고 있는 시다.

수련은 2월이라는 시기와 江南이라는 공간의 기후를 그냥 있는 대로 제시만 한 것이 아니라 이 2월이라는 계절에 이 江南이라는 지역이 연례적으로 보여온 기후의 현상임을 제시하여, 이런 기후의 현상에 따른 자연의 풍경과 정황에 대응한 작자 및 이곳 사람들의 어설퍼지는 심기적 배경을 예시하고 있는 것이다. 함련과 경련의 자연 풍광과 정황들은 바로 이 기후에 상응하는 것들의 실상들을 제시한 것이며, 미련에서 작자가 실토하고 있는 자신의 일상적 심기와 행태는 바로 이 2월과 江南이라는 시·공간적 기후 현상에 不便함의 憂鬱感으로 반응하는 자신을 사실대로 보여주는 것이다. 그래서 이 작품의 수련에서 "日日陰"을 이 작품의 心氣를 함축한 "詩眼句"로 읽어낼 수 있어야 하는 것이다.

又

또 한 수

봄 오면서 생길 일들 말하고픈 건,	欲說春來事
사립문께 간밤 날씨 개어서인데,	柴門昨夜晴
편한 구름 산봉 지나 그림자 지고,	閑雲度峰影

고운 새는 숲 저편서 지저귈 적에, 好鳥隔林聲
손님 간 뒨 물가 찾아 앉기도 하고, 客去水邊坐
꿈 깨고선 꽃포기 속 걷기도 하다, 夢廻花裏行
이내 새 술 익는 소릴 듣고 있자니, 仍聞新酒熟
야윈 아낸 제냥 내 맘 알아차리네! 瘦婦自知情

해설 이 작품은 같은 題目의 앞의 작품에서 憂鬱感으로 반응한 것과 아주 상반된 조용한 喜悅感으로 반응하며, 은근하게 가슴 속으로 이는 기막힌 흥취를 수련의 첫구에서 "欲說(말하고픈 건)"로 시작하면서, 미련의 끝구인 "瘦婦自知情(야윈 아낸 제냥 내 맘 알아차리네!)"으로 가만히 그러나 신이 나는 듯 읊어 마치고 있는 참으로 좋은 시다.

수련에서는 이렇게 봄이 오면서 생길 일들을 말하고픈 것(시로 읊고 싶은 것)은 흐렸던 문 앞이 어젯밤에 맑게 개였기(날씨가 청명하게 됐기) 때문임을 전제하고, 함련에서는 주변의 자연적 유・무생물의 자족자락하는 현상들과 교감하게 되는 기막힌 환희를 "閑雲 …… 影(편한 구름 …… 그림자 지고)"로 시각적 풍경을 구경하고, "好鳥 …… 聲(고운 새는 …… 지저귈 적에)"로 청각적 풍경을 들으며 누렸고, 경련에서는 "水邊坐(물가 찾아 앉기도 하고)"와 "花裏行(꽃포기 속 걷기도 하다가)"으로 작자 자신이 이날을 기쁘게 누리고는, 이내 미련에서 새로 술이 익는 소리만 듣고 있던 차에 스스로 알아서 새 술을 걸러 내온 야윈 아내만 이야기하면서, 기막힌 고마움과 무한한 감흥을 말없이 전하고 있다. 따라서 이 작품에서도 그 發話의 첫 마디를 "欲說(말하고픈 건)"로 시작해서 시상의 가락을 사뭇 기막힌 희열감의 흥취로 이어지게 한 端初는 바로 이 작품의 詩眼句인 "昨夜晴"임은 말할 것도 없다.

謝駱川相公寄日曆

달력을 부쳐주신 駱川 儐相님께 고마워 하며

옛날 뵙고 떠나온 덴 어디던가요?	舊別知何處
이 새봄도 또 객지인 여기이오나,	新春又客邊
시름으로 보낼 세월 막을 길 없어,	不禁愁度日
온통 취해 한 해 한 핼 잊고 싶은데,	渾欲醉忘年
기러기들 돌아간 밖 하늘 이 끝에,	天盡歸鴻外
개구리 입 떼기 앞서 달력 왔으니,	書傳振蟄前
태평세월 징조 점이 쳐지지마는,	太平占氣色
제 계책은 다만 봄 밭 농사입니다!	吾策只東田

* 駱川相公 : "駱川"이라는 語句는 文集의 각 異本들에도 모두 이렇게 기록되어 있으나, 이것은 아무래도 "駱村"을 잘못 기록한 것으로 추정된다. "駱村"은 白光勳보다 훨씬 선배이나 서로 交分이 있었던 朴忠元의 號이다. 그는 일찍이 明나라 사신들을 글로 접대하는 관리로 임명되었었기 때문에 이런 관리들을 호칭하는 말이 "儐相"이라서 "相公"이라고 지칭된 것으로 판단된다.
* 振蟄 : 이른 봄에 개구리가 입을 열어 울기 시작한다는 것을 말한다.
* 東田 : "東"은 "봄"을 의미하는 것이어서, 이 어휘는 "봄을 맞을 밭"이라는 말이면서 "농사지을 밭"이라는 말로 쓰인 것이다.

해설 이 작품은 당시로서는 중국의 明나라 大統曆을 받아서 우리나라에서 인쇄했을 법한 日曆(달력)을 작자가 駱村으로부터 부쳐 받고서, 이런 日曆을 아무나 받을 수 없었을 당시라서 매우 놀랍고 고맙게 여겼을 것이고, 또한 駱村으로부터 "정녕 세상에 나와서 벼슬을 할 의향이 없는가?"라고 하는 글도 함께 받았을 것이므로, 모두를 매우 고맙게 받았지만 세상에 나갈 뜻이 없고 오직 농사만 짓고 살 뜻뿐임을 정중하게 말씀드리는 아주 좋은 시다.

수련에서 駱村 어른과 헤어진 곳이 잊혀질 정도로 오래 되었음과 이 새봄에도 자신은 객지인 이곳에 있음을 알리고, 함련에서 시름으로 살아가는 세월을 막을 재간이 없어 온통 그냥 술에 취한 채 나이도 세월도 모두 잊은 채 살고 싶다는 자신의 처지를 넋두리하듯 알리며, 경련에서 봄을 맞아 기러기들도 저 북쪽 끝으로 다 날아가 버린 이곳에, 봄이지만 아직 미처 개구리가 울지도 않는 이른 시기에 부쳐주신 달력과 글이 도착했음을 말없이 무한한 고마움으로 말하고는, 미련에서 이 달력과 함께 태평한 시기가 됐음은 넉넉히 점쳐지지만, 자신은 그저 봄을 맞는 이 밭에서 농사나 지을 계책을 갖고 있다며 정중하게 사양하는 뜻을 전하고 있는 것이다. 이 작품은 작자의 실제적 일생 경력이 잘 보여주는 바대로 世上의 富貴功名에는 별로 뜻을 두지 않았음을 이 마지막 구인 "吾策只東田(제 계책은 다만 봄 밭 농사입니다!)"으로 잘 보여주고 있는 것이다.

訪安上人西林寺
안 스님의 서림사를 찾아가서

밭 가 농분 산길만을 말해주었고, 田父道山路

나무꾼도 절 이름만 안다 했는데,	樵人知寺名
문 열고서 누런 낙엽 쓸어 놓고는,	開門掃黃葉
섬돌 굽혀 샘물 소리 들어 보다가,	俯砌聽泉聲
오래 앉자 서리·이슬 스며들어도,	坐久霜露逼
달 높이 떠 숲·골짝도 환히 밝으니,	月高林壑明
일찍 둬 밤 얘기하자 기약했지만,	曾期數夜話
한밤 자도 문득 정신 맑아지누나!	一宿便神淸

해설 이 작품은 작자가 잘 알고 있는 스님인 安上人이 머물고 있는 西林寺를 모처럼 찾아가서, 스님처럼 일상적인 체험을 하고 하룻밤을 묵고 나서 체험한 심경적 상태를 가만히 고백하듯 읊은 시다. 이 작품에서 중요한 공간인 西林寺는 보다 脫俗的이며 超絶的인 곳이어야 하므로 수련의 "道山路"는 절대로 누구나 환히 아는 곳인 듯이 "산길을 말하여 주고"로 풀이하면 안 되고, 농부도 쉽게 갈 수 있는 곳이 아니라서 "산길만을 말해주었고"로 풀어 읽어야 하며, "知寺名"도 절대로 누구나 다 가본 절을 말하듯이 "절 이름을 알고 있었고"로 풀이하면 안 되고, 나무꾼도 실제로는 가보지 않은 곳이라 "절 이름만 안다 했는데"로 풀어 읽어야 한다. 함련의 "掃黃葉(누런 낙엽 쓸어 놓고는)"과 "聽泉聲(샘물 소리 들어 보다가)"은 바로 작자 자신이 절에서 하루 낮을 수행하고 체험한 실제 사항들이며, 경련의 "霜露逼(서리·이슬 스며들어도)"과 "林壑明(숲·골짝도 환히 밝으니)" 역시 절에서 하룻밤을 체험하는 것들인데, 이런 것들이 모두 세속에서의 경험들과는 너무 다르게 순수하고 진솔한 것들이라, 미련에서 이내 "一宿便神淸(한밤 자도 문득 정신 맑아지누나!)"이라며 감탄하듯 자부하듯 마

무려 읊고 있는 것이다.

別閔恕初

민서초와 작별하려 하면서

하늘 끝서 세모 맞아 놀랐었다가,	天涯驚歲暮
눈 내린 뒤 봄이 왔나 싶긴 하네만,	雪後似春歸
성긴 살쩍 거울 앞서 가엾어 뵈고,	疎鬢憐靑鏡
좀 추워도 해진 옷엔 스미는 채로,	輕寒侮弊衣
강물 소린 성곽 밖서 멀리 들리고,	江聲郭外遠
촛불 빛은 밤 깊으며 흐려 있는데,	燭影夜深微
얘기하다 내일 아침 작별할 것엔,	話到明朝別
그냥 눈물 뿌려질 듯 흐르는구려!	無端涙欲揮

* 閔恕初 : 작자의 벗이었을 閔忠元을 말한다. 恕初는 그의 자이고, 湖堂(讀書堂)에 崔慶昌과 함께 뽑혔으며 벼슬은 執義였다.

해설 이 작품은 자신의 벗인 閔忠元과 작별하려 하면서 겪는 현장의 상황 그리고 자신들의 행색과 형편, 여기에다 어설퍼진 풍경들의 제시와 함께 내일 아침 작별로 서글퍼지는 심경 때문에 눈물이 뿌려

질 듯 흐른다며 안타까운 정황을 읊은 시다. 그래서 수련에서 "驚歲暮(세모 맞아 놀랐었다가)"와 "似春歸(봄이 왔나 싶긴 하네만)"라며 선달인 데에도 상황의 전환을 제시하고서는, 함련에서 이내 "憐青鏡(거울 앞서 가엾어 뵈고)"과 "侮弊衣(해진 옷엔 스미는 채로)"로 처량해지는 자신의 행색을 푸념하듯 되뇌고는, 경련에서 "江聲 …… 遠(강물소리만 …… 멀리 들리고)"과 "燭影 …… 微(촛불 빛은 …… 흐려 있는데)"로 주위의 고적한 상황을 작별하고 나면 서로 더욱 고적해질 것이라고 호소하듯 적시하고는, 미련에서 서로의 대화가 내일 아침 작별에 이르자 그냥 사뭇 눈물이 뿌려질 듯 흐른다며 한탄하듯 읊어 마무리고 있다.

別恕初 宿金陵

서초와 작별하고 떠나 금릉에서 자고 나서

금릉지역 초소에서 홀로 자자니,	獨宿金陵戍
이별한 맘 한층 적막 쓸쓸한 터에,	離懷更寂寥
먼 산만 갯가 숲에 가리웠더니,	遙山隔浦樹
작은 횃불 마을 다릴 나서 갔는데,	小火出村橋
이번 작별 생각하는 날 많을 거라,	念此別多日
자네 시를 읊어보다 밤새운 채로,	詠君詩度宵
새벽 까친 울며 날아가려 하건만,	曙鴉啼欲散

외려 말의 울음소리 기억이 나네! 猶記馬蕭蕭

* 金陵戍 : 글자대로의 뜻은 "금릉에 있는 초소"라는 말인데, "金陵"이라는 곳이 어디인지를 확실하게 확인할 수가 없다. 앞의 七言絶句 〈別家〉에서도 "金陵"이라는 곳이 "九峰"이라는 산과 함께 등장하는데, 『東國輿地勝覽』에는 "金陵"과 함께 "九峰"이 있는 곳이 "金泉郡"이며 이곳은 지금의 慶北 金泉市이다. 그런데 당시 여기를 작자가 갔을까 하는 의문이 생기고 또한 이 "金陵戍"라는 기록처럼 당시 金泉郡에 초소가 있었을 것으로는 추정이나 판단이 되지 않아, 이곳은 아무래도 李後白이 살던 고향이었을 전라도 康津의 바닷가 한 곳에 있는 水軍의 兵馬節度使나 萬戶의 兵營이 아닌가 추정이 된다.

해설 이 작품은 벗과 헤어져 金陵이라는 지역의 바닷가 한 水軍의 幕舍에서 자면서 체험한 상황과 벗과 헤어져서 절감하는 외로움을 안타깝게 알리려는 듯 읊은 시다. 그래서 수련에서부터 "獨宿(홀로 자자니)"과 "更寂寥(한층 적막 쓸쓸한 터에)"라며 고적한 자기 상황을 직설적으로 제시하고는, 함련에서 자신이 도착·체감하는 심경을 더욱 고적하게 하는 오후 무렵의 먼 산 풍경과 밤중의 저 다리께의 작은 횃불을 적시하고 있으며, 경련에서 자신의 고적감과 그리움을 "多日(날 많을 거라)"과 "度宵(밤새운 채로)"라는 기막힌 상황의 체험으로 대변하고 있으며, 미련을 홀로 새벽을 맞고 깨어나서는 다시 떠나올 때의 말 울음소리를 기억하며 쓸쓸해지는 자신의 모습을 전하는 듯 마무리고 있다.

重陽日

중양절 날에

구일에도 이내 그냥 시름인 채로,	九日仍愁思
멈춰진 채 한철 명절 맞게 됐는데,	淹留足歲時
남방 국화 늦는 것은 안 지 오래나,	久知南菊晩
북쪽 편지 더딘 것은 자못 얄궂어,	頗怪北書遲
멀리 보면 개인 풍경 좋겠지마는,	眺望宜晴景
올라 보긴 병든 약골 겁나 했더니,	登臨怯病羸
산골 영감 뽀얀 술을 가지고 와서,	山翁携白酒
단박 취해 또한 마음 친구가 됐네!	一醉亦襟期

해설 이 작품은 제목이 그냥 "重陽日"이라고만 되어 있는 것으로 봐서, 작자는 이날 淸新하고 豊盛한 季節 感情이 아니라 정녕 조금은 서글퍼지는 심경을 체감하면서, 이에 상응한 실재의 풍경과 상황 등을 허구화하듯 설정하고 이내 山翁이라는 假象의 人物과 白酒(뽀얀 술)를 등장시켜 이 서글퍼지는 자아의 심경과 상황을 一擧에 淸新하고 豊盛한 흥취의 심경으로 반전시키고 있는 아주 좋은 시다.

이 작품은 수련에서 "仍愁思(이내 그냥 시름인 채로)"와 "足歲時(한철 명절 맞게 됐는데)"와 같이 작자의 기본적 憂愁 感情의 계기와 배경을 전제하고, 함련에서 서글퍼지고 쓸쓸해지는 배경으로서 "南菊晩(남방 국화 늦는 것은)"과 "北書遲(북쪽 편지 더딘 것은)"를 모두 안타까운 기다림의 절실한 이유로 설정하였으며, 경련에서는 전구를 "宜

晴景(개인 풍경 좋겠지마는)"이라 하고 후구를 "怯病羸(병 든 약골 겁나 했더니)"라고 하여, 전구와 후구를 갈등 구조로 구성하여 현 상황을 더없는 낙망과 실의로 정지시키고는, 돌연 미련을 "山翁携白酒 一醉亦襟期(시골 영감 뽀얀 술을 가지고 와서, 단박 취해 또한 마음 친구가 됐네!)"라는 기막힌 반전의 상황으로 읊어 밝은 흥취의 가락을 들려주고 있다. 특히 이 미련 후구의 "一醉"에서 "一"字는 참으로 잘 놓여진 글자로서 "담박" 또는 "바로"이면서 "사뭇"으로도 읽혀지는 기막힌 글자임을 눈여겨 읽어야 하는 것이다.

送僧之關西

관서로 가는 스님을 보내면서

서글프게 서쪽 길을 바라다 보니,	悵望西州路
그대 갈길 점차 험난 알 만도 하여,	知君去轉難
하늘 으레 국경 닿아 끝이 날 게고,	天應臨塞盡
지면 바로 요동 근접 추워질 거라,	地卽近遼寒
지난 일은 흐른 세월들로만 있고,	往事東流在
황폐한 성 고목들만 남았을 게니,	荒城古木殘
참선한 맘 機心 이미 식었다 해도,	禪心機已息
이런 데선 생각 하염없을 것일세!	於此思漫漫

* 東流 : "東流水(동쪽으로만 흐르는 물)"의 준말이다. 중국에서 모든 강물은 다 서쪽에서 동쪽으로 흐르기 때문에, "萬折必東(만 번을 꺾어도 반드시 동쪽으로 흐른다)"이라고 하여 絶對不變의 原理를 지칭하는 말을 "東流水"라고 하며 이것을 줄어서 "東流"라고도 쓰였고, 동시에 또 한곳(동쪽)으로 흘러가면 다시 돌아오지 않는 것이 "東流水"이기 때문에, 이것은 또 언제나 과거에서 현재를 거쳐 미래로 한번 흘러가면 다시 돌아오지 않는 것이 "時間"이라 이 "時間"을 대신 지칭하는 말이기도 하다. 그래서 이 작품에서도 "時間"인 "歲月"을 지칭하는 말로 쓰였다.
* 漫漫 : 멀고 아득한 상태를 말한다.

해설 이 작품은 관서 지역의 국경 근처 어느 곳으로 가게 된 스님이 멀고 불편할 여행 과정과 형편에 삭막하고 고적한 심경일 것으로 전제하고, 상대를 현실적 간난과 신고를 초연하게 脫却한 주인공이 아닌 平常人으로 놓아 지극히 인정적인 배려의 심경으로 안타까운 위로를 읊어 주는 시다.

수련에서부터 스님이 갈 여정과 형편이 갈수록 어려울 것임을 예언하듯 전제하고, 함련에서 "天應 …… 盡(하늘 으레 …… 끝이 날 게고)"과 "地卽 …… 寒(지면 바로 …… 추워질 거라)"으로 실제 여정이 멀고 추운 것을 例擧하고, 경련에서 이렇게 스님이 가는 곳들에는 지나간 역사들이 흔적조차 남긴 것이 없이 오직 그것들이 흘러간 시간만으로 남겨져 있을 뿐인 채, 황폐한 옛 성터에는 고목들만 남아 있다 하고서, 미련에서 스님은 參禪으로 得道해서 세상 사물에 대한 機心이 이미 없겠지만, 이런 여정과 형편에서는 아무래도 수많은 생각을 안 할 수 없을 것이라는 동정과 당부를 읊어 전하고 있는 시다.

그런데 이 작품의 경련에서 "往事東流在(지난 일은 흐른 세월들로만 있고)"라는 이 구는 앞의 註에서 "東流"를 풀이하면서 "無限한 時間"

으로 쓰인다고 했거니와, 이것의 주체어로 쓰인 "往事(지난 일)"에는 우리 역사의 原初부터 작자의 當時代까지 우리 민족의 흥망성쇠와 희노애락이 浮沈해간 현장들이라, 작자 자신 같은 선비가 아니고 이 스님이라고 해도 이 현장에 서게 되면 정녕 하염없는 想念에 잠기지 않을 수 없을 것이며, 아니 마땅히 그런 상념에 잠기는 사람이 돼야 한다는 기대와 勸勉을 하고 있는 것이다.

送僧
스님을 보내며

객은 병에 시 읊어도 외려 괴론데,	客病吟猶苦
스님 자넨 왔단 가기 바쁘네마는,	僧來去復忙
빈 마을엔 서리 맞은 낙엽 다 지고,	空村霜葉盡
옛 절간은 눈 덮인 봉 싸였을 텐데,	舊寺雪峰藏
강남 생각 말을 하고 싶다고 한들,	欲道江南思
할 수 없게 바다 북쪽 먼 걸 어쩌랴?	無如海北長
물가에서 울고 있는 기러기들만,	汀洲有鳴雁
한 마리씩 남은 햇볕 따라 날 걸세!	一一趁殘陽

해설 이 작품도 수련에서부터 작자는 병이 든 "客"으로 설정된 채 시를 지어서 괴로움을 풀어야 하는 자신과 왔다 가기 바쁜 상대인 스님의 형편을 우선해서 제시하고는, 함련에서 서리 맞아 잎들도 다 져버려 허전해진 마을과 눈에 덮인 산봉들에 둘려져 감추어진 듯 있을 저 스님이 찾아갈 옛 절을 말하고, 경련에서 정녕 작자의 고향 靈巖을 비긴 것일 江南 이야기를 하고 싶지만, 지금 머물러 있는 서울이 바다의 북쪽처럼 멀기만 한 걸 어쩌겠는가!라고 한탄하면서, 이내 미련에서 "汀洲有鳴雁 一一趂殘陽(물가에서 울고 있는 기러기들만, 한 마리씩 남은 햇볕 따라 날 걸세!)"이라며 원망하듯 부러워하듯 마치고 있는 시이다. 미련 마지막 구의 "一一趂殘陽"에는 가을이 가고 겨울도 하루하루 깊어갈 무렵 남쪽 따뜻한 곳으로 한 마리씩 날아가는 기러기들을 보고 있을 작자의 눈길과 심경 그리고 그 행태가 선연하게 그려져 있다.

謝寄橘

귤을 보내 준 것을 고마워 하며

고운 사람(벗) 손수 따서 보내 줬으니,	玉人親手摘
털 센 시인 섬돌 앞에 왔나 싶은데,	吟鬢想臨階
방에 놓자 향내 먼저 풍겨 나오고,	入室香先聞
상자 쏟자 색깔들은 고루 노란 채,	傾籠色不差

네 늙은이 숨었다고 외려 전하나, 猶傳四老隱
陸績에게 곧장 품어지게 됐으니, 直得陸郎懷
세모 되며 한갓 감회 젖게 되는 건, 歲暮徒爲感
우정 약속 전에부터 함께 해설세! 風期自昔偕

---

* 吟鬢 : 宋의 시인 黃庚의 詩에 "拂檻柳添吟鬢綠"이라는 구절이 있고, 明의 시인 高啓의 〈謝人惠巾〉에 "裹映秋吟鬢"이라는 구절이 있다. 따라서 이 "吟鬢"의 글자대로의 뜻은 "시 읊는 귀밑털"이지만 이 "귀밑털"은 바로 그 "귀밑털"의 주인공인 사람을 대신 일컫는 말이라, 여기에서는 바로 시 읊기를 좋아하며 이 귤을 보내 준 벗이면서 시인인 사람을 대신하는 말로 쓰였다.
* 四老 : 중국의 秦나라 말기에서 漢나라 초기에 商山에 숨어 살던 네 사람인 "商山四皓"로 東園公・甪里先生・綺里季・夏黃公을 말한다. 이들은 秦始皇에게는 물론 劉邦에게도 뜻을 굽히지 않아 그의 부름에도 가지 않아서 劉邦도 그 뜻을 높이 보았으나, 劉邦이 그의 太子를 廢位시키려 하자 이것을 걱정한 呂后가 張良의 計劃에 따라 太子가 이들을 부르게 하여 이들이 모두 그것에 응하여 태자에게 오는 것을 본 劉邦은, 자신이 불러도 안 오던 이들이 태자의 부름에 응한 것을 태자의 위치가 확고해진 것으로 판단하고 그 廢位 計劃을 취소하였다. 그런데 중국의 "橘中之樂(귤 속의 즐거움)"이라는 故事에 대하여 『幽怪錄』에서는 "巴邛人 家有橘園 霜後橘盡收斂 有大橘如三斗盎 巴人異之剖開 每橘有二叟 鬚眉皤然 肌體紅明 皆相對象戲 談笑自若 一叟曰 橘中之樂 不減商山 但不得深根固蒂 爲愚人摘下耳(파공에 사는 사람이 자기 집에 귤 과수원이 있어서 서리가 내린 뒤에 귤을 모두 수확하고 보니, 아주 큰 귤이 세 말이 들어갈 만큼의 큰 동이만 한 것이 있어서, 이 사람이 이것을 기이하게 여겨 쪼개어 보자, 귤 하나마다 그 안에 두 영감이 있어 수염과 눈썹이 하얗고 살갗과 체질이 붉고 환했으며 모두가 서로 마주 將棋를 두면서 웃고 이야기를 하다가, 한 영감이 말하기를 '이 귤 속의 즐거움이 결코 저 商山의 네 영감들보다 못하지 않지만, 다만 뿌리를 깊이 박고 꼭지를 튼튼하게 하지 못해서 멍청한 인간들에 의하여 따여지게 될 뿐이지'라고 하였

다)"라고 기록되어 있다. 이 작품에서도 작자인 王峰이 분명 "橘中之樂"을 알고 있었을 것이나 이 귤 속에 숨어 있는 영감이 둘인 것을 商山四皓처럼 네 사람으로 착각하여 "猶傳四老隱(네 늙은이 숨었다고 외려 전하나)"이라 한 것으로 판단된다. 다만 이 시구를 "네 늙은이(商山四皓)인 양 외려 숨었다지만"으로 번역해서 착각을 안 한 것으로 볼 수도 있기는 하다.

* 陸郎 : 孝子로 알려진 중국의 三國時代 吳나라 사람인 陸績을 가리키는 것으로, 陸績이 6세 때에 九江에서 당시의 權力家인 袁術을 만나 인사를 하자 袁術이 귤을 주니 陸績이 세 개를 품에 간직하고, 떠나려고 허리를 굽혀 절을 올리자 품에서 귤이 쏟아지는 것을 본 袁術이 "왜 품에 간직했느냐?"고 물었는데, "어머니께 드리려고 그랬습니다"라고 대답을 하여 袁術로부터 칭찬을 들었으며, 이 일이 있은 뒤부터 "陸績懷橘(육적은 귤을 품에 품었다)"이라고 하여 陸績은 孝子의 표본이 되었다.

해설 이 작품의 수련에서 귤을 보내 준 상대를 "玉人(고운 사람)"이라 하고, 그 인상을 "吟鬢(털 센 시인)"이라 한 것으로 봐서, 귤을 보내 준 고마운 상대가 누구인지 밝혀져 있지는 않지만 서로간에 정분이 있던 벗일 것은 분명하며, 아마도 관료로서 직위가 있던 사람은 아니지만 작자의 고향인 전라도 靈巖이나 그 주위의 한 곳에서 귤 과수원을 가진 벗으로 시 읊기도 좋아했던 인물이었을 것이 분명하다. 함련에서 "香先聞(향내 먼저 풍겨 나오고)"과 "色不差(색깔들은 고루 노란 채)"로 귤의 향과 귤의 빛깔을 후·청각으로 극찬하고, 경련에서 "四老隱(네 늙은이, 실제로는 두 늙은이 숨었다고)"과 "陸郎懷(육적에게 품어지게)"로 귤에 대한 說話와 함께 美談을 回顧하면서, 미련에서 "歲暮徒爲感(세모 되며 한갓 감회 젖게 되는 건)"을 이 연의 주어구로 삼으면서 끝 구를 "夙期自昔偕(우정 약속 전에부터 함께 해설세!)"로 마쳐, 이렇게 한 해가 다 저물어가려고 하는 지금 자네에게서 귤만 받고 예전부터 서로 함께 만나 우정을 나누자고 했던 약속을 못 지키고 한 해가 다 저물어가는 데도 한갓 감회에만 젖게 되니 너무 안타깝다고 하는 애틋한 마음을 전했다.

미련 전구의 "徒(한갓)"자는 어찌할 수 없는 서로간의 너무 안타까움을 집약 함축하여 암시하는 詩眼字라 할 수 있으며, 또한 후구의 "風期(우정)"는 혹시 "夙期(오랜 정분)"를 誤記한 것이 아닌가 하는 의문도 갖게 하는 것이다.

漫興

그냥 이는 흥취에 젖어서

앉았을 젠 다근 청산 사랑스럽고,	坐愛青山近
거닐 제는 편한 샛길 아주 좋은데,	行憐小逕平
솔숲 기운 문 앞 끼어 어둑해지고,	松嵐吹戶暗
대숲 비가 처마 적셔 소리 울릴 젠,	竹雨濕簷鳴
새로 붙인 불에다가 차 다려서는,	試茗新敲火
전부터 안 정든 스님 만류하면서,	留僧舊識情
다투는 것 없이 깊이 숨어서 사니,	深居無物競
병 많아도 心身만은 가뿐하구나!	多病也身輕

해설 이 작품은 제목에서 말하는 바대로 작자가 결코 시를 잘 짓

는 시인이라는 자부도 의식도 하지 않은 채 그냥 살고 있는 시・공간에서의 평온한 일상들을 체험하는 실상들과 守分自足하는 삶을 일기로 적듯 읊어 놓고 있는 아주 고운 선비의 시다. 그래서 여기에서는 제목이 분명 "홍취"를 읊고 있다고 하였고 또한 실제로 홍취를 읊고 있음이 분명하지만, 결코 거나한 목청이 실리는 홍취가 아니라 조용한 생각으로 차분해진 홍취를 그윽한 고마움으로 가슴에 갈무리듯 沈吟의 가락으로 읊고 있음으로써, 그냥 마음으로 그리듯 읊고 있는 시가 되어 있는 것이다.

작품 자체의 시상 구성의 양상도 수련에서부터 전・후구를 상호 댓구로 놓아서 "青山"과 "小逕" 같은 주위의 자연 대상들을 "坐愛(앉았을 제 사랑하고)"와 "行憐(거닐 제는 아주 좋은데)"이라며 조용히 고백하고는, 함련에서 "松嵐 …… 戶暗(솔숲 기운 문 앞 …… 어둑해지고)"과 "竹雨 …… 簷鳴(대숲 비가 처마 …… 소리 울릴 젠)"으로 불편할 시간과 형편으로 (스님이) 돌아갈 상황의 어려움을 설정하듯 전제한 다음, 경련에서 "試茗(차 다려서는)"과 "留僧(스님 만류하면서)"으로 은근한 인정을 베풀고는, 미련에서 전구를 "深居無物競(다투는 것 없이 깊이 숨어서 사니)"으로 놓아 이 작품에서 읽을 수 있는 작자의 선비다운 修養의 境地는 물론 후구로 서슴없이 "多病也身輕(병 많아도 心身만은 가뿐하구나!)"이라는 선언 같은 마무리를 할 수 있게 한 것이다.

過西村

서촌 마을을 찾아가서

막대 짚고 서촌 마을 멀리 찾아가,	杖策西村遠
홀로 읊다 또 하루 해 지고 있는데,	孤吟又日斜
잎 속으로 어둑 냇물 찾아갔다가,	葉中尋暗澗
산 밖 보며 갈가마귀 세어 보자니,	山外數歸鴉
묵은 대숲 등 덩굴들 늘어져 있고,	古竹藤垂蔓
헐린 담은 국화꽃이 덮듯 폈네만,	頹垣菊覆花
마을 사람 내 성벽을 다들 아는지,	居人知性癖
잦은 방문 또 얄궂어하진 않누나!	不復怪頻過

* 西村 : 글자대로의 뜻은 "서편 마을"이거나 "저편 마을"이고, 조선왕조 때 서울에서 서쪽에 있는 마을을 지칭하는 普通名詞였으며, 이것을 固有名詞로 보면 작자의 고향에 있는 어느 마을일 가능성이 있다. 여기에서는 고향에 있는 마을로 추정된다.

해설 이 작품도 작자가 어느 가을날 고향의 어느 마을을 찾아가는 행색과 보고 듣는 풍경들 그리고 그곳에서 접하는 고마운 인정 등을 그냥 실상대로 곱게 기록하듯 읊어 전하고 있는 시다. 그래서 수련에서 "杖策(막대 짚고)"과 "孤吟(홀로 읊다)"으로 그곳을 찾아가는 작자 자신의 행태가 "西村遠(서촌 마을 멀리)"과 "又日斜(또 하루 해지고)"라는 공간과 시간의 제한적인 조건의 상황으로 구성되어 주체인 작자 자신이 서촌을 찾아가는 행색을 조금 동정적으로 유도하고서, 함련과 경련으로 이 마을을 찾아가는 과정에 見聞하는 가을 풍경들을 그냥 정겨운 눈길과 청각으로 조용히 그리듯 읊어 전하면서, 미련에서 수련에서의 작자 자신의 행색에 대한 보상으로 "居人知性癖 不復怪頻過(마을 사람 내 성벽을 다들 아는지, 잦은 방문 또 얄궂어하진 않누나!)"라며 무한히 고마워하고 있는 것이다.

送李擇可赴京

燕京으로 가는 이택가를 전송하면서

세모 맞아 먼먼 길에 이별을 하니,	歲暮遠爲別
이번 길은 응당 봄을 넘기겠구려!	此行應過春
강 다리엔 바로 지금 눈보라 치고,	河橋正風雪
關門 길엔 아직 전쟁 먼지 있겠지,	關路尙煙塵
때로 하늘 그 끝에서 달 보게 되면,	時見天邊月
고국 친구 만난 것과 같을 것이니,	如逢故國人
燕·趙에는 悲壯 歌曲 넘쳐난대도,	悲歌滿燕趙
간 곳마다 마음 상해하지는 말게!	隨處莫傷神

* 李擇可 : "擇可"는 작자와 교분이 있던 어느 벗의 字로 추정되나, 누구인지는 확인할 길이 없다.

* 河橋 : 중국의 北京으로 들어가는 도중에 있던 遼河에 놓인 다리를 말하는 것으로 추정된다.
* 關路 : 北京으로 갈 때 반드시 거쳐 가던 山海關을 말하는 것으로, 이곳은 중국의 漢族과 塞外 部族들 간에 충돌이 수시로 있어 온 지역이었다.
* 悲歌滿燕趙 : 이 詩句는 중국의 戰國時代 趙나라와 燕나라에 正義感이 강한 志士, 곧 이른바 "燕趙慷慨之士(不義에 悲憤慷慨하는 燕나라와 趙나라의 志士)"가 많아서 이르는 말인데, 특히 秦나라의 始皇帝를 저격하다가 죽은 燕나라의 荊軻가 대표적인 인물이다. 이 사람이 고향을 떠날 때 易水라는 강가에서 悲憤慷慨한 노래를 불렀으니 이것이 바로 〈易水歌〉이다.

해설 이 작품은 벗인 李擇可를 사절단(冬至使일 듯)의 일원으로 그 당시로서는 기막히게 먼 중국의 北京(燕京)으로 보내면서, 작자 자신은 가보지도 못한 路程에 상관되는 역사적 典故 그리고 旅程의 정황과 客懷를 예상하며 위로와 함께 격려를 담아 읊어 준 고마운 시다. 그래서 수련에서 전구인 "歲暮遠爲別(세모 맞아 먼먼 길에 이별을 하니)"로 작별의 시・공간적 상황이 절박함을 전제하고 "應過春(응당 봄을 넘기겠구려!)"으로 너무 아쉬움을 알리고, 함련에서 "正風雪(바로 지금 눈보라 치고)"과 "尙煙塵(아직 전쟁 먼지 있겠지)"으로 여행 과정의 삭막함을 예상하고서, 경련에서 "天邊月(하늘 그 끝의 달)"을 "故國人(고국 친구)"으로 여길 만큼 외로울 것을 추정하고서도, 미련에서 "隨處莫傷神(간 곳마다 마음 상해하지는 말게!)"이라며 使行하는 선비로서의 체통과 절도를 당부하고 있어서 선비의 참된 우정이 담긴 아주 좋은 시다.

奉別靑蓮先生

청련 선생님을 받들어 전송해 드리면서

임금님께 되돌아갈 시기 다가와,	北闕歸期逼
이 시골서 가시는 길 늦어졌지만,	江關去路遲
어찌 견뎌 내실까요? 두 살쩍 센 채,	那堪雙鬢改
다시 고향 작별을 하셔야 하니!	復與舊山辭
뜻 맞는 게 오늘에는 없을지라도,	契合無今日
깊은 정성 옛적부터 지니셨으니,	衷情自昔時
못난 후생 깊이 은총 바라는 것은,	迂生深望幸
간 곳마다 皐·夔 물으셔서입니다.	隨處問皐夔

* 北闕 : 임금은 언제나 하늘의 北極星이 모든 별의 宗主가 되는 것처럼 모든 신하와 백성들의 主人이 되는 것이라, 임금은 항상 북극성처럼 正北에서 正南을 向하여 자리를 잡고 있기 때문에 그가 있는 王宮을 北闕이라 하고, 신하와 백성들을 향해 있는 위치와 자세를 "南面(항상 남쪽을 향해 있는 것)"이라 하며, 신하는 항상 남쪽을 향해 있는 임금님을 마주하여 절을 올리고 뵈어야 하기 때문에 항상 남쪽에서 북쪽을 향해 절을 올리며 신하 노릇을 하는 것을 어디에서든지 "北面(항상 북쪽을 향해 절을 올리며 따르는 것)"이라 한다.
* 舊山 : 원래는 조상의 무덤이 있는 산을 말하는데, 옛날에는 이 무덤이 있는 산 아래 마을에 자손들이 살았기 때문에 옛고향을 지칭하는 말로도 쓰였다.
* 契合 : 잘 어우러지는 것. 符合과 같은 뜻의 말로, 여기에서는 임금님과 李後白이 지금 당장 서로 뜻이 완전하게 부합한다는 것을 지칭하는 말로 쓰였다.
* 皐夔 : 중국의 옛날 虞나라 舜임금의 신하로 法과 刑罰의 준칙을 만든 皐陶

와 역시 舜임금의 신하로서 음악을 담당한 樂官인 夔라는 사람을 말한다.

해설 이 작품은 임금님의 부르심을 받고 서울로 가게 된 작자의 옛 스승인 李後白을 받들어 보내드리면서, 노령으로 고향을 떠나는 노스승의 심경을 동정적으로 살피고, 임금님의 부름으로 조정에 나가서는 지금 당장 임금님과 뜻이 백분 화합하지 않더라도, 진정 지금까지 임금님과 나라를 위한 衷情을 깊이 간직하셨으니, 기대와 기원과 함께 축하의 성심을 담아 바친다는 아주 간절한 진정이 담긴 좋은 시다. 그래서 이 작품은 수련의 "歸期逼(돌아갈 시기 다가와)"과 "去路遲(가시는 길 늦어졌지만)", 함련의 "雙鬢改(두 살쩍 센 채)"와 "舊山辭(고향 작별 하셔야 하니)", 경련의 "無今日(오늘에는 없을지라도)"과 "自昔時(옛적부터 지니셨으니)" 들을 상호 유기적인 총체적 시상으로 읽고 나면, 미련의 "迂生深望幸(못난 後生 깊이 은총 바라는 것은)"에서 "幸"이 바로 "임금님이 스승님 靑蓮을 향한 恩寵"임을 확인하게 되고, 후구의 "問皐夔"가 누구의 무엇을 기대하고 독려한 것인지를 확인할 수 있게 되는 것이다.

金士重江榭 和恕初

김사중의 강가 정자에서 서초에게 화답하여 짓다

어쩌다가 평생의 벗 만나졌으니, 邂逅平生友

벼슬 없이 사는 이곳 기이한 데라, 棲遲是處奇
강 풍경은 비 온 뒤에 돋보여지고, 江光雨後見
산 기운은 석양 속에 眞相 알아서, 山氣夕陽知
객진데도 나는 외려 멈춰 있건만, 客路我猶滯
장안 향해 자네는 또 돌아간다니, 長安君又歸
취해서는 作別도 잊었었다가, 醉來忘別語
피리 듣자 정말 바로 구슬퍼지네! 聞笛政堪悲

---

* 金士重 : 작자와 벗인 金千鎰로 士重은 그의 字이다. 壬辰亂에 큰 공을 세운 義兵將으로 이른바 "矗石樓 三壯士"의 한 사람이고 시호는 文烈이다.
* 恕初 : 閔忠元의 字이다.
* 棲遲 : 벼슬 없이 그냥 시골에 사는 것을 말한다.

해설 이 작품은 平生友(한 평생을 함께 할 벗)를 邂逅했으니(어쩌다가 만났으니) 작자 자신은 벼슬도 없이 붙어사는 이곳이지만 참으로 기이한 곳이라, 강 풍경도 산 기운도 모두 새롭게 보여서, 자신은 이곳이 객지인 데에도 그냥 멈춰 살고 싶은데 恕初 자네는 서울로 돌아간다고 하니, 술에 취한 나는 작별 인사도 잊고 있었다가, 떠날 피리 소리를 듣고 나니 정말 구슬퍼진다는 안타까운 심경을 전하는 시이다.

그리고 이 작품의 함련에서 전구의 "見"자는 그냥 "보이고"가 아니라 반드시 "돋보여지고"로 풀어 읽을 수 있어야 하고, 후구의 "知"자는 그냥 "알아서"가 아니라 반드시 "眞相 알아서"로 풀어 읽을 수 있어야 한다. 또한 많은 율시의 경우와 조금 다르게 이 작품에는 전체 시상의 반전이 미련의 전구에 있는 것이 아니라 경련의 후구인 "長安君又歸(장안 향해 자네는 또 돌아간다니)"에 있는 것이 특이한 것이다

燈夕 示座上諸友

정월 보름날 등불놀이를 하는 저녁, 자리 위에 있는 여러 벗들에게 보여주다

우리 東國 觀燈 놀이하는 모임은,	東國觀燈會
서방 나라(인도) 옛풍속이 전해온 거라,	西方舊俗傳
진실로 허망한 걸 정말 알지만,	固知誠誕妄
그래도 또 이것 땜에 멈춰 있는데,	且復爲留連
별과 달은 천여 집들 내려 비추고,	星月臨千戶
물고기·용 먼먼 하늘 오를 듯한데,	魚龍上九天
저 멀리에 불 환한 곳 바라다 보니,	遙看火明處
바로 궁정 뜰 앞인 걸 알 수 있구나!	認是掖庭前

* 留連 : 주저하며 못 떠나는 상태를 말한다.
* 魚龍 : 원초 시대 바다에 있던 파충류의 한 종류. 물고기와 용. 여기에서는 종이나 천으로 물고기와 용의 모양으로 만든 등불이나 기구를 말하는 것으로 추정된다.
* 掖庭 : 掖은 宮城 안 正宮의 곁에 있는 건물이나 宮의 곁 담을 말하기도 한

다. 따라서 이렇게 掖庭이라고 할 경우에는 宮 안의 뜰을 말한다.

해설 이 작품은 작자 당시에 서울에서 정월 대보름에 행해졌을 민속행사인 "燈夕(등불 달기 구경 놀이)"에 작자가 참석하여 見聞하고 체험한 풍경을 기록하듯 읊은 시다. 그래서 수련과 함련인 작품의 전반부에서 이 행사의 근원이 서방(아마도 인도의 불교)으로 그 유래와 의의도 허망한 것임을 말하고, 경련과 미련의 후반부에서 이 행사의 현장과 풍경을 소개하듯 제시하고 있다.

이 작품 역시 수련에서부터 構想과 修辭를 對句로 놓아 시상을 무리 없이 잘 마무리하여 典雅한 작품으로 제시되고 있는데, 특히 경련인 "星月臨千戶 魚龍上九天"은 작자의 남다른 눈길과 솜씨를 잘 보여주고 있다. 그런데 함련의 "固知誠誕妄(진실로 허망한 걸 정말 알지만)"과 미련의 "認是掖庭前(바로 궁전 뜰 앞인 걸 알 수 있구나!)"이라는 언급에는 이 "燈夕"이라는 민속에 대한 작자의 비판적 시각과 궁전의 뜰 앞에서 벌어지는 이 민속행사에 朝廷을 향한 풍자가 실려 있음을 읽을 수 있다.

贈北海處士鄧季達 隨 詔使來

북해 처사 등계달에게 주다 그는 조사를 따라왔다

만 리 길의 사절단을 따라왔으니, 相隨萬里使

하늘 끝 온 발자취라 비길 만한데, 準擬迹窮天
바람·달은 누대 흥취 거나할 테고, 風月樓臺勝
산과 물은 풍경 감상 제공하련만, 山川眺賞延
집 생각에 지는 해만 바라볼 게고, 歸心看落日
객지 살쩍 새해맞이 가까워지니, 旅鬢近新年
얄궂게도 내가 자꾸 슬퍼지는 건, 怪我頻惆悵
그대 만남 금방 이별 자리 돼설세! 逢君是別筵

* 鄧季達 : 『中國人名辭典』에 기록이 없는 것으로 봐서, 당시 明나라에서 知名人士는 아니었던 것으로 추정된다. 작자는 36세 되던 해인 壬申年(서기 1572, 宣祖 5, 明 隆慶 6)에 盧守愼의 추천으로 明나라의 새 皇帝인 神宗(萬曆帝)의 登極을 알리는 詔書를 가지고 오는 韓世能과 陳三謨를 맞아 글을 짓게 되었는데, 아마도 이때 鄧季達이 사절단의 수행원으로 와서 서로 알게 되었던 것으로 추정되나, 이때 지어진 詩文을 실은 『皇華集』 卷之三十三에는 작자와 이 사람의 작품이 실려 있지 않다.

해설 이 작품은 明나라의 詔使 隨行員으로 온 하급 관료인 鄧季達과 작자 자신이 서로 비슷한 처지여서 아마도 서로의 情分이 더 깊어졌을 것이고 그래서 이 贈別의 시를 지어 주고 있는 것으로 추정되나, 작품의 文面에는 어디에도 이들의 私的인 감정이 실린 듯한 인상은 찾을 수 없고, 다만 서로 萬里他國의 知友로 만나서는 이내 헤어져야 하는 너무도 아쉬운 人情을 하소연하듯 읊어 전하는 시다.

수련에서 詔使를 따라온 萬里의 旅程을 "準擬迹窮天(하늘 끝 온 발자취라 비길 만한데)"이라고 한 것은 서로의 거리가 이렇게 멀었었기에 이제 이렇게 서로 만나는 것은 너무 놀랍도록 기쁘게 해주는 거리이면서 또한 바로 서로 헤어지면 너무 막막하고 아득하게 멀어 무한히 슬플 수밖에 없게 해주는 거리라는 것이다. 이 詩句는 이 작품의 두 주인공인 작자와 鄧季達이 기막히게 서로 만나는 기쁨을 함께 切感하게 하는 조건이면서 또한 서로 헤어지는 슬픔을 함께 절감하게 하는 조건인 것이다. 또 이 기막히게 먼 거리를 강조한 이 詩句는 "기막히게 반갑다"는 말과 "기막히게 슬프다"라는 유도어를 함께 암시하고 있는 것이다. 함련에서 우리 朝鮮에서 "風月"의 흥취와 "山川"의 풍경을 즐길 수 있기는 하련 만이라며 아쉬워하고, 경련에서 바로 "看落日(지는 해만 바라볼 게고)" · "近新年(새해마저 가까워지니)"이라며 鄧季達의 심경과 형편을 예상 동의하고는, 미련에서 그래서 자신이 아무리 태연 하려 해도 "頻惆悵(자꾸 슬퍼지는 건)"하게 되는 까닭을 "逢君是別筵(그대 만남 금방 이별 자리 돼설세!)"이라 끝마치며 못내 안타까워하고 있는 것이다.

奉餞蘇齋量移槐山

소재께서 조정의 처분을 받아 귀양지가 괴산으로 옮겨져 가시는 것을 받들어 전별하면서

바다에도 봄 節侯는 살아나는지, 海國生春候
크신 은혜 새해 앞서 베풀어지니, 鴻恩先歲華
마음 놀라 되려 꿈이 아닌가 싶다, 心驚翻訝夢
눈물 흘러 강물 이뤄지셨겠지만, 淚下欲成河

아우·누인 얼굴빛이 바뀌지겠고, 弟妹容顔改
두 어버인 살쩍·머리 세지실 테니, 庭闈鬢髮皤
인생살이 모름지기 운명이지만, 人生須是命
하늘 道도 또한 딴 수 없나봅니다. 天道亦無他

---

* 鴻恩 : 옛날에는 언제나 "鴻"자와 "恩"자를 떼어서 써야 했는데, 여기에서 "鴻"자는 "크다"라는 뜻이고 "恩"자는 "임금님의 恩寵"이라는 뜻이라, "恩"자가 바로 "임금님"을 상징하기 때문에 이 글자 바로 앞에다가 다른 글자를 붙여서 쓰는 것은 매우 不敬스러운 짓이라 한 글자를 떼어서 쓴 것이다. 이 어휘의 뜻풀이는 "더없이 크신 임금님의 恩寵"이라는 것이며 그래서 "洪 恩"이라고도 한다.
* 歲華 : "세월"이라는 말이나, 여기에서는 "봄철"이라는 뜻으로 쓰였을 것이다.

해설 이 작품은 작자가 詩 스승으로 존경하는 蘇齋 盧守愼이 大尹인 尹任을 편들다가 珍島로 귀양을 가서 고생을 하던 중, 임금님의 배려로 刑量이 蕩減되어 충청도 槐山으로 옮겨지게 되자 이것을 축하하고 위로하며 읊어 올리는 시다. 그래서 수련의 "海國生春候(바다에도 봄 節候는 살아나는지)"는 蘇齋가 귀양살이를 하는 珍島가 당시로서는 서울은 물론 고향 경상도에서도 너무 멀어 일체의 왕래와 소식이 두절된 거의 절대적인 고립의 공간임을 "海國"이라 설정하고서, 이 절대적 고립 공간에도 아주 조그마한 희망이나마 보이는 징후가 있을까 싶은 소망을 "生春候"로 표출하고는, 이어서 이 소망 이 임금님의 크신 은혜가 새해가 오기 전에 이루어진 것을 제시하는 것이고, 함련에서 주인공인 蘇齋의 놀라고 감격해했을 모습을 "驚 …… 翻訝夢(놀라 …… 꿈이 아닌가 싶다가)"과 "淚 …… 欲成河(눈물 …… 강물 이뤄

지셨겠지만)"라 읊고 있으며, 경련에서 완전히 풀리지 않고 옮겨지기만 한 귀양지 변경에 蘇齋의 남매들과 부모님의 안타까워할 상황을 "容顔改(얼굴빛만 바뀌지겠고)"와 "鬢髮皤(살쩍 · 머리 세지실 테니)"로 기막히게 추정하고서는, 미련에서 완전한 解配(귀양살이의 완전한 해방)를 하지 않는 임금님과 朝廷을 차마 비판할 수 없어, 그냥 "命(운명)"이라는 핑계 아닌 핑계와 "天道(하늘의 道)"라는 期待 못할 期待에 蘇齋 어른이 겪고 있는 不運과 자신의 원망스러운 心境을 모두 함께 가슴 속에 묻은 채, 구슬픈 가락의 끝없는 노래인 양 읊어 바치는 것이다.

送靈巖李使君 鵬 罷歸

파면되어 돌아가는 영암의 李 郡守 鵬을 전송하면서

돌아가는 조정 사정 모르거니와,	未識朝廷事
이젠 자네 또한 벼슬 파직됐으니,	今公亦罷官
참 정성을 主上만은 아시겠건만,	精誠天日在
가는 짐만 행인들이 보게 될 거라,	行李路人看
학 떠나면 솔바람(소리)만 목 메일 테고,	鶴去松聲咽
뜨락 빈 뒨 대 형체만 쓸쓸할 게니,	庭空竹影寒
오직 꿈속 천 리 거리 길을 따라서,	唯應千里夢
전송하며 서울 장안 도착할 걸세!	相送到長安

해설 이 작품은 전반부에서 李郡守가 罷職(罷免)을 당한 상황에 대한 의문과 함께 나라와 임금을 향한 그의 참된 정성이 逆으로 罷職이라는 禍로 돌아와 초라하게 돌아가는 짐만 사람들에게 보여주게 되는 行色을 애처로운 눈길로 전하고, 후반부에서 李郡守가 떠난 뒤에 작자 자신도 너무 허탈하고 고적할 상황을 아파하듯 제시하고는 이 기막힌 벗인 李郡守를 잊을 수 없어 꿈속에서라도 사뭇 전송하며 서울까지 따라가겠노라며 안타깝게 마치고 있는 시다.

이 작품에서 작자가 가장 소중하고 그래서 가장 안타깝게 여기는 것은 바로 주인공인 李郡守의 "精誠"이다. 함련의 전구를 "精誠天日在"라고 하였는데, 이것을 散文套로 풀이하면 "참 정성은 하늘 해가 있다"가 되지만, 이 풀이는 풀이를 한 사람에게 "무엇을 말하려고 하는 것인가?"라고 반문하면 그 사람이 분명한 대답을 못 할 가능성이 크다. 그러나 이것을 "참 정성은"과 "하늘 해가"와 "있다"라는 세 어휘를 그 文脈的인 相互間의 有機的인 構造로 놓고 풀어보면, "참 정성은"은 이 문장의 大主語이고 "하늘 해"는 小主語이며, "있다"는 이 小主語를 직접 풀이해 주는 말이면서 이 小主語인 "하늘 해가"와 함께 大主語인 "참 정성은"을 풀이해 주는 전체의 述語가 되는 것이다. 여기의 "하늘 해"는 완전한 말로는 "하늘의 해"로, 우주에 있는 모든 존재는 영원히 밝아 있고 밝게 비추는 이 해에 의하여 다 비춰지고 다 알려지게 되어 있으며, 따라서 이 "하늘의 해"를 상징으로 한 "한 나라의 임금님(主上)"도 마땅히 저절로 모든 것을 "다 알고 있다(계시다)"가 되는 것이다. 그래서 이 "精誠天日在"에서 "天日"은 "임금님"으로, "在"는 그냥 "있다(계시다)"가 아니라 "알고 있다(계시다)"가 되는 것이다. 그런데 이 "精誠天日在"의 후구이며 댓구인 "行李路人看(가는 짐만 행인들이 보게 될 거라)"과 對比的으로 놓인 것을 보거나 주인공인 李郡守가 罷

職(罷免)이 된 것을 전제로 해보면, 전구인 이 "精誠天日在"는 결코 "참 정성은 主上께서 다 아시었고"가 아니라 반드시 "참 정성은 주상만은 다 아셨겠지만"으로 풀어 읽어야 하며, 이렇게 풀어 읽음으로써 작자가 李郡守의 罷職에 대해서 말없이 비판의 의식을 가지고 있었음을 알아야 한다.

또한 경련의 "松聲咽(솔바람만 목메일 테고)"과 "竹影寒(대 형체만 쓸쓸할게니)"으로 李郡守가 떠나간 뒤에 작자의 외롭고 쓸쓸할 자아상을 代喩로 투영하여 안타깝게 그리듯 읊고서는, 이내 헤어진 다음 자네를 꿈에라도 보게 되면 그 꿈속에서 멀다고 여기지 않고 사뭇 전송하며 "千里夢(천 리 거리의 꿈길로)"으로 "到長安(서울 장안 도착할 걸세!)"이라고 마무리고 있는데, 이는 당시 朝廷을 향한 자신의 諷諭의 의지를 대신하고 싶어서였는 지도 모른다.

寄靜安上人

정안 스님에게 부치다

궁한 살림 외출할 제 말도 없으니,	窮居出無馬
오래전에 세운 생계 헛돼서지만,	宿昔計成虛
울 밑 둔덕 국화꽃만 외려 남은 채,	籬畔花猶在
숲속에는 잎들 벌써 엉성 졌으니,	林中葉已疎
마음속의 친구 오직 그대뿐인 건,	襟期唯有子

못나 터진 나를 오래 알아줘서라, 懶拙久知余
술 마주해 부질없이 그리워지네, 對酒空相憶
저편 산은 십 리 남짓 거리이건만! 西山十里餘

* 襟期 : 가슴 속의 회포 또는 가슴 속의 친구나 우정을 말하는데, 여기에서는 마음속의 친구라는 뜻으로 쓰였다.

해설 이 작품은 의도적으로 재간과 솜씨를 자랑하려는 듯이 수・함・경・미의 네 聯을 "虛"・"疎"・"余"・"餘"의 네 글자로 押韻하여 짓고 있는데, 이 네 聯들의 앞 시구와 뒷 시구가 그 시상의 실제적 의미의 유기적 구조로는 모두 그 앞 시구와 뒷 시구가 도치되어 있으며, 이렇게 도치가 된 것은 이 네 글자의 押韻 條件 때문임은 말할 필요도 없지만, 불가피하게 이 각 연들의 전・후구 배치의 조건에 따라 억지스럽게 수행한 이상의 풀이는, 읽어 보는 바대로 시상의 의미 전달이 매우 부자연스러운 양상을 보이고 있을 수밖에 없는 시가 되어 있다.

그런데 작자가 이 네 글자를 脚韻으로 삼아 이 작품을 짓게 된 것은 이상의 네 글자가 작자 자신이 구상하는 시상의 核心 詩語들이면서 그것들이 놓여져야 할 자리들(押韻 位置)이 바로 이 작품의 각 짝수 시구의 끝이기 때문에 불가피하게 그 시구들의 끝에 놓이는 것은 선택의 여지가 없는 절대적 요건을 따른 것일 뿐이다. 따라서 작자는 그 押韻 條件에 따른 이 각 연의 앞・뒤 시구 배치가 詩想의 意味網으로는 도치되어 있는 것임을 적어도 漢詩의 押韻 條件을 이해하는 學人은 누구나 잘 알고 있으리라 판단하고 있었을 것이 분명하다. 그래서 작자는 결코 이상과 같은 부자연스러운 의미망으로 느껴지는 이상의 풀이를 할 것으로 예상하지 않았을 것이다.

따라서 이 작품을 작자 자신이 의도한 시상의 자연스러운 의미망의 구조로 살려, 융통성 있게 각 聯의 앞과 뒤 시구들의 순서를 자유롭게 바꾸어 새로 풀이해 보기로 한다.

"오래전에 세운 생계 허망해져서, 궁한 살림 외출할 제 말도 없는 채, 숲속에는 잎들 벌써 엉성 졌으나, 울 밑 둔덕 국화만은 남아 있으니, 못나 터진 나를 오래 알아준 터에, 마음속의 친군 오직 그대뿐이라, 저편 산은 십 리 남짓 거리이건만, 술 마주해 부질없이 그려만 하네!"

시를 지어 부치는 상대인 靜安上人이 비록 스님이지만, 작자 자신의 마음을 알아주는 마음의 친구라서, 자신이 찾아가고 싶지만 살림 재간이 모자라 외출할 때 타고 갈 말도 없는 처지라, 靜安上人 그대가 머문 寺刹이 있는 西山이 겨우 10리 거리에 있지만 찾아가지 못한 채로 있는데, 가을이 깊어 숲속의 낙엽도 다 져서 엉성하고 쓸쓸하긴 해도, 울 밑 둔덕에 아직 국화꽃만은 남아 있어 흥취가 조금 남아 있으니, 못나 터진 나를 진정 오래 알아주는 까닭에, 정말 내 마음속의 참 친구는 오직 그대뿐이라, 그대가 머문 절이 있는 저편 산은 십 리 남짓 거리인데도, 가지도 못하고 술을 마주해 놓고는 괜히 몹시 그리워만 하고 있다는 하소연 같은 시다.

蓮花庵 贈佛慧長老
연화암에서 불혜 장로 스님에게 주다

먼 나그네 선사 영감 붙어 자려니,	遠客投禪老
정갈한 절 푸른 암벽 붙어 있는데,	精廬寄碧巖
창을 열자 바다 솟는 해가 보이고,	開窓離海日
베개 괴자 산 지나는 돛배 보이며,	高枕過山帆
재 올리는 風磬 칠 젠 새 내려앉고,	鳥下齋時磬
講經 끝낸 함 위에는 꽃 빛 짙으니,	花深講後函
남은 인생 갈 곳을 잃었었다가,	餘生迷所適
여기 와선 神仙・凡人(俗人) 確然해지네!	卽此隔仙凡

* 蓮花庵 : 이 암자는 작품 속에 설명되는 내용으로 봐서 아마도 어느 바닷가 絶景인 산 절벽에 있는 사찰로 추정된다.

해설 이 작품은 蓮花庵에 가서 佛慧 長老 스님의 배려로 하룻밤을 유숙하면서 체험하는 풍경과 여기에서 느끼는 脫俗的인 정감을 言外의 기막힌 幽興과 所懷로 담아 읊은 시다. 그래서 수련에서 寄宿하는 蓮花庵의 위치를 "寄碧巖(푸른 암벽 붙어 있는데)"이라고 하여 조금은 別界로 제시하고, 함련에서 해안 庵子에서 기숙하며 체험하는 新奇한 풍경을 "離海日(바다 솟는 해가 보이고)"과 "過山帆(산 지나는 돛배 보이며)"으로 안내하고는, 경련에서 靜肅한 분위기 속에 수행되는 齋 올리기와 說法의 경건함과 신통함을 "鳥下(새 내려앉고)"와 "花深(꽃

빛 짙으니)”으로 體驗·例示하고는, 미련에서 “迷所適(갈 곳, 맞는 곳을 잃었었다가)”이라 하며 작자 자신이 인생을 살아온 지금까지는 살아감에 있어서 “갈 곳”이나 “맞는 곳”을 못 찾고 헤매었음을 자수하듯 말하고는, “隔仙凡(神仙·凡人 確然해지네!)”이라며 이제는 정신과 육체가 일체의 욕망을 超脫한 신선과 그 욕망에 잡혀 있는 凡人의 境界를 환하게 깨닫게 된다는 새로운 覺醒의 喜悅과 感歎을 읊어 놓고 있으면서, 한편으로는 佛慧 長老의 높은 修道 境地와 밝은 說法에 대한 無言의 稱頌과 感謝를 전하는 것이다.

憶崔嘉運

최가운을 그리워하며

문밖에는 풀 시든 채 담쌓여 가고,	門外草如積
거울 속엔 벌써 야윈 얼굴인 난데,	鏡中顔已凋
가을 기운 스미는 밤 어찌 견디며,	那堪秋氣夜
빗소리 속 이 아침은 다시 어쩌나!	復此雨聲朝
印像만이 서로 남아 위로하다가,	影在時相弔
생각날 젠 항상 홀로 노래만 하니,	情來每獨謠
외론 베개 꾸는 꿈도 외려 애틋해,	猶憐孤枕夢
바다·산도 길이 멀다 말하잖겠네!	不道海山遙

해설 이 작품은 가을을 만난 작자가 절친한 벗이면서 詩의 同僚인 崔慶昌을 간절하게 그리워하는 안타까운 심경을, 밤낮없이 그리고 문득문득 못 견디게 애가 탄다는 것이지만, 실제로는 獨白인 채로의 호소이며 애원처럼 읊고 있는 기막힌 시다.

이 작품 역시 수련부터 댓구로 놓아 "草如積(풀 시든 채 담쌓여 가고)"으로 쓸쓸해지는 가을을 자신의 시간적 배경으로 설정하고, "顔已凋(벌써 야윈 얼굴인 난데)"로 가을을 맞으며 서글퍼진 자아의 몰골을 제시하고는, 함련에서 이런 자신이 기막힌 詩의 벗인 孤竹도 못 만나는 채 "秋氣夜(가을 기운 스미는 밤)"를 어떻게 견뎌 보내야 하나 걱정인데, "雨聲朝(빗소리 속 이 아침)"는 또 어떻게 홀로 맞아야 하는가 라며 自問自答하면서, 경련에서 둘이 서로의 印象만 남아 몹시 그리워질 젠 "時相弔(때로 서로 위로하다가)"로 서로 달래고, 서로 생각이 날 젠 "每獨謠(항상 홀로 노래만 하니)"로 마음을 푼다고 하고는, 미련에서 실제로 서로 만나지 못하는 처지라 오히려 "孤枕夢(외론 베개 꾸는 꿈도)"이라고 해도 벗인 崔慶昌을 만나는 꿈이라면, "海山遙(멀고 먼 바다와 산)"인 어디라도 멀다고 말하지 않고 찾아서 가겠다는 애처로운 심경을 고백하고 있는 것이다.

幽居卽事

아늑하게 숨은 듯 살며 있는 그대로를 읊다

늙어가니 제냥 아무 할 일이 없어,	老去自無事
외져 살 뿐 소란 피해 산 건 아니고,	深居非避喧
얼크러진 등 덩굴 속 험한 돌길에,	亂藤危石路
높은 나무 선 몇 집들 마을이지만,	喬木幾家村
산엔 새벽달이 이냥 뜬 채로 있고,	山曉月仍在
뜰엔 가을 이슬 바로 흠뻑 내린 채,	庭秋露政繁
저 멀리서 들리는 건 스님 잠 깬 곳,	遙聞僧起處
푸른 산빛 한 흔적 속 경쇠 소릴세!	一磬翠微痕

해설 이 작품은 작자가 의도도 하지 않은 채 우연히 산속 마을에서 아늑하게 외진 채 살고 있으면서, 달이 이냥 뜬 채인 듯 있는 산속의 새벽, 이슬이 흠뻑 젖은 채로 있는 가을 뜨락에서, 스님이 잠에서 깨어나서 치나 싶은 한 경쇠 소리를 저 멀리서부터 듣고 있다는, 너무도 한가롭고 자연스럽게 정경을 소개하듯 읊고 있는 시다.

수련에서 자신이 늙어서 "自無事(제냥 아무 할 일이 없어)"하기 때문에 그냥 아늑하게 외지게 살게 된 것뿐이지 결코 "非避喧(소란 피해 산 것 아니고)"이라며, 누가 혹시 詰問이나 하나 싶게 이야기를 시작하고, 함련에서 자신의 마을이 "危石路(험한 돌길)"를 거쳐서 찾아가야 하는 "幾家村(몇 집들 마을)"이라며 소개하고 있으며, 경련의 "月仍在(달이 이냥 뜬 채인 듯이 있고)"와 "露政繁(이슬 바로 흠뻑 내린 채)” 그리고 미련의 “遙聞(저 멀리서 들리는 건)”과 “一磬(한 경쇠 소리)” 등으로 새벽 달빛 속에 저 멀리서부터 경쇠 소리를 듣고 앉았을 작자의 자태와 표정이 한 장의 素描畵로 곱게 그려지듯 읊어지고 있는 기막히게 고운 시다.

金士重江榭 敬次李一齋

김사중의 강가 정자에서 경건하게 이일재의 시 운을 따라 짓다

오래 두고 성안 지역 싫어하여서,	久厭城中地
들 밖에다 초당 새로 지어 놨는데,	新成野外堂
외론 마을 건너로 난 강가의 길은,	孤村隔江路
백 리 멀리 구름 산속 들어갔으니,	百里入雲岡
근원 멀어 흐르는 물 한껏 펴지고,	源遠流因肆
뿌리 깊어 줄기 절로 길어질 거라,	根深幹自長
돌아가서 의지할 곳 이젠 있으니,	依歸今有所
시종 뜻을 모름지기 굳게 하게나!	終始志須强

* 金士重 : 金千鎰의 字이다.
* 李一齋 : 당시 湖南 泰仁의 큰 학자였던 李恒을 말하며 一齋는 그 號이다.

해설 이 작품은 제목에 기록된 바대로 金千鎰의 江榭(강가 정자)에서 작자가 매우 존경했을 一齋 李恒의 詩의 韻을 따라 지은 시로, 김천일이 강가 정자를 지은 뜻과 목적이 李恒의 學問과 德行을 崇慕하는 데에 있다고 보고, 이제 그 淵源을 바르게 찾아가게 됐으니, 평생을 두고 시종 뜻을 굳게 가지라는 격려와 勸勉을 아끼지 않는 진정의 시다.

수련의 "新成野外堂(들 밖에다 草堂 새로 지어 놨는데)"은 물론 전구의 "久厭城中地(오래 두고 성안 지역 싫어하여서)"가 전제의 조건이다. 이 江榭에서 보는 풍경들이 함련에서 "隔江路(건너로 난 강 가의 길)"가 "入雲岡(구름 속 산 들어갔으니)"으로 읊어지고 있으니, 이것은 작자가 江榭를 새로 지은 靈巖의 마을을 흐르는 강물과 이 물을 건너 물가를 따라 나 있는 길은 분명히 一齋先生이 사는 泰仁에서 발원하고 있으며, 그래서 이 강물과 이 물가의 길은 바로 구름이 끼어 있을 一齋先生의 마을로 들어가 거기에서 발원하고 출발할 것이라, 경련에서 바로 이 一齋先生을 스승으로 삼아 "源遠流因肆 根深幹自長(근원 멀어 흐르는 물 펼쳐지겠고, 뿌리 깊어 줄기 절로 길어질 거라)"이라고 하여, 그 學風의 普及과 教化의 影響이 넓고 멀리 이루어질 것을 기리면서, 미련에서 "依歸今有所 終始志須强(돌아가서 의지할 곳 이젠 있으니, 始終 뜻을 모름지기 굳게 하게나!)"이라고 하여, 金士重이 一齋先生을 스승으로 모시고 평생 의연하고 강인하게 자신의 뜻을 다지고 힘쓰기를 勸勉하고 激勵하는 아주 좋은 시다.

定惠寺 敬次杞溪相公

정혜사에서 경건하게 杞溪 兪相公의 韻을 따라 짓다

한길 따라 구름 낀 골 찾아 나서서,	一路尋雲峽
수천 숲속 바위 절 문 도착해 보니,	千林到石關
높은 스님 비는 이미 망가져 있고,	高僧碑已滅
지는 해에 새만 괜히 날아오는데,	落日鳥空還
흐르는 물 가까이 자릴 옮기고,	移席近流水
시 읊으며 저 먼 산을 바라보자니,	吟詩看遠山
이내 속세 일들이 서글퍼져서,	仍悲塵世事
眞境 여기 긴 한가롬 참 부럽구나!	眞境羨長閑

* 杞溪相公 : 지칭하는 실제의 인물을 확인하기가 아주 어렵게 된 표기다. "杞溪"는 號일 가능성이 있으나 "杞溪"라는 號는 『號譜』에 보이지 않아 이것은 號가 아니라 "兪氏"의 貫鄕을 지칭하는 것으로 추정된다. 따라서 이 어휘는 "杞溪兪相公"을 그냥 쉽게 "杞溪相公"으로 기록한 것으로 추정된다. 그런데 작자와 동시대에 작자보다 조금 연장자로서 작자의 선배로서 친분이 있었을 杞溪 兪氏로서는 松塘 兪泓이 있으나, 兪泓은 작자의 死後 壬辰年(서기 1592년)에 政丞(領議政)이 되었으므로 작자가 생존했을 때는 아직 정승이 아니었기 때문에 "相公"이라고 호칭할 수는 없었을 것인 데에도, 이렇게 呼稱하게 된 것은 아마도 兪泓이 政丞이 되기 훨씬 전에 여러 道의 觀察使로 나갔었기 때문에 觀察使를 "巡相"이라 부르는 관례와 "巡相"을 역시 "相公"이라 부른 관례에 따라 그렇게 호칭하여 표기한 것으로 추정된다.

해설 이 작품은 杞溪 相公의 詩韻을 따라 지었을 뿐 이 相公과는 아무런 상관없이, 그냥 定惠寺라는 사찰에 와서 관람하는 풍경과 이 사찰에서의 有常한 時空에 無常한 衆生을 思惟하는 분위기를 체험하는 새로운 감상을 깊은 성찰과 선망으로 읊어 마무리한 시다.

수련에서 "尋雲峽(구름 낀 골 찾아 나서서)"과 "到石關(바위 절 문 도착해 보니)"으로 절을 찾아가는 과정을 제시하고, 함련에서 "碑已滅(비는 이미 망가져 있고)"과 "鳥空還(새만 괜히 돌아오는데)"으로 衆生의 無常함을 例示한 다음, 경련에서 "近流水(흐르는 물 가까이하고)"와 "看遠山(저 먼 산을 바라보자니)"으로 有常과 無常을 比較的인 時·空間으로 체험하고는, 이내 미련에서 "仍悲塵世事 眞境羨長閑(이내 속세 일들이 서글펴져서, 眞境 여기 긴 한가롬 참 부럽구나!)"이라며, 時·空間的 有限의 存在로 生과 死, 苦와 樂의 근원적 相互 葛藤의 世上, 곧 이 塵世 속에 놓여진 자아의 삶을 슬퍼하면서, 時·空間的 有限도 超越한 채 生과 死, 苦와 樂 등의 相互 葛藤이 아예 없는 眞境인 여기 寺刹에서 길이 두고 누리는 정신적 한가로움의 여유가 무한히 부럽다는 애처로운 호소를 하고 있는 것이다.

挽 大行大王

대행 대왕님을 위한 만사

사직 책임 금 궤 속에 갈무리시고,	社稷存金櫃
백성・신한 효문에게 부탁하신 채,	臣民屬孝文
현궁(梓宮) 문은 따라 한 번 닫혔건마는,	玄宮從一閉
先王 말씀 외려 다시 듣는 듯한데,	天語倘重聞
秘苑 안은 가을 맞은 숲만 남았고,	苑陌餘秋樹
산천에는 저문 구름 바라만 뵐 뿐,	山川望暮雲
외려 되 올 맨 儀仗만 생각할 제는,	猶思廻素仗
우실 湘君 그냥 알게 될 뿐입니다!	空認泣湘君

* 大行大王 : 明宗大王이 昇遐하고 아직 諡號가 올려지기 전인 임금님을 呼稱하는 말로 쓰여진 것으로 추정된다.
* 金櫃 : 금으로 만든 궤인데, 옛날 중국이나 우리나라에서는 임금님이 자신과 나라 백성을 위해서 나라를 다스릴 목표와 계획을 세워 글로 만들어 이 金櫃에 보관하였다.
* 孝文 : 昇遐한 明宗의 遺命으로 卽位한 宣祖大王이 즉위하기 전에는 원래 河城君이었는데, 遺命과 함께 "孝文"이라는 稱號를 下賜 받았던 것이 아닐까 하는 추정을 해볼 뿐이다. 그리고 한편 이 "孝文"은 중국의 漢나라 때 현명한 황제로 이른바 "文景之治"라고 하는 善政을 베풀어 이름을 남긴 "孝文帝"를 지칭하는 말로, 이 "孝文帝" 같은 "훌륭한 君主"라는 의미로 쓰였는지도 모르며, "孝文之本(孝爲百行之本)"의 준말로 쓰였는지도 모르겠다.
* 玄宮 : 임금님이 계시던 깊숙한 궁궐이라는 말이다.
* 素仗 : 임금님의 시신을 위시한 유품들을 능에 모시고 나서, 시신을 모시고

갔던 맨(빈) 大輿(喪輿)와 도구들만 돌아온 것을 말한다.

* 湘君 : 옛날 중국의 上古時代 唐나라 堯임금의 두 딸인 娥皇과 女英이 虞나라의 舜임금에게 시집을 가서 두 夫人이 되었는데, 舜임금이 治水事業과 巡狩차 남쪽으로 가서 돌아오지 않자, 이 두 왕비는 남편을 찾아서 瀟湘江까지 찾아갔다가 舜임금이 蒼梧山에서 逝去했다는 소식을 듣고는 瀟湘江에 투신하여 죽자, 이들을 위해서 이 지역 사람들이 湘君廟라는 사당을 짓고 제사를 올려 지금까지 그 풍습이 전하고 있고, 이 娥皇과 女英의 영혼을 사람들이 湘君이라 부르게 되었다. 그래서 이 작품에서는 明宗大王의 妃인 仁順王后 沈氏가 자신의 소생인 順懷世子까지 잃고 昇遐하신 明宗大王을 思慕해서 슬퍼할 것을, 이 湘君(娥皇과 女英 두 妃)에 비겨서 표현한 것으로 추정된다.

해설 이 작품은 百分 확인하고 판단할 수는 없지만 아무래도 明宗大王의 昇遐를 추모하고 애도하는 臣民으로서 또 선비로서의 도리를 다해 지어 올리는 輓詩이다. 그래서 수련에서 "存金櫃(금궤 속에 갈무리시고)"와 "屬孝文(효문에게 부탁하신 채)"으로 賢明하신 君主로서 宗廟와 社稷의 重責을 영원불변의 원칙으로 정해서 금궤 속에 깊숙이 갈무려 놓으시고, 신하와 백성들은 이어받으실 새임금님께 경건하게 위임되었다고 하였으며, 함련에서 "天語倘重聞(先王 말씀 외려 다시 듣는 듯한데)"라며 先王의 靈像을 다시 회고하고는, 경련에서 因山(葬禮)을 마친 뒤의 상황을 "餘秋樹(가을 맞은 숲만 남았고)"와 "望暮雲(저문 구름 바라만 뵐 뿐)"으로 처연한 落望의 상황을 절감하면서, 미련에서 이내 "猶思廻素仗 空認泣湘君(외려 되 올 맨 儀仗만 생각할 제는, 우실 湘君 그냥 알게 될 뿐입니다!)"이라며 기막히게 처연하고 비통한 심경으로 마무리고 있는 것이다.

挽石川先生

석천 선생님의 만사

봉황새는 정말 세상 상서롭게 해,	威鳳眞祥世
세 조정에 영화롭게 출입하시며,	三朝出入榮
君子 資質 갖춰야 함 앎으로부터,	自知君子賁
대인(임금님) 뵙게 됨에 따라 亨通하셔서,	從見大人亨
열성 다해 남긴 논의 이으시다가,	亹亹承餘論
여유롭게 늘그막을 의탁하려고,	休休托晩生
높이 누울 그 날 길이 그리시더니,	永懷高臥日
어찌 다시 맨 상여로 떠나십니까?	那復小車行

* 威鳳 : 봉황새를 美稱하여 부르는 말이나 만나기 쉽지 않은 훌륭한 사람을 지칭하기도 하며, 여기에서는 이상의 두 의미를 모두 함축한 말로서 주인공인 林石川이 이어 모신 세 임금님인 中宗・仁宗・明宗을 지칭하는 것으로 쓰였다.
* 三朝 : 시적 주인공인 林石川이 관리로서 사뭇 모셔 왔던 中宗・仁宗・明宗 세 임금의 시대를 말하는 것으로 추정된다.
* 賁 : 『周易』의 "賁卦"를 말하는 것으로 "離下艮上"인 卦이며, "안으로는 불, 밖으로는 산"이고 "아래는 불, 위는 산"이라, "象曰 山下有火賁 君子以 明庶政 以化成天下(『象傳』에 말하기를 산 아래에 불이 있는 것이 '비'이니, 군자가 이것을 거울로 삼아서 모든 정치를 분명하게 해서 온 천하를 교화하여 완성하는 것이다)"라고 한 바대로 威儀를 갖춘 자라야 온 천하의 모범으로 모든 정치를 바르게 해서 천하를 교화시킬 수 있다는 것이다. 여기에서는 물론 石川先生이 그런 분이시라 세 임금님의 신임을 받아 소임을 다하셨다는 것

을 강조하고 있는 것이다.

* 亹亹 : 열성을 다해 노력하는 상태를 말한다. 『周易』에서 "成天下之亹亹(천하에서 열성껏 노력하는 것을 이뤄낸다)"라고 하였다.
* 休休 : 여유로운 상태를 말한다. 『書經』에서 "其心休休焉(그 마음이 여유롭다)"라고 하였다.
* 小車 : "작은 마차"라는 말이며, 이것이 여러 板本의 『玉峯集』들 모두에 "小車"로 표기되어 있으나, "小車"는 이 작품의 전체적인 시상에도 잘 맞지 않는 어휘이라서, 이것은 凶事나 喪事에 쓰이는 馬車인 "素車(하얀 흙을 바른 마차)"일 것이고, "小"자는 분명 "素"를 誤記했거나 誤刻했을 것이 확실하다.

해설 이 작품은 "선비의 威儀를 잘 갖추어서 세 분의 임금님(中宗・仁宗・明宗)의 知遇를 받아 벼슬살이로 임무를 수행하시고, 先王들께서 남기신 遺勳을 이어 論議하시면서, 늘그막을 여유롭게 의탁하시려고, 걱정 없이 퇴임하시기를 희망하시더니, 어떻게 이렇게 맨 喪輿로 다시 떠나시게 됐습니까?"라며 기막힌 哀痛의 情을 읊어 올리는 시다.

수련에서 三朝(賢主)와 良臣(石川)으로서의 際遇를 제시하고, 함련에서 "君子賁(군자 자질 갖춰야 함)"와 "大人亨(대인 만나 형통하셔서)"으로 石川先生의 宦路와 發身을 例擧하고서, 경련에서 "承餘論(남겨 놓으신 論議 이으시다가)"과 "托晩生(늘그막을 의탁하려고)"으로 분수를 지켜 직분을 다하며 餘生의 所望을 기대하는 石川先生을, 미련에서 "永懷高臥日(높이 누울 그 날 기리 그리시더니)"로 애달프게 되짚으면서 이내 "那復小車行(어찌 다시 맨 상여로 떠나십니까?)"으로 소리 없이 목메이는 통곡으로 마치고 있는 것이다. 그런데 餘談이지만 작자는 石川이 그의 아우인 百齡이 尹元衡에게 붙어 권세를 누린 것을 평생 수치로 알아 兄弟의 義까지를 끊으려 한 것을 말없이 기리기도 했을 것으로 추정된다.

挽丁牧使內室

정 목사의 부인을 위한 만사

맑은 자질 이내 명문 자손으로서,	淑質仍華閥
出嫁時엔 바로 고운 나이신 채로,	于歸卽妙年
관직 따른 녹봉 수치 안 여기셨고,	隨官不愧俸
안살림에 "그렇겠다" 다 기렸는데,	相內共稱然
伯鸞 낙점 기이한 걸 겨우 기댔다,	纔倚鸞占異
돌절구 꿈 빨리 꿀 걸(喪妻) 뉘 알았을까?	誰知臼夢遄
자네 이젠 孫楚 詩만 읊게 됐지만,	只今孫楚句
이다음엔 華元 같은 賢臣될 걸세!	他日華元賢

---

* 華閥 : 훌륭하다는 名聲을 듣는 집안을 말한다.
* 于歸 : 신부가 처음 시집으로 들어가는 것을 말한다.
* 妙年 : 여성의 꽃다운 나이. 20세 전후의 여자 나이. 妙齡과 같은 뜻이다.
* 鸞占 : "鸞"은 "伯鸞"의 준말로 "伯鸞"은 중국의 後漢시대 梁鴻의 字다. 『後漢書』「逸民傳」에 "梁自少篤學行高 勢家欲嫁女 皆不應 有隣孟氏女 狀醜而黑 力能擧石臼 年過三十而自言欲得賢如伯鸞者 梁聞而娉之 及嫁盡去綺縞粉墨 爲椎髻着布衣 與梁入覇陵山中 擧案齊眉而終身 梁名以光 字以德曜(梁鴻이 少年 때부터 독실하게 공부를 하고 행실이 고결해서, 권세 있는 집안에서 그에게 딸을 시집보내려 했으나 그는 모두 호응하지 않았다. 이웃에 있는 맹씨네 딸이 얼굴이 못생기고 검은 채 힘은 돌절구를 들 수 있었고, 나이가 30이 넘었으면서도 스스로 말하기를 '伯鸞 같이 현명한 남자를 맞고 싶다'라고 하자, 梁鴻이 이 소식을 듣고 맞이하여 시집을 가서는 자신의 삶과 거리가 멀다고 여겨지는 비단 같은 것은 다 버리고, 머리를 틀어 올리고 무명옷을

입고서, 남편인 梁鴻과 함께 패릉 산중으로 들어가서 밥상을 서로 눈썹 높이까지 들어 올려바치면서 서로 공경하며 살다가 죽음을 맞았다. 梁鴻이 자신 부인의 이름을 '光'이라 지어 주고 자를 '德曜'라고 지어 주었다)"라고 하였다. "鸞占"이라는 말은 바로 "伯鸞(梁鴻)이 이웃의 孟氏네 딸을 아내로 占찍었었다"라는 말로 추정된다.

* 臼夢 : "炊臼之夢(喪妻를 비유하는 말)"의 준말로 『酉陽雜俎』에 "賈客張瞻將歸 夢炊於臼中 問於解夢卜者王生 生言君歸不見妻矣 臼中炊固無釜也 張瞻至家妻果卒(장사꾼 장첨이 집으로 돌아가려 할 즈음에 자신이 스스로 절구통에다가 밥을 짓는 것을 꿈 꾸고서, 꿈을 잘 푼다는 점쟁이 왕생에게 묻자, 그는 '당신이 집에 돌아가면 아내를 못 보게 될 것이다. 절구통에 밥을 짓는다는 것은 진실로 아내의 징표인 솥이 없다는 것이다'라고 하였다. 장첨이 집에 도착하자 아내는 정말로 죽고 없었다)"라고 하였다.
* 孫楚句 : 중국의 晉나라 때 孫楚가 지은 詩句라는 말로, 실제로는 孫楚가 아내와 혼인하며 약속한 듯이 지어서 陟陽候에게 주었다는 詩句인 "齊契在今朝 守之與偕老(같이 약속 오늘 아침 하고 있으니, 이걸 지켜 함께 늙어 가면 좋겠소!)"라는 것을 말한다.
* 華元 : 중국의 春秋時代 宋나라 華督의 증손으로, 平公 때 逆賊을 討伐하여 큰 功을 세우고 벼슬이 左師에 이르렀다.

해설 이 작품은 벗이었을 丁牧使의 궂긴 부인을 애도하고 겸하여 정 목사의 심정을 위로하고 격려하는 시다. 그래서 수련에서 "淑質仍華閥(맑은 자질 이내 명문 자손으로서)"로 부인의 더없이 현숙한 심성과 자질 그리고 그 성장의 기반으로서 가문을 제시하고는, 함련에서 "不愧俸('적은' 녹봉 수치 안 여기셨고)"과 "共稱然('집안 살림' 그렇겠다 다 기렸는데)"으로 儉約과 節制를 실천한 그 典範을 稱譽하였으며, 경련에서 "纔倚(겨우 기댔다)"와 "臼夢遄(돌절구 꿈 빨리 꿀 걸)"으로 부인과 혼인 후 함께 한 삶이 너무 짧은 것을 기막힌 안타까움으로 동정하면서, 미련에서 "지금은 비록 孫楚의 詩句를 읊으며 한스러워하겠지만, 이다음에는 옛날 宋나라의 華元 같이 훌륭한 사람이 될 것"이라며 위로와 격려를 하고 있는 것이다.

李正字景禮椿府挽 名彥讓

이 정자 경례 아버님을 위한 만사 이름은 언양이다

뜬 인생의 일쯤 무얼 한하오리까?	何恨浮生事
公께서는 壽·福 함께 누리셨으니.	夫公壽福幷
온 집안의 법도·범절 갖추어 있고,	閨庭稱軌範
자제들은 모두 명성 드날리는데,	蘭玉總名聲
홀연 산수 흥취에도 겨워하셔서,	忽倦湖山興
유독 옛벗 심정들을 놀래셨지만,	偏驚耆舊情
이다음에 드릴 제사 모범을 보면,	他年看祀典
万兩 돈을 남긴 것과 안 견주리다!	不數萬金贏

* 蘭玉 : 남의 子弟나 子孫을 좋게 부르는 말인 "芝蘭玉樹"의 준말이다.

해설 이 작품은 작자의 벗이었을 李正字(벼슬)의 아버님의 만사이지만, 아마도 망자이신 이분이 분명 富貴와 壽福을 다 누리고 궂기신 것이라, 이른바 好喪의 주인공이시라서인지 어디에도 슬픔을 시사하는 言表가 전혀 없으며, 그러면서도 삼가 경건·엄숙함의 범절을 지켜서 "殞命"을 "忽倦湖山興(홀연 산수 흥취에도 겨우셨는지)"이라고 표현하였으며, 미련에서 결말도 정중한 欽慕의 祝禱 같은 시가 되어 있는 좋은 시다.

수련에서 "壽福幷(壽·福 함께 누리셨으니)"이라며 마치 축하를 드리듯이 시작하였고, 함련에서는 "稱軌範(법도·범절 갖추어 있고)"과 "總名聲(모두 名聲 드날리는데)"으로 이른바 治家와 子孫福을 기리고서, 경련에서는 앞에서 말한 바대로 "忽倦湖山興"으로 "殞命"이라는 말을 대신하고, "슬퍼한다"라는 말 대신 "偏驚耆舊情(유독 옛벗 심정들을 놀래셨지만)"이라며 直說法을 피하고 代替 表現을 하고 있으며, 미련에서는 "不數萬金嬴(万兩 돈을 남긴 것과 안 견주리다!)"이라며 追慕와 尊崇의 衷情을 함께 올리는 좋은 시가 되었다.

夢見崔孤竹

꿈에서 최고죽을 보고서

꿈속서도 외려 作別 말을 하면서, 夢裏猶言別
서로 만남 기약 못 해 괴로웠는데, 相逢苦未期
못 둑 위에 한밤 내내 비 내리면서, 池塘一夜雨
객지에서 해를 걸러 그리워하다, 江海隔年思
웅얼 시를 읊던 곳을 기억해 보면, 記得沈吟處

말 세운 채 있던 그때 그대로라서, 依然立馬時
창문 닫고 귀뚜리만 우는 이 새벽, 亂蛩窓掩曉
온통 살쩍 세진 것만 깨닫게 됐네! 渾覺鬢成絲

* 江海 : 강과 바다, 隱士의 居處, 四方各地로, 여기에서는 四方各地라는 뜻으로 쓰였다.

해설 이 작품은 기막히게 그리워하다가 꿈속에서 만나서도 아쉽고 외롭던 서로의 회포를 시원하게 풀지도 못한 채, 이내 헤어지면서 다시 만날 약속도 못 한 채 깨고 나서는, 이 자리에서 전에 실제로 고죽과 만나고 난 뒤 자신의 정상을 돌아보고는 스스로를 애틋하게 달래듯이 읊은 시다.

수련에서 꿈속에서의 상황을 "猶言別(외려 작별 말하면서)"과 "苦未期(기약 못 해 괴로웠는데)"로 기막히게 안타깝고 서글픈 경험으로 제시하고는, 함련에서 "池塘一夜雨 江海隔年思"로 "나는 매해마다 못가 둑에 한밤 내내 봄비가 내리는 밤이면, 객지에서 벗인 고죽 자네를 간절하게 그리워한다네!"라는 애틋한 심경을 전하면서, 경련에서 또 "記得沈吟處 依然立馬時"로 "그래서 나는 자네를 생각하며 그리운 시를 읊는 나를 되짚어 보노라면, 타고 가던 말을 세우고 서 있는 나의 모습이 지금도 그대로 선하게 되새겨진다"며 마치고는, 이내 미련의 "亂蛩窓掩曉 渾覺鬢成絲"로 "창문은 닫힌 채 온통 귀뚜라미만 울어대는 이 새벽, 나는 온통 귀밑의 살쩍 머리털만 허옇게 세진 것을 깨닫게 됐네!"라며 무한한 고독과 슬픔과 애원을 다 풀어 호소하듯 읊어 놓고 있다.

宣君挽

선군을 위한 만사

맑고 소탈 마음 운치 탄복하겠고,	淸疎服襟韻
온화 편한 외모 형상 상상되는데,	和易想形模
하늘도 가난한 복 가여워했고,	天惜寒門祚
사람들은 오랜 病弱 슬퍼한 채로,	人傷積歲癯
왕천 같은 기돈 한갓 애쓴 게 되어,	徒勤王薦禱
영고처럼 소생 효험 못 보았네만,	未見甯姑蘇
묻힐 무덤 姻戚들과 한 곳일 테니,	接隴俱姻舊
저승서도 외롭지는 않게 됐구려!	泉臺亦不孤

* 宣君 : 字도 표기하지 않고 "君"이라고만 기록하고, 詩 속에 "弱歲"·"通門"이라 기록된 걸로 봐서 작자보다는 훨씬 年下의 인물로 집안간에 世誼가 있었던 인물로 추정된다. 그리고 두 수의 작품으로 지어진 것으로 봐서나 작품의 내용으로 봐서 기대를 받던 젊은이였던 것으로 추정된다.
* 王薦禱 : 중국의 元나라 王薦의 아버지가 병이 들자 薦이 하늘에 기도하기를 "저의 나이를 줄여서 아버님의 연세에 보태어 주옵소서!" 하자 아버지가 다시 소생하였다.
* 甯姑蘇 : 甯姑라는 사람의 孝誠으로 그 아버지가 回生했던 것으로 추정되나, 甯姑라는 사람이 『中國人名辭典』에도 실려 있지 않아서, 그 실제 내력은 확인할 수 없다.
* 姻舊 : "姻戚故舊(외가와 처가에 딸린 族屬)"의 준말이다.

해설 이 작품은 단명한 청년의 나이로 아깝게 간 宣君의 심성과 인상, 貧寒하고 瘦瘠했던 그의 생활, 病苦로 早卒의 불행을 못 면한 그의 생애를 哀痛해 하면서, 안타깝지만 死後 魂靈의 安穩을 豫定하여 鎭魂曲처럼 慰撫의 眞情을 읊어 전하는 시다.

수련에서 "淸疎 …… 襟韻(맑고 소탈한 마음 운치 ……)"과 "和易 …… 形模(온화 편한 외모 형상 ……)"로 宣君의 아까운 인품을 제시하고는, 함련에서 "寒門祚(가난한 복)"와 "積歲癯(오랜 病弱)"로 불우한 生前의 형편을 알려 무한한 동정의 눈길을 유도하고, 경련에서 "徒勤 …… 禱(…… 기돈 한갓 애쓴 게 되어)"와 "未見 …… 蘇(…… 소생 효험 못 보았네만)"로 病死의 不幸을 끝내 못 면한 걸 안타깝게 돌아보고는, 미련에서 안타깝게 "俱姻舊(姻戚들과 함께 할 테니)"과 "亦不孤(외롭지는 않게 됐구려!)"로 애써 위안을 기원하듯 읊어 마치고 있는 것이다.

又

또 한 수

젊었을 제 지도 권장 은혜 입었고,	弱歲蒙開奬
집안 통해 사귐 더욱 좋았었기에,	通門契好彌
가을 읊다 달 뜬 자릴 욕되게 했고,	秋吟叨月席
봄 취했던 꽂 핀 못가 그립네 만은,	春醉憶花池
하늘 뜻은 끝내 알기 어렵긴해도,	天意終難究

사람 일생 모두 끝이 있는 것이니,	人生儘有涯
홀로 두 눈 흐르는 눈물만으로,	獨將雙眼淚
그 저승에 뿌려 보내 알릴 뿐일세!	洒與九泉知

---

* 弱歲 : 나이가 아직 젊었을 때를 말한다.
* 九泉 : "저승"이라는 말과 같은 뜻이다.

해설 이 작품은 수련에서 "蒙開奬(지도 권장 은혜 입었고)"과 "契好彌(사귐 더욱 좋았었는데)"로 작자 자신이 宣君 집안 어른의 訓導를 입었음과 두 집안의 世誼를 되짚어 보고 있으며, 함련에서 "叨月席(달 뜬 자릴 욕되게 했고)"으로 어느 해 가을 宣君과 함께 하여 시를 읊으며 범한 결례를 사과하고, "憶花池(꽃 핀 못가 그립네 만은)"로 어느 해 봄날 宣君과 함께 술놀이한 것을 되새기고, 경련에서 "天意終難究(하늘 뜻은 끝내 알기 어렵긴해도)"라며 하늘이 宣君의 壽命을 짧게 준 것을 원망하듯 했으면서도, "人生儘有涯(사람 일생 모두 끝이 있는 것이니)"라며 안타깝지만 天命을 受容할 것을 타이르고는, 미련에서 이내 "獨將雙眼淚 洒與九泉知(홀로 두 눈 흐르는 눈물만으로, 그 저승에 뿌려 보내 알릴 뿐일세!)"라며 목메이는 永訣辭를 대신하여 전하는 시가 되었다.

贈吳 御史子剛

오 어사 자강에게 주다

요행히도 맑고 밝은 세상 만나서,	幸遇淸明世
“보드랍기(猗儺)” 그 신 항상 부끄럽더니,	常羞猗儺詩
백성들 삶 한결같이 무슨 죄인고?	民生一何罪
하늘 뜻도 도통 알기 어렵게 된 채,	天意儘難知
궁 안 전하 근심 마악 간절하셔도,	北闕憂方切
남쪽 지방 여러 해를 주려 있으니,	南州歲屢飢
문지기(監門)도 그림(계책)을 바칠 만하니,	監門堪獻畫
푸른 말을(사도여) 그냥 달려가지는 마소!	驄馬莫徒馳

* 吳 御使 : 이 사람이 누구인지는 확인할 수 없다.

* 猗儺詩 : 『詩經』의 「國風」 檜風의 〈隰有萇楚章〉에 나오는 이야기로, 萇楚는 늪에 사는 식물로 가지와 줄기가 아주 연약하고 반짝반짝 빛이 나면서 아주 부드럽고 귀여운 풀이었는데, 당시 檜나라의 백성들이 가혹한 정치에 무거운 세금으로 살기가 힘들자, 사람들이 차라리 “萇楚”라는 풀의 가지 · 꽃 · 열매처럼 부드러운 채 고통이 무엇인지도 모르고 사는 것만 못하다고 한탄을 했다는 것이다. 여기에서는 작자가 이 시를 지을 당시 백성들의 어려움이 『詩經』의 〈隰有萇楚章〉에 나오는 “萇楚”의 보드라운 것만도 못해서 항상 부끄럽다는 것이다.

* 監門 : “문지기”라는 뜻인데, 이것은 어떤 위치나 장소에서 가장 아래에 있는 사람을 자칭하는 말이다. 그래서 여기에서는 아마도 작자가 자신을 겸손하게 지칭한 것으로 추정된다.

* 畫 : 이 글자는 “그림”을 지칭하는 글자이지만, 이것은 “劃(계획)”자의 略字

로도 쓰이기 때문에, 여기에서는 吳御使가 수행해야 하는 暗行 役割에 대한 작자 자신의 "좋은 계획"을 조언하고 충고할 수 있다는 말로 쓰인 것으로 추정된다.

* 驄馬 : 靑白色의 털이 있는 좋은 말로 중요 관리들이 타는 말인데, 여기에서는 이것을 타고 다녔을 御使의 행차를 代喩한 말로 쓰였을 것이다.

해설 이 작품은 王命을 받들어 그 당시 국내 지방행정에 있어서 비리나 부정의 사건들을 극비로 조사하고 엄정하게 처리해야 하는 중요한 임무를 맡은 御使에게, 당시의 민생현실과 主上의 聖意를 되짚어 경각시키고, 자신의 충정과 至意도 함께 전하는 시다.

수련에서 당시 임금님의 시대를 "淸明世(맑고 밝은 세상)"라고 극찬하고, 따라서 자신은 지금껏 "猗儺詩(보드랍길 바라는 시)" 같은 것을 읊는 것은 수치로 여겨 왔더니 라며 전제하고는, 함련에서 民生의 현실을 "一何罪(한결같이 무슨 죄인고?)"라고 탄식하면서, 하늘을 향해서 호소하듯 원망하듯 "儘難知(도통 알기 어렵게 된 채)"라며 왜 하늘은 이렇게 백성들의 삶을 안 돌보느냐?고 마치고는, 그래서 경련에서 우리 임금님께서 "憂方切(근심 마악 간절하셔도)"이라고 하여 기막히게 안타까운 상황임을 제시하면서, 남쪽 지역이 "歲屢飢(여러 해를 주려 있으니)"라며 기막힌 민생의 현실을 되짚어 전하면서, 미련에서 작자 자신이 하찮은 사람이지만 이 현실을 살피고 풀기 위해 가는 吳御使에게 조언할 만한 계책이 있으니, 그냥 그곳으로 막 달려가지 말고 나를 한번 만나달라는 간곡한 부탁을 하고 있는 것이다.

楊通判求題青溪障

양 통판이 청계 그림 가리개를 주제로 삼아 시를 지어 달라고 해서

객지에다 몸도 이내 병 든 채건만,	客裏身仍病
강남에서 금년에도 또 봄 맞는데,	江南歲又春
꿈속에도 괜히 맘에 새겨 보다가,	夢魂空識意
그림 혹시 진짜 고향인가 싶기에,	圖畵或疑眞
先山(先祖 墓所) 근처일 곳 사뭇 새겨 볼 제면,	一望松楸近
비・이슬이 새로 온 듯 유독 놀라니,	偏驚雨露新
푸른 산속 그 밭 두어 이랑이지만,	靑山田數頃
돌아가면 가난쯤은 안 따지리라!	歸去未論貧

* 松楸 : 글자대로의 뜻은 "소나무와 가래나무"인데, 옛날 선조들의 무덤 주위에 이 나무들을 심었기 때문에, 뒤에는 "松楸(소나무와 가래나무)"를 아예 선조들의 산소를 대신 표시하는 말로 사용하였다. 여기에서도 그런 뜻으로 쓰였으며, 그래서 또 "松楸之行" 또는 "楸行"은 선조들의 墓所에 省墓하러 가는 것을 지칭하는 말로 쓰였다.

해설 이 작품 역시 五言絶句인 〈題楊通判應遇靑溪障〉에 이어 꼭 같은 제재로 시를 또다시 청하여 지어준 것이다. 이 작품에서도 작자는 다시 시를 요청한 楊通判 士奇 應遇를 이 작품의 主人公과 話者로 설정하여, 楊士奇 자신의 獨白體 辭說같이 마무리하고 있다. 그래서 수련에서 나그네 신세로서 "身仍病(몸도 이내 병 든 채건만)"인 처지에 있음을 전제하고는, 이 강남 객지에 와서 "歲又春(금년에도 또 봄 맞는데)"이라며 고향을 못 간 채로 있음을 너무 안타까워하며, 함련에서 꿈속에서도 고향일까 "空意識(괜히 맘에 새겨 보다가)"이라 하고는, 이 "青溪 그림"이 바로 "或疑眞(진짜 고향인가 싶기에)"이라며 결정해 놓고, 경련에서 "松楸近(先山 근처일 곳)"이라고 여겨 사뭇 새겨 보노라면, "雨露新(비・이슬이 새로 온 듯)"으로 여겨져 유독 마음속으로 슬퍼져 놀란다고 하고서는, 미련에서 그 푸른 산속 고향에 있는 것이 "田數頃(그 밭 두어 이랑이지만)"이라며, 자신은 조금도 걱정 없이 이 고향으로 돌아가서 "未論貧(가난쯤은 안 따지고)"하고 편하게 살겠다는 끝맺을 하고 있는 것이다.

이 시 속에서 화자이며 주인공인 楊士奇가 하고 있는 이야기는 실제로는 작자인 白光勳의 이야기이지만, 작품 중의 主人公인 楊士奇는 그의 형님들인 士俊・士彦과 함께 삼형제가 모두 淸廉한 관리로 알려진 것을 잘 아는 白光勳이라, 이 작품의 미련을 "歸去未論貧(돌아가면 가난쯤은 안 따지겠네!)"으로 마무리고 있으며, 이 미련에는 작자 白光勳 자신의 향수와 함께 선비로서의 淸廉意識도 투영되어 있음은 물론이다. 그리고 이 작품에서 눈여겨보고 잘 읽어내야 할 함련의 두 구는 그 구상과 수사가 아주 자연스러우면서도 진실하고 치밀하게 이루어져 있음을 알아야 하고, 또 이 두 구에서 그 시상의 내적 실상을 아주 잘 살려내고 있는 "空"과 "或" 두 詩眼字 그리고 경련의 "一望"과 "偏驚"을 아주 섬세하게 읽어내야 한다.

竹籬

대나무를 심어 울타리를 만들어 놓고

대를 아껴 대 침해를 막아 보려고,	愛竹防侵竹
되려 대로 울타리를 삼아 놨는데,	還將竹作籬
짤막한 건 산이 문에 비추게 하고,	短從山暎戶
엉성한 건 물이 못에 들게 한 거니,	疎任水通池
溫氣 감싸 매화 함께 절묘하면서,	護暖梅兼絶
그늘 남겨 눈빛 같이 신기할 게니,	留陰雪一奇
"대순들아 만일 눈앞 가득 나거든,	兒孫如滿眼
한껏 너희 하고 싶은 대로들 하라!"	恣意爲君爲

해설 이 작품은 일종의 詠物詩이지만 대상인 대나무를 선비의 소박한 풍미로 題材化하고 擬人化하여 정감 있고 풍미 있게 잘 다듬어 곱게 읊어 놓은 좋은 시다. 수련에서 "愛竹防侵竹 還將竹作籬(대를 아껴 대 침해를 막아 보려고, 되려 대로 울타리를 삼아 놨는데)"라 하여, 대나무를 제 마냥 자라게 그냥 두면 집안 아무 곳에나 무질서하게 막 덤비듯 자라나서, 집안에 침해가 심하여 오히려 대나무가 귀찮은 대상이 될 수 있는 것이라, 이런 대상으로 전락하는 것을 막고 정말 아끼고 사랑하며 사랑받을 수 있는 대상으로 만들기 위해서, 오히려 대나무를 심어 울타리로 삼아 아주 온 집안이 단정하게 정비되게 하였음을 말하고 있으며, 함련에서 "短從山暎戶 疎任水通池(짤막한 건 산이 문에 비추게 하고, 엉성한 건 물이 못에 들게 한 거니)"라고 하여, 키

가 낮은 대나무를 심어 만든 대울타리는 저 맞은편의 산 모양이 집의 문으로 비춰들 수 있게 함이고, 대나무를 엉성하게 사이가 트이게 심은 것은 그 사이로 집안의 못으로 물이 잘 들어오게 함이라 하였으며, 경련에서 대나무 울타리로 가리워서 온기를 보전하여 "梅兼絶(매화 함께 절묘하면서)"이라고 하여, 매화가 추위를 이기고 일찍이 꽃을 피워서 이 대나무와 함께 절묘하게 아름다울 뿐만 아니라, 또한 그늘을 남기게 함으로써 "雪一奇(눈빛 같이 신기할 게니)"라고 하여 이 대울타리가 지우고 있는 그늘에는 눈이 금방 녹지 않고 한동안 남아서 깨끗하고 신기할 거라는 말이며, 이렇게 대나무 울타리를 참으로 아끼고 사랑하는 대상으로 삼아 거의 人格化함으로써, 미련에서 이 대나무 울타리의 새로 돋아날 竹筍(대순)들을 "대순(孫子 곧 竹筍)들아"라 부르고는, 이 대나무 울타리를 완전한 인격체로 놓고 "恣意爲君爲(한껏 너희 하고 싶은 대로들 하라!)"라고 권장하며 타이르듯 하고 있는 것이다.

이상에서 짚어본 바대로 이 작품의 시상과 수사의 묘체와 묘미를 잘 짚어내고 잘 음미하기 위해서는 함련의 "短"자와 "疎"자의 의미와 그 心象 그리고 경련의 "護暖"과 "梅"・"留陰"과 "雪"의 상관적 의미와 구조를 주의 깊게 읽고 풀어야 한다.

寄崔孤竹

최고죽에게 부치다

남쪽 귀향할 날 아직 그리워하며,	尙憶南歸日
북쪽 보며 혼미 사뭇 시름하건만,	長愁北望迷
삼 년 동안 한 글자의 편지도 없어,	三年無一字
불치병에 다만 두 눈 울 뿐인 채라,	萬死只雙啼
人情·世態 일찍 두루 맛봤건마는,	世味嘗應遍
品格·友誼 끌어줄 인 누굴 수 있나?	風期孰可携
사람 모을 계책 없어 끝내 수치로,	終慚廣川策
괜히 鹿門 숨어 살기 비겨만 보네!	謾擬鹿門棲

---

* 萬死 : 불치의 병이나 목숨을 내 걸음을 말하는데, 여기에서는 "불치의 병"이라는 말로 쓰였다.
* 世味 : 세상을 살며 겪는 온갖 체험, 人情과 世態. 여기에서는 "인정·세태"라는 뜻으로 쓰였다.
* 風期 : 소식, 風度와 品格, 友誼와 情誼. 여기에서는 "品格·友誼"라는 뜻으로 쓰였다.
* 廣川策 : 중국의 晉나라 때 陸雲(機의 아우)이 지은 글인 〈盛德頌〉에 "四海之內 莫不望廣川而鱗集(온 세상에서 냇물을 넓게 해서 물고기들이 모여들게 하기를 바라지 않는 사람이 없다)"라고 한 데에서 나온 "廣川策(냇물을 넓혀서 물고기를 모이게 하는 계획)"은 여기에서 "큰 은혜나 아량을 베풀어서 사람들이 많이 모이게 하는 계획"을 말하는 것이다. "廣川"이라는 말은 『管子』에서도 "凡立國都非于大山之下 必於廣川之上(무릇 한 나라의 首都도 큰 산 아래에 정하는 것이 아니고 반드시 넓혀진 냇물 위에 정하는 것이다)"라

고 하였다. 물론 이 작품에서는 작자 자신이 그렇게 큰 은혜를 베풀 만큼 계획을 세우지 못했다는 것을 "수치"라며 자책하는 의미로 引用한 것이다.

* 鹿門棲 : 중국의 後漢時代 龐德公이 妻子를 이끌고 湖北省 襄陽縣에 있는 鹿門山에 들어가 살면서 세상과 인연을 끊었다. 그래서 이 말은 이후 숨어 사는 선비(隱士)가 사는 곳을 지칭하는 말로 쓰였다.

해설 이 작품은 작자에게 있어서는 평생 진정한 마음의 벗이면서 詩의 벗인 孤竹으로부터, 3년 동안 소식을 듣지 못한 막막한 상황과 그래서 말할 수 없는 고적감을 호소하듯 넋두리하듯 읊어 전하는 시다. 그런데 수련에서부터 경련까지 각 연의 전구와 후구들의 문맥상 생략되어 있는 실제 주어들이 작자 자신과 상대인 孤竹임을 잘 헤아려 염두에 두고 읽어야 한다.

수련에서 아직도 호남의 고향으로 돌아가고 싶은 생각뿐인 작자 자신과 함경도의 判官과 鐘城府使로 가서 근무하면서 朝廷의 관리들로부터 억울하게 비난을 받고 근무지인 함경도의 국경 형편도 좋지 않아 사뭇 시름으로 지내는 孤竹의 형편을 함께 푸념하듯 제시하고는, 함련에서 기막힌 詩의 벗이면서 마음의 벗인 孤竹으로부터 삼 년 동안 "無一字(한 글자의 편지도 없어)"라며 너무도 안타까워하고는, 작자 자신은 불치병에 걸린 상태로 "只雙啼(다만 두 눈 울 뿐인 챈데)"라고 슬프게 호소하고 있으며, 경련에서는 自責 같은 省察로 "終慚廣川策(사람 모을 계책 없어 끝내 수치로)"이라 하고서도, 부질없고 염치없는 노릇인지도 모르면서 龐德公처럼 시골 자연에 돌아가 살았으면 하는 생각을 하게 된다는 안타까운 끝맺음을 하고 있는 것이지만, 이것은 바로 앞 구에서 말한 바대로 자신이 실로 德과 恩惠를 베풀지 못해서, 기막히게 절친한 벗인 孤竹에게서도 3년 동안 편지도 못 받는 것이라며 너무 안타까워 하고 있는 것이다.

夢見金剛叔 名成遠

꿈속에서 김강숙을 만나 보고서 이름은 성원이다

자넨 고운 시골서 살 생각만 있고,	子有棲霞想
나도 세상 아첨하는 기색 못 내서,	吾無媚世顔
노송 아래 옛길 찾는 추억만 하고,	憶尋松下逕
냇물 그 앞 산을 멀리 사랑했건만,	遙愛水南山
애달프게 꿈으로만 만난 속에도,	草草夢魂裏
아득히 먼 구름·바다 사이였으니,	悠悠雲海間
인생 백 년 단 하루의 예외도 없이,	百年無箇日
온갖 탈만 괜히 서로 얽혀 생기네!	事故謾相關

* 金成遠 : 작자의 벗으로 같은 시대 전라도에 살던 선비로 자는 剛叔 호는 棲霞堂이었다.

* 棲霞 : 안개와 노을 같은 아름다운 자연의 세계(煙霞世界)라는 말의 준말이다.

* 草草 : 애달파하는 상태, 허둥지둥하는 상태를 말하는데, 여기에서는 애달파하는 상태로 쓰였다.

해설 이 작품은 작자 자신과 벗인 金成遠이 똑같이 시골 자연을 사랑하여, 일찍부터 산수 자연을 사랑했었건만, 나는 지금 벗과 헤어져 이 객지에 홀로 있다가 오랜만에 꿈에서 이렇게 애달프게 만나서 보는데, 어디인지 알 수도 없는 아득히 먼 구름과 바다 사이인 듯할 뿐이더니, 이 꿈을 깨고 나서 생각해 보니, 아! 인생 백 년 동안을 살아

가고 있는 지금까지 단 하루의 예외도 없이, 온갖 탈만 얽혀 생겨나고 있다며 꿈속에서 정신없이 만난 벗에 대한 그리움과 간절한 향수 그리고 자신의 다난한 인생사를 함께 푸념하듯 애틋하게 읊은 시다.

이 작품에서도 수련의 "子有"와 "吾無" 그리고 함련의 "憶尋"과 "遙憂"가 자아와 상대의 같은 생각을 어떻게 구상하여 수사하고 있는지를 세심하게 분석해볼 필요가 있으며, 미련의 두 구가 이 작품의 주제를 어떻게 마무리하고 있는지를 잘 살펴서 散文的 表面 構造로의 語義的 解釋이 아니라 詩想의 有機的인 새 語義로 살려서 읽어내야 한다.

嘲鄭員外季涵

정 원외 계함을 조롱하며

앞쪽 다락 뭇 선비들 모였을 적엔,	南樓集群彦
자네만이 참한 자태 뛰어났는데,	之子挺幽姿
숙직할 젠 서늘한 기 느꺼웠겠고,	直夕感凉氣
가을 들판 먼 곳 생각 간절했기로,	秋郊生遠思
사간원서 돌아올 길 기다렸다가,	待回蘭省步
초당 함께 달려가자 약속했건만,	同赴草堂期
벼슬살이 오히려 누가 돼선가?	簪組寧爲累
무단히도 행차 출발 더디네그려!	無端命駕遲

* 員外 : 正員 외로 임명된 官吏의 呼稱이다.
* 季涵 : 鄭澈의 字다.
* 群彦 : 많은 선비를 말한다.
* 之子 : 이 아이, 이 사람을 말하는데, 여기에서는 2인칭인 "자네"라는 말로 쓰였다.
* 蘭省 : 蘭臺와 같으며 司諫院을 다르게 부르는 말이다.

해설 이 작품은 작자가 벗인 松江 鄭澈과 가을을 맞아 간절해진 향수를 함께 달래 보자며, 함께 고향이거나 고향과 같은 어느 시골로 가서 草堂에 머물며 술도 마시고 시도 지으며 회포를 풀자 약속해 놓고, 오지 않아 혹시 관리로 무슨 어려움이 있어서인가 궁금해하면서도, 아무런 연유도 모른 채 그냥 기다리게 하는 것을 조금은 조롱하듯 읊고 있는 시다.

수련에서 "之子挺幽姿(자네만이 참한 자태 뛰어났는데)"라며 상대인 鄭澈을 한껏 칭송하고는, 함련에서는 "感凉氣(서늘한 기 느꺼웠겠고)"라고 하여 가을을 절감했을 벗 鄭澈을 "生遠思(먼 곳 생각 간절했기로)"라고 하여 고향을 생각하는 자신과 함께 내세우고는, 경련에서 작자 자신과 벗 이 둘의 계절적 고독감과 향수의 해소를 위해서 "同赴草堂期(초당 함께 달려가자 약속했건만)"라 약속하지 않았느냐?하는 듯 벗인 鄭澈에게 환기시키고는, 미련에서 "簪組寧爲累(벼슬살이 오히려 누가 돼선가?)"라며 배려와 함께 궁금해하면서도, 이내 "無端命駕遲(무단히도 행차 출발 더디네그려!)"라며 조롱하듯 핀잔하듯 읊어 놓고 있다.

이 작품의 실정을 보다 명료하게 읽어내기 위해서는 함련 전·후구의 "感"자와 "生"자에 각각 "자네"와 "나"라는 말을 반드시 주어로 보충하여 이해해야 하고, 또 "凉氣"와 "遠思"는 그 속뜻이 각각 "가을"과

"鄕愁"라는 것임을 알아야 한다.

題北辰寺雪俊軸 軸上有李伯生詩

북신사 설준 스님의 시축에 써넣다 이 시축에는 이백생의 시가 있다

천 리 밖서 온 스님도 참 애틋한데, 憐僧千里至
시축에는 옛친구의 시도 있으니, 軸上故人詩
한번 이별 이런 채로 남아 있을 뿐, 一別有如此
다시 만남 아득한 채 기대 못 하나, 重逢杳未期
외려 '얼굴 옛 대로라' 듣게 됐으니, 猶聞容鬢舊
운명 팔자 뒤처진 건 한하잖지만, 不恨命途遲
읊고 난 뒤 끝도 없는 내 심경이야, 詠罷無窮意
이다음에 자네도 절로 알겠지! 他年爾自知

* 伯生 : 李純仁의 字로 伯玉이라고도 하였다. 號는 孤潭이었으며 작자의 벗이었다.

해설 이 작품은 제목에 있는 바대로 北辰寺의 스님인 雪俊의 詩軸에 써넣은 작품임은 분명하나, 그 내용에 있어서는 이 스님과의 이야기가 전혀 없고, 이 詩軸에 이미 작품이 실려 있는 詩人이면서 작자의 벗인 李純仁과의 작별 후 사뭇 못 만난 채 무한히 그리워만 하고 있는 고독한 심경을 읊어 놓고 있는 시다.

수련의 앞 구에서 "憐僧千里至(천 리 밖서 온 스님도 참 애틋한데)"로 시작을 해서, 한번 이별하고서는 통 못 만난 채로 있는 기막힌 벗 李伯生의 시가 있는 이 詩軸을 가져온 것 때문에, 이 스님도 애틋하게 고맙다는 인사를 가장 먼저 차리고 있는 것이다. 함련에서는 바로 李伯生과 옛적에 작별하고서는 이제까지 "有如此(이런 채로 남아 있을 뿐)"이면서 서로 만날 기약은 "杳未期(아득한 채 기대 못 하나)"라며 애타 하면서도, 경련에서 오히려 이 스님이 전하는 "容鬢舊(얼굴 옛대로라)"라는 말을 들었으니, 오히려 나 자신이 "命途遲(운명 팔자 뒤처진 건)"한 것은 한스럽게 여기지 않지만 이라며 애써 자위를 하면서도, 미련에서 이렇게 시로 읊고난 뒤에 "無窮意(끝도 없는 내 심경이야)"는 이다음에 "爾自知(자네도 절로 알겠지!)"라며 애원하듯 원망하듯 마치고 있는 것이다.

寶林寺水閣 次柳深甫 名溵
보림사 물가 전각에서 유심보의 운을 따라 짓다 이름은 은이다

좋은 절은 높은 허공 달린 듯 있고, 寶刹懸空界
성긴 등불 물밑에도 비춰 환한데, 疎燈水底明
물고기도 염불 소리 듣는 듯하고, 魚龍聽梵語
초목들은 讀經 소리 감싸 있으니, 草木繞經聲

몇 겁 가야 뿌리·먼지 다 씻겨지고, 幾劫根塵盡
세 번 인생 꿈속서도 맑아질 건가? 三生夢想淸
창이 밝은 곳을 다시 살피어 보니, 更看窓白處
개인 산봉 새벽 구름 끼어 있구나! 晴峀曉雲橫

* 寶林寺 : 전라남도 장흥군 유치면 가지산에 있는 사찰로, 원래는 禪宗이 들어와서 가장 먼저 창건된 사찰이며 東洋 三寶林의 하나로도 알려진 사찰이다. 이 작품의 내용으로 미루어 이 사찰이 脫俗的인 空間에 자리해서 당시에도 僧侶들의 修行의 道場으로 역할을 하고 있었던 것으로 추정된다.
* 柳潑 : 작자와 교분이 있는 벗이었던 것 같으나 어떤 사람인지 확인할 수 없고, 深甫는 그의 字로 추정될 뿐이다.
* 梵語 : 고대의 인도 언어를 이르는 말이나, "佛經"이 애초에 이 언어로 기록되었기 때문에 "佛經"을 이르는 말로 쓰였다. 여기에서는 "佛經"을 외우는 "念佛"을 지칭하는 말로 쓰였다.
* 經聲 : "佛經"을 읽는 소리를 말한다.
* 根塵 : 佛教의 『圓覺經』에서 말하는 "眼·耳·鼻·舌·身 등 다섯 가지 욕망의 뿌리(根)인 五根과 色·聲·香·味·觸 등 다섯 가지 감각의 먼지(塵)"를 말하며, 인간을 욕망과 죄악으로 유도하는 근원이다.
* 三生 : 과거·현재·미래를 말하기도 하나, 대개 前生·此生·後生을 말하며, 佛教의 華嚴宗에서는 見聞生(전생)·解行生(이승의 차생)·證入生(마지막 후생)을 말한다.

해설 이 작품은 탈속적 경지에 있는 옛 사찰로서 일찍부터 禪宗의 道場으로 淸淨하고 靜肅한 분위기와 여기에서 이루어지는 佛教的 修養의 정신적 경지를 思惟的으로 성찰하면서, 새롭게 체험하는 사찰의 새벽 풍경을 人生 苦海에 대한 省察의 象徵으로 읊어보는 시다.

수련에서 사찰이 위치한 상태를 "懸空界(높은 허공 달린 듯 있고)"라 하고, 엉성한 등불 빛마저 "水底明(물밑에도 비춰 환한데)"이라고 한 것으로 사찰이 탈속적인 청정의 경지에 자리해 있음을 강조하고, 함련에서는 물고기도 "聽梵語(염불 소리 듣는 듯하고)"라 하고, 초목들도 "繞經聲(독경 소리 감싸 있으니)"이라고 하여 새·짐승과 초목들도 佛法에 感化되고 있다는 佛家의 說法도 소개하고 있으며, 경련에서는 몇 겁 가야 "根塵盡(욕망과 죄악의 근원 다 없어지고)"라 전제하며, 見聞(前生)·解行(此生)·證入(後生)의 삶이 "夢想淸(꿈속서도 맑아질 건가?)"이라며 自問하고는, 미련에서 이내 새벽에 일어나며 새로 맞는 풍경을 "更看窓白處 晴岀曉雲横(창이 밝은 곳을 다시 살피어 보니, 개인 산봉 새벽 구름 끼어 있구나!)"이라 읊으며, 이 새벽 풍경에 빗대어지는 인생 자체의 迷妄과 煩惱에 자신의 그것들도 곁들여 풀어 보고 있는 시다.

次曹兪之 悼亡友

조유지의 운을 따라 지어, 죽은 벗을 슬퍼하며

그 옛 절의 문 앞에서 전송하고선,	古寺門前送
처량한 채 벌써 몇 해 가버렸건만,	凄涼已隔年
작별할 때 한 말 항상 생각이 나서,	常思別時語
멀리 그 옛 계곡 안갤 꿈꾸다 보면,	遙夢舊溪煙
얼굴·음성 어슴푸레 남아 있건만,	影響依俙是

고운 영혼 어느 곳에 가서 있는고? 精靈何處邊
피리 듣고 눈물만이 괜히 젖는데, 謾霑聞笛淚
바다 위 달 누굴 위해 곱게 떠 있나! 海月爲誰姸

* 聞笛 : 옛날 중국의 晉나라 때 이른바 竹林七賢의 한 사람인 向秀가 일찍이 옛 고향인 山陽을 지나가다가 피리 소리를 듣고는 죽은 친구인 嵇康과 呂安을 그리워하며 슬퍼했다고 하여, "山陽笛"이라는 말은 옛 친구를 그리워하는 端緖의 용어로 쓰여 오고 있다.

해설 이 작품은 옛 사찰에서 헤어지고는 이내 저승으로 가버린 옛 벗을 처량하게 그리워만 하며 벌써 몇 해가 돼버린 이제, 정녕 "가까운 시일에 또 만나세!"라며 헤어졌던 그 말을 항상 생각하며 그 헤어지던 장소의 풍경을 꿈속에도 멀리 찾아가 보노라면, 자네의 모양과 음성은 어슴푸레 남아 있건만, 그 고운 자네의 영혼은 어디에 가서 있는가? 아! 누군가가 부는 피리 소리를 듣노라니 허망하게 눈물만 주루룩 흘러 옷깃을 적시는데, 저 바다 위에 떠 있는 달만 대체 누구를 위해서 저렇게 곱게 떠 있는지 너무 외롭고 무한히 슬플 뿐이라는 목메인 가락의 시다.

이 작품에서도 수・경・미련들에서 "門前送"과 "已隔年"・"依俙是"와 "何處邊"・"聞笛淚"와 "爲誰姸"을 상호 유기적 구조로 잘 풀어 읽어내야 하는 것이다.

夜坐 懷孤竹子

밤에 앉은 채 고죽을 그리워하며

찬 등불만 깊은 대숲 빤할 뿐이고,	寒火照深竹
성긴 울엔 자욱 안개 피어 끼는데,	疎籬生暗煙
섬돌 사인 벌레들만 잦추어 울고,	階間蟲響急
풀 섶 끝엔 이슬빛만 함초롬하여,	草際露光圓
시름 젖은 속 생각만 쌓여져 가고,	悄悄積幽念
하염없이 가는 한 해 한탄하면서,	悠悠感逝年
고운 약속 천 리 거리 막혀버린 채,	佳期阻千里
모습만을 또한 그냥 그려서 보네!	容鬢亦徒然

해설 이 작품은 전반부가 바로 작자 자신이 이 시를 지어서 읊고 있는 현장의 상황으로, 수련의 두 구는 분명 자신의 집에 딸린 풍경의 묘사로, 여기에 관형어로 놓여진 "寒(찬)"자와 "疎(성긴)"자는 작자의 淸貧한 삶의 一面을 無自覺的으로 암시하는 것이며, 함련의 "蟲響急(벌레들만 잦추어 울고)"과 "露光圓(이슬빛이 함초롬하여)"은 계절이 가을로 깊어가며 쓸쓸함을 곧 맞게 됨에 沈鬱해지고 凄然해짐을 암시하면서, 경련의 "積幽念(속 생각만 쌓여져 가고)"과 "感逝年(가는 한 해 한탄하면서)"으로는 덧없이 흘러가는 시간 속에 늙어가는 自我는 그리운 벗 孤竹을 향한 友情을 더욱 切感하기에, 미련에서 서로 아름답게 만날 수 있는 기회는 "阻千里(천 리 거리 막혀버린 채)"라서 "容鬢亦徒然(모습만을 또한 그냥 그려서 보네!)"이라며 애 터질 듯 읊을

뿐인 시다.

이 작품의 끝 구인 "容鬢亦徒然"에서 "亦徒然"의 뒤에는 바로 이 "徒然"의 수식을 받아 "容鬢"을 설명해 주는 用言으로 "擬摸" 같은 어휘가 縮約되어 있음을 알고 이런 것을 살려내서 풀어 읽을 수 있어야 하는 것이다.

謝月溪趙明府 希文

월계 조 명부에게 고마워하며 이름은 희문이다

풀어 돕긴 시절 형편 보아 한 거고, 發養看時候
은혜 준 건 노인 대접 미뤄 알지만, 恩知老老推
생선 삶아 저녁 반찬 올려져 받고, 烹腥供夕膳
쌀 찧어서 새벽밥을 이어 지으며, 舂米繼晨炊
콩 음료도 진실로 분에 맞는데, 菽飮誠宜分
고운 술을 다시 잔에 가득 따르곤, 芳醪復滿巵
기쁜 얼굴 흰 머리로 대하여 주니, 怡顔對華髮
이 厚誼를 말하재도 할 말이 없네! 此意道無辭

---

* 趙希文 : 조선조 명종 때 文臣으로 자는 景範, 호는 月溪이며 관향은 咸安이었다. 작자의 벗으로 당시 어느 곳의 원님이었던 것으로 판단된다.
* 發養 : 國家에서 저장해 두었던 食糧이나 生活品 등을 老弱者나 春窮期를 위

해서 풀어서 도와주는 것을 말한다.

* 老老推 : 관청이나 財力에 餘裕 있는 사람들이 가난하거나 어려운 노인을 자신의 집안 노인으로 여겨서 溫情을 베풀어 주는 것(老吾老 以及人之老)을 미루어 본다는 말이다. "老老(남의 늙은이를 자신의 집 늙은이로 여긴다)"라는 말은 이 작품에서 분명히 趙明府가 작자 자신을 老人으로 待接해 주었다는 말인데, 작자 자신이 46세를 일기로 생을 마친 것을 놓고 보면, 이 작품은 분명히 46세 이전에 지은 것이 분명한데, 늙은이 대접을 받았다는 것이 지금의 우리로서는 이해가 되지 않지만, 당시에는 나이가 40이 되면 노인으로 인정하여 壽衣를 준비했던 것을 보면 작자 자신이 老人으로 自處했을 것이 분명하다.

* 怡顔 : 온화한 안색이라는 말인데, 작자 자신에게 고마운 은혜를 베푼 趙希文의 기쁜 얼굴을 말한다.

해설 이 작품은 작자 자신에게 여러 가지 도움과 혜택을 베풀어 준 원님인 趙希文에게 무한히 고마운 마음을 전하는 시다. 물론 수련에서 "看時候(시절 형편 보아 한 거고)"라고 한 것과 "老老推(노인 대접 미루어 한 것)"라고 하여, 작자 개인을 위한 施惠가 아니었다는 것을 전제하고 있기는 하지만, 결과적으로 자신이 혜택을 고맙게 입었기에 함련에서 생선을 "供夕膳(저녁 반찬 올려져 받고)"이라고 하고, 쌀을 찧어 "繼晨炊(새벽밥을 이어 지으며)"라고 진술하고 있으며, 경련에서는 콩 음료를 마실 수 있게 된 것도 "誠宜分(진실로 分에 맞는데)"인데, 고운 술까지 "復滿巵(다시 잔에 가득 따르곤)"라며 무한한 고마움을 풀어 놓고는, 이내 미련에서 "기쁜 얼굴로 허옇게 머리가 센 자신을 대해 주니, 이렇게 정겨운 趙明府의 뜻에 그 고마움을 다 전할 말이 없다"며 무한한 정감을 무언으로 함께 실어 마치고 있는 것이다.

和趙明府翫月之韻

조명부의 '달 구경하는 시'에 화답하며

외론 성 밖 게선 출렁대는 듯하다,	蕩漾孤城外
푸른 숲의 이 편에선 서성대는 듯,	依遲碧樹東
흐르는 빛 차갑기는 물과 같더니,	流光凉似水
대지 위를 비춰대자 모두 훤하여,	大地照皆空
잔치 자린 고운 마루 시원도 하고,	綺席華軒敞
맑은 놀인 좋은 손님 함께 했는데,	淸遊好客同
봄바람은 또한 무슨 일이 많은지,	春風亦多事
취해 꾸는 꿈 속까지 불어 오누나!	吹入醉夢中

해설 이 작품은 봄을 맞은 계절에다가 달도 밝은 밤의 풍경을 접하는 감흥을 아주 밝은 심기로 감수하고는, 이내 이 봄밤의 달을 차츰차츰 自我化하면서 物我一體化로 유도해서 이야기로 풀어 펼치듯이 읊어 내고 있는 시다. 그래서 수련에서 봄을 맞은 이 밤에 떠오르는 둥근 달이 "蕩漾孤城外(외론 성 밖 게선 출렁대는 듯하다)"라며 상대적 물상이 아닌 주관적 심상으로 포착되고, "依遲碧樹東(푸른 숲의 이 편에선 서성대는 듯)"이라고 하여 역시 상대적 물상이 아니고 인격체의 행태인 양 주관적 심상으로 포착되고 있으면서, 함련에서 이 달을 다시 상대화하면서도 달빛을 흐르는 빛으로 보면서 "凉似水(차갑기는 물과 같더니)"라며 인간적 촉감으로 온 대지가 "照皆空(비춰대자 모두 훤하여)"이라고 하여 역시 인간적 감각으로 수용하고서, 이 둥근 달이

경련에서는 잔치 자리에서 "華軒敞(고운 마루 시원도 하고)"과 함께 이렇게 맑고 고운 놀이에 "好客同(좋은 손님 함께 했는데!)"이라며 달빛으로 인해 더없이 고맙고 아늑함으로 누리는 흥취를 겨워하다가, 미련에서 이내 이 달로 무르익어진 정감에 결코 떼어놓을 수 없는 단짝인 바람, 바로 이 봄바람도 "亦多事(또한 무슨 일이 많은지)", 아니 "또한 무슨 신바람이 많이 났는지"라며, "醉夢中(취해 꾸는 꿈속까지)" 아니 "달과 함께 술을 주고받으며 노닐다가 취해 자며 꾸는 나의 꿈속에까지" 찾아와 불어주고 있다며, 달과 함께 봄바람까지를 半人格化하여 작자 자아의 정감적 伴侶로 受容하여 相對化하고는, 일체의 사연을 辭說調로 풀어 홍타령처럼 읊어낸 아주 좋은 시다.

別金季義 以其先公河西集請余抄定

김계의와 작별하며

그의 선친 하서 문집을 나에게 초해서 맞춰주기를 청하였다

서로 그려 그냥 멀리 꿈만 꾸다가,	相思空遠夢
한번 웃자 이별 시름 삭여졌는데,	一笑却離愁
눈 쌓이는 언덕 들판 굽어보다가,	積雪瞰原陸
한참 동안 큰길 가에 선 채 있더니,	移時立道周
하염없이 지친 말을 몰아가면서,	悠悠驅倦馬
아득하게 먼 곳으로 가겠네마는,	渺渺度邊州

保存・亡失 묻는 이가 없을지라도, 無問存亡事
長江・黃河 만고 두고 흐를 것일세! 江河萬古流

* 季義 : 河西의 둘째 아들인 從虎의 字로 추정된다. 작품에서 "度邊州(먼 곳으로 가겠네마는)"라고 한 걸 봐서도 察訪 벼슬을 한 그와 맞기 때문이다.

해설 이 작품은 수련을 읽어보면 서로 헤어져 "空遠夢(그냥 멀리 꿈만 꾸다가)"이라 하고는, 한번 웃자 "却離愁(이별 시름 삭여졌는데)"라고 하여 오랜만에 만나서 이별의 시름이 다 풀려버렸다고 하였다. 그런데 함련에서는 작별하고 떠날 벗 季義가 눈이 쌓인 들판을 내려다보다가, 한참 후에 떠날 길가에 서 있다고 하였으며, 경련에서는 하염없이 지친 말을 몰아 타고 가면서, 아득하게 근무할 곳인 먼 지역으로 떠날 것이라고 예정하면서, 제목 아래에 기록한 바대로 작자에게 벗이었을 金季義가 『河西集』을 抄해달라는 청탁을 한 것을 보거나 당시 상황을 추정해 보면, 이것은 河西의 글 원고들이 아직 文集으로 발간이 안 됐을 것이 분명하고, 그래서 그 원고들을 정리하고 抄해서 준비해 둬야 하는데, 察訪이라는 지방 하급직으로 驛과 通信 사무를 담당했던 자신은 그것이 불가능한 처지라, 벗인 작자에게 抄하는 일을 청했던 것이 분명하다. 그런데 작자는 옛 선비들이 河西 같이 큰 선비의 文集이 될 原稿를 抄하는 일에 대해서는 당연히 受諾을 하는 것이 도리임을 잘 알고 있었을 것이므로, 이 시에서 그 受諾 與否에 대한 言及이 없는 것은 당연한 것이라, 미련에서 "無問存亡事 江河萬古流(保存・亡失 묻는 이가 없을지라도, 長江・黃河 萬古 두고 흐를 것일세!)"라며 마무리고 있다. 이 미련에는 바로 "마땅히 抄할테니 걱정 말게!"라는 말이 言外로 함축되어 있음은 물론이다. 미련의 두 구를 다시 풀어 읽어보면 "河西 先生님의 文集이 될 原稿가 잘 保存이 되는 것이나 혹시는 불행하게 亡失이 되는 것에 대해서 묻는 사람이 없는 경우가 온다고 해도, 河西 先生님의 더없이 높고 크신 學問的 業績과 德行의 자취는 저 중국의 長江(揚子江)과 黃河 같이 쉼이 없어 萬古의 시간을 두고 영원히 흘러가듯 전해질 것일세!"라는 기막힌 欽慕와 讚揚의 詩가 되는 것이다. 그래서 그 原稿를 抄하는 일에 대한 受諾 與否쯤은 아예 問答을 필요로 하지 않는 것이 된다.

次東谷兄韻

동곡 형의 시 운을 따라 짓다

눈 쌓인 집 황량한 숲 언덕에 있고,	白屋荒林畔
사립문은 옛 시내의 한 끝에 있어,	柴門古磵邊
밤 내 눈이 쌓인 것은 할 수 없지만,	非關夜雪積
새벽바람 몰아칠 게 정말 겁난데,	政恸曉風顚
역 북쪽엔 산뿐 토진 전혀 없어도,	驛北山無地
강 남쪽엔 물이 질펀 많을 것이니,	江南水似天
경쾌한 배 흥 겨워져 놀고 싶을젠,	輕舟欲乘興
한 번 가서 뭇 신선을 방문하리다!	一去問群仙

* 東谷 : 누구의 號일 것으로 판단되고 "兄"이라고 기록한 것으로 봐서, 東谷은

작자보다는 조금 年長者로서 情分이 두터웠던 相對였던 것으로 추정된다. 작품의 내용으로 추정해 볼 때 작자 자신은 객지인 驛北 어느 곳(물론 서울의 근처 어느 곳일 것)에 살고 있고, 상대인 東谷 兄은 아마도 江南 어느 곳(이것은 분명 작자의 고향이기도 한 호남의 어느 한 곳)에 살고 있는 것으로 추정된다.

해설 이 작품은 작자가 題目에서 상대인 東谷을 "兄"이라 호칭한 것을 보면, 상대가 자신보다 조금 年上이면서 서로의 情分이 두터웠던 것으로 추정된다. 그래서 수련에서 객지에 있을 자신의 집을 황량한 숲속 언덕에 있는 눈이 쌓인 초가에다, 옛 시내 한 끝에 사립문만 있는 가옥으로 제시하고, 함련에서 밤 내 눈이 쌓인 거야 일기의 현상이니 어찌할 수가 없지만, 새벽에 찬 바람이 낡은 창안으로 몰아쳐 들어올게 정말 겁난다고 하고는, 경련에서 이렇게 자신이 사는 허술한 가옥이 있는 역 북쪽 지역에는 산만 있고 토지라곤 없는 가난한 곳이건만, 東谷 兄이 살고 있는 그 강남 쪽에는 물이 질펀하게 많고 모두가 여유로울 터이니라며 크게 기대를 하고는, 이내 미련에서 "輕舟欲乘興 一去問群仙(경쾌한 배 흥겨워져 놀고 싶을 젠, 한 번 가서 뭇 신선을 방문하리다!)"이라고 하여, 東谷 兄을 위시한 여러분들을 "신선"이라 추켜세우며 읊어 전하고 있는 시인데, 사실은 이 江南은 바로 작자 자신의 옛고향이기도 하여 더욱 돌아가고 싶은 곳인 것이다.

이 작품의 경련 후구에서 상대인 東谷 兄이 살고 있는 곳으로 지칭한 "江南(강 남쪽)"은 물론 작자 자신의 실제의 고향인 당시의 湖南地域을 함축한 의미로도 쓰여졌지만, 여기에서 실제로는 상대인 東谷 兄이 살고 있는 당시 서울의 漢江 남쪽 어느 곳이면서, 중국에서부터 漢詩의 夢想的인 理想의 故鄉으로 쓰여져 온 곳이라서 援用된 空間이다. 전구에서 이 공간과 詩的 對稱으로 잘 맞추어져 쓰여진 공간이면서 자신이 살고 있는 더 춥고 뒤져 있는 곳으로 설정된 것이 바로 "驛北"인 것임을 알아야 한다.

又題爲別

또 작별하는 것을 제재로 삼아 짓다

한해 풍경 객지에서 보냈더니만,	年華消客裏
봄 낌새는 시름 끝에 찾아오는지,	春意到愁邊
고목 버들 외려 새로 파란 눈 돋고,	古柳猶青眼
새로 매환 문득 하얀 꽃 피웠는데,	新梅却白顚
산 밖으로 난 길 홀로 돌아가려니,	獨歸山外路
눈 내리는 하늘 아래 전송을 하니,	相送雪中天
조만간에 내 게으름 용인한다면,	早晩容吾懶
꽃 심으며 늙은 신선 배워 보리다!	栽花學老仙

* 青眼 : "상대를 사랑해서 귀중하게 여긴다"는 말로 "白眼"과 대립적으로 쓰는 말이며, 또 "마음을 허락한 벗"이나 "나이가 젊은 사람", "버드나무의 파란 첫눈"을 의미하기도 하는데, 여기에서는 "버드나무의 파란 첫눈"이라는 뜻으로 쓰였다.
* 白顚 : "흰털이 이마에 많이 난 상태"를 말하나, 여기에서는 "하얀 꽃이 가지에 가득 핀 상태"를 말하는 것으로 쓰였다.

해설 이 작품은 아마 앞의 시를 지은 때보다 조금 후 며칠 지난 때에 봄을 맞는 이곳, 곧 상대인 東谷 兄의 집을 찾아왔다가 다시 餞送을 받으며 돌아가면서 상대인 東谷 兄에게 지어 바치듯이 읊은 시다. 그래서 수련에서 아직 봄의 눈이 내리는 한해의 풍경을 "消客裏(객지에서 보냈더니만)"라 하고, 봄이 올 낌새를 "到愁邊(시름 끝에 찾아오는지)"이라며 반갑게 예상되듯 제시하고는, 함련에서 東谷 兄을 찾아가는 길에 보는 고목 등걸로 있는 버드나무에는 "猶青眼(외려 새로 파란 눈 돋고)"이라며 신기함을 말없이 전하고, 東谷 兄의 집에서 보는 매화나무는 새로 "却白顚(문득 하얀 꽃 피웠는데)"이라며 역시 말없이 기막힌 반가움을 말하고 있으며, 경련에서는 이제 자신이 "山外路(산 밖으로 난 길)"로 귀가하려고 하니, 주인인 東谷 兄이 "雪中天(눈 내리는 하늘 아래)"에서 나를 전송하고 있으니 라며 말없이 고마움을 표하고는, 미련에서 이내 "容吾懶(나의 게으름을 용인해 준다면)"라며 양해를 구하면서, 자신도 꽃을 심으면서 "學老仙(東谷 兄 같이 늙으신 신선을 따라 배워 보겠습니다)"이라는 다짐을 전하고 있는 것이며, 조만간 자신도 東谷 같이 자연으로 돌아와서 살겠다는 심경을 읊고 있는 것이다.

贈印思上人

인사 스님에게 주다

빠른 해가 이미 저녁 되었다 하면,	急景已云夕
설렁 바람 먼 마을 길 일고 있는데,	凉風生遠墟
푸른 산은 가랑비 끝 저 밖에 섰고,	青山微雨外
옛 숲에는 매미떼들 울음 남은 채,	古樹亂蟬餘
지역 외져 방문 마중 거의가 없고,	境僻過逢少
몸 게을러 예절 차림 대강하지만,	身慵禮數疎
소리 형체 없는 말을 알게 될 때면,	時成寂寥語
문득 바다 스님 편질 허락하겠소.	却許海僧書

* 過逢 : "서로 찾아와서 만남"을 의미하는 것으로, 바로 사람들이 절에 찾아와서 스님과 만나는 것을 말한다.

* 禮數 : 주인과 손님이 서로 만나서 치루는 예절을 말한다.

* 寂寥語 : "寂寥"는 말로 표현할 수 없는 어떤 개념이나 경지인 불교의 脫言語的・脫說明的 概念이나 價値를 말하는 것으로 추정된다. 그래서 "寂寥語"는 우리가 알고 있는 소리나 형체로 표현할 수 없는 말인 바로 佛敎의 敎理的 槪念이나 要諦를, 말로 설명하지 않거나 할 수 없어서 비유적이거나 禪的으로 하는 說法을 말하는 것으로 추정된다. 그래서 "時成寂寥語"는 바로 이런 敎理的 槪念이나 要諦를 說法할 때 그것을 알아듣고 깨우치게 되는 것을 말하는 것으로 추정된다.

해설 이 작품은 작자 자신이 아마 어느 바다 속 섬에 있는 사찰의 스님일 印思上人에게, 자신이 지금 이렇게 외지고 을씨년한 곳에 사노라니, 외진 이곳에 찾아오는 사람도 거의 없어 맞이할 일도 없고, 자신이 또 게을러서 누가 와도 예절도 제대로 차리지 못하지만, 佛敎의 敎理 槪念이나 要諦를 알아들을 수 있게 되면, 문득 바닷가 스님인 印思上人 당신이 편지하는 걸 허락하고 그것을 잘 받아 읽기도 하고 스님이 오는 것도 기다리겠다는 다짐 같은 시다.

수련과 함련에서 경험하는 풍경을 비교적 사실적으로 "微雨外(가랑비 끝 저 밖)"와 "亂蟬餘(매미떼들 울음 남은 채)"로 스케치하듯 읊어 놓고 있으며, 경련에서 자신이 사는 지역이 외져서 "過逢少(방문 마중 거의가 없고)"라고 하여 방문자가 적어 마중하는 일도 거의 없다고 하고, 또 자신이 게을러서 "禮數疎(예절 차림 대강하지만)"라며 자신의 미흡하고 모자란 점을 자수하듯 진술하고는, 미련에서 "時成寂寥語(형체 소리 없는 말을 알게 될 때면)"라며 상황적 시기를 제시하고는, "却許海僧書(문득 바다 스님 편질 허락하겠소!)"라며 자신도 高度의 佛道 說法을 듣고 공부도 해보겠다는 약속을 하는 시다.

送雪淳上人

설순 스님을 보내면서

나는 바로 동쪽 길로 가야 하면서,	政我向東路
서쪽 관 밖 가는 그댈 보내려는데,	送君西出關
파도들은 해 뜨는 곳 통할 터이고,	波通臨日域

하늘은 요산 보다 끝날 테지만, 天盡望遼山
지나간 일 아는 사람 누가 있겠나? 往事人誰在
천년 두고 달만 홀로 뜨고 졌겠지, 千秋月獨閑
되놈 아인 애틋하게 피릴 불테니, 羌兒愛吹笛
매화 지면 돌아올 것 잊지는 마소! 梅發莫忘還

---

* 梅發莫忘還 : 풀어 읽으면 "매화 피면 돌아올 것 잊지는 마소!"인데, 여기의 "梅(매화)"자를 그 앞의 구인 "羌兒愛吹笛(되놈 아인 피리 불기 좋아할 테니)"와 상관시켜 읽어 보면 그냥 단순한 "梅花"라는 뜻이 아니라 중국의 옛날 "笛曲(피리 곡조)"으로서 "羌笛橫吹의 曲"인 "落梅花(또는 梅花落이라고도 함)"라는 "笛曲"을 "羌兒(되놈 아이)"가 피리로 불거들랑 매화가 피었다가 지는 봄이 온 것을 알고 절이나 고향으로 돌아오라는 말이다.

해설 이 작품은 아마 어디선가 객지에서 만난 雪淳上人과 작자 자신이 上人은 북쪽 어느 곳으로 가게 되고 자신은 동쪽으로 가게 되어, 서로 헤어지면서 인생의 무상한 萬事와 자연의 유상한 이치를 회고적으로 반추하고는, 佛子로서 매임 없는 그리고 정처 없는 生態的 浪遊를 警戒하듯 上人에게 당부하는 시다.

이 작품의 경련에서 "往事人誰在 千秋月獨閑(지나간 일 아는 사람 누가 있겠나? 천년 두고 달만 홀로 뜨고 졌겠지!)"을 문맥상으로 읽어 보면 바로 인생의 무상한 萬事와 자연의 有常한 이치를 감탄적으로 반추하고 있는 것이지만, 이것은 표면적 문맥 자체만으로 읽을 것이 아니라 바로 이 시를 받는 雪淳上人에게 六道萬行을 마친들 모두가 人間의 일이라 끝내는 虛妄뿐이고 自然처럼 영원히 有常할 수 없음을 알라는 충고를 하는 것이다. 그래서 미련에서 "羌兒愛吹笛(되놈 아인 애틋하게 피릴 불테니)"이라 하여 "落梅花(지는 매화)"라는 "曲"을 불테니, "梅發莫忘還(매화가 지거든 절이나 집으로 돌아오는 것 잊지 마소!)"라며 꼭 돌아오라는 당부를 하고 있는 것이다.

廣寒樓 次白湖林子順

남원 광한루에서 백호 임자순의 운을 따라 짓다

이 한봄은 며칠이나 남아 있는고?	青春餘幾日
밝은 달은 서로 약속한 듯 떴건만,	明月似相期
남쪽 변방 사람 장차 떠나려는 건,	楚塞人將發
서울 산에 갈 걸 나도 알고 있으니,	秦山去自知
풍채 정신 원래 맑고 뛰어났는데,	風神元散朗
기개 인격 아주 초라 부끄런 터라,	氣格愧寒卑
술 있은들 누가 나를 흡족케 하랴?	有酒誰饒我
매해마다 여기서는 이별만 하니!	年年此別離

---

* 楚塞 : 南原이 자리한 전라도 지역을 가리키는 말로, 아마 "남쪽 변방"이라는 말로 쓰였을 것으로 추정된다.
* 秦山 : "秦"은 중국의 옛날 諸侯國인 "秦"을 말하지만, 중국의 戰國時代에 "秦"이 남쪽에 있는 "楚"의 西北쪽에 있었기 때문에, 여기에서는 "楚塞"로 표시된 "南原"의 西北 쪽으로 인정되는 "漢城(서울)"을 "秦"이라 지칭한 것으로 추정

된다.

* 散朗 : 정신이 맑고 뛰어난 상태를 말한다.

* 寒卑 : 아주 초라한 상태를 말한다.

해설 이 작품은 작자가 아마 林悌와 남원 광한루에서 달이 밝은 밤을 맞아 만나 술을 나누어 마시면서, 서울로 떠나려는 林悌의 맑고 뛰어난 풍채와 정신을 推獎하고 자신의 초라하고 부끄러운 기개와 인격을 자술하면서, 해마다 여기에서 작별하는 자신의 심경을 한탄하듯 읊어 전하는 시다.

수련에서 지금의 이 만남의 자리를 "明月似相期(밝은 달은 서로 약속한 듯 떴건만)"라며 너무 아쉬워하면서도, 함련에서는 서울로 떠나려는 林悌에게 "去自知(갈 걸 나도 알고 있으니)"라며 동의하고, 경련에서 상대인 林悌의 풍채와 정신을 "元散朗(원래 맑고 뛰어났는데)"이라며 전제해 놓고, 자신은 氣槪 人格이 "愧寒卑(아주 초라 부끄런 터라)"라고 하여 스스로를 아주 겸손하게 낮추고는, 미련에서 곧 떠날 林悌에게 "술 있은들 누가 나를 흡족하게 해주랴?"라며 타령하듯 하소연하다가, 이내 "年年此別離(매해마다 여기서는 이별만 하니!)"라며 자탄하고 있을 뿐이다.

奉呈成浩原

성호원에게 받들어 드리다

우리 主上 完全 政治 目標하셔서,	吾王圖至治
우선 할 일 賢人 찾는 것에 두시니,	先務在求賢
盛한 禮遇 千古 두고 드문 것인 채,	盛禮稀千古
별난 은혤 일 년 동안 계속 뒀는데,	殊恩滯一年
시대 걱정 올린 글은 간절하더니,	憂時封事切
병이 많아 휴가 빌어 빨리 갔지만,	多病乞還遄
소환 명령 교외까지 이르게 되면,	召命追郊外
역장(역승)님은 행차 준비 권할 겁니다!	郵官勸駕焉

* 成浩原 : 당시에 큰선비로 알려져 朝廷과 在野에서 많은 信望을 받던 牛溪 成渾을 말한다. 그의 자가 浩原이고 諡號는 文簡이며 文廟에 配享되었다.

* 至治 : 儒教에서 말하는 完全한 政治로, 天理와 人道에 딱 맞는 政治를 말한다.

* 盛禮 : 임금님이나 윗사람이 臣下나 아랫사람에 베푸는 아주 대단한 禮遇를 말한다.

* 封事 : 密封하여 임금님께 올리는 臣下의 意見書를 말하며 "封奏" 또는 "封章"이라고도 한다.

* 乞還 : "乞骸而還鄕(임금님께 辭職을 請願하여 許諾을 받아 고향으로 돌아가는 것)"의 준말이다.

* 郵官 : 交通의 要地인 驛을 담당한 관리로 "驛丞"을 말하는데, 주로 국가의 교통이나 관리들의 통행을 담당하고 관리하였다.

해설 이 작품의 제목에서 작자가 자신보다 겨우 2년 앞선 연령의 成浩原에게 깍듯이 예를 다해서 "奉呈(받들어 드리다)"이라고 한 것은 그의 學德을 높이 사서 스승이나 先輩처럼 존경하기 때문이었다. 그래서 이 작품과 다음 작품은 儒家의 知性은 君臣際遇(聖君과 賢臣이 뜻이 맞아 함께 하는 것)의 契機에는 반드시 世上에 나가서 나라와 임금님과 백성을 위해 자신의 정성과 역량을 다해 몸을 바쳐야 한다는 本分論을 전제로 해서, 成浩原에게 殿下(宣祖大王)의 정성스러운 은혜와 배려를 깊이 새겨서 사양만 하지 말고 官職에 나가 훌륭하게 임무를 수행함으로써 큰 功業을 이루어 달라는 정성스러운 懇請과 勸勵를 함께 하는 시다. 물론 이 작품의 主旨는 수련과 미련만 읽어도 바로 파악이 되는 것이다.

이런 점에서 작품을 되짚어 읽어 보면, 수련에서 임금님(나중에 宣祖大王)께서 "圖至治(완전 정치 目標하셔서)"라 하고, 그래서 우선할 일을 "在求賢(賢人 찾는 것에 두시니)"이라고 하여 임금님께서 成浩原을 부르게 된 배경을 말하고서, 함련에서 그래서 그대를 부른 禮遇는 "稀千古(千古 두고 드문 것인 채)"라고 하여 극진하였을 뿐만 아니라, 또한 그대가 벼슬을 버리고 집으로 돌아간 뒤에도 임금님께서는 특별하신 은혜로 "滯一年(일 년 동안 계속 됐는데)"이라 배려하셨음을 말하고는, 이제 경련에서 成浩原 그대가 임금님께 당시 정치의 문제점들에 대한 封事(密封한 意見書)를 올려 建議를 하다가, 많은 身病으로 휴가를 빌어 빨리 귀가했음을 말하고, 미련에서 임금님의 간곡하신 소환 명령이 곧 내려지실 테니 "郵官勸駕焉(역장님은 행차 준비 권할 겁니다!)"이라며 빨리 歸任을 준비하라는 간곡한 당부를 하고 있는 것이다.

復用前韻

다시 앞의 韻字를 써서 짓다

밝은 시댄 완전 정치 시급해져서,	昭代求治急
잔치 벌려 매일 賢人 迎接을 하니,	開筵日接賢
일천 년의 시대 태평 운이 되었고,	一千時泰運
오백 년 봄 맞은 聖主 나오신 때라,	五百聖興年
들어 모심 외려 늦어 안타까운데,	入侍嗟猶晚
山林 歸還 그냥 빨라 한스런 터라,	還山恨式遄
선비 태나 聖君 만남 어려운 거니,	士生難際遇
重히 여겨 멀리하려 하진 마시오!	金玉莫遐焉

* 五百 : 『莊子』의 「逍遙游」에 "楚之南有冥靈者 以五百歲爲春 五百歲爲秋(楚나라의 남쪽에 冥靈이라는 나무가 있는데, 이것은 그 나이가 오백 년을 한 봄으로, 오백 년을 한 가을로 한다)"라고 해서, 이 나무는 한살이 이천 년이 되는 것이다.
* 際遇 : "무엇을 계기로 서로 딱 맞춰 만난다"라는 뜻으로, 이 말은 원래 "君臣際遇(聖明한 君主와 賢良한 臣下가 서로 뜻을 함께할 것을 계기로 만난다)"라는 말에서 "君臣"이라는 말이 생략된 것이다.
* 金玉 : 『詩經』 「小雅」에 賢者를 挽留하고 싶으나 할 수 없어 읊은 시인 〈白駒章〉의 넷째 首의 끝에 "毋金玉爾音而有遐心(너의 음성 곧 소신만을 너무 귀중하게 여겨 아예 멀리하려는 마음은 갖지 말아 달라는 것이다)"라고 하였다. 그래서 이 작품에서는 작자가 成浩原에게 자신의 뜻만 높이 여겨 임금님의 은혜로운 召命을 멀리하려 하지 말라는 간곡한 부탁의 뜻을 담아 인용한 用語이다.

해설 앞에서 말한 바대로 이 작품도 역시 成浩原에게 殿下(宣祖大王)의 정성스러운 은혜와 배려를 깊이 새겨서 사양만 하지 말고 官職에 나가 훌륭하게 임무를 수행함으로써 큰 功業을 이루어 달라는 정성스러운 懇請과 勸勵를 함께 하고 있는 시다. 그래서 이 작품도 수련에서 "求治急(완전 정치 시급해져서)"과 "日接賢(매일 賢人 迎接을 하니)"이라는 임금님과 朝廷의 실상을 제시하고, 미련에서 "士生難際遇 金玉莫遐焉(선비 태나 聖君 만남 어려운 게니, 내 所信만 重히 여겨 멀리하려 하진 마시오!)"으로 마무리하고 있다. 이 작품의 主旨는 역시 선비로서나 臣子로서의 도리로 마땅히 聖上의 召命에 서슴없이 副應해서 衷情과 力量을 다해야 한다는 것이다.

이렇게 眞情 어린 懇請을 호소하기 위해서 함련에서 "一千時泰運(일천 년의 시대 태평 운이 되었고)"과 "五百聖興年(오백 년 봄 맞은 聖主 나오신 때라)"으로 기막히게 값지고 귀중한 계기임을 강조하고 있으며, 경련에서는 "入侍嗟猶晩 還山恨式遄(들어 모심 외려 늦어 안타까운데, 山林 歸還 그냥 빨라 한스런 터라)"이라고 하여 朝廷으로 들어가서 임금님을 모신 것이 늦어진 게 안타까웠었는데, 들어갔다가 물러나 고향으로 돌아가는 것은 오히려 너무 빨리한 것이 한스럽다며, 간절하고 정성스럽게 督勵하고 있는 아주 좋은 시이다.

送李德溫赴任南原 名璥

남원으로 부임하는 이덕온을 전송하면서 이름은 경이다

難題 解決 담당 일찍 각오한 것은,	早許盤根用
어른 노릇 할 걸 원래 알아서지만,	元知長者流
원님 자리 귀한 것관 상관이 없이,	非關五馬貴
금의환향 노닐게 돼 참말 좋겠네.	好是錦衣遊
접경 숲엔 끝 더위도 사라지겠고,	關樹辭殘暑
강 위 구름 맑은 가을 이어질 테니,	江雲接素秋
일 한가해 때로 笏을 쥐고 볼 적엔,	務閑時拄笏
謝公樓(謝朓 北樓, 廣寒樓)엔 달이 가득 밝겠네그려!	月滿謝公樓

* 李德溫 : 제목에서 이름이 "璥"이라고 한 것과 작품에서 그의 赴任을 "錦衣(비단옷 입고 고향에 돌아간다)"라고 한 것으로 봐서 그는 全羅道나 "南原"이 고향인 사람이고 작자와 교분이 있는 사람이었던 것을 확인할 수 있다.
* 盤根 : 원래의 뜻은 "나무가 뿌리를 내려 터를 잡는다"는 말이나, 여기에서는 "盤根錯節(구불구불 구부러진 나뭇가지와 얽히고 설킨 나무 마디)"이라는 말의 略語이다. 그래서 "처리하기 아주 어려운 상황"이나 "처리하기 어려운 사건"을 비유하는 말로도 쓰인다. 여기에서는 바로 그런 말로 쓰였다.
* 五馬 : 지방 관청의 우두머리인 "守令(지방의 군수나 원님을 지칭하는 말)"이 다섯 마리 말을 데리고 간다고 해서 이 "군수나 원님"을 대신 지칭하는 말로 쓰였다.
* 錦衣 : "錦衣還鄕(출세해서 고향으로 돌아가는 것)"의 준말로, 여기에서는 시의 주인공인 李德溫이 자신의 고향인 全羅道나 南原에 府使로 임명을 받아 가는 것을 축하하는 말로 쓰인 것으로 추정된다.

* 拄笏 : "笏(문자로 무엇을 기록하는 나무판이나 象牙 같은 뼈로 된 판 쪽)을 버티고 있다"는 말로, 중국의 南朝 宋나라의 王子猷가 桓溫의 車騎參軍이 되어 근무 중 복잡할 때에 대해 말하기를 "西山朝來 致有爽氣(저 서산에 가을 아침이 되면 서늘한 기운이 스며옵니다)"라고 하여 이것을 "拄笏看山(홀기를 버텨 고이고 앉아서 西山을 바라 보며 있다)"이라고 하였다. "拄笏"은 바로 이 "拄笏看山"의 준말로 관리의 바쁜 기간 중에도 누리는 여유로움을 대표하는 말로 쓰였다.
* 謝公樓 : 중국의 南朝 齊나라의 謝眺가 宣城의 太守가 되어 건립한 樓閣을 말한다. 뒤의 詩人들에 의하여 詩酒의 興趣를 누리는 곳을 지칭하는 말로 무수히 읊어졌다. 이 시에서는 물론 廣寒樓를 비유적으로 지칭한 말이다.

해설 이 작품은 작자의 벗인 李璥의 능력과 인품을 높이 사고, 그가 남원에 조금 어려운 업무가 있는 데도 흔쾌히 부임하는 것을 嘉賞하게 여겨 기리면서, 업무를 수행하는 바쁜 중에도 광한루에서 풍경을 감상하는 풍류의 여유를 즐길 것이라는 축하와 함께 羨望의 눈길도 말없이 실어 읊어 주는 시다.

현지인 남원의 행정적 난제 해결을 위해 자신이 쓰여져야 한다는 것을 스스로 알고 일찍부터 南原府使로 갈 것을 마음으로 각오하고 허락한 것은, 어른다운 참된 사람이 되어 해야 할 것을 스스로 해야 한다는 것을 원래부터 알기 때문이고, 南原府使라는 벼슬자리가 고귀한 것이라서가 아니라 벼슬을 해서 고향으로 돌아가 노닐 수 있게 된 것이 좋아서일 뿐이니, 이제 임명을 받아 가는 도중 접경지역 숲에는 끝물 더위도 사라지겠고, 가는 도중 강 위에는 구름이 떠돌며 맑은 가을이 이어질 테니, 취임 후에 때때로 한가로울 적 笏을 쥐고 턱을 고인 채 먼 곳을 구경할 때엔, 저 옛날 중국 南朝 齊나라의 謝眺처럼 南原 廣寒樓 위에서 너무도 좋겠네! 라며 자신의 기막힌 부러움을 말없이 함께 담아 전하고 있다. 따라서 이 작품의 시상을 이렇게 잘 살려 내고 있는 "盤根用"·"長者流"·"五馬歸"·"錦衣遊" 등의 語句들을 그 앞의 두 글자들로 잘 파악해 읽어낼 수 있어야 한다.

途中 寄弘農太守 孤竹子
도중에 홍농 태수 고죽자에게 부치다

옛친구가 나를 작별해 보낼 적엔,	故人送我別
홍농(영광)에는 술이 바로 향긋하더니,	弘農酒政香
생황·노랜 아득하게 여운뿐인 채,	笙歌杳餘響
안장에 탄 말은 이미 딴 곳 향하며,	鞍馬已殊方
돌 위 길은 구름 얽혀 작아져 가고,	石路縈雲小
강 흐름은 골짝 나가 길게 있는데,	江流出峽長
정겨움을 되갈 편에 말을 하자니,	含情說回使
세상일은 정말로 아득하구려!	世事信茫茫

* 弘農 : 전라도 靈光의 옛 호칭이다.

해설 이 작품은 작자가 평생 마음의 벗이면서 詩의 벗인 孤竹을 그의 근무지인 靈巖에 가서 만나 詩와 술로 마련해 준 作別의 자리를 함께 즐기고는, 돌아가면서 그 송별의 풍악 소리를 되새기지만, 타고 가는 말은 어느새 타 지역을 가고 있음을 확인하고는, 지금 가고 있는 여정을 되짚어 뒤돌아보니 돌길은 구름에 감긴 채 멀어지면서 조그맣게 보이고, 골짝을 나와 보니 흘러가는 강물 줄기는 길게 뻗어 있는데, 孤竹과의 정겨운 심정은 너무 간절해서 그 친구에게 되돌아갈 인편에 말을 전하자고 하니, 하나도 마음대로 되지 않는 세상살이와 여기에 얽매인 인생이 정말로 너무 아득하기만 할 뿐이라는 기막힌 심경을 읊어서 전하는 시다.

이 작품에서도 경련의 "縈雲小(구름 얽혀 작아져 가고)"는 작자 자신의 지나간 인생 역정을 무자각적으로 암시하고 있으며, "出峽長(골짝 나가 길게 있는데)"은 앞으로 자신의 삶을 역시 무의식으로 토로해 보는 것으로 추정된다. 미련에서도 역시 "世事信茫茫(세상일은 정말로 아득하구려!)"이라며 현실적 상황과 여기에 놓인 자아의 실상을 절감하고 있을 뿐이다.

送羅仲孚解官歸鄉

벼슬에서 解任되어 고향으로 돌아가는 나중부를 보내면서

인간들의 온갖 맛을 다 보았으니,	嘗盡人間味
田園 歸還 그 계책이 가장 좋은 것,	歸田策最良
이미 버린 몸은 그냥 인형(土偶) 같겠고,	已拚身似梗
남아 있는 귀밑털도 다 셌겠지만,	贏得鬢成霜

물 많은 곳 마름・연꽃 가득할 테고, 水國菱荷足
산속 울안 토란・밤도 싱싱할 테니, 山園芋栗香
유유하게 높은 베개 베고 누울 곳, 悠然高枕處
구름 대궐 꿈도 아득 시원하겠네! 雲闕夢蒼茫

* 羅仲孚 : "仲孚"는 분명히 羅 아무개의 字로 추정되나 그 이름을 확인할 수 없어 누구인지를 알 수 없으나, 아무래도 작자와는 잘 아는 사이의 벗이었을 것으로 추정된다.
* 人間味 : 현대적 의미는 "사람다운 인정의 맛"으로 인간성에 대한 긍정적 의미로 쓰이지만, 이 작품에서는 긍정적이기보다는 오히려 부정적 의미로 쓰인 것으로, 관료 계층의 권력이나 이해 다툼 속에서 체험하는 온갖 일들을 말한다. 이 시에서는 특히 부정적인 일들, 곧 고통 등을 말하는 것으로 쓰였다.
* 梗 : "土梗(흙으로 빚어 만든 인형)"의 준말이며, 장난감인 人形이나 土偶(흙으로 빚어 만든 人形)를 총칭하는 말로 쓰인다.
* 水國 : 못이나 호수, 방죽 같은 것이 많은 곳, 또는 바다를 말하기도 한다.
* 山園 : 산골에 있는 庭園이나 田園, 또는 別莊을 말한다.
* 雲闕 : 일반적으로 "宮闕"을 지칭하거나 달 속에 있다는 宮闕을 말하나, 여기에서는 저 깊은 산속 구름에 싸여 있는 가옥을 美化하여 지칭한 것으로 추정된다.

해설 이 작품은 주인공인 羅仲孚가 비록 벼슬에서 解任되어 歸鄕하고 있지만, 수련에서 "嘗盡人間味 歸田策最良(인간들의 온갖 맛을 다 보았으니, 田園 歸還 그 計策이 가장 좋은 것)"이라고 한 바대로, 세속의 인간들이 빚어내는 온갖 不義를 다 겪었으니, 순수와 평화의 시골 전원으로 귀환하려는 그 계책이 가장 좋은 것 아니겠느냐? 라는 것으로, 지금까지 그런 인간들의 不義에 걸려들어 몸은 人形 같이 돼 버렸고, 귀밑털이 허옇게 미리 늙어버렸지만, 이제 그 고향 田園으로 돌아가면 못에는 마름과 연이 꽃을 피울 것이고, 산속 정원에는 토란과 밤이 자라고 떨어질 테니, 아무 걱정 없이 베개를 높이 베고 누워 지내노라면, 구름 속 궁궐처럼 넉넉한 집에서 때때로 아득하고 시원스러운 꿈만 꾸며 살게 될 것이라는 기막힌 축하와 격려를 읊어 주는 시로, 여기에는 言外로 자신의 부러움도 일면 담겨 있다.

八月旬前 連日陰雨

팔월 초열흘 전인데 연일 날씨가 흐리고 비가 내려서

산속 비는 한밤 내내 안 그치다가,	山雨夜不斷
가을 처마 새벽에도 다시 들리니,	秋簷曉復鳴
바로 보름 가까운 걸 알고 나서는,	政知三五近
가장 밝은 달을 혹시 못 볼까 싶어,	恐負一年明
이제부턴 잠 못 든 채 걱정할 테니,	自是愁無睡
이리되면 몇 가닥 털 남아 있을까?	從來髮幾莖
아득 그린 고기잡이 그 옛날 벗도,	遙思舊漁伴
뜸집에서 붇는 물만 보고 있겠네!	篷屋看潮生

* 三五 : "三"과 "五"의 곱수인 "十五"이며, 여기에서는 "八月 十五日"로 곧 "추석날"을 의미한다.
* 一年明 : "한 해 중에서 가장 달빛이 밝은 날"이라는 말로 바로 "추석날 밤의 밝은 달"을 말한다.

해설 이 작품은 제목에서 보는 바대로 음력 팔월의 초열흘을 바로 앞둔 시점에, 연일 흐린 채 비가 내리고 있는 형편에 놓인 작자는 이런 날씨가 사뭇 그냥 이어져, 기후도 서늘해지고 형편도 풍성해지는 한가위 명절에다가 특히 일 년 중 달빛이 가장 아름답다는 이 추석날에까지 비가 그냥 이어지면, 기막히게 기다리던 한가위 달을 구경할 수 없게 될 걱정에, 매일 밤 잠도 못 드는 채 남은 머리털마저 몇 가닥 안 남고 빠지겠다는 시름에 젖어 있다가, 이내 아득 멀리 있는 고기잡이 그 옛날 벗도, 정녕 비속에 손을 놓은 채 어선의 뜸집에서 앉아 조수가 불어나는 것만 걱정스러워 보고 있을 거라고 동정하듯 추정을 하며, 애써 자신을 스스로 달래듯 읊고 있는 시다.

이 작품은 실제 사실로 발상한 것이지만, 수련에서 "山雨夜不斷(산속 비는 한밤 내내 안 그치다가)"이라 설정하고는 이내 "曉復鳴(새벽에도 다시 들리니)"이라고 부연하여 아주 좋았고, 함련에서는 "一年明(한 해 가장 밝은 달)"이라는 修辭로 "한가위 달"을 아주 참신하게 시상의 핵심으로 설정하였으며, 미련의 "遙思舊漁伴 篷屋看潮生(아득 그리운 고기잡이 그 옛날 벗도, 뜸집에서 붇는 물만 보고 있겠지!)"이라며 기막힌 재치의 상상으로 "고기잡이 옛 벗"을 꾸려내서 同病相憐의 同伴者로 만들어 애써 자위하는 재치를 잘 보여주고 있다.

次贈

孤竹의 詩의 韻을 따라 지어서, 五臺山으로 돌아가는 片雲上人에게 주다

성안(서울)에도 가을 장차 깊어질 거니,	城裏秋將晩
산중에는 잎들 벌써 드물겠지만,	山中葉已稀
편한 구름 그림자도 안 매일 텐데,	閑雲不繫影
야생 학은 누구에게 의지를 하나?	野鶴欲誰依
한 줄 물이 끝도 없이 흘러오는 길,	一水來無盡
가뿐한 밴 나는 듯이 달려서 가면,	輕帆去似飛
오대산 속 풍경 소리 울리는 곳에,	西臺鳴磬處
알겠구려 옛 절 문이 거기 있겠지!	遙認舊禪扉

* 이 작품의 앞에 "送片雲上人歸五臺山舊居. 孤竹(오대산 옛집으로 돌아가는 片雲上人을 보내면서. 고죽)"이라는 제목의 글과 함께 "屢遊京洛裏 漸覺故人稀 古寺月還滿 野船僧暫依 西陵寒葉下 東路白雲飛 歸去莫回首 千峰獨掩扉(여러 번을 서울에서 노닐었어도, 옛 친구는 준 걸 점점 알게되선지, 옛 절에는 달이 도로 찰 것이라며, 밤중 배에 스님 잠시 의탁해 가니, 서쪽 능엔 찬 낙엽만 질 것이지만, 동쪽 길엔 흰 구름이 날려질 거라, 돌아가선 머리 돌려 보지를 말고, 천 산봉 속 혼자 사립 닫고 살게나!)"라고 기록되어 있다.
* 西臺 : 강원도 평창에 月精寺와 上院寺가 있는 五臺山을 가리키는 말로 쓰인 것으로 추정된다.

해설 이 작품은 서울에서 江原道 五臺山 月精寺로 떠나는 片雲 스님을 보내며 지어 주는 詩다. 그래서 수련에서 여기 서울도 가을이 늦어져 갈 판이니, 그대가 가는 五臺山 속에는 잎들이 이미 졌을 거라며 추정하고는, 함련에서 法名이 "片雲(한 조각 구름)"인 그대야말로 한없이 한가로운 팔자로서 구름은 그림자도 어디에 얽매이지 않는 것처럼 흔적도 없이 훌쩍 떠나고 나면, 그냥 홀로 들판에 남겨진 야생학과 같은 팔자인 나는 이제 누구에게 의지나 할 수 있겠소? 라며 넋두리하고, 경련에서 한 줄기 昭陽江 물은 끝없이 흘러오는데, 가뿐한 배로 나는 듯이 달려서 가면, 이라며 거침없이 갈 것을 상상하고는, 미련에서 "鳴磬處(풍경 소리 울리는 곳에)"에는 참으로 반갑게도 "舊禪扉(옛 절 문이 거기 있겠지!)"라며 격려하듯 축하하듯 마치면서 말없이 부러움도 남기는 듯 읊어 전하는 시다.

그런데 이 작품에서 함련은 "그림자도 어디에 얽매여 있지 않은 한가로운 구름 같이 사뭇 여유로운 片雲 스님 그대인데, 나는 그대같이 한가롭고 자유로운 구름을 타고 한껏 노닐고 싶건만 그대는 그림자도 얽매이지 않는 구름으로 어디론가 갈 터이니 나는 별수 없이 또 들판에 홀로 노여진 학의 신세로 누구에게 의지를 해야 한다는 말인가?" 라며 안타깝게 하소연하고 있으며, 경련에서는 "그 오대산에서 흐르는 물은 끝없이 내가 있는 이 서울로 흘러오고 있건만, 그대가 타고 가는 경쾌한 배는 그 물을 거슬러서 날아가듯 그 오대산으로 가고 있으니!"라며 원망하듯 애원하듯 푸념하듯 읊고 있으니 이 詩句들의 構想과 修辭의 手法은 참으로 새롭고 놀랍다 하겠다.

八月十一夜 與嘉運益之 同宿奉恩寺
팔월 십일일 밤에 가운·익지와 함께 봉은사에서 자면서

가을 물가 절을 다시 찾아가자니,	重尋秋水寺
안개 낀 숲 광나루의 서편에 있어,	煙樹廣陵西
풍경 소리 들려 길은 멀지 않아도,	聞磬路非遠
구름 보며 가는 길 또 잃겠더니만,	望雲行亦迷
밤 깊으니 스님들은 선정에 들고,	夜深僧入定
달이 뜨자 새들 깃서 놀란 듯한데,	月出鳥驚栖
요사채에 함께 가서 자려고 하니,	共就中寮宿
가을 산만 殿閣들과 나란히 섰네!	寒山碧殿齊

해설 이 작품에서 奉恩寺는 당시 서울에 있는 관리나 文士들의 遊覽과 詩會의 장소로 사랑을 받아, 이 당시 詩的 名聲을 함께 얻고 그래서 뜻도 맞았을 이 세 사람이 분명 詩會를 함께 했을 터이다. 이 작품은 전반부로 이 봉은사를 찾아가는 과정과 풍경을 평이하게 서술하고, 후반부로는 숙박하려는 사찰 내의 정황을 素描하듯 읊어 놓고 있는 시다.

이 작품은 그 창작의 조건이 八月이라는 계절과 奉恩寺라는 장소와 詩才를 自負했을 主人公들로 이른바 三位一體의 조건이 完備된 기회였는데, 이 작품에서는 오히려 다른 작품들에서 보는 구상적 참신성이나 수사적 묘미를 전혀 찾아볼 수 없어 오히려 조금 아쉽기만 한 시가 되어 있어, 그 당시의 실제적 상황과 배경이 궁금증을 더하고 있다.

送李益之遊關北

북쪽 함경도로 유람처럼 떠나가는 이익지를 보내면서

강남에는 더위 습기 많을 뿐이나,	江南多暑濕
변방 밖엔 모래바람 많이 불 텐데,	塞外足風沙
옛고향엔 돌아가야 生業(살길)이 없어,	舊國歸無業
타향이나 닿는 곳이 바로 집일 것,	他鄕到是家
개인 날엔 들판(모랫벌) 절을 찾을 것이고,	天晴尋磧寺
고요한 밤 국경 피리 들을 테지만,	夜靜聽邊笳
막부(사령부) 장군 일찍부터 알던 벗이니,	幕府曾知遇
머문 채로 몇 해쯤은 보내겠구려!	淹留且歲華

* 幕府 : 軍府의 大將軍이 있는 指揮所를 말하며, 그래서 移動하는 중에 아무 곳에나 임시로 설치하기도 하였다. 그런데 이 작품에서는 詩的 主人公인 李達이 關北 곧 咸鏡道의 鍾城에 府使로 가 있던 孤竹 崔慶昌을 찾아간 것이라, 여기에서는 바로 軍事權까지 지닌 이곳의 府使로서 大將軍과 같은 권한과 함께 실제로 지휘소인 幕府에 머물러 있었을 崔慶昌을 대신한 말로 쓰였음을 알 수 있다.
* 舊國 : 이 어휘를 “옛 나라”라고 풀어 읽으면 안 된다. 이것은 “故鄕”이라는 말로 쓰인 것이며, 그래서 당연히 이 시에서도 “故鄕”이라고 해야 하는데, “鄕”자는 平聲인 “陽” 韻에 속한 글자라 仄聲인 글자를 놓아야 할 자리에 맞지 않아서, 이 자리에 맞는 仄聲의 글자인 “國”자를 “舊”자와 함께 맞춰 쓴 것이다. 따라서 이 “舊國”은 李達의 실제 고향인 강원도 原州의 “蓀谷里”라는 마을을 지칭한 것이다.
* 曾知遇 : 이 어휘의 뜻은 “일찍부터 잘 알아서 대우해 주는 것”이지만, 이

시에서는 "일찍부터 잘 알아서 대우해 주던 사람"이라는 말로 쓰였으며, 그래서 바로 "일찍부터 알던 벗"이라는 뜻이다.

해설 이 작품은 첫 구에서 "江南(또는 奉恩寺)"이라고 한 것으로 봐서 全羅道 어느 곳에서 헤어지면서 지어 주는 시로 추정된다. "북쪽 함경도에는 모래바람이 심하게 불 테지만, 蓀谷 자네야 실제 고향에는 돌아가 봐도 농토도 없어 농사를 지을 수도 없는 판이니, 그 關北 咸鏡道가 물론 他鄕이긴 해도 일찍부터 알아 대우해 주던 벗인 孤竹이 府使로 있는 그곳에 가서 있게 되면 거기가 바로 집이 아니겠는가? 날씨가 개인 날에는 들판에 있는 절간이나 찾아갈 뿐이라 조금은 삭막하고, 고요한 밤에는 국경 지역에서 누군가 부는 피리 소리가 을씨년스럽긴 하겠지만, 거기 가서 머물러 있을 곳이 자네의 처지를 너무 잘 아는 벗인 府使 孤竹의 집이니, 거기서 머문 채로 몇 해는 보낼 수 있겠다"는 추정을 하며, 위로하듯 격려하듯 읊어 주는 애틋한 시다.

이 작품의 함련에서 "舊國歸無業(옛 고향엔 돌아가야 생업이 없어)"으로 기막힌 형편을 동정하고 연민하고는, "他鄕到是家(타향이나 닿는 곳이 바로 집일 것)"라며 함께 목메여 울면서 동정하면서 읊었을 정경이 선연하게 그려지게 한 것은, 참으로 진실한 우정의 옛사람 모습을 두고두고 되살려 읽을 수 있어 좋다.

青蓮先生挽

청련 선생님을 위한 만사

본래에는 하늘 받칠 솜씨 되자며,	本擬擎天手
평생 해를 받들 마음 가지셨건만,	平生捧日心
다락·대(官界)도 끝내 地位 없었던 데다,	樓臺竟無地
밤이라며 뉜들 금을 품고 왔던가?	暮夜孰懷金
客地 葬禮 겨우 한 달 지나간 채로,	祖帳才經月
돌아온 배 드디어 오늘이 돼서,	歸舟遂有今
옛날대로 宮 가는 길 지나갔건만,	依然過官路
그 옛날의 마차 소린 아녔습니다!	不是舊車音

* 懷金 : 『小學』에 나오는 이야기로, 중국의 後漢 때 楊震이 地方의 長을 선발하는 임무를 맡아 王密을 선발해서 昌邑이라는 곳에 令(원님)으로 임명이 되게 한 뒤, 楊震이 우연히 그 昌邑에 가서 머물러 자게 되자, 王密이 밤에 金 十斤을 품고 와서 놓고 가려 하자, 楊震이 "나는 자네의 재능을 알아서 자네를 추천했지만, 자네는 나를 알지도 못하면서 왜 이런 것을 가지고 왔는가?"라고 하자, 王密이 "밤중이라 아무도 모릅니다"라고 하니, 楊震이 "天知神知我知子知 何謂無知?(하늘도 알고, 귀신도 알고, 나도 알고, 자네도 아는데, 어떻게 아는 이가 없다고 하는가?)"라고 하였다고 해서 "四知(넷이 알고 있다)"라는 故事가 생겨났다. 이 작품에서는 青蓮이 吏曹判書에다 兩館의 大提學을 겸임해서 官吏 選拔을 엄정하게 잘했으나 누구에게도 고맙다는 인사나 感謝의 膳物을 받은 바가 없었다는 것을 말하는 것이다. 『國朝人物志』에는 青蓮이 吏曹判書로 있을 때 관리로 임명할 만한 사람을 미리 극비로 嚴選 評判해서 書類로 예비해 두었는데, 어느 날 자신의 친족 중 한 젊은

이가 찾아와서 "벼슬을 하고 싶다"라고 하자 "자네 이름이 이미 심사를 거쳐서 기록되어 있는데, 자네가 먼저 찾아와서 벼슬을 하고 싶다고 하니, 벼슬을 하고 싶다는 사람이 하게 되면 그것은 公正한 것이 될 수 없다" 라며, 아예 이름을 삭제하였다는 일화가 기록되어 있다.

* 祖帳 : "祖"자는 사람이 죽어서 장례 행차가 떠날 무렵 지내는 祭祀를 말한다. 靑蓮이 경상도 咸陽 先祖 山所에 省墓 갔다가 그곳에서 궂기자 한 달이 넘는 運柩 끝에 경기도 坡州 廣灘의 先塋 옆에 묻혔다.

해설 이 작품은 수련에서 "擎天手(하늘 받칠 수완)"와 "捧日心(해 곧 임금님을 받들 마음)"으로 靑蓮先生은 실로 본래부터 하늘을 떠받칠 놀라운 手腕을 자부하시고, 평생을 두고 임금님을 받들 마음을 다짐했음을 말하고, 함련에서 "竟無地(끝내 지위 없었던 데다)"와 "孰懷金(뉜들 금을 품고 왔을까?)"이라며 조정에서 뜻을 한껏 펼 지위를 끝내 못 얻어 마음껏 좋은 인재를 찾아 쓰지 못하게 됐음을 말했다. 이 작품의 전반부에서는 先生의 이렇게 무한히 안타까운 일생을 한탄스럽게 서술하고 마쳤다. 경련과 미련인 후반부에서는 省墓 간 그 먼 객지 咸陽에서 안타깝게 궂겨서 거의 千里가 되는 坡州로 한 달이 넘는 긴 기간의 喪輿로 돌아온 것을 "依然過宮路 不是舊車音(옛날대로 宮 가는 길 지나갔건만, 그 옛날의 마차 소린 아녔습니다!)"이라고 하여, 先生이 生時에 吏曹判書로서 宮으로 入朝할 때 莊重하고 嚴肅했을 風樂소리에 비해, 꼭 같이 서울을 가는 길을 거쳐 갔지만 이 허망하고 구슬픈 喪輿의 요령잡이 소리(상엿소리)는 그 전날의 風樂 소리와는 전혀 다른 소리였다며 눈물로 목이 메인 채 읊어 바치고 있을 무한히 슬픈 시다.

又

또 한 수

방향 몰라 그냥 돌아다닐 뿐일 제, 迷方徒步日
아들같이 일생 은혜 입었었기로, 猶子一生恩
老松 같을 풍챌 항상 우러렀는데, 每仰松椿健
화와 복이 뒤바뀔 걸 뉘 알았나요? 誰知禍福翻
백 년 두고 탄식해도 별수 없으니, 百年嗟莫及
세상만살 다시 뭐라 말하오리까? 萬事復何言
아득 막막 정황 속에 홀로 섰자니, 獨立蒼茫裏
차가운 산 눈·비만이 자욱합니다! 山寒雨雪昏

* 猶子 : 일반적으로 형제의 아들인 조카를 일컫는 말이나, 여기에서는 작자 자신이 14세 소년 시절에 青蓮 先生께 가서 詩를 공부할 적에 青蓮 先生으로부터 "絶世奇寶(세상에 둘도 없는 기이한 보물 같다)"라는 칭찬을 받은 것으로 봐서, 작자 자신은 青蓮 先生이 자신을 "아들 같이 아꼈을 것으로 믿어", 이 "猶"자를 "같이"의 뜻으로 써서 "아들과 같이 여기다"라는 뜻으로 썼을 것이 분명하다.

해설 이 작품은 青蓮 先生께 입은 詩的 師弟의 恩惠와 "絶世奇寶(세상에 둘도 없는 奇異한 보물 같다)"라는 極讚을 받은 感激을 잊지 못한 채, "항상 푸른 소나무처럼 우뚝하게 건강하시리라 우러러 생각해 왔는데, 뜻밖에 悲報를 듣게 될 줄을 누가 알았겠으며, 일생을 두고 슬퍼해도 어떻게 할 길이 없으니, 무슨 말씀을 올려야 하겠습니까?"

라며 탄식을 하고는, 이내 "선생님이 묻히신 이 산속에 홀로 찾아와 섰자니, 차가운 이 산속에는 눈·비만 자욱 내리고 있을 뿐이옵니다" 라며 소리 없는 통곡을 하며 읊어 올리는 시가 되었다.

이 작품에 담긴 작자의 절절한 슬픔의 질량을 공감하고 확인하기 위해서는, "徒步日(그냥 돌아다닐 뿐일 제)"과 "一生恩(일생 은혜 입었었기로)"을 順接의 유기적 관계로, "松椿健(노송 같은 풍챌)"과 "禍福翻(禍와 福이 뒤바뀔 걸)"을 逆接의 유기적 관계로, "嗟莫及(탄식해도 별수 없으니)"과 "復何言(다시 뭐라 말하오리까?)"을 순접의 유기적 관계로 잘 상관시키며 풀어내 읽어야 한다.

奉恩寺 贈南僧性衍

봉은사에서 남쪽 스님 성연에게 주다

나그네라 옛 고향 생각에 젖어,	客有故園思
빈 절 방에 二更까지 앉아 있자니,	空堂坐二更
침상 근처 등잔불은 꺼지려 하고,	近床燈欲盡
소리 없이 눈발만 휘장 치는데,	侵帳雪無聲
아득해라 고향으로 가는 그 길은,	迢遞關山路
가물가물 바닷가의 노정이건만,	微茫水國程
만나보니 고향서 온 스님이라서,	相逢越鄕釋
말 안 해도 내 심정을 절로 알겠지!	不語自知情

* 二更 : 불교에서 밤의 시간을 구분하던 단위로 밤을 五 單位의 "更"으로 구분한 것에서 두 번째의 단위로 "乙夜"라고도 불리며 지금의 시간 단위로는 밤 9시에서 11시까지의 시간을 말한다.
* 越鄕 : "여기에서 너무 멀리 떨어져 있는 고향"이라는 말이다.

해설 이 작품은 객지인 서울에서 나그네 처지인 작자가 奉恩寺 절 방에서 하룻밤을 숙박하며, 밤이 깊도록 잠을 못 이루고 앉은 채 있으면서, 평상 앞에 다 꺼져가는 등불만 마주하고, 소리 없이 휘장에 불려 드는 눈발로, 작품의 전반부를 고향을 그리워하며 한 겨울밤을 지새우듯 앉아 있는 작자의 정경을 애틋한 화폭처럼 제시하고, 후반부에서는 아득하게 회상해보는 고향 가는 길은 가물가물 바닷가로 놓여 있건만 이렇게 생각만 해볼 뿐인데, 여기에서 만난 이 性衍 스님은 그 멀리 떨어진 고향의 스님이니, 내 마음을 다 말하지 않아도 절로 잘 알 것이라며, 스님을 기막히게 친밀하고 정겨운 오랜 벗인 듯 참으로 간절하고 진솔한 향수를 숨김없이 읊어 전하는 시다.

이 작품에서도 수련의 "故園思(옛 고향 생각에 젖어)"와 "坐二更(二更까지 앉아 있자니)", 함련의 "燈欲盡(등잔불은 꺼지려 하고)"과 "雪無聲(소리 없이 눈발만)", 경련의 "關山路(고향으로 가는 그 길은)"와 "水國程(바닷가의 노정이건만)", 미련의 "越鄕釋(고향서 온 스님이라서)"과 "自知情(내 심정을 절로 알겠지!)" 등의 詩句 構成과 修辭는 작품 부분부분의 개별적 정황과 이것들 상호간의 상관적 연결이 유기적으로 추정되어, 총체적인 정황의 한 장의 "鄕愁圖"로 그려져 再現되는 고운 詩를 만들고 있다.

送雲江壯元赴任槐山

장원으로서 괴산에 부임하는 운강을 전송하면서

제냥 바로 양친 편케 할 계책이니,	自是安親計
서울 떠날 감정이야 따질 것 없이,	無論去國情
전 가족이 바람 방향 따라가서는,	全家隨五兩
뭇 물처럼 외딴 성안 모여 살면서,	衆水會孤城
구름 속에 차 農家나 만날 것이며,	雲裏逢茶戶
꽃 사이서 들 밭갈이 물을 테지만,	花間問野耕
헤진 내 혼 봄풀들과 같이 자라서,	離魂似春草
곳곳마다 지나는 길 싸고 돌 걸세!	處處繞經行

* 雲江 : 당시 선비였던 趙瑗의 號이다. 원래 그는 지금의 서울 景福高校가 있는 종로구 孝子洞에 살았는데, 학교가 있기 전 그 자리에는 약수터(지금도 이 경복고교 교사 앞에 "孝子샘"이라는 기념표식이 되어 보호되고 있다)가 있었으며, "孝子洞"이라는 명칭이 趙瑗이 孝子라서 유래한 명칭이라고 한다. 趙瑗은 詩를 잘 짓던 玉峰 李氏를 소실로 두었던 사람이다.

* 安親計 : 주인공인 趙瑗이 槐山 같이 조용한 시골에 가서 지내기를 원하시는 父母님을 위한 계획에도 맞아 槐山의 원님 임명을 아주 기쁘게 부임한다는 말이다.

* 五兩 : 닭의 날개털로 만든 바람개비 같은 것으로서 뱃머리에 달아서 바람의 방향과 세기를 측정하던 기구를 말한다.

* 衆水 : "여러 줄기의 물"이라는 뜻으로, 여기에서는 조금 높은 곳에서 낮은 한 곳으로 여러 물줄기들이 모이는 것처럼, "온 친족들"이 높은 곳인 서울에서 낮으며 외진 곳인 "槐山"에 모여 산다는 말이다.

* 茶戶 : 깊은 산속에서 차(茶) 농사를 짓는 農家를 말한다.

해설 이 작품은 작자의 젊은 벗이었을 趙瑗에게 자네가 시골 생활을 원하시는 부모님의 뜻을 받들어 槐山이라는 먼 곳의 원님으로 서슴없이 부임해 가면, 온 가족이 南漢江으로 가는 배를 타고 가서 여러 물줄기가 한곳에 모이듯이 단란하게 살 테고, 그곳은 순진한 백성들에다 평화로울 民生일 것이라, 한가롭게 구름이 도는 산마을을 찾아가서는 차농사 짓는 농가를 만나기도 하고, 꽃포기들 사이로 가서 들판에 밭갈이하는 농부에게 풍성할 작황을 묻기도 할 테지만, 자네와 헤어지게 되는 나의 외로운 혼은 저 봄풀들처럼 마구 움터서, 자네가 그곳에서 다니는 곳곳마다 싸고 돌 것이라며 읊어 주고 있는 시로, 여기에는 작자 자신의 참으로 간절한 부러움과 안타까움과 서글픔이 온통 말없이 착잡하게 함께 하고 있는 것이다.

수련에서 "安親計(양친 편케 할 계책이니)"라서 "無論去國情(서울 떠날 감정이야 따질 것 없이)"이라며, 다른 이라면 "하찮은 시골 원님"이라 탓할 만한 벼슬이지만 양친의 뜻을 받들어 고맙게 서슴없이 부임하려는 雲江의 갸륵한 孝誠을 더없이 높이 사고는, 경련에서 그가 원님으로 行政을 잘하고 한가로운 때엔 "逢茶戶(차 農家나 만날 것이며)" 또 꽃포기 사이로 찾아가서 "問野耕(들 밭갈일 물을 테지만)"할 것이라고 하여, 雲江의 한가롭고 여유로움을 무한히 부러워하며, 미련에서 이내 작자 자신이 雲江과 헤어지고 난 다음의 한없이 외로울 혼이 "處處繞經行(雲江 자네가 다니는 곳곳마다의 길을 감싸며 돌 것일세!)"이라며 애틋하게 마무리고 있다.

大平樓喜雨之作 次竹堂松堂之韻

대평루에서 비 오는 것을 기뻐하는 시로, 죽당과 송당의 시 운을 따라 짓다

붉은 햇살 아침엔 숲 눈부시더니,	紅旭初明樹
겹겹 구름 오후 되어 다락 감싸자,	重雲晩擁樓
금방 처마 물소리가 들려지면서,	急傳簷溜響
막 쏟아져 못물 수면 온통 무늬라,	亂射沼紋浮
세 農事는 소망 이미 위안받았고,	已慰三農望
오월 가을 수확 정말 이루겠으니,	眞成五月秋
요행으로 기뻐 일제 신나 하면서,	幸欣聯步武
하늘 축복 입은 것에 함께 취했네!	一醉荷天休

---

* 大平樓 : 이 누각도 어느 곳에 있는 것인지 확인할 수는 없다. 그런데 다음 作品에서 "九陌(서울 장안의 아홉 갈래 큰길)"과 "三山(三角山인 듯함)"이 나오는 것으로 봐서, "大平樓"는 당시 서울 崇禮門 안에 있던 "大平館"의 門樓를 말하는 것이 아닌가 추정된다.
* 竹堂 : 작자와 같은 연배의 벗일 듯하며 혹시 鄭復周라는 사람이 아닌가 싶기는 하지만 확인할 수 없다.
* 松堂 : 黃允吉을 지칭하는 것으로 추정될 뿐이다.
* 三農 : "平地農(들판의 논·밭농사)·山農(산속 농토의 농사)·澤農(무논이나 못에서 짓는 연·미나리 같은 농사)"을 말하며, 또한 "春耕(봄에 밭을 갈아 심고)·夏耘(여름에 김을 매주고)·秋收(가을에 거두는 것)"를 말하기도 하는데, 여기에서는 이 두 가지 모두를 말하는 것이다.

해설 이 작품은 수련에서 "紅旭初明 重雲晩擁(붉은 해만 아침엔 눈부시더니, 겹겹 구름 오후 되어 감쌀 듯하니)"으로 가뭄과 더위에 지친 이제까지를 곧 쏟아질 소나기의 기막힌 예비로 전환 설정하고서, 함련에서 "簷溜響(금방 처마 물소리)"으로 기막히게 놀라운 청각의 환희에다 "沼紋浮(못물 수면 온통 무늬)"로 풍성하게 펼쳐지는 시각의 놀라움을 제시하면서, 경련에서 "三農望(세 農事의 소망)"으로 "五月秋(五月 가을)"라는 풍성할 여름 곡식의 풍작을 예상하였다. 마지막의 "一醉荷天休(하늘 축복 입은 것에 함께 취했네!)"라는 句는 참으로 무한한 감사와 함께 生生化育을 위한 天理에 대한 깊은 自省을 督勵하는 구이다.

又

또 한 수

이십여 일 비 안 내려 시름겹다가,	連旬愁不雨
오늘에는 급히 다락 올라서 보니,	此日急登樓
아홉 거린 날던 먼지 싹 가시었고,	九陌遊塵淨
세 봉 산은 산 그림을 펴논 듯한데,	三山活畵浮
鄕愁 짙게 매실들은 바로 익겠고,	憶鄕梅正熟
客인 채나 보린 사뭇 풍년일 테니,	爲客麥頻秋
어느 곳에 수양버들 겹친 가진지,	何處垂楊重

꾀꼬리만 쉬지 않고 우는 소릴세! 啼鶯獨未休

---

* 九陌 : 서울 장안의 아홉 갈래 큰 거리, 밭 사이의 길을 말하는데, 여기에서는 "아홉 갈래 큰 거리"로 쓰인 것으로 추정된다.
* 三山 : 앞 句의 "九陌"과 對句로 맞추기 위해 "三山"이라 했지만, 이것은 당시 서울 북쪽에 있는 "三角山"을 말하는 것으로 추정된다.

해설 이 작품은 수련에서 수십여 일 동안 "愁不雨(비 안 내려 시름겹다가)"라 하고 오늘에는 "急登樓(급히 다락 올라서 보니)"라고 읊어 기쁘게 비를 맞을 준비를 시작하고 있으며, 그래서 함련에서 가물어서 풀풀 날던 먼지가 말끔하게 씻긴(遊塵淨) 아홉 갈래 큰 거리(九陌)를 내려다보고, 저 북쪽으로 눈을 들어 살아 있는 그림이 떠 있는 듯한(活畵浮) 세 봉우리의 산(三山 곧 三角山)을 쳐다보고, 경련에서 이 긴 가뭄 끝에 내린 고마운 비로 "憶鄕梅正熟(鄕愁 짙게 梅實들은 바로 익겠고)"이라고 하고 "爲客麥頻秋(客인 채나 보린 사뭇 풍년일 테니)"라며 "鄕愁에다 客인 자신이지만 고향에는 梅實이 익겠고 보리 농사가 풍년이 연달아 들 테니"라며 흥겨워하며, 미련에서 "겹겹이 늘어져 있을 수양버들의 숲 어디에선가 싱그럽게 울어대는 꾀꼬리 소리만 흥겹게 들려온다"고 하여 무한한 감흥을 느긋하게 읊어 내고 있는 좋은 시다.

梁士眞以酒來告行 次其韻爲別

양사진이 술을 갖고 와서 '떠난다'고 하기에, 그의 시 운을 따라 짓고 작별을 하면서

서로 멀리 찾는 것쯤 안 꺼리는데,	不憚相尋遠
다리 묻힐 진흙쯤을 따질 것인가!	寧論汶脚泥
시 듣고선 시름 그래 주나 했더니,	聽詩愁爲減
"작별"한다 술을 이내 가져왔으니,	語別酒仍携
숲이 터져 산 가까워 사랑스럽고,	林缺憐山近
바람 맑아 집 낮은 건 상관 않는 채,	風淸任屋低
평생 동안 새겨 둘 가슴 속 운치,	平生服襟韻
사뭇 앉아 새벽닭이 울까 두렵네!	一坐畏晨鷄

* 梁士眞 : 梁大樸의 字가 士眞이고 號는 春溪・松巖・竹巖・荷谷・靑溪며, 義兵將으로 시호는 忠壯이다. 작품의 내용으로 봐서 작자와 친분이 깊었던 것으로 추정된다.

해설 이 작품은 수련에서 "아무리 멀어도 서로 찾아오는 것을 꺼리지 않는 사이이니, 다리에 진흙이 묻는 것쯤 따지겠는가?"라고 한 것을 봐서 梁士眞이 진흙 길을 걸어서 온 것이 분명하다. 함련에서는 "梁士眞이 지은 시를 들으면 새롭고 즐거워 시름거리가 줄어들겠다고 여겼더니, 오히려 작별하려고 왔다며 술을 가지고 왔으니"라며 이내 너무 아쉬워지게 됐음을 말하고, 경련에서는 서로 만나고 있는 작자 자신의 집 주위의 숲이 없어져 그 사이로 산이 다가온 듯 보여서 사랑스럽고, 여기에다가 부는 바람이 하도 맑아서 집이 너무 낮은 것쯤은 탓할 것이 없다고 하여, 초라한 자신의 주택 상태를 美化하듯 自慰하려는 몸짓이 말 없는 안타까움의 눈짓으로 묻어나 있다. 미련의 "平生服襟韻 一坐畏晨鷄(내 평생 가슴에 새겨둘 자네의 그 고상한 운치 때문에, 사뭇 서로 앉아 정담을 나누어도 끝이 없을 판인데 새벽닭이 울어 날이 새버릴까 두렵네!)"는 기막힌 안타까움을 괴로운 듯 읊어 놓고 있는 구절이다.

又
또 한 수

오던 길엔 구름 숲을 감췄었더니,	來路雲藏樹
돌아갈 젠 달빛 진흙 비춰주는데,	歸時月照泥
원래 해를 걸러 해온 이별 알지만,	元知隔年別
다시 문밖 나가 헤져 가게 됐으니,	復作出門携
살 집 묻고 혼은 영영 가버린 채로,	問舍魂長往
사람 좇다 기갠 모두 바닥났으니,	從人氣盡低
그리움에 남은 술기 깨고 나서는,	相思殘酒醒
적막 속에 창밖 닭(닭소리)만 짝하게 됐네!	寂寞伴窓鷄

* 携 : 여기에서는 "이끌다"나 "가지다"의 뜻이 아니라 "나누다"와 "떠나다"의 뜻으로 쓰였다.
* 問舍 : 중국의 『三國志』「魏志, 陳登傳」에 "陳登者 字元龍 在廣陵有威名 …… 後許汜與劉備 幷在荊州牧劉表坐 表與備共論天下人 汜曰陳元龍湖海之士 豪氣不除 備謂表曰 許君論是非 表曰 欲言非 此君爲善士 不宜虛言 欲言是 元龍名重天下 備問汜 君言豪 寧有事耶 汜曰 昔遭亂過下邳 見元龍 元龍無客主之意 久不相與語 自上大牀臥 使客臥下牀 備曰 君有國士之名 今天下大亂 帝主失所 望君憂國忘家 有救世之意 而君求田問舍 言無可采 是元龍所諱也(진등은 자가 원용으로 광릉에서 위엄과 명성이 있었다. …… 뒤에 허사가 유비와 함께 형주의 牧使인 劉表에게 가서 앉아 있는데, 劉表가 劉備와 함께 당시 천하 인물들의 됨됨이를 논평하자, 許汜가 말하기를 '陳元龍은 이 나라의 큰선비로서 호탕한 기개가 그대로 살아 있습니다' 라고 하자, 유비는 유표에게 말하기를 '저 허군의 논평이 옳은가 그른가?' 라며 묻자, 유표가 말하기를 '그른 것이라 해도 이 사람은 착한 사람이라 헛된 말은 안 하는 사람이고, 옳은 것이라면 원룡의 명성이 온 천하에 대단하게 알려져 있다라고 말한 것일세!' 라고 하였다. 劉備가 許汜에게 묻기를 '자네가 말하기를 陳元龍이 호탕하다고 했는데 무슨 일이 있었는가?' 라고 하자, 許汜는 말하기를 '전에 제가 난리를 만나서 피란차 下邳를 지나가다가 陳元龍을 찾아가 만났는데, 그는 저에게 손님 대접을 안 하고 오랜 시간 서로 함께 말도 하지 않은 채, 그냥 자신은 큰 평상에 올라가서 눕고, 손인 저에게는 낮은 평상에 누워 자게 하였습니다' 라고 하자, 劉備는 말하기를 '許汜 자네는 이 나라의 重要한 人士라는 명성을 지닌 사람인데, 지금 온 천하가 크게 소란한 때인 데에다 황제와 군주들도 제 할 길을 잃어버리고 있는 때라, 자네 같은 사람은 크게 나라만을 걱정하고 집안일쯤은 잊고서 이 세상을 구제해내는 큰 뜻을 갖기를 모두 희망하고 있는 판인데, 자네는 밭이나 얻고 집이나 구해서 그냥 편히 살자는 듯이 그 陳元龍에게 의지해보려 한 것이었으니, 무슨 말을 했어도 받아들여질 수가 없었을 것이라, 그래서 陳元龍이 자네를 싫어 하고 피한 것일세!)"라고 하였다. 그런데 이 작품에서 "問舍魂長往(살 집 물어 혼도 영영 가버린 채로)"이라고 한 것은 작자 자신이 바로 이 許汜처럼, 명색이 선

비라면서 나라를 위한 큰 뜻으로 역할을 할 혼도 영영 사라져버린 채라며 自歎을 하고 있는 것이다.

해설 이 작품은 수련과 함련으로 梁士眞이 자신을 찾아왔다가 작별하고 헤어져 가는 과정을 말하고, 경련과 미련으로 못나고 부족한 자신의 인품과 능력을 자책하고 자탄하고 있는 시이다. 그래서 함련에서 "元知隔年別 復作出門携(원래 해를 걸러 해온 이별 알지만, 다시 문밖 나가 헤져 가게 됐으니)"라며, 작자 자신과 梁士眞이 서로 기막힌 우정을 주고받는 사이이면서도 이제까지 한 해를 걸러 겨우 한 번씩 만나고서는 이내 아쉽게 헤어진 것이 관례처럼 된 것을 알고는 있지만, 이번에도 일 년 만에 만나서 또다시 바로 문밖에 나가 헤어져 보내게 되었다는 기막힌 안타까움을 말하고는, 경련에서 "問舍魂長往 從人氣盡低(살 집 묻고 혼은 영영 가버린 채로, 사람 좇다 기갠 모두 바닥났으니)"라며, 자신도 저 중국의 옛날 許汜처럼 눈앞의 편안함만 찾다가 혼이 영영 사라져버린 채로, 괜히 知名의 人士들만 좇아다니다가 기개가 모두 바닥이 났다는 自歎을 하면서, 미련에서 "相思殘酒醒 寂寞伴窓鷄(그리움에 남은 술기 깨고 나서는, 적막 속에 창밖 닭만 짝하게 됐네!)"라며, 청승맞은 자기 한탄의 타령처럼 읊어 마치고 있는 것이다.

丁二相夫人挽詞

정 이상의 부인을 위한 만사

일찍 모친 교훈일랑 못 익히신 채,	早服無儀訓
이내 덕을 쌓은 댁에 出嫁하셔서,	仍歸積德門
높은 영화 한 세상껏 다 누리셨고,	尊榮極一世
長壽 누려 여러 손자 두시었으며,	介壽擁諸孫
평생 원님 아들에게 받들리시다,	歲月專城奉
북쪽 변방 아들 애탄 魂이시지만,	關河陟屺魂
남녘 바람 銘旌·亞翣 호위로 가셔,	南風護旌翣
松柏 숲속 같은 壙中 모셔지리다.	松栢是同原

* 丁二相 : 작자의 조금 선배이며 左贊成이었던 丁應斗를 지칭하는 것으로 추정될 뿐 그 眞實 與否를 확정할 수 없다.
* 儀訓 : "儀"는 "母儀(어머니가 자녀들 특히 딸에게 가르치는 模範的 規則을 말함)"의 준말로서, 이 작품에서 "早服無儀訓"이라는 것은 "일찍부터 여성으로서의 범절을 익히기는 했지만 어머님으로부터 범절을 배워 익히지는 못했다"는 말로, 어머니를 유년기에 사별했던 것으로 추정된다.
* 介壽 : 하늘로부터 부여 받은 長壽라는 말이다.
* 專城奉 : "專城之養(원님인 아들이 온 정성으로 부모를 받드는 것)"과 같은 말로 "한 지역의 원님이었을 아들이 온갖 정성을 다해서 부모님을 받드는 것"을 말한다. 따라서 여기에서는 이 夫人의 아들이 어느 곳의 원님으로 정성껏 효도를 다 했던 것으로 추정된다.
* 陟屺魂 : "陟屺(민둥산에 오르다)"라는 말은 『詩經』의 「魏風」 〈陟岵章〉에 "母曰 嗟予季行役 夙夜無寐(어머님은 말씀하길 '안타깝다 내 아들은 戰線 가니

밤낮 잠을 못 이루네!)"라는 말에서 온 것이다. 이것은 아마 이 夫人의 아들이 咸鏡道의 府使나 觀察使로 부임해 가서, 그 아들을 몹시 염려하고 그리워했던 것으로 추정된다.

* 旌翣 : 葬禮에 있어서 喪輿 앞에서 긴 붉은 천에 亡者를 흰 글씨로 표시하여 들고 가는 銘旌과 棺의 修飾物인 亞翣을 말한다.
* 同原 : 같은 무덤에 함께 묻히는 것을 말한다.

해설 이 작품은 분명 궂긴 분을 위한 輓詞이나 궂긴 분을 향해 애도하기보다는, 오히려 그분의 다복했던 생애와 인자했던 인품과 누린 壽福을 축하하듯 회고하고 靈魂을 정중하게 위안하며 추모하는 시다. 그래서 작품의 수련에서부터 "無儀訓(모친 교훈일랑 못 익히신 채)"이라는 처지에서 오히려 "仍歸積德門(이내 덕을 쌓은 댁에 出嫁하셔서)"이라며, 夫人을 기막힌 幸運의 주인공으로 설정한 다음, 함련에서 더없이 높으신 榮華를 "極一世(한 세상껏 다 누리셨고)"라 하고, 하늘로부터 부여받은 긴 壽命을 한껏 누리시면서 "擁諸孫(여러 손자 두시었으며)"이라고 하여 榮華와 長壽 그리고 子孫福까지 누리셨다고 하여 壽와 福의 生涯로 기리고서는, 경련에서 한평생을 "專城奉(원님인 아들의 받듬을 한껏 받으시다가)" · 정녕 아들이 가서 근무하는 북쪽 변방을 향해 "陟屺魂(민둥산에 올라 애탄 혼이셨지만)"이라며, 아들의 孝道를 받으시고 또 아들을 애틋하게 아낀 영혼의 주인공이시라며 다복했던 주인공이면서 인자했던 인품임을 적시하고서, 미련에서 이내 남녘 바람(따스하고 부드러운 바람) 곁에 "護旌翣 松栢是同原(銘旌 · 亞翣 호위로 가셔, 松栢 숲속 같은 壙中 모셔지리다)"이라며, 융숭한 장례 행차에다 夫君님과 合葬으로 모셔질 것이라며 정중하게 추모하고 있는 것이다.

又

또 한 수

세상만사 어찌 人力 따라 되리까?	萬事那容力
하늘 은혤 다만 수행함일 뿐이라,	天施只在行
사신 연센 칠십 살을 넘기시었고,	春秋踰七袟
받은 聖恩 三政丞과 같아진 채로,	恩錫等三旌
모두 함께 馬車 歡送 부러웠다가,	共羨魚軒送
금방 하얀 帳幕 迎接 놀랍사오나,	俄驚素幔迎
家門에는 運이 아직 그대로이니,	門庭尙未艾
온 神靈이 墳墓 護衛 춤을 추리다!	飛舞擁佳城

* 天施 : 하늘이 모든 생명체에게 베풀어 준 惠澤이라는 말로, 여기에서는 하늘이 인간에게 베풀어 준 은혜라는 말이다.
* 恩錫 : 임금님께서 내려 주신 고마운 物品이라는 말이다.
* 七袟 : 이 어휘에서 "袟"자는 "秩(십년 동안, 질)"자를 잘못 기록한 것으로 추정된다.
* 三旌 : "三公(公・侯・伯 三公)"과 같은 말로 당시의 三政丞인 "領議政・左議政・右議政"을 말한다. 여기에서는 夫人의 남편이었던 丁應斗의 벼슬이 "左贊成"으로 "二相(政丞의 바로 다음)"이었기 때문에, 이 "恩錫等三旌(받은 聖恩 三政丞과 같아진 채로)"이라는 말은 이 夫人도 바로 外命婦의 급수를 남편의 벼슬인 "左贊成"에 걸맞는 "貞敬夫人"으로 下賜 받았다는 것을 말한다.
* 魚軒 : 옛날 貴族夫人들이 타던 馬車로, 貴族夫人을 代稱하는 것이기도 하다. 여기에서는 夫人에게도 관청에서 남편인 丁應斗의 직급에 따라 거기에 걸맞는 마차나 가마를 보냈다는 말이다.

* 素幔 : 喪家에서 설치하던 하얀 천의 장막을 말한다.
* 飛舞 : 『宋史』〈祭海神樂章〉에 "百靈秘怪 蜿蜒飛舞(온갖 신령들이 신비롭고 야릇하게 너울너울 나는 듯이 춤을 추며)"라고 한 바대로, 여기에서도 "저승의 신령들이 분묘를 호위하듯 환영하듯 너울너울 춤을 출 것입니다"라는 말이다.

해설 이 작품 역시 곳기신 夫人이 생전에 누린 영화와 행복 그리고 수명을 찬양하면서, 사후에도 家門과 後孫들이 繁榮할 것이라며 무한한 명복을 정중하고 경건하게 축원하는 시다. 그래서 수련에서 "天施只在行(하늘이 준 은혜를 다만 수행함일 뿐이라)"이라고 하여, 夫人께서 하늘의 은혜로 생애를 누리게 됐음을 서두처럼 제시하고, 함련에서 "踰七秩(칠십 살을 넘기시었고)"이라 하여 누리신 長壽를 축하하고, 임금님으로부터 받으신 은혜는 "等三旌(三 政丞과 같아진 채로)"이라 하여 누리신 榮華를 칭송하고 있으며, 경련에서 "魚軒送(마차 歡送)"이라고 하여 夫君인 丁應斗가 左贊成이 되어 마차를 타듯 夫君의 位階에 맞는 外命婦인 貞敬夫人이 되시어 모두의 부러움을 샀었는데, 얼마 있다가 "素幔迎(하얀 장막 맞게 됐으니)"이라며 夫人이 곳기신 것에 모두가 너무 놀라지마는, 미련에서 家門에는 運이 "想未艾(아직 그대로이니)"라서 "飛舞擁佳城(온 神靈이 墳墓 護衛 춤을 추리다)"이라며, 온 神靈들의 護衛와 保佑를 받으실 것이라며 무한한 명복을 정중하고 경건하게 축원하고 있는 것이다.

送沈公直赴任春川 名忠謙

춘천으로 부임하는 심공직을 전송하면서 이름은 충겸이다

싫증 심해 이내 깔끔 병이 될 판에,	厭劇仍清疾
官職 轉任 평소 감정 풀게 됐으니,	移官愜素情
移動 부엌 시골 官吏 잘 받들 테고,	行廚山吏供
봄놀이 배 들꽃들이 맞이해 주며,	春纜野花迎
안석 기대 피는 구름 구경만 하고,	隱几看雲起
琴 멈추곤 달 밝기만 待期하련만,	停琴待月明
응당 樓閣 저 아래에 흐르는 물이,	應憐樓下水
밤낮 서울 향하는 게 그리울 걸세!	日夜向秦城

* 清疾 : 한번 “싫은 것”이나 “아닌 것”은 어떤 경우에도 “싫은 것”이고 어떤 경우에도 “아닌 것”으로 고집을 하며, 성격이 한 가지 조건에 잡힌 채 지나칠 만큼 자기 생각만으로 깔끔하여 병처럼 된 상태를 말한다.
* 素情 : 평소에 지녀 왔던 감정을 말한다.
* 行廚 : 산에 가서 花煎놀이를 하거나 냇가에 가서 川獵놀이를 위해서 갖고 다니는 調理 道具를 말한다.
* 春纜 : 봄놀이를 위해서 닻줄로 준비된 배를 말한다.
* 樓下水 : 春川의 昭陽江 가에 있었을 樓閣에서 府使가 놀이를 하게 되었을 때, 그 아래에서 서울 쪽으로 흘러가는 강물을 말하는 것이 분명하나, 그 물리적 · 자연적 속성이 반드시 위에서 아래로 흘러가는 것으로서 絶對的 順從을 상징하면서 동시에 임금님과 나라에 절대적으로 順從해야 하는 臣下의 상징일 수도 있는 것이라, 여기에서는 작자가 沈公直에게 臣下의 道理를 이 樓下水에 함축하여 사용한 것이기도 하다.

* 秦城 : 중국의 秦나라 때 쌓았다는 "萬里長城"을 말하나, 秦나라의 首都였던 咸陽이 唐나라 宋之問의 詩 〈早發韶州(일찍 韶州를 떠나면서)〉에서 "綠樹秦京道(푸른 숲이 늘어선 秦京 가는 길)"라고 하여 중국에서도 "秦京"은 그냥 "서울"이라는 용어로 쓰여 왔다. 그래서 우리나라에서도 "秦京"과 같이 "서울"을 "秦城"이라고도 쓴 것으로 추정된다.

해설 이 작품은 작자의 벗이었을 시적 주인공인 沈公直이 자신의 字가 "公直(公明하고 正直할 것)"인 것처럼 그 성격이 무엇이든 자신의 기준에 맞지 않는 것은 절대로 受容하지 않고 끝까지 싫어하여, 그 깔끔함이 병처럼 되어버린 터라 서울에서 근무하는 관청에서 不協和의 對象이 많아 心的 葛藤을 많이 갖고 있었던 것으로 추정되며, 그래서 그가 春川府使로 부임하게 되면 거기에서는 그런 갈등을 겪지 않을 뿐만 아니라, 그곳의 순진한 인심과 소박한 풍물에 새롭게 安靜을 누리며 풍류도 즐길 것이라고 축하하듯 추정하고서는, 그래도 임금님을 향한 衷心은 변치 않을 것이라는 점을 확신처럼 추정하고 있는 좋은 시다.

수련에서 "淸疾(깔끔 병)"의 주인공이라 春川府使로 가는 것이 "愜素情(평소 감정 풀게 됐으니)"이라며 推獎하고는, 함련에서 "山吏供(시골 官吏 잘 받들 테고)"으로 순진한 인심과 "野花迎(들꽃들이 맞이해 주며)"으로 소박한 풍물들만 접할 것임을 추정하였는데, 이 "山吏"와 "野花"는 沈公直과 대립했던 서울의 人間 혹은 自然的 對象들과 對比된 순진하고 소박한 존재들이다. 경련에서는 안석 기대 "看雲起(피는 구름 구경만 하고)"라 하고, 타던 거문고를 멈추고 "待月明(달 밝기만 기대하련만)"이라며 풍류를 즐길 것으로 추정하고는, 미련에서 "應憐樓下水 日夜向秦城(응당 樓閣 저 아래에 흐르는 물이, 밤낮 서울 향하는 게 그리울 걸세!)"라고 하여, 이 미련으로 沈公直을 향해 정성스러운 신임과 당부를 하면서, "그 春川이 아무리 좋아도 자네는 곧고 바른 臣下로서 임금님을 위한 衷誠과 決意를 결코 게을리해서는 안된다"는 것을 無言의 警覺과 督勵와 忠告와 함께 하여 마무리하고 있는 것이다.

贈魚景游赴嶺南幕 名雲海

영남 막부로 부임하는 어경유에게 지어 주다 이름은 운해이다

郎官이나 다행히도 늙진 않았고,	爲郎幸未老
幕僚라도 또한 낮다 할 건 없지만,	佐幕亦無卑
서울 떠나 멀리 갈 걸 애석해함은,	惜此去京遠
자네 올 날 더뎌질까 두려워설세.	恐君歸日遲
江과 山엔 名勝·古跡 많을 것이고,	江山多勝迹
바람·달은 아름다움 기대될 테니,	風月是佳期
어디서든 梅花 꽃이 피어날 제는,	何處梅花發
그리움을 한 가지로 부쳐주게나!	相思寄一枝

* 魚雲海 : 조선조 선조 때의 文臣으로 字는 景游이며 號는 荷潭이고 본관은 咸從이며, 작자의 벗이었던 것으로 추정된다.
* 爲郎 : "郎官이 된다"라는 말일 것인데, 여기에 "郎官"은 조선조 때 文官職의 5~6급 堂下의 官吏로서 대개 "~~郎"이라는 명칭이 붙어서, "郎官"·"郎

僚"·"郎廳"이라고 불렸다.

* 佐幕 : 裨將 같은 것으로서 監司나 留守·兵使를 따라다니면서 보좌하는 하급관리라, 幕客·幕僚라고 불렸다.

해설 이 작품은 벗이었을 魚雲海가 慶尙道의 어느 幕府에 下級의 官僚로 赴任하는 것을 애써 위로하고 격려하면서도 서울을 떠나 너무 멀리 가서 혹시라도 너무 늦게 歸還하게 될까 안타깝게 걱정하고서는, "그곳 경상도에는 풍경 좋은 江과 山에 名勝과 古跡이 많고, 맑은 바람(風)과 밝은 달(月)이 바로 詩와 술과 함께 아름다움으로 기대될 테니" 라며 위로하고는, 이내 그곳 어디에서든 梅花가 꽃을 피울 때, 나를 향한 그리움을 그 매화꽃 한 가지에 실어서 나에게 꺾어 부쳐 보내 달라는 정겨운 당부를 하고 있는 시다.

이 작품은 수련에서 "幸未老(다행히도 늙진 않았고)"와 "亦無卑(또한 낮다 할 건 없지만)"로 下級의 郎官으로 부임하는 벗 魚雲海를 잘 달래고서도, 함련에서 "去京遠(서울 떠나 멀리 갈 걸)"과 "歸日遲(올 날 더뎌질까)"로 內職으로의 歸任이 더뎌질까를 진정으로 염려해 주고 있으며, 경련에서 "江山多勝迹 風月是佳期(강과 산엔 명승·고적 많을 것이고, 바람·달은 아름다움 기대될 테니)"라며 위로하고는, 미련에서 "梅花發(매화꽃이 피어날 제는)"과 자신을 향한 그리움을 "寄一枝(한 가지로 부쳐 주게나!)"라며 역시 정겹고 신통한 구상으로 마무리하고 있다.

奉別成牛溪還山

고향 옛집으로 돌아가시는 成牛溪를 받들어 작별하면서

서울에서 한 해 내내 병환 앓다가,	城裏終年病
임금님의 聖恩 입어 歸休하시니,	歸休聖主恩
솔 소리는 옛 골짝에 제냥 있겠고,	松聲自舊壑
밝은 달빛 사립문께 가득할 거라,	月色滿柴門
선비의 道 源流로서 남으시겠고,	此道源流在
맑은 바람 집안 전통 높겠사오나,	淸風緖業尊
헤지려니 유난히도 슬퍼지는 건,	臨歧偏悵望
유독 이별 때문만은 아니옵니다.	不獨爲離魂

* 還山 : "致仕(退職)"라는 뜻이며 또 "退隱(세상에서 물러나 숨는다)"이라는 뜻이나, 여기에서 "山"은 "鄕山(시골의 山)"이면서 그냥 "시골"이라는 말이기도 한 것이다. 그래서 "還山"은 "고향으로 돌아간다"라는 뜻이기도 하다.
* 歸休 : 임금님의 허락을 받아 집에 돌아가 쉬면서 병을 치료하거나 靜養하는 것을 말한다.
* 松聲 : "松聲(솔 소리, 곧 솔바람 소리)"을 말한다. 이 작품의 주인공인 牛溪 成渾의 아버님인 成守琛의 號이면서 別莊인 "聽松堂(솔바람 소리를 듣는 집)"이 구파발을 지나 北漢山城 입구 계곡에 있었으며, 따라서 成渾이 이곳으로 돌아갈 것이 분명하기 때문에 이렇게 읊은 것이다.

해설 이 작품은 수련에서 작품의 주인공인 成渾이 일 년 내내 잔병을 앓으면서도 御命을 받들어 서울에서 관직을 수행하다가, 임금님의 은혜로운 허락을 받아 집으로 돌아가게 된 것을, 작자 자신이 비슷한 연령의 상대인 成渾을 편하게 "자네"라고 부를 수 없는 큰선비인 걸 잘 알기에 제목에서부터 "奉別(받들어 작별함)"이라고 하였다. 그래서 병을 앓는 成渾 자신을 위해서는 임금님의 은혜로운 허락으로 집으로 돌아가게 된 것이 기막히게 고맙고 반가운 것임을 말하고서는, 함련에서 "松聲自舊壑(솔 소리는 옛 골짝에 제냥 있겠고)"이라고 하여, 成渾의 아버님인 聽松堂 成守琛이 사랑스럽게 듣던 솔바람 소리가 지금도 제냥 그대로 남아 있어 成渾이 아버님을 추모하며 지낼 것과 "月色滿柴門(밝은 달빛 사립문께 가득할 거라)"이라고 하여, 成渾이 옛적에 아버님을 모시고 달 밝은 밤을 조용하게 맞았던 그대로 다시 달빛이 가득할 거라며 기막힌 상상과 추정으로 축하를 보내고 있으며, 경련에서 "此道源流在 淸風緖業尊(선비의 道 源流로서 남으시겠고, 맑은 바람 집안 傳統 높겠사오나)"이라 하여, 成渾을 당시 儒脈의 巨人으로 推重하고, 맑고 깨끗한 家風의 傳統을 推尊하고 있으며, 그래서 미련에서 "臨岐偏悵望 不獨爲離魂(헤지려니 유난히도 슬퍼지는 건, 유독 이별 때문만은 아니옵니다!)"이라 한 것에는 成渾의 그 훌륭한 人品과 學問 그리고 道學的 理念이 임금님과 백성을 위해 力量껏 遂行되지 못한 것을 안타까워한 간절한 심경이 실려 읊어지고 있는 것이다.

물론 작자는 스스로 道學者로 自處하지도 않았고 세상에서도 후세에도 그를 道學者로 인정하지도 않았으나, 儒家의 가장 중요한 學問의 目標였던 政治의 道學的 實現에 대해서는 누구보다도 간절하게 그것을 待望했음을 알 수 있다. 이것은 朝鮮朝 五百年 政治史의 가장 중요한 목표였으나, 趙光祖의 경우에서 보는 바와 같이 士禍만으로 끝나는 경우가 많았고, 그래서 朝鮮朝의 선비나 文人들은 이 作品에서 보는 바와 같이, 詩나 글에서 이런 世態에 대하여 항상 "世道之歎(세상을 바르게 다스려야 하는 도리에 대한 한탄)"만을 허탈하게 실어 놓고 있음을 무수히 확인하게 된다.

次李內翰仲高 贈澄歸山

李 內翰 仲高의 詩 韻을 따라 지어서, 山으로 돌아가는 澄에게 주다

남쪽 歸鄉 계획 오래 해왔지마는,	久作南歸計
좋은 책들 아직 마차 못 채운 채로,	圖書不滿車
흐르는 물 가까인 문 알고만 있고,	門知流水近
흰 구름이 많이 낀 산 그려만 보며,	山憶白雲多
외려 그냥 말단 벼슬 묶여진 터라,	尙被微官縛
괜히 좋은 날들 간 걸 깜짝 놀랄 뿐,	空驚勝日過
이별한 뒤 꿈에서나 서로 만나서,	惟應別後夢
전송할 젠 그 하늘 끝 도착하겠지!	相送到天涯

* 李內翰仲高 : 李嶸의 字가 仲高이며 號는 碧山 또는 葛裘였고, 內翰은 "翰林"이라는 관직을 다르게 부르는 호칭이다. 그런데 이 題目에 나오는 "澄"이라는 인물이 누구인지 확인할 수가 없다.
* 澄 : 분명 사람을 지칭하는 것은 맞겠으나 "歸山(산으로 돌아가다. 고향으로 돌아가다)"이라는 표현으로 봐서는 "澄이라는 스님"일 수도, 또는 그냥 "澄

이라는 사람"일 수도 있다.

* 歸山 : 이 어휘에서 "山"이 그냥 "山"이라는 뜻으로 쓰였다면 앞의 "澄"은 아마 이 산에 있는 寺刹의 한 스님의 法名일 수도 있다. 그러나 이 "山"이 "鄕山(故鄕의 山)"이라는 뜻이기도 하니, 이때에는 그냥 "故鄕"이라는 뜻으로 쓰인 것이기 때문에 "澄"은 이곳에 사는 어떤 사람의 이름일 수도 있다.
* 圖書不滿車 : 이것은 "책들이 마차에 가득 차지 않는다"라는 말인데, 이 詩句의 근본적 의의나 目的을 이해하기 위해서는 唐나라 詩人 王維의 〈戲贈張五弟諲〉에서 "張弟五車書 讀書仍隱居(장 아우는 다섯 마차 채운 책들로, 책 읽으며 이내 숨어 살게 되었네!)"라고 한 것이 뒷사람들에게 객지에 있다가 고향으로 돌아갈 때, 돌아갈 수 있는 조건의 기준이 되어 왔다. 그래서 이 시구는 "도서들을 다섯 마차 다 못 채워서 고향으로 아직 못 돌아가겠다"는 말이다.

해설 이 작품은 수련에서 작자 자신도 오래전부터 남쪽 고향으로 돌아가겠다는 계획을 세우긴 했지만, 아직까지 다섯 마차에 책을 다 채우지 못해서 못 돌아가고 그냥 있는 채임을 말하고, 함련에서 흐르는 물가에 있는 옛 고향 집의 문이 아직도 선연히 보이는 듯 알 것 같고, 하얀 구름이 많이 감도는 산이 그대로 기억되어 있다며, 고향의 풍경을 애틋하게 되새기고 있으면서, 경련에서 "尙被微官縛 空驚勝日過(외려 그냥 말단 벼슬 묶여진 터라, 괜히 좋은 날들 간 걸 깜짝 놀랄 뿐)"라며, 말단 관리의 직무에 묶여서 좋은 계절 화창한 날들이 그냥 흘러가 버리는 것을 놀라기만 할 뿐인 채로 있어서, 어쩔 수 없이 미련에서 "惟應別後夢 相送到天涯(이별한 뒤 꿈에서나 서로 만나서, 전송할 젠 그 하늘 끝 도착하겠지!)"라며, "澄" 자네를 지금 전송하는 그 하늘 끝 거기가 자네의 고향이면서 내 고향이니, 이다음 꿈에서 자네를 만나면 그때는 자네가 나를 전송해서, 내가 그 먼 남쪽 하늘 끝 고향에 도착할 것이라는, 꿈도 현실도 아닌 꿈 이야기로 안타까운 소망을 허망한 몸짓으로 달래며 애처롭게 읊어 마무리하고 있는 시다.

그런데 이 작품은 이 "尙被微官縛(아직 그냥 말단 벼슬 묶여진 터라)"이라는 시구의 내용으로 봐서 혹시 작자의 나이 41세 때 宣陵參奉에 被任되었을 즈음에 지어진 것이 아닐까 추정된다.

五.

七言律詩

贈僧印凞

스님 인희에게 주다

백련산은 옥천 마을 다가오듯 서서 있고,	白蓮山到玉川村
한 물줄기 나뉜 곳이 바로 바위 절 문인데,	一水中分是石門
興 따라서 절로 고운 풀 섶 길을 알게 되고,	隨興自知芳草路
혼자 올 젠 때로 저녁 구름 흔적 띠지마는,	獨歸時帶暮雲痕
秋風 불면 遼東城 鶴 이별 꿈을 꾸게 하고,	秋風別夢遼城鶴
달 밝으면 楚 원숭이 향수 젖게 할 것이라,	明月鄕心楚寺猿
듣자 하니 신선들은 외려 죽지 않는다니,	聞道神仙猶不死
만약 서로 만나거든 "三元"이나 물어보게!	若爲相見問三元

* 白蓮山 : "白蓮社"가 있는 전라도 康津의 山을 말하는 것으로 보인다. 『東國輿地勝覽』「康津」 조에 "白蓮社"가 있는 山이 "萬德山"이라고 기록된 것을 보면, 이 작품에서는 "萬德山"에 "白蓮社"의 명칭을 붙이고 押韻에 맞추어서 "白蓮山"이라 한 것으로 추정된다.
* 遼城鶴 : 옛날 중국의 遼東 사람인 丁令威가 靈虛山에서 修養하고 得道하여 神仙이 된 뒤에, 또 鶴이 되어 고향인 遼東에 와서 城門 華表柱에 앉았으나 아무도 모르고 오히려 한 少年이 활로 쏘려 하자, 이내 날아가면서 노래를 부르기를 "有鳥有鳥丁令威 去家千歲今始歸 城郭如故人民非 何不學仙塚壘壘(鶴 되어서 鶴 되어서 날아서 온 丁令威 난, 집 떠난 지 천년 만에 이제 처음 돌아오니, 城郭 옛날 같건마는 사람들은 옛 아닌데, 왜 신선을 안 배우고 무덤으로 묻혔는가?)"라 하고 이내 하늘로 날아갔다.
* 楚寺猿 : "楚猿(楚나라 山에 있는 원숭이)"이라는 말로, 이 원숭이의 울음소리가 너무 애잔하게 슬퍼서 唐나라 張九齡은 자신의 詩에서 "舊聞胡馬思 今

聽楚猿悲(옛날 호마 울음 듣고 고향 그리다, 이젠 楚의 나비 울음 듣자 슬프네!)"라고 읊었다. 이 시에서 "寺猿"이라고 표현한 이것은 아마도 "山猿(산속의 잔나비)"일 것이고 그 울음소리가 유난히 슬픈데, 여기의 "山"자가 平聲이라 仄聲의 글자인 "寺"자로 바꾸어 쓴 것이 분명하다.

* 三元 : 중국과 우리나라에서는 옛날부터 "正月의 초하루(一日)"를 한 해(一年)로의 첫날이며, 한 달(月)로의 첫날이며, 한 날(日)로의 첫날이라 "三元(세 첫 번)"이라 하였고, 또 陰曆으로 正月과 七月, 十月의 十五日을 "三元"이라고도 하였으며, 儒敎에서는 "天・地・人"을 "三元" 또는 "三才"라고도 하였고, "日・月・星"을 "三元"이라고 지칭하기도 하였다. 그런데 道敎에서는 "天・地・水"를 "三元"이라 하였다.

해설 이 작품은 白蓮山의 寺刹(아마 白蓮社일 것)에 와서 여기의 스님일 印凞에게 제법 탈속적인 이 사찰에 대한 소감과 여기의 풍광에서 체험하는 神秘로운 感興을 말하면서도, 가을바람이 불어오면 옛날 신선 丁令威 같이 신선이 되어서도 옛 고향이 그리울 것이고, 이 사찰에서 달이 밝은 밤에는 옛사람들처럼 잔나비 우는 소리에 마음이 슬퍼질 것인데, 듣기로는 신선들은 아예 이 세상을 超脫해서 죽지 않는다고 하니, 印凞 스님 자네가 이곳에 있을 신선을 만나거든 그런 신선이 되게 한다는 秘方인 "三元"이나 물어봐 달라는 간절한 청탁 같은 시다.

이 작품에서는 작자가 여기 白蓮社에 와서 신선이 되고 싶어 하게 된 심경의 상황을 함련에서 "隨興自知芳草路, 獨歸時帶暮雲痕(興 따라선 절로 고운 풀 섶 길을 알게 되고, 혼자 올 젠 때로 저녁 구름 흔적 띄지마는)"이라고 하여, 이곳이 너무 좋아 그윽이 홍이 나서 그저 가다 보노라면 절로 알기나 한 듯이 고운 풀들이 어우러진 길을 가고 있게 되고, 이렇게 아름다운 풍경을 시간도 잊고 즐기다가 돌아올 제는 너무 늦은 저녁 무렵이 되어 나도 모르게 구름에 끼인 습기가 옷에 스민 듯이 되어 돌아오게 된다는 것으로, 이 연은 매우 잘된 구상과 수사의 結構라 할 수 있을 만큼, 여기에서 체험하는 기막히게 신비로운 감흥을 말하는 연이다. 경련에서는 "秋風別夢遼城鶴 明月鄕心楚寺猿"이라 하여, 秋風이 불면 신선인 채 遼東城의 鶴이 되어 날아온 丁令威도 고향을 생각했고, 달이 밝은 밤이 되면 이곳 사찰 주변의 원숭이들도 울어 고향 생각으로 슬퍼지게 할 거라며, 영원히 죽지 않는다는 神仙이 되고 싶으니 그 秘方이나마 알고 싶다며 "相見問三元(만약 서로 만나거든 '三元'이나 물어보게!)"이라고 간곡하게 부탁하고 있는 것이다.

次松川先生菁川韻

송천 선생님의 시 '菁川'의 운을 따라 짓다

온통 뵈는 봄 풍경을 각각 품평 다해 놓고,	滿目煙花屬品題
맑은 시내 울려대는 풍악 문득 가서 보니,	却從簫鼓動淸溪
바람 불린 잔물결에 모랜 적신 흔적이고,	風搖細浪沙痕濕
산 솟아 든 푸른 하늘 새도 자취 잃겠는데,	山入靑冥鳥影迷
봄날 풍경 며칠 됐나? 반쯤 간데 놀라면서,	春事幾時驚一半
나그네 맘 간 곳마다 이별할 게 염려되어,	客情隨處念分携
고운 배서 다시 거듭 머리 돌려 보게 하니,	更敎蘭棹重回首
성문 근처 돌아가면 해도 또한 져가겠지!	歸近華譙日亦低

* 松川 : 작자 자신보다 훨씬 선배이며 한때 스승으로 모시기도 한 梁應鼎의 호다.
* 菁川 : 어디에 있는 무엇인지 확인할 수는 없지만, 어느 곳에 있는 강물이거나 바닷가가 아닌가 싶으며, 이 작품의 공간인 강물의 명칭이 아닌가 싶기도 하다.
* 譙 : "城門"을 말한다.

해설 이 작품은 누구인지는 모르나 아마 벗일 듯한 사람과 어느 강 위에서 봄 놀이를 함께 하고 나서, 그 사람과 헤어져 그를 강가에 내려놓고 자신은 배에 탄 채 너무나 아쉬운 심경으로 돌아가며 읊고 있는 시다. 그래서 수련에서 온통 눈앞에 전개된 봄 풍경들을 하나하나 시의 재료로 매기듯이 품평을 해 놓고서, 이 강 위에서 그 누구와 함께 온통 베풀어지고 있는 풍악 놀이를 찾아가 구경하고 있다고 하고, 함련에서 봄바람에 불린 잔물결로 인해 생긴 것을 "沙痕濕(모랜 적신 흔적이고)"이라 하고, 산이 솟아 들어간 듯 아득 높은 푸른 하늘을 "鳥影迷(새도 자취 잃겠는데)"라고 한 敍景은 그냥 자연스러운 模寫의 수법으로 그려진 화폭들 같고, 경련에서 "봄날 풍경 며칠 됐나?" 自問하곤 "驚一半(반쯤 간데 놀라면서)"이라고 하는 가는 봄날에 대한 안타까움과 나그네인 자신의 맘(심정)은 간 곳마다 "念分携(이별할게 염려되어)"라고 하는 헤어지는 친구와의 이별하는 안타까움 등의 抒情은 그저 사뭇 못 잊어 애틋하게 부르는 노래 같은 터라, 그래서 미련에서 배에 탄 작자 자신을 "更教蘭棹重回首(고운 배서 다시 거듭 머리 돌려 보게 하니)"라며 자신의 심경과 행태를 말하고는, 이별하고 떠난 벗의 상황을 "歸近華譙日亦低(성문 근처 돌아가면 해도 또한 져 가겠지!)"라며 친구 자네도 해가 지는 황혼을 외롭게 맞으며 끝없이 허탈하고 고적할 거라는 안타까운 慰撫를 전하는 것이다.

白蓮社萬景樓 玩月之作

백련사 만경루에서 달을 구경하며 지은 작품

긴 바람에 푸른 하늘 안개·흐림 싹 개이고,	長風空碧淨雰陰
다락 밖에 펴진 호수 밤은 사뭇 깊어 가니,	樓外平湖夜向深
산봉우리 넘쳐오듯 누런 거울(달) 솟구치자,	瀲灩峰頭金鏡湧
물결 둘린 색 무지개 잠겨지나 싶네마는,	逶迤波面彩虹沈
后羿夫人 어찌 바로 신령한 약 훔쳤으며,	嫦娥豈是偸靈藥
도끼로는 그 누구가 계수나물 찍었겠나?	斤斧誰從斫桂林
곱게 신선 시 읊어도 사람들은 모른다만,	朗詠仙詞人不識
맑은 빛은 古今 人心 응당 이어 비추리라!	淸光應照古今心

벽 위에는 訥齋의 詩가 걸려 있다(壁上有訥齋詩)

---

* 瀲灩 : 물이 마구 넘쳐 오르는 모양을 말한다.
* 金鏡 : 글자대로의 뜻은 "누런 거울"이지만, 누런빛으로 떠오르는 둥근 달을 비유적으로 일컫는 말이다.
* 逶迤 : 에워 둘려 있는 모양, 비틀거리며 가는 모양을 말하는데, 여기에서는 에워 둘려 있는 듯이 차 있는 호수의 수면 상태를 말한 것이다.
* 嫦娥 : 우리나라의 說話에서도 "月宮姮娥"라며 알려진 대로, 원래는 后羿의 夫人인데 不死藥(靈藥)을 훔쳐 먹고 신선이 되어 달(月宮)로 도망을 갔다고 하는 여인을 말한다.
* 斫桂林 : 中國 神話에 "月中有桂樹 高五百丈 下有一人 名吳剛 學仙有過 謫令常斫桂樹 樹創隨合(달 속에 계수나무가 있어서, 높이가 五百발이나 되고, 그 아래에 한 사람이 있으니 이름이 오강인데, 신선 되는 공부를 하다가 죄를 짓게 되자, 귀양 가서 항상 계수나무를 찍게 되었는데 계수나무에 상처를

내면 곧바로 그 상처가 나았다)"라고 하였다.

* 仙詞 : "神仙의 노래"라는 뜻으로 쓴 것으로 추정된다. 〈月下獨酌 四首〉를 남긴 唐나라의 李白이 "詩仙"이라 불리기 때문에 여기에서 "仙"은 李白이고, "仙詞"는 바로 이 〈月下獨酌〉이라는 작품을 말하는 것으로 추정된다.
* 古今心 : "옛사람(李白)과 지금 사람(작자 자신)의 마음"이라는 말로 쓰인 것이다.

해설 이 작품은 수련에서 시상의 주체인 달의 중요 배경인 공간을 "긴 바람에 안개와 흐림이 싹 개인 푸른 하늘"이라 하여 "長風空碧淨霧陰"으로, 그리고 또 하나 중요 배경인 시간을 "누각 저 밖에는 밤이 사뭇 깊어 가고 있는 펼쳐진 호수"라 하여 "樓外平湖夜向深"으로 설정해 놓고서, 함련에서 달이 산봉우리 위를 "넘쳐 오르듯 …… 누런 거울 같은 달이 솟구치자"라고 하여 "瀲灩 …… 金鏡湧"으로 산봉우리 위로 솟아오른 둥근 달을 묘사하고, 달이 호수의 수면 속으로 "물결에 둘리듯 …… 색 무지개 잠겨지나 싶네마는"이라고 하여 "逶迤 …… 彩虹沈"이라며 신비롭게 묘사하고 있으며, 경련에서는 "豈是偸靈藥(어찌 바로 신령한 약 훔쳤으며)"과 "誰從斫桂林(그 누구가 계수나물 찍었겠나?)"이라며, 靈藥을 훔쳐 먹었다는 姮娥의 이야기나 달 속의 계수나무 가지를 찍었다는 吳剛의 이야기를 모두 허황한 說話일 뿐이라며 치부하고는, 미련에서 작자 자신이 저 높은 산봉우리 위로 솟아올라온 둥근 달과 저 아래 호수 수면 속에 비추어 담겨진 둥근 달의 풍경에 도취된 恍惚感을 자신보다 먼저 체험하고 읊어낸 옛날 중국 唐나라 李白의 〈月下獨酌〉을 共感하며 읊어보지만 이 詩와 恍惚感을 아는 사람이 없다며 "朗詠仙詞人不識"이라 읊어, 李白의 〈月下獨酌〉만이 저 하늘의 밝고 맑고 圓滿한 달과 참된 交感을 할 수 있는 기막힌 詩라는 極讚과 함께 "淸光應照古今心(맑은 빛은 古今 人心 응당 이어 비추리라!)”이라며, 저 달은 그래도 그 옛날 李白과 지금 자신의 마음에만은 기막히게 맑은 빛과 높은 흥취로 다가와 高度의 交感을 하고 있다는 悅樂과 함께 은근히 無言으로 千載의 古人인 李白과 詩魂의 相通과 感應을 하고 있다는 自負를 보여주는 아주 좋은 詩이다.

又

또 한 수

숨은 사람 잠 안 자고 누각 그늘 앉은 것은, 幽人不睡坐樓陰
텅 빈 처마 달 뜬 밤이 점점 깊어 좋아선데, 爲愛虛簷月漸深
어선들도 이미 뜸해 찬 물결만 조용하고, 漁艇已稀寒浪靜
먼 다듬질 처음 쉰 곳 흰 구름에 잠겼으니, 遠砧初歇白雲沈
난간 내려가고프나 지면 없나 싶어지고, 闌干欲下疑無地
달빛 한껏 안겠는건 숲 가득 찬 때문이나, 桂子堪收想滿林
參 별자리 질 때까지 사뭇 그냥 있자 하니, 直到參橫殊未竟
이런 속의 ‘맑은 靜寂’ 참 마음임 알겠구나! 就中淸寂認眞心

---

* 幽人 : 시끄러운 俗世로부터 벗어나 조용히 숨듯 살아가는 사람인 “숨어서 사는 사람”을 말한다. 따라서 흔히 高尙한 人品의 隱士를 지칭하나 여기에서는 은근히 작자 자신을 暗示하고 있는 것이다.
* 桂子 : “계수나무의 꽃(桂花)”을 말하면서 동시에 “달(月)” 자체를 지칭하기

도 한다. 여기에서는 "달" 자체를 지칭한 것으로 쓰였다.

* 參橫 : "參이라는 별자리가 기울어서 져버린다"라는 말로, 여기에서는 "이 별이 질 때까지 긴 밤의 시간"을 말한다.

* 淸寂 : 글자대로의 뜻은 "아주 맑고 고요함"이지만, 이것은 사람의 심경 상태를 표현하는 말로 "마음의 內的 修養으로 기막히게 맑아지고 고요해진 心境의 狀態"를 말한다. 여기에서는 主客이 純粹感性만의 相互 交融을 함으로써 이루어지는 默言의 悅樂만으로 沈潛의 境地에 든 內的 自我의 조용한 發言이다.

해설 이 작품은 세속으로부터 숨어 사는 사람이 된 양 작자 자신이 잠을 안 자고 있는 것은, 누각 처마 위에 환하게 밝은 달이 너무 좋아서임을 말하고는, 어선들도 조용해지고 찬 물결만 조용한 호수와 저만큼에서 들리던 다듬질 소리도 조용해지고 흰 구름에만 잠긴 마을의 그림 같은 풍경을 보며, 앉아 있는 이 누각 아래로 내려가 볼까 하다가 지면이 없는 듯이 높아 보여 그만두고, 환하고 맑은 달빛을 가슴에 한껏 안고 싶어지다가 이내 저 숲에 가득 비친 것을 생각해 보고는, "參" 별자리가 기울어 다 져버릴 때까지 그냥 앉은 채로 잠들지 않는 것은 이렇게 그냥 이 깊은 밤에까지 저 달만을 바라보며 앉아 있는 까닭인 이런 경지가 바로 "저 달과 내가 서로 주고받는 정신과 영혼의 기막힌 어울림이 되기 때문"이며, 이것이 "나의 참 마음임"을 알겠노라며 소리치고 싶은 悅樂과 歡喜를 가만히 默言으로 읊조리고 있는 기막힌 詩다.

이 작품에서는 함련의 "寒浪靜(찬 물결만 조용하고)"과 "白雲沈(흰 구름에 잠겼으니)"을 무한히 조용하고 고운 그림의 풍경으로 살려 읽을 수 있어야 하고, 경련의 "疑無地(지면 없나 싶어지고)"와 "想滿林(숲 가득 찬 생각하곤)"으로 주인공인 작자의 심경과 행태를 잘 살려 읽어낼 수 있어야 하며, 미련에서는 전구의 "殊未竟(사뭇 그냥 있자 하니)"으로 작자의 행태를 잘 살려 읽고, 후구인 "就中淸寂認眞心(이런 속의 맑은 '靜寂' 참 마음을 알겠구나!)"으로 이 작품의 "眞髓"와 작자의 "眞意"를 읽어낼 수 있어야 하는 것이다.

又
또 한 수

높은 스님 객을 위해 꽃그늘을 쓸어 주어,	高僧爲客掃花陰
俗世 쓴맛 잊혀지고 道(佛道)의 참맛 깊어진 채,	世味忘來道味深
곧장 물가 밝은 달이 떠오를 걸 기다리자,	直待滄洲明月上
문득 하늘 저 끝으론 저녁 해가 져가더니,	却從天際夕陽沈
參禪 절 房 제냥 바로 온 곳 金이 되어 있고,	禪宮自是金爲地
참의 寺刹 되려 玉이 숲이 되어 있네마는,	眞界翻教玉作林
기억되는 風流 멋의 그분들은 안 계시고,	記得風流人不在
숨은 새만 울부짖어 옛 심경을 쉽게 하네!	幽禽啼惱舊年心

옛적에 剛叔(棲霞堂 金成遠)과 함께 石川先生님을 모시고 여기에 와서 함께 놀았다.
(舊與剛叔 陪石川先生 同遊於此)

---

* 滄洲 : "물의 가장자리나 주위"를 말하며, 일반적으로 隱士의 居處를 지칭하기도 한다.

* 禪宮 : 스님들이 머물고 있는 寺刹의 建物들 곧 절간을 말한다.
* 金地 : 사찰에서 菩薩이 거처하는 곳을 金 빛으로 포장을 하기 때문에 일컫는 표현이다.
* 眞界 : 寺刹을 일컫는 또 다른 말이다.
* 玉林 : 仙境에 있는 숲, 하얀 눈이 쌓인 숲, 樹林을 아름답게 稱하는 말로 쓰이는데, 여기에서는 寺刹에 있는 숲을 아름답게 일컫는 말로 쓰였다.
* 剛叔 : 작자의 벗이었던 棲霞堂 金成遠의 字다.

해설 이 작품은 이 白蓮社의 寺刹 풍경과 脫世俗的인 雰圍氣를 전하면서 옛날에 와서 함께 노닐었던 事緣을 안타깝게 懷古하는 詩다. 그래서 수련에서 修養의 人品이 높은 스님의 歡迎을 받아, "世味忘來道味深(俗世 쓴맛 잊혀지고 佛道 참맛 깊어진 채)"이라며 기막힌 感謝의 心境을 전달하듯 시작하고는, 함련에서 조급하다 할 만큼 물가 저 위로 "明月上(밝은 달이 떠오를 걸)"을 곧장 기다리고 있는 차에, 오히려 문득 서쪽 하늘 저 끝으로 "夕陽沈(저녁 해가 져가는 것)"만 보게 되어 너무도 안타까운 기다림의 아쉬움을 보이고 있으며, 경련에서는 스님들이 參禪하고 있는 절의 房들이 제냥 바로 "金爲地(온곳 金이 되어 있고)"라 하고, 참을 깨닫게 하는 이 寺刹 온 곳에는 "玉作林(玉이 숲이 되어 있네)"이라고 하며 白蓮社 寺刹을 극히 神秘化·美化하여 보다 超脫的인 空間으로 그려 놓고, 미련에서 이내 "記得風流人不在(기억되는 風流 멋의 그분들은 안 계시고)"라고 안타깝게 회상하면서, "幽禽啼惱舊年心(숨은 새만 울부짖어 옛 심경을 섧게 하네!)"이라 끝맺음을 하여, 自我 個人의 상황이긴 하지만 여러 사람들과의 지극히 人情的인 感傷으로 懷古를 하고 있는 것이다.

又

또 한 수

옛친구는 천 리 먼 곳 서울 뒤편 살고 있어,	故人千里鳳城陰
한 번 소식 끊긴 채로 바닷가 산 나완 먼 채,	一隔音塵海嶠深
병 속에서 몇 번 몸을 취했다가 깼었던가?	壺裏幾將身醉醒
몇 해 이래 世上事와 浮沈 甘受해오면서,	年來甘與世浮沈
개인 봄날 옛 佛殿선 구름 골짝 돌아가고,	春晴古殿雲歸洞
꽃 어울린 겹 回廊엔 달빛 숲을 돌건마는,	花暎重廊月轉林
한 해 풍경 나눠 남아 새삼 슬퍼지게 하니,	物色分留更惆悵
새벽녘에 마지막 꿈 두 고향의 마음일세!	五更殘夢兩鄉心

가운(崔慶昌)과 중열(朴誾)이 모두 일찍이 와서 노닐었기 때문에 그리워진다.
(嘉運仲說(朴誾)皆所曾遊 故懷之)

---

* 鳳城 : "서울"을 의미하며, "丹鳳城", "鳳凰城"과 같은 말로 쓰였다.(沈銓期·杜甫·陳師道의 詩)
* 音塵 : "소식"이나 "蹤迹"이라는 뜻으로 쓰이는데, 여기서는 "소식"이라는 말로 쓰였다.
* 兩鄉心 : 작자 자신이 머물고 있는 白蓮社가 있는 전라도 康津과 벗들인 崔慶昌과 朴誾이 있는 서울 이 두 곳에, 서로 헤어진 채 서로 몹시 외로워하고 그리워하면서 있을 서로의 심경을 말하는 것이다.

해설 이 작품은 당시로서는 엄청나게 멀고 아득한 거리인 전라도 康津과 서울의 사이인 곳, 이 白蓮社 萬景樓에서 밤을 맞아서 먼저 수

련으로 그리운 벗 崔慶昌과 朴誾이 있는 "鳳城陰(천 리 먼 곳 서울 뒤편)"과 한 번 소식이 끊긴 채인 작자 자신이 머물러 있는 "海嶠深(바닷가는 나완 먼 채)"이 기막히게 먼 거리임을 전제하고서, 함련에서 술병 속으로 들어간 듯 몇 번이나 "身醉醒(몸을 취했다가 깼었던가?)"이라 반문하듯 뇌이고, 몇 해 이래 "甘與世浮沈(世上事와 浮沈 甘受해오면서)"이라며 팔자타령 같은 푸념을 하다가, 경련에서 개인 봄날 佛殿에 앉아서 "雲歸洞(구름 골짝 돌아가고)"과 꽃들에 어우러진 겹겹 回廊에 "月轉林(달빛 숲을 돌건마는)"으로 풍경을 감상하듯 소개하고는, 이내 끝구를 "五更殘夢兩鄕心(새벽녘에 마지막 꿈 두 고향의 마음일세!)"이라며 "나만 자네들을 향한 그리움의 꿈을 꿀 것이 아니라 자네들도 나를 향한 그리움의 꿈을 꾸겠지" 라는 확신 아닌 확신을 읊으며 마무리 하고 있는 안타까운 시다.

宣化樓 次杞溪兪使相

선화루에서 기계 유 절도사의 시를 따라 짓다

남쪽 지역 돌아봐도 예가 좋은 곳이라서,	巡遍南州此勝區
문득 새론 흥취 갖고 나를 다락 올라 보니,	便携新興上飛樓
주렴 어린 산 다가와 푸른 빛을 나눠 주고,	暎簾山近分空翠
성곽 두른 강은 펴져 느린 물길 일렁이며,	繞郭江平漾慢流
비단 소매 춤을 추자 붉은 꽃잎 지나 싶고,	羅袖舞來紅雨亂

五色 붓이 그려내자 기이한 향 풍겨나니, 彩毫題處異香浮
못난 재능 이 자리 와 분수 넘쳐 부끄런 채, 微才下榻慙非分
陽春曲에 화답하랴 귀밑털이 다 세겠네! 擬和陽春鬢欲秋

* 宣化樓 : 건물의 명칭을 "宣化(德化로 善政을 펴다)"라고 한 것을 보거나, 작품에서 "南州"라는 말이 있는 것을 봐서 전라도 順天에 있는 "宣化樓"를 말하는 것이 분명하다. 아마 이 兪使相이 水軍節道使로서 順天의 水營에 와서 있었을 것이므로, 水營에 있는 건물일 것이 분명하며 『東國輿地勝覽』에는 "이 누각이 客館 동쪽에 있다."라고 기록되어 있다.
* 杞溪兪使相 : "杞溪"는 "使相(節度使)"인 "兪某氏"의 貫鄕이며, 兪某氏는 앞에서도 보이는 인물인 걸로 봐서 아마 작자와 친분이 깊었던 사람으로, 작자보다는 조금 先輩로 추정되나 실제로 누구인지는 확인할 수 없다. 다만 宣祖朝에 政丞이 된 松堂 兪泓이 아닐까 추정될 뿐이다.
* 使相 : 원래 중국의 宋나라 때 "節度使"를 지칭한 말이었는데, 우리나라에서도 그대로 "節度使"를 지칭하는 말로 쓰였다. 그래서 이 벼슬은 육지의 군대인 "兵馬"나 바다의 군대인 "水軍"을 총괄하고 지휘하는 현지의 사령관을 말한다.
* 紅雨 : 글자대로의 뜻은 "붉은 빗발"이나, 이것은 "꽃잎들이 붉은 빗발처럼 지는 상태"를 말하는 것이다.
* 綵毫 : "다섯 가지의 빛깔을 그려내는 기이한 붓"이라는 말로, 중국 南北朝시대 南朝의 江淹이 꿈에 어떤 사람으로부터 "나의 붓이 자네에게 맡겨져 있는데 돌려주게!"라고 하여 품속을 뒤져보자 정말로 붓(綵筆) 한 자루가 나와 그에게 넘겨주고 나서는, 다시 좋은 詩를 짓지 못하였다. 그래서 이 "綵毫"는 "綵筆"과 같은 말로, "詩 잘 짓는 才能"을 대신하는 말로 쓰였다. 이 작품에서 이 綵毫(詩才)를 실제로 활용해서 "題處(그려내기, 곧 詩를 지어서 쓰는 것)"를 하고 있는 사람은 작자 자신과 함께 이 잔치 자리에 모인 다른 文士나 詩人들을 말하는 것이다.
* 陽春 : 글자대로의 뜻은 "따뜻한 봄"이지만, 이 작품에서는 "陽春"과 "白雪"의

준말이다. 중국의 『楚辭』 중 宋玉의 「對楚王問」에서 "下里巴人 和者數千人 陽春白雪 和者不過數人('下里巴人' 曲에는 화답하는 사람이 수천 명이었는데, '陽春'과 '白雪' 두 曲에는 화답하는 사람이 불과 두어 사람뿐이었다)"라고 하였는데, "陽春曲"과 "白雪曲"이라는 歌曲은 너무 수준이 높아 알아듣고 和答하는 사람이 불과 몇 사람뿐이었다는 말이다. 여기에서는 작자 자신 말고 함께 참석한 다른 사람들의 詩가 너무들 잘 지어져서 자신이 和答하기 어렵겠다는 말이다.

해설 이 작품은 宣化樓라는 누각에서 兪使相이 베푸는 연회에 초청을 받아 참석한 작자가 兪使相이 지은 詩의 韻을 따라 和答처럼 지어 바친 詩로 추정된다. 그래서 수련에서 자신이 이 남쪽 지역을 두루 다녀보다가 만나게 된 "此勝區(예가 가장 좋은 곳)"라서 기막히게 새로운 홍취를 느끼며 "上飛樓(나를 누각 올라 보니)"라며 잔치에 참가하는 자신의 감회와 행태를 제시하면서, 함련에서 주렴 밖에서 비춰드는 산은 "分空翠(푸른 빛을 나눠 주고)"라 하고, 성곽을 둘러서 흐르는 강물은 "漾慢流(느린 물결 일렁이며)"라며 누각 주위의 풍경을 소개하고는, 경련에서 기녀들이 비단 소매로 추는 춤을 "紅雨亂(붉은 꽃잎 지나 싶고)"이라 하고, 재능 있는 선비들이 솜씨 부려 시를 지어놓자 "異香浮(기이한 향 풍겨나니)"라며 기막힌 시의 운치들이 풍겨난다고 하였으며, 미련에서는 재능이 모자란 작자 자신이 모자란 詩才로 여기에 참가한 것이 "慙非分(분수 넘쳐 부끄런 채)"이라며, 이내 "擬和陽春鬢欲秋(秀作들에 和答하랴 귀밑털이 다 세겠네!)"라며 무한한 羞恥를 自歎하고 있는 것이다.

定惠寺 次呈杞溪相公

정혜사에서 기계 상공의 시운을 따라 지어서 바치다

藤 平床을 잠깐 빌려 하룻밤을 묵었지만,	暫借藤床一夜留
시골 산수 마음 쓰듯 좋은 놀일 바쳐 주어,	溪山用意供淸遊
풋 삼태기 바람 스쳐 窓에 비가 오나 싶고,	風經翠蓧窓疑雨
빈 壇 위에 이슬 내려 가을처럼 달빛 맑아,	露洗空壇月似秋
속세 생각 끝물 꿈을 따라 사라지려 하고,	塵思欲隨殘夢盡
仙界 냇물 외려 지는 꽃을 띄워 흐르는데,	仙源猶帶落花流
아침 되어 문 앞 길로 문득 나서 가자 하니,	朝來却出門前路
부끄럽네! 여기 스님 모두에 다 차분한데!	慙愧居僧事事幽

* 定惠寺 : 전라도 順天 鷄足山에 있는 "定慧寺"를 지칭하는 것으로 추정된다. "慧"가 "惠"로 되어 있으나 실제로 이렇게 "定惠寺"라고 표기되어 있는 사찰은 어느 기록에도 찾아지지 않는 것으로 봐서, "定惠寺"가 바로 "定慧寺"일 것으로 추정된다.
* 杞溪相公 : 바로 앞 작품의 주인공인 "杞溪 兪使相"과 같은 사람으로 추정된다. 따라서 앞에서 언급한 바대로 "松堂 兪泓"이 아닐까 추정될 뿐이다.
* 用意 : 호의적으로 마음을 써서 도와주는 것을 말한다.
* 淸遊 : 俗世를 떠나 맑고 조용하게 즐기는 좋은 놀이를 말한다.
* 翠蓧 : 풋자란 댕댕이 덩굴로 얽어 만든 삼태기를 말하며, 시골에서 "풋 삼태기"라고 한다.
* 仙源 : 신선들이 사는 곳에서 흘러가는 물이라는 말로, 여기에서는 鷄足山에서 흘러내리는 냇물을 美化하여 지칭한 것으로 추정된다.

해설 이 작품은 鷄足山 속 定惠寺에서 겨우 하룻밤을 머물고서도 새롭게 체험하는 脫俗的인 분위기와 조금은 神秘롭게 聽覺으로 觸感 變換을 체험하는 바람과 淸新하게 觸感으로 視覺 變換을 체험하는 달로 정말 좋은 놀이를 提供 받아 세속적 잡념을 다 털어내고, 떨어지는 꽃잎들을 띄워 흘러가는 산속 계곡의 물을 구경하다가, 아침이 되어서는 안타깝지만 떠나야 할 처지라서 사찰의 문 앞 길로 나오자니, 이 사찰에 있는 스님들은 모든 일에 차분하고 아늑하게 태연한 채인 것을 보며, 작자 자신은 그들과 같은 처지에 있지 못하고 세속의 시끄러움 속으로 다시 돌아가게 되어 스스로 무한히 수치스러울 뿐이라는 自歎을 하고 있는 시다.

이 작품에서도 수련의 "一夜留(하룻밤을 묵었지만)"와 "供淸遊(좋은 놀일 바쳐 주어)"로 애틋할 만큼 기막히게 예비 되는 새로운 기쁨을 제시하고서, 함련에서 "窓疑雨(窓에 비가 오나 싶고)"와 "月似秋(가을처럼 달빛 맑아)"로 感覺 變換으로의 기막힌 風景(風月)의 淸新한 感覺을 체험하고 있으며, 경련에서 "塵思欲 …… 盡(속세 생각 …… 사라지려 하고)"과 "仙源猶 …… 流(仙界 냇물 …… 외려 흐르는데)"로 脫俗을 自足하는 自我와 그래서 떠나기 싫은 仙境 같은 이곳을 되새기듯 읊고는, 미련에서 이내 끝 구로 "慚愧居僧事事幽(부끄럽네! 여기 스님 모두에 다 차분한데!)"라며, 자신만이 世俗的 妄念을 떨치지 못하고 다시 俗世로 돌아가고 있으니, 끝없이 수치스럽고 한스럽다는 自白과 自歎의 詩가 되었다.

奉呈眉巖先生 柳希春

미암 선생님께 받들어 올리다 유희춘

만 리 밖에 나그네로 외로우신 이십 년에,	萬里羈孤二十年
얼크러져 뜬 세상은 몇 번 변천했습니까?	紛紛浮世幾推遷
窮通만은 運命이니 우리 어찌 합니까만,	窮通有命吾何與
盛衰만은 때 따를 것 理致가 꼭 그럴 거라,	消長隨時理必然
主上께선 임금·신하 새로 회합하실 때고,	北極君臣新際會
남쪽 고향 산과 물은 옛적 풍경 대롤 테니,	南鄉山水舊風煙
평생 道를 배운 마음 다짐만은 있으실 것,	平生學道心期在
"黃帝·舜은 옛 先王일 뿐이라"곤 마옵소서!	莫道黃虞是古先

* 眉巖 : 작자의 선배이며 전라도 海南의 학자였던 柳希春의 號이다. 유희춘은 큰 학자요 문인으로, 구차스러운 자세를 싫어했고 文定王后의 지시를 받은 林百齡이 尹任을 除去하는 일에 협력을 요청하자 단호히 거부하였는데, 이것이 빌미가 되어 良才驛의 壁書 事件으로 억울하게 제주도에 流配되었다가 곧 咸鏡道 鐘城에 安置되었다. 이곳에서 많은 사람들을 訓導하여 名聲이 높았으며 다시 충청도 恩津으로 移配되어 있다가 일찍이 그에게 공부한 宣祖가 卽位하자 석방되었다. 그래서 작자는 합당한 계기를 맞았다고 생각해서 전라도의 巨儒 중 한 분이며 先輩인 眉巖 先生께 세상에 나와 배우신 道를 실천해 주십사 간청을 드리는 이 詩를 바친 것으로 추정된다. 유희춘의 시호는 文節이며 潭陽의 義巖書院과 함경도 鐘城의 鐘山書院에 祭享되었다.
* 羈孤 : "나그네처럼 떠돌이로 외롭게 사는 상태"를 말한다.
* 浮世 : "덧없는 세상"이라는 뜻이다.
* 窮通 : 사람의 팔자가 기막히게 窮(막히고 안 풀림)한 것과 아주 잘 通(확

풀려 잘 통함)하는 것을 말한다. 일반적으로 사람의 팔자(八字, 곧 運命)를 일컫는 말로 쓰인다.

* 消長 : 글자대로의 뜻은 "사라지는 것과 새로 자라나는 것"인데, 이것은 "무엇이나 消滅해졌다가는 반드시 다시 새로 旺盛해지는 것"을 말한다. 따라서 세상 사람이나 動植物들도 한 個體의 한 번만으로 끝남이 없이 영원히 반복하는 四季나 朝夕같이 時代의 運에 따라 사라져 없어졌다 다시 代를 이어 살아나 자라는 것을 반복하는 것이 必然의 理致라는 말이다. 일반적으로 人類 歷史의 발전과정을 평가하는 말로 많이 쓰인다.
* 北極 : 글자대로의 뜻은 "지구의 북쪽 끝"을 말하나, 北極星이 예부터 임금님의 자리를 상징해 왔기 때문에 "임금님의 지위"나 "임금님 자신"을 일컫는 말로도 쓰였다. 여기에서는 "임금님"을 일컫는 말로 쓰였다.
* 黃虞 : 옛날 중국의 전설적 聖君인 "黃帝軒轅氏"와 虞나라의 聖君인 "舜"을 말한다.

해설 이 작품은 작자가 宣祖大王이 새로 登極한 즈음을 맞아, 새 임금님으로서 德治와 善政을 펴기 위해 새로운 人材를 찾아 登用하려는 試圖가 있었던 것으로 추정하여 眉巖 先生께 이제는 새로운 계기이니, 이제까지 해오신 바대로 世態에 대해 落望과 慨嘆만 하지 마시고, 朝廷에 들어오셔서 배우신 道와 품으신 뜻을 꼭 펴도록 하시라는 仰請을 드리는 시다.

수련에서 "羈孤二十年(나그네로 외로우신 이십 년에)"과 "浮世幾推遷(뜬 세상은 몇 번 변천했습니까?)"으로 眉巖 先生의 20년간의 困苦한 생활을 되짚고서는, 함련에서 "窮通有命吾何與(窮通만은 運命이니 우리 어찌 합니까만)"로 "선생님께서 겪으신 人生的 幸·不幸이야 삶의 運命이니 우리들의 마음대로 할 수 없는 것이 아닙니까?"라며 同情 겸 慰勞를 드리고는, "消長隨時理必然(盛衰만은 때 따를 것 理致가 꼭 그럴 거라)"으로 "하늘과 歷史의 理致에서 萬物과 萬事의 運이 無限

反復하는 四季나 晝夜의 理致같이 그 消滅 곧 不運은 反復하는 時運에 따라 반드시 다시 旺盛 곧 幸運으로 돌아오는 것이 必然의 理致"라고 하였다. 그래서 경련에서 이렇게 幸運으로 돌아오는 契機라서 임금님께서는 임금과 신하가 새롭게 참된 뜻으로 만나는 계기를 만드시고(君臣新際會), 眉巖 先生님께서는 그 남쪽 고향의 山水 風景을 전처럼 다시 흥겹게 맞으시게 되었다(山水舊風煙)는 축하를 드리고, 미련에서 "平生學道心期在(평생 道를 배운 마음 다짐만은 있으실 것)"로 작자가 眉巖 先生께 대한 無限한 信望과 尊敬과 期待를 다시 强調하듯 告하고는, 이내 "莫道黃虞是古先('黃帝·舜은 옛 先王일 뿐이라'곤 마옵소서)"이라고 하며, "先生님께서는 '聖君이시었던 黃帝와 舜 두 분은 옛날에나 계셨던 임금님이실 뿐이지! 지금 이 시대에 어디 그런 聖君이 계시겠는가?'라고 하시면서, 임금님을 만나시는 걸 辭讓하시지는 제발 말아 달라"는 간곡한 청원과 부탁을 드리고 있는 것이다.

이 작품의 미련에 보이는 구상과 수사의 文藝的 成果는 바로 지극히 平易한 文脈 속에 要旨를 쉽게 이해할 수 있게 하는 것이다. 이를 위해 推奬과 仰請 그리고 諒察을 懇曲하게 소망하는 眞情을 이 끝 句에 집약하여 담고 있다. 그래서 이 작품은 존경하는 선배나 어른께 간청하는 정분이나 소망을 전해 올리는 시의 표본이라 할 만큼 좋은 작품이 되는 시다.

又用前韻 奉別

또 앞 작픔의 韻을 이용해 지어서 작별하며 바치다

해외에선 풍상 속에 한 핸 끝나가려 했고,	海外風霜欲盡年
여정에선 남은 술로 자리 거듭 옮기는데,	客程殘酒席重遷
周公・湯의 고관들도 끝낸 누가 있습니까?	周湯冠冕終誰在
衛青・霍光 家門 이미 受容할 순 없게 되어,	衛霍門闌已不然
長樂宮의 달밤 소식 기쁨으로 들었다가,	聞喜禁鍾長樂月
茂陵 안개 시든 풀만 쓸쓸 바라보겠으니,	望寒衰草茂陵煙
나라 일으키실 主上 백성 살길 물으시면,	興王問及蒼生事
仁(사랑)과 恕(용서)가 지금에는 정치 우선이옵니다.	仁恕如今卽政先

* 海外 : 文定王后의 지시를 받은 林百齡이 柳希春에게 尹任을 除去하기 위한 일에 협력하기를 요청하자 柳希春이 그것을 거절했는데, 이것을 怨恨으로 삼은 그들에 의해 柳希春이 良才驛의 壁書 事件에 連累되어 濟州로 귀양갔다. "海外"는 바로 귀양지인 "濟州"를 지칭한 것으로 추정된다.
* 周湯 : 옛날 중국의 周나라 周公과 殷나라 湯王을 말하는 것으로 추정된다.
* 冠冕 : 高官들의 冠을 말하며, 官吏들의 높은 職位를 지칭하는 말로서 "第一"・"首位"라는 뜻으로도 쓰였다. 여기에서는 高位職의 관리들을 말하며, 中宗 때의 朴元宗이나 仁宗 때의 金麟厚 같은 큰선비들이 그 임금님들을 끝까지 모시지 않고 일찍이 물러난 것을 暗示的으로 표현한 것으로도 추정된다.
* 衛霍 : 중국 漢나라 武帝 때의 將軍인 衛青과 都尉인 霍光을 말한다. 衛青은 원래 아버지 姓이 鄭氏인데, 그 아버지가 陽平候의 妾과 간통을 해서 衛子夫와 衛青을 낳았고 나중에 衛子夫가 漢나라 武帝의 寵愛를 받아 皇后까지 되

면서 衛青도 벼슬이 太中大夫까지 되었다. 이후 衛青은 匈奴를 여러 번 토벌하여 크게 공을 세워 大將軍이 되었고, 인성이 착하고 겸손하여 드디어 大司馬에까지 올랐으며 長平侯로 봉해졌다. 諡號는 "烈"이다. 霍光도 漢나라 武帝 때의 重臣으로 都尉가 되어 信任을 받았으며, 昭帝가 죽자 昌邑王을 迎立했으나 淫亂에 빠져 이를 廢位시키고 宣帝를 迎立했다. 그 뒤 馬車에 宣帝를 모시고 가던 중 宣帝가 霍光을 싫어하여 그의 軍事的 權限을 沒收하였고, 그가 죽자 그 가족들을 모두 처형하였다. 그러나 그가 일찍이 國家에 남긴 功勞를 인정하여 麒麟閣에 畵像으로 모셔졌다.

* 門闌 : 문지방, 家門, 師門, 權門이라는 뜻이 있는데, 여기서는 "家門"이라는 말로 쓰였다.
* 禁鍾 : "宮闕 안에서 밤을 알리는 鍾 소리"라는 뜻이나, 여기에서는 "宮 안의 비밀스러운 消息"을 말하는 것으로, 당시 文定王后가 관여한 良才驛 壁書 事件에 대해 비밀리에 내린 密旨를 暗示한 말로 추정된다.
* 長樂 : 중국의 漢나라 초기부터 皇宮에 있던 "長樂宮"을 말한다. 漢나라에서는 "長樂宮"이 "天子의 母后"를 지칭하는 말로, "長信宮"은 "天子의 祖母"를 지칭하는 말로 쓰였다. 여기에서는 "文定王后"를 지칭한 것으로 추정된다.
* 茂陵 : 중국의 漢나라 때 武帝의 陵을 일컫는 말이나, 여기에서는 淫亂하고 放蕩한 燕山君을 廢位하고 反正으로 임금이 된 中宗大王의 "靖陵"을 가리킨 것으로, 궁극적으로 中宗大王을 지칭한 것으로 추정된다.
* 興王 : "興國之王(나라를 새로 일으킬 임금)"이라는 말이다.

해설 이 작품은 앞의 작품보다 現實的이며 時宜的이고 對應的인 重要性을 전제로 하여 한층 적극적인 의도와 목적을 두고, 작자 나름대로의 世道意識을 實踐하고 實現한다는 선비로서의 使命意識을 다하기 위해서, 이를 능히 그리고 마땅히 擔當하고 遂行할 長者이며 巨儒인 眉巖 先生께 "간곡한 소망과 기대를 실어, '만약 主上께서 나라를 새롭게 일으키시려면 무엇보다 먼저 많은 인재를 사랑하시고 나를 미루어 사람을 생각하는 용서로 정치의 우선을 삼으소서!'라고 간곡하게 아뢰어 달라"는 간절한 청탁과 기대를 간곡하게 전하는 시다.

수련에서는 제주도 유배와 함경도 鐘城으로의 移配, 그리고 恩津으로의 移配를 위문하듯 말하고, 함련에서 "終誰在(끝낸 누가 있습니까?)"라며 荒淫한 燕山君을 廢位하고 反正을 한 中宗代에도 己卯士禍로 趙光祖 같은 賢臣들이 처형됐고 明宗대에도 尹任・宋麟壽 등의 儒林이 처형되었음과 "已不然(이미 수용할 순 없게 되어)"이라며 中宗代에도 南袞・沈貞 같은 奸臣들이 득세했다가 몰락하고, 明宗대에도 尹元衡・宋祀連 등의 인물이 惡行을 恣行하다 죽었음을 말하고, 경련에서 "長樂月(장락궁의 달밤 소식)"로 文定王后에 의한 良才驛 壁書事件의 不幸을 暗示하고, "茂陵煙(무릉 안개)"으로 中宗大王의 시대를 허망하게 바라보게 됐음을 말하고는, 미련에서 이제 反正을 한 中宗大王代부터 明宗大王代까지의 역사는 어쩔 수 없으니 이제 앞의 일들은 접어놓고, 나라를 새롭게 일으키시려는 主上께서 백성들을 위해 할 일들을 물으시거든, "仁恕如今卽政先(仁 곧 사랑과 恕 곧 용서하는 일이 정치를 함에 있어서 가장 우선해야 할 일이옵니다)"이라고 아뢰어 달라는 간곡한 請願이면서 付託을 드리고 있는 시다.

따라서 이상의 두 작품은 단순히 시상의 구성이나 수사의 묘체 여하를 논의할 대상이 아니라, 작자 자신이 비록 微官末職의 경험과 경력밖에 없는 시인일 뿐인 처지와 신분으로서, 歷史와 世道에 대한 狀況意識과 士子(知性人)로서의 本分意識을 저버릴 수 없어, 자신의 신분과 위치에 상응하는 道理를 다해 올리는 衷情의 편지와 같은 아주 좋은 詩인 것이다.

竹江亭

죽강정에서

강 근원은 저 멀리의 예양천서 부터인 채,	江源遙自汭陽川
강물 위엔 우뚝우뚝 푸른 절벽 달린 듯해,	江上巉巉翠壁懸
천 리 이은 저녁 풍경 긴 피리의 저 밖이요,	千里暮光長笛外
온 하늘 속 가을빛은 한 기러기 저 끝인데,	一天秋影斷鴻邊
찬 조수 물 옛 사당 빌 제냥 합쳐 밀려들고,	寒潮自帶古祠雨
늙은 나문 저 산 성곽 안개 서로 어우러져,	老樹相連山郭煙
난간 두루 기대 섰다 그냥 다할 수가 없어,	倚遍危欄殊不極
때로 다시 주막 앞쪽 되오는 밸 세고 있네!	店頭時復數歸船

* 竹江亭 : 어디에 있는 것인지 확인할 수 없다. 작품 속에 "汭陽川"이 나오는데, 이것은 "汭陽江"의 "江"자를 簾法에 맞추어 "川"자로 바꾸어 쓴 것으로 보인다. 따라서 이 정자는 "汭陽江"이 있는 전라도 長興에 있었던 것으로 추정된다.

해설 이 작품은 竹江亭이라는 공간에 올라서 감상하게 되는 주위의 산수풍경과 이로 인해 이는 無言의 感興을 暗示的으로 곁들여 한 폭의 민그림처럼 읊어 놓은 시다. 그래서 각 연들이나 구들이 참신한 시각의 풍광미나 유려한 청각의 음률감은 없으나, 수련의 "江上巉巉翠壁懸"은 강물 위로 우뚝우뚝 솟아 있는 푸른 절벽 같은 봉우리들의 형상을 수면 밑으로 거꾸러져 비추어져 있는 봉우리들로 바꾸어 보면서 하늘에 거꾸로 달려 있다고 표현하고 있어 새로운 모사의 수법을 보이고 있으며, 함련의 "千里暮光長笛外"는 누군가가 길게 불고 있는 피리 소리를 들으며 바라보는 그쪽 천 리나 될 듯 한없이 멀고 먼 하늘 아래 거기에는 온통 저녁 풍경이 펼쳐져 있다는 것이고, "一天秋影斷鴻邊"은 외따로 날아가는 한 마리의 기러기를 바라보노라니 그 배경인 온 하늘이 온통 가을빛으로 가득하다는 말이며, 경련의 "寒潮自帶古祠雨 老樹相連山郭煙"은 가을을 맞아 어설픈 비와 안개에 싸인 풍경에 자신의 을씨년한 심경을 말없이 便乘시켜 敍景化하여 제시하고 있다.

미련에서는 "倚遍危欄殊不極"의 "殊不極(그냥 다할 수가 없어)"이 무슨 말을 하려는 것인지를 알아차려야 한다. 이 어휘를 글자대로 풀어보면 "그냥 다 풀 수가 없어"인 것이 분명하나, 이 말은 늦가을 청승맞은 비가 내린 다음 너무 어설프고 쓸쓸해진 풍경에 처연해진 자신의 심정을 무엇으로 달래보려 해도 끝날 수가 없다는 푸념 같은 상황을 집약한 것이다. 이 서술형 어휘는 "悽然한 맘"이라는 주어가 默示的으로 생략되어 있다. 그래서 이런 심경을 애써 잊고 풀기 위해 마지막 구에서 "數歸船(되오는 밸 세고 있네!)"이라며 딴전을 피우며 스스로를 달래듯, 너무도 애틋한 행태로 읊어 마무리하고 있다.

奉別駱川相公還 朝 尹毅中

낙천 상공이 조정으로 돌아가게 된 것을 받들어 작별하면서 윤의중

몇 해 이은 가난과 병 태평 시대 부끄런 채,	年來貧病愧明時
늦게서야 知音 향해 먼 이별만 애타는데,	晩向知音惜遠離
道 곧아서 온통 行世 여유롭게 하시겠고,	道直儘教行有裕
거울 비어 이내 바로 私가 없이 보실 테니,	鑑空仍是照無私
終南山의 하얀 눈은 主上 뵙는 길이지만(눈에 환하게 반갑겠지만),	終南白雪朝天路
바다 마을 백성 삶은 뵈는 것 다 비참하니,	海曲蒼生滿目悲
구렁 빠진 마음으로 생각 한번 펼친다면,	心劇內溝思一展
공 이루어 귀향할 날 응당 늦지 않으리다!	功成歸日未應遲

---

* 尹毅中 : 본관은 海南, 駱川은 호이다. 경상도와 평안도에 관찰사로 나갔었기 때문에 "相公"이라 호칭된 것으로 추정된다. 그는 전라도에서 무리하게 재물을 모아 전라도의 제일 부자라는 말을 들으며 비난을 받았고, 전라도의 유생인 丁巖壽의 부정 축재 탄핵 상소로 관직에서 퇴출되었다.
* 道直 : 세상을 살아감에 있어서 소신과 원칙이 아주 곧고 바르다는, 아주 높은 인격의 주인공으로 稱譽한 말이다.
* 鑑空 : 무엇에 대해 알아차리는 마음의 눈, 곧 鑑識眼이 무엇에 대한 견해나 판단에 있어서 선입관이나 편견 없이 맑은 심성의 상태를 말한다.
* 白雪 : 주인공인 駱川이 임금님의 命으로 서울로 기쁘게 올라가는 시기가 마침 겨울이라, 白雪이 南山에 환하게 내렸을 것이라 반가움의 의미가 함축

되기도 하였겠으나, 또한 주인공에게 기쁨을 선물하는 心象으로도 인용되었을 것이다.

* 內溝 : 『孟子』의 「萬章 章句 下」에 "伊尹曰 …… 天之生斯民也 使先知覺後知 使先覺覺後覺 予天民之先覺者也 予將以此道 覺此民也 思天下之民 匹夫匹婦 有不與被堯舜之澤者 若己推而內之溝中 其自任以天下之重也(이윤이 말하기를 …… '하늘이 이 백성들을 세상에 태어나게 하면서, 먼저 앎이 있는 사람에게 뒤에 알 사람을 깨우쳐 주게 하였고, 먼저 깨달은 사람에게 뒤에 깨달을 사람을 깨우쳐 주게 하였는데, 나는 하늘이 낸 백성 중의 먼저 깨달은 사람이니, 나는 이런 도리로 이 백성들을 깨우쳐줘야 하겠다. 천하의 백성들 중 한 남편과 한 아내만이라도 堯임금님과 舜임금님 같은 분의 혜택을 못 입는 사람이 있다면 내 자신이 떠밀려 진흙탕 속에 처박힌 것과 같이 여기며, 이런 천하를 위해서 해야 할 책임을 스스로 맡아야겠노라.' 라고 하였다)"라고 하였는데, 이것은 바로 작자가 駱川 尹相公에게 이 伊尹 같은 책임을 맡아서 백성들을 위해 책임을 다하시라는 간청을 드리는 것이다. 그래서 여기의 "內溝"는 "內溝(내구)"가 아니고 "內溝(납구)"로 "內"자는 바로 "納(드리다, 처박혀 넣어지다. 납)"과 같은 글자다.

해설 이 작품은 수련의 두 구로 작자 자신의 팔자타령 같은 넋두리를 먼저 늘어놓은 다음, 함련부터 미련의 마무리까지로 상대인 駱川相公의 지혜와 인품을 稱譽하고 겸해서 조정에 돌아가 政事와 民生을 위한 善政과 功業을 이루라는 推奬과 冀望의 眞心을 올리는 시다.

함련의 "道直 …… 行有裕"는 駱川의 삶의 소신과 원칙이 곧고 바르기 때문에 스스로 당당하고 떳떳해서 누구 앞에서 무슨 행동을 하든지 거리낄 것이 없어 여유롭겠다는 극찬이며, "鑑空 …… 照無私" 역시 세상을 보는 마음의 눈(鑑識眼)이 전혀 선입관이나 편견 없이 맑은 상태라서 무엇을 보고 판단함에 있어 私心이 없겠다는 말이다. 그리고 경련의 "終南白雪朝天路(終南山의 하얀 눈은 主上 뵙는 길이지만)"

는 임금님의 부름을 받은 것을 우선 축하하는 것이고, "海曲蒼生滿目悲(바다 마을 백성 삶은 뵈는 것 다 비참하니)"는 당시 전라도 해변지역 民生의 慘狀을 전하는 것으로, 이것은 작자가 상대인 駱川에게 이들에 대한 救恤을 간곡하게 부탁하기 위한 제시이다. 그래서 미련에서 "心劇內溝思一展 功成歸日未應遲(구렁 빠진 마음으로 생각 한번 펼친다면, 공 이루어 귀향할 날 응당 늦지 않으리다!)"로 塗炭에 빠진 民生의 慘狀을 자신의 처지로 여겨 官僚로서의 정성과 능력을 다해 救濟하여, 功을 이루어낸다면 불원간 자랑스럽게 歸鄕할 날이 올 것이라는 囑望과 기대를 읊어 마치고 있다.

그러나 주인공인 駱川이 전라도 고향에 있을 때 무리한 축재로 전라도의 제일 큰 부자라는 좋지 않은 평판을 받다가, 儒生인 丁巖壽에 의하여 不正 蓄財라는 탄핵을 받아 관직에서 퇴출된 것을 놓고 보면, 작자도 이런 정보를 몰랐을 리 없기 때문에 이 작품을 심층적으로 추적할 경우 그 점을 유의하여 천착할 필요가 있다. 따라서 이 작품에서 함련의 "道直"과 "鑑空" 그리고 경련의 "海曲蒼生滿目悲(바다 마을 백성 삶은 뵈는 것 다 비참하니)"는 상대인 駱川과 전혀 상관이 없는 단순한 시대 상황의 언급인 듯하면서, 실제로는 넌지시 역설적으로 마음을 찌르는 제시로 읽혀지기도 하고, 미련의 "心劇內溝思一展(구렁 빠진 마음으로 생각 한번 펼친다면)"이라는 구절은 표면적 文意로 구렁(塗炭)에 빠진 바닷가 마을 백성들의 마음에 동참하여 구제할 생각을 펼치라는 뜻이면서, 실제 심층의 眞義로는 당신의 그 不正한 蓄財를 그 백성들에게 喜捨하라는 은근한 권고를 함축하고 있는 것이 아닐까 하는 추정이 되기도 하는 것이다.

奉別思庵相公 朴淳

사암 상공을 받들어 작별하면서 박순

是非하던 그땐 그냥 우뚝 고집이었지만,	是非當日謾崢嶸
미쁜 歷史 된 지금엔 春秋 筆法 완성돼서,	信史如今筆法成
金櫃 넣어 임금 자취 계신 곳에 갈무렸고,	金櫃副藏王迹地
쭉 볼 때엔 宰相 行次 儀仗 嚴重하실 테니,	堵觀儀重相君行
休暇・恩惠 함께 허락 歸鄕하실 때인데다,	恩兼許暇鄕關是
恩寵으로 先代 追贈 草木들도 榮華론데,	寵及追先草木榮
몸소 太平 이루실 건 항상 기약(다짐) 하신 거라,	身致太平期曉夕
하늘 온갖 祥瑞 갖고 歸鄕 길을 감싸리다!	百祥天爲擁歸程

* 朴淳 : 관향은 충주, 자는 和叔, 호는 思庵이다. 文臣이며 學者로 시호는 文忠이고, 벼슬은 領議政까지 올랐다. 明宗朝 때 尹元衡이 乙巳士禍의 원흉 중 한 사람인 林百齡에게 "忠"字가 들어가는 諡號를 제청해야 한다는 주장을 극력 반대하고, 구태여 시호를 받게 하려면 "恭昭"라고 해야 한다고 주장하여 그렇게 결정되게 하였다. 栗谷을 옹호하다가 兩司의 탄핵을 받았으나 宣祖大王이 "松筠節操 水月精神(소나무와 대나무 같은 절개와 지조에다 물과 달빛 같은 정신)"이라 기리고 "執不允(중지시키고 허가하지 않는 것)"함으로써 처벌을 면하였으나, 이내 歸鄕하였다.
* 崢嶸 : 우뚝 높은 상태를 말하나 여기에서는 思庵의 꺾이지 않고 주장한 氣象을 비유한 말이다.
* 信史 : 임금과 신하가 합심하여 약속하고 정한, 국가의 기강이나 정책을 위한 規約이나 條例 같은 중요 문서를 金櫃(금속으로 만든 궤)에 넣어 잘 보관한 것을 말한다. 이것은 君臣間의 굳은 信義와 約束으로 마련된 規約이

며 條例로서 王室과 國家와 百姓을 위한 믿음의 歷史이며 紀綱을 말하는 것이다.

* 王迹地 : 임금님의 자취를 잘 갈무려 모신 지역을 말하는데, 여기에서는 바로 "宗廟" 같은 곳을 말한다. 여기에다 임금님과 신하의 信約(서로 간의 믿음과 약속)을 문서화한 것을 갈무려 영원히 보관하는 것이다.
* 追先 : 官吏가 自身의 功勞와 獻身으로 先祖들에게까지 名譽로운 官職을 追加하여 주어지는 것(贈職)을 말한다.

해설 이 작품은 주인공인 思庵 朴淳의 德行과 學問을 전제로 乙巳士禍에 대한 嚴正한 史筆로 "忠邪를 分明히 한 信史를 確立한 것을 讚揚"하고 겸해서 顯祖의 道理까지 다한 그의 삶을 祝賀한 정중한 詩이다. 그래서 수련에서부터 "信史如今筆法成(미쁜 역사 된 지금엔 春秋筆法 완성돼서)"으로 학문과 덕행에 대한 讚揚을 頭括하여 전개하고, 함련에서 이 "筆法成"의 실제 결실을 "金櫃副藏 王迹地(金櫃 넣어 主上遺蹟 모신 곳에 갈무렸고)"로 摘示하고, "承恩"의 例를 "堵觀儀重相君行(쭉 볼 때엔 宰相 行次 儀仗 嚴重하실 테니)"과 경련의 "恩兼許暇鄕關是(休暇・恩惠 함께 허락 歸鄕하실 때인 데다)"로 제시하고 있으며, 追先恩寵의 例는 "寵及追先草木榮(恩寵으로 先代 追贈 草木들도 榮華론데)"으로 例示하였다. 미련에서는 "百祥天爲擁歸程(하늘 온갖 祥瑞 갖고 歸鄕 길을 감싸리다!)"이라는 極讚으로 더없는 聖恩을 누리는 榮光을 攢賀하였다.

頭輪山

두륜산을 보고

맑고 고운 우주 기운 땅 위 경계 나뉘면서,	淸淑扶輿地紀分
떡 앉은 채 南方神을 바로 모시는 듯한데,	雄蟠直拱祝融君
차가운 솔 푸른 골짝 천년 두고 달이 뜨고,	寒松碧洞千秋月
외로운 학 붉은 절벽 萬年 두고 구름 돌며,	孤鶴丹崖萬古雲
높은 집엔 날 샌 하늘 바람·이슬 기운 돌고,	高閣曙天風露氣
바위 뜰엔 개인 햇살 혜초·난초 향기론데,	石庭晴日蕙蘭芬
동남으로 三神山의 境界 다시 接했으니,	東南更接三神界
꿈에라도 飛人 끼고 八方 넘나 놀고 싶네!	夢挾飛人跨八垠

---

* 頭輪山 : 전라남도 海南에 있는 山으로 여기에는 大芚寺라는 사찰이 있다. 여기에서는 제주도의 한라산을 바라볼 수가 있다.
* 扶輿 : "빙글빙글 돌며 붕 뜨는 듯한 상태"로, 지구나 아주 큰 물체가 움직이는 듯한 상태를 표현하는 말로 쓰인다. 여기에서는 頭輪山이 역동적인 기세로 자리 잡힌 상태를 비유한 말로 쓰였다.
* 地紀 : 『莊子』「說劍」에 나오는 말로, "아주 큰 노끈으로 地球의 네 귀퉁이를 잡아매서 地球가 固定되게 하고 東西南北과 中央을 區分(境界) 짓게 하였다"고 한다.
* 雄蟠 : 웅장하게 떡 버티고 앉아 있는 상태를 말한다.
* 祝融君 : 여름의 神이면서 불을 맡은 神으로 南海의 神을 말하는데, 여기에서는 "南海의 神"이라는 말로 쓰였다.
* 三神 : "檀君神話"에서는 "桓因"과 "桓雄", "桓王儉"을 말하나, 여기에서는 "三神山"의 略語로 쓰였다. 우리나라의 "蓬萊山(金剛山)"과 "方丈山(智異山)",

"瀛州(漢拏山)"를 말하는 것이다.

* 飛人 : 흔히 寺刹의 法堂에 그려져 있는 "날아다니는 사람"을 말하나, 이 말은 중국이나 일본 등에서는 쓰이지 않는 말이다. 우리나라에서만 "날아다니는 사람"이라는 말로 쓰였던 것으로 판단되는데, 여기에서 작자가 "飛人"을 鶴을 타고 날아다닌 王子喬나 鳳凰을 타고 하늘로 올라간 蕭史, 鶴을 탄 丁令威 같은 神仙을 비유하여 쓴 것으로 추정된다.
* 八垠 : 地球 八方의 무한히 멀고 넓은 공간을 말하며, "八垓"라고도 부른다.

해설 이 작품은 수련으로 두륜산의 총체적 기상과 상태를 "淸淑扶輿地紀分(맑고 고운 우주 기운 땅 위 경계 나뉘면서)"으로 포착하고, 산의 총체적 기세와 형상을 "雄蟠直拱祝融君(떡 앉은 채 南方神을 바로 모시는 듯한데)"으로 模寫하여 제시하고, 함련에서 "寒松(차가운 솔)"과 "千秋月(천년 두고 달이 뜨고)"로 淸淨의 境地임과 "孤鶴(외로운 학)"과 "萬古雲(萬年 두고 구름 돌며)"으로 孤高의 別界임을 안내하고, 경련에서 "高閣(높은 집)"에다 "風露氣(바람·이슬 기운 돌고)" 그리고 "石庭(바위 뜰엔)"에다 "蕙蘭芬(혜초·난초 향기론데)"으로 이 산속을 脫俗的 淸閑의 空間으로 설정하고서, 미련에서 "更接三神界(三神山의 境界 다시 接했으니)"라는 강조와 함께 이내 "夢挾飛人跨八垠(꿈에라도 飛人 끼고 八方 넘나 놀고 싶네!)"이라며, 俗累와 塵網을 훌훌 벗고 쌓였던 鬱氣를 시원하게 풀고 싶은 소망을 읊어 놓고 있는 좋은 詩다.

次雙溪樓韻 贈性眞師

쌍계사 누각에 걸린 板上 詩의 韻을 따라 지어서, 性眞 스님에게 주다

거듭 錫杖 날리며 온 名 스님께 부끄런 건,	重勞飛錫愧名僧
懶怠 天性 원래 모두 못하는 걸 알아선데,	懶性元知百不能
천 리 찾은 옛 庵子는 雙溪로서 名勝이나,	千里舊庵雙派勝
이 한 樓閣 새로운 詩 몇 사람째 더 걸릴까?	一樓新詠幾人增
새벽 골짝 구름 잦아 산봉들은 젖었겠고,	雲歸曉洞峰巒濕
가을 壇에 이슬 씻겨 庭園 숲도 맑을 테니,	露洗秋壇水木澄
진짜 境地 다 못 봐도 마음 벌써 푹 익어서,	眞境未窮心已熟
달 밝으면 먼저 난간 꿈속서도 오를 걸세!	石欄明月夢先登

---

* 雙溪樓 : 전라남도 장성군에 있는 白羊寺에 속한 누각이다.
* 性眞 : 이 스님은 작품 속에 "千里(천 리에서 찾아온)"라는 말이 나오는 것으로 봐서, 우리나라 북쪽의 사찰에 소속된 스님으로 남쪽의 寺刹들을 巡訪하고 있었던 것으로 추정된다.
* 飛錫 : 옛날 스님들이 흰 쇠로 만들었다는 지팡이(錫杖)을 짚고 空中을 날아다녔다고 해서 "錫杖飛空(錫杖 짚고 空中을 날아다님)"이라는 말이 생겼다. 옛날 중국의 高僧인 隱峰이 五臺에 가려고 淮西를 막 출발하면서, 이 錫杖을 空中에 휙 날려 던지고 그것을 타고 갔다고 하였다.
* 水木 : 정원 같은 곳에 있는 숲을 이르는 말이다.
* 眞境 : "實際의 境地"이면서 "조금도 더럽혀지지 않고 아주 깨끗한 곳"이라는 뜻이 있는 말이다. 그래서 흔히 "神仙이 사는 世上" 곧 "仙境"을 말하는데, 여기에서도 이런 뜻으로 쓰인 것으로 추정된다.

* 石欄 : "石欄干(珊瑚樹의 一種)"의 준말인데, 여기에서는 큰 바위 위에 세워져 있는 雙溪樓의 欄干을 말하는 것으로 추정된다.

해설 이 작품의 수련에서 작자는 "重勞飛錫愧名僧 懶性元知百不能"이라며 飛錫하는 名僧인 性眞에다가 懶性에 百不能인 자아를 지나칠 정도로 낮춰 비겨 놓고는, 함련에서 "千里舊庵雙溪勝(千里 찾은 옛 庵子는 雙溪로서 名勝이나)"이라며 性眞 그대는 千里를 찾아온 보람에 즐겁겠다고 하면서, "一樓新詠幾人增(이 한 樓閣 새로운 詩 몇 사람째 더 걸릴까?)"이라며 자신은 여기에 와서 詩를 짓고 있지만, 내 詩가 이 樓閣에 몇 번째의 主人公으로 걸리게 될지조차 모르겠다는 自卑·自謙의 辭讓이면서도 은근한 기대를 하기도 하고, 경련에서 "雲歸曉洞(새벽 골짝 구름 잦아)"과 "露洗秋壇(가을 단에 이슬 씻겨)"으로 이곳에 돌아올 가을 아침 풍경을 상상하고는, 미련에서 "眞境未窮心已熟(진짜 境地 다 못 봐도 마음 벌써 푹 익어서)"이라며 神仙들이 사는 세계 같은 이곳을 아직 다 구경을 못 했어도 마음은 벌써 푹 익혀지듯 잡혀서, 이내 "石欄明月夢先登(달 밝으면 먼저 난간 꿈속서도 오를 걸세!)"이라며 읊어 마치는 시다.

次性眞軸上韻

성진 스님의 시축의 운을 따라 짓다

이름난 산 어디인들 頂上 안 갔겠소마는, 名山何處未窮顚

錫杖 짚고 남쪽 와서 또 한 해가 되었으니, 杖錫南來又一年
仙境 世界 사는 멋은 좋은 詩想 應해 주고, 仙掖風流酬藻思
사찰 주위 안개와 달 속세 인연 끊어 주며, 上方煙月隔塵緣
샘물 젖은 섬돌에는 가을 이끼 자랐겠고, 泉經石砌秋苔長
서리 가린 성긴 울 밑 늦 국화가 고울 게니, 霜護疎籬晩菊姸
짐 많은 채 멀다 사양하지 않고 절 찾아서, 多荷相尋不辭遠
그대에겐 되려 歸鄕 꿈속 詩篇 있겠구려! 故人還有夢歸篇

* 仙掖 : 神仙들이나 살 것 같이 아늑하고 정갈한 寺刹에 딸린 房을 말한다.
* 藻思 : 詩나 글을 짓고 쓰는 才能으로, 詩想을 말하기도 한다.
* 多荷 : "荷"자는 "연꽃"이라는 뜻으로 많이 쓰이나, 여기에서는 마음과 몸으로 "메고 진 채 있는 것" 곧 "負擔"이라는 말로, 이 작품의 셋째 句에서 작품의 주인공인 性眞 스님의 "詩才"와 "詩想"을 지칭한 말인 "藻思"와 相關시켜 보면, 性眞 스님이 북쪽에 있는 자신의 사찰에서 詩를 지으며 누릴 수 있는 그곳의 풍경과 정감들을 詩化하지 못한 채로 둔 것들에 대한 안타까운 심경의 부담을 많이 지고 있다는 말이다. 따라서 이 작품을 제대로 파악해서 읽어내려면 이 "多荷"라는 어휘의 含意는 물론 함·경련의 내용과 유기적으로 상관시켜 읽어낼 수 있어야 한다.
* 夢歸篇 : 못 잊어서 꿈속에 돌아가 지은 詩篇들이라는 말이다.

해설 이 작품은 작자가 작품의 주인공인 性眞 스님에게 "그대는 비록 먼 거리를 사양하지 않고 遊覽을 하고 있지만, 정녕 북쪽에 있는 자신의 절로 돌아가고 싶은 생각도 간절할 것일세!"라는 추정으로 읊어 주는 시다. 그래서 性眞 스님의 心中을 꿰뚫어 알고 위로하듯 격려하듯, 그러면서도 한편으로는 은근히 남쪽의 名山들과 名刹들을 유람

하는 행태와 심경을 놀리듯이 읊어 주는 시다.

수련에서 "名山何處未窮顚 杖錫南來又一年(이름난 산 어디인들 頂上 안 갔겠소마는, 錫杖 짚고 남쪽 와서 또 한 해가 되었으니)"이라며 "남쪽 와서 또 한 해가 되었으니"라는 시간적 경과의 상황을 설정하여 주인공인 性眞 스님의 鄕愁 喚起를 빚어내는 조건을 예비하고, 함련에서 "酬藻思(좋은 詩想 應해 주는)"로서 "仙掖風流(仙境 世界 사는 멋)"와 "隔塵緣(속세 인연 끊어 주는)"으로서 "上方煙月(사찰 주위 안개와 달)"을 설정하고 있으며, 경련에서 "秋苔長(가을 이끼 자랐겠고)"과 "晩菊姸(늦 국화가 고울 게니)"으로 간절한 季節感과 함께 애틋할 鄕愁의 喚起를 예비함으로써, 미련을 "多荷相尋不辭遠(짐 많은 채 멀다 사양하지 않고 절 찾아서)"이라고 하여, 작자는 性眞이 북쪽 자신의 절에 있으며 느낄 法悅과 感興을 읊어야 할 것을 못 하고 있는 心情的 負擔을 "짐 많은 채"로 추정하여 "故人還有夢歸篇(그대에겐 되려 歸鄕 꿈 속 詩篇 있겠구려!)"이라 추정하며 읊고 있다.

次松川先生 喜慶樓韻

송천 선생의 시 '喜慶樓'의 운을 따라 짓다

삼 년 남쪽 눈(雪)만 보며 서울과는 막힌 채로,	三年南雪隔皇州
머리 센 채 온갖 일을 그만두게 되었어도,	頭白從敎百事休
누각 하늘 솟아 있어 풍악 멀리 울려 가고,	樓閣入天絲管迥
江湖 地面 가득하여 물・구름이 아득한데,	江湖滿地水雲悠

장군들의 정의감은 외려 기상 살아 있고,	將軍義烈猶生氣
학사들의 풍류에는 옛날 언덕 있었을 것,	學士風流有古丘
상상컨대 윤기 도는 안색 가진 원로들 속,	想得腴顔耆舊內
참 기쁨은 晩香 元老 못지않으셨겠구나!	淸歡不下晩香侯

---

* 松川 : 전라도의 名門家인 濟州梁氏로 學圃 梁彭孫의 아들이며 선비요 관리였던 梁應鼎의 호이다.
* 喜慶樓 : 전라도 광주에 있던 누각이다.
* 皇州 : 원래 皇帝 나라의 首都만을 일컫는 말인데, 작자는 우리의 "서울"을 지칭하는 말로 쓰고 있다.
* 生氣 : 이 시에서는 이 어휘가 중국 唐나라 王勃의 〈滕王閣序〉에 나오는 "紫電淸霜 王將軍之武庫(붉은 번개・맑은 서린 왕장군의 무기 창고일세!)"라는 글에서 따온 "장군의 기상"을 말하는 것으로 추정된다.
* 古丘 : 이 어휘 역시 이 시에서는 중국 唐나라 李白의 〈登金陵鳳凰臺〉에 나오는 "晉代衣冠成古丘(晉나라 때 선비들 터 옛 언덕이 되어 있네!)"에서 따온 "옛 언덕"을 말하는 것으로 추정된다.
* 耆舊 : 年歲와 德이 높은 늙으신 어른들이라는 말이다.
* 晩香 : 옛날 중국 宋나라의 名臣인 韓琦의 亭子인 "晩香亭"을 말한다. 여기에서 "晩香侯"라고 한 것은 韓琦가 그 忠誠을 인정받아 "魏國公"으로 封爵을 받았는데, "侯爵"이 五爵 중 하나에 해당하기 때문에 "晩香亭의 主人이면서 魏國公인 侯"라는 뜻에서 "晩香侯"라고 한 것이다. 여기에서는 喜慶樓에서 잔치를 베풀었을지도 모르는 梁松川을 비유적으로 표현한 것으로 추정된다.

해설 이 작품은 작자가 梁松川을 喜慶樓의 主人公으로 삼아 옛날 중국의 宋나라 名臣이며 賢明한 宰相이었던 韓琦에 비겨 놓고, 이 喜慶樓 잔치에서 전개되었을 風樂과 주위의 풍경 그리고 여기에 참가했을 文武職 人士들의 風采 등을 羅列하고는, 이내 주인공인 梁松川 개인의

人品을 極讚하고 있는 시다. 그래서 수련에서 혹시 彈劾을 받아 停職되어 고향에 와서 있을 당시로 추정되는 시기의 상황을 "三年南雪(삼년 남쪽 눈만 보며)"과 "頭白從敎百事休(머리 센 채 온갖 일을 그만두게 되었어도)"로 위로하듯 제시하고, 함련에서 "絲管逈(풍악 멀리 울려 가고)"과 "水雲悠(물·구름이 아득한데)"로 잔치 자리에서의 風樂과 風景을 자랑삼아 제시하고는, 경련에서 "將軍義烈(將軍들의 正義感)"과 "學士風流(學士들의 風采)"로 招待된 人士들의 인품과 행태를 소개하고, 미련으로 이내 "淸歡不下晩香侯(참 기쁨은 晩香 元老 못지않으셨겠구나!)"라며 주인공인 梁松川의 인품과 풍류를 높이 讚美하고 있다.

그런데 이 작품의 제목에 "奉呈"이라는 말이 없는 것으로 보거나, 실제로는 梁松川의 관직이 아주 높진 않았고 관직에 있을 당시 두 번이나 부정이 있었다는 탄핵을 받아 停職을 당하기도 한 것이나 諡號도 없는 것으로 봐서는 소원할 수도 있으나, 이 작품은 작자가 평소 서로 정분이 깊고 年長의 先輩이었던 관계로 해서 존경의 심경으로 읊은 것으로 추정된다.

次松川寄楊通判之韻

송천이 양 통판에게 부친 시의 운을 따라 짓다

궁 안에서 과거 응시 큰 공 홀로 차지하며,	金門射策擅膚公
글 힘으로 "달·무지갤 꿰뚫은 듯" 다퉈 보니,	文彩爭瞻貫月虹

太掖池에 봄 짙으면 새론 짐승 비단 같고, 太液春濃新獸錦
천산 눈이 자욱할 젠 곱게 새긴 옛 활 되어, 天山雪暗舊琱弓
잔치 자리 술 마실 젠 풍류 멋이 대단했고, 當筵縱酒風流勝
촛불 잇대 시 재촉 땐 詩想 氣勢 힘찼는데, 繼燭催詩氣勢雄
이 해 계절 매화・버들 바로 따라 바뀔 텐데, 年律政隨梅柳變
고운 분이 어찌 홀로 와서 함께 못하셨나! 玉人何獨阻來同

---

* 金門 : 宮闕의 문인 宮門을 일컫는 말이며, 여기에서는 바로 宮闕 안을 말한다.
* 射策 : 중국의 漢나라 때부터 시행된 科擧 試驗의 한 종류로, 經書의 내용이나 政治 혹은 國事의 問題를 策(대나무 쪽을 꿰어 이은 筆記板)에 적어 응시자들이 논술하여 답을 쓰게 하는 시험을 말한다.
* 膚公 : 功勳 또는 功績이라는 말이다. "擅膚公"은 "功績을 혼자 차지했다"는 말로 "壯元及第"라는 말과 같다.
* 貫月虹 : 『帝王世紀』에 "金天氏之末 瑤光之星 貫月如虹 感女樞幽房之宮 生顓頊(금천씨의 말기에 구슬 빛 같은 별빛이 달을 무지개처럼 꿰어 비추며 女體의 가장 깊숙한 곳을 감동시켜 전욱을 낳았다)"라고 하였다. 그런데 여기에서는 작자가 글의 기세가 "달까지 꿰뚫은 무지개빛"과 같이 빛났다는 말로 쓴 것으로 추정된다.
* 獸錦 : 짐승의 문양을 수로 놓은 비단을 말한다.
* 琱弓 : 아름답게 조각을 한 활을 말한다.

해설 이 작품은 작자가 大科는 아니지만 生員科에서 장원을 한 梁松川의 인품과 명망을 기리면서, 梁松川이 자신의 벗인 楊士奇가 자신의 잔치 자리에 참석하지 못한 것을 안타까워하며 지은 시인 〈卽席寄通判楊君〉에 次韻하여 同感하는 심정을 함께 더하여 읊어 놓은 시다.

수련에서는 무슨 시험인지 梁松川이 宮中에서 치른 시험에 수석을 하여 많은 사람들에게 글 재주를 과시했던 것을 "擅膚公(큰 공 홀로 차지하며)"과 "貫月虹(달 · 무지갤 꿰뚫은 듯)"으로 한껏 추키고는, 함련에서 "新獸錦(새론 짐승 비단 같고)"과 "舊琱弓(곱게 새긴 옛 활 되어)"으로 조정과 국가에서 받는 대우와 신임을 事例로 제시하고 있으며, 경련에서는 "風流勝(풍류 멋이 대단했고)"과 "氣勢雄(詩想 氣勢 힘찼는데)"으로 그의 風流와 詩才를 한껏 推奬하고 있으며, 미련에서는 마지막의 끝구로 "玉人何獨阻來同(고운 분이 어찌 홀로 와서 함께 못하셨나!)"이라며 진심으로 안타깝게 동정하고 있는 것이다.

次 正使慶會樓遇雪韻

明나라 正使가 慶會樓에서 내리는 눈을 보고 지은 詩의 韻을 따라 짓다

비원 문의 서쪽으로 푸르르게 높다란 것,	苑門西畔碧岧嶢
장한 풍경 아득 높이 저 하늘에 닿겠는데,	雲物迢迢近赤霄
기세로는 玉山 함께 봉황새가 우뚝 선 듯,	勢幷玉山祥鳳峙
형상으론 은하 꽂힌 무지갠 양 아득 멀며,	影搖銀浦綵虹遙
겹 주렴은 조금 추위 스며들지 않게 한 채,	重簾不許輕寒入
끝물 눈발 날리면서 詩想이 막 놀게 하니,	晩雪翻從藻思飄
귀국한 날 북경에는 봄이 한창이겠지만,	歸日帝城春色動
행여 객지 꿈꾼다면 오늘 아침 그립겠소!	幸因離夢憶今朝

* 岧嶢 : 산이 높은 상태를 말한다.
* 雲物 : 구름의 색채, 구름 기운, 하늘의 풍경 등을 말하나, 여기에서는 "하늘의 풍경"으로 쓰인 것으로 추정된다,
* 赤霄 : 아주 높은 하늘이나 帝王의 首都(서울)를 말하는데, 여기에선 "아주 높은 하늘"로 쓰인 것으로 추정된다.
* 玉山 : 중국의 『山海經』에 나오는 신선들이 산다는 신비한 산을 말한다.
* 銀浦 : 銀河를 다르게 부르는 말이다.
* 藻思 : 글을 짓는 재능이나 詩想을 말한다.
* 帝城 : 중국의 황제가 머물고 있는 곳으로 곧 중국의 首都를 말하는데, 여기에서는 당시 明나라의 서울(首都)인 北京(燕京)을 말한다.

해설 이 작품의 배경으로 조선조 宣祖 6년(1573) 癸酉 明나라 萬曆 元年에, 明나라에서 온 使臣 韓世能과 陳三謨를 맞는 館伴인 蘇齋 盧守愼의 추천으로, 36세의 작자가 白衣製述官으로 참가해서, 林日煌이라는 明使 隨行員으로부터 "抱不世才(세상에 뛰어난 才能)"라는 稱譽를 받았다는 내용과 작자가 盧蘇齋를 대신해서 지은 明使에게 주는 詩의 "城上飛鴉歸欲盡(성 위 나는 갈가마귀 모두 날아가려는데)"이라는 시구에서 蘇齋가 "歸"자를 "啼"자로 고쳐서 보냈더니, 明使가 돌려보내면서 "이 시를 지은 사람이 분명 '啼'자를 놓았을 리가 없다"라고 해서, 蘇齋가 다시 "歸"자로 바꾸어 보내자, 明使는 기뻐하며 감탄하고 칭찬하였다는 내용이 그의 年譜에 전하고 있다.

明나라의 正使인 韓世能이 宣祖大王의 接對宴을 받고 나중에 歸還한 뒤, 작자는 그가 지은 〈國王邀坐慶會樓 因索詩翰 呈此 是日雪(이 나라 임금님이 경회루에 모셔져 앉으신 채, 이내 지은 시를 보자 하셔서 이것을 바쳤다. 이날은 눈이 내렸다)〉이라는 작품을 읽고 그 韻을 따라서 지은 이 작품은 수련에서 慶會樓의 위치와 주위의 풍경 그리고

이 누각의 자세와 풍채를 제시하고, 이어 경련에서 "晩雪翻從藻思飄(끝물 눈발 날리면서 詩想이 막 놀게 하니)"라며 계절의 끝물로 눈이 내리는 걸 보며 흥겹게 시를 지었을 韓世能을 눈앞에서 보는 듯 상상하며, 실제 연회가 베풀어지는 현장의 분위기와 내리는 눈발을 흥겹게 詩興으로 수용하여 詩化하는 행태를 재현하듯 模寫하고 있는데, 이것은 아마 그의 작품 중 "林簇瓊枝雪更飄(옥 줄긴 양 모여 선 숲 눈발 다시 날리는데)"라는 句를 단서로 構想된 것으로 추정된다. 미련에서는 이 작품이 상대인 明使 韓世能에게 전해지리라는 기대를 하는 듯 "幸因離夢憶今朝(행여 객지 꿈꾼다면 오늘 아침 그립겠네!)"라며 마치고 있어 아주 좋은 시다.

次 正使留別

正使가 남겨 놓고 떠나며 지은 시의 운을 따라 짓다

아물아물 뜬 먼지는 부신 햇살 놀려대고,	藹藹遊塵弄霽華
한가로운 깃발들은 노을빛에 어울린 채,	悠悠征旆暎高霞
만 리 멀리 헤어져 갈 처지 어찌 견딜 건가?	那堪萬里分携地
예다 다시 봄바람에 버들꽃도 날리는데,	復此春風楊柳花
피리 소리·關門 달빛 속의 밤은 아득하고,	殘夜笛聲關月逈
꾀꼴 우는 驛舍에는 석양빛만 기울 텐데,	夕陽鶯語驛亭斜
그리워질 몇몇 곳 서 괜히 머리 돌려 볼 젠,	相思幾處空回首

구름・바다 하늘 닿아 끝도 뵈지 않으리다! 雲海連天不見涯

* 霽華 : 맑게 갠 날의 밝은 햇빛을 말한다.
* 征旆 : 떠나는 使臣의 行次를 알리는 깃발을 말한다.

해설 이 작품은 작자가 明나라의 正使인 韓世能의 詩 〈慕華館 國王餞別 登途(모화관에서 國王께서 餞別을 해주셔서 길을 떠나면서)〉라는 작품의 韻을 따라 지은 것으로 추정되나, 韓世能의 이 작품이 "灰"의 韻字들로 지어진 것인 데에 대해, 작자의 이 작품은 "灰"와 同韻字들이 아니고 通韻인 "佳"와 "麻" 등의 通韻字들로 지어진 것으로, 明使들이 還國하는 시점의 풍경과 伴接하고 交遊한 朝鮮의 文臣들과 작별하는 순간의 풍경과 심경 그리고 歸還하는 도중의 애틋할 풍경들과 심경을 推定하여 안타깝게 위로하는 시다.

수련에서 "弄霽華(부신 햇살 놀려대고)"와 "暎高霞(노을빛에 어울린 채)"로 還國하는 明使들의 송별 현장을 화창한 풍경과 아쉬운 심기의 공간으로 설정하고, 함련은 正使인 韓世能의 "那堪(어찌 견딜 건가?)"이라는 심경의 형편을 "復此(예다 다시 ~한데)"라는 정감을 조장하는 상황의 전제로 전환하여 정서를 강화하고 있으며, 경련에서는 헤어져 還國하는 正使가 歸還하는 긴긴 途中의 심경을 이별의 안타까움으로 설정하고, "殘夜笛聲關月迥(피리 소리・관문 달빛 속에 밤은 아득하고)"과 "夕陽鶯語驛亭斜(꾀꼴 우는 역 정자엔 석양빛만 기울 텐데)"로 지루하고 외로운 여정에서 고적감을 돋우는 풍경들의 배치로 설정하고, 미련에서 "相思幾處空回首 雲海連天不見涯(그리워질 몇몇 곳서 괜히 머리 돌려 볼 젠, 구름・바다 하늘 닿아 끝도 뵈지 않으리다!)"라며 기막힌 안타까움으로 동정하듯 마치고 있다.

次 副使

부사의 시 운을 따라 짓다

萬里 歸國 期日이라 벌써 旅程 警戒하며, 萬里歸期已戒程
술 마시곤 서로 보니 온통 離別 情뿐이라, 飮中相顧摠離情
해 기울며 고운 풀은 하늘 닿아 한 빛이고, 日斜芳草連天色
비가 멎자 꾀꼬리는 잎 가린 채 우짖는데, 雨歇黃鸝隔葉聲
글 才能은 千年 두고 異國 風俗 전할 테고, 文字千年傳異俗
風流로는 한세상에 사람들 귀 울리련만, 風流一世動人聽
이 인생에 어느 곳이 다시 만날 곳일 건가? 此生何處重逢地
行次 멀리 바라보며 눈물 제냥 흘리리다! 遙望行塵涕自傾

해설 이 작품 역시 明使 중 副使인 陳三謨가 慕華館에서 우리 임금님인 宣祖大王의 餞別을 받으며 지은 시 〈國王餞別慕華館(국왕께서 모화관에서 전별을 해주셔서)〉이라는 작품의 脚韻인 平聲 "庚"韻을 따라 같은 脚韻字가 아닌 同韻字를 가지고 지은 시다. 작자 자신은 이 餞別宴에 참석하지 못했을 터이나 작품에서는 마치 함께 참석하여 노닐고서 정분을 나누고 헤어지는 것처럼 읊고 있다.

수련에서 "已戒程(벌써 여정 경계하며)"이라며 돌아갈 여정을 걱정하며 경계하고, "摠離情(온통 離別 情뿐이라)"이라며 온통 서로 이별을 안타까워하고 있음을 말하고는, 함련에서는 "芳草連天色(고운 풀은 하늘 닿아 한 빛이고)"과 "黃鸝隔葉聲(꾀꼬리는 잎 가린 채 우짖는데)"으로 이별의 정을 더욱 애틋하게 하는 아득한 시각의 풀빛과 사뭇 애달프게 하는 청각의 꾀꼬리 소리를 배치하고 있으며, 경련에서는 “文字千年傳異俗 風流一世動人聽(글 才能은 千年 두고 異國 풍속 전할 테고, 風流로는 한세상에 사람들 귀 울리련만)”으로 주인공 陳三謨의 글 재능과 멋을 아는 풍류를 한껏 추켜세우면서, 미련에서 “何處重逢地(어느 곳이 다시 만날 곳일 건가?)”라며 헤어지는 안타까움을 절망하듯 토로하고는 이내 “遙望行塵涕自傾(행차 멀리 바라보며 눈물 제냥 흘리리다!)”이라며 自憐自哀하는 자신을 전하고 있다.

題房浚夫 松溪堂 名應賢

방준부의 송계당을 제재로 삼아 짓다 이름은 응현이다

나그네 길 아득 멀리 들판 풍경 이편 오니,	客路迢迢野色東
작은 집은 문 닫힌 채 숲 그늘 속 있네마는,	小齋門掩樹陰中
뜨락에는 응당 겨울 죽순 솟아 있었기로,	庭間應有冬抽笋
제절 위엔 아예 사슴 받힌 솔이 없는 터라,	壟上曾無鹿撼松
한 시냇물 울을 둘러 따라 졸졸 소리 내고,	一水繞籬從滴瀝
수만 산봉 난간 닥아 푸르름을 견주노니,	萬峰當檻較葱蘢
東坡 壁에 詩를 쓰자 雷龍(천둥과 용) 화답했다지만,	蘇翁題壁雷龍和
누가 알랴? 떠나려니 생각 끝이 없는 것을!	欲去誰知思不窮

* 冬抽笋 : 중국 三國時代 吳나라의 孟宗이 겨울에 그 어머니가 竹筍을 먹고

싶다고 하자, 대숲에 가서 탄식을 하니 竹筍이 돋아나서 어머니께 가져가 드시게 하였다고 하여, 孝子의 이야기로 잘 알려져 있다.

* 祭砌 : 무덤 바로 앞에 省墓를 하고 祭祀도 모실 수 있게 높고 편편하게 만들어 놓은 자리를 말하며 이것을 "제절"이라 한다. 원래 이 한자어는 독음이 "제체"인데 관습적으로 "제절"이라 불려 왔다.
* 鹿撼松 : 중국 晉나라 효자인 許孜가 부모님의 무덤에 소나무를 심어 놓았는데, 사슴이 와서 이 나무를 머리로 받아서 부러뜨리자 許孜가 슬퍼하였더니 다음날 猛獸가 와서 사슴을 죽여서 소나무 아래에 두고 갔다고 하였다.
* 雷龍和 : 무엇을 의미하는지 根據가 되는 기록을 확인할 길이 없으나, 문맥상이나 작품 전체적인 내용의 성격과 상관시켜 추정해 보면, "蘇翁題壁雷龍和"는 "蘇東坡가 詩를 지어 壁에 쓰자, 天動과 龍이 和答을 했다"는 말이 아닌가 추정된다.

해설 이 작품은 松溪堂이라는 書齋의 위치와 주인공인 房浚夫의 孝誠을 칭송하고, 이 건물의 주위 풍광을 소개하고는, 마침 주인인 房浚夫가 없어서 시를 지으며 서로 唱酬하는 재미도 못 누린 채 돌아가게 된 상황을 안타깝게 읊은 시로 추정된다.

수련에서 "野色東(들판 풍경 이편)"과 "樹陰中(숲 그늘 속)"으로 松溪堂이 있는 위치와 풍경을 제시하고, 함련에서 "應有冬抽笋(응당 겨울 죽순 솟아 있었기로)"과 "曾無鹿撼松(아예 사슴 받힌 솔이 없는 터라)"으로 주인공인 房浚夫의 孝誠과 그 感動을 소개하고, 경련에서 "一水繞籬(한 시냇물 울을 둘러)"와 "萬峯當檻(수만 산봉 난간 닥아)"으로 松溪堂을 중심으로 한 遠近의 風光을 소개하고는, 미련에서 주인공인 房浚夫를 못 만난 채 홀로 詩만 읊고 있는 자신의 行色을 "蘇翁題壁雷龍和 欲去誰知思不窮(東坡 壁에 詩를 쓰자 천둥과 용 和答했다지만, 누가 알랴? 떠나려니 생각 끝이 없는 것을)"이라며, 너무 애틋하고 고독한 자신의 행색과 심경을 못 견뎌 하는 듯 읊고 있다.

登單于臺 代月課

선우대에 올라서 이달의 詩文 짓기 課題를 대신해서

白登에다 남겨진 恨 良·平에겐 창피해도,	白登遺慍媿良平
河湟 地域 씻어낼 건 이 征伐에 달려서라,	汛掃河湟在此征
만릿길에 깃발들이 외딴 사막 도착하자,	萬里旌旗臨絶漠
백 년 말썽 오랑캐는 천자 군댈 다 챘건만,	百年胡寇識天兵
댄 높은 채 변방에서 겪은 고초 말도 않고,	臺高不道邊塞苦
眺望 멀리 漢代 그 달 솟는 것만 뵐 뿐이니,	望遠從看漢月生
필경에는 그 큰 계획 한 장 封한 詔書 된 채,	畢竟雄圖一封詔
지금에는 陵 숲들만 帳幕·城과 같게 됐네!	只今陵樹似帷城

---

* 單于臺 : 중국 內蒙古 歸化城에 있는 單于의 臺로, 漢나라 武帝가 18만 명의 군대를 이끌고 와서 여기에 오르기도 하였다. 白光勳은 漢나라 高祖도 여기에 오른 것으로 판단하고 시를 지은 것으로 추정된다.
* 白登遺慍 : 중국 漢나라 高祖皇帝인 劉邦이 30만의 군대를 이끌고 匈奴인 冒頓單于를 代谷에서 공격하던 중 오히려 單于의 40만 군대에 의해 白登山에서 七日 동안 포위를 당해 있다가, 신하인 陳平이 單于의 妻인 閼氏에게 뇌물을 주고 풀려나게 되었다. 그래서 "白登遺慍(백등에다 남겨진 恨)"은 漢나라 高祖皇帝가 單于를 토벌하다가 오히려 그에게 七日 동안 포위되었다가 신하인 陳平의 계책으로 풀려나게 된 것이 창피스럽고 부끄러운 꼴로 평생 마음에 남은 恨이 되었다는 말이다.
* 良平 : 漢나라 高祖皇帝의 사랑을 받던 신하들인 張良과 陳平 두 사람을 말한다. 이 두 사람의 진실하고 충성스런 計策과 밝은 智謀의 도움을 받아 漢나라를 建國하였고, 白登의 困辱도 이들의 계책으로 풀려났다.

* 汎掃 : 물을 뿌려 씻어낸다는 말이다.
* 河湟 : 黃河와 湟水가 있는 지역으로, 당시의 西戎地域이었다.
* 漢月 : "胡塵(되놈들의 먼지, 되놈들의 지역)"에 對比하여 漢族의 中國을 상징하는 "달"로 쓰인 말이다.
* 一封詔 : "하나의 封해서 보내진 詔書"라는 말로, 漢나라의 高祖皇帝는 白登山에서 당한 匈奴의 포위에서 풀려나 돌아와서는 匈奴와 和親하기로 詔書를 보내 약속을 하고, 民間의 良家 처녀를 데려다가 公主로 위장하여 單于의 夫人으로 시집을 보내기도 한 것을 말한다.

해설 이 작품은 작자가 첫구의 "白登遺慍(白登에다 남겨진 恨)"이라는 中國 歷史의 한 斷面的 事實을 작품의 제재적 중심을 평가하고 밝혀내는 단서로 삼아 읊은, 상관된 시대와 인물들이 어떻게 역사적 삶을 전개하고 마쳤는가를 살피고 평가하는 한 편의 史評的 詩라 할 수 있다.

수련에서 "白登遺慍愧良平 汎掃河湟在此征(白登에다 남겨진 恨 良·平에겐 창피해도, 河湟 地域 씻어내긴 이 정벌에 달려서라)"이라고 하여 高祖皇帝 자신이 북쪽 邊境을 침범한 冒頓單于를 代谷에서 30만의 군대로 추격하여 平城까지 갔다가, 白登山에서 되려 그 單于의 40만 군대에 의해 7일 동안 포위되어 있다가, 陳平이 單于의 妻 閼氏에게 뇌물을 써서 高祖皇帝가 풀려나게 되었고, 皇帝는 張良과 陳平의 많은 計策과 權謀로 해서 자신도 풀려난 터라 그들에겐 창피하지만, 그 邊方의 걱정거리인 匈奴를 근본적으로 소탕해야 중국이 편안하기 때문에 皇帝의 흉노 정벌은 절대 불가피한 역사적 사항이고 어쩔 수 없는 일이었다는 말이다. 함련은 高祖皇帝의 單于 征伐이 불가피하고 마땅한 행위였지만, 匈奴 單于가 中國의 군사적 취약점을 너무 잘 알고 있음을 말하면서, 그 점을 파악하고 있지 못한 漢나라 高祖皇帝를 말없이 타이르고 있는 것이며, 경련은 작자 자신이 실제로 單于臺에 올라서 있으며 느끼고 보는 듯이 "臺高不道邊寒苦 望遠從看漢月生(댄 높은 채 변방에서 겪은 고초 말도 않고, 眺望 멀리 漢代 그 달 솟는 것만 뵐 뿐이니)"이라고 하여, 單于臺는 高祖皇帝가 여기에서 겪은 고초를 말해주지도 않고 멀리 바라보니 옛날 漢나라의 달이 솟아올라 고향 생각만 나게 한다는 것이다. 그래서 미련에서 "畢竟雄圖一封詔 只今陵樹似帷城(필경에는 그 큰 계획 한 장 封한 詔書 된 채, 지금에는 陵숲들만 帳幕·城과 같게 됐네!)"이라며 안타까운 慰安과 함께 諷諭를 실어 마치고 있다.

따라서 이 작품은 제목에서 "代月課(이달의 詩文 짓기 課題를 대신해서)"라고 한 바대로, 작자가 선비로서 體化한 文明意識과 春秋史觀을 갖고 主題에 대한 구상과 비판의 눈길로 읊어냈음을 읽어낼 수 있다.

挽林兵使夫人 名晉

임 병사 부인을 위한 만사 임 병사의 이름은 晉이다

夫君께서 남쪽 국방 大部隊를 다 책임져,	夫子南屛摠大兵
지휘 맡아 벌써부터 隔年으로 떠났어도,	旌旗已是隔年行
은총 영광 또한 신분 명옐 이뤄지게 해서,	恩榮且使身名遂
이별에도 세월 간 걸 안 따지셨겠지마는,	離別無論節物更

비단 글자 못 이룬 채 고운 체질 상하시곤, 錦字未成傷蕙質
경대 거울 녹만 슬어 盟約 탄식했을 텐데, 鏡文生蝕歎金盟
인간 세상 어디에서 혼을 불러 세울까요? 人間那得招魂樹
슬픈 靈柩 돌아올 젠 옛 달빛만 밝겠네요! 哀櫬歸來舊月明

---

* 南屛 : 글자대로의 뜻은 "남쪽을 둘러친 병풍"이라는 말인데, 이것은 당시의 우리나라 남쪽 지역을 방어하는 것을 이르는 말로 林晉이 南兵使가 된 것을 말한다.
* 錦字 : 중국의 『晉書』 「列女傳」에 "竇滔爲秦州刺史 被徙流沙 妻蘇氏思之 織錦而製回文詩 以送呈夫(두도가 진주 자사가 되었다가 먼 사막지대로 좌천이 되자, 아내인 소씨가 이것을 안타깝게 생각하고 비단을 짜서 여기에 회문시를 지어서 남편에게 보내 바쳤다)"라고 한 것에서 온 말로, 남편에게 詩文을 보내는 것을 의미하는 말이다.
* 金盟 : 작자가 만들어 쓴 어휘로, 夫婦가 혼인하고 平生을 相敬하며 和樂하게 살자는 무언의 굳은 약속을 했다는 뜻으로 쓴 말로 추정된다.
* 招魂樹 : "魂을 불러 다시 살아 있을 때처럼 세운다(생전의 그 자리로 돌아와 있게 한다)"는 말이다.

해설 이 작품은 "離別(이별에도)"이라는 말은 물론 "錦字未成(비단 글자 못 이루고)"과 "鏡文生蝕(경대 거울 녹만 슬어)" 그리고 "哀櫬歸來(슬픈 靈柩 돌아올 젠)"라 한 것들로 봐서 林兵使가 夫人과 혼인을 한 후, 任地인 남쪽 兵營에서 軍務가 嚴重한 관계로 부인과의 同居 기간이 짧았었던 것 같고, 이후 夫人이 子女도 못 둔 채 覲親으로 親庭에 돌아가 있다가 거기에서 궂겨서 靈柩가 媤家로 돌아온 안타까운 형편을 哀惜해 하고 弔慰하는 詩다.

수련에서 "旌旗已是隔年行(지휘 말아 벌써부터 격년으로 떠났어도)"이라 하여 夫君인 林兵使가 兵使로서 격년으로 집에 왔다가 떠났어도 夫人은 불평을 전혀 하지 않았음을 전제하고 있으며, 함련에서는 "恩榮且使身名遂 離別無論節物更(은총 영광 또한 신분 명옐 이뤄지게 해서, 이별에도 세월 간 걸 안 따지셨겠지마는)"이라 하여 "임금님의 은총으로 夫君이 관직에 임명되어 신분이 높아지고 명예가 이루어지게 되었으며 부인 자신도 外命婦로서 等位가 上昇되어서 夫君과 이별하여 계절이 바뀌고 風物이 변해도 별로 따지며 섭섭해하지 않으셨겠지만"이라고 하고, 경련에서 "錦字未成傷蕙質 鏡文生蝕嘆金盟"이라 하여 夫人은 夫君에게 回文詩 같은 편지도 못하고 애만 태워 건강만 해치면서, 鏡臺의 거울도 화장을 안 하고 쓰지 않아서 녹만 슬어 '평생相敬相依하자 한 약속'을 탄식만 하다가 이내 끝났음을 말하고, 이내 미련에서 夫君인 林兵使의 獨白처럼 탄식하는 형식으로 "人間那得招魂樹 哀櫬歸來舊月明"이라며 "이승에서 어떻게 영혼을 다시 불러 실제로 당신을 만날 수가 있겠소? 그냥 슬픈 靈柩로 돌아오자니 옛날 함께 구경했던 그 달빛만 이렇게 밝을 뿐이요!"라며 목이 메이듯 한 읊조림으로 마치고 있는 것이다.

送鄭昌辰赴塞北 名運

정창신을 북쪽 변방 지역으로 보내면서 이름은 운이다

집 떠나서 만 리 밖의 금미산엘 달려가니, 辭家萬里赴金微
날짜 따져 마음만은 기러기를 앞설 텐데, 計日心先去雁飛

영하에 정신 남긴 범중엄이 지금 있어,	靈夏精神今有范
관서의 남자로서 옛 韋皐로 칭찬받아,	關西男子舊稱韋
아침 되면 사막 대비 新銳 말을 골라 놓고,	平明對磧調新馬
반 밤중엔 성에 올라 갑옷 베고 누울 거라,	半夜登城枕鐵衣
그렇기에 백두산 밑 흐를 물에 알리노니,	爲報白頭山下水
"戰功 이뤄 일찍 兵器 씻고 歸還하게 하라."	功成早遣洗兵歸

* 鄭昌辰 : 이름은 運이며 昌辰은 字이고 본관은 河東으로, 전라도 영암에서 태어난 무관이다. 이 작품에서 부임하는 것으로 나오는 곳이 塞北이면서 白頭山이 나오는 것을 봐서는, 아마 咸鏡道 甲山의 關北 國境에 守備를 맡은 武官으로 임명되어 갔던 것으로 추정된다. 뒤에 壬辰倭亂에서 右部將으로 李舜臣 장군을 도와 釜山浦 海戰에서 전사하였다. 諡號는 忠壯이다.
* 金微 : 중국의 북쪽 변경에 있는 "金微山"을 말한다. 중국의 東漢時代 耿夔라는 장군이 北單于를 金微山에서 포위하고 크게 격파하여 승리하였다. 여기에서는 함경도 북쪽 국경에 있는 한 지역을 대신하는 말로 쓰였다.
* 寧夏 …… 范 : 중국의 宋나라 范仲淹이 陝西를 통치하면서 號令이 嚴正하고 分明해서 夏의 사람들이 "小范老子"라고 말하면서 감히 침범하지 못했고, 羌의 사람들은 "龍圖老子"라고 부르면서 두려워하였다. 여기서는 范仲淹으로 鄭運을 비유한 것이다.
* 關西 …… 韋 : 중국의 唐나라 韋皐는 여러 번 關西 몇 곳의 節度使가 되어 吐蕃의 여러 蠻族을 토벌하여 평정하고 크게 功을 세웠으며 兵士들을 사랑하며 잘 다루었다. 여기에서도 韋皐는 鄭運을 비유한 것이다.
* 洗兵 : 전투가 끝나서 승리를 하고는 모든 무기를 깨끗하게 씻는다는 말로, 戰爭의 勝利를 일컫는 말이며, "洗甲"이라는 말과 같은 뜻이다.

해설 이 작품은 주인공인 鄭昌辰이 함경도의 白頭山 근처 어느 곳의 수비를 맡은 무관으로 부임하는 것을 餞送하면서, 부임해 가는 곳과 가는 誠意를 가상하게 여겨 권면하고 있으며 任地에 가서 성실한 임무 수행과 衷情을 권면하고 職務의 훌륭한 성공을 축원하는 시다.

수련에서는 임무와 직분의 수행을 위해 任地로 떠나는 鄭昌辰의 행태를 "辭家萬里(집 떠나서 만 리 밖의)"라는 먼 거리를 빨리 가고 싶어서 "計日心先去雁飛(날짜 따져 마음만은 기러기를 앞설 텐데)"라고 하여 정창신 자신이 任地 赴任에 매우 조바심을 하고 있을 정도로 忠直한 武臣임을 말하고 있으며, 함련에서는 "今有范(范仲淹이 지금 있고)"과 "舊稱韋(옛 韋皐로 칭찬받아)"로 鄭昌辰을 중국 宋나라의 훌륭한 관리였던 范仲淹과 唐나라의 名 節度使였던 韋皐와 같다고 기리고는, 경련에서 "調新馬(新銳 말을 골라 놓고)"와 "枕鐵衣(갑옷 베고 누울 거라)"로 鄭昌辰의 훌륭한 전투 준비와 실천을 기대하며 신임하고 있다고 했다. 그래서 미련에서는 白頭山의 山水 神靈에게 기도하듯 "爲報白頭山下水 功成早遣洗兵歸(그렇기에 백두산 밑 호를 물에 알리노니, 戰功 이뤄 일찍 兵器 씻고 歸還하게 하라!)"라며 빨리 凱旋하고는 將軍으로 자랑스럽게 돌아오라는 진심의 당부를 하는 것이다.

次贈行思上人

운을 따라 지어서 行思 스님에게 주다

숲 그늘 속 깊이 길 난 시내 건너 마을에다, 樹陰深逕隔溪村
산 비춰 든 빈 처마엔 오랜 비의 흔적인데, 山入虛簷宿雨痕

서울에선 전에 몇 해 좋은 싯귀 날리더니,	京國昔年聞好句
배를 타고 어느 날에 이 吳門에 내려왔나?	舟船何日下吳門
시권 속의 이름 글자 친한 벗들 것 많으니,	卷中名字多親友
바쁜 속에 정든 회포 반쯤 취한 말들일 듯,	忙裏情懷半醉言
때로 꿈에 돌 龕室 속 入寂만을 생각해도,	歸臥石龕時夢思
달이 지고 종 끝나면 또 한시름 魂 되겠네!	月沈鍾斷亦愁魂

* 行思上人 : 전라도 어느 사찰의 스님이었던 것으로 추정되며, 앞의 七言絶句에도 작자가 이 스님에 준 시와 함께 이 스님이 작자에게 준 시가 기록되어 있다. 이 작품에서 보는 바대로 이 스님은 시를 잘 지었던 것으로 추정된다.

* 吳門 : 중국에서는 대개 명승지인 蘇州를 지칭하나, 작품 속에서 "舟船何日下吳門(배를 타고 어느 날에 이 吳門엘 내려왔나?)"이라고 한 것을 봐서, 아마 여기에서는 작자 자신이 살고 있던 전라도 海南이나 그 옆에 있는 康津을 가리키는 말로 쓴 것이 아닐까 추정된다.

* 石龕 : 돌로 만든 五輪塔을 말하며, 이것은 돌로 만든 조그만 집인데 여기에 神像이나 神主를 모셨다. 따라서 여기에서는 行思 上人이 죽어서 재로 담겨져 묻힐 容器라는 뜻으로 쓰인 것이라 추정된다.

해설 이 작품은 작자가 상대인 行思 上人이 스님으로서 소속된 사찰에 돌아와서 修道하고 있는 그곳을 찾아가서, 현장의 풍경 묘사와 함께 스님이 서울에서 누린 詩的 名聲을 回想하듯 되짚고는, 이곳으로 언제 下鄕했느냐고 묻고 있으며, 스님이 서울에서 갖고 온 詩軸에 실린 酬唱의 詩人들에 작자 자신의 벗들도 많은 것을 확인하고는, 시 속에 담긴 정감과 懷抱들은 정녕 반쯤 취해서 읊어 놓은 것들일 거라며 접어놓고, 이내 이런 風情을 접고 절에 돌아와서 때때로 得度

하여 재로 石龕에 보관되는 꿈만 꾸게 된다고 해도, 떠 있던 달빛도 지고 절의 종소리마저 끊기고 나면, 역시 또 한 번 시름에 쌓이는 혼이 되겠다는, 마음을 비운 스님이 아니라 시인으로서 詩情에 휩싸일 것이라며, 안타까운 연민과 애틋한 동정을 담아 읊어 주는 지극히 인간적인 시이다.

이 작품 함련의 "聞好句(좋은 싯귀 날리더니)"와 "下吳門(이 吳門에 내려왔나?)" 같은 行思 上人의 세상 속 名聲과 脫俗의 行蹟 그리고 경련의 "多親友(친한 벗들 것 많으니)"와 "半醉言(반쯤 취한 말들일 듯)"은 世俗과 脫俗의 회고와 反芻로 잘 놓여 엮어져 있으면서, 미련에서 이내 "歸臥石龕時夢思 月沈鍾斷亦愁魂(때로 꿈에 돌 龕室 속 入寂만을 생각해도, 달이 지고 종 끝나면 또 한시름 魂 되겠네!)"이라며, 작자는 끝내 行思 上人을 得度와 修道, 脫俗과 塵緣의 사이에 놓고 지극히 인간적인 우정의 눈길로 동정하며 읊고 있는 것이다.

寄竹崖徐君受 名益

죽애 서군수에게 부치다 이름은 익이다

큰 꿈 바탕·큰 꿈 수행 안 맞는 걸 절로 알아, 自識青雲器業非
일생 동안 사립문 속 늙어가기 딱 맞는 채, 一生端合老荊扉
강가 꽃들 안 졌는데 꾀꼬리도 울어주고, 江花未落野鶯亂
산속 해가 막 진 뒤엔 시내 달빛 비춰주며, 山日初沈溪月輝

스님 절간 비 오다가 개여지면 홀로 찾고, 僧寺雨來晴獨去
남의 집도 술 익으면 취해 함께 돌아오니, 人家酒熟醉同歸
때로 심정 속의 일을 읊는 경우 있네마는, 有時吟詠情中事
참 벗에게 부치재도 맡길 인편 드물구려! 欲寄交親信使稀

---

* 徐君受 : 文人으로 이름은 益이고 君受는 자이며 본관은 扶餘, 호는 竹崖・萬竹이다. 이 작품에서 "交親"이라 호칭한 것으로 봐서 작자에게 아주 절친한 벗이었음을 알 수 있다.
* 青雲 : 높은 理想이나 큰 꿈의 抱負를 말한다.
* 器業 : "器"자는 "度量" 또는 "力量"이라는 뜻이며, "業"자는 "일" 또는 "해야 할 修行"이라는 말로, 여기에서는 "修行"이라는 의미로 쓰였다.
* 交親 : 아주 친한 벗이라는 말이며, 다른 말로 하면 "참 벗"이라는 말이다.
* 信使 : 아주 믿을 수 있는 傳達者나 人便, 使節이나 使者라는 말과 같다.

해설 이 작품은 자신은 아무 재주도 없고 능력도 없어, 이 시골 가난한 집 사립문 속에서 평생 살아가기에 딱 알맞은 팔자라는 타령 같은 넋두리로 시작하고서도, 이런 생활의 하루하루가 지극히 순수하고 평화로운 자연 속에 자족자락하는 소박하고 진솔한 일상의 삶으로 누리고 있음을 은연중 자랑스러워하며 이런 자신의 심경을 읊어 부쳐 보내는 좋은 시다.

수련에서 "器業非(큰 꿈 바탕・큰 꿈 수행 안 맞는 걸)"라며 적극적으로 "自卑(자신을 낮추고)"하고 "老荊扉(사립문 속 늙어가기)"라며 태연스레 "守分(분수 지키기)"을 선언하고서도, 함련에서는 "野鶯亂(꾀꼬리도 울어주고)"과 "溪月輝(시내 달빛 비춰 주며)"로 과장할 것 없이 그저 평범한 풍경들을 무한히 자족하고 자락하는 고마운 대상들로 되뇌이고 있으며, 경련에서 "僧寺雨來晴獨去 人家酒熟醉同歸(스님 절간 비 오다가 개여지면 홀로 찾고, 남의 집도 술 익으면 취해 함께 돌아오니)"로 지극히 소박하고 너무 평범한 일상적 삶의 단편들에 대한 무한한 고마움을 일상 속의 보람된 삶의 단면들로 회상하고는, 미련에서 "有時吟詠情中事(때로 심정 속의 일을 읊는 경우 있네마는)"라며 앞에서 말한 너무 평범한 일상적 삶의 단편들을 이렇게 시로 읊어 "欲寄交親信使稀(참 벗에게 부치재도 맡길 인편 드물구려!)"라며, 이 시가 자신의 참 마음을 애틋하게 전하는 것임을 표하고 있다.

寄題谷口堂

곡구의 집을 제재로 삼아서 지어 부치다

알겠구려, 그댄 谷口 좋은 亭子 가진 채로,	知君谷口好亭臺
문은 수천 山峰 맞아 불긋 푸릇 빛 펼치며,	門對千峰紫翠開
개인 뒤엔 느린 구름 갯벌 따라 흐를 테고,	晴後倦雲連浦去
해 질 제면 나는 새들 성을 넘어 돌아오며,	日西飛鳥度城廻
뉘집엔가 꽃이 피고 술도 새로 익으련만,	誰家花發酒新熟
이런 밤에 달 밝아도 사람이 안 온다면,	此夜月明人未來
때로 玉川 가난·병 든 사람 기억해 봤는가?	時記玉川貧病否
십 년 종적 감춰 살아 길엔 이끼 낀 채건만!	十年蹤跡徑中苔

* 谷口 : 이미 앞에서 작자가 五言絶句로 〈鄭淸源 谷口堂 名彦湜〉이라는 시를 지은 바대로, 鄭彦湜의 별장인 "谷口堂"을 말하는 것이 분명하다. 작자가 "谷口堂"을 제재로 삼아 詩를 지은 것은, 중국의 漢나라 高士인 鄭樸이 道를 닦아 人品이 훌륭하여 大將軍인 王鳳이 예를 갖추어 초빙하였으나 "谷口"라는 곳으로 숨어 들어가서 다시는 세상에 나오지 않았다. 그래서 세상에서 그의 人品을 높이 우러러 사람들이 그의 字인 "子眞"을 붙여서 "谷口子眞"이라 불렀다. 이 뒤로부터 선비들 자신이 숨듯 사는 곳의 이름을 흔히 "谷口"라고 붙이는 관습이 생겼고, 특히 "鄭氏"인 사람들의 사는 곳을 흔히 "谷口"라 하였는데 여기에서 이 "谷口堂"도 그 주인이 바로 "鄭淸源"이기 때문이었다.
* 玉川 : 全羅道 淳昌의 옛 이름이나, 여기에서는 미련의 내용으로 보아 작자가 長興에서 24세 때 이사한 곳인 靈巖의 玉泉面에서 音相似를 따라 사는 곳을 "玉川"이라 한 것으로 추정된다.

해설 이 작품은 "谷口堂"을 제재로 삼아 그 풍광을 선망하듯 그려 보고는, 이어서 그 현지의 정황을 詩酒의 唱酬 機會로 설정하고 여기에다 "이런 자리에 와야 할 사람이 안 온다면"이라는 조건 같은 전제를 하고는, 여기에 작자 자신의 貧病(가난과 병) 타령을 붙여 無意圖인 양의 意圖(왜 나를 안 부르는가? 라고 하는)가 엿보이는 構想으로 창작한 기발한 修辭의 솜씨가 엿보이는 詩다.

수련에서 상대인 鄭彦湜의 谷口堂이 자리한 背景을 "門對千峰紫翠間(문은 수천 산봉 맞아 불긋 푸릇 빛 펼치며)"이라고 제시하고는, 이어서 함련에서도 "倦雲連浦去(느린 구름 갯벌 따라 흐를 테고)"와 "飛鳥度城廻(나는 새들 성을 넘어 돌아오며)"로 여유로운 주변의 풍경들도 소개하고는, 경련에서 새롭게 詩想의 反轉을 伏線으로 마련하여 "誰家花發酒新熟(뉘집엔가 꽃도 피고 술도 새로 익으련만)"이라며 詩酒 唱酬의 기회를 假想的으로 설정하고는, "此夜月明人未來(이런 밤에 달 밝아도 그 사람이 안 온다면)"라고 했는데 여기서 "그 사람"은 시도 잘 짓고 술도 잘 마시면서 谷口堂의 주인인 鄭彦湜의 절친한 벗인 자신을 "人(그 사람)"으로 바꾸어 넌지시 표현한 것이다. 이 말은 "그렇게 谷口堂 같은 좋은 집도 잘 지어 놓고, 술도 잘 빚어 잘 익을 것이고, 밤에는 달도 밝게 뜰 텐데, 이렇게 좋은 詩와 술자리에 나를 어쩌면 한 번도 초대하지 않는다는 말인가?"라는 원망 아닌 원망을 하고픈 마음을 말없이 드러내는 것이다. 이어 미련에서 "時記玉川貧病否 十年蹤跡徑中苔(때로 玉川 가난·병 든 사람인 나를 기억해 봤는가? 십 년 종적 감춰 살아 산길 이끼 낀 채인데!)"라며 "십 년 동안 자네가 나를 한번 초대하기를 했나? 찾아오기를 했나?"라고 말하고 싶은 것을, 경련에서 자신을 "人未來"의 "人"으로 슬쩍 汎稱化하여 直說的 怨望을 피하고 딴청을 부리듯 전하고 있는 것이다.

孤石亭 次白麓

고석정에서 白麓의 시운을 따라 짓다

한 바위가 우뚝한 위 한 소나무 서 있는 채,	一石巉巉上有松
난간 스쳐 맑은 하늘 향해 사뭇 춤추는데,	拂欄長是舞澄空
구름에선 둥지 찾는 鶴이 때로 내려 오고,	雲間時下尋巢鶴
달빛 속엔 물 건너 종 소릴 아득 머금고는,	月裏遙含渡水鍾
玉을 심고 丹을 구워 따라 老後 계획에다,	種玉燒丹從晩計
예쁜 꽃과 고운 풀들 또한 하늘 기골 테니,	好花芳草亦天工
이다음에 茅濛 같은 兄을 찾아가게 되면,	他年爲訪茅兄去

華陽山의 그 몇 겹 속 가 있을 걸 알만 하네!　　知在華陽第幾重

* 白麓 : 전라도의 선비였던 辛應時를 말하며 白麓은 그의 號이다. 孤石亭은 白麓의 것으로 추정된다.
* 種玉 : 중국의 晉나라 干寶의 『搜神記』에 "楊雍伯篤孝 葬父母于山而遂家焉 汲水作漿 而行者皆飮之 三年後有一人飮之 與一斗石子 使種高平地 云玉當生 又云汝後當得好婦 後果生玉 又遇徐氏女而娶之 天子命爲大夫 名種玉處曰玉田(양옹백은 효성이 독실해서 부모님을 산소에 모시고 이 산에 살면서, 물을 길어다가 장을 만들자 길 가는 사람들이 모두 이것을 마셨다. 그렇게 한 지 3년 뒤에 한 사람이 이 장을 마시고 나서 한 말의 잔돌 알을 주고는 높고 평평한 곳에 뿌려 심게 하면서, 말하기를 '구슬이 태어날 것이다'라고 하고, 또 말하기를 '당신은 뒤에 좋은 아내를 얻게 될 것이다'라고 하였는데, 뒤에 과연 구슬이 생겨나고 또한 서씨네 딸을 만나 장가를 가게 되었다. 그래서 天子가 이 양옹백을 大夫로 임명하고, 구슬이 태어난 곳을 '구슬 밭'이라 명명하였다)"이라고 기록하여 전하고 있다.
* 茅兄 : 중국의 明나라 廖用賢의 『尙友錄』에 "秦茅濛師事鬼谷 遂入華山 修煉道成 乘龍昇天(秦나라의 모몽이 귀곡 선생을 스승으로 섬기고 나서 드디어 화산으로 들어가 丹藥을 굽는 법을 닦고 나서 도를 튼 다음 용을 타고 하늘로 올라갔다)"이라고 하였는데, 이 詩에서 "茅兄"이라고 표현한 것은 작자가 孤石亭의 실제 주인인 白麓 辛應時를 가리키는 것이며, 또 辛應時가 앞으로 신선 같은 사람이 될 것이라며 기리며 축하하고 있는 것이다.
* 華陽 : 傳說 속의 마을로 신선이 산다고 알려진 곳이다. 唐나라 柳宗元의 『龍城錄』에 "茅山隱士吳綽 採藥於華陽洞口(모산의 숨은 선비 오작이 화양동 입구에서 약을 캐었다)"라고 하였다.

해설 이 작품 속에 우뚝한 바위 위에 서 있는 것으로 설정된 老松은 상대인 白麓 辛應時의 인품의 상징으로 설정한 것이 분명하다. 그래서 이 작품은 辛應時가 말년에는 신선이 되어 더욱더 탈속적 경지에

가 있을 것이라는 기원과 함께 무한한 축복을 실어 읊어 주는 아주 좋은 시다.

수련에서 바로 "上有松(위 한 소나무 서 있는 채)"으로 시작해서 다시 "舞澄空(맑은 하늘 향해 사뭇 춤추는데)"으로 辛應時의 인품을 無限한 長壽의 象徵인 落落長松 巨樹로 人格化하여 제시하고는, 함련에서 "時下尋巢鶴(둥지 찾는 鶴이 때로 내려오고)"과 "遙含渡水鍾(물 건너 종 소릴 아득 머금고는)"으로 辛應時의 인격 상징인 이 老松이 하늘의 신선처럼 고상한 鶴의 歸依處가 되기도 하고, 이 속세가 아닌 저 물 건너 어느 古寺(옛 寺刹)에서 울려오는 發省의 鍾 소리를 머금어 體化하였다고 하고, 경련에서는 이 老松을 이내 辛應時라는 人格體로 一體化하여 "種玉燒丹(玉을 심고 丹을 구워)"으로 仙化를 豫約하고, "好花芳草(예쁜 꽃과 고운 풀로)"로 仙界를 준비하고 사는 존재가 되어서, 미련에서 "他年爲訪茅兄去 知在華陽第幾重(이다음에 茅濛 같은 兄을 찾아가게 되면, 華陽山의 그 몇 겹 속 가 있을 걸 알 만하네!)"라며 의도적인 양 찾아갈 수 없이 깊고 은밀한 산속일 것이라며 신비 세계화해 놓고 있다.

聽湖樓

청호루에서

석양 물든 저 하늘 밖 수만 산봉 나란하고,	夕陽天外萬峰齊
한쪽 같은 외로운 성 갯벌 아주 서쪽 있어,	一片孤城極浦西

孝子라서 있는 旌門 마을 숲속 낡아 있고, 孝子有門村樹老
將軍인데 없는 遺跡 섬 안갠 양 희미한데, 將軍無迹島煙迷
올라 보니 곧장 그냥 黃鶴 불러 볼 만하여, 登臨直可招黃鶴
아득 멀리 紫泥海에 되려 놀길 생각하나, 縹緲還思弄紫泥
옥피리를 다 불어도 그 신선은 안 보이고, 吹盡玉笙人不見
옛 둑 남쪽 바라보니 풀만 자라 무성하네! 古堤南望草萋萋

* 聽湖樓 : 전라도 康津에 있던 누각으로 縣監인 吳舜從이 건립했다고 한다. 또 강진에는 兵營이기도 했을 鎭南樓가 있고 여기에 兵使들이 머물기도 했을 것이다.
* 孝子 : 康津의 孝子로서 임금의 命으로 旌門까지 선 高守精을 말할 것이다.
* 將軍 : 康津의 莞島에 淸海鎭을 설치했던 新羅의 張保皐나 弓福을 말하는 것으로 추정된다.
* 黃鶴 : "聽湖樓"가 중국의 "黃鶴樓"와 같다고 여겨 黃鶴樓에 날아왔었다는 "黃鶴"을 인용한 것으로 추정된다.
* 紫泥 : 중국에서 神仙이 사는 곳이라고 알려진 "紫泥海"를 말한다. 일찍이 漢나라의 神仙인 東方朔이 세 살 때 出家를 해서 이곳을 찾아갔었다고 전해진다.

해설 이 작품은 聽湖樓라는 누각을 제재로 삼아 이 누각의 주변 風光을 제시하고, 이어서 이 누각이 있는 康津이라는 지역의 忠孝의 人物을 回顧한 다음, 다시 이 누각에서 감상하는 풍경들을 중국의 故事로 聯想하여 풀어보고는, 이내 미련에서 "吹盡玉笙人不見 古堤南望草萋萋(옥피리를 다 불어도 그 신선은 안 보이고, 옛 둑 남쪽 바라보니 풀만 자라 무성하네!)"라며 영원한 희망일 뿐인 꿈으로서의 神仙 되기를, 神仙 만나 보기만으로 代理 滿足하려는 것마저 불가능하게 된 상황으로 마치면서, 영원한 未練으로서 안타깝고 슬픈 인간적 운명의 希求를 읊은 詩이다.

이 작품의 함련에서 이 지역 康津의 중요한 역사이며 값진 人倫의 文化인 忠孝의 遺蹟을 "村樹老(마을 숲속 낡아 있고)"와 "島煙迷(섬 안갠 양 희미한데)"라고 하여, 황량해진 人間事의 흔적을 쓸쓸하게 懷古하고 있으면서도, 경련에서는 이 聽湖樓에서 느끼는 감회를 애써 "招黃鶴(黃鶴 불러볼 만하고)"과 "弄紫泥(紫泥海에 되려 놀기)"라며 부질없이 중국 唐나라 崔顥의 〈黃鶴樓〉에 나오는 "南齊州郡志謂 山人子安乘黃鶴過此(『南齊州郡志』에서 말하기를 '산속 신선 子安이 黃鶴을 타고 여기에 왔다')"와 "寰于記謂 費文禕登仙 嘗駕黃鶴憩此(『寰于記』에서 말하기를 '費文禕가 신선이 되어 일찍이 黃鶴을 타고 와서 여기에서 쉬었다')"에서 黃鶴과 중국의 漢나라 신선이라는 東方朔이 가서 놀았다는 신선의 고장인 紫泥海를 아쉬워하듯이 상상해 보고, 이내 미련에서 "人不見(그 사람, 곧 신선은 안 보이고)", "南望草萋萋(남쪽 바라보니 풀만 자라 무성하네!)"라며 힘없는 목청의 애달픈 가락으로 읊고 있다.

次贈林子順 時歸自耽羅

운을 따라 지어서 임자순에게 주다 그는 이때 탐라로부터 돌아왔다

그림 난간 저편 둑 밑 푸른 마름 물결치고,	畵欄西畔綠蘋波
끝도 없는 이별 정에 저녁 해는 지려는데,	無限離情日欲斜

풀이 고운 언제쯤에 가는 길은 끝날 거며,	芳草幾時行路盡
푸른 산은 어디기에 흰 구름만 많을 건가?	青山何處白雲多
외로운 배 꿈속에선 망망 바다 일들에도,	孤舟夢裏滄溟事
삼월 맞은 안개 속에 비원엔 꽃폈으련만,	三月煙中上苑花
동이 술도 쉬 비워져 사람들도 쉬 흩이니,	樽酒易空人易散
들새들도 원망하듯 노래하듯 우는구나!	野禽如怨又如歌

* 林子順 : 白湖 林悌를 말하며 子順은 그의 字다. 그는 豪放不羈한 천성으로 항상 "四夷八蠻이 모두 稱帝를 하는데 우리만 못한다"며 한탄을 했고, 죽음을 맞아서도 "이 좁은 나라에서 지금까지 산 것도 억울하니, 내가 죽어도 哭을 하지 말라"라고 하였다. 그런데 여기에 "耽羅에서 돌아왔다"는 것은 林悌가 그의 아버지가 節度使로서 耽羅에 가 있었기 때문에 아버지를 뵙고 오는 길이었던 것으로 추정된다. 그는 禮曹正郎을 마지막 벼슬로 임명받고서는 39세를 일생으로 생을 마쳤다.
* 芳草 : 봄에 아름답고 무성하게 자라나는 풀을 말하나, 여기에서는 풀이 무성하게 자라는 봄이라는 계절을 대신하는 말로 쓰였다. 이 말은 여기에서처럼 한창 무르익은 봄을 상징하는 말로 많이 쓰인다.
* 青山 : 글자대로의 뜻은 "푸른 산"을 말하는 것이지만, 여기에서처럼 푸른 산이 있는 정다운 곳, 바로 "고향"을 대신하는 말로도 쓰인다.
* 白雲 : "父母님을 그리워하는 象徵"으로 쓰였으며, "故鄕"을 연상하게 하는 말이기도 하다. "雲(구름)"은 자유자재로 떠돌면서 언제나 고향에 갈 수 있기 때문에 "故鄕을 그리워 하는 心情"을 "望雲之情(구름을 바라보며 구름이 되고 싶어 하는 심정)"이라고 한다.

해설 이 작품은 작자가 벗인 林悌가 그 아버지의 節度使 任地인 耽羅(濟州)에서 돌아와, 南原의 廣寒樓에서 만나 詩와 술로 즐기고 나서, 다시 헤어져 서울로 올라가는 것을 아쉬워하면서, 너무도 허전하고 아쉬운 심경을 들새 우는 소리에 얹어서 읊어 주는 시다.

이 작품은 수련의 "無限離情日欲斜(끝도 없는 이별 정에 저녁 해는 지려는데)"와 미련의 "樽酒易空人易散(동이 술도 쉬 비워져 사람들도 쉬 흩이니)"으로 그 이별의 허망한 시·공적 분위기와 심경적 상황을 집약하여 보이고 있다. 함련에서는 "芳草幾時行路盡(풀이 고운 언제쯤에 가는 길은 끝날 거며)"으로 林悌가 돌아갈 시일의 막막함을 동정하고, "青山何處白雲多(푸른 산은 어디기에 흰 구름만 많을 건가?)"로 林悌가 돌아갈 고향이나 서울이 창창하게 먼 것을 동정하고 있으며, 경련에서는 "滄溟事(망망 바다 일들에도)"로 제주에서 돌아오는 배에서 林悌가 겪었을 고생을 동정하고, "上苑花(비원엔 꽃폈으련만)"로 林悌의 임금님을 향한 충정을 가상하게 勸勉하면서도, 미련에서는 이내 헤어져 떠나는 벗과 작별의 정을 "野禽如怨又如歌(들새들도 원망하듯 노래하듯 우는구나!)"라며 落心한 듯 失意한 듯 읊고 있다.

경련의 시구들은 平仄에 맞춘 어휘들의 조립일 뿐으로 動·形容詞的 설명 없이 名詞的 語彙들만의 配列로 되어 있지만, 총체적 설명의 意圖를 수행하고 있는 것이 오히려 함축적인 詩意의 전달을 더욱 효과적으로 수행하고 있는 것이다.

次松巖梁士眞

송암 양사진의 시운을 따라 짓다

몇 해 동안 남북 갈려 서로 소식 드문 데도, 幾年南北信音稀

봄 된 성안 술잔 잡고 또 이 시만 짓게 된 채, 把酒春城又此詩
베개 한 편 물소리는 바람 몰래 부나 싶고, 欹枕水聲風暗轉
주렴 걷자 꽃 그림잔 달빛 처음 옮겨선데, 捲簾花影月初移
취해 보는 온갖 풍경 온통 꿈속 일들 같아, 醉來雲物渾如夢
늙어가며 갖는 감정 時節 애탐 턱 놓건만, 老去情懷解惜時
심야 거듭 잠 깨는 걸 얄궂다고 하진 말게, 莫怪夜深重起坐
이별에야 무엇엔들 생각 안 날 수가 있나! 別離何事不相思

---

* 解 : 解除, 消除, 休止, 消磨를 말한다.
* 松巖 梁士眞 : 松巖은 작자의 벗이었을 梁大樸의 號이며 士眞은 그의 字다. 本貫은 남원이며 시호는 忠壯이다.
* 信音 : 소식이나 편지를 말하는 "音信"이라는 말과 같은 뜻인데, 여기에서는 平仄 規則에 맞추어 글자의 순서를 바꾸어 놓은 것이다.
* 雲物 : 구름의 채색, 풍경을 말한다.

해설 이 작품은 벗이었을 梁大樸이 아마 고향인 전라도에 있고 작자 자신은 서울에 있으면서, 어느 날 밤에 이별한 채 몹시 그리워지는 심경을 푸념하듯 읊어 전하는 시다. 그래서 수련에서 "信音稀(서로 소식 드문 터로)"로 기막히게 서로 그립게 된 처지에 있음에도 "又此詩(또 이 시만 짓게 된 채)"라며 만나지 못한 채 서로 짧은 소식의 편지도 전할 길이 없어, 어찌할 수 없이 너무도 그립고 외로운 이별의 심정을 그냥 시만 지으면서 애써 달래는 처지임을 제시하고는, 함련에서는 홀로 외로워진 채 깊어 가는 밤중에 듣고 보는 풍경들을 "欹枕水聲風暗轉 捲簾花影月初移(베개 한 편 물소리는 바람 몰래 부나 싶고, 주렴 걷자 꽃 그림잔 달빛 처음 옮겼는데)"로 읊어 홀로 밤을 맞

아 접하는 대상들의 물상적 추이를 감각적 상상으로 포착하여 모사하고 있으며, 경련에서는 "醉來雲物渾如夢(취해 보는 하늘 풍경 온통 꿈속 일들 같아)"이라며 기대하는 일들이 허망한 꿈속의 일과 같음을 깨닫는다 하고는, "老去情懷解惜時(늙어가며 갖는 심정 時節 애탐 턱 놓겠만)"라며 늙어가면서 갖게 되는 심정에서 時節이 가는 것이 너무 아쉬워 애를 태우는 그런 감정에는 절대로 사로잡히지 않고 턱 놓아 버리고 만다고 한 것이다. 그러고서도 미련에서 "夜深重起坐(심야 거듭 잠 깨는 걸)"라며 앞서 사뭇 다짐한 것을 못 지키고 애를 태우는 자신을 실토하고서는, 이내 "別離何事不相思(이별에야 무엇엔들 생각 안 날 수가 있나!)"라며 목 메이는 듯 기막힌 탄식으로 마무리하고 있는 것이다.

奉恩寺蓮亭 次李校理伯生 見示之作

봉은사 연못 정자에서, 이 교리 백생이 전에 지어서 보여준 시의 운을 따라 짓다

휴가 있어 우연찮게 절을 찾아와서 보니, 偶因休浣到雲門
술잔 잡고 시를 짓는 좋은 일이 생겼는데, 把酒題詩勝事存
붉은 연꽃 펴난 한 못 바람 가득 분 울안에, 紅藕一池風滿院
저녁 매미 울던 온 숲 비는 마을 돌아간 뒤, 晩蟬千樹雨歸村
흰 머리로 벼슬 매여 참 수치라 하더니만, 深慚皓首從羈宦

그곳 청산 고향 같아 외려 도로 기쁠 테니, 猶喜靑山似故園
듣기로는 錦湖 그곳 풍경 기이하다 하니, 聞說錦湖煙景異
眞源(神仙이 사는 곳) 찾는 외론 돛밸 맞춰 허락해주겠지! 會容孤棹問眞源

* 李伯生 : 작자의 벗인 李純仁을 말한다. 伯生은 그의 字이며 號는 孤潭이고, 당시 世稱 八文章家(宋翼弼・李山海・白光勳・崔岦・崔慶昌・尹卓然・河應臨)의 一人이다.
* 休浣 : 官吏들이 받는 休暇를 말하며 "休澣"이라고도 하고, "休浴" 또는 "休沐"이라고도 한다.
* 雲門 : "山門"과 같은 말로 寺刹을 지칭하는 말이다. 周나라의 여섯 가지 "樂舞" 중 하나로 天神에게 제사를 드릴 때 쓰인 樂曲이기도 하며, 높고 큰 문을 말하기도 하고, 중국의 "蜀" 지역을 지칭하기도 한다. 여기에서는 寺刹을 지칭하는 것이다.
* 羈宦 : 먼 他鄕에 가서 근무하고 있는 官吏를 말한다. 작자가 42세 때 宣陵參奉에 임명되었다가 이어서 完山의 影殿(太祖의 影幀을 모신 慶基殿) 參奉으로 근무할 당시의 상황을 말하는 것으로 추정된다.
* 錦湖 : 李伯生이 서울 출신임에도 山水를 사랑해서 전라도 錦山의 廣石江 위에 亭子를 짓고 이사를 가서 살고 있었는데, 이때 錦山의 廣石江을 美化하여 "錦湖"라고 呼稱한 것이 분명하다.

해설 이 작품은 작자 자신이 休暇 같은 기회를 얻어 봉은사를 찾아가 연못 가의 정자에서 술을 마시고 지은 시이다. 前半部는 아주 참신한 機微 捕捉의 눈길로 이 奉恩寺의 저녁 무렵 풍경을 기막히게 잘 살려 읊고, 後半部는 상대인 李伯生이 落鄕처럼 전라도 錦山에 亭子를 짓고 사는 정황을 모두 부러워하는 眞源(神仙의 故鄕)의 삶으로 設定하여, 자신이 언젠가 꼭 그곳을 찾아갈 텐데 받아줄지 안 줄지를 모르지만, 분명 받아줄 것으로 믿는다는 심정을 反問型으로 마무리하여 읊었다.

수련에서는 "把酒題詩勝事存"이라며 자신이 맞은 좋은 계기를 전제하고, 함련에서 자신이 봉은사 詩酒 모임에서 만나는 풍경들을 "紅藕一池風滿院 晩蟬千樹雨歸村"이라며 아주 기막힌 機微 捕捉의 사실적이며 생동적인 화면으로 잘 살려 전하고는, 경련에서 "深慚皓首從羈宦猶喜青山似故園"으로 "李伯生 자네가 전에는 흰머리의 늙은 몸으로 타향에서 관리로 근무하는 자신을 깊이 부끄럽게 여기더니만, 이제는 錦山으로 落鄕해서 푸른 산 밑 廣石江 가에 亭子를 지어 놓고 옛고향처럼 오히려 무한히 기뻐하며 살 것"이라며 부러워하듯 이야기하고, 미련에서 "이제는 李伯生 자네가 살고 있는 그 錦湖(錦山의 廣石江)가 "煙景異(풍경 기이하다 하니)"라서 "會容孤棹問眞源"이라며, 진짜 신선의 세상(眞源) 같은 자네의 마을을 내가 외로운 돛배로 방문할 텐데, 맞아줄 것 아닌가?" 라며 마무리 하고 있는 것이다.

挽玉溪盧先生

옥계 노선생 만사

한평생을 兩親 奉養 다른 생각 없는 것에,	一生親養無他事
끝내 主上 크신 恩惠 이 孝誠 다 하게 하셔,	到底鴻恩極此情
피눈물 속 三年 끝에 야윈 뼈만 남은 채로,	泣血三年餘瘦骨
슬픔 끝에 서울 가서 홀로 충성 다했을 뿐,	哀臨千里獨丹誠

相臣 輿望 받게 돼도 "자신 관계없다" 하며,	望歸台鼎身何與
고향 떠나 병 중 꿈만 자주 놀라 깨시더니,	病隔鄕關夢屢驚
명정 · 불삽(黻翣) 안타깝게 한강 벗어 떠나시니,	旒翣依依出江漢
이 山河엔 다신 옛적 참되신 분 없게 됐네!	山河非復舊精英

瘦骨은 白首로 되어 있는 곳도 있다.(瘦骨一作白首)

---

* 玉溪 盧先生 : 조선조 明宗에서 宣祖 초기까지 산 경상도 함양 출신의 清貧 · 高潔한 선비이며 효자로 알려진 盧禛을 말한다. 字는 子膺이고 號는 玉溪이며 貫鄕은 豊川이고 극진한 孝子임을 諡號인 文孝로 확인하게 된다. 6세에 아버지를 잃은 그는 지극한 孝子로 세상에 나가서 벼슬하기보다 집에서 어머님을 받들고 살 것을 간절히 소망했기 때문에, 明宗 임금님이 그 소원을 풀도록 京職(서울의 官職)이 아니고 고향인 咸陽에서 가까운 知禮의 원님으로 임명해 주었으며, 어머님의 三年喪이 끝난 다음에 吏曹判書로 임명되었으나 가족은 고향에 둔 채 홀로 서울에 와서 집을 얻어 지내면서 근무하였다. 그래서 극히 清貧하게 지내면서도 봄이 되면 벗들과 함께 아동들을 데리고 풍경을 즐기면서 孔子의 浴沂하는 興趣를 欽慕 · 實踐하였다. 學問과 德行이 훌륭하여 세상에서 대단한 존경을 받는 吏曹判書인 데에도 초연한 채 지극히 겸손하였다. 평생 관리로 있으면서도 서울에서 머문 기간은 3년도 못 되는데, 끝내 在任 중 서울에서 생을 마쳤다.
* 到底 : "필경에는" 또는 "드디어는", "끝내에는"이라는 말이다.
* 鴻恩 : "큰 은혜"라는 말로 "洪恩"이라고도 하며 "임금님의 은혜"를 말한다.
* 丹誠 : "丹心赤誠(붉은 마음에 붉은 정성)"의 준말로 "眞心을 다한 至極한 精誠"이라는 말이다.
* 旒翣 : 깃발처럼 긴 명주 같은 흰 천에 죽은 이의 職銜과 姓을 써서 喪輿 앞에 들고 가는 것을 銘旌이라 하고, 喪輿가 發靷하려 할 즈음 이 상여의 앞과 뒤에 세우는 "亞"字 모양을 그린 나무 판장에 자루가 달린 喪禮用 도구를 "黻翣" 또는 "亞翣"이라고 한다. "旒翣"은 "銘旌"과 "黻翣" 또는 "亞翣"을 총칭하는 말이다.

* 精英 : 事物의 가장 알맹이가 되는 것(精粹)을 말하며, "精華'라는 말과도 같은 뜻으로 쓰인다.

해설 이 작품은 크게는 사람으로서의 도리, 집안에서는 자식으로서의 도리, 나라와 임금님께는 신하로서의 도리를 온전하게 다 지켜 산 선비로서의 典型을 示範한, 玉溪 盧禛의 죽음을 진정으로 崇慕하고 哀悼하는 간절한 挽詩이다. 그래서 수련에서 "無他事"라며 자신의 어머님께 효도하는 것만을 생각한 玉溪의 孝誠을, "極此情"이라고 하여 이 孝誠만을 생각한 玉溪가 그 어머님을 가까이서 모실 수 있게 知禮의 원님으로 임명해주신 임금님(明宗)의 무한한 배려를 제시하여, 孝道를 다하는 孝子와 그 효도를 다하게 해주는 賢哲하신 明主를 설정하여 제시하고, 함련에서는 "餘瘦骨"과 "獨丹誠"으로 玉溪가 孝와 忠의 化身임을 예로 들어 제시하고, 경련에서는 "身何與"와 "夢屢驚"으로 玉溪가 부질없는 世譽에 超然한 眞儒임을 기막히게 無言으로 기리고 있으며, 미련에서는 "山河非復舊精英(이 山河엔 다신 옛적 참되신 분 없게 됐네!)"이라고 하여 이제부터 이후에는 典型的 선비의 삶을 집약적으로 보여주는 모범의 인물을 다시 볼 수 없게 되었다며, 단순히 한 個人의 죽음을 슬퍼하는 것이 아니라 너무도 기막힌 斯文의 不運을 痛嘆해 하고 있는 것이다.

送徐君受小尹之關西
관서에 소윤으로 가는 서군수를 보내면서

중국 갈 땐 治裝 말에 온통 당당하더니만,	朝天珂馬儘堂堂
무슨 일로 관직 바꿔 먼 곳으로 향해 가나?	何事移官向遠方
늙고 지쳐 세월 보낸 나그네가 돼 있어서,	潦倒謾爲經歲客
이별해도 소년 땐 양 다신 애가 안 타거니,	別離非復少年腸
산성에는 이 늦가을 빗속 국화 피어 있고,	山城菊發窮秋雨
들판 여관 서리 흠뻑 새벽 旅裝 젖겠네만,	野館霜霑拂曙裝
서쪽 陽關 나간다고 시름겨워하진 말게,	西出陽關莫愁思
친구 많은 곳이 바로 나에게는 고향이니!	故人多處卽吾鄕

* 徐君受 : 작자의 벗이며 文人이었던 徐益으로, 字가 君受이며 號는 萬竹이고 본관은 扶餘이며 일찍이 明나라 使行에도 다녀왔다. 이 작품에서 "소윤으로 관서로 간다"고 한 것은 "義州牧使"로 부임하는 것을 말하며, "故人多處(친구가 많은 곳)"라고 한 것은 文章에 才能이 있는 선비나 官吏들이 중국에 使節로 많이 가면서 義州에 들려서 牧使와 詩文으로 交遊하기 때문이다.

* 小尹 : 조선조 초기 漢城府와 開城府에 소속되어 있던 正四品의 관리인데, 여기에서는 비슷한 직급과 역할 때문에 牧使를 대신한 말로 쓴 것으로 추정된다.

* 朝天 : "天子께 朝會 드리러 간다"라는 뜻이나, 우리나라에서는 이 말을 중국의 황제가 漢族일 때만 썼다. 漢族이 아닌 蒙古나 女眞, 契丹族일 경우는 그 황제를 야만인으로 여겨 漢族 皇室인 中國과의 외교문서에만 이 말을 썼을 뿐이고, 漢族이 아니었을 경우 우리나라의 선비나 지식인들은 절대 스스로 이 말을 쓰지 않았다.

* 珂馬 : “굴레를 치장한 말”을 말하며, 주인의 직위에 맞추어 부속 도구가 잘 꾸며진 말을 말한다.
* 潦倒 : 사람이 늙고 기력이 쇠약해져 아무것도 못 하게 된 상태를 말한다.
* 拂曙 : 막 동이 틀 때를 말한다.
* 陽關 : 중국의 옛날 關門의 名稱으로, 甘肅省 敦煌市 서남쪽 古董灘 부근에 있는 關門이다. 옛날 중국에서 西域으로 가려면 반드시 거쳐야 하는 곳으로, 여기를 나가면 너무 삭막하고 황량한 지역뿐이라 옛사람들에게는 한번 가면 못 돌아올 수도 있는 멀고 황량한 지역으로 가는 關門이라는 인상으로 인정되었다. 唐나라 시인 王維의 〈渭城曲〉에 “西出陽關無故人(양관 서쪽 나갈 제는 친구라곤 없을 걸세!)”이라고 하였는데, 세상의 시인들에게는 아주 험난하고 안타까운 곳으로 알려져 있다.

해설 이 작품은 작자의 벗이었을 徐君受가 서울의 官吏(內職)에서 관서 지방의 관리(外職)로 부임해 가게 된 것을 본인 자신이 아쉬워하지 않을까 싶어 위로 겸 격려의 배려를 전하는 시다. 그래서 수련에서 明나라 使行의 一員으로 “儘堂堂(온통 당당하더니만)” 하더니만, 무슨 일로 자리를 옮겨 “向遠方(먼 곳으로 향해 가나?)”이냐며, 徐君受 본인 자신이 섭섭하게 여길 것 같이 동의하고 동정해 주는 듯 제시하고는, 함련에서 늙고 지쳐 “謾爲經歲客(세월 보낸 나그네가 돼 있어서)”하여, 자네와 이별을 해도 “非復少年腸(소년 땐 양 다신 애가 안 타거니)”이라며, 자신이 늙어 이제는 자네와의 이별에도 감정이 별로 애타지 않는다고 암시를 하고 있으며, 미련에서는 그 陽關인 양 關西인 義州牧使로 부임하는 것을 “莫愁思(시름겨워하진 말게)”라며 부탁하듯 타이르고는, “故人多處卽吾鄕(친구 많은 곳이 바로 나에게는 고향이니!)”이라며 위로하듯 격려하듯 읊어 전하고 있다.

六.

五言古詩

採菊東籬 代月課

동쪽 울타리에서 국화꽃을 따면서 이달의 과제를 대신해서 짓다

도연명은 매일 매일 술에 취해서,	陶令日日醉
柴桑山에 가을 와도 모르더니만,	柴桑秋不知
문득 와선 세 지름길 걷고 있는데,	却來步三逕
노란 국화 울타리에 가득 펴있어,	黃花開滿籬
한 번 웃고 眞心 鑑賞 만족하면서,	一笑愜素賞
꽃 따느라 한참 동안 홀로 섰자니,	採掇獨移時
노란 꽃은 저녁별에 곱기도 하고,	金英艶斜景
푸른 잎은 안개 끼인 가지 붙어 있는데,	碧葉隨煙枝
한 줌 차도 제냥 그만두지 않는 건,	盈手不自止
저녁 반찬거리 삼아 한 게 아니라,	夕餐非所資
궁한 마을 서리 이슬 싸여버려서,	窮巷積霜露
난・혜초도 외려 시들 늘어졌어도,	蘭蕙猶萎垂
가상하다 너는 전혀 흔들림 없이,	嘉汝不爲撓
옥빛으로 바야흐로 활짝 펴서니,	璀璨方紛披
바람맞아 고고한 푯대로 서서,	臨風逈孤標
달 비추면 의당 얼음 자태일 거라,	暎月宜氷姿
무릇 사람 숭상함이 각각 달라도,	夫人各殊尙
겨우 여기 마음 약속 다 해 놓거니,	聊此托襟期
번화한 걸 이미 분별 하잖았는데,	繁華已不分
시든다고 또한 뭣을 슬퍼할 건가?	凋謝亦何悲

술 다 마심 나도 누울 돌 있다마는, 酒盡有我石
높은 노랜 누가 생각해주길 하나? 高歌誰爲思
꽃 다 따고 남산을 바라보면서, 採罷見南山
한가로이 이 글만을 쓰고 있노라! 悠然寫此辭

---

* 陶令 : 陶淵明이 "彭澤"이라는 지역의 "令(원님)"이 되었었기 때문에 "陶彭澤令"을 줄여서 "陶令"이라 한 것이다.
* 柴桑 : 중국의 江西省 九江市 西南 쪽에 있는 山으로, 陶淵明이 일찍이 이 산 아래에 살았다고 알려져 있다.
* 却來 : 彭澤의 令(원님)으로 있다가 갑자기 벼슬을 팽개치듯 버리고 "문득 집으로 돌아왔다"라는 말이다.
* 三徑 : 중국의 漢나라 蔣詡가 시골로 돌아오자 가시덤불이 문 앞을 가리고 있는 데도, 세 개의 지름길(三徑)을 만들어 놓고 求仲과 羊仲이라는 친구만이 길로 찾아와 함께 놀도록 하락하였다. 이것을 닮아서 뒤에 晉나라 陶淵明도 이런 지름길을 만들어 놓고 벗을 만나며 살았다며 자신의 〈歸去來辭〉에서 "三徑就荒"이라고 읊었다.
* 素賞 : 가장 진실한 자기 마음의 소망대로 좋아지는 鑑賞이라는 말이다.
* 石 : 『廬山記』에 "陶淵明所居之栗里 有大石 淵明常醉眠其上 名曰醉石(도연명이 사는 율리에는 큰 바위가 있는데 도연명이 항상 술에 취하면 그 위에서 취한 채 잠이 들면서, 이름을 붙이기를 '취해 자는 바위'라고 하였다)"라고 하였다.

해설 이 작품은 작자 자신이 陶淵明을 지표로 삼아 자신을 代入해 보는 시다. 그래서 여기에서는 陶淵明이 사랑한 菊花를 孤高한 昦대의 存在인 人格體로 설정하여, 작자 자신도 영원히 가슴에 갈무리고 싶은 伴侶의 존재로 삼고 싶다는 마음을 말하고 있다. 이 작품 끝의 "採罷見

南山 悠然寫此辭(꽃 다 따고 남산을 바라보면서, 한가로이 이 글만을 쓰고 있노라!)"는 陶淵明의 〈雜詩〉을 읽으며 지은 것이 분명하다.

喜雨卽事

비가 내려 기뻐하면서, 있었던 일을 그대로 읊다

새벽에 일어나서 앞 창문 열고,	晨興啓前牖
앉은 채로 남산 구름 마주해 보니,	坐對南山雲
살랑 바람 빗줄기를 불어 내리며,	微風吹雨來
숲과 골짝 서로 기운 자욱해지니,	林谷相氛氳
뜨락 풀들 자라난 걸 차츰 볼 텐데,	庭草稍看滋
처마 낙순 벌써 소리 들려오누나.	簷溜已生聞
응당 매실 노래지길 재촉하겠고,	應催梅子黃
바로 農軍 김매기가 바빠질 테니,	政劇畦丁耘
풍년 들기 혹시라도 안 어긋나서,	豊成或不差
탁준 다시 얘기하자 기약했다가,	濁醪期復云
빙긋 아내 애들에게 이야길 하여,	莞爾道婦子
여기 맞춰 즉시 취해질 수 있기를!	適此成卽醺

해설 이 작품은 제목에서 "비가 내려 기뻐하면서, 있었던 일을

그대로 읊다"라고 한 바대로, 그야말로 너무도 순박하고 진실한 시골 농가의 농부를 닮은 심성의 주인공이 된 작자가, 첫 구인 "晨興啓前牖"에서 "簷溜已生聞"까지 기다리던 비가 내리는 기막힌 상황을 체험하면서, "應催梅子黃"을 기다리고 "適此成卽醺"으로 "自足自樂"이 누려질 것을 기대하듯 마치고 있는 시다.

送靜安上人 少時作

정안 스님을 보내면서 소싯적에 지은 것

내가 들어 온 바로는 금강산 모양,	吾聞金剛山
일만에다 이천 개의 峰이라는데,	一萬二千峰
바닷물에 함께 갈고 씻기워진 채,	滄溟與磨洗
흰 창인 양 개인 하늘 곧추서 있고,	雪戟森晴空
늘어선 채 옥황상제 의장대 되어,	排爲玉帝儀
상서로운 안개 속에 천년 있으니,	千秋祥霧中
산은 그냥 웃겠구려 "속세인들은,	坐笑煙火骨
겪는 세월 날려 도는 쑥대 같다"며,	歲月如飛蓬
어찌해야 만 리 부는 바람을 만나,	安得萬里風
남석에 간 신선 영감 방문해 가서,	去訪南石翁
선명하게 보배로운 비결(신선 날기 비결) 배워서,	丹青學寶訣
날고 걸어 어둔 俗世 뛰어 벗어나,	飛步超溟濛

太淸(신선 사는 하늘) 神仙 房을 향해 조아리면서, 稽首太淸室
'평생 가슴 속을 한 번 풀까?' 했더니, 一吐平生胸
맑은 가을 그댈 전송하게 됐건만, 送爾淸秋行
품속에는 綠玉笻(푸른 玉 지팡이, 곧 대나무 지팡이)만 갖고 있는 채, 袖中綠玉笻
헛 애탈 뿐 아득한 걸 어찌하겠나? 空懷杳何及
뜬구름은 본래부터 자취 없는데! 浮雲本無蹤

---

* 煙火骨 : 연기 나는 불에다가 찌거나 구운 음식을 먹는 俗世 人間의 骨格이라는 말이다. 여기에서 "骨(骨格)"은 이런 骨格을 가진 사람을 代喩한 말이며, 찌거나 굽지 않고 날것 그대로의 식품만을 먹어(生食) 무한히 장수를 하는 神仙에 비해, 찌거나 익힌 음식을 먹는 俗世의 사람(俗人)을 지칭하는 말이다.
* 飛蓬 : 바람에 날려 이리저리 떠도는 쑥대를 말하는데, 여기에서는 그냥 그저 흘러가는 세월에 맡겨진 채 떠돌 듯 살아가는 俗世人을 비유한 말이다. 특별히 불에 찌거나 굽지 않고 날것(살아 있는 채인 것)만 먹어(生食) 죽지 않고 영원히 사는 神仙과 비교하여 쓰인 말이다.
* 南石 : 江原道 高城 三日浦에 있는 山峰 절벽에는 "永郎徒南石行(영랑의 무리가 남석으로 가다)"라는 여섯 글자가 새겨져 있다고 하는데, 뒤에 선비들이 新羅의 花郎인 永郎을 金剛山을 찾아간 神仙처럼 여겨 想像하여 왔다.
* 丹靑 : 원래 "붉은빛과 푸른빛"이라는 말이나, 나중에는 "이런 빛들을 건물에 칠하는 것"을 말하게 되었고, 이런 빛깔들은 밝고 환하기 때문에 "鮮明(환하고 밝은 상태)"이라는 뜻으로 쓰였다. 여기에서는 이런 뜻으로 쓰였다.
* 溟濛 : 비가 부슬부슬 내리는 상태, 어둡고 캄캄한 세상(어리석은 사람들의 俗世를 比喩), 큰 바다, "溟蒙"과 같은 말로 "아주 캄캄한 세상"을 말하는데, 여기에서는 "아주 캄캄한 俗世"라는 말로 쓰였다.
* 浮雲 : "하늘에 떠도는 구름"이라는 말이지만, 여기에서는 어디에도 집착하

지 않고 무한히 자유롭게 다니며 살고 있는 "靜安 上人"을 가리키는 말로 쓰였음이 분명하다.

해설 이 작품은 금강산으로 떠나려 하는 靜安 上人을 보내면서, 자신의 아쉽고 안타까운 심경을 담아 보여주는 시다. "아마도 靜安 上人 당신은 금강산으로 간다고 하는데, 그 금강산은 玉皇上帝의 儀仗隊가 되어 있어서, 나 같이 俗世에 잡힌 채인 사람을 세월 속에 잡힌 채 떠도는 쑥대 같다며 비웃을 텐데, 어떻게 하면 만 리를 시원하게 불어대는 바람 같은 존재를 만나 거기에 실려 가서, 그 금강산 근처에 있다는 永郎 같은 신선을 만나서, 그에게서 분명하게 날아가는 비결을 배워 어둡고 캄캄한 속세를 벗어나서, 玉皇上帝가 있는 하늘을 향해 머리를 조아리며, 신선 되고 싶은 소망을 시원하게 호소하고 싶은데, 이제 靜安 上人 그대를 그냥 보내기만 하게 됐으니, 나는 신선이 짚는다는 이 綠玉 지팡이만 지닌 채, 뜬구름 같이 아무것에도 관심이나 집착할 것이 전혀 없이, 무한히 허허롭고 자유롭게 뜬구름처럼 홀로 떠나갈 그대에게 아무것도 할 것이 없어, 그저 뜬구름은 본래부터 아무 자취도 없이 떠나는 것이지!"라며 말할 수밖에 없다는 말이다.

이 작품은 작자가 靜安 上人과 함께 그 기막힌 金剛山을 찾아가서, 이 스님의 배려를 받아 관람도 하고 시도 짓고 싶었을 텐데, 아무래도 작자 혼자서는 이렇게 관람의 여행을 떠날 처지가 못 되었을 것이라, 이 스님의 은근한 同行 제안이 있거나 간청이 있기를 기다렸을 것인데, 그런 것이 없었던 것으로 추정된다. 그래서 末尾에서 거의 失意에다 落望하듯 "空懷杳何及 浮雲本無蹤"으로 애처롭게 마치고 있는 것이다.

別梁天維
양천유와 작별을 하며

떠돌이로 가을바람 만나고 나서, 遊子見秋風
문 나서니 갈 길은 멀기도 한데, 出門行路長
楚水로서 이미 흐름 달리한 채로, 楚水旣殊流
吳山 한갓 바라만 보게 되어서, 吳山徒在望
칼 풀어서 자네에게 주려고 하며, 解劍欲爲贈
좋은 술을 다시 잔에 부어 채우나, 美酒復盈觴
걱정·근심 진실로 끝도 없는데, 憂患固無緖
헤짐·합침 어찌 일정할 수 있으랴? 離合安可常
이 감탄에 높이 노래 부르기 위해, 感歎爲高歌
쳐다보니 구름 하늘 푸를 뿐이라, 仰視雲天蒼
만날 期約 말해 두지 않았더라도, 所期不在言
가는 길에 시일 계산 잘 새겨 두고, 行邁念時光
가는 마차 지체하게 된 것 때문에, 無以軒車滯
제발 내 맘 상하게는 하지 말게나! 祇使我心傷

---

* 楚水와 吳山 : 楚水는 중국의 陝西省 楚山에서 흘러나오는 물을 말한다. 일찍이 "四皓(네 늙은이)"가 숨어 살던 楚山의 四皓廟 동쪽에 와서, 이 산의 두 곳에서 흘러나오던 물이 한 곳에서 합쳐진다고 한다. 吳山은 江蘇省 吳縣에 있는 山이다. 그런데 여기에서는 중국의 唐나라 시인 賈至의 〈送李侍郎赴商州〉에서 "雪晴雲散北風寒 楚水吳山道路難(눈 개고 구름 흩여 북풍은 차가

읍고, 초수에다 오산처럼 가는 길은 험난한데)"이라고 한 것을 인용하여, 헤어져 가는 길이 험난하다는 것을 강조하기 위해 비유적으로 인용된 것이나, 楚水가 한곳에서 나와 갈려져 흐르다가 다시 한곳에서 만나는 것을 함축한 것으로 인용한 것은 작자와 梁天維가 다시 만난다는 것을 함축적으로 말하고 있는 것이다.

* 解劍 : 글자대로의 뜻은 "찼던 칼을 풀다"라는 말인데, 이것은 중국의 唐나라 詩人 賈島가 그의 詩 〈劍客〉에서 "十年磨一劍 霜刃未曾試 今日把贈君 誰有不平事(십 년 동안 칼 한 자루 갈고 갈아서, 서릿발 같은 날을 못 써봤는데, 오늘에야 자네에게 건너 주노니, 누구에게 불평스런 일이 있는가?)"라고 한 바대로, 여기에서는 작자가 賈島처럼 梁天維를 劍客으로 삼아, 자신이 차고 있던 칼을 풀어 주고 싶다는 말이다.

해설 이 작품은 벗인 梁天維와 작별을 아쉬워하면서 헤어지고 나면 서로 멀리서 그리워만 해야 할 상황이라, 헤어지는 情表로 차고 있는 칼을 풀어 주고 싶다고 하면서도, 인생살이에서 離合集散이 無常한 것이라며 애써 이별의 심정을 다독이면서, 만날 기약을 정하지 못했지만 가는 길에 탈 없이 잘 가라는 위안의 부탁으로 마무리한 진솔한 우정의 시이면서도, 여기에서 楚水가 한곳에서 흘러나와 두 줄기로 갈려서 흐르다가 끝내는 다시 한곳에서 서로 만나 하나가 된다는 것을 통해서, 작자와 梁天維는 다시 만난다는 것을 함축적으로 말하고 있는 것이다.

寄梁應遇

양응우에게 부치다

높은 숲엔 썰렁하게 바람이 일고,	凉風生高樹
가랑비는 가을 소릴 내며 내리니,	微雨灑秋響
숨은 사람 한밤중에 일어나 앉아,	幽人起中夜
말도 없이 천 리 생각 느꺼워진 채,	默感千里想
그냥 그저 이 한해가 거의 갔어도,	居然年景迫
여긴 다시 소식들도 뜸해졌건만,	復此音徽曠
구름·물결 아득하게 기약도 없고,	雲波漭無期
영 밖·내륙 서로 아득 그리워할 뿐,	嶺陸互迷望
시름 할 젠 거문고를 가져다 타나,	愁來取琴彈
옛 가락을 감상할 줄 아는 이 없네!	調古無人賞
고운 풀들 차츰차츰 시들을 테고,	瑤草行休歇
반딧불만 텅 빈 주렴 지나 날 게니,	流螢度虛幌
영화란 건 정말 믿기 어려운 거고,	榮華諒難恃
세상 물정 일정함도 없는 것이라,	物情靡定狀
탄식으로 이때를 마칠 판이니,	歎息竟此辰
막 노래해 마땅히 제 맘 풀리라!	放歌當自廣

해설 이 작품은 작자 자신이 세상과 親知와 서로 격리되어 孤寂하게 살아가는 상황과 심경을 진정한 벗인 양응우에게 하소연하듯 전하

는 시다. 그래서 "幽人起中夜(숨은 사람 한밤중에 일어나 앉아)"로 늦가을 밤 자신의 고독한 모습을 전하고는, "愁來取琴彈 調古無人賞"이라며 자신의 고독한 시름을 거문고로 타면서 호소해 보지만, 자신이 타서 풀어내는 뜻이 너무 고고해서 아무도 알아 화답할 사람이 없다고 하소연하고는, 이내 "嘆息竟此辰 放歌當自寬"이라며 가을도 곧 다 가버리는 이 계절을 맞게 된 채, 별 수 없이 외롭고 서글픈 노래나 실컷 불러서 제냥 마음을 풀어 보겠노라는 한탄으로 마치고 있는 안타까운 시다.

出寶林寺

보림사를 떠나면서

어저께는 옛친구와 작별을 하고,	昨與故人別
오늘에는 이 명산과 작별을 하니,	今與名山別
사람의 정 진실로 슬픈 데에다,	人情固悽慘
산과 물도 또한 목이 메인 듯한데,	山水亦嗚咽
서리 내린 다리 위로 말은 건너고,	馬渡橋上霜
봉우리 밖 달은 숲에 기울어 가니,	林斜峯外月
작별한 그때는 또 어제 같건만,	別時又如昨
돌아보니 다시 실심 멍할 뿐일세!	回頭更悄惚

해설 이 작품은 어저께 다정한 벗을 작별해 보낸 이 절을 오늘은 작자 자신이 이 절과 함께 이 산속을 떠나면서, 너무 슬픈 심경이라 "山水亦嗚咽(산과 물도 또한 목이 메인 듯한데)"이라며 기막히게 서글픈 심경을 전하고 있는 시다.

擬古

옛날 시를 본떠서 짓다

높은 집서 아름다운 모임을 하니,	嘉會高堂上
좋은 벗들 먼 곳에서 찾아들 와서,	良友自遠方
선녀들은 묘한 가락 노래 부르고,	仙娥揚妙音
갖춘 자린 서늘한 기 모여드는데,	象筵集新凉
멋진 얘기 휘익 바람 따라 들리고,	淸談隨飛飈
자리 가득 술잔 들고 취해 있으니,	滿座醉羽觴
이 한 세상 안에서 인생살이는,	人生一世內
이별・만남 어찌 여일할 수가 있나?	離合安可常
지척으로 사는 마을 같이했어도,	咫尺同里閭
여러 번의 호화놀인 어려운 건데,	遨遊難屢將
더구나 산과 냇물 가리운 채로,	矧乃山川隔
얼굴・신첸 서로 어긋나버렸으니,	形影參與商

기쁨함도 오늘 저녁뿐이겠지만, 懽娛在今夕
참말 좋아 능히 잊을 수가 없겠네! 信美不能忘

---

* 象筵 : 象牙로 꾸민 자리라는 말로, 화사하게 잘 준비된 잔치 자리를 말한다.
* 屢將 : "將"자는 "으리으리하다"라는 뜻이어서 "屢將"은 "여러 번 호화롭다"는 말이다. 따라서 "難屢將"은 "여러 번 호화롭게 하는 것은 안 좋다"는 뜻이다.

해설 이 작품은 옛날 사람들이 기막히게 좋았던 모임이나 놀이 끝에 안타까워했던 詩를 본떠서 짓는다는 시다. 지금 좋은 곳에서 좋은 벗들과 좋은 잔치를 벌이고 있지만, 인생에 주어진 공간이나 시간이 무상한 것이라는 푸념으로 마치면서, 끝내는 "懽娛在今夕 信美不能忘(기쁨함도 오늘 저녁뿐이겠지만, 참말 좋아 능히 잊을 수가 없겠네!)"이라며 기쁨의 감탄과 허탈함의 탄식이 함께 울려나고 있는 안타까운 시이면서도, 이런 놀이의 모임을 스스로 경계하는(自警) 시로 지어진 것으로 추정이 되기도 한다.

東郭美人篇
동곽의 미인을 노래한 글

동편 성곽 그 얼마나 구불텅한가? 東郭何逶迆

높은 성 담 구름 끝엘 놓인 듯하여,	峻堞造雲端
날 듯 누각 그 위에 솟아 서서는,	飛樓出其上
아스라이 서울 장안 굽어보는 듯,	迢遞瞰長安
아침 해는 창문들에 어려 비추고,	朝暉暎綺疏
푸른 숲은 조각 난간 가리웠는데,	綠林掩雕欄
누각 안의 비단 치마 입은 아가씬,	中有羅裳女
곱고 예뻐 얼음과 눈 같은 용모로,	婥妁氷雪顔
젊은 나이 이별한 채 살게 됐지만,	芳年遭離居
제발 제발 그 임만을 생각했으면!	願言思所歡
새벽 깨나 슬픈 가락 매만지면서,	晨起理商絃
밤낮으로 西關 門만 바라보네만,	日夕望西關
우두커니 서서 장차 무얼 볼 건가?	竚立將何覩
머뭇대며 폐와 간(마음 속)만 상해질 텐데!	躑躅傷肺肝
항상 도중 길 막힐까 두려웠더니,	常恐中道阻
큰 마차는 끝내 돌아오지 않은 채,	軒車終不還
고운 얼굴 오래 믿기 어려운 거고,	姸華難久恃
게다 시절 끝나갈 때 당해 있으니,	況當節向闌
마음 잡고 한추위(절개 지킴)나 약속해야지,	執心期歲寒
가을 난초 닮아 말라 버려진대도!	萎棄同秋蘭

---

* 綺疏 : 구멍을 뚫어 조각하여 만든 창문을 말한다.

* 所歡 : 아주 친한 벗이나 정든 사람을 말한다.

* 商絃 : 가을의 기분처럼 소슬하고 서글픈 소리 가락으로, "商"은 五行으로 金이고 季節로 가을이며 方位로는 서쪽이다.

* 日夕望西關 : "밤낮으로 西關만 바라본다"라고 한 것을 보면 이 작품의 주인공인 "東郭美人"이 밤낮으로 "西關"만 바라본다는 것이다. 이 말은 『詩經』「邶風」의 〈簡兮〉章에 "西方美人"을 그리워하며 바라본다는 말을 "略語"로 쓴 것이며, "西方美人"은 당시 在野에 외롭게 있는 "邶"의 賢者가 西周의 太平聖代에 盛王(聖王)을 그리워한 것이다. 그래서 이 詩句는 바로 이 작품의 주인공인 "東郭美人"이 西周 같은 나라와 시대의 盛王(聖王)인 "西方美人" 같은 이를 바라보며 그리워하고 있다는 말이다.

해설 이 작품은 작자가 "東郭美人"이라는 한 인물을 설정하여 여기에 자신을 代入하고서, 『詩經』「邶風」의 〈簡兮〉章에서 邶의 賢者가 뜻을 얻지 못한 채 賤한 下級官吏로 있으면서, 西周의 盛王(賢明하신 聖王)을 사모하며 "云誰之思 西方美人(누구를 사모하는고? 서방의 미인이로다)"라고 읊으면서, 盛王(聖王)을 "西方美人"이라 부른 것을 시범으로 삼아 쓴 것이다. 작자는 41세에 宣祖大王으로부터 宣陵參奉으로 임명을 받은 것이 벼슬의 처음이면서 끝이어서 士子로서의 立志가 挫折된 채 貧苦를 겪은 터라, 邶의 賢者가 盛王(盛代의 聖王)으로 그리워한 西方美人을 宣祖大王으로 삼아 欽慕하고 推仰한 것으로 추정된다. 그래서 "常恐中道阻 軒車終不還(항상 도중 길 막힐까 두려웠더니, 큰 마차는 끝내 돌아오지 않은 채)"이라고 절망할 상황인데도, 끝맺음을 "執心期歲寒 萎棄同秋蘭(마음 잡고 절개 지킴 약속해야지, 가을 난초 닮아 말라 버려진 대도!)"이라며 곧은 선비로서의 매서운 다짐을 하고 있는 것이다.

寄竹隱
죽은에게 부치다

새벽녘에 서울 앞쪽 성에 올라서,	晨登國南城
저 멀리로 흘러가는 한강을 보니,	遙見漢江流
한강 물은 거침없이 흘러서 가고,	江水流浩浩
내 생각은 바야흐로 하염없는데,	我思方悠悠
물어보자 "누굴 위해 생각하는가?",	借問爲誰思
숨은 사람 시골에만 가서 있으며,	幽人在滄洲
도 지킬 뿐 뭘 할 욕심 적은 데에다,	守道寡營欲
世上 謝絶 친구들도 멀리한 채로,	絶世離朋儔
입은 옷엔 난초 향만 스며 있으며,	被服襲蘭芳
곧은 길로 先賢 힘써 따를 테지만,	貞軌務前脩
여기에선 밝은(임금님) 配慮 막혀 있으며,	玆焉阻英眄
좋은 詩만 서로 답해 보낼 뿐이라,	佳篇遠相酬
이 내 形迹(몸은) 세상 때만 끼어버린 채,	形迹滯垢氛
애써 살기 매일 걱정 시름 하면서,	勞生日憂愁
한갓 맑을 자신 情景 그리워하며,	徒將戀淸景
歲暮 맞아 멈칫거림 더할 뿐이니,	歲晩增夷猶
어찌 항상 이렇게만 그냥 있다가,	曷爲恒如此
끝내에는 고향으로 돌아갔구려!	終當返故丘

* 竹隱 : 누군가의 號인 것이며, 작자와 동시대의 인물로 이 호를 가진 사람은 "具仁基"라는 文臣이 있으나 확인할 수 없다. 그러나 이 사람은 분명 작자와 친분이 자별했던 벗으로서 이 당시에 서울의 남쪽 漢江 가 시골 마을에 숨은 듯 가서 살던 선비로 추정된다.
* 滄洲 : "물빛이 푸르른 시골"이라는 말이면서 "시골 마을"이라는 말로, 대개 숨은 듯 사는 사람의 마을을 지칭한다.
* 營欲 : 世俗的 慾望을 추구한다는 말이다.
* 英眄 : "智過萬人者 謂之英(智慧가 萬人을 뛰어넘는 사람을 '英'이라 한다)"라고 하는 바대로 "英"자는 "훌륭하신 임금님"을 지칭하는 것이고, "眄"자는 "돌아보다"는 뜻이다. 그래서 "英眄"은 "임금님의 돌아보심"이라는 말이다.
* 夷猶 : 夷由와 같은 말로 遲疑, 不決, 猶豫를 뜻하는데, 여기에서는 머뭇거린다, 멈칫거린다는 의미로 사용되었다.

해설 이 작품은 작자 자신이 매우 아끼고 가여워하는 벗인 竹隱이 임금님으로부터 배려와 빛을 받거나 보지 못한 채, 강가 시골 마을에서 고결하게 뜻만 지키며 말없이 살고 있는 처지를 안타까워하며, "曷爲恒如此 終當返故丘(어찌 항상 이렇게 그냥 있다가, 고향으로 돌아갔구려!)"라며 진정으로 애석해하며 마치고 있는 애틋한 시다.

哀韓使君
韓郡守의 죽음을 슬퍼함

군수로서 이곳 예전 부임을 해서,	使君昔莅此
실로 거듭 이어지는 饑饉을 만나,	實遭飢饉荐
몹시 애써 우리 삶을 살려내려고,	勤勞活我生
맘 지친 채 입도 먹길 잊고 노력해,	志疲口忘膳
“못살겠다” 사방 그래 걱정했어도,	嗷嗷四方然
구렁텅이 신셀 우린 면하였으니,	我免溝壑轉
어찌 오직 백성들만 존경했겠소!	豈惟民愛戴
포상 승진 임금님도 아끼신 거라,	褒陞寔天眷
화목하게 만가 百姓 봄 만났다며,	熈熈萬家春
다퉈 우릴 제일이라 羡望했는데,	競我瞻冠弁
그 누구가 알았으랴? 나라 밖에서,	誰知邦域外
몰래 기회 엿보고 있었는지를,	窺覘潛乘便
풍파 타고 왜적들 배 바다로 덤벼,	風濤舶交海
위급 구조 타인 先手 期해야 하나,	赴急期人先
군대 사정 기댈 데가 전혀 없는 채,	軍情倚不震
손과 발로 얼굴·머리 호위만 할 뿐,	手足捍頭面
깃발 지휘 외론 초소 들어가 보니,	揮旗入孤戍
심약한 채 主將 被選 부끄러하며,	主將慙選懦
겹겹 포위 화살·식량 다 떨어지고,	重圍矢食盡
혈혈단신 구원병도 오는 것 없어,	孑孑無來援

하루아침 형편 어찌할 수 없게 돼, 一朝勢無奈
싸움도 못 한 채로 패할 판이라, 覆沒在不戰
피눈물로 한평생을 생각해 보니, 血涕念平生
구차한 삶 오히려 안 부끄럽나? 偸活寧非靦
몸과 넋은 드디어 못 오게 되어, 形魄遂不返
귀천 없이 해골들로 쌓여졌구나! 積骸無貴賤
암담하고 처참해라 바다 위 구름, 黯慘滄海雲
처량하게 되었구나! 흰 깃털 부채, 凄涼白羽扇
여러 진지 가로 한 줄 무너져버려, 列鎭一橫潰
이 나라가 한껏 삼켜지게 되어서, 此邦極呑嚥
텅 빈 성을 뉘 지킬까? 가슴 아픈데, 空城痛誰守
살기는 옆 고을로 이어졌으니, 殺氣連傍縣
맘 상해라 백성 안정시켰던 곳도, 傷心奠枕地
초목까지 온통 상처 입어 버렸네. 草木瘡瘢偏
나랏일이 드디어 이렇게 된 채, 國事遂如此
세월만이 그냥 서로 흘러갔지만, 星霜互流變
지금까지 돌본 은혜 남아 있어서, 至今恩撫餘
노인·유아 아직 목숨 붙은 처지라, 老幼尙殘喘
돌아갈 혼 머엉하게 아직 남아서, 歸魂尙彷彿
우주 향해 한번 소식 전할 뿐인데, 宇宙一郵傳
예양(汭陽) 강물 도도하게 흘러서 가고, 汭之水滔滔
仁山 숲은 울창하게 우거져 있어, 仁山鬱葱蒨
옛 회포로 다만 두 줄 눈물이건만, 懷舊但雙淚
羊祜 碑만 고개 위에 남아 있구려! 羊公碑在峴

* 韓郡守 : 이 인물이 누구인지 분명하게 확인할 수는 없지만, 조선조 明宗 9년경에 전라도 長興에 府使로 왔던 "韓蘊"으로 추정된다. 그는 이곳에서 節度使 元績·靈巖郡守 李德堅과 함께 達梁鎭을 침범한 倭寇와 대결하였으나, 衆寡不敵으로 성이 함락되어 전사하였다. 이 작품의 詩語인 "汭之水(汭陽江의 물)"와 뒤에 백성들이 驛壁에 "장흥 백성들이 부모를 잃은 듯 슬퍼하니"라는 시를 붙여 놓았다고 전하는 내용이 이 시의 내용과 부합하는 점으로 봐서 "韓蘊"일 것이 확인된다. 그는 뒤에 "忠毅"라는 시호와 함께 이곳 "忠烈祠"에 모셔졌다. 그런데 이 작품의 제목에서 "韓蘊"은 "長興府使"였는데 "郡守"라고 한 것은 "郡守"가 "府使"보다 낮춰진 호칭이나, 이 경우에는 당시 地方 守令들을 汎稱하는 말로 "郡守"라는 호칭을 썼기 때문에 관례에 따라서 이렇게 "郡守"라고 표시한 것으로 추정된다.
* 嗷嗷 : 시끄럽게 울부짖는 소리로, 사람들이 극한적인 상황을 당해 "못 살겠다!"며 울부짖는 소리이다.
* 溝壑轉 : 구렁텅이에 굴러떨어져 죽게 되는 상태를 말한다.
* 天眷 : 하늘 곧 임금님의 아끼심과 사랑을 받는 것을 말한다.
* 熙熙 : 화목한 상태를 말한다.
* 冠弁 : 옛날 중국에서 諸侯들이 머리에 쓰고 天子께 朝會를 드리던 모자로, 또 다른 의미를 가진 "第一"과 "首位"라는 말로 바뀌어 쓰이기도 하였는데, 여기에서는 바로 이런 뜻으로 쓰인 것이다.
* 奠枕 : 심신이 안정되어 있다는 말이다. 이 말의 근원은 중국의 漢나라 揚雄의 『法言』「寡見」에서 "昔在姬公 用於周而四海皇皇 奠枕於京(옛날에 姬公이 周나라에 任用되자 온 나라 四方이 아주 아름답고 걱정이 없어, 마음과 몸이 편해졌다)"라고 한 데서 나온 말이다.
* 羊公碑 : 중국의 晉나라 사람 羊祜가 일찍이 襄陽太守가 되어 善政을 베풀고 항상 峴山에 올라서 술을 마셨기 때문에 사람들이 그를 기리는 碑를 세웠는데, 뒤의 사람들은 이 碑를 보고 그를 추모하며 눈물을 흘렸기 때문에 "峴山墮淚碑"라는 이름이 붙여졌다.

해설 이 작품은 작품의 주인공인 韓郡守가 어려운 백성들의 饑饉

을 愛憐과 慈惠의 무한한 노력으로 극진하게 돌보아 백성들의 무한한 칭송과 임금님의 褒奬도 받았을 뿐만 아니라, 우리 海岸을 침범하고 노략질하는 倭寇들과 싸우다가 衆寡不敵으로 戰歿한 忠節을 推奬하고 哀痛해 하는 참으로 감동적인 시다.

贈圓澈 澈公求詩甚勤 走筆贈之 時乙丑首春

원철에게 주다

원철이 시를 아주 정성스레 청해서 빨리 지어 써서 주다. 때는 을축년 정월

"산사람은 산 밖을 안 나가는 것,	山人不出山
나가 봐야 또 무슨 할 일 있겠나?	出山亦何事
얄궂어라 그대는 눈보라 속에,	怪汝風雪中
속세 사람 사는 지역 멀리 걸어와,	遠踏人間地
가난한 삶 바로 그냥 어설픈데도,	貧居正蕭瑟
찾아 주니 유독 무슨 까닭이 있나?"	來訪獨何以
소매 속의 종이를 문득 뽑아내,	便抽袖中紙
이내 산속 사는 운치 얘기하면서,	因說巖栖致
"한 번 먹곤 걸핏하면 열흘 넘기고,	一食動經旬
한 번 입곤 열두 해를 넘길 만한데,	一衣堪踰紀
내가 공께 무엇을 요구하겠소?	我何求於公
공께 그냥 시 한 수만 구하오" 하니,	求公一句爾

"돌아본 난 시 못 짓는 사람인데다,	顧我非詩者
시는 또한 이런 곳엔 있지 않으니,	詩又不在此
어느 곳에 유명한 산 많이 있으며,	何處多名山
어느 곳에 아름다운 물이 많은가?	何山多好水
한 막대로 그대와 함께 떠나서,	一笻與爾俱
천 리 거나 만 리 거나 다시 걸어서,	千里復萬里
가을 달이 구름 없이 비춰 줄 때나,	秋月照無雲
봄꽃들이 비단처럼 피어날 때에,	春花發如綺
산 신기해 모두 그냥 신선 세계고,	山奇盡仙景
물 기이해 모두 그냥 시 생각나면,	水異皆詩思
그 다음엔 그냥 써서 시편 만들어,	然後書爲篇
족히 그대 귀에 들려줄 수 있겠네!"	足以聽汝耳

* 巖棲致 : "산속 바위틈에 의지해서 사는 운치"라는 말로, 실제로는 僧侶 노릇 하는 생활을 격려하듯 고상하게 표현한 말이다.

해설 이 작품은 스님이었을 "圓澈"이 찾아와서 詩를 지어 달라고 하는 청탁을 받고, 마치 농담 겸 해학처럼 "자네가 나를 함께 안내하여 名山과 好水(고운 강물)를 유람하고서 돌아오면, 그때 나는 좋은 시를 터득해 지어서 주겠네!"라고 하는 농담 같은 시다.

永平別深甫

영평에서 심보와 작별하면서

세모 맞아 멀리 여기 손님 된 채로,	歲暮遠爲客
하늘 사뭇 구름 바다 펼쳐 있는 곳,	天長雲海闊
눈 내린 뒤 밤에 그댈 찾아 왔더니,	尋君雪後夜
바로 지금 매화꽃이 피는 때인데,	及此梅花發
옥병에는 맛 좋은 술 맑기도 하여,	玉壺湛芳醑
높게 읊어 밝은 달을 놀릴 만하니,	高吟弄明月
그나마도 이별할 맘 위로되겠네,	聊以慰離心
아침 되면 진과 월로 헤져 갈망정!	明朝阻秦越

* 永平 : 京畿道에 있던 지역으로 지금은 抱川市에 통합되어 있는 곳이다.
* 深甫 : 누구의 字로 추정이 되나 누구인지 확인할 수가 없고, 다만 작품의 내용으로 봐서 작자와 친분이 있던 벗으로 추정될 뿐이다.

해설 이 작품은 서로가 객지일 영평에서 눈이 내린 뒤에 맞은 밤에 만나, 곧 매화도 피려 하는 때인데다, 맑은 술을 준비해 놓고 마시며 환하게 밝은 달이 뜬 이 밤에 높은 목청으로 시를 읊게 됐으니, 내일 아침 이별을 하면 서로가 멀리 떨어진 곳으로 각각 헤어지겠지만, 그래도 위로가 될 만하다는 自慰의 詩다.

齋居感懷 寄崔孤竹

서재에 있으면서 감회에 젖어 최고죽에게 부치다

서재 생활 고요한 채 아무 일 없어,	齋居寂無事
문 닫으니 봄날 하룬 길기만 한데,	閉門春日遲
숨었던 풀 차츰 섬돌 돋아 나오고,	幽卉漸暎砌
새 샘물은 벌써 못에 가득 찼으며,	新流已滿池
다시 여기 제때 비도 막 개이면서,	復此時雨霽
예쁜 새도 높은 가지 울고 있건만,	好鳥鳴高枝
그리운 인 지금 여기 있지 않으니,	所思不在此
그 누구와 이 풍경을 함께 누리나?	誰可共華滋
밤낮으로 서남쪽을 바라보면서,	日夕西南望
말도 없이 속에 제냥 슬퍼만 하네!	默默中自悲

해설 이 작품은 봄을 맞으며 제때 맞추어 내리던 비도 멈춘 채, 이 긴 봄날을 보내면서 평생의 지극한 벗인 孤竹을 몹시 그리워하며, 매우 고적한 심경을 말없이 실어 보내는 고운 시다.

陵齋懷崔孤竹

陵 齋室에서 崔孤竹을 그리워하며

잠 깨보니 햇빛은 기울어지고,	睡起晷景晏
한껏 조용 근심 걱정 몰려드는데,	靜極憂思集
여름 나문 그늘 짙기 시작을 하며,	夏木陰始繁
가을 매민 울음 또한 급해져 가니,	秋蟬鳴又急
얼굴·살쩍 능히 얼말 지탱할 건가?	容鬢能幾時
자네 생각 새삼 골똘해져 서 있네!	懷君更凝立

해설 이 작품은 늦여름 날 오후의 낮잠을 깨어, 가을을 재촉하는 매미 소리가 조금 시끄러울 시간, 이 얼굴과 이 귀밑털이 그대로 얼마나 있을 수 있을까를 헤아려 보다가, 자네가 너무 그리워져 골똘하게 생각하며 멍하게 선 채 있다는 푸념 같은 시다.

送文仲郁還鄕二十韻

문중욱이 고향으로 돌아가는 것을 전송하며 지은 이십 자 운의 시

만리타향 함께 나그네이었다가,	萬里同爲客
가을바람 불 제 홀로 귀향을 하니,	秋風獨此歸
잔 멈춘 채 문득 아무 말이 없다간,	停杯却無語
작별 순간 거듭 옷깃 잡아당기네.	臨別重扳衣
작은 장판 끝물 비가 걷히고 나니,	小市收殘雨
외론 돛엔 지는 해가 등에 비치고,	孤帆背落暉
지역으론 호서·경기 널리 거쳐서,	地經湖甸闊
길은 남쪽 희미하게 돌아 났으니,	路繞楚關微
떠날 준비 귀찮을 건 알고 있지만,	行李寧知倦
마음·넋은 오래 가고 싶어 했을 터,	心魂久欲飛
아이들은 바라보다 깜짝 놀라고,	兒童望驚倒
친척들은 헤졌던 걸 위로하겠지!	親戚慰離違
길엔 온통 새로 자란 대나무 있고,	逕亂新生竹
옛날 앉던 낚싯터엔 이끼 꼈어도,	苔侵舊坐磯
사당 뜰 안 옛날처럼 엄숙할 테고,	祠庭肅如故
산소 나문(墓前植樹) 모두 아름 넘었을 테니,	宰樹摠添圍
옛날 회상 정이 어찌 끝이 있겠나?	瞻顧情何極
恩惠와 情 눈물 함께 뿌리겠구려!	恩私淚迸揮
학사님의 집과는 담 이어 있고,	連墻學士第

정승님 댁 문과 골목 닿아 있으며,	接巷相家闈
香浦 물은 근원 멀리 흐를 것이고,	香浦源流遠
蓮峰 산은 겹겹 쌓여 높을 것이며,	蓮峯積累巍
앞 형님넨 벌건 밤알 벌어져 있고,	南兄紅栗綻
저 아우넨 잔 물고기 살져 있겠지.	西弟細鱗肥
이에 이제 능히 나를 생각하건만,	卽事能懷我
남은 인생 점점 글러진 걸 알거니,	餘生覺轉非
한 벼슬로 머린 이미 허옇게 된 채,	一官頭已白
열 식구가 한 해 내내 주려 있어서,	十口歲仍饑
꿈속서만 얼굴 모습 괴로워 뵐 뿐,	夢裏容顔苦
이 하늘 끝 오는 소식 거의 없으니,	天涯信使稀
멀리 아내 詩 挑戰이 가련한 데다,	遙憐挑錦字
사립 앞에 섰을 아들 더욱 딱하나,	偏憶候荊扉
貴와 賤은 함께 운명 소관인 거나,	貴賤俱關命
새·물고긴 족히 기틀 잊게 할 테니,	禽魚足忘機
응당 사뭇 골몰하진 않을 것이요,	未應長汨沒
문득 가서 자연 속에 늙을 것이네.	便去老煙霏
바다제빈 보노라면 집 떠날 거고,	海燕看辭舍
가을 벌렌 짐짓 휘장 기어드는데,	寒虫故近幃
허둥지둥 한갓 생각 붙여 적네만,	忽忽聊寄思
못 볼 적엔 다시 사뭇 못 잊을 테지!	目盡更依依

* 楚關 : “楚나라의 關門”이라는 말이나, “楚”나라가 중국의 서남쪽 지역이라

서, 이 말은 대개 우리나라의 서남쪽인 湖南地域을 말하는 것이다.

* 行李 : 使者, 行人, 旅行者의 짐을 말한다.
* 宰樹 : "宰木", "墓木", "丘木"과 같은 말로, 무덤가에 標識의 의미로 심은 나무를 말한다.
* 南兄 : 시골에 사는 사람들이 이웃을 정답게 부르는 말로 쓰인 관습용어로 구태여 풀어 읽으면 "앞집 형님"일 것이다.
* 西弟 : 앞의 말과 같이 쓰인 관습용어로 구태여 풀어 읽으면 "저편 아우"일 것이다.
* 錦字 : 중국 前秦의 竇滔에게는 사랑하는 여인인 趙陽臺가 있었는데, 그의 아내인 蘇氏가 陽臺를 찾아내서 구타하자 竇滔가 아내인 蘇氏와 인연을 끊으니, 蘇氏는 후회하고 한스러워하며 비단을 짜서 여기에 "回文詩"를 지어 써넣어 보내고 슬퍼하였다. 竇滔가 이 詩를 읽어 보고는 이내 마차를 준비하여 가서 蘇氏를 맞아들였다.
* 禽魚 : "鳥魚(새와 물고기)"라는 말과 같은 것으로, 시골 고향에 내려간 누구나 가장 소박하면서도 가장 즐겁게 구경하며 함께 삶을 누리는 자연의 풍물이다. 그래서 중국의 歷史書인 『隋書』 「隱逸傳」에 "狎玩魚鳥 左右琴書(물고기와 새들을 기막히게 가까이하며 사랑하고, 좌우로는 거문고와 책을 놓고 타며 읽는다)"라고 하였다.
* 忘機 : 세상살이에 있어서 일체의 욕망이나 유혹을 온통 잊어버리고 아주 자유롭게 사는 것을 말한다.

해설 이 작품은 같은 고향의 벗일 文仲郁이 고향으로 돌아가는 것을 전송하면서 읊어주는 시이다. 자네는 이제 고향으로 돌아가게 됐으니, 정겨운 친지들과 옛친구들 그리고 이웃들을 반갑게 만나고 古蹟과 풍경들을 즐겁게 구경하련만, 나는 이렇게 失意한 존재가 되어 있으면서 아직도 고향으로 돌아가지 못한 채, 처와 자식들도 못 돌보고 있으면서 하늘에 운명을 맡기고 있으며, 귀향을 하고 싶지만 이것도 뜻대로 못 하고 있다는 기막힌 自歎과 하소연의 시다.

七.

七言古詩

龍江詞
용강의 노래

첩의 집은 용강 머리 여기에만 있는 터라,	妾家住在龍江頭
매일매일 문 앞에는 강물만 흐르는데,	日日門前江水流
강물 동쪽 흘러가며 일찍 쉰 적 없는 듯이,	江水東流不曾歇
이 첩 마음 임 생각도 어느 때나 끝납니까?	妾心憶君何日休
강가에는 구월 되어 서리・이슬 차가웁고,	江邊九月霜露寒
강 뚝 갈댄 꽃 하얗고 단풍잎은 붉건마는,	岸葦花白楓葉丹
줄줄 마다 새 기러긴 북쪽에서 날아와도,	行行新雁自北來
임은 서울 계시면서 편지조차 아니 오네!	君在京河書未廻
진루 향해 달만 보며 고통 표정 몇 번 했나?	秦樓望月幾苦顔
이 첩 시켜 강 위의 산 사뭇 올라가게 했네.	使妾長登江上山
가실 때엔 임신만 해 안 태어났던 아이,	去時在腹兒未生
지금에는 말도 하고 竹馬타고 다니면서,	卽今解語騎竹行
남의 아이 따라 놀다 배워 “아빠” 부르건만,	便從人兒學呼爺
너의 아빠 만 리 밖서 어찌 소릴 듣겠는가!	汝爺萬里那聞聲
인생살이 좋고 나쁨 각각 하늘 달려있어,	人生窮達各在天
안타깝게 애만 쓰며 헛된 세월 보냈으나,	可惜辛勤虛度年
베틀에서 짜낸 명주 추위엔 옷 될 수 있고,	機中織帛寒可衣
강가 두어 이랑 밭선 수확할 수 있겠으니,	江上仍收數頃田
집에서만 서로 보면 가난해도 기쁜 거지,	在家相對貧亦喜
금은 온몸 치장해도 족히 귀할 것이 없네!	銀黃繞身不足貴

아침 되자 뜰앞 나무 까치들이 짖어대서,	朝來鵲噪庭前樹
문밖 나가 강 저쪽 길 자주자주 바라보며,	出門頻望江西路
옆의 사람 보고서도 마음속 일 말 못한 채,	不向傍人道心事
안개 물결 애끊기며 해는 또 저무는데,	腸斷煙波日又暮
붉은 굴레・금씌우개(金絡) 어느 서방님이신가?	紅羈金絡何處郞
말은 울며 저 집으로 문득 들어가버리네!	馬嘶却入西家去

* 龍江 : 분명 어느 江을 지칭하는 固有名詞임은 분명한데, 우리나라에서 어느 江의 명칭인지 확인할 수 없고, 중국에서는 黑龍江을 지칭하는 말로 쓰여지고 있으나 이 작품의 내용으로 봐서는 黑龍江과는 무관한 것으로 추정된다. 따라서 아마 우리나라 어느 곳에 있는 江의 이름으로, 이 江 위에서 남편과 이별한 채 아들을 낳아 기르면서, 온갖 고초를 겪으면서도 남편을 안타깝게 기다리는 한 여인의 사연을, 작자가 "龍江"이라는 江가의 마을에 전하는 이야기로 듣고, 중국의 樂府體詩를 模擬하여 읊어낸 시로 추정된다.
* 京河 : 漢文章이나 詩에서 실제로 쓰여진 것이 확인되지 않는 어휘여서 "京河"라는 말이 무슨 의미인지 확인하기 어렵다. "京河"라는 어휘를 이 작품의 전체적인 문맥상 의미와 상관적으로 추정해 볼 경우, "京洛(서울)"이라는 어휘가 합당하지 않을까 판단되고 이것을 筆寫者나 刻字手가 "京河"로 誤記했거나 誤刻한 것이 아닐까 추정되는 것이다.
* 秦樓月 : 중국의 古代 詞牌曲名인데 一名 "憶秦娥"라고도 한다. 이것은 唐나라 文宗의 宮妓인 沈翹翹가 金吾 秦誠에게 시집을 갔는데, 秦誠이 日本에 使臣으로 가자 남편을 그리워하며 이 曲을 짓고 "憶秦郞"이라고도 하였다.
* 金絡 : 金 빛의 실로 얽고 떠서 말의 머리에 씌우는 둥우리 같은 것으로 "金馬籠頭(금 씌우개)"라고 하였다.

해설 이 작품은 "龍江"이라는 江이 어디인지는 알 수 없으나, 이

江가 마을에 說話처럼 전해지는 어느 女人의 애틋한 逸話를 가지고 중국의 樂府體를 模擬하여 지어 읊은 시다. 그래서 이 시는 龍江이라는 강가 마을의 한 여인이 일찍이 남편과 헤어진 채, 아들을 낳아서 艱苦하게 살면서도 오히려 남편을 끝내 잊지 않고, 항상 江 위를 향해 그리워하며 기다리고 있다는 기막힌 同情의 詩다. 끝부분의 "朝來鵲噪庭前樹 出門頻望江西路 不向傍人道心事 腸斷煙波日又暮 紅羈金絡何處郎 馬嘶却入西家去(아침 되자 뜰앞 나무 까치들이 짖어대서, 문밖 나가 강 저쪽 길 자주자주 바라보며, 옆의 사람 보고서도 마음속 일 말 못한 채, 안개 물결 애끊기며 해는 또 저무는데, 붉은 굴레·금 씌우개 어느 서방님이신가? 말은 울며 저 집으로 문득 그냥 들어가네!)"라는 마무리는 정말로 남편을 목 빠지게 기다리다 허망해진 여인의 가련한 정상이 선하게 그려져 있는 기막힌 구절이다.

走筆寄楊通判應遇 求永平申使君水墨圖
붓 가는 대로 막 달려 지어서 양 통판 응우에게 부치고, 영평 신 군수의 水墨 그림을 원하면서

학 그릴 젠 요는 가을하늘 달도 함께 하고,	畫鶴要寫秋天月
매 그릴 땐 모름지기 절벽 숲서 보게 하며,	畫鶻須着蒼涯樹
갈매기 맘 하얀 모래 깔린 물가 안 떠나고,	鷗心不離白沙渚
기러기 맘 갈대꽃 핀 갯벌 절로 사랑하며,	雁思自愛蘆花浦
대숲에는 비 푹 내려 젖은 까치 우지짖고,	叢篁雨重濕鵲啼

고목 잎 져 등걸 깃든 까마귀들 드러나며, 古蘖葉脫栖雅露
풀들 자란 양지 언덕 사슴 따뜻 잠들었고, 草長陽坡麚眠暖
등 덩굴진 시낸 어둑 나비 우는 저녁이며, 藤垂暗澗猿聲暮
나귀 탄 손 눈이 내린 들판 다릴 지나가고, 騎驢客過野橋雪
소먹이 꾼 안개가 낀 봄 방죽에 와 있으며, 牧牛人在春塘霧
이내 어부 영감에겐 버들 둑 옆 있게 하고, 仍敎漁老傍柳岸
마침내는 바둑 신선 솔 밑 언덕 對局시켜, 終以棊仙對松塢
아침저녁 네 계절에 각각 다른 풍경에다, 朝昏四序各殊景
가고 앉고 날고 달림 온통 다른 흥취라서, 行坐飛趨渾異趣
푸른 산과 흐르는 물 즐김 오랜 벽 됐어도, 靑山流水性久癖
감상 놀인 지팡이·신 번잡 되려 걱정이라, 賞弄還愁煩杖屨
옛사람들 그 때문에 견면화(絹面畵 ; 비단천에 그린 그림)만 중시하며,
古人所以重絹素
만 리 길 중 털 만큼도 문밖에를 안 나갔지. 萬里纖毫不出戶
영평 원님 그림 솜씨 한 세상에 기묘타며, 永平太守妙一世
자네와 精 肝腸까지 통하는 걸 내가 알아, 知子交情洞肝腑
이 光山産 官用 종이 값일랑은 못 따져도, 光山官紙不論價
玉 다듬이 다듬어서 길이 표준 알맞게 해, 玉砧擣鍊宜尺度
얼마쯤을 봉해 싸서 은근하게 보내노니, 緘封多少致慇勤
이 名産物 또한 시 속 예절(數 ; 禮節과 分數) 본떠 한 것이라,
名物且倣詩中數
영평에는 정말 급한 문서 처리 없겠으나, 永平固無簿書劇
재능 어찌 일찍 그대 위해 수고했겠는가? 能事何曾爲君苦
(신사군이 아직 그대 위해 그림을 그려 주진 않았을 것이라는 말)

연꽃 향에 잠 푹 자고 못가 집은 시원할 제, 荷香睡足池閣凉

(비단 천이나 종이) 한 번 펴면 미친 바람 휙 불 듯이 상상되고,

一掃想見驚飇走

아침 달린 자벌레가 저녁 전에 돌아온 듯, 朝馳尺字不夕返

화첩 열면 하나하나 온 정신이 모였겠지! 開卷一一精神聚

자네 강남 오게 될 건 어찌 우연 아니랴만, 君來江南豈不偶

염려될 건 이번 기회 두 번 만남 어려운 것, 念今機會難再遇

병든 사람 草堂 살이 자료 원함 아니거니, 病夫不願草堂資

청하건대 그댄 이 시 유의해서 읽어 보게. 請君留意看此句

---

* 重絹素 : 글자대로의 뜻은 "하얀 바탕 그대로의 명주 천을 중하게 여긴다"는 말이다. 이것은 중요한 그림을 그릴 때 하얀 바탕 그대로의 명주 천이 가장 좋기 때문에 이것을 "絹素"라 하여 귀하게 여겼으며, 여기에 그린 그림을 "絹面畵"라고 하여 아주 귀중하게 여겼다.
* 能事何曾爲君苦 : 글자대로의 뜻은 "능숙한 일 어찌 일찍 자네 위해 고생했나?"라는 것이나, 다시 자세히 풀어 읽으면 "永平의 申使君이 그림을 능숙하게 잘 그리지만, 楊通判 자네를 위해서 그림을 그려 주는 수고는 일찍이 한 적이 있겠는가?" 라고 하는 것으로, 楊通判 자네도 분명히 申使君의 水墨畵는 못 받았을 것이니, 이제 이 기회에 자네가 申使君에게 부탁해서 水墨畵 한 폭을 그려 받아 달라는 간곡한 부탁을 하는 것이다.
* 詩中數 : 詩 속에 갖추어야 할 禮節과 分數를 말한다.
* 尺字 : 어느 辭典이나 字書에도 없는 語彙이다. 이것이 쓰인 "朝馳尺字不夕返"이라는 詩句와 앞뒤의 詩句들과의 意味上 有機的 관계로 추정해 봐서 "尺"자가 "蚇(자벌레 척)"자와 같은 뜻의 말이 아닐까 추정되어 "자벌레"라고 판정하였다.
* 草堂資 : 草堂을 짓고 살면서 갖추어야 할 文房具나 治粧物 등을 말한다.

해설 이 작품은 먼저 畵趣와 畵法 등의 여러 경우를 거의 畵家의 視角과 識見으로 제시하여 畵의 主題들을 위한 品格과 風韻을 살릴 수 있도록 素材들 상호간의 조화와 有機化로 作品들 箇箇의 實例的 模範으로 示唆하고 있으며, 작자 자신의 이 같은 風趣와 識見을 山水와 自然 風物의 玩賞을 위한 繪畵의 意義와 價値로 전제하고는, 이내 古人과 先輩들이 山水 風景畵로 遊覽과 玩賞을 누리며 覽勝의 行脚을 대신한 것을 말하고, 이를 위한 소망인 듯이 楊通判에게 간곡하게 부탁하듯 永平 申使君의 水墨圖 얻기를 간절하게 소망하고 있는 詩다.

그런데 이 작품에서 열두 번째 구까지의 각 구들에서 그 주 소재와 보조 소재들 간의 상호 유기적 조화와 배치 그리고 상호 지배적 관계를 치밀하게 조직화하여 繪畵化하는 요체와 풍경의 묘미와 감상하는 妙趣까지를 說破하여 시인으로서는 물론 화가다운 구상과 솜씨로서도 너무 놀랍게 시로 제시하여 시화하고 있다는 점에서 참으로 수작이 아닐 수 없다.

金陵記懷贈栖霞主人 卽金成遠

금릉(全南 : 康津)에서 회포를 적어 서하당 주인에게 주다

곧 金成遠이다

자네하고 정 나눈 지 십 년 훨씬 넘었건만,	與子論交十載强
그 사이에 모임·헤짐 어째 무상했었던가?	中間聚散何不常

시끄러운 전쟁 통에 세월만이 흘러갔고,　干戈紛紛日月徂
소식・대면 아득하게 川關처럼 멀 뿐인 채,　音影杳杳川關長
때로 전의 일들 갖고 입속 홀로 말해보다,　時將前事口獨語
꿈속 옛걸 찾아보나 맘에 기억 희미해서,　夢尋陳跡心難詳
생각해도 할 수 없어 사람 시름하게 할 뿐,　思之不可令人愁
그렇기에 전년에는 광산 놀러 갔었는데,　前年爲作光山遊
자네 집은 광산성의 바로 동쪽 거기 있어,　君家光山城正東
서석산 봉 끼고 있는 푸른 시내 흘러가고,　瑞石峰帶蒼溪流
푸른 시내 그 위에는 참말 좋고 즐길 만큼,　蒼溪之上詢且樂
하얀 물결・파란 산봉 정말 신선 세계라서,　白波青嶂眞仙區
좋은 누각・비단 자린 감히 당치 않건마는,　瓊樓綺席不敢當
옥 거문고・구슬 비파・술병・잔을 진열했고,　玉琴瑤瑟陳壺觴
천 그루 솔 그림자 속 달빛 환해 낮 같은데,　千松影處月如晝
한 물소리 날 적마다 바람 술잔 불어왔고,　一水聲時風入酒
環碧堂 앞 같이 시를 읊으면서 말을 타다,　環碧堂前幷吟騎
瀟灑園선 소매 함께 나란히 해 춤췄건만,　瀟灑園中聯舞袖
이때 기뻐 노닐어도 마음 한껏 못 풀어서,　此時歡賞心未極
좋은 일을 다시 하자 강남 약속했었는데,　勝事重結江南約
강남에서 시 宗主는 우리 石川 先生으로,　江南詞宗吾石川
글로 빛난 그 풍류는 지금 세상 謫仙이라,　文彩風流今謫仙
翰林院의 벼슬들도 “時俗 사람 하라” 하고,　玉堂金馬謝時人
돌아와서 홀로 어부・농부들과 친하셔서,　歸來獨與漁蓑親
자넨 그분 제자로서 정과 의리 함께 했기,　君於門下情義俱
(나도 함께) 와서 뵐 제 과연 매화 피는 봄에 맞추었지!　來拜果趂梅花春

(자네가) 대숲 집서 눈 내리는 삼일 밤을 모실 적엔,	竹屋同陪三夜雪
옛 약속은 찬산 속 달 바로 찰 때였다더니,	舊約正滿寒山月
(이젠 우리 집) 사립문서 웃고 맞자 해는 한낮 안 됐지만,	柴門迎笑日未午
정 깊으니 누추한 집 굳이 부끄러워하랴!	情至敢恥窮閻陋
봄 온 산 가 한 동이 술 바로 나눠 마시면서,	一尊徑酌春山邊
푸른 채소·흰 쌀밥을 한갓 인연 따라 먹고,	靑芻白飯聊隨緣
등 밝히곤 이내 밤 내 이야기를 하다가는,	明燈仍作終夜話
"(자네가) 내일 아침 가야 할 길 멀고 험하다"고 해서,	爲道明朝路脩阻
시내 머리 작별할 제 둘이 서로 돌아보며,	溪頭臨別兩相顧
"뒷날 모임 어디인질 알까?" 또한 물었더니,	且問後會知何處
조금 있다 듣자 하니 자네 외숙 崔샷도가,	俄聞君舅崔使君
금릉군의 원님 되어 임명 이미 받았다니,	作宰金陵符已分
그 금릉은 나에게서 삼십 리쯤 거리라서,	金陵距我三十里
서로 만날 기회 있어 마음 홀로 기쁘던 차,	相見有期心獨喜
깊은 시골 마차 바퀴 소리 들은 적이 없어,	窮閻不慣輪蹄聲
하얀 말과 고운 안장 아이들은 놀랐건만,	白騎雕鞍兒輩驚
제 스스로 "금릉 원님 심부름꾼"이라면서,	自言金陵太守使
자네에게 문득 바로 금릉성에 닿으라니,	說君便到金陵城
채찍 치며 가는 산길 등 뒤 해가 기울어서,	催鞭山路背斜暉
외로운 성 한 번 보고 마음 날고 싶었더니,	一望孤城心欲飛
안뜰에서 서로 인사 안부를 다 묻고 나니,	中庭相拜叙暄冷
우리들은 지금까지 내내 행운 많았었네!	吾儕向來乃多幸
겹 주렴을 느지막이 물·구름 위 걷어 놓고,	重簾晩捲水雲上
푸른 장막 붉은 등불 이 속 밤 내 마셨건만,	翠幕夜飮紅燈影

거친 狂氣 특히 주인 넓은 포용 받았기에,	疎狂特荷主人寬
취중한 말 술 깬 이들 듣는 것쯤 안 피했고,	醉語寧嫌醒者聽
성 동으로 때맞추어 용추 굽이 나가 보니,	城東時出龍湫曲
물 푸르고 모래 흰 채 마을 길은 길었지만,	水碧沙明村路永
그물 걷자 잔 비늘이 송강 농어 같은 생선,	擧網細鱗狀松江
鑾刀(방울칼)로써 회를 치니 은실 같이 흩어졌네.	鑾刀落膾銀絲迸
어떤 손이 석천 선생 시를 내게 보였는데,	有客示我石川詩
종일 펴자 天然 神奇 정말 세 번 감탄할 듯,	紙張三歎眞天奇
선생 이제 蒼溪 그곳 구름 속에 누우신 채,	先生今臥蒼溪雲
바닷바람·강 달빛에 한가론 때 많으셨기,	海風江月閑多時
나는 다시 자네 위해 소리 높여 읊었는데,	我復爲君高聲吟
신비로운 못 밑 龍도 응당 절로 알았겠지!	潭底神龍應自知
남산 옛날 그 놀이는 백련사에서였는데,	南山舊遊白蓮社
녹음에다 개인 날씨 첫여름에 딱 좋아서,	綠陰晴日宜初夏
다음 아침 술을 싣고 덤불 속을 지나가자,	平明載酒度蒙密
산새들과 골짝 구름 일찍 나를 안 듯했고,	山鳥溪雲曾識我
누런 궁궐(금물 칠한 佛殿) 푸른 전각 우뚝우뚝 들어선 곳,	金宮碧殿鬱岧嶢
종 울리고 북을 치자 높이 울려 들려오며,	撞鐘擊鼓聞層霄
산신령이 멀리 노는 내 행적을 위로하듯,	山英如勞遠遊跡
밤중쯤엔 달 떠올라 동편 산봉 환해져서,	夜半月出東峰白
옷깃 잡고 문 밀치며 자넬 툭 차 일으키니,	攬衣推戶蹴君起
위아래의 산·물 풍경 온통 하나 달빛이라,	上下湖山渾一色
앞 다락서 술 부르니 볼수록 또 참말 좋아,	南樓呼酒看更好
달 모양이 잔에 비춰 뼛속까지 맑겠는데,	桂影入盞淸生骨

늙은 스님 나를 권해 “방에 가서 자라”면서,	老僧勸我就房眠
“내일 떠날 배가 정녕 일찍 출발한다” 했네,	明日舟行當早發
눈부시게 떠오른 해 바위 골짝 쫙 비췄고,	曈曈初日亂巖洞
물살 빠른 깊숙 샘물 멀리 흘려보냈는데,	激激幽泉遠相送
뱃사공은 거룻배를 이미 오래 기다렸고,	篙師艤船待已久
수면 위는 찰랑찰랑 가쁜 바람 놀려대며,	水面灩灩輕風弄
푸른 산엔 흰 물새들 끝도 없이 날아가고,	青山白鳥去不窮
하늘 흐릿 바다 기운 서로 자욱 끼었는데,	天陰海氣相溟濛
뱃전에선 구름 끝 절 어근버근 멀리 보여,	船舷遙戞雲際寺
누각들은 아른아른 그림 속에 있는 듯해,	樓觀依微畵圖裏
밤이 되자 인간 세상 아닌 것을 처음 믿어,	始信夜來非人間
가리킨 게 되려 꿈속 일 아닌가 의심됐고,	指點翻疑夢中事
뱃사람들 모두 牛島 아름답다 말하는데,	舟人共道牛島好
아득 넓은 파도 속에 한 점으로 조그만 채,	一點漠漠波中小
바위 가에 닻줄 매도 돌만이라 길도 없고,	巖邊繫纜石無路
조리대의 포기 깊이 얄궂은 새 울 뿐이었네.	苦竹叢深鳴怪鳥
때로 갈대숲 사이서 물가 농가 만났건만,	時逢沙戶蘆葦間
얼굴 생김 수상하고 말도 알기 어려웠네.	顔貌殊常語難曉
맑은 샘서 잠시 쉬며 대를 태워 밥해 먹고,	淸泉暫憩燃竹炊
서편 숲엘 내려가니 장차 해는 지려는데,	步下西林將落照
삿대 소리 삐걱삐걱 바람 차츰 일어나며,	槳聲戞戞風漸起
안개 물결 아스라해 정말 하나 갈대밸세.	煙浪蒼蒼信一葦
다시 술잔 재촉하며 퉁소 북을 울려대니,	重催玉斝簫鼓鳴
물귀신도 와 춤추고 江妃도 와 듣겠구나!	馮夷來舞江妃聽

장군님의 祠堂 아랜 벌써 날이 저물어서,	將軍祠下已暝陰
내린 돛배 물가 깊숙 지탱하여 매어 놓고,	落帆撑趑汀洲深
歸路 말(馬)로 구름이 낀 대숲 들길 멀리 가니,	歸鞍野逕雲竹遠
등불 켜진 집집마다 울타리들 얕은 챈데,	燈火家家籬落淺
官堂(관청의 방) 방문 깊이 닫고 서로 팔과 다릴 벤 채,	官堂深掩相枕股
寢牀 엎쳐 時刻 알린 북도 다신 못 들었네!	倒床不復聞更鼓
다락 머리 엉겁결에 한번 머릴 돌려 보니,	樓頭不覺一回首
물과 하늘 삼킴·토함 서로 하기 뵐 뿐이라,	但見天水相呑吐
이 풍경은 浩蕩하여 참 신기한 만남이니,	玆遊浩蕩信奇遇
또 다행히 예전부터 하늘 방핸 안 받았네!	亦幸從前天不阻
맑은 바람 밝은 달은 본래 값이 없는 거고,	淸風明月本無價
좋은 물과 고운 산은 필경 누가 주인인가?	好水佳山竟誰主
인생살인 뜻 맞을 제 즐기면 그뿐이니,	人生適意行樂耳
백년 인생 웃는 일이 정말 몇 번 되겠는가?	百年開口定能幾
인간 세상 만 가지 일 어찌 보지 못했는가?	世間萬事豈不見
부귀이건 공명이건 어찌 족히 믿겠는가?	富貴功名安足恃
금년에는 변방에도 차츰 안식 찾게 되고,	今年邊鄙稍寧息
콩·조나마 외려 풍년 희망할 만하다 하니,	菽粟猶可望豊熟
가을 오면 바닷가 산 응당 다시 아름다워,	秋來海山應更佳
선생님(石川)도 또 마땅히 남쪽 돌아오실 테니,	先生當亦南歸來
달이 밝고 바람 높길 맞춰 서로 기다려서,	月白風高會相待
문득 물가 향해 가서 예쁜 삿대 손봐 타고,	便向滄洲理蘭枻
문득 옛일 추억하고 오늘 저녁 얘기하며,	却追舊事說今夕
달려 쓰는 선생님의 오로봉 붓 구경하고,	看走先生五老筆

이에 이내 支提山서 약(지초)들이나 캐 먹으며,	因之採藥支提山
구름 떠돌 이 골짜기 한 집에서 함께 늙세!	一室同老浮雲壑

* 川關 : 큰 냇물을 끼고 서로 떨어져 있는 먼 변방의 關門을 말한다.
* 金陵 : 전라도 康津의 古號(옛 이름)이었다.
* 詢且樂 : 『詩經』「鄭風」〈溱洧〉章의 "詢訏且樂(참말 좋고 즐길 만하네)"라는 말을 줄여 쓴 말이나, "淫奔之詞(음탕함에 빠지는 노래)"라고 해서 잘 안 쓰는 말이다.
* 瓊樓綺席 : "옥으로 장식을 한 樓閣과 비단으로 만든 자리"로서 신선들이 노니는 脫俗的인 장소라는 말이다. 또 보통 사람이 있기에는 過分한 곳이라는 말로, 흔히 자신을 겸손하게 낮출 때 쓰는 修辭이기도 하다.
* 勝事重結江南約 : 本旨는 "詩를 함께 지으며 노는 일은 다시 江南에서 林石川 先生을 모시고 함께 詩를 공부하고 짓는 계기를 만들자는 약속을 다시 한다"라는 것이다.
* 鑾刀 : 우리말로 "방울칼"이라고 하며, 칼날 끝과 칼날 등에 방울이 달린 칼로 祭需用 요리를 위한 칼이다.
* 南山 : 白蓮社가 있는 萬德山을 가리킨다.
* 山英 : "山靈"과 같은 말로서 "산 신령"이라는 말이다.
* 曈曈 : 해가 처음 뜨며 훤한 상태를 말한다.
* 溟濛 : 물기와 습기로 구름이 낀 듯 침침한 상태를 말한다.
* 牛島 : 康津 앞바다에 있는 섬일 것으로 추정된다.
* 沙戶 : 물가 모랫벌 뒤편에 있는 農家나 漁夫의 집을 말한다.
* 馮夷 : 물의 神인 河伯과 雨師를 말하며, 陰陽을 管掌하는 天神을 말하기도 한다.
* 江妃 : 중국 揚子江의 女神으로 江婓라고 부르기도 하며, 天帝의 두 딸이라고도 한다.
* 將軍祠 : 古今島에 있는 關王廟를 말한다. 여기에는 關羽와 陳璘과 李舜臣을 모시고 있다.

* 好水佳山竟誰主 : 풀이는 "좋은 산과 고운 물은 필경 누가 주인인가?"이지만, 이것은 이 뒤에 "내가 주인이지!"라는 말이 생략된 것이다.
* 開口 : "開口(입을 연다)"는 "크게 웃는다"라는 말을 대신한 표현이다.
* 世間萬事豈不見 : 풀이는 "인간 세상 만 가지 일 어찌 보지 못했는가?"인데, 이 뒤에는 "모든 일이 뜻대로 안 되는데!"라는 恨歎이 생략되어 있는 말이다.
* 五老筆 : 중국의 唐나라 시인인 李白이 名勝地인 廬山에 가서 五老峰을 보고 지은 詩에 "廬山東南五老峰 靑天削出金芙蓉(이 여산의 동남쪽에 자리 잡은 五老峰은, 저 하늘이 황금으로 연꽃 조각해 내놓았네!)"이라고 읊었는데, 이 詩가 名作이라고 해서 李白의 솜씨를 "五老筆"이라고 부르게 되었다. 石川 林億齡의 詩 짓는 솜씨도 李白과 같다고 비유하여 칭송한 말이다.
* 支提山 : "佛塔"을 지칭하는 말이면서, "支提山"은 중국의 盈德에 있는 名山으로 芝草가 많이 나고, 菩薩님들이 많이 모이는 명산이기도 하다. 작자는 이 작품에서 白蓮社가 있는 萬德山 속에서 벗인 金成遠에게 함께 살자는 소망을 전하고 있는 것이다.

해설 이 작품은 작자가 일찍이 石川 林億齡에게 가서 함께 詩를 공부하며 벗이 된 棲霞堂 金成遠에게 함께 시를 공부하던 기억을 되살리며, 오랜만에 康津 원님에게서 대접을 받아 즐긴 사연을 敍事처럼 서술하고, 둘이 함께 백련사에 머물면서 관람하고 감상하는 풍경과 정황 그리고 이런 속에서 체감하는 감흥을 지극히 평이하면서도 진솔한 시구들의 문맥으로, 한동안이나마 紛紜한 世事를 떠나 閑事와 情談으로 眞率하게 함께 해보자는 素望을 적듯 마무리한 시다.

西樓篇

서루(서쪽 누각)의 노래

서쪽 누각 늦 깨어나 아침 아주 나른한 채,	西樓起晏朝慵多
찡그려진 미인 홀연 괜히 홀로 앉았는데,	忽謾對影嚬雙蛾
누각 앞에 매일매일 물은 남쪽 흐르건만,	樓前日日南流水
남쪽 손님 한번 간 뒤 구름 물결 희미해져,	南客一去迷雲波
봄 애탄 맘 차마 우는 새 소리도 못 듣건만,	春心不忍聽啼鳥
붉은 꽃도 땅에 져서 가지 위엔 거의 없고,	落紅在地枝上少
꿈속 湘水 구름 낀 산 천 겹으로 늘어선 곳,	夢裏湘雲千疊巘
꿈꿀 때엔 모르다가 바야흐로 깨니 먼데,	夢時不覺覺方遠
얼굴 사람 誤導하고 정은 믿기 어려운 것,	容華誤人情難憑
이별할 때 늦게 온다 언제 말을 했었던가?	別時那道歸來晚
"시름 첩을 죽게 해도 혼은 외려 남았으니,	使妾愁死魂猶在
봄바람에 바로 마루 깃든 제비 되었다가,	春風直化巢堂燕
매해마다 봄이 오면 제비로 또 돌아와서,	歲歲春歸燕亦歸
당신 근방 깃을 틀고 당신 옆을 날으리다!"	近君栖息傍君飛

* 西樓 : 어떤 建築物을 지칭하는 것일 수 있으나, 작품의 내용으로 봐서 "서쪽이며 가을이요 늦은 오후를 상징하는 것"이라서, 헤어져서 말년을 맞는다는 여인을 주인공으로 하느라 의도적인 依託의 공간으로 설정된 것으로 추정되기도 한다.

해설 이 작품은 "서쪽 누각 늦 깨어나 아침 아주 나른한 채"로 주인공인 여인의 인상을 그리듯이 제시하면서, 實存하는 한 女人을 모형으로 했는지는 모르나, 한 女人을 西樓라는 공간의 주인공으로 삼아 郎이라는 戀人이 남쪽으로 떠난 뒤, 너무 그리워하다가 꿈속에 그 남쪽으로 이 郎을 찾아갔으나, 꿈을 깨고 나니 너무 멀기만 한 것만 깨달은 채로, 꿈속에서 만나서는 郎의 모습도 달라져 있고 옛정도 잊고 있으면서, "집에 늦게 올 것이라고 말하지 않았는가?"라며 화를 냈던 모양이지만, 그래도 이 女人은 "春風直化巢堂燕 …… 近君棲息傍君飛(봄바람에 바로 마루 깃든 제비 되었다가 …… 당신 근방 깃을 틀고 당신 옆을 날으리다!)"라고 하여 기막힌 哀願의 호소로 마치고 있는 시다.

西臺篇

서대(서쪽 망대)의 노래

서대 오기 전날 밤에 선홍지에 있을 때에,	西臺前夜仙紅池
새벽 꿈결 계단 내려 송별 순간 되었을 적,	殘夢下階臨送時
손수 달을 가리키며 마음 서로 맹서하길,	手指明月心相誓
이 달 하늘 있는 한은 마음 변치 말잤는데,	是月在天心莫移
이별한 지 얼마인가 시간 벌써 막 가버려,	別來幾時時已徂
한밤 벌레 찌륵찌륵 평상 한쪽 울어댈뿐,	暗虫喞喞鳴床隅

생각해도 볼 수 없는 아득 어느 먼 쪽인고? 　思之不見杳何方
외워 보니 홀연 나의 옆에 있는 것 같건만, 　念言忽若在我傍
오늘 밤 달 환히 밝아 어젯밤 달 같은 채로, 　今夜月明前夜月
달만 환히 사람 비춰 둘이 시름 기막히니, 　月明照人兩愁絶
둘이 시름 기막혀서 사뭇 서로 그려하며, 　兩愁絶長相思
이 마음은 다만 못 위 맹서한 말 기억하리, 　此心但記池上辭
"달 밝기는 기울고 찰 때 있다 해도, 　月明有虧晦
마음 새겨 따라 변함없다" 한 대로! 　心在無回改

* 西臺 : 첫구에 나오는 "仙紅池"가 實在의 공간일 것으로 판단되어, 이 "西臺"는 실재하는 건물이나 공간을 지칭한 것으로 추정된다. 다만 이것의 實名을 붙이지 않은 것으로 보아 앞 작품의 경우와 같이 "西"자의 의미와 심상을 역시 주인공의 삶과 상관시켜 援用한 것으로 추정되기도 한다.
* 仙紅池 : 實在하는 못이었을 것으로 추정되나 확인할 수 없다.
* 暗虫 : 어두운 밤에 오는 곤충들을 말한다.

해설 이 작품도 앞의 작품과 같이 사랑하는 임(郎)을 文外로 설정하고, 이 임과 달(月)을 두고 서로 변하지 않을 마음을 약속한 여인이, 이내 임과 헤어져 西臺에 依託한 채 있으면서, 작품의 話者가 되어 임은 자신이 이 달을 두고 한 약속을 지킬 것으로 믿으며, 사뭇 믿겠다는 심정을 "月明有虧晦 心在無回改('달 밝기는 기울고 찰 때 있다 해도, 마음 새겨 따라 변함없다' 한 대로)"라는 五言句로 애써 마무리하고 있는 안타까운 시다.

淵明歸來圖

“도연명이 귀향하는 그림”을 제재로 삼아 짓다

도연명이 고향 심양 옛 마을로 돌아가니,	淵明歸去潯陽曲
뒷사람이 사모해서 그림으로 그렸네만,	後人慕之寫爲圖
새벽빛은 희미하고 갈 앞길은 멀 뿐인 채,	晨光熹微前路永
물・구름은 출렁이며 가벼운 밴 외졌겠네!	水雲搖漾輕帆孤
사립문은 적적한데 어린 아들 기다리고,	衡門寂寂稚子候
좁은 방은 반 헐린 채 산골 아낸 말랐겠네!	蝸室半破山妻臞
숲속 정자 풍물로는 옛적 솔과 국화인 채,	林亭物色舊松菊
그 세 길은 쓸쓸하게 사람 온 일 없었겠네!	三徑蕭然人事無
푸른 산은 웃나 싶고 물은 말을 하는 듯해,	青山如笑水如語
칡 베 두건 흰 머리나 얼굴 편히 폈었겠네!	葛巾華髮顔敷腴
남창 기대 휘파람에 거나하게 옛 생각 나,	南窓嘯傲起遐想
어제까지 속세 자취 참 길 잃은 거였겠네!	昨日塵躅眞迷塗
평생 먹은 본심 쉽게 말로 할 순 없는 거나,	平生素心未易言
이게 바로 田園 묵은 때문만은 아녔겠네!	此事非獨田園蕪
맨 거문고 줄 없어도 손수 능히 어르면서,	素琴無絃手能撫
뿌연 술이 첨 익으면 병에 가득 채웠겠네!	白酒初熟聊盈壺
때로 때로 막대 짚고 물가 찾아 쉬다가는,	時時杖策臨流憩
산 위 구름・잘 새들과 함께 꺼림 없었겠네!	岫雲歸鳥同無拘
호미 메고 남산 갔다 저녁 이슬 짙어져서,	南山荷鋤夕露深
와서 農幕 문 밀칠 젠 달이 함께 했었겠네!	田舍敲門明月俱

가난에도 술 즐긴 걸 벗이 알아 불러 먹여, 家貧喜飮親舊知
취한 뒤엔 부축 없이 홀로 돌아 갔었겠네! 醉後獨去無人扶
시름 오면 참으면서 다시 宇宙 살펴보다, 愁來忍復見宇宙
잠이 들면 黃帝 堯舜 성대 유람 안 했겠나! 睡去莫是遊軒虞
은근히도 일 좋아 한 백 대 뒤인 지금 와서, 慇勤好事百代下
마음 자취 문득 풀어 얼마나마 알아내어, 却解心迹窮錙銖
분명한 듯 그림 그려 한낮 典範 제시하니, 分明一幅典午天
考亭(朱子) 선생 글과 마침 서로 맞을 만하여서, 考亭書卒堪同符
맑은 말씀(朱子 말씀) 제냥 바로 氷人(仲媒人, 여기서는 畵家) 생각 만족케 해, 清辭自足氷人思
마주 보니 더더구나 참된 모습 그려 놨네! 對眼矧此眞形模
도도하게 살고 죽은 다리 사이 벌레들은, 滔滔生滅股間虫
新을 찬양·唐에 충성 죽음보단 나았었나? 美新忠唐容勝誅
한껏 노래 그대(陶淵明) 위해 이 술 부어 바치노니, 高歌爲君酌此酒
취한 영혼(陶淵明) 방불하여 불러보면 소생할 듯, 醉魂彷彿呼欲蘇
울타리 끝 고운 국화 늦었어도 띄울 만해, 籬邊佳色晩堪泛
멋가락은 다만 江東 鱸魚만이 아닌 데다, 風調不但江東鱸
맑은 향긴 제냥 높은 義理 견줄 만도 하여, 馨香自可比高義
마셔 五臟 내려가자 살갗까지 훈훈한데, 澆下五內薰肌膚
형첸 잊고 정신 통해 그냥 그림 아닌 거라, 形忘精會不是畵
맑은 바람 매일매일 자리 한쪽 불어 오네! 清風日日吹座隅

---

* 潯陽曲 : 글자대로의 뜻은 "심양 마을"이라는 것인데, "潯陽"은 晉나라의 隱

士인 陶淵明의 고향으로 지금의 중국 江西省 九江縣에 있던 마을이다. 陶淵明은 이곳의 세 隱士 중 한 사람으로, 周續之 · 劉遺民 등과 함께 이곳에 숨듯 살아서 "潯陽三隱"이라 불리게 되었다.

* 錙銖 : 얼마, 조금을 말한다.
* 考亭書 : "朱子의 글"이라는 말로, 朱子가 『宋名臣言行錄』에서 "嘗云 作詩 須從陶靖節門庭中來 乃佳 不如是 無以發蕭散沖澹之極 不免於局促塵埃 無由到古人佳處也(일찍이 말하기를 '시를 지음에 있어서는 모름지기 陶靖節의 門이나 뜨락에 들어가 배워 와야 이내 아름답게 되는 것이다. 이렇게 하지 않으면 쓸쓸한 듯 한가롭고 온화하면서도 깊숙한 맛의 극치를 피워내지 못하고, 세속적 혼잡에 잡혀버림을 면치 못한 채, 옛사람들의 아름다운 경지에 도달할 길이 없다')"라고 한 글을 두고 한 말이다.
* 氷人 : 陽인 얼음 위에서 陰인 얼음 아래와 말하는 사람이어서 陰陽인 男女사이를 맺어주는 중매쟁이를 말하나, 여기에서는 이 역할과 같이 對象을 그려서 사람들에게 소개하는 畵家를 말하는 것으로 인용되었다.
* 股間蟲 : 글자대로의 뜻은 "다리 사이 벌레들"인데, 이것은 두 상황 사이에서 적응하여 세상을 살아가는 사람들을 비유한 말이다. 다음에 나오는 "美新(新나라를 讚美한 揚雄)과 忠唐(唐나라에 끝까지 충성하다가 도망가서 죽은 趙凝) 두 사람을 말한다.
* 美新 : 漢나라의 文章家 揚雄이 漢나라를 뒤엎고 新나라를 세운 王莽에게 讚美하는 글을 바치며 아부한 것을 말한다.
* 忠唐 : 唐의 末期 趙凝이 홀로 세금을 잘 바치면서 망해가는 唐皇室에 충성을 다하다가, 唐이 망한 뒤 朱全忠이 後梁을 세우고 懷柔하였으나 듣지 않고 朱全忠의 토벌을 피해 金陵으로 도망가서 죽었다.
* 容勝誅 : "容"자는 "容或(혹시라도)"의 준말이고, "勝"자는 "낫다"라는 뜻이며, "誅"자는 "목 베다"나 "벌주다"라는 뜻이어서, "혹시 형벌보단 낫지 않았겠나?"라는 뜻이다. 여기서는 역으로 反問型인 "죽음보단 나았었나?"로 풀이하였다.

해설 이 작품은 누군가가 그린 "淵明歸來圖"를 본 작자가 陶淵明

이 彭澤令을 벗어 던지고 고향인 "潯陽曲"으로 돌아오는 것을 현실처럼 再現하여 想像하면서 陶淵明 〈歸去來辭〉의 내용을 근간으로 하여 실제의 상황으로 回想하고 反芻하며, 羨望과 推奬의 念을 실어 일방적 質問과 確認처럼 한껏 펼쳐 풀고는, 朱子의 陶淵明 詩에 대한 見解를 자신의 見解와 "堪同符(딱 서로 맞을 만도 하여)"라고 하여, 陶淵明의 高尙한 生活과 志趣를 仰慕하면서 "忘形精會不是畵 淸風日日吹座隅(형첸 잊고 정신 통해 그냥 그림 아닌 거라, 맑은 바람 매일매일 자리 한쪽 불어 오네!)"라며 무한한 감격으로 마치고 있는 아주 좋은 시다.

達梁行 達梁營在靈巖後移于康津水軍萬戶鎭之

朗州; 靈巖古號

달량영의 노래

"達梁"은 全羅道 靈巖에 있는 "達梁營"이라는 兵營을 말하며, 이것은 원래 靈巖에 있다가 뒤에 康津으로 옮겨 水軍萬戶의 鎭이 되었다. 朗州는 靈巖의 옛 이름이다.

달량성 성 머리엔 해가 마악 지려 하고,	達梁城頭日欲暮
달량성 성 밖에는 조수 소리 목 메인데,	達梁城外潮聲咽
펼친 沙場 넓은 위엔 人跡일랑 안 보이고,	平沙浩浩不見人
옛길에선 풀에 감긴 뼈만 오직 만나지니,	古道唯逢纏草骨
몸은 난리 사뭇 겪어 마음 오래 죽은 채로,	身經亂離心久死
지금 같이 참담한 눈 어찌 다시 말을 하랴?	慘目如今那更說

그 당시에 오랑캐들 감히 不恭 侵犯하여, 當年獠虜敢不恭
외딴 지역 외로운 城 한 올 같은 形勢인데, 絶徼孤城勢一髮
將軍은 計策 부족 제냥 포위당하게 해, 將軍計下自作圍
士卒들은 못 싸운 채 혼을 벌써 뺐긴 터라, 士卒不戰魂已奪
達嶼섬의 봉우리 앞 구름 같이 陣쳤으나, 達嶼峰前陣如雲
넓은 바다 언덕 머리 救援 올 길 끊어져서, 洪海原頭救來絶
하늘 멀고 땅은 넓어 두 곳 서로 아득하여, 天長地闊兩茫茫
갑옷 벗고 옷 던지고 死生 決斷하였으니, 解甲投衣生死決
애달파라 너흰 뉜들 父母 分身 아닐 건가? 哀汝誰非父母身
죄도 없이 칼날 아래 피로 물이 들은 시첼, 無辜同爲白刃血
까마귀·매 씹어 날고 여우·삵은 몰래 뜯어, 烏鳶啣飛狐狸偸
집식구들 와 거두자 머리와 발 따로 있네! 家室來收頭足別
산천들도 삭막하고 풀숲들도 슬플 만큼, 山川索莫草樹悲
境內 마을 쓸쓸하게 재가 되어 없어지고, 境落蕭條灰燼滅
이내 無人之境처럼 倭寇들이 침입을 해, 遂令兇醜入無人
여러 陣地 서로 그냥 바라볼 뿐 瓦解되어, 列鎭相望竟瓦裂
賊들 북 친 아침에는 鎭南 구름 다 놀라고, 羯鼓朝驚鎭南雲
비린 먼지 낀 밤에는 茅山 달도 컴컴했네! 腥塵夜暗茅山月
妻子息도 잃은 채로 老弱者는 엎어지며, 妻孥相失老弱顚
풀섶 潛伏 숲속 숨기 정말 범의 굴 같은 걸, 草伏林投信虎穴
맹한 선빈(作者自我) 옛날 引用 책만 보고 울 뿐인 채, 迂儒攬古泣書史
자신 몸소 이런 날(戰亂)을 볼 건 생각 못 했었지. 不意身親見此日
떠돌면서 오직 날로 官軍만을 기대하나, 流離唯日望官軍
저 언덕 칡 마디만 어찌 저래 자랐는고? 彼葛旆丘何誕節

듣자하니 서울에서 처음 원군 보낼 적에,	聞說長安遣帥初
상감(明宗大王)께서 친히 장려(奬勵) 대궐에서 전송하며,	玉旒親推餞雙闕
"애통하다" 그 말씀(哀痛詔)을 모두 귀로 들었으니,	天語哀痛皆耳聞
신하들은 무슨 맘에 제 몸 목숨 아낄 건가?	臣子何心軀命恤
금성(羅州) 있던 천명 무린 마침내엔 할 수 없어,	錦城千群竟無爲
朗州(靈巖古號)에서 한판 전투 실패 보완 어려우니,	朗州一戰難補失
월출산은 저리 높고 구호 물은 깊다마는,	月出山高九湖深
물 마르고 산 꺾여야 치욕 능히 씻겠는데,	水渴山摧恥能雪
지금까지 바다 하늘 비·바람이 치는 때엔,	至今海天風雨時
귀신 울음 외려 처음 전투할 때인가 싶어,	鬼哭猶疑初戰伐
그래 이 시 읊으면서 원혼들을 달랠 제면,	爲吟此辭酹煩寃
남쪽 정벌 왔던 장군 얼굴 응당 찌푸리리!	征南舊將面應熱

* 達梁 : 全羅道 靈巖에 있는 "達梁營"이라는 兵營을 말하는데, 원래 靈巖에 있다가 뒤에 康津으로 옮겨 水軍萬戶의 鎭이 되었다. 그런데 明宗 10年 乙卯에 倭寇가 達梁浦에 침입을 해서 兵士와 住民들을 殺戮하여 節度使 元績과 長興府使 韓蘊이 전사하였고 靈巖郡守 李德堅은 포로가 되었는데, 朝廷에서 李浚慶을 파견하여 平定하였다.
* 達梁城 : 전라도 靈巖에 있는 "達梁營"이라는 兵營에 있던 城을 말하는 것으로 추정된다.
* 將軍計下自作圍 : "將軍은 計策 부족 제냥 포위당하게 해"라고 하였는데, 이 將軍이 바로 節度使인 元績이다. 그는 포위당한 성안에 식량이 부족하자, 사병들이 兵士 服裝을 벗고 항복하여 나가게 해서 결국 병사들은 살육을 당하고 자신도 피살되었으며 死後에 죄만 남았다. 그래서 그의 전략을 "下計(아주 부족한 계책)"라고 하였다.
* 達嶼峰 : 『東國輿地勝覽』에도 기록되어 있지 않은 것이나 靈巖 앞바다 섬에

있는 山峰으로 추정된다.

* 洪海原 : 『東國輿地勝覽』에 기록되어 있지 않는 곳이나 靈巖의 바닷가에 있는 지역으로 추정된다.
* 鎭南 : 전남 순천에 있는 "鎭南館"으로 오해될 수 있으나, 여기에서는 이 詩 作品에서 題材 要素로 되어 있는 공간인 당시 전라도의 靈巖에서 등장하는 공간이라, 이 "鎭南"은 바로 이 靈巖에 있는 兵營의 譙樓(남쪽 城門 위에 있는 樓閣)를 가리키는 것으로 추정된다.
* 茅山 : 『東國輿地勝覽』에 기록되어 있지 않는 山이나 역시 靈巖에 있는 山으로 추정된다.
* 何誕節 : 『詩經』「邶風」의 〈旄丘〉章에 "旄丘之葛兮 何誕之節兮(모구의 칡이여! 어찌 그리 허망하게 마디 자랐나?)"라고 한 것을 인용하여, 너무 허망한 것을 한탄한 말이다.
* 長安 : "서울"을 代喩한 말로 쓰였다.
* 玉旒 : 구슬들이 달려 꾸며진 冕旒冠으로, 임금님이 쓰는 것이다. 여기에서는 임금님을 대신해서 쓰인 것으로, 구체적으로는 李浚慶에게 倭寇를 토벌하도록 명령하여 보낸 明宗大王을 代喩한 것이다.
* 錦城 : 전라도 羅州의 古號로, 여기에 있는 "千群"은 "천명의 군대"라는 말이다.
* 臣子何心軀命恤 : "신하들은 무슨 맘에 제 몸 목숨 아낄 건가?"라고 번역한 것처럼, 이 싸움에서 죽은 관리나 사병들이 자신들의 생명을 아끼지 않고 희생했음을 무한히 가여워하며 기리고 있는 구절이다.
* 面熱 : 충격을 받아 열이 오르고 얼굴이 찌푸려지는 상태를 말한다.

해설 이 작품은 조선조 明宗 10년 乙卯年(1555)의 倭變 중 達梁浦城에서 敗戰한 사실을 주제로 하여 守備 將軍인 節度使 元績의 無謀한 戰略을 痛歎하고, 이로 인해서 孤立無援의 상황에서 慘狀을 입은 士卒과 亂民들을 弔哀하면서, 詩文만 일삼은 한 儒士로서 世事를 위해서는 無能하기만 한 作者 自身을 무한히 自歎하고 慙悔하면서, 끝내에는 "爲

吟此辭酹煩寃 征南舊將面應熱(그래 이 시 읊으면서 원혼들을 달랠 제면, 남쪽 정벌 왔던 장군 얼굴 응당 찌푸리리!)"이라며, 寃死한 兵士들과 民生들의 寃魂을 달랠 때면, 敗將 元績의 혼은 응당 얼굴을 찌푸릴 것이라며 매섭게 말없이 꾸짖고 있는 시다.

武夷精舍 代月課
무이정사 매달 보는 시험을 대신해서

구름 속 숲 나 있는 길 깊이깊이 들어간 채,	雲林一道深復深
시냇물이 끝난 곳에 선생님 댁 있네마는,	溪流窮處先生舍
선생께서 딱 가신 지 이제 몇 해 되었는가?	先生一去今幾年
바람·달은 반이 벌써 간밤 것도 없는 터니,	風月半已無前夜
놀며 쉬신 그 당일은 상상컨대 어땠을까?	栖遲當日想如何
아늑 맑은 이 경지는 하늘에서 빌려준 것,	一境淸幽天所借
산 기운 빛·바위 풍경 제냥 아침저녁 맞고,	嵐光岳色自朝暮
대 들창에 솔 창문은 둘 다 시원 깔끔한데,	竹牖松窓兩瀟洒
마음속의 한껏 기쁨 事物들관 상관없고,	心中至樂物無與
눈앞에는 지금·옛날 책들만이 書架 찬 채,	目前今古書連架
푸른 산들 높은 데다 물도 또한 아름다워,	青山高處水亦佳
仁智堂 안 애오라지 조용하게 앉은 채로,	仁智堂中聊靜坐
위아래로 精密 思惟 모두 仁智 理致라서,	精思上下皆此理

위아래로 묻고 대답 옳찬은 게 없는 터라,	俯仰酬應無非可
고운 바람 얼굴 불자 봄인 듯이 펼쳐지고,	光風吹面春浩浩
개인 달빛 문안 들자 맑은 기운 쏟는 듯해,	霽月入戶淸如瀉
和平해진 마음속은 境界 온통 크게 통해,	融融方寸境通天
四時 두고 고운 感興 나와 事物 調和시켜,	四時佳興諧物我
마음속에 약속하여 闕里 사람 몸소 본 듯,	襟期親見闕里人
先聖님과 後學들은 법도 같이 크게 敎化,	前後同揆大而化
紛紛하게 百家들로 地上 넘칠 듯했지만,	紛紛百家欲滿地
바른 儒學 萬古 두고 참과 거짓 분명한데,	斯文萬古炳眞假
때로 때로 어디선가 찾아오는 벗들 있어,	時時有朋來何方
다시 함께 은근하게 疑問인 걸 검토하니,	更與慇懃討疑訝
조용하게 스승께선 儼然 衣冠 갖추신 채,	從容函丈儼衣冠
휘언 환한 온 집안에 난초·사향 향기롭고,	一室虛白薰蘭麝
앞 시냇물 멀리 흘러 혹시 흥이 겨울 만해,	前溪水遠或乘興
한 가락의 뱃노래 속 산 그림자 내려질 즘,	棹謳一聲山影下
한 구비가 다 끝나면 또 한 구비 나타나며,	一曲窮來又一曲
안개 낀 숲 물과 달이 서로 나와 맞나 싶고,	煙林水月如相迓
비·이슬에 펼친 냇물 눈길 다시 확 트이자,	平川雨露眼更豁
문득 바로 한판 웃음 漁父 感謝하게 됐네!	一笑却爲漁郞謝
우연하게 좋은 일들 고운 詩를 짓게 하여,	偶然勝事成佳句
하얀 바위·푸른 구름 모두 함께 한가로워,	白石靑雲等閑暇
道의 妙理 無窮한 걸 참말 절로 알게 되나,	道妙無窮眞自知
富와 貴는 運命 있어 내가 어찌할 순 없네!	富貴有命吾無奈
산속 숲이 아주 사뭇 가고픈 건 아닌 터라,	山林不是慕長往

고운 玉 돼 되려 응당 오래 값을 기다리나,	美玉還應久待價
끝내에는 이 正學(바른 學問)이 거짓이라 指彈 받고,	終然正學指爲僞
法度 禮節 맞춘 행동 모두 덫에 걸려드니,	繩趨矩步皆罟擭
지금까지 아픈 恨은 淳熙 皇帝(南宋 孝宗皇帝) 그 當時에,	至今痛恨淳熙年
솜씨 둔 채 虞와 夏로 돌려놓지 못한 거나,	有手不得回虞夏
푸른 하늘 · 밝은 해에 뭐가 瑕疵 만들 건가?	靑天白日竟何疵
이 宇宙엔 사뭇 장님 · 벙어리는 없을 테니,	終始宇宙開矇啞
나는 와서 天道 主宰할 분 다시 묻진 않고,	我來不復問眞君
술을 갖고 한결같이 이 山水(武夷山水)를 祝賀하며,	把酒一爲溪山賀
옷깃 여며 맞아 (影幀) 뵙고 늦 태어남 탄식하곤,	摳衣面承嘆生晩
책을 펴니 높은 敎訓 외려 뵈며 듣나 싶고,	開卷至敎猶親炙
해 놓은 일 비록 옛 분 잇긴 비록 수치지만,	事業雖慙繼往者
좋은 遺跡 바위틈도 외려 사뿐 갈만하니,	勝跡猶堪躅巖罅
이 세상의 온갖 일이 내게 무얼 하란 걸까?	世間萬事於吾何
시냇가를 향해 가서 숨듯 樓閣 짓고 싶네!	從向溪邊結雲榭

* 武夷精舍 : 중국의 福建省 武夷山 속에 있던 南宋時代 朱子의 書齋 全景이다.
* 雲林 : 글자대로의 뜻은 "구름 속 숲"인데, 옛 선비들이나 세속을 멀리하고 숨은 사람들은 이런 숲속에 가서 집을 짓고 숨은 듯이 살았기 때문에, 이 말은 세속을 멀리하고 조용히 사는 사람이나 옛 선비들이 세속을 떠나 숨듯 사는 곳을 말한다.
* 一去 : 이 말은 "한번 가다"가 아니라, 주인공인 朱子가 "딱 가셨다"는 말로 바로 "딱 굿기셨다"는 말이다.
* 襟期 : "襟懷(가슴 속 품은 뜻)" 또는 "心期(마음 속 약속)"라는 말로, 여기에서는 "가슴 속 뜻"이라는 말로 쓰였을 것이다.

* 闕里人 : 孔子님이 태어나고 산 山東省 曲阜縣의 사람이라는 말이다. 구체적으로는 “孔子님께 직접적으로 공부를 한 弟子들”을 말하는 것이고, 간접적으로는 “後代 사람들로서 孔子님을 崇仰하며 그 學問과 德行을 따라 사는 선비들”을 말한다.
* 前後 : 여기에서는 그냥 “앞과 뒤”라는 말이 아니고 “先聖(孔子와 孟子 같은 先輩 聖人들)과 後學들”이라는 말로 쓰인 것이다.
* 同揆 : 法度나 原則을 함께 한다는 말로, 여기에서는 儒家의 正道와 法度를 共同의 實現 目標로 삼아 共有한다는 말이다.
* 百家欲滿地 : “百家”는 함께 孔子를 宗主로 했으면서도 “性惡說”을 주장한 “荀況”처럼 후대에 異端처럼 變質된 많은 학자들도 함께 말한 것이다.
* 斯文 : “儒敎의 學問”, “儒敎의 道義”, “儒學者” 등의 여러 가지 뜻을 함축하고 있으나, 여기에서는 “儒敎의 學問”이라는 넓은 의미로 쓰였다.
* 函丈 : 선생, 스승 등의 존경하는 어른이라는 말이다.
* 虛白 : 허허로운 채 환한 상태를 말한다.
* 正學 : “옳고 바른 學問”이라는 말로, 중국의 옛 聖人인 周公과 孔子・孟子의 삶과 가르침을 배우고 실천하는 學問인 正統 儒學을 말한다.
* 繩趨 : 法度와 禮節에 꼭 맞는 行動을 말한다.
* 鉅步 : 바르게 걷는 걸음걸이를 말한다.
* 罟擭 : 새나 짐승을 잡는 덫과 그물을 말한다.
* 淳熙 : 중국의 南宋 孝宗皇帝의 年號로, 바로 이 時代를 지칭하는 말이다.
* 回虞夏 : 중국 역사에서 가장 模範的인 理想의 政治인 虞나라의 舜임금과 夏나라의 禹임금 時代의 至治(完全한 政治)로 되돌려 놓는다는 말이다.
* 矇啞 : 장님과 벙어리를 말한다.
* 眞君 : 道敎에서 말하는 “하늘”로, 天地의 萬事를 主宰하는 存在이다.
* 面承 : 직접 얼굴을 대하여 뵙고 교훈을 받는 것을 말한다.
* 至敎 : 『禮記』의 “天道至教 聖人至德(하늘의 道는 더없이 높고 참된 가르침이요, 聖人은 더없이 높고 참된 덕을 지닌 사람이다)”에서 나온 말이다.
* 親炙 : 몸소 훌륭한 성인이나 성스러운 대상을 가까이해서 感化를 받는 것을 말한다.
* 勝迹 : 뛰어난 古跡이나 훌륭한 遺蹟을 말한다.

* 巖罅 : 바위 사이의 빈자리나 틈을 말한다.
* 雲榭 : 구름이 있는 곳같이 깊은 산속이나 높은 곳에 지은 누각을 말한다.

해설 이 작품은 작자 자신이 詩人이 아닌 典型的인 性理 儒學의 선비로서 그 한 眞情과 眞面을 여실하게 보여주는 아주 좋은 詩이다. 말로만 들었을 武夷精舍를 작자 자신이 실제로 찾아간 듯 書齋 全景으로 現在化・現場化하여, 朱子의 自作인 〈武夷精舍雜詠〉을 바탕으로 朱子의 學問과 精神의 機軸空間인 "仁智堂"을 자신이 실제 起居하듯이, 朱子의 涵養하는 日常에 想像的으로 同參하고 物我의 諧和를 追體驗하고 있으며, 武夷九曲의 山水를 間接的으로 想像 體驗하면서, 洛閩正學의 確立과 實現을 期待하고서도 이내 世衰道微를 恨歎하고 있으며, 그럼에도 "靑天白日竟何疵 終始宇宙開矇啞(푸른 하늘・밝은 해에 뭐가 瑕疵 만들 건가? 이 우주엔 사뭇 장님・벙어리는 없을 테니)"라며 天道의 無窮을 확신하면서, 끝내 이 武夷山水를 자신의 영원한 공간으로 확신하여, "世間萬事於吾何 從向溪邊結雲榭(이 세상의 온갖 일이 내게 무얼 하란 걸까? 시냇가를 향해 가서 숨듯 樓閣 짓고 싶네!)"라고 하며 "學朱子(朱子를 본받으리라)"를 조용히 선언하듯 다짐하고 있는 것이다.

金溝奉贈崔上舍 璣

금구에서 최 상사께 받들어 드리다 이름은 기이다

새벽녘에 비가 쏟듯 오는 壺山 출발해서, 曉發壺城雨如注
金溝 닿자 저녁 눈에 갈 길마저 없어진 채, 金溝暮雪無行路
언덕 머리 개가 짖어 인가 있다 싶건마는, 原頭犬吠人居住
손을 보자 집집마다 달려나와 문 닫으니, 見客家家走閉戶
사방 봐도 캄캄할 뿐 가며 그냥 한탄할 제, 四顧昏黑行且嘆
홀연 겹친 숲속에서 큰 기와집 만나보니, 忽見華構重林間
사내종은 너무 굽실 계집종은 너무 차려, 奴過鞠躬婢過禮
누가 여기 최 상사의 댁 있을 걸 생각했나? 誰意於斯上舍第
상사께선 궂긴 형님 동갑내기 친구로서, 上舍亡兄同年友
한번 만나 나 보기를 동생처럼 여기시며, 一見視我猶視弟
발 씻기고 옷 말려서 방에 빨리 들게 하곤, 洗足爇衣催上堂
등불 옮겨 마주 보곤 한참 서로 설워하며, 呼燈相對久嗟傷
生死 消息 數十年 일 되짚어서 따져 보곤, 存亡追數十年事
먼 길 고생했다면서 술자리를 베푸시니, 遠行勤苦陳壺觴
낡은 선비 저는 다만 명아주·콩잎만 먹어, 腐儒只慣飽藜藿
상에 가득 珍羞盛饌 감히 입에 안 맞아서, 滿案珍異不敢當
평생 조금 술 마시곤 취하면 곧 떠났건만, 平生少飮醉便起
지극하신 情義 感動 흠뻑 취해버린 채라, 酩酊爲感情義至
굿거리 曲 歌詞 속에 公의 마음 봤으련만, 櫟社曲中見公心
말씀 듣고 못 깨닫고 밤은 이미 깊어져서, 聽言不覺更已深

방에 들자 몸은 집에 도착한 듯 편하건만, 就房身似到家安
잠깐 사이 苦痛・樂을 이내 한껏 겪은 듯해, 斯須苦樂乃多般
아침 돼도 떠나는 걸 차마 못 할 것 같으나, 朝來辭去如不忍
목을 빼서 보는 고향 아직 구름 저 끝인데, 鄉山引領尚雲端
백 년 살지 모를 몸을 제 아는 이 누굴 거며, 百年有身誰自知
오늘 밤엔 어떤 사람 집 대문을 두드릴까? 今夜更叩何人扉

이 "櫟社曲"은 崔上舍가 제작한 것이다.(櫟社曲上舍所製)

---

* 金溝 : 全羅道의 한 縣으로 지금은 全北 金堤에 편입되어 있다.
* 壺山 : 全羅道 礪山의 古號이며 지금은 全北 益山의 일부이다.
* 華構 : 잘 지어진 기와집 같은 건물을 말한다.
* 爇衣 : 젖은 옷을 말리는 것을 말한다.
* 腐儒 : 쓸모없는 생각의 낡은 선비를 말한다.
* 櫟社曲 : 主人인 崔上舍가 지은 노래라고 한 것으로 봐서, 이 노래는 굿거리 장단의 가락에 敎訓的인 歌詞를 맞춰 지은 것으로, 아마 崔上舍가 흥을 돋우며 직접 노래를 불렀던 것으로 추정된다. "櫟"은 원래 鄉村의 神堂이나 城隍堂을 상징하는 나무를 말하나, "櫟社曲"은 "굿거리"의 가락을 말하는 것으로 추정되며, 여기에서는 술자리의 흥을 돋우기 위해서 부르는 노래를 말한 것으로, 작자는 여기에 실린 교훈적인 의미를 미처 생각하지 못했던 것으로 추정된다. 뒤에 이어진 詩句에 "聽言不覺更已深(말씀 듣고 못 깨닫고 밤은 이미 깊어져서)"라고 한 것을 봐서도 그렇다.
* 斯須 : 금방, 잠깐 사이를 말한다.
* 多般 : "多種多樣(많은 종류에 많은 상태)"이라는 말로, 다시 풀어 읽으면 "한껏 겪은 듯해"라는 말이다.

해설 이 작품은 작자가 어느 해 겨울 서울을 떠나서 고향으로 가

던 도중 숙박할 곳을 정하지도 못해 너무 막막하던 차에 뜻밖에 金溝(지금의 全北 金堤)에서 親兄처럼 정다운 형님의 벗인 崔上舍를 만나, 그의 저택에서 珍羞盛饌 接待를 받고 편하게 留宿한 기막힌 고마움을 하소연처럼 말하고, 이어서 "朝來辭去如不忍 鄉山引領尙雲端(아침 돼도 떠나는 걸 차마 못 할 것 같으나, 목을 빼서 보는 고향 아직 구름 저 끝인데)"라며 고향을 향해 빨리 갈 길이 바쁜 것을 말하고, 다시 "百年有身誰自知 今夜更叩何人扉(백 년 살지 모를 몸을 제 아는 이 누굴 거며, 오늘 밤엔 어떤 사람 집 대문을 두드릴까?)"라며 기막히게 외롭고 서글픈 자신의 처지를 정녕 눈물을 삼키며 소리 없이 읊조리고 있을 슬픈 시다.

挽李士元

이사원을 위한 만사

양친 부모 연세가 얼마신간 묻지 말라,	莫問雙親年幾何
형 있지만 또한 백발노인이거니,	有兄亦皤皤
아침·저녁 兩親 모심 다시 누가 남아 할꼬?	晨昏甘旨復誰在
모둘 놓고 세상 뜬 뒤 아무것도 난 모를 것,	捨而去此我莫知
서방님의 뜻이라서,	夫君意
아낸 几筵 받들면서 "妾은 손을 씻겠지만(上食 올리겠지만),	妻奉几筵妾盥洗
잠시 동안 恩惠·怨望 모두 한갓 된 일이라,	片時恩怨徒爲耳

게다 더욱 접때까지 참 좋았던 벗들 탔던, 何況向來親舊好
문 앞 가득 말·마차들 벌써 쓴 듯해요" 라니, 車馬盈門跡已掃
길고 긴 밤 캄캄한 속, 夜漫漫
소달구지 벌써 얹혀 銘旌·亞翣 愁心인 채, 牛車旣駕旌翣殷
슬프구나 한번 가면 다신 돌아 못 갈 테니! 嗚呼一去兮不復還

---

* 皤皤 : 머리털이나 수염이 아주 하얀 상태를 말한다.
* 晨昏 : 글자대로의 뜻은 "새벽과 저녁"이지만, 이것은 "아침과 저녁"이라는 말이면서 부모님께서 아침과 저녁으로 식사를 하시는 것인 "어른을 아침저녁에 맛있는 음식으로 모시는 것"을 말한다. 이것은 아들과 며느리가 맡아서 하는 것이며, 이것이 이른바 "孝道하는 子息의 道理"인 것이다.
* 甘旨 : "甘旨奉養(맛있는 음식으로 부모님을 받들다)"의 준말이다. 그래서 자식으로서 부모님을 잘 받들고 모시는 것을 말한다.
* 夫君 : 아내가 남편을 부르는 呼稱으로 "서방님"이라는 말이다. 이것은 이 작품의 주인공이면서 죽은 남편인 李士元이 자신의 아내가 되어, 자신을 呼稱하는 말을 "서방님"이라 한 것인데, 작자는 이것을 인용하는 형식으로 쓴 말이다.
* 几筵 : 3년상 안에 魂帛이나 神主를 모셔 놓고 朝夕 上食을 올릴 수 있게 한 房이나 大廳을 말한다.
* 盥洗 : 글자대로의 뜻은 "손을 씻고 발을 씻는다"는 것이나, 여기에서는 "盥洗位(제사 때 祭官이 손을 씻는 곳)"의 준말로 쓰인 것이면서, 실제로는 朝夕 上食을 올릴 때 손을 씻는 것으로 上食을 올리는 행위를 대신한 말로 쓰였다.
* 片時 : 짧은 시간, 잠시 동안을 말한다.
* 徒爲 : "한갓 된 일일 뿐"이라는 말로 "모두가 허망할 뿐"이라는 말이다.
* 何況 : "거기에다 더욱"이라는 말이다.
* 向來 : 접때, 이제까지, 종래까지라는 말이다.
* 漫漫 : 밤이 길고 긴 상태를 말한다.

* 旌翣殷 : "旌翣"은 "銘旌과 亞翣"을 말하며 "殷"은 "殷憂(깊은 근심)"의 준말이어서, 이 어휘는 "銘旌과 亞翣의 모양새가 근심스럽게 보인다"는 말이다.

해설 이 작품은 가장 보편적이며 가장 많이 遵用하는 輓詩의 격식이나 文套를 완전히 벗어난 古體의 詩인 데에다, 작품의 主人公이며 主體인 亡者가 死後 葬地로 떠나면서 一人稱 獨白體의 形式으로 읊어낸 형식의 破格的이며 珍奇한 詩다. 亡者는 年老로 長壽하신 父母님과 역시 아주 머리가 하얗게 센 年長의 형님 밑에서, 유일하게 젊은 나이의 아들이요 아우였기 때문에 父母님과 함께 형님도 모셔야 하는 처지에 있어, 자신의 죽음이 기막히게 안타깝지만 그럼에도 죽고 나서는 아무것도 모른 채로 있게 돼버렸다는 절망적인 탄식의 형식으로 서두의 네 詩句를 마치고 있는데, 이것을 夫君의 기막힌 탄식으로 들은 듯한 아내로부터 "서방님의 几筵은 잘 받들면서 上食을 잘 올릴 것이고, 서방님과 함께 한 기간은 짧아 은혜로웠던 일이나 원망스러웠던 기억들이 모두 한갓 된 것이었으며, 게다가 서방님과 우정이 자별했던 친구분들의 발길마저 뚝 끊겼다"는 기막힌 하소연을 듣고, 亡者는 이내 "夜漫漫(길고 긴 밤 캄캄한 속)"이라며 亡者 자신이 장지로 가고 있는 처량한 풍경과 저승의 상황을 예상하고, 이내 "嗚呼一去兮不復返(슬프구나 한번 가면 다신 돌아 못 갈 테니!)"이라며 끝없는 한과 비탄의 메아리를 남기며 마치고 있는 기막힌 시가 되었다.

이 작품은 주인공인 亡者를 直接的인 話者로 삼고 그의 부인을 補助의 話者로 설정하여, 亡者의 기막힌 處地와 情況을 직접 吐說하고 哀訴하게 함으로써, 讀者들로 하여금 보다 더욱 逼眞하게 同感하도록 하는 효과를 얻고 있어서 새로운 意義를 지니는 詩가 되었다.

完山挽歌 卽上舍柳會內

완산에서 부르는 상엿소리 바로 상사 류회의 부인을 위해서

추운 성안 한두 차례 내린 눈이 진창 된 채,	寒城一兩雪作泥
간밤 부른 상엿소린 腰輿 재촉하더니만,	夜唱薤露催魂車
붉은 銘旌 體面 없게 산안개에 젖어 있고,	丹旌無影山霧濕
깊은 숲속 길 잃은 듯 서로 멈칫거리더니,	窮林迷路相躕躇
친척들 다 돌아가고 무덤 封墳 다 된 다음,	緦功歸盡塋域成
어린 종만 적막하게 술·과일을 올리고서,	童僕寂寞饟觴疎
한 자 남짓 맨 나무에 題主하여 세워 놓곤,	素木盈尺題作主
下人들만 해 질 무렵 한갓 茫然 바라보니,	家人日暮徒延佇
설령 靈魂 집으로 돌아올 때 있다 해도,	設令精爽有歸時
가련해라 몸·넋만은 끝내 무덤 속일 테니!	可憐形魄終丘土

---

* 完山 : 全北 全州의 古號이다.
* 一兩 : 원래 우리나라에서 옛날 돈의 "한 單位"를 말하였으나, 漢文으로는 "少數"와 같은 말로 여기에서는 "한두 곳" 또는 "한두 차례"라는 말로 쓰였다.
* 薤露 : 중국에서 "蒿里曲"과 함께 葬送曲인 "薤露歌"를 말하며, 우리나라의 "상엿소리"와 같이 喪輿를 메고 갈 때 부르는 노래다. 여기에서는 葬禮 前夜에 豫行 練習을 하며 부른 것을 말하고 있는 것으로 추정된다.
* 魂車 : 중국에서 생긴 제도로 亡者의 生時 形象대로 그의 옷을 입은 人形을 만들어 수레에 태워 喪輿가 출발할 때 앞에 등장시키는 것이었는데, 우리나라에서는 魂帛을 모시고 喪輿의 앞에 출발하는 작은 가마인 "腰輿"를 말한다.
* 緦功 : 亡者를 위해서 服(喪服이나 삼베로 만든 頭巾 등을 亡者와의 寸數에

맞춰 相應하는 期間 동안 입거나 쓰면서 亡者를 追慕하는 것)을 입는데, 從曾祖나 三從兄弟 등을 위해 3개월 동안 입는 것을 "緦麻服"이라 하며, 從兄弟나 子婦·孫子 등을 위해 9개월 동안 입는 것을 "大功服"이라 하고, 曾祖父母나 從祖父母 등을 위해 5개월 동안 입는 것을 "小功服"이라 한다. 여기에서는 亡者와 이런 寸數의 가까운 親族들을 總稱하는 말로 쓰인 것이다.

* 塋域 : "무덤"을 말한다.
* 籩觴 : "籩豆器(祭器)와 술잔"이라는 말이나 여기에서는 이런 것들에 술과 과일로 제사를 올리는 것을 말한다.
* 題作主 : 傳統 喪禮의 하나로 家禮에 맞는 亡者의 神主 題號를 적어서 집으로 돌아가는 것을 "題主"라 하는데, 여기에서는 亡者인 柳上舍의 夫人이 子女가 없이 死亡하여, 우선 맨 나무에 題號를 적어서 세워 놓은 것을 말한다.
* 家人 : "집안의 가족이나 식구"를 말하나 "下人이나 奴僕"을 말하기도 하며, "庶民"을 지칭하기도 하고, 卦의 名稱이기도 하다. 여기에서는 "下人들"이라는 뜻으로 쓰인 것으로 추정된다.
* 延佇 : 목을 빼고 그냥 茫然히 바라보는 상태를 말한다.
* 精爽 : 精靈과 같은 말로 "죽은 사람의 靈魂"을 말한다.
* 形魄 : "실제 形體의 몸과 넋"을 말하며, 여기에서는 "亡者의 실제 형체인 屍身"을 말한다.

해설 이 작품은 작자의 벗이면서 生員科에 합격만 되고 말았거나 그냥 시골의 선비만으로 어렵게 살고 있었던 柳會라는 사람이 子女도 없이 일찍 죽은 아내의 장례를 치른 안타까운 상황을 알고, 자신이 그 형편을 직접 보고 동참한 듯 아주 생생한 정황으로 그리듯 읊어 보이고 있는 좋은 시다. 그래서 柳會라는 선비의 간고한 생활과 고독할 심경을 기막힌 형편과 정황만의 전달로 선연하게 그려 알리고 있으며, 이내에는 "設令精爽有歸時 可憐形魄終丘土(설령 靈魂 집으로 돌아올 때 있다 해도, 가련해라 몸·넋만은 끝내 무덤 속일 테니!)"라며, 말로 다 못하는 동정과 너무도 기막힌 처지를 울리듯이 전하고 있다.

重新鳳棲樓

鳳棲樓를 새롭게 修理하고서

連江 물은 애초부터 中條山서 發源하여,	連江初發中條山
百里 거리 그 얼마나 느긋 달려 흘러가나?	奔流百里何悠悠
綾陽城을 빙빙 돌아 에둘러서 흐르면서,	逶迤回轉綾陽城
곧장 連山 함께 하여 정말 名勝 이뤄 있어,	直帶連山眞勝區
이 客館은 千年 동안 風景으로 알려진 채,	賓館千年擅佳麗
이 樓閣은 또한 좋게 東軒 동쪽 자리 잡아,	有樓亦好軒東頭
이 東南 쪽 오는 손님 매일 구름 같이 몰려,	東南過者日如雲
유람하며 詩로 읊은 詩人들은 얼마였나?	遊詠幾許騷人流
그 누구가 客館 지어 사랑하며 山 봤을까?	何人開館愛看山
진정 絶境 애태우다 바로 樓閣 올랐겠지!	定恨勝矚須登樓
修理 맡아 온 사람은 바로 前年 안 이로서,	來尸前歲得我公
工事 遂行 모름지기 有志들과 協議해서,	遂事聊與邦人謀
일할 틈은 菜麻 건이 끝나서야 된다 하며,	民功告隙滌圃餘
“둥둥” 북 쳐 나물 베며 산언덕을 따라가고,	伐木坎坎隨山丘
엉성 대숲 포기 뒤쪽 작은 담의 모퉁이엔,	疎篁叢北小墻隅
地勢 차츰 오를수록 자못 깔끔 아늑한데,	地勢稍上殊淸幽
樓閣 옮긴 하루 저녁 바로 天然 秘境이라,	移樓一夕直天秘
造物主가 技巧 뺏어 神靈 시름겹게 됐네!	造物奪巧神靈愁
날개 치듯 버텨 선 채 工事 일단 끝나 보니,	如翬如跂工旣訖
너무 治粧·너무 廢棄 하지 않고 原形 지켜,	不侈不廢存前籌

잔치 여는 이날에는 우리 한 일 이뤄져서,	開筵此日落我成
太守께선 한판 웃고 손님들은 화답하니,	太守一笑賓朋酬
난간 기대 황홀하게 異色 世界 들어간 듯,	憑欄恍惚入異域
十里 이은 안개 낀 숲 떠오를 듯 고루 섰고,	十里煙木平如浮
둘려 있는 바위산들 더욱 친밀해 보이며,	巖巒繚繞覺尤親
물・구름은 아득 멀리 강둑 둘러 끼고 흘러,	水雲迢遞環汀洲
강과 산은 특이 풍경이길 기대하는 건데,	江山有待地殊觀
한 곱절 더 奇異한 건 지금 원님 때문이라,	一倍奇瑰從今侯
樓 오르건 客館 열건 못할 것이 없을 테니,	登樓開館無不可
눈 온 저녁(겨울) 찌는 아침(여름) 모두 놀기 좋을 거라,	雪夕炎朝俱勝遊
觀光 맞을 몇몇 분의 風流에다 詩人들은,	臨觀多少風雅客
전날에도 좋았는데 오늘에는 안 좋겠나?	前日得如今日否
鳳山居士 아무개와 佔畢齋 老人께서,	鳳山居士佔筆老
저승에서 깨나시면 응당 눈 떠 놀라실 것,	九原可作應駭眸
江과 山은 말끔 곱고 産物들도 新奇하며,	江山淸淑物産奇
文化 風物 실로 정말 세계에서 으뜸 될 것,	文物固亦雄齊州
風流로서 온 세상에 잘 알려진 梁太師는,	風流四海梁太史
신선 세상 올라 일찍 신선들의 친구였다,	登瀛曾是神仙儔
『黃庭經』의 한 字 誤讀 地上 退出 당하여서,	黃庭一字下九天
이 시골에 노닐면서 怨望만을 남겨둔 채,	漫浪江湖遺怨尤
좋은 시절 太守(원님)님의 잔치에 와 취해서는,	良辰來醉太守觴
종일 奇異 감상하며 겨우 그냥 지내지만,	異賞盡日聊淹留
山川 맞는 사람 만나 風物들은 빛 더 나니,	山川得人物色增
쟁반 같은 산 위 달은 古今 사뭇 가을이라,	山月如盤今古秋

아아 그래 나도 또한 高尙 遊覽 그리워서,	嗟余亦復慕高遊
사다리에 올라서자 마음과 눈 트이는데,	一上丹梯心目遒
물어보자 임금님도 오신 때가 언제인가?	當年鳳棲問何時
民衆 삶이 사뭇 새로 넉넉하여 기뻐지고,	且喜民物生生優
漁夫 노래 · 樵童 노래 원님은 기쁜 데다,	漁歌樵唱太守樂
다행히도 太平 日常 깨는 일이 없는 터니,	幸莫機事驚沙鷗
봄바람 속 온 지역에 꽃 핀 곳이 어디인가?	春風何處一縣花
"岳陽樓"에 記는 바로 滕公이 끝 맞췄으니,	岳陽要記滕公
그대들은 못 봤는가?	君不見
連江 길이 흐를 테고 連山 사뭇 우뚝한 채,	連江水長連山高
江과 山이 永遠하듯 樓閣 名聲 함께 하리!	江山不改名應侔

* 鳳棲樓 : 全羅道 綾城縣(지금의 全南 和順)에 있던 樓閣으로, "鳳棲"라는 名稱은 "임금님"이나 "聖人"이 와서 있다가 갔다는 意味이다. 그런데 이 "綾城"이 高麗 때에는 같은 全羅道 "羅州"에 속해 있었는데, 『東國輿地勝覽』의 "羅州牧" 條에 高麗의 顯宗大王이 契丹의 침입을 피해서 이곳에 와서 十餘日을 머물렀다고 한 것을 보면, 이 누각의 이름이 "鳳棲"인 것은 바로 이 사실로 인한 것이 아닐까 추정된다.
* 連江 : 綾城縣에 있는 中條山에서 發源하여 鳳棲樓의 주위를 흘러가는 江의 명칭으로 추정된다.
* 逶迤 : 에워 둘러 가는 상태를 말한다.
* 連山 : 綾城縣의 客館(官廳에서 세우고 관리하는 宿所)에서 동쪽으로 보이는 곳에 있는 "連珠山"을 말하는 것으로 추정된다.
* 賓館 : 綾城縣의 客館을 말하며, "鳳棲樓"는 이 客館에 딸린 누각이다.
* 騷人 : "詩人"과 같은 말이다.
* 定恨 : "진정 몹시 애태우다"라는 뜻으로 추정된다.

* 勝矚 : "기막힌 絶景"이라는 뜻으로 추정된다.
* 來尸 : "와서 맡다" 또는 "맡아서 온"이라는 말로 추정된다.
* 我公 : 어떤 상대를 고맙고 친절한 마음으로 호칭하는 말로 "우리 이분" 또는 "우리 그분"이라는 말이다.
* 邦人 : "自國民" 또는 "自國人"이라는 말인데, 여기에서는 "同志(뜻이 있는 사람들)" 또는 "有志(그 지방의 有志)"라는 말로 쓰였다.
* 民功 : 원래는 "백성들을 위한 공적"을 말하나, 여기에서는 "사람(주로 農民)들의 노동 기회"를 말한다.
* 滌圃 : 菜麻 밭의 일을 다 끝내는 것을 말하며, 이것을 "菜麻 걷이"라고 한다.
* 坎坎 : 나무를 베면서 흥을 돋우느라 "둥둥둥" 북을 치는 소리를 말한다.
* 如翬如跂 : 누각의 지붕이 훨훨 나는 모양 같고, 누각의 기둥들이 탁 걸터타고 버텨 선 것같이 웅장하고 안전해 보인다는 말이다.
* 不侈不廢 : 새로 治粧을 하지도 않고, 전의 建材들을 廢棄하지도 않았다는 말이다.
* 鳳山居士 : 이것이 누구의 雅號인지 알 수 없지만, 金宗直의 『佔畢齋集』에 나오는 詩의 題目인 〈登綾城鳳棲樓 倥偬中 月上東峰 始悟今日爲中秋 與李都事 承福, 崔同年 哲錫 小飮(능성 봉서루에 올라서 괜히 분주한 중에, 동편 산봉우리 위에 달이 떠올라서 오늘이 벌써 八月인 걸 처음 깨닫고서, 李都事 承福・崔同年 哲錫과 술을 마시면서)〉으로 보아, 이 두 사람 중의 한 사람이 아닐까 추정될 뿐이다.
* 佔筆老 : 『佔畢齋集』에서 보는 바대로, 작자인 玉峰이 鳳棲樓에서 지은 佔畢齋의 詩를 보고 〈重新鳳棲樓〉를 지었을 것이므로, 『玉峰集』의 여러 판본에 모두 "佔筆齋"로 표기된 것은 분명 筆寫者가 "畢"자를 "筆"자로 誤寫한 것이 분명하다.
* 九原 : 墓地나 黃泉과 같은 말이며, "저승"이라는 말과도 같이 쓰인다.
* 文物 : 文化로 인해 나온 모든 産物, 예컨대 학문・예술・교육・법률・제도 등을 말한다.
* 齊州 : 옛날의 "中國"을 말하는 것이다. 따라서 중국이 옛날에는 문화적으로는 물론 실제로 國土的으로도 세계를 대표해 왔기 때문에, 이 말은 "세상"이나 "세계"라는 말로도 쓰인 것이다. 여기에서도 "세상"이라는 말로 쓰였다.
* 梁太師 : 太師라는 呼稱이 붙은 것으로 봐서는 世子나 임금님의 師傅였던 사

람이라는 말인데, 실제의 名銜字를 확인할 길이 없으나, 작자 자신도 한때 서울에서 스승으로 모셨던 松川 梁應鼎으로 추정된다. 작품 속에서 진술되는 그 生涯 歷程을 따져 보거나 "風流四海"라는 修飾語가 붙여진 것 그리고 당시의 名士로서 몇 번 官職의 黜陟을 겪은 것을 따져 보면 梁松川일 가능성이 높은 것은 분명하다.

* 黃庭 : 하늘 세상의 神仙들이 읽는 道教의 經典인 『黃庭經』을 말하는데, 이것을 읽다가 한 글자라도 잘못 읽으면 그 벌로 하늘에서 地上으로 退出을 당한다고 한다.
* 怨尤 : 원망하고 타박하는 것을 말한다.
* 物色增 : 그 지방에서 나는 風物이 더 빛이 난다는 말이다.
* 機事 : 비밀스러운 政務, 機密 事項, 重要 事項을 말한다.
* 沙鷗 : "모래톱에 날면서 놀고 있는 갈매기"라는 말로, 평화스럽고 한가로운 상황을 비유적으로 쓴 말이다.
* 岳陽 : 중국 宋나라 때 "岳陽樓"를 말하며 이 "樓閣"의 記가 바로 "岳陽樓記"인데, 이 글은 원래 당시의 文章家인 范仲淹이 지은 것으로, 그 끝부분을 滕宗諒이 잘 마무리하여 완성하였다.

해설 작품의 주 제재인 "鳳棲樓"가 자리한 공간의 山水 景觀을 文頭에서 소개하고, 다음으로 새롭게 수리한 과정과 그 성과로서 새롭게 전개되는 풍광을 찬미하고는, 梁應鼎으로 추정되는 風流의 文士를 내세워 그와 함께 樓閣과 이곳 太守의 善政도 稱譽하고는, 梁應鼎이 "鳳棲樓"를 훌륭하게 讚美했을 詩들에 뒷마무리처럼 짓는 이 작품은 宋나라의 范仲淹이 지은 〈岳陽樓記〉의 뒷마무리를 한 滕宗諒처럼, 작자 자신도 梁應鼎이 분명 "鳳棲樓"에 대해서 지었을 詩에 뒤이은 마무리로 이 詩를 짓고 있다는 것이면서, 끝으로 "君不見 連山水長連山高 江山不改名應侔(그대들은 못 봤는가? 連江 길이 흐를 테고 連山 사뭇 우뚝한 채, 江과 山이 永遠하듯 樓閣 名聲 함께 하리!)"이라고 읊어 樓閣의 永遠한 保存을 기원하고 있는 詩다.

贈崔孤竹關西之別

관서로 떠나며 작별하는 최고죽에게 주다

만력 황제 8년째가 되는 이 봄에,　萬曆八年春
玉川子는 서울 城 안 한쪽에 붙어살면서,　玉川子 寓居洛城裏
祿俸(월급) 적어 굶주림도 못 면할 터라,　薄祿不救飢
每日每日 歸鄕해서 밭 갈기나 생각하며,　歸耕日日思田里
門 나서야 친하게 갈 곳도 없는 채,　出門無所親
幼年 벗만 두세 사람 있긴 하지만,　竹馬二三人
열흘 한 번 언제 만나 얼굴이나 본 일 있나?　十日何曾一見顔
한밤중에 생각하곤 서너 차례 한탄하다,　中夜念之三四歎
이내 萬事 人力으로 할 수 없음 알게 되곤,　乃知萬事非人能
잠깐 사이 바람처럼 사방으로 흩어져 가,　須臾飄散之四方
자넨 신선 영감 되어 동쪽 간 게 며칠인데,　仙翁東去曾幾日
大丈夫로 이번엔 또 關西 향해 가는 건가?　夫子又此關西行
듣자하니 關西에는 가야 할 길 만 리에다,　聞說關西路萬里
더더구나 察訪 벼슬 아직 낮은 官吏인데,　何況郵官尙卑吏
무서리 속 三月이니 꽃도 풀도 안 폈겠고,　嚴霜三月無花草
모진 바람 밤낮으로 사람 잡듯 불 테지만,　陰風日夕吹人倒
都護府使 邊方에서 萬名 騎兵 거느리고,　都護臨邊擁萬騎
監司・守令(원님) 두루 불러 數千 馬車 動員하여,　方伯周爰動千駟
얼굴 가득 먼지 속에 뒤쫓기를 일삼으며,　塵埃滿面事追走
일 년 내내 고생 속에 말과 마차 뒤쫓다가,　終年辛苦輪蹄後

임금님과 격리된 채 서울 바라보고파도, 　　　　　　　　慾望長安隔天日
흰 머리로 서로 생각 마구하겐 하지 말라, 幾處相思回白首 相思莫浪許
자네는 못 보았나? 　　　　　　　　君不見
이 天地는 옛날부터 한 旅館과 같은 거라, 　　　　　　　　天地從來一逆旅
인생살이 백 년을 사는 동안에
榮華·沒落 오고 감이 추위·더위 같은 터로, 　　　　　　　　去來榮落猶寒暑
榮華롭게 되고 못됨 모두가 다 運命이니, 　　　　　　　　得之不得皆命耳
감히 本質 아닐 걸로 섧고 기뻐할 것인가? 　　　　　　　　敢以外物爲悲喜
그저 한 잔 술이나 다 마시고서, 　　　　　　　　且盡一杯酒
그대론 채 風月 主人이나 되어서, 　　　　　　　　去作風月主
練光亭 앞 흘러가는 大同江은 푸를 테고, 　　　　　　　　練光亭前浿江碧
百祥樓의 저 밖에는 香爐峰이 우뚝할 것, 　　　　　　　　百祥樓外香爐秀
생각컨대 가거들랑 沙工에게 물어보게, 　　　　　　　　便思往問艤船子
손에 꼽는 영웅이란 진정 바로 누구인지! 　　　　　　　　屈指英雄定誰是
미인들은 關西別曲 부를 줄을 알 것이고, 　　　　　　　　佳人解唱關西曲
형님이 平安道 評事로 그곳에 근무하실 때 이 別曲을 지으셨다(伯氏 佐幕時 留此曲)
驛夫들도 아직까지 그 당시 일 말할 거라, 　　　　　　　　郵僮尙說當時事
봄바람 속 이 曲 듣곤 곱절 슬퍼할 터이니, 　　　　　　　　春風聽曲倍悽然
흐르는 물 뜬구름에 30년이 지났지만, 　　　　　　　　流水浮雲三十年
자넨 이제 유독 형님 그려질 걸 알만하니, 　　　　　　　　知君此時偏相憶
그려져서 "밝은 달"로 응당 시를 지을 텐데, 　　　　　　　　相憶應題明月篇
밝은 달은 저 멀리인 東海에서 솟으련만, 　　　　　　　　明月遙從東海出
신선 영감 간 뒤에는 편지마저 끊길 테니, 　　　　　　　　仙翁去後音書絶
명년 되어 풀 짙을 제 좋게 좋게 돌아오면, 　　　　　　　　明年草綠好歸來

신선 영감 다시 불러 거듭 술잔 들어 올려, 却喚仙翁重擧杯
술잔 들어 밝을 달에 권할 터이니, 擧杯勸明月
이별하는 자린 다시 비추질 말라. 莫更照離別
강과 산은 사람 배반하지를 않고, 江山不負人
꽃・버들도 옛날 같이 봄 맞을 게니, 花柳依舊春
실컷 취해 서울 거리 한껏 노래 불러보세, 大醉高歌洛陽陌
남이 보고 정말 미친 客이라고 부를 만큼! 從他喚作眞狂客

---

* 玉川子 : 崔孤竹을 부르는 呼稱으로 추정된다. 崔孤竹 자신이 靈光의 원님 벼슬을 그만두고 서울로 올라와 城西 한 곳에 붙어살았다고 한 詩가 있는 것을 보면, 이때에 자신을 "玉川子"라고 自稱한 것이 아닐까 추정된다.
* 夫子 : 孔子의 弟子들이 孔子를 尊敬한 呼稱이면서, 한편으로는 옛날에 男子를 높여서 부르는 호칭이기도 하고, "大丈夫"라는 말이기도 하다.
* 郵官 : 崔孤竹이 平安道에 大同察訪으로 임명되어 간 것을 말한다.
* 都護 : 여기에서는 "都護府使"라는 관리의 직급을 말한다.
* 輪蹄 : "마차 바퀴와 말 발자국"이라는 말이나 "전쟁통 속"이라는 말이다.
* 逆旅 : "나그네를 맞는다"라는 말로 "旅館"을 말한다.
* 香爐 : "百祥樓外香爐秀"라 표현된 것을 보면, "香爐"는 百祥樓가 있는 平安道 安州에 있는 山峰이 분명하다.
* 艤船 : 물가에다 배를 대는 행위를 말하며, "艤船子"는 "뱃사공"을 말한다.
* 關西曲 : 작자의 형님인 白光弘이 平安道 評事가 되어 가 있을 때 그곳의 생활상과 자연 풍물을 읊어 당시부터 愛唱된 〈關西別曲〉을 말한다.

해설 이 작품은 작자가 자신의 平生 詩友인 崔慶昌이 平安道의 大同察訪으로 임명을 받아 가는 것을 전송하면서 지어 준 시다. 자신과 마찬가지로 全羅道 고향에서 올라와 서울에서 간구하게 살던 벗이 겨

우 察訪이라는 地方의 末職으로 가는 것을 안타까워하면서도, 그곳의 風光과 評事로 가 있던 작자 자신의 先兄이 지은 〈關西別曲〉을 언급하며 회고하고는, 근무를 마치고 속히 돌아오면 기쁘게 만나 다시는 헤어지지 말고, "仙翁(신선 영감)" 같은 자네와 술이나 실컷 마시고 목청껏 노래나 불러 남들이 "미친 客들"이라 부르는 소리를 들을 만큼 취해보자는 것으로, 이 작품은 둘이 함께 뜻에 차지 못하는 삶의 울분을 삭여 보자는 당부요 다짐 같은 안타까운 詩다.

奉呈朴觀察十四韻 名民獻

박 관찰께 받들어 드리는 열네 운의 시 이름은 민헌이다

일찍이 강남 이곳(海南) 옛적 원님이셨을 제,	曾是江南舊使君
名聲 소문 전에 벌써 사람들이 다 알아서,	風聲久已動人聞
一 千里 밖 여기에서 직무 수행하실 때에,	一千里外詢宣路
20년 전 저희들은 竹馬 타며 놀았지만,	二十年前竹馬群
衡山・廬山 山들 갖고 大地 맨 끈 아셨겠고,	山近衡廬諳地紀
北斗・牽牛 별 보시면 天文 認識하셨을 것,	星臨斗牛認天文
陸賈처럼 함께 아껴 고을에다 은혜 폈고,	陸君共惜專州惠
召伯 이내 陜(燕)에서 와 召로 采邑 받았지만,	召伯仍紆自陜分
떴다(成功) 잠김(失敗) 모두가 다 허망한 것일 뿐인데,	摠把浮沈付虛幻
榮華・沒落 그걸 갖고 슬퍼 기뻐하셨을까?	肯將榮落係悲忻

구름 개인 海邊 哨所 지휘 깃발 巡廻하고, 雲晴海戍旌旆轉
눈발 개인 國境 城엔 창과 칼이 야단이나, 雪淨關城劒戟紛
文官・武官 모두가 다 나라 憲法 잘 지키며, 文武儘堪邦國憲
兵士・民衆 官廳 要求 없이 할 일 잘들 하니, 兵民不要簿書勤
백성 平安 마음 두면 걱정 원망 없어지고, 心存康濟愁寃盡
人材 교육 잘된다면 禮節・風俗 醇化되어, 教治菁莪禮俗殷
貪官汚吏 자취 감춰 福 鬼神도 同調하여, 贓汚斂蹤俱褫魄
淸廉心이 志操 督勵 더욱 노력하실 게니, 廉方厲操益勞筋
찾아온 봄 때에 맞게 모든 生命 깨나게 해, 行春適會雷驚蟄
좋은 세상 太平 時代 다투어서 구경하며, 瑞世爭瞻鳳下雲
새로운 달 시 읊으셔 맑고 밝은 빛 더하고, 新月入吟添皓彩
이른 매화 웃듯 피어 정말 新奇 香氣로와, 早梅迎笑政奇芬
넋은 달려 임금님의 용상 근처 가신 듯이, 馳魂紫極身非遠
民政 視察 가신 시골 해가 지려 할 땔 텐데, 按節滄洲日欲曛
主上께선 번거롭게 이틀 밤을 기다리셔, 赤舃尙須煩信宿
맨 선비가 主上 薰陶 天幸으로 받았으니! 靑衿何幸得親薰
太平時代 人材 選拔 讚美 노래하는 속에, 太平物色謳歌裏
天下 淸掃・直言 正諫 다시 누굴 말할까요? 攬轡埋輪更孰云

* 朴觀察 民獻：生沒年은 1516년(中宗 11)～1586년(宣祖 19)이며, 徐敬德의 제자로 벼슬은 成均館 典籍을 거쳐 賜暇讀書의 은총도 입고, 全羅道 海南縣監이 되어 倭寇를 對備한 兵器 修理와 訓練 그리고 民生을 위한 財政을 힘썼으나, 一年만에 職位를 削奪 당하면서, 그의 벼슬길은 당시 士禍와 함께 李芑・尹元衡 등의 奸臣輩들로부터 謀陷을 받아 昇降과 黜陟을 거듭하면서 불

행하였다. 그러나 임금님들로부터는 매우 신임과 총애를 받았던 것으로 추정된다. 그래서 이 작품에서 "赤舃尙須煩信宿 靑衿何幸得親薰(主上께서 번거롭게 이틀 밤을 기다리셔, 맨 선비가 主上 薰陶 天幸으로 받았으니!)"이라고 한 바대로 기막힌 鴻恩을 감격으로 입게 된 것을 알 수 있다. 이것은 아마 明宗 8년에 聖恩을 입어 賜暇讀書를 하다가 이틀 후 天顔을 뵙고 薰陶를 받은 것을 말하고 있는 것으로 추정된다.

* 詢宣路 : 무엇을 묻고 알리고 하는 관리들의 직무 수행하는 과정과 상황을 말한다.
* 竹馬群 : 대막대기를 말 삼아 타며 놀이하는 아이들의 무리를 말한다.
* 山近衡廬諳地紀 : "衡山과 廬山을 基軸으로 삼아 地球를 연구하셔서 地球가 支撐하는 引力(끈)이 무엇인가를 아셨을 것이다"는 말로, 이 시구는 바로 다음의 "星臨斗牛認天文(北斗・牽牛 별 보시면 天文 인식하셨을 것)"이라는 것과 함께 朴民獻의 인품과 능력을 稱頌한 것으로 추정된다.
* 地紀 : 大地를 잡아매어 놓은 끈을 말한다.
* 陸君 : 중국의 歷史書인 『史記』와 『漢書』 그리고 『蒙求』 「陸賈分槖」에 나오는 陸賈를 가리키는 것으로 추정이 된다. 이 사람은 漢나라 高祖인 劉邦의 命을 받고 南越에 征伐을 나가서 그곳을 平定한 다음 자신이 그곳의 南越王이 되어, 혹시 劉邦에게 거역할지도 모르는 尉佗를 타이르라는 命을 받고 가서, 그를 달래서 漢나라 高祖인 劉邦에게 順從하고 服屬하겠다는 誓約을 받고 왔다. 동시에 尉佗에게서 千金을 선물로 받고 돌아와서 漢나라의 大中大夫가 되었고, 훌륭한 帝王이 되는 忠諫의 글을 『新語』라는 著書로 남겨 劉邦에게 바쳤으며, 尉佗에게서 받은 千金을 다섯 아들에게 고루 나누어 주고 여생을 잘 마친 良臣이었다. 그래서 이 작품에서는 작품의 主人公인 朴民獻이 全羅道 海南縣監으로 있을 당시 倭寇의 侵入을 豫備한 것과 民生을 救恤하고 더해서 乙巳士禍의 餘波와 李芑・尹元衡 등의 謀陷으로 官職生活도 不運을 겪은 것을 말년에라도 陸賈처럼 平安하라며 慰勞하고 기리기 위해서 比喩의 대상으로 삼아 인용한 것으로 추정된다.
* 召伯 : 중국의 周王朝 時代 文王의 庶子로서 北燕에 봉해졌던 諸侯의 子孫인 姬奭이 成王과 康王을 輔佐하며 召를 食邑으로 받았기 때문에 "召伯" 또는 "召公"이라 불렸는데, 이 작품의 주인공인 朴民獻 역시 士禍의 餘波와 李

芑・尹元衡 등의 謀害로 무수히 官職의 昇降과 黜陟의 波瀾을 겪고 이내 咸鏡道 觀察使를 歷任한 것을 召伯으로 비유하여 위로하고 기린 것으로 추정된다.

* 康濟 : 백성들을 편안하게 구제하는 것을 말한다.
* 菁莪 : 人材를 교육하는 일, 많은 人材를 말한다.
* 贓汚 : 贓汚人(貪官汚吏)의 名簿를 略稱한 말이다.
* 祇魄 : 福을 비는 귀신을 말한다.
* 厲操 : 志操를 더 督勵하여 갈고 닦게 하는 것을 말한다.
* 皓彩 : 희고 깨끗한 달빛을 말한다.
* 馳魂 : "馳魂宕魄" 또는 "馳魂奪魄"의 준말로 "혼이 나가고 넋이 나갈 만큼 心靈이 놀라는 상태"를 말한다.
* 紫極 : 임금님의 용상을 말한다.
* 按節 : 말 채찍을 잡고 천천히 가는 상태, 가다가 멈춰 섰다가 하며 가는 천천히 가는 상태를 말한다.
* 滄洲 : 신선이 사는 곳, 먼 시골을 말하는데, 여기에서는 주인공인 朴觀察이 근무하는 지방인 강원도나 함경도의 시골을 지칭하는 것이다.
* 赤舃 : 임금님이 禮服을 갖추고 신으시던 신을 말하는데, 여기에서는 임금님 자신을 代喩한 말로 쓰였다.
* 信宿 : 이틀 밤을 머무르는 것이나 이틀 밤의 宿泊으로, "信次"라고도 한다.
* 青衿 : 글자대로의 뜻은 "青色의 깃"이지만, 옛날 공부하는 儒生들이 "青色 깃"의 옷을 입었기 때문에 "儒生" 자체를 이르는 말이 되었다.
* 親薰 : 主上(임금님)께서 몸소 하신 薰陶를 말한다.
* 物色 : 물건의 빛깔, 훌륭한 人材를 選拔하는 것을 말한다.
* 攬轡 : 고삐를 잡고 말을 멈추는 것을 말한다.
* 攬轡才 : 천하를 깨끗하게 平定하는 才能을 말한다.
* 埋輪 : 마차의 바퀴를 묻어 놓고 모든 것을 멈추고 굳게 지키는 것을 말한다. 중국의 東漢 때 梁冀가 專權을 하면서, 官吏의 腐敗 糾察을 名目으로 張綱을 위시해서 8인을 선발하여 全國을 視察하게 했는데, 모두 다 출발해 갔으나 張綱만은 馬車 바퀴를 길바닥 흙 속에 묻어 놓고, "豺狼當路 安問狐狸(승냥이가 큰길에 버티고 있는데, 여우・살쾡이 따위를 따질 게 있는가?)"

라며 꼼작 않고 皇帝에게 글을 올려 楊冀를 彈劾했다. 그래서 "埋輪"은 權力者나 貴族을 두려워하지 않고 直言正諫(곧은 말과 바른 諫言)으로 對應하는 剛直한 氣槪를 말하는 것이다.

해설 이 작품은 주인공인 觀察使 朴民獻의 善政으로 인한 功績과 宦路에서 士禍의 餘波와 李芑·尹元衡 같은 奸臣輩들의 謀陷으로 무수한 昇降과 黜陟의 波瀾과 曲折을 겪은 逆境을 回顧 慰勞하고는, 그런 중에도 主上(明宗大王일 듯)의 信任과 寵愛를 받아 守令과 方伯으로 功績을 남겼음을 기리곤, 이내 "太平物色謳歌裏 攬轡埋輪更孰云(太平時代 人材 選拔 讚美 노래하는 속에, 天下 淸掃·直言 正諫 다시 누굴 말할까요?)"라고 反問하듯 마무리며, 朴觀察 어른 당신이 아니고 누구이겠느냐?는 默言의 素望을 안타까운 듯 마치고 있는 詩다.

八. 補遺

이 「補遺」에는 「別集」에 重複하여 실린 作品들뿐만 아니라 「別集」에만 실린 作品들도 모두 統合하여 싣고 國譯하였다. 그러나 年譜와 書簡文 등이 作品 研究를 위해 필요하지만 原稿量의 過多로 인해 불가피하게 그냥 남겨두었음을 밝혀 둔다.

贈信堅上人
신견 스님에게 주다

부슬비 속 봄 맞은 산 한낮인 속에, 小雨春山午
텅 빈 방 안 학의 꿈을 깨고 났을 쯤, 空堂鶴夢回
객이 와서 문을 바로 열고 맞을 젠, 客來門政開
타던 향불 반쯤 재가 돼 있었겠네! 香火半成灰

* 鶴夢 : 탈속적인 세계를 찾아가는 꿈으로, 스님이나 신선같이 고고한 삶을 누리는 것을 말한다.

해설 이 작품은 상대인 信堅 上人의 탈속적인 거처와 수양하는 일상의 경지를 그의 실질적인 일상의 정황과 이에 상응한 실재 풍경들로 상상 재구성하여 곱게 그리듯이 읊어낸 아주 정갈한 좋은 시이다. 특히 "香火半成灰(타던 향불 반쯤 재가 돼 있었겠네!)" 같은 결구는 참으로 기막힌 구상과 수사의 솜씨가 돋보이는 결구가 아닐 수 없다.

又

또 한 수

해 저물녘 시내 앞쪽 눈 내리는데, 日晩溪南雪
스님은 바다 위의 산에서 와서, 僧從海上山
줬다는 시 언제 건진 잊었지마는, 贈詩忘歲月
그대 옛날 모습만은 애틋했었네! 憐爾舊容顔

병인년 봄에 내가 玉山에 있었는데, 信堅 上人이 그의 시 두루마리를 가지고 와서 보여주는데, 나의 시도 이 속에 있으나 지어준 시기가 기록되어 있지 않았지만, 그곳의 아름다운 풍경은 그 시와 함께 상상적인 꿈속의 일처럼 남아 있어서 감탄스러울 만하였다. 그래서 앞서 지어준 그 시를 이내 고쳐 지어서 다시 남겨지게 하였다.(丙寅春 余在玉山 堅持軸來 吾詩亦與在中 而不記日月 雲泉勝跡 與詩而俱爲夢想中事 可感也 夫遂改書前作而復爲此 以續之)

해설 해 저물녘 눈 내리는 속에 그 바다 위 산속에서 찾아온 스님이, 지나간 어느 때엔가 자신의 시 두루마리에 지어 넣어 주었다고 하는 시는 어느 때의 것인지 기억할 수 없지만, 그대의 그 옛날 모습만은 애틋하게 남아 있다는 "憐爾舊容顔"이라는 결구에는 무한히 반갑고 정겨운 심경이 말없이 담겨져 있다.

出長春洞
장춘동을 나서면서

학 울음에 숲 안개도 맑은 듯하고, 鶴鳴樹煙淨
해 지면서 가을 산은 차갑다마는, 日落秋山寒
서로 함께 골짜기를 나가노라니, 相携出洞府
시냇길엔 푸른 기운 온통 퍼졌네! 溪路碧漫漫

해설 이 작품은 누군가와 함께 마을을 벗어나 나오면서, 가을이라는 계절을 맞은 풍경들에서 특별하게 심기적으로 감지하거나 감각하는 것들을 눈여겨 포착하여 읊고 있는 계절감의 시다. 기구는 "학이 우는 소리 때문에 숲에 낀 안개가 맑은 듯이 느껴진다"는 것으로, 청각의 시각 내지 심경적 전환의 연상이고, 승구와 결구는 가을이라는 계절의 기후적 특이 현상을 포착하여 현실감으로 잘 살려 읊은 것이다.

醉贈尹而栗
술에 취한 채 윤이율에게 주다

산 기운은 해 기운 속 더욱더 맑고, 山氣斜陽裡
하늘빛은 오랜 비 끝 한결 푸르러, 天光久雨餘

한 동이 술 시내 위서 마실 터인데, 一樽溪上酌
이런 자리 자네 뜻은 어떻겠는가? 於此意如何

해설 이 작품은 벗인 尹而栗에게 술자리를 함께 할 의사를 묻는 시다. 기구에서 주어인 "山氣"에 서술어인 "더욱더 맑고"라는 어휘가 생략되어 있음을 알아 읽을 수 있어야 하고, 승구에서도 역시 주어인 "天光"에 서술어인 "한결 푸르러"라는 어휘가 생략되어 있음을 알아 읽을 수 있어야 한다. 그래야 시내 위의 술자리가 준비될 수 있는 시·공간적 배경을 확인할 수가 있기 때문이다.

沃州 奉次蘇齋

옥주에서 소재 어른의 시의 운을 받들어 따라 짓다

내일 아침 푸른 바닫 작별할 텐데, 碧海明朝別
오늘 밤엔 찬 등불 앞 자게 됐건만, 寒燈此夜眠
가을바람 홀로 맞아 돌아갈 생각, 秋風獨歸意
한 길 내내 수많은 산 앞이겠지요! 一路亂山前

* 沃州 : 전라남도 珍島郡의 옛 명칭이다.

해설 이 작품은 珍島에서 귀양살이를 하고 있던 蘇齋 盧守愼을 찾아뵙고 떠나올 생각을 하며, 그 하루 전날 소재의 시 운을 따라 지은 시가 아닐까 추정된다. 그래서 진도의 푸른 바다를 내일 아침이면 작별하고 떠나게 될 텐데, 오늘 밤 차갑고 외로운 등불 앞에서 홀로 자게 됐건만, 내일부터 가을바람만 맞으며 홀로 돌아갈 생각을 해보니, 가는 길 내내 아무도 없이 수많은 산들만 닥칠 거라고 넋두리 같이 읊조렸다.

그런데 작자가 일찍이 蘇齋에게 가서 시를 공부한 사실을 놓고 보면, 결구의 "一路亂山前(한 길 내내 수많은 산 앞이겠지요!)"은 "소재 선생님을 떠나서 시를 짓는 일에 장애가 있어 어렵겠다"는 의미를 담은 것으로 추정된다. 특히 "亂山前"이라는 어휘가 바로 "수많은 산 같은 난관이 앞에 있겠다"는 의미로 읽혀지기 때문에 더욱 그렇다.

海臨寺 題修上人房

해임사에서 수 스님의 방을 제재로 삼아 짓다

섬돌 깊숙 붉은 꽃잎 남겨져 있고,	幽砌殘紅蘂
맑은 못엔 녹음 가득 비춰 있는데,	淸池滿綠陰
한가로워 때로 한번 잠에 들 제면,	閑來時一睡
적적한 채 마을 문만 깊숙하겠지!	寂寂洞門深

해설 이 작품은 修 上人이 거처하는 절 안의 방을 주 대상으로 삼아, 이 방의 주위 공간인 섬돌과 못의 실제 풍경을 배경으로 놓고, 한가로움 속에 수 상인이 생활하는 행태를 실상으로 배치한 다음, 이 실상의 정황을 한층 적막감으로 명료화하기 위하여 결구를 "寂寂洞門深(적적한 채 마을 문만 깊숙하겠지!)"이라며 마무린 것이다.

題友人家

벗의 집을 제재로 삼아서 짓다

구름 걷혀 앞 들판은 넓어져 있고,	雲收南野濶
해가 뜨자 서쪽 산봉 환해지는데,	日出西峯明
취한 다음 자네하고 앉아 있자니,	醉後對君坐
솔바람이 맑게 얼굴 불어주누나!	松風吹面淸

해설 이 작품은 벗의 집을 찾아가서 무한히 넓어진 공간과 환하게 밝아진 시간 속에, 벗과 함께 거나하게 취한 다음 마주해 앉았자니, 솔바람이 맑고 시원하게 얼굴을 향해 불어준다는, 무한히 편안하고 고맙게 느긋해지는 감흥을 읊은 시다.

贈智楫
지즙에게 주다

늘어진 꿈 봄 맞은 새 우는 정오라, 　懶夢春禽午
山家 窓엔 진 그림자 희미한 땐데, 　山窓對影迷
스님 와서 멀리 간다 말을 하면서, 　僧來告遠別
"어느 곳이 바로 쌍계인가?" 묻누나. 　何處是雙溪

해설 이 작품은 제목에 있는 "智楫"이 아무래도 스님인 듯하니, 이 "智楫(지혜의 노)"이라는 것이 분명 法名이어서, 작자가 이 법명을 해학적으로 풀어 읊어 준 시로 추정된다. 그래서 작자는 늘어지게 자면서 꾸는 꿈결에 봄 맞은 산새가 우는 정오를 맞아서, 이렇게 한낮이라 맞은 쪽에 생기는 그림자가 없고, 이 산속 집의 창안에 비추어 드는 그림자도 거의 없어 희미한데, 이런 즈음에 이 智楫 스님이 찾아와서 멀리 가는 길이라는 말을 하면서, "어느 곳이 바로 쌍계입니까?"라며 묻는다는 것이다.

그런데 이렇게 묻는 智楫 스님에게 자신의 法名이 "지혜롭게 저어가는 노"라면서 "雙溪"가 어디인지도 무르느냐?며, 은근히 놀리듯 풍자하듯 읊어서 주고 있는 것이어서, 이 작품의 결구는 평범한 구상과 수사 같으면서도 매우 기묘하고 참신하게 이루어진 것이다. 다만 「補遺」에 실린 이 작품에서는 승구의 "對影(마주 생긴 그림자)"이 "樹影(숲 그림자)"으로 되어 있어서 어느 것이 원작인지 알 수 없지만, 기구와 상응된다는 점으로 놓고 보면 "對影"이 맞을 것으로 판단된다.

題畵竹

그려진 대나무를 제재로 삼아서

본래 머린 꺾을 수가 있다 하지만,	本謂頭可折
절갠 빼기 어려운 걸 그 누가 알랴?	誰知節難奪
아들 · 손자까지 만약 지켜간다면,	兒孫若相持
늠름하게 풍채 · 골격 함께 하겠지!	凜凜俱風骨

해설 이 작품은 그림 속 대나무를 고고강인한 지조의 생동적인 인격체로 살려 읊은 시다. 그래서 기 · 승구에서 "頭可折"이나 "節難奪"이라 해서 육신적 생명은 끊을 수 있어도 지조와 절개는 결코 빼앗을 수 없다고 단언하고, 전구에서 "兒孫若相持(아들 · 손자까지 만약 지켜간다면)"라는 전제로, 결구를 "凜凜俱風骨(늠름하게 풍채 · 골격 함께 하겠지!)"이라며 기막힌 찬미와 감탄으로 마치고 있다. 이 작품에서 작자는 전구의 "若"자를 "必"자로 놓고 싶어 했을지도 모른다.

和文叔章

문숙장에게 화답하며

저 건너편 물소리 들리어 와서,	隔水聲相聞
아침 내내 머릴 괜히 돌려 보는데,	終朝首謾回
비낀 바람 가랑비를 불어 내리니,	斜風吹細雨
흥췬 그냥 낚시터로 찾아가누나!	興入釣魚臺

해설 이 작품은 저 건너편에서 물 흐르는 소리가 들려 와서, 아침 내내 '낚시질을 하면 좋겠다'는 생각이 나 머리만 그냥 돌려 보고 있는데, 비껴 부는 바람이 가랑비를 불어 내리니, 낚시질을 하고 싶은 흥취의 심경이 그냥 낚시터로 향해 가게 한다는 시다. 이 작품에서는 전구의 "細雨(가랑비)"가 실제의 상황이면서 동시에 "가랑비가 오면 낚시가 잘된다"는 통념을 기미 포착의 단서로 삼아 흥취를 더욱 묘하게 살려 읊은 것이다.

思峻 持天冠山僧詩軸 來求詩

사준 스님이 천관산 속 스님의 시 두루마리를 가지고 와서 시를 지어달라고 해서

내가 찾아가고 싶어 했었지마는,	我欲相尋去
봄바람에 수만 고개 구름 꼈더니,	春風萬嶺雲
파란 등불 고운 평상 마주했으니,	青燈對香榻
다신 속세 복잡 번뇌 없게 됐구려!	無復世中紛

해설 이 작품은 작자 자신이 그 산속 절로 찾아가고 싶었지만, 봄바람 결을 타고 끼인 수많은 고갯마루들의 구름으로 못 가고 있었더니, 이렇게 스님이 시 두루마리를 가지고 직접 찾아와서, 이제 파란 등불 아래 서로 고운 평상을 마주하여 앉아 있으니, 다시는 속세의 복잡한 번뇌가 사라져 없어지게 됐다는 무한한 고마움과 반가움을 읊은 시다.

醉別

취한 채 작별하면서

어제부터 애태움을 풀지 못한 건, 昨日苦不展
아침 되면 떠날 마음 총망해서니, 明朝行意忙
거문고도 술동이도 한갓 된 걸 뿐, 琴樽亦徒耳
어찌 두어 시간 길기만이나 하랴! 那似一更長

해설 이 작품은 누구와의 작별인지는 모르나, 분명 작자와 교분이 매우 두터운 친구와의 헤어짐이 너무도 아쉬워 애틋하게 읊은 시다. 그래서 "어제부터 사뭇 애가 타는 채였던 것은 이렇게 아침이 와서 오늘이 되면 떠나야 하는 마음이 총망하게 될 것이기 때문이었으니, 작별하는 내 마음을 달래기 위해서 거문고를 타보고 술동이의 술을 마셔봐도 부질없는 짓들이 될 뿐, 어찌 두어 시간만이라도 길게 지체할 수 있게 하는 것만큼이나 하겠느냐"라는 안타까운 원망이며 하소연인 것이다.

題元上人房

원 스님의 절 방을 제재로 삼아서

숲 사이 달 가로진 창 비추어 들고,	樹月橫窓影
폭포 소린 베개 둘레 울려 나는데,	雲泉繞枕聲
숨어 살기 감추기가 미진해선지,	幽居韜未盡
강마을서 찾아온 객 있게 됐구려!	有客自江城

해설 이 작품은 작자가 元 上人이라는 스님을 찾아가서, 그가 거처하는 공간 풍경과 생활 정황을 조금은 해학적으로 모사하듯 읊어 놓은 시다. 그래서 기 · 승구에서는 세속으로부터 초절적인 시 · 공간의 생활 상황을 조금은 풍류적인 취향의 단면처럼 모사하고, 이내 전구를 "幽居韜未盡(숨어 살기 감추기가 미진해선지)"이라고 놓음으로써, 결구를 "有客自江城(강마을서 찾아온 객 있게 됐구려!)"이라고 마무리하여 원인이며 결과일 수도 있는 묘한 구상과 수사로 이루어져 있는 시가 되었다.

汭江別

예강에서 작별하면서

한식 맞아 강남으로 가는 길에는, 寒食江南路
안개 낀 채 비 내린 뒤 산들 뿐인데, 煙花雨後山
한봄 내내 좀은 사뭇 그립겠구려, 一春多少思
해 질 무렵 돌아가는 자넬 보내니! 落日送君還

해설 이 작품은 예강에서 벗이었을 누구와 작별을 하고, 한식을 맞은 이 시절 해가 질 무렵에 먼 강남으로 전송을 하고 돌아와, 마음이 조금은 허전해서 한봄 내내 그립겠다는 심경을 전하듯 읊어 주는 시다.

贈竹林守

죽림수에게 주다

한밤 내내 서울 장안 내리는 비에, 一夜長安雨
가을바람 먼 나그낸 시름겨운 채, 秋風遠客愁
귀향 생각 간절해도 못 돌아가니, 欲歸歸未得
자네에게 고향 그림 달라 해보네! 倩子畵滄洲

* 竹林守 : 작가와 동시대의 왕실 종친이면서 화가였던 李英胤을 말하는데, 그는 역시 화가였던 慶胤의 아우였다.

해설 이 작품은 작자가 객지의 나그네 처지로 서울에 있으면서 가을비가 한밤 내내 내리는 상황 속에, 너무 간절해지는 향수에도 돌아가지 못하는 외로움을 못 견뎌 하면서, 벗이면서 왕실의 종친 화가였던 李英胤에게 고향 그림을 그려 달라는 안타까운 청탁을 해보는 시다.

〈「補遺」에만 수록 되어 있는 作品〉

悼蘇淨源

소정원의 죽음을 슬퍼하며

우연스레 집에 뒀던 글들 살피다,	偶閱家中書
자네 손수 써 보냈던 편질 읽고서,	得君親手札
이내 바로 이 시를 짓게 된 것은,	因之題此詩
목 메이는 내 슬픔을 달래려설세!	聊以紓嗚咽

해설 이 작품은 작자와 정분이 매우 깊었던 것으로 추정되는 벗인 蘇淨源의 사후, 그의 편지를 읽어 본 작자가 기막히게 그리운 슬픔을 벗에게 애틋하게 알리듯 읊은 시다. 그래서 전구에서 "因之題此詩(이내 바로 이 시를 짓게 된 것은)"라는 자신의 심경을 바로 토로하면서, 이내 "聊以紓嗚咽(목 메이는 내 슬픔을 달래려설세!)"이라는 절박한 감정의 직설적인 토로로 마무리하고 있는 것이다.

東城夜酌

동성에서 밤에 술을 마시면서

고운 여인 맑은 노랠 한껏 부르고,	佳人散淸唱
밤 깊어져 바다 구름 휑할 뿐이나,	深夜海雲空
천년 두고 떠오르는 양주의 달로,	千載揚州月
멋진 풍류 이 늙은이 나도 즐기네!	風流到此翁

* 東城 : 어떤 곳인지 확인할 수 없으나, "海雲"과 "揚州"라는 어휘가 인용된 것을 봐서 바닷가의 경치가 좋은 어느 지역으로 추정될 뿐이다.
* 揚州月 : 揚州는 지금 중국의 江蘇省·安徽省 일대의 풍광과 물산이 아름답고 풍족했던 지역으로, 唐의 시인인 杜牧이 〈遣懷〉에서 "十年一覺揚州夢(십년 만에 양주에서 놀던 꿈을 한번 깨니)"이라고 한 바대로, "揚州"는 많은 시인들이 부러워하는 풍류놀이의 명승지였기 때문에, 여기에서도 양주에 뜨는 달을 가장 운치 있는 풍경으로 표현한 것으로 추정된다.

해설 이 작품은 東城이라는 곳에서 밤을 맞아 기생들의 맑은 노래를 들으며 술을 마시고 나서, 달까지 환하게 뜬 풍경 속에서 한껏 고조된 홍취로 풍류의 멋을 즐기면서, 한껏 고조된 만족감을 늙은이인 자신까지 누리게 됐다는 자족과 자긍의 노래 같은 시다. 그래서 이 작품에서 전구인 "千載揚州月(천년 두고 떠오르는 양주의 달로)"과 결구인 "風流到此翁(멋진 풍류 이 늙은이 나도 즐기네!)"은 잘 꾸려진 구상이며 수사라 할 수 있다.

題丁士達江亭 在南原

정사달의 강가 정자에서 남원에 있다

蓼川 물은 남쪽으로 순자강에 흘러들고, 蓼川南入鶉津
頭流山은 서쪽으로 鷓山 쪽에 가까운데, 頭流西近鷓山
마을 앞을 지나가며 머리 돌려 새겨 보니, 憶過村前回首
풍경 안개 이 속세의 인간 세상 같지 않네! 風煙不似人間

* 丁士達 : 士達은 字로 추정되나 어떤 사람인지 확인할 수 없다. 다만 士達이 아무래도 丁 아무개의 字로, 작자와 친분이 있는 선비이며 벗이었을 것으로 추정된다.
* 蓼川 : 전라도 南原에 있는 蓼川을 말한다.
* 鶉津 : 전라도 南原에 있는 "鶉子津"을 지칭하는 것으로 추정된다.
* 鷓山 : 이 산은 어디에 있는 것인지 확인할 수 없다.

해설 이 작품은 벗이었을 丁士達의 강가 정자에서 함께 술을 마시고 시를 지은 뒤 헤어지면서, 그 고맙고 정겨웠던 정황과 仙境 같은 풍경을 아쉬워 읊은 시다.

荷浦 次世豪韻

하포에서 世豪의 詩韻을 따라 짓다

바닷가의 숲속에는 푸른 솔이 많이 있고,	海邊之樹多青松
솔숲 속의 人家들엔 안개 짙게 끼었는데,	松裏人家煙霧濃
세모 맞은 나그네 맘 이내 아주 풀릴 테니,	歲暮客情仍遠送
이 한 잔의 마을 술에 새삼 功效(공로와 효과) 알게 됐네!	一杯村酒更知功

* 荷浦 : 詩 속의 정황으로 봐서 아마 어느 바닷가의 浦口로 추정되나, 구체적으로 어디인지는 알 수 없다.

* 世豪 : 누구의 字로 추정되나 그 姓名을 확인할 수 없다.

* 遠送 : 이 動詞句의 목적어가 바로 "客情"인데, 이것은 작자 자신이 歲暮를 맞으며 갖게 되는 착잡한 심경이며 회포라서 말할 것도 없이 빨리 삭여 풀어버리고 싶을 것이다. 따라서 "遠送"은 결코 그냥 "멀리 보낸다"는 말이 아니고, "아주 풀리다"의 뜻으로 쓰였을 것이 분명하다. 이렇게 "아주 풀리게" 하는 주체는 바로 끝구에서 말하고 있는 "一杯村酒(이 한 잔의 마을 술)"라는 것이고, 그래서 술의 效果를 새삼 알게 됐다는 말이다.

해설 이 작품은 어느 바닷가 마을의 한 벗의 집에서 나그네 신세로 세모를 맞아, 분명 孤寂하고 착잡해졌을 심경을 잠시나마라도 삭여 풀게 해주는 한 잔의 촌 막걸리가 지닌 기막힌 효과를 새삼 알게 됐다는 무한한 고마움과 자랑을 읊어 낸 시다.

五言律詩

弘農郡 贈孤竹使君

홍농군에서 고죽 원님에게 주다

옛 친구가 멀리 이곳 원님이라서,	故人遠爲郡
병든 내가 봄을 맞아 놀이 와 보니,	病子及春遊
꽃들 핀 채 東軒 뜨락 해만 져가고,	花發訟庭暮
달이 밝자 못가 집은 아늑도 한데,	月明池閣幽
지은 새 詩 읊을수록 한층 좋더니,	新詩吟更好
옛 가락은 듣자 되려 시름겨운데,	舊曲聽還愁
모임·흩침 정해진 게 본래 없지만,	聚散本無定
서로 만나 허연 머린 어찌하겠나!	相逢奈白頭

* 弘農 : 全羅道 靈光의 옛 명칭인데, 이때에 孤竹 崔慶昌이 이곳의 원님이었다.
* 訟庭 : 원님이 官廳의 公務를 수행하고 처리하는 空間인 東軒(官廳의 大廳)과 그 앞의 마당을 지칭한다.

해설 이 작품은 자별하게 정겨운 사이의 벗인 孤竹을 그의 근무지인 靈光의 현지로 가서, 봄을 맞아 太平無事한 東軒의 풍경 속에 하루를 즐기면서 시를 읊는 현재를 홍겨워하다가, 옛 풍악을 듣곤 되려 시름겨워하면서, 이내 "聚散本無定 相逢奈白頭(모임 · 흩침 정해진 게 본래 없지만, 서로 만나 허연 머린 어찌하겠나!)"라는 한탄으로 마무리하고 있는 안타까운 詩다.

奉恩僧院 和李校理見示之作

봉은사 절 방에서 이 교리가 보여준 시에 화답하면서

동쪽 서쪽 자못 서로 멀지 않건만,	東西殊不遠
걸핏하면 헤져 홀로 한참 있다가,	離索動經時
시험받듯 맑은 가을 흥들이 나면,	試發淸秋興
물가 절을 약속한 듯 찾아들 오니,	來尋水寺期
숨어 살 곳 세상일론 없을 듯 싶어,	雲蘿非世事
숨은 선비 마음은 또 알만도 하나,	猿鶴亦心知
내 성벽은 끝내 웃음 살 만한 터라,	性癖終堪笑
서로 만나 매번 생각 괴롤 뿐일세!	相逢每苦思

* 離索 : "서로 헤어져 홀로 외롭게 지내는 것"으로, "離群索居"의 준말이다.

* 雲蘿 : "산속의 오래된 담쟁이덩굴"을 말하며, "깊은 산속에 숨어 사는 곳"을 말하기도 한다.
* 猿鶴 : 숨어 사는 선비인 隱士를 비유하는 말이면서, "猿鶴沙蟲"의 준말이다. 周의 穆王이 南征을 하는 중에 全軍이 君子다운 사람은 모두 猿이나 鶴이 되고, 小人다운 사람은 벌레가 되거나 모래가 되었다. 또 "猿鶴"은 "隱士"를 지칭하는 말이기도 하여, "猿鶴羞"라고 하면 뜻을 못 지킨 隱士의 부끄러움을 말하는 것이기도 하다.

해설 이 작품은 전반부에서 한참 동안 서로들 잊은 듯이 뿔뿔이 있다가, 맑은 가을이 되면 흥들이 나서 한강가의 절인 봉은사로 모여든다고 하고는, 후반부에서 인품이 부족한 자신은 진정으로 숨어 살기는 어렵다고 하면서, 이내 "性癖終堪笑 相逢每苦思(내 성벽은 끝내 웃음 살 만한 터라, 서로 만나 매번 생각 괴롭 뿐일세!)"라며 自責과 自歎으로 마치고 있는 詩다.

奉呈成浩源

성호원에게 받들어 드리다

坡山(坡州의 山) 아래 修養하며 숨어 사셔도,	晦養坡山下
아이들도 또한 賢人 알고 있는데,	兒童亦識賢
一百 里쯤 숨은 듯이 사시는 데도,	幽居一百里
서로 安否 막힌 채로 三四年이니,	相阻四三年

꿈속에서 음성・모습 접할 뿐인 채, 夢裏音容見
世俗 속에 세월만 빨리 가지만, 塵中歲月遄
宅에 가서 따라 놀며 談話 듣고서, 從遊魯邸話
鄙吝함을 감히 맘에 두었겠어요! 鄙吝敢存焉

---

* 成渾의 字는 "浩原"이지 "浩源"이 아니니 이 "源"字는 筆寫者나 刻字手의 誤記나 誤刻임이 분명하다.
* 坡山 : 주인공인 成牛溪 선생의 실제 고향인 경기도 坡州를 지칭하는 것이다.
* 塵中 : "시끄럽고 야박한 속세 속"이라는 말이다.
* 魯邸 : 중국의 漢나라 武帝의 寵愛를 받아 大中大夫가 된 申屠嘉가 下賜를 받아 살던 住宅을 "魯邸"라고 하였다. 여기에서는 成牛溪도 임금님의 은총으로 서울에 住宅을 하사받아 살았던 것인데, 작자가 아마 여기를 자주 가서 牛溪로부터 많은 訓導를 받았던 것으로 추정된다.
* 鄙吝 : 다랍고 인색하다는 말이다.

해설 작자는 牛溪 成渾보다 겨우 두 살 아래여서 서로 "너・나"로 부르며 지낼 수 있는 벗의 사이일 수 있는데, 이미 앞에서 본 바대로 詩를 지어 전할 때에 반드시 "奉呈(받들어 드린다)"이라며 기록하고 있는 것은, 成渾의 高明한 學問과 人品을 존경하기 때문임을 바로 알 수 있다. 이 작품도 참으로 존경하는 畏友로서 成渾이 임금님의 부름을 받아 서울에 와 있으면서도, 벼슬길에서의 榮譽와 名聲보다는 진정한 학문과 덕행을 소중히 여겨 이내 歸鄕을 한 그에게, 진실로 존중하는 欽慕의 심경으로 자주 만나지 못해 안타까운 심경을 "夢裏音容見(꿈속에서 음성・모습 접할 뿐인 채)"이라며 實吐하고는, 이내 "從遊魯邸話 鄙吝敢存焉(宅에 가서 따라 놀며 談話 듣고서, 鄙吝함을 감히

맘에 두었겠어요!)"이라는 미련으로 자신의 부끄러움과 고마움을 자백하듯 마무리하고 있는 詩다.

又

또 한 수

임금님을 뵙고 問答하게 된 것은,	入對飛龍象
여럿 함께 뽑혀진 게 아니건마는,	非膺選衆賢
坡山은 사뭇 그냥 꿈에도 남아,	坡山長在夢
서울에서 하루가 一年 같은 채,	京洛日如年
세상 형편 굴레 쓴 양 괴로운 터라,	人事羈中困
歸鄕 채찍 城 밖 향해 빨랐을 텐데,	歸鞭郭外遄
臨時 居處 어디인지 묻는 바인 건,	僑居問何處
술 갖고서 좇아가고 싶어섭니다.	携酒欲從焉

* 入對 : 궁궐 안에 들어가 임금님을 뵙고 그 諮問에 解答을 드리는 것을 말한다.
* 飛龍 : 날으는 용, 帝王의 象徵, 사람을 美化한 것을 말한다.
* 膺選 : 應選이나 當選을 말한다.
* 坡山 : 글자대로의 뜻은 "당시 京畿道 坡州의 山"이지만 동시에 "坡州" 자체만을 말하기도 한다. 여기에서는 "坡州"라는 말과 같은 뜻이다.
* 僑居 : 臨時로 머물러 사는 곳으로, 寓居·寄寓·假寓·僑寓와 같은 뜻이다.

해설 이 작품은 작자가 同年輩의 상대인 데도 거의 스승처럼 尊重하는 대상인 牛溪를 무척 그리워하며, 정확한 居處를 알면 당장 술을 준비해서 달려가겠다는 虛心坦懷의 眞心을 전하는 詩다. 이 작품의 수련은 분명 牛溪의 入對(임금님께 단독으로 들어가 뵙고 임금님의 意見을 듣고 거기에 대하여 자신의 見解를 아뢰는 것)는 이렇게 獨對로 하는 특별하고 극진한 待遇로 이루어지는 것이지 결코 여러 사람을 선발하여 불러 하는 것과 같은 평상적인 경우가 아님을 말하고 있는 것으로, 임금님께서 牛溪 당신을 특별한 대우로서 "入對"하게 하신 것이라는 推奬 같은 글이다. 그럼에도 함련에서 서울을 싫어하여 얼마 後 바로 坡州의 鄕里로 돌아간 牛溪를 찾고 있는 배경은 中宗朝의 己卯士禍와 明宗朝의 乙巳士禍 그리고 南袞·沈貞·李芑·文定王后·尹元衡 등의 惡行으로, 世情과 宦路에 대해 失意한 우계에게 共感했을 작자의 同病相憐의 情誼가 더욱 깊어서였을 것이다.

五言古詩

孤竹寓舍作

고죽의 임시 처소에서 짓다

새벽종을 듣고 성 밖 나왔었더니, 出郭曉鐘後

뜨락 나문 스륵 벌써 저녁 맞는데, 庭柯颯已夕

다행하게 말・마차의 오감도 없고, 幸此軒車絶

시원스레 세상 물정 훌훌 벗어나, 曠然無物役

이편 울 앞 국화꽃과 마주 앉은 채, 坐對東籬花

술 끝나도 정겨움은 끝이 없구려! 酒盡情未極

---

* 颯已夕 : "스륵 가을바람 소리 속에 벌써 저녁을 맞았다"는 말이다.
* 曠然 : "주위가 시원스럽고 조용하다"는 말이다.
* 物役 : 物質的 慾望에 끌려 근심이 생기고 피해를 입는 것, 外界에 끌려 그것들에 끌려다니는 꼴을 말한다.

해설 이 작품은, 평생의 知己之友(참으로 나를 알고 있는 기막힌 벗)인 孤竹의 지극히 소박하고 정갈한 처소를 찾아가서, 참으로 진솔한 우정을 나누며 국화 꽃을 마주해 술을 마시는 기막힌 정경을 "酒盡情未極(술 끝나도 정겨움은 끝이 없구려!)"라며 너무 아쉬워 하는 정겨운 시다.

玉峰集後序

古詩之不傳者多矣 豈獨不傳哉 因其不傳而名益泯焉 信乎其言工矣 其詞麗矣 無異於榮華之飄風 好音之過耳也 唐世以詩取人 作者不啻以千百數 而其傳者益寡 非詩之尠傳 其傳之不得其人也 白君振南氏 錄其家集一卷 名曰玉峰遺稿 詩多乎哉 不多也 惟其工甚 好之者益衆 則不藏於家而藏於人 藏於人者固欲以傳於後也 由是集留于京師凡幾年 名公鉅人 雖平日號爲大手筆者 亦莫不目及而心動 思欲廣其布 而未能者且久 今巡相尹公駐節棠岳 慨然有志 於是白君得其命 繕寫愈益精 齋沐而爲之請 盖梓行將有日矣 白君謂余曰 子昔被知於吾先君 我實知子 今吾先君之集成惟一言是托 余曰月沙玄翁二相公旣許之矣 而吾子又欲厠吾名於其間 情雖重 顧名位之不稱何 若以爲余學玉峰者 以吾之文而序玉峰之詩可 則余不肯多讓 始余弱冠 親拜玉峰於其室 見其居水石皎潔 竹几藜榻皆極濟楚見其人氷壺玉映 無一點塵埃 家貧屢空 常若自足 不以一毫干於人 此則惟吾能言之 而不特詩之可傳 而議者不察 或欲妄加雌黃於其間 多見其自少也已 觀其筆法遒勁 世稱右軍再出 雖以韓石峰之善書獨步一代 以至中朝王世貞 亦稱其第一 於文集中至於銀鉤玉索 凜然獨秀 如古人所謂 瑤臺嬋娟 粉黛無施 則亦不敢比肩也 嗚呼 玉峰之於斯技 其可謂至極也耳矣 余旣嘉白君善繼人志 能使其名不泯於後 而又喜巡相公好賢若己出 必欲傳於世而益久 傳曰寔能容之 以保我子孫是歟 若夫他人所稱 郊寒島瘦自成一家之妙 則余旣非知詩者 尙言以贅

萬曆己酉季春下澣 後學西浦逸人 尹光啓序.

옥봉집의 후서

옛날에도 詩가 전해지지 않은 사람은 많다. 어찌 그 詩만 안 전해졌겠는가? 그 詩가 안 전해짐으로써 그 作家도 안 전해져서 그 名聲은 더욱 사라져버렸다. 그래서 진실로 그 詩語가 묘하고 그 詩句가 고와도, 세상의 번영과 화려함이 바람에 날려 가버리고, 기막히게 좋은 음악이 귀에 한 번 지나 가버린 것과 같게 되어버렸다. 唐나라 시대에는 시를 가지고 그 사람을 선택해서 그 작가가 천 명, 백 명이 넘었는데도, 그 작품들과 명성이 전해진 사람은 더욱 적었다. 이것은 詩 자체가 살아나서 전해지거나 안 전해지는 것이 아니고, 그 詩 작품들이 그 전해 줄 사람을 만나지 못했기 때문이다.

白君 振南이 그 집안에 있는 詩集 한 권을 기록해서『玉峰遺稿』라 명칭을 붙여 놓았는데, 詩 작품이 꼭 많아야 하겠는가? 많아야 하는 것은 아니다. 오직 작품이 아주 工巧하여 이것들을 좋아하는 사람이 더욱 많아지면, 각 집안들에만 갈무려지는 것이 아니고 개개 사람들에게도 갈무려지게 되는데, 개인들이 갈무리는 것은 진실로 그것을 後代에까지 전해지게 하려는 것이다. 이로 말미암아 이 詩集이 서울에 남아 있는지 몇 해 동안, 名望이 있거나 훌륭한 몇 분들로서 평일에 公文書나 詩文에 능한 경우, 이 詩集을 직접 보고 心中으로 놀라서 이것을 널리 읽게 配布하고자 하지 않은 분이 없었으나, 능히 그렇게 發刊해서 配布하지 못한 채인 게 또 오래되었다. 그런데

이번에 巡察使로 온 尹公(尹安性)이 棠岳(湖南의 海南)에 와 있던 터에 개탄하는 뜻을 갖고서, 이에 白君이 그의 命令을 받아 더욱 정밀하고 완벽하게 補充 筆寫하여, 경건하게 이를 위한 後序를 청하니 장차 發刊될 時日이 정해지게 되었다.

白君이 나에게 말하기를 "자네가 예전에 나의 아버님께 인정을 받아 나도 실로 자네를 아는 터이니, 이제 아버님의 문집을 발간함에 있어서 오직 한 意見의 글을 請託하네."라고 하여, 내가 말하기를 "月沙와 玄翁 두 相公님들이 이미 글을 허락하여 쓰셨는데, 자네가 그분들 사이에 내 이름을 끼워 넣으려고 한다면, 우리들 사이의 인정으로야 서로 중요하지만 名聲과 地位에 있어서 그분들과 걸맞지 않은 것은 어떻게 할 것인가?" 만약 내가 玉峰 先生님께 공부를 한 사람이라고 해서, 내 글로 玉峰 先生님의 詩에 대하여 쓰는 것은 할 수 있는 것이라 나는 많이 사양하지 않는다.

애초 내가 갓 스무 살 때 玉峰 先生님을 그 댁으로 바로 찾아뵈었을 적에, 그 사시는 지역의 水石이 곱고 정갈하고 대 안석과 명아주 평상 등이 모두 아주 깔끔하게 잘 정리되어 있었으며, 그 인품을 뵙자 얼음 같은 병에 옥이 어리어 비출 뿐 한 점의 먼지도 끼인 것이 없는 것 같았고, 집안이 가난하셔서 자주 때를 걸러도 항상 自足한 듯 지내시면서 털끝만큼도 사람들에게 무엇을 요구하지 않으셨으니, 이런 점에 대해서는 오직 내가 능히 말할 수 있다. 그러나 특별히 세상에 전해질 만한 詩 作品이 아닌 데에도 論議하기를 좋아하는 사람들 중에는 작품들을 제대로 관찰하지도 않고 망발로 그 여기저기에다 평가와 수정을 가하면서, 그들 자신이 작은 器量일 뿐임인 걸 많이 보여주고 있을 뿐이다.

玉峰 先生의 筆法은 그 劃이나 筆力이 굳세고 힘차 세상에서 王羲

之가 다시 태어났다고 일컬어져서, 비록 잘 쓰는 글씨로 한 시대를 獨步하던 韓石峯이나 文集들 속에서 第一이라고 칭찬을 받은 中國의 王世貞 같은 사람도 銀 갈구리와 玉 새끼줄 같이 늠름하게 홀로 빼어나서, 古人들이 말하는바 瑤臺의 仙女들은 분칠하고 눈썹을 그리는 것을 할 필요가 없는 것과 같은 경지라는 것에 대해서는 또한 감히 어깨를 비길 수 없는 것이다. 아! 玉峰 先生은 이 글씨의 技能에 있어서는 가히 至極한 境地에 이르셨다고 하겠도다.

나는 벌써 白君이 사람들(先輩들)의 뜻을 잘 이어 능히 그 名聲(아버님의 名聲)으로 하여금 뒤에 사라지지 않게 한 것을 아름답게 여겼고, 또한 巡察使께서 훌륭한 분을 좋아하는 것을 자신의 親族처럼 여겨서 반드시 세상에 더욱 오래도록 전해지게 하는 것을 기뻐하는 것이니, 『大學』의 章句 傳十章에 "이것을 능히 포용해야 그것으로써 나의 자손들을 보호할 수 있다."고 한 것이 이것인가? 무릇 다른 이들이 일컫는 바대로 "孟郊처럼 쓸쓸하고 賈島처럼 야윈 채"로서 스스로 一家를 이룬 妙諦에 대해서는 나는 애초부터 詩를 제대로 알아보는 사람이 아니니 오히려 군말을 붙일 게 있겠는가?

만력 기유년 계춘(음력 삼월) 하순에 후학인 서포일인 윤광계는 서문을 쓰다.

---

* 甦傳 : 어떤 것 자체가 죽었다가 살아나듯 세상에 전해지는 것을 말한다.
* 白君振南氏 : 白光勳의 次男이다.
* 名公鉅人 : 名望이 있는 분과 매우 훌륭하다고 할 만한 사람을 말한다.
* 大手筆 : 朝廷의 詔令 같은 중요 문서와 문장, 또는 詩文의 솜씨로 크게 成功한 사람을 말한다.
* 巡相 : 임금의 命을 받들고 國內의 政治와 民生을 巡察하던 巡察使를 일컫는

말로, 이 巡察使가 바로 당시 湖南에 按察의 命을 받들고 왔던 尹安性을 말한다.

* 棠岳 : 全羅道 海南의 옛 名稱인 "堂岳"을 "棠岳"이라 誤記한 것이 아닐까 추정해 볼 뿐이다.
* 濟楚 : 整齊되고 鮮明한 상태를 말한다.
* 雌黃 : 硫黃과 砒霜의 混合物을 "雌黃"이라 하며, 藥用으로 얼굴에 化粧할 때 쓰이기도 하였다. 그런데 옛날에 錯誤가 난 詩文 部分을 고칠 때 이 雌黃을 칠하여 訂正하였기 때문에, 詩文의 誤記나 誤字를 고치는 것을 "雌黃"이라고 하였다.
* 遒勁 : 글씨나 그림의 劃이나 筆力이 힘찬 상태를 말한다.
* 銀鉤玉索 : "은으로 만든 갈고리(주렴 걸이)와 옥으로 된 새끼줄"이라는 말로 잘 쓴 글씨의 상태를 비유하는 말이다.
* 瑤臺嬋娟 : 玉으로 만든 樓臺에 있는 기막히게 아름다운 仙女의 姿態를 말한다.
* 粉黛 : 粉으로 하는 化粧을 말한다.
* 己出 : 자신이 낳은 자식을 말하며, 여기에서는 巡察使 尹安性이 玉峰 先生을 자신의 親族처럼 여긴다는 말이다.
* 寔能容之 以保我子孫 : 『大學』의 章句 傳之十章 「秦誓」에 나오는 것으로 "寔能容之 以能保我子孫黎民(이것을 능히 포용해야 그렇게 함으로써 우리 자손과 백성들을 보호할 수 있다)"을 말하는 것인데, 여기에서는 逐字的 解釋의 풀이말로 援用하고 있다.
* 郊寒島瘦 : 중국에서 唐나라의 詩人인 孟郊과 賈島의 詩를 그 印象으로 評價한 것으로, "孟郊의 詩는 쓸쓸하고, 賈島의 詩는 야위었다"라고 하는 말이다. 그런데 이것은 玉峰의 五・七言絶句 작품들이 보여주는 전반적인 인상을 두고 내려진 평가들로 추정되며, 〈題金季綏畫 八幅〉 등을 위시한 많은 작품들에서 읽혀지는 인상들을 말하는 것이다. 이것은 일찍부터 宦路의 뜻을 접고 忍苦守志로 46세의 생을 마친 그의 삶이 詩的 土壤이었기 때문이다.

해설 이 글은 筆者인 尹光啓가 스스로 말하고 있는 바와 같이, 자신이 玉峰께 가서 공부를 했기 때문에 이 글을 짓는다고 하였는데,

여기에서 先輩인 月沙 李廷龜가 "詩道之屢變 郊寒島瘦 各有其體"라고 언급한 것에서, "郊寒島瘦"를 玉峰의 詩를 評價하는 한 示唆으로 파악했는지는 모르나, 만약 그렇게 본 것이었다면 이것을 玉峰 詩의 總體的 印象으로서의 特質인가 與否를 言及하지 않고, 단지 "余旣非知詩者(나는 애초부터 詩를 제대로 알아보는 사람이 아니니)"라고 한 것은 玉峰의 詩를 연구하는 後代 學人들에게 도움을 주지 못하고 있는 것이라 아쉽다.

송준호 宋寯鎬

충북 영동 출생. 연세대학교 국어국문학과 졸.
연세대학교 대학원 졸(석사). 동국대학교 대학원 졸(박사).
성신여자대학교 한문교육과 부교수. 연세대학교 국어국문학과 교수 퇴임.
『韓國名家漢詩選』·『우리漢詩살려읽기』·『韓中日女流漢詩選』·『分類杜工部詩(16卷)諺解新譯』·『周易諺解新譯』·『손곡 이달 시 역해』·『고죽 최경창 시 역해』 등.

玉峰 白光勳 詩 譯解

2022년 3월 5일 초판 1쇄 발행

지은이 송준호
펴낸이 김병환
펴낸곳 학자원
주 소 134-814 서울시 강동구 천호대로 1121
전 화 02) 6403-1000
팩 스 02) 6338-1001
E-mail hakjaone@daum.net
등 록 2011년 3월 24일 제2011-14호

HAKJAONE Publishing Co.
1121 Cheonho-Daero Kangdong-Gu Seoul

ISBN : 979-11-6247-261-3 93810

값 60,000원